公司理财理论与实务

◎ 熊楚熊 衣龙新 赵晋琳／编著

立信会计出版社
LIXIN ACCOUNTING PUBLISHING HOUSE

图书在版编目(CIP)数据

公司理财理论与实务 / 熊楚熊，衣龙新，赵晋琳编著. —上海：立信会计出版社，2014.2
ISBN 978-7-5429-4138-1

Ⅰ. ①公… Ⅱ. ①熊…②衣… ③赵… Ⅲ. ①公司–财务管理–高等学校–教材 Ⅳ. ①F276.6

中国版本图书馆 CIP 数据核字(2014)第 031703 号

策划编辑	方士华
责任编辑	方士华
封面设计	周崇文

公司理财理论与实务

出版发行	立信会计出版社		
地　　址	上海市中山西路 2230 号	邮政编码	200235
电　　话	(021)64411389	传　真	(021)64411325
网　　址	www.lixinaph.com	电子邮箱	lxaph@sh163.net
网上书店	www.shlx.net	电　话	(021)64411071
经　　销	各地新华书店		

印　　刷	常熟市梅李印刷有限公司
开　　本	787 毫米×1092 毫米　1/16
印　　张	38
字　　数	905 千字
版　　次	2014 年 2 月第 1 版
印　　次	2014 年 2 月第 1 次
书　　号	ISBN 978-7-5429-4138-1/F
定　　价	62.00 元

前　言

在市场经济条件下,公司必须为其投资人的价值增值服务。公司财务是公司价值增值过程中的关键一环,是与企业相关的各种外部和内部利益主体经济利益的交汇点。公司筹资、投资、盈利分配等一切财务活动都会面对公司外部的各种不同市场,公司内部的资源条件,涉及公司内外部各种不同利益集团切身的经济利益;这决定了公司理财必须研究如何根据市场环境有效地利用和组织公司内部资源,依法正确处理公司的各种财务关系。正是由于公司财务活动的复杂化、涉及利益主体的多元化,才使得公司理财的内容日渐丰富,相关的理论层出不穷,实务工作越来越复杂化。公司理财工作的复杂化,自然对公司理财的要求越来越高,公司理财已经成为职业经理人的必修课程。

目前,在研究生层次上,多种经济管理类专业类硕士均开设了公司理财的课程和设立了公司理财方向,为了适应经济管理类专业硕士教学的需要,我们特撰写了本教材。本教材设计的主要阅读对象是会计学硕士(MPAcc)、工商管理学硕士(MBA、EMBA)、金融学硕士(MF)等经济管理专业硕士。根据经济管理类专业硕士学生学科专业来源的多样性、工作性质的多样性,许多学生并没有财务与会计的专业知识背景,但有一定的工作经验等方面的特点;本教材在内容设计上,既重视基础理论和方法的训练,多使用实际案例,帮助没有财务背景的读者全面掌握公司理财的专门知识;又兼顾理论和方法的扩展,适当介绍较复杂和有一定难度的公司理财理论和方法,帮助有财务与会计背景的读者能够更进一步地深造,找到适合自己的研究方向。

本教材由公司理财学基础、公司理财基本内容和集团公司理财三部分内容所构成。公司理财学基础由第一章至第四章所组成,重点讨论公司理财的目的及特征、货币时间价值与相关风险、公司风险、资金成本与投资收益的计算原理和方法等方面的公司理财学的基本原理和方法。公司理财的基本内容由第五章至第十七章所组成,重点探讨公司在筹资、投资、投资与筹资相配合、盈利分配等方面的基本理论与方法,对公司理财基本内容进行详细讲解。集团公司理财由第十八章至第二十二章所组成,该部分在先分析集团公司理财的特殊问题的基础上,重点探讨集团公司普遍存在的内部财务管理、跨国公司理财、企业收购与合并、企业分立与出售以及集团公司的其他财务问题。教材的前两部分(第一章至第十七章)基本属于会计和财务管理专业本科阶段的学习内容,可以作为会计专业本科的教材使用。我们相信,读者在学习完该教材之后,将具备从事公司理财的必要知识。

为了使该本教材能系统反映国内外公司理财理论和实务的现状,我们在借鉴国内外各种版本的优秀公司理财学教材和研究公司理财的最新研究成果的基础之上,结合我国公司理财的实务和我们多年来在公司理财方面的理论研究成果和教学经验,撰写出了本教材。本教材在内容组织方面的基本特征是从原理到实务,环环相扣,步步深入,对公司理财学的内容进行全面的探讨;在语言方面尽可采能用通俗易懂的语言,对复杂的公司理财问题进行讲解。为了能使读者能理论联系实际,提高学习公司理财之后的实际操作技能,在本教材中涉及的法规和案例都尽可能结合我国公司理财的实际,不少更是直接来自于我国公司理财的实践。

　　本教材在每章前面都有本章简介、学习目标、要求了解和掌握的基本内容,在每章后面都附有习题和适当资料。读者可以通过出版社网页获取各章计算题的参考答案,以便于读者学习理解公司理财的基本理论和方法。本教材在正式出版之前先后在会计学硕士(MPAcc)、工商管理学硕士(MBA、EMBA)以及其他经济管理类的研究生、会计和财务管理专业本科生中进行过广泛的试用,并在公司总经理、财务经理以及其他中层管理干部层次的继续教育中多次使用,反映和效果均良好。希望本教材的出版能对学习公司理财学的所有人员有所帮助。

　　由于公司理财学内容庞杂,涉及的内容极多,理论与实务的发展均十分迅速,这些都会使本书谬误之处定难避免,希望读者能对该教材提出宝贵的意见,以利我们进一步的修改。

作者

2014 年 2 月

目　　录

第一章 公司理财的目的及特征

【本章提要】 公司是盈利性的组织,在它的经营中一刻都离不开理财。本章将重点探讨公司财务、公司理财的基本内容和特征,公司理财目的,公司理财目的与公司组织形式、管理结构之间的关系,简述公司理财的方法体系。

【学习目标】 通过本章学习,要求掌握和了解如下内容:(1)掌握公司财务的含义。(2)掌握公司理财的基本内容。(3)掌握公司组织形式、管理结构与公司理财目的的关系。(4)掌握公司理财的各种目的,及其相互之间的关系。(5)掌握公司理财的方法体系。

第一节 公司理财的基本内容和特征

一、公司财务

公司财务是指公司资金运动和由资金运动所引发的公司与各有关利益主体之间的经济利益关系,该经济利益关系又称为财务关系。

要认识公司财务的特征,就应该了解公司的资金运动和由资金运动所引发的各种财务关系。公司资金运动可分为资金筹集(资金流入公司)、资金运转(资金在公司内部的循环和周转)和盈利分配(资金流出公司)三个主要阶段。

在资金筹集阶段,公司通过发行股票获得自有资金,通过借款获得负债资金。公司股权资金和负债资金构成了公司资金的最基本的来源。公司除了存在正式签订合同的负债筹资之外,还存在一些未正式签订负债合同的短期负债,如随着原材料采购而发生的应付账款筹资,随公司经营过程而发生的应付税金筹资,以及其他诸如应付工资、应付租金等形式的应付费用筹资,等等。从这里可以看出,公司资金筹集是公司一项连续不断的理财活动,是保证公司生产经营活动得以正常进行的基础。

在资金运转阶段,公司首先将现金转变为各种非现金资产,如固定资产、原材料等。原材料通过加工先变为在制品,然后再变为产成品;产成品通过销售先变为应收账款,再转变为现金。而固定资产、无形资产等长期资产则先通过折旧或摊销进入产成品成本或作为期间费用,再通过销售过程,最后转变为现金。公司所发生的各种人工、管理、营销等费用也通过各种形式进入产成品成本和期间费用,最后从销售中收回。公司通过一段时间的经营,重新获取的现金量将与原始投入的现金量有所不同,一般而言,现金量会发生增加。重新流回的资金可分为补偿公司生产经营耗费的资金和增值部分的资金,补偿耗费的资金部分直接留存于公司,参加公司生产经营的下一个循环;资金的增值部分则通过分配,一部分以诸如上缴税金、支付股利等形式流出公司的生产经营环节,另一部分则留存于公司之中,继续参与公司的生产经营过程。公司资金就是这样不断地循环和周转。

在盈利分配阶段,公司的一部分资金增值额流出了企业,不再参与公司资金的循环和周转;而分配后剩余的那部分资金增值额则继续留在企业,参与公司的生产经营过程。

二、公司理财的主要内容

公司理财,或称公司财务管理,是对公司财务活动的管理。它受公司财务活动的特征所制约,根据上述公司财务活动的特征,公司理财的主要内容也相应地包括公司筹资、公司投资和盈利分配三大内容。

(一) 公司筹资

市场经济条件下的股份有限公司,其资金来源的渠道极为多元化。公司资金除了分为股权资金和负债资金之外,还存在介于股权资金和负债资金之间的可转换为股权资金的负债资金和以认股权证等形式存在的潜在股权资金等。

就股权资金而言,有普通股、优先股。其中,各类股票又分为多种不同的类型,如普通股票按持有者的身份划分,可分为国家股、法人股、个人股、外资股;按是否可流通划分,可分为流通股和非流通股;按享受的盈利分配权和参与决策权的大小划分,可将普通股票分为A级普通股票和B级普通股票等。而优先股票按股利是否可以累积划分,可分为可累积优先股票和不可累积优先股票;按是否可以参与剩余股利分配划分,可分为可参与剩余分配的优先股票和不可参与剩余分配的优先股票;按是否可以转换为普通股票划分,可分为可以转换为普通股票的优先股票和不可以转换为普通股票的优先股票。

就负债资金而言,有公司直接对外发行的各类债券,也有公司通过向金融机构借款而形成的负债,还有在生产经营过程中产生的诸如应付账款、应交税金、应付工资等各种形式的流动负债。公司的负债资金还可以按偿债期限的长短划分,分为长期负债和短期负债;按是否有担保划分,分为担保负债和信用负债;按负债是否存在账面利息划分,分为有账面利息的负债和无账面利息的负债,等等。

就介于股权资金和负债资金之间的可转换为股权资金的负债资金和以认股权证等形式存在的潜在股权资金而言,其形式也多种多样,如可转换债券、认股权证、优先认股权等。这些选择性证券的形式灵活多样,筹资管理复杂。

公司从不同渠道获取的资金,其资金成本的高低和所承受的风险大小也不相同。为了保证公司理财目的的实现,公司必须研究筹资问题。研究公司筹资问题,不仅是研究如何及时和足额地筹集满足公司生产经营活动中所需资金量的问题,而且还要研究如何权衡各种资金来源的成本和风险,并通过将它们有机配合起来,以获得最佳的资金结构的问题。总之,公司筹资是确保企业价值最大化目标实现的前提,是公司理财研究的最重要内容之一。

(二) 公司投资

市场经济条件下的股份有限公司,其投资渠道极为多元化。公司投资不仅要考虑投资项目的收益和风险,通过投资项目的收益和风险的权衡来选择最佳的投资方案;而且还要从公司整体出发,考虑公司的整体资产结构,并综合考虑公司的资产结构与资金来源结构的匹配问题,以使公司在追逐收益的过程中能将风险保持在可控范围之内。

具体地说,公司投资包括流动资产投资、固定资产投资、无形资产投资,以及对外的长期和短期投资,等等。其中,每一类投资均可以进一步分为多种更具体的投资。流动资产投资,可以分为现金持有、应收账款投资、存货投资等多类投资。对这些投资还可以进一步再进行细分,如存货投资可以进一步分为原材料存货投资、在制品存货投资、产成品存货投资,等等。固定资产投资可以分为房屋建筑物投资、机器设备投资,等等。无形资产投资可以分为技术专利投资、商标使用权投资和其他无形资产投资,等等。对外投资可以分为债权投资和股权投资,等等。总之,资产负债表资产方的一切项目,以及其更明细的项目均属于公司投资研究的对象。

公司投资是公司盈利和价值增值的基础,如果公司不投资,公司的生产经营活动便无法开展,也不可能取得盈利和获得价值增值,那么,公司也就失去了存在的必要性。因此,虽然投资存在风险,但是仍然需要进行投资。但是,公司如果发生投资失误,特别是严重的投资失误,那么,公司则可能因此而破产倒闭。这时,公司投资没有不投资优。正是由于投资对公司的极端重要性,投资才成为公司理财研究的最重要内容之一。

(三)盈利分配

利润是公司生产经营的最终财务成果,投资者向公司投资就是为了使其资本获得增值。公司将获取的利润按投资者所占股份的比例分给投资者,是投资者享受其资本增值的一种最常见的表现形式,是各种投资者均十分关心的问题。

公司在一定时期内获取的利润总是有限的,公司将利润以股利形式分配给投资者之后,公司的留存收益将会减少。公司的留存收益也代表着投资者的利益,留存收益越多,股东未来的资本增值的潜力就越大,即股票的内在价值和市场价格的上涨潜力就越大。这样,在公司获取利润之后,就需要研究盈利分配的问题。一般来讲,在资本市场体系健全的情况下,盈利分配的方式和方法不仅会影响到投资者的股利收益,而且还会影响到股票的市场价格,即影响到投资者的资本收益。在股份有限公司中,由于股东人数众多,对股利收益和资本收益的要求千差万别,任何盈利分配方案均会对不同股东的经济利益带来不同性质的影响。因此,公司盈利分配备受各类股东的关注。

由于盈利分配不仅涉及股东财富最大化和企业价值最大化的问题,而且还是协调不同股东之间的利益关系、股东与债权人之间的利益关系、股东与经营者之间的利益关系、股东与公司职工之间的利益关系、公司与国家之间的利益关系、股东眼前利益与长远利益之间的利益关系,以及股东与公司之间的利益关系的重要手段,因此是公司理财研究的重要内容之一。

第二节 公司理财的目的

一、公司组织形式、管理结构与公司理财目的的关系

(一)公司理财目的的定义

公司理财目的,或称为公司理财目标,是指公司进行财务活动所要达到的根本目的,是评价公司财务活动是否合理的标准。公司理财目的决定着公司理财的基本方向。公司理财目的与公司的组织形式、管理结构等密切相关。公司的组织形式、管理结构等因素直接影响

到与公司相关的各利益集团及其各利益集团的利益来源,利益集团的不同和各利益集团的利益来源的不一致必然会对公司理财的目的产生直接的影响。不同的公司组织形式存在着不同利益主体,不同的管理结构导致不同利益主体之间的利益矛盾形式的变化,公司理财目的正是各种利益主体利益斗争的产物。

（二）不同组织形式公司理财的目的

1. 独资公司的理财目的

在独资公司中,由于股权结构单一,出资人利益主体也相应单一。所有的经营风险都由出资者个人承担,所有经营利益也均归出资者个人占有。从管理结构来看,独资公司的所有权和经营权往往混合在一起,所有者与管理者之间的利益矛盾并不突出,公司理财的目的就是出资者资本增值的目的。

2. 合伙公司的理财目的

在合伙公司中,股权结构较独资公司复杂,合伙人之间不可避免地存在一定的利益矛盾,且在管理结构上,不可能全部合伙人都直接参与公司管理,这又形成了参与管理的合伙人与一部分未参与管理的合伙人之间的利益矛盾,这时公司理财的目的便出现了多元化的趋势。公司理财的目的需要用合同的形式来加以规定。

3. 有限责任公司的理财目的

在有限责任公司中,随着企业规模进一步扩大和股东人数进一步增多,所有权与经营权逐渐分离,除股东间矛盾日益复杂之外,所有者与管理者的矛盾也日趋激烈,这些利益矛盾必然导致公司理财目的多元化。公司在理财过程中必然需要考虑主要为哪一利益主体服务的问题。但在有限责任公司中,公司股份的转让所受限制还较多,股东的利益也主要依赖于公司所创造的收益,从公司外部获取的利益尚不占重要的位置。因此,公司理财目的之争还主要局限于所有者与所有者、所有者与管理者之间的利益争斗。

4. 股份有限公司的理财目的

在股份有限公司中,除公司股东更加多元化之外,还由于公司股份的转让所受限制较少,股份转让频繁,股东利益来源除了依靠公司的经营收益之外,还在相当大的程度上依赖于股份在股票市场上的转让价格,即股东利益来源多元化。此外,在股份有限公司中,股份的种类也多元化了,除了常见的普通股之外,还存在着诸如优先股、认股权证、优先认股权等形式的股票或准股票。就是在同一类股票中,也可能还存在不同级别或不同发行对象的股票。这些现象的存在,必然会引起公司理财目的的多元化。比如,在公司理财中必须考虑究竟应为哪一类股东服务为主的问题。在股份有限公司中,还由于随着股东数量的增多,参与公司管理的股东人数也越来越少,所有权与经营权的分离程度更加扩大,所有者与所有者、所有者与经营者的利益冲突也日益激烈。这些都为确定公司理财的目的带来了新的课题。

（三）不同管理形式公司理财的目的

除前述不同组织形式的公司存在公司理财目的的差异之外,同一组织形式但不同管理形式的公司也会存在着不同的理财目的。比如,当一家公司采用分权式的管理方式,授予公司内部各个部门一定的财权,甚至将独立的公司变为集团公司,这样,上级公司、下级公司、公司内各个部门就有了不同的经济利益,相应地,母公司和子公司、总公司和分公司、公司和公司内部各个部门在各自的理财目的上就会存在着差异。一般而言,母公司、总公司和公司管理当局希望公司的整体利益最大化,而子公司、分公司和公司内部各个部门则希望其局部利益最大化。这也为确定公司理财的目的带来了新的课题。

　　总之,公司理财目的不仅是一个理论问题,而且是一个在公司理财中必须解决的实际问题。由于按不同的理财目的进行理财,会产生不同的理财结果,因此,在公司理财中必须重视对公司理财目的的研究。下面,将分别讨论公司理财的不同目的。

二、公司理财的基本目的

　　公司理财的基本目的是公司开展财务活动的出发点和归宿。如前所述,它受与公司相关的各种利益主体利益矛盾的影响。一般而言,如果某利益主体能将其目的作为公司理财的目的,那么该利益主体的经济利益就最容易得到实现。根据公司理财的实践,具有代表性的公司理财的基本目的主要有以下几种。

　　(一) 利润最大化

　　1. 利润最大化的定义

　　利润是企业经济效益的一种表现形式,具体地看,是按权责发生制和收入与费用的配比原则计算出的公司全部收入与全部成本和费用之差。利润最大化,包括利润额最大化和利润率最大化两类指标。其中,利润率最大化是利润指标与某种形式的投资的比率,如总资产利润率、净资产利润率等。

　　2. 以利润最大化作为理财目的的优点

　　从经济学的角度看,公司是一个营利性的组织,营利的多少用利润来表示。使用利润指标有助于分析企业行为和评价企业业绩。自然,公司理财的目就应该是利润最大化。

　　从会计学的角度看,利润是可以通过财务会计体系计算出来的财务指标,即"利润＝收入－费用"。利润的确定具有可操作性。而行为目的的可计量性,是控制行为的前提条件。因此,以利润最大化作为公司理财目的,具有可操作性。

　　从利益对不同利益主体经济利益影响的角度看,利润在一定程度上反映了企业的经济效益,不同利益主体的经济利益都与利润指标有关。它既是国家税收的基础,又是股东获取投资回报的基础,还是经营者和职工获取经济利益的基础。此外,利润还是企业资本积累和扩大再生产的源泉。

　　正因为如此,利润才广受人们的关注,将利润最大化作为公司理财的目的才长期以来普遍被人们所接受。

　　3. 以利润最大化作为理财目的的缺点

　　以利润最大化为公司理财的目的至少存在着如下一些缺陷:

　　第一,利润最大化没有充分考虑风险问题,可能会导致企业在进行财务决策时采纳利润最大化但风险也最大化的方案,将企业推入极端危险的境地。

　　第二,利润产生的方式多种多样,既可以通过正常的增加收入和降低成本取得,也可以通过选择会计政策的方法取得,如可以通过追加应收账款的投入来增加会计账面销售收入,也可以通过扩大无效生产、追加产成品的投入来降低会计账面成本,还可以通过减少必要的维修成本、科技开发成本等方法来减少会计账面成本,使会计账面利润最大化。但这种会计账面利润的增加不会给公司带来任何的好处,而只会使企业产生不必要的现金流出,给企业的生产经营带来不利的影响。

　　第三,利润并不代表投资者的全部利益,它代表的更多是经营者的利益,因为经营者的收入在更大的程度上与利润相关。比如,在实行按利润计提经营者奖金的条件下,经营者的利益多少就密切地与企业利润的高低相关。在这种情况下,很容易促使经营者利用各种方法增加利润,导致企业行为短期化,最终损害到投资者的利益。

第四,利润是按权责发生制计算的,它与按收付实现制计算的现金净流入量并不相等,很难与货币的时间价值相联系,因此,以利润作为决策目标,容易导致决策失误。

正是由于利润最大化目的存在着各种缺点,因此,对投资者而言,以利润最大化为公司理财的目的,效果并不理想。

（二）企业价值最大化

1. 企业价值的定义

在市场经济条件下,企业本身就是一种可以在资本市场上出售的特殊商品,作为一种商品,它就有价值。企业价值是指企业对其所有者而言的价值,具体地说,是指企业能为其所有者带来的盈利能力的价值。企业价值是企业盈利能力和风险水平的函数,即企业价值 ＝ f（盈利能力,风险水平）,该函数最一般的表达式是企业价值等于企业未来现金净流入量的折现值。

2. 以企业价值最大化作为理财目的的优点

以企业价值作为企业经营的目的,考虑的因素比利润最大化多。要使企业价值最大化的目标得以实现,公司在经营过程中,除了要考虑企业的盈利能力之外,还要考虑企业的风险水平,以及市场对企业价值的评价。即以企业价值作为企业经营的目的,不但要求企业在经营中关注企业内部的经营问题,而且还要求企业关注企业的外部问题。企业外部的社会评价会直接影响到企业价格,而企业价格是投资者获利的最直接的表现。

企业价格是企业在资本市场上换手的价格。企业价格首先受企业价值的影响,其次还受资本市场上供求关系的影响。供求关系虽受众多因素的影响,但不可避免地受社会对企业盈利能力和风险水平评价的影响。当社会普遍认为某企业盈利能力高和风险水平低时,供求关系将会向有利于供的方面转化,从而导致该企业价格上涨;反之则会下跌。社会对企业盈利能力和风险水平的评价除影响到供求关系之外,还会影响到企业经营环境。比如,当社会普遍认为某企业盈利能力低和风险水平高时,该企业的筹资环境就会趋于恶劣;反之则会趋优。企业经营环境会直接制约企业的经营活动,对企业盈利能力和风险水平产生影响。这样,就又影响到企业价值、社会评价和企业价格,形成一种周而复始的循环。每一次循环都会产生不同的企业价值和企业价格,直接影响到投资者、债权人、客户、内部职工、国家等与企业相关的各种利益主体经济利益的实现。这种循环关系如图①1-1简示。

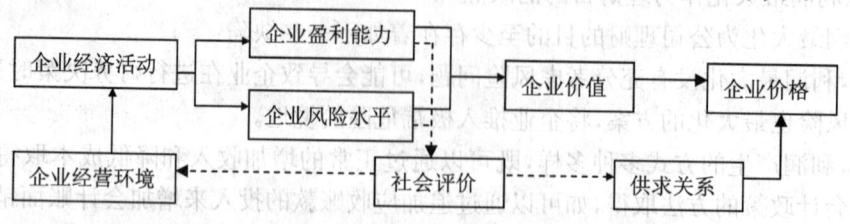

图1-1 企业经济活动与企业价值和价格的循环关系图

注:图中"——"为直接影响,"……"为间接影响。

①熊楚熊. 市场经济条件下财务报表分析重心及其相应体系[J]. 深圳大学学报(人文社会科学版),1999(1).

由于将企业价值最大化作为企业经营的目标,考虑了众多的内容,其内涵极为丰富,它摆脱了利润最大化的局限,有利于企业长期稳定的发展。因此,将企业价值最大化作为公司理财的目的是现代公司理财学中极力推崇的观点。

3. 以企业价值最大化作为理财目的的缺点

以企业价值最大化为公司理财的基本目的,虽然从理论上讲有很多优点,但它仍有若干的不足之处。其中最主要的不足之处是企业价值难以准确地计量。如果以抽象的企业价值作为公司理财的目的,那么,可能由于其可操作性差,而无法在具体的理财过程中实施。如果以具体的企业价格作为公司理财的目的,那么又可能由于市场价格的不稳定性,而使公司理财无所适从。

另外,完全站在投资者的立场上看,企业价值最大化未必就会使股东权益最大化。因为,随着股东的不断进入和退出企业,必然产生股东间的利益再分配,这种再分配可能会给一部分股东带来利益,而给另一部分股东带来损失。但以企业价值最大化作为公司理财的目的并没能揭示这一现象。

尽管如此,由于企业价值最大化考虑了收益与风险的平衡问题,因此,就是运用模糊管理,其效果也要优于利润最大化目的。

(三) 股东财富最大化

1. 股东财富的定义

股东利益的来源包括股利收益和资本收益两个方面。股利收益是指股东凭借手中的股份从公司分得的股利;资本收益是指股东持有股份的现实价值或出售股份所得与购买股份所费之间的差额。股东财富是企业价值和股东结构的函数,即股东财富 $= f$(企业价值,股东结构)。以股东财富最大化作为公司理财的目的,就是要求公司通过科学和合理的理财使现有股东的财富达到最大化。

2. 以股东财富最大化作为理财目的的优点

由于在股份制企业中,股东进入企业和退出企业实质上都会产生股东权益的再分配,再分配的存在,就有可能会给不同的股东带来股东权益的盈利或亏损。这种盈亏是指不同时间进入企业的股东和以不同方式进入企业的股东,在对公司价值的贡献和对价值的要求权上的不对称现象。每当有新股东加入公司或老股东退出公司时,就有可能使一部分股东权益遭受到稀释的损失,而另一部分股东权益享受到浓缩(反稀释)的利益。显然,由于在股份公司中股东进出企业频繁,使得股东权益的稀释和浓缩的现象频繁发生,这说明企业价值最大化仅是股东财富最大化的前提条件之一。为了保证股东财富最大化目的的实现,在公司理财中除了应关心企业价值最大化之外,还应关心企业价值在不同股东之间的分配问题,以确保公司现有股东的权益的最大化。以股东财富最大化作为公司理财目的比企业价值最大化目标的内涵更加丰富,更有利于保证投资者的利益,因此,它是现代公司理财中被广泛认可的公司理财目的。

3. 以股东财富最大化作为理财目的的缺点

以股东财富最大化作为公司理财的目的也有其不足之处:

首先,股东财富与企业价值一样,难以准确计量。如果以抽象的股东财富作为公司理财的目的,那么,可能由于其可操作性差,而无法在具体的理财过程中实施。如果以具体的股份的市场价格作为公司理财的目的,那么又可能由于市场价格的不稳定性,而使公司理财无所适从。

　　其次，该理财目的只强调了股东，特别是现有股东的利益，而忽视了其他利益集团的利益。如果利益关系处理不当，有可能产生各利益集团之间，甚至现有股东与潜在股东之间、老股东与新股东之间的利益冲突，使公司生产经营受到不利的影响。

　　虽然以股东财富最大化为公司理财的目的有这一缺点，但是它从更全面的角度考虑了公司股东的利益，有利于保护股东利益，因此，应该将股东财富最大化作为公司理财的基本目的。

　　（四）不同基本理财目的的区别和联系

　　上述利润最大化、企业价值最大化和股东财富最大化三种公司理财目的既是相互矛盾的，又是相互统一的。下面讨论利润最大化、企业价值最大化和股东财富最大化的区别与联系。

　　1. 三者之间的区别

　　利润、企业价值和股东财富的区别，从考虑的利益主体来看，存在着一定差别，其中，利润指标和企业价值指标与众多的利益主体相关，而股东财富最大化则只与股东的利益密切相关。从计算考虑的因素来看，股东财富考虑的因素最多，企业价值次之，利润考虑的因素最少。

　　2. 三者之间的联系

　　利润、企业价值和股东财富之间的联系，具体地看就是利润是计算企业价值的基本前提之一，而企业价值又是确定股东财富的基本前提之一。当公司风险不变时，利润最大化就代表着企业价值最大化；而当股东结构不发生变化时，企业价值最大化就代表着股东财富最大化。三种基本理财目之间的关系如图1-2所示。

利润=收入-费用

⇩

企业价值=f（盈利能力，风险水平）

⇩

股东财富=f（企业价值，股东结构）

图1-2　三种基本理财目的关系图解

　　从图1-2可以看出，当企业股东结构不发生变化时，企业价值最大化就是股东财富最大化；当企业风险水平不发生变化时，企业利润最大化就是企业价值最大化和股东财富最大化；当企业收入不发生变化时，费用（成本）越低，利润就越大，相应地，企业价值和股东财富也就越大。在本书以后的讨论中，主要以股东财富最大化为中心来讨论公司理财中的基本理论和方法。在进行具体的业绩评估时，根据讨论问题的需要，在假定某些因素不变的情况下，有选择性地使用股东财富最大化、企业价值最大化、利润最大化、风险水平最低、收入最大、费用（成本）最低等多种指标。

三、公司的其他理财目的

　　在公司实际理财过程中除了上述各种基本理财目的之外，还存在其他的理财目的。

　　（一）完成计划

　　现在，以完成上级公司计划为目的的财务管理，主要存在于以完成总公司或母公司计划为目的的分公司或子公司的财务管理之中。总公司或母公司通过编制计划限制分公司或子公司的财权,要求分公司或子公司以完成总公司或母公司计划为其财务管理的目的,并按计划完成情况的好坏对分公司或子公司进行奖罚,使分公司或子公司的经济利益与总公司或子公司的计划紧密相连,其基本目的是为了保证总公司或母公司的经济效益最大化。以完成总公司或母公司计划为目的的分公司或子公司的财务管理在现代大公司中极为普遍,故也应成为公司理财目的研究的内容之一。

(二) 职工福利最优化

所谓职工福利最优化,是指在公司理财过程中,公司理财均围绕着如何提高职工福利这一中心来运转。以职工福利最优化作为公司理财目的的现象,在我国国有企业中十分常见,这与国有企业的职工代表大会管理体制密切相关。

(三) 经营者考核指标最大化

所谓经营者考核指标最大化,则是指在公司理财过程中,公司理财均围绕如何帮助经营者完成其经营任务这一中心来运转。虽然这些公司理财目的均是非公开公布的,但在实际中确实存在,因此也需要引起理财者的注意。

四、公司理财目的的多元化和阶段性

在实际公司理财中,由于公司利益主体的多元化,以及公司的发展处于不同的阶段,必然导致公司理财目的的多元化和阶段性。下面分别对公司理财目的的多元化和阶段性进行讨论。

(一) 公司理财目的的多元化

1. 公司理财目的多元化的必要性

公司理财的基本目的是企业价值最大化,从理论上分析,企业价值最大化对与企业相关的各种利益主体均是有利的。但是,从投资者之外的利益主体来看,企业价值最大化可能与其自身利益最大化的关系并不直接,如职工可能因过分关心近期的工资和福利,而感觉不到企业价值最大化与职工福利最优化之间的关系;债权人可能因过分注重企业的还款能力,而感觉不到企业价值最大化与其债权安全完整性的关系;经营者可能因过分注意考核指标或考核指标与企业价值最大化联系不紧密,而感觉不到企业价值最大化与其切身经济利益相关;企业的客户则可能只关心所获产品和服务的数量和质量,而忽视企业价值最大化与其经济利益之间的密切关系,等等。这表明,在公司理财中,为了达到企业价值最大化的目的,就必须协调与企业相关的各种利益主体的经济利益,尽可能使各种利益主体的经济利益趋向于一致。通过减少矛盾,增加同一性,来完成企业价值最大化的目的。与企业相关的各种利益主体的经济利益协调结果必然会使公司理财目的出现多元化。

2. 不同利益主体之间的利益协调

公司所有者与其经营者之间的利益协调,要求所有者放弃部分既得利益,将放弃的利益用于奖励经营者,使经营者的报酬同企业价值最大化或股东财富最大化的基本目的相联系,促使经营者在经营过程中自觉地采用能使企业价值最大化的方案。常见的激励措施,如"股票期权"、"绩效股"等,就是公司所有者与经营者之间利益协调所产生的公司理财目的的多元化的结果。

公司所有者与公司债权人之间的利益协调,可能要求所有者放弃自己认为有利可图但债权人认为无利可图的一些最优的投资或筹资机会,而选用一些非最优的投资或筹资机会,这样可能会给企业价值最大化带来不利的影响。在公司投资或筹资时因考虑债权人的利益而选用非最优方案,也是公司理财目的多元化的表现。

公司所有者与公司职工之间的利益协调,就是要求所有者在追逐企业价值最大化的过程中,充分考虑职工的利益,适当地增加职工的工资、福利和培训费用,将职工福利增长与企业价值最大化放在同等重要的位置,使职工福利能随企业价值的增长而增长。这也是公司理财目的多元化的表现。

公司与其客户之间的利益协调,要求公司从多方位保护消费者的权益,不能只顾降低成本而损害消费者的利益。公司为了保护消费者的权益,可能会在一定程度上增加成本、减少利润,进而影响到企业价值最大化目标的实现。但应该说这种影响只是短期的,从长期来看,公司将从这种理财目的的多元化中受惠,最终使企业价值最大化的目标得以实现。

当然,公司理财目的的多元化除了上述的定义之外,还可以按公司财务活动的各个环节划分为筹资目的、投资目的、盈利分配目的,以及一些更细微环节的理财目的。不过本节不研究这方面的内容。

(二)公司理财目的的阶段性

由于任何公司总是处于寿命周期某一个阶段,而在不同阶段的公司工作重点是有区别的,相应地,公司理财重心也是不一致的,具体到公司理财目的来看也就不尽相同。

在公司初创时期,公司理财的具体目的主要应是关注公司筹资的来源结构、筹资数量和筹资成本。因为公司的资金来源结构,特别是股权结构,将在未来长期地对公司价值最大化目标的实现产生影响。研究公司的股权结构就是设计公司的未来。筹资的数量和成本直接关系到投资的效益性。在公司初创期,公司抵御风险的能力较低,因此,公司必须十分关注该问题,以保证公司顺利渡过初创期。

在公司成长期,公司股权结构已经定型,产品也有了相对成熟的市场,公司理财的具体目的将从关注公司的生存转变为如何加快公司的发展。因此,在该阶段,公司理财的具体目的主要应是研究如何确保筹集足够的资金以满足公司扩张的需要。

在公司成熟期,公司生产经营规模已经定型,产品生产技术和市场也已经成熟,公司进入了收获期。在该阶段,公司理财的具体目的主要应是平衡公司经营过程中的收益和风险,解决盈利分配以及留存收益的投资等方面的问题,促使公司尽可能地延长成熟期,获得更多的收益。

在公司衰退期,公司产品生产技术已经落后,市场也正在逐步丧失,公司亏损日益严重,公司面临着或转向求生或坐以待毙这样两种选择。因此,在该阶段,如果公司试图转向求生,那么公司理财的具体目的应是研究如何充分利用现有资源,以确保公司转向过程中的资金需要;如果公司不打算继续经营,那么公司理财的目的则应是研究如何将公司资产以高价变现,以减少亏损,保证股东财富最大化。

当然,公司理财目的的阶段性,还可以从目标实施期限的长短来分,将公司理财目的分为长期目的、中期目的和短期目的。只不过本书在这里不打算讨论这种分类。

五、公司理财目的与社会责任

(一)社会责任对公司理财目的的影响

确定公司理财目的必须考虑公司所肩负的社会责任。具体地说,就是当公司以企业价值最大化或股东财富最大化作为理财目的时,应该将公司的经济目标与应承担的社会责任相联系,分析公司的理财目的和由此引起的理财活动能否给整个社会带来好处。如果能使整个社会受益,那么就应该坚持该目的;如果不能给整个社会带来好处,甚至给整个社会带来不利,那么就应该调整该理财目的和相应的理财活动。即将公司的经济目标与社会责任统一起来。

（二）公司理财目的与社会责任的一致性

公司理财目的不外有诸如利润最大化、企业价值最大化、股东财富最大化,等等。公司的社会责任主要有给国家提供税收;给社会提供所需的产品和服务;保护消费者的合法权益;为社会提供就业机会;遵纪守法,维护正常的社会经济秩序;节约使用社会资源,保护生态环境,控制污染;支持社会公益事业,等等。

从公司理财目的与公司所负的社会责任中可以看出,在许多情况下,公司理财目的与其所负的社会责任是统一的。如果公司经营效益好,那么公司为国家所提供的税收也就会多;而公司的经营效益之所以好,必定是其产品或服务受到社会消费者的认同,即为社会提供了所需的产品和服务,并在保护消费者权益方面做得较好;公司经济效益越大,为社会所提供的就业机会才可能越多。另外,公司如想长期地取得较好的经济效益,就必须依法经营,维护正常的社会经济秩序。这说明公司理财目的与其所负的社会责任在多数情况下是统一的。

（三）公司理财目的与社会责任的不一致性

公司理财目的在一些情况下也可能会与其所负的社会责任产生矛盾。比如,公司为了降低生产成本,就可能忽略对社会资源的节约,忽视对生态环境的保护进而造成污染,以及不热心社会公益事业,等等。因此,社会应加强对公司不利于社会行为的制约,使公司能在完成自身理财目的的同时,自觉完成所承担的社会责任。

第三节　公司理财的方法体系

为了完成公司理财的目标,必须围绕该目标建立一套专门的公司理财方法体系,按管理学的基本原理和公司理财的主要内容,该方法体系应由财务预测、财务决策、财务计划、财务控制和财务分析五个环节的方法所构成。

一、财务预测

财务预测就是在掌握公司的外部环境和内部条件基础上,对公司未来的财务活动过程和结果进行的推论。财务预测是进行财务决策的基础,预测的准确程度将直接影响到财务决策的正确性,进而对公司理财目的的实现产生重要的影响。因此,公司应尽可能用科学的方法对公司财务活动的过程和结果进行准确的预测。

一般情况下,应尽可能地进行定量分析。进行定量分析,首先需要根据公司的历史财务资料建立数学模型,然后根据公司的外部环境和内部条件的变化对建立的数学模型进行适当的修正,最后再根据修正后的数学模型来推论公司未来的财务活动过程和结果。在不能建立数学模型的条件下,也可以根据过去的经验进行定性分析,估计出公司未来的财务活动过程和结果可能落入的区间范围。定量分析的方法主要有简单的算术推论模型、回归分析模型、计量经济学模型,等等。定性分析方法则主要有专家判断法、咨询调查法、专业人员评分法,等等。

财务预测的内容涉及公司财务活动的全过程,主要包括总资产和各种具体资产需要量预测、不同筹资方案(筹资量和筹资结构)的筹资成本和筹资风险预测、不同投资方案(包括投资量和投资结构)的投资收益和投资风险预测、不同筹资与投资相配合的方案的收益和风险的预测,以及不同盈利分配方案对企业价值影响的预测,等等。

二、财务决策

财务决策就是根据公司理财的基本目标和具体目标的要求,运用专门的方法从多种备选方案中选择最优方案的过程。财务预测是财务决策的基础,财务决策又是编制财务计划的前提,财务决策是公司理财的核心职能,在公司理财中占极其重要的位置。

财务决策首先是要确定决策目标,然后才是根据可能性选择最能满足决策目标的方案。财务决策目标的确定,既是决策的基础性问题,又是一个十分复杂的问题,涉及收益与风险的权衡问题、长期目标与短期目标的权衡问题、各种利益主体之间的利益权衡问题等。因此,在进行决策之前,决策者必须将决策目标明晰化。在决策目标明晰化之后,就可以用诸如确定性决策方法、不确定性决策方法、风险决策方法等专门的决策技术对备选方案进行择优了。

财务决策的内容与财务预测的内容基本一致,包括筹资决策、投资决策、盈利分配决策等三方面的内容。其中,筹资决策具体包括最优资本结构、最优筹资方式、最优筹资数量、最优筹资时间等方面的内容;投资决策具体包括最优投资对象、最优投资数量、最优投资结构、最优投资方式、最优投资时间等方面的内容;盈利分配决策具体包括最优股利支付率、最优股利支付方式、最优股利支付时间等方面的内容。

三、财务计划

财务计划是公司组织财务活动的纲领性文件,它是在财务预测和财务决策的基础上,运用专门的方法,对各利益主体的利益进行协调和对不同财务目标进行综合平衡后制定出的一系列财务指标体系。财务计划由项目计划(单项的投资计划和筹资计划)和期间计划(年度计划和月度计划)组成,其基本目的是确保公司理财总目标的实现。

财务计划编制的一般程序如下:

(1)确定计划指标。确定计划指标是编制财务计划的核心工作,它需要在充分考虑公司的外部环境和内部条件的基础上,通过因素分析找出对决策目标产生影响的各种因素,并将这些不同因素按大小进行排列,最后再对各种经济利益主体的经济利益进行协调确定财务计划中的主要计划指标。

(2)制定保证措施。为了确保计划的顺利完成还必须制定各种具体的保证措施,以保证公司的资金运用与资金来源保持平衡、财务收入与财务支出保持平衡,这种平衡应包括在数量上和时间上的平衡。一般来说,财务计划中的保证措施由公司人力、物力、财力等要素和供应、生产、营销、科研等过程的具体的资金占用和资金来源综合平衡计划和财务收支综合平衡计划所组成。

(3)具体编制计划。在确定计划指标和保证措施之后,就应选用专门的编制计划的方法来完成财务计划的最终编制。主要的财务计划编制方法有平衡法、余额法、限额法等。在实务中,财务计划多是以财务预算的形式表示的。因此,财务计划又可称为财务预算。财务预算是反映公司未来一定预算期内预计财务状况、经营成果和财务收支等各种预算的总称。具体的财务预算由项目预算、全面预算、日常预算等三大类预算所组成。

四、财务控制

为了完成财务计划,就必须对实际的财务活动按计划要求进行控制,按财务计划对财务活动所进行的控制就是财务控制。财务控制就是根据财务计划目标,运用专门的方法及时发现实际结果与计划目标的差异,并通过分析查找产生差异的原因,然后针对差异产生的原因寻找纠正偏差的方法,最后使实际执行结果与计划目标保持一致。

财务控制可按不同的标准进行分类,如按控制时间分类,可分为事前控制、事中控制和事后控制;按控制的依据分类,可分为预算控制和制度控制;按控制对象分类,可分为收支控制和现金控制;按控制的自觉性分类,可分为权威控制和自我控制;按控制约束指标分类,可分为绝对数控制和相对数控制,等等。

财务控制是一项公司理财的日常性工作,它贯穿公司理财的始终。财务人员的主要精力就是对公司财务活动实施控制。在实务中,财务控制涉及与企业相关的各类经济利益主体的经济利益。因此,财务控制过程实际就是处理各种财务关系的过程。财务控制对财务人员提出了极高的要求,只有不但掌握财务控制的技术而且会处理财务关系的人才能对公司财务活动进行有效的控制。

五、财务分析

财务分析是利用公司的财务报表和构成财务报表的相关明细资料对公司财务活动过程和结果的分析,其目的是通过揭示公司盈利能力和风险水平来判断企业价值。

公司盈利能力分析包括收入盈利能力分析、资产盈利能力分析、净资产盈利能力分析等专门性的分析,公司风险水平分析包括盈利能力可变性或稳定性分析、偿债能力分析等专门性的分析。盈利能力可变性或稳定性可以通过经营杠杆分析、财务杠杆分析、盈利能力构成分析等专门的分析方法来揭示,偿债能力可以通过诸如流动比率分析、速动比率分析、资产负债率分析等专门的分析方法来揭示。除此之外,还要进一步对企业经营效率和管理业绩等影响企业未来盈利能力和风险水平的主要相关因素进行分析。在分析了公司现有的盈利能力和风险水平、潜在的盈利能力和风险水平的可变性或稳定程度之后,就可以预测公司未来的盈利能力和风险水平,并根据预测的公司盈利能力和风险水平对企业价值进行判断。

由于公司理财的基本目的是企业价值最大化,因此,判断企业价值就成为完成公司理财任务中不可缺少的分析工作。通过财务报表来评价企业价值既可以简化企业价值估计的工作,适应公司外部人士对企业价值评判的需要;又可以评价公司经营业绩及指出公司经营中存在的问题,为改进公司经营管理指出可行的方向。

本教材主要从公司理财的内容入手讨论公司理财的问题,不专门讨论公司理财的方法体系。而是将各种理财方法融入所讨论的理财问题之中。有兴趣的读者,可以进一步阅读有关方面的书籍。

习　题

复习思考题

1. 如何认识公司财务？
2. 公司理财的基本内容有哪些？
3. 公司组织形式与公司理财目的有何关系？
4. 公司管理结构与公司理财目的有何关系？
5. 如何理解公司理财与不同经济利益主体之间的关系？
6. 如何理解利润最大化、企业价值最大化和股东利益最大化的异同？
7. 如何认识公司理财的方法体系？

第二章 货币时间价值与相关风险

【本章提要】 公司理财的基本目的是股东财富最大化,股东财富最大化的基础是企业价值最大化,企业价值是收益和风险的函数,因此,公司理财应考虑的基本因素是收益和风险。收益和风险分析是贯穿公司理财各个环节的一根红线,而货币时间价值、币值变动风险、信用风险、流通风险、期限风险又是收益和风险分析的基础,因此,本章将对货币时间价值、币值变动风险、信用风险、流通风险、期限风险进行讨论,以为以后的收益和风险分析奠定理论和方法的基础。

【学习目标】 通过本章学习,要求掌握和了解如下内容:(1)掌握货币时间价值的含义和各种计算方法。(2)掌握币值变动方向对公司价值的影响状况。(3)掌握币值变动条件下的收益率计算方法。(4)掌握信用风险的含义和确定方法。(5)了解流通风险的含义。(6)了解期限风险的含义。(7)认识各种风险与收益率的关系。

第一节 货币的时间价值

货币时间价值是理财学中的一个重要概念,是公司筹资、投资和盈利分配等各个理财环节均必须考虑的重要因素之一。货币资金所有者之所以放弃货币资金的一段时间的使用权,无非是希望获得一定的收益。这种收益多以利息率来表示。利息率就是货币资金的成本或价格。货币资金获取利息额的多少与时间成正比,因此,称为货币的时间价值。货币的时间价值会直接影响到企业价值,是从事理财工作所必须熟悉的一个重要概念。本节将介绍货币时间价值的计算问题。

一、单利

单利,是指只对本金计息,对本金产生的利息不再计息的利息。货币时间价值有终值和现值之分。终值是指现在一定量的资金在未来某一时间的价值;现值则是指未来一定量的资金的现在价值。终值和现值是一个相对的概念,若利息率和期限固定,终值与单利现值之间互为逆运算。单利终值与现值的计算方法如下:

$$FV = PV(1 + i \times n) \tag{2-1}$$

$$PV = \frac{FV}{1 + i \times n} \tag{2-2}$$

式中:FV——终值(本利和);PV——现值(本金);i——利息率;n——期数。

【例2-1】 某人在银行存入5年期定期存款1 000元,年利息率为10%(单利),问该笔存款的终值为多少?

解:

根据公式,有:

$$FV = 1\ 000(1+10\% \times 5) = 1\ 500(元)$$

相反,如问5年后取得1 500元,在其他条件不变的情况下,折合现值为多少元?

那么则有:

$$PV = \frac{1\ 500}{1+10\% \times 5} = 1\ 000(元)$$

二、复利

(一)基本计算公式

复利是指不但本金要计算利息,而且本金产生的利息也要计算利息,即包含利滚利在内的利息。其计算方法如下:

$$FV = PV(1+i)^n \tag{2-3}$$

$$PV = \frac{FV}{(1+i)^n} \tag{2-4}$$

从上式可以看出,复利计算公式是一个指数函数,用一般的电子计算器可以迅速求解。

【例2-2】 某人在银行存入10 000元,年利息率为5%,复利计息,问在第5年该笔存款的终值应为多少?

解:

根据公式,有:

$$FV = 10\ 000(1+5\%)^5 = 10\ 000 \times 1.27628 = 12\ 762.8(元)$$

【例2-3】 若某人在第5年可以获得10 000元的现金,年利息率为5%,复利计算,问该笔钱相当于现在的多少元钱?

解:

根据公式,有:

$$PV = \frac{10\ 000}{(1+5\%)^5} = 10\ 000 \times 0.783\ 53 = 7\ 835.3(元)$$

需要注意的是,在现实生活中,最普遍存在的现象是复利,因此,在本书以后的叙述中,没有特别注明是单利的情况下,均是复利。

(二)复利的期限与年限

在现实生活中,虽然有些存(贷)款利率是以单利计算,但当其到期后,再转存(贷)款时,它们就转换为复利了。比如,3年期定期存款的年利率为10%,单利计算。但如果该存款在3年到期后再转存,那么也就转变为3年复利一次的复利了。

【例2-4】 本金为1 000元的3年期定期存款,按单利计息的年利率为10%,如果该存款到期转存,连续存了 9 年,问该笔存款的终值为多少?

解:

该问题应按以下方法计算:

$$FV = 1\,000 \times (1+10\% \times 3)^{\frac{9}{3}} = 1\,000 \times 2.197 = 2\,197(元)$$

该例说明,复利计算中的期限并不是指的年限。期限可以长于年限,也可短于年限,当然也可以等于年限。期限的长短需视具体情况而定。例如〖例 2 - 4〗的复利期限为 3 年一期。

【例 2 - 5】　如果某人在银行存入了一笔年利率为 4% 的 3 个月定期存款 1 000 元。假如,该笔存款连续滚存了 5 年,问该笔存款的终值应为多少?

解:

根据公式,有:

$$FV = 1\,000 \times \left(1+\frac{4\%}{4}\right)^{5 \times 4} = 1\,000 \times 1.220\,19 = 1\,220.19(元)$$

由于在实际中,利息率一般用年利率表示;因此,对于期限与年限不一致的复利计算可用下述公式计算:

(1) 对于期限长于年限的复利计算公式为:

$$FV = PV(1+i \times m)^{\frac{n}{m}} \qquad (2-5)$$

$$PV = \frac{FV}{(1+i \times m)^{\frac{n}{m}}} \qquad (2-6)$$

式中:m——计息期限。

(2) 对于期限短于年限的复利计算公式为:

$$FV = PV\left(1+\frac{i}{m}\right)^{m \times n} \qquad (2-7)$$

$$PV = \frac{FV}{\left(1+\frac{i}{m}\right)^{m \times n}} \qquad (2-8)$$

三、不等额系列现金流量的终值和现值

以上讨论的是一次现金流量的终值和现值的计算,在现实生活中还经常遇到系列现金流量的复利计算问题。

所谓系列现金流量,是指在不同的时间连续分次流入或流出的现金。这种系列现金流量又因每次的现金流量是否相等,分为不等额的系列现金流量和等额的系列现金流量。等额的系列现金流量称为年金。年金是不等额的系列现金流量的特例。在本问题中,我们只讨论不等额系列现金流量的终值和现值的计算问题,对年金的计算问题则留在后面问题中讨论。

由于系列现金流量中每次现金流量的终值和现值的计算,与一次现金流量的终值和现值的计算方法相同。因此,系列现金流量的终值和现值实际上就是系列现金流量中每次现金流量的终值和现值之和。下面分别讨论系列现金流量的终值和现值的计算问题。

（一）系列现金流量终值

系列现金流量终值计算的一般公式：

$$FV = C_0(1+i)^n + C_1(1+i)^{n-1} + \cdots + C_{n-1}(1+i)^1 + C_n(1+i)^0$$

$$= \sum_{t=0}^{n} C_t(1+i)^{n-t} \tag{2-9}$$

式中：FV——终值（本利和）；C_t——第 t 期的现金流量。

系列现金流量终值计算公式如图 2-1 表示。

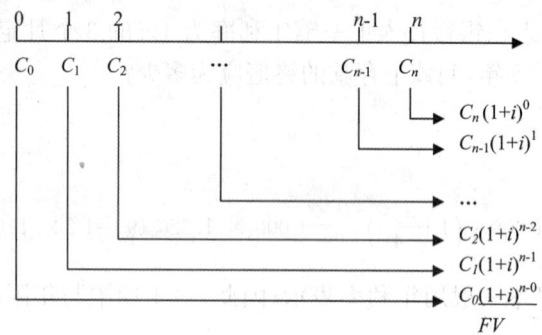

图 2-1　系列现金流量终值示意图

【例 2-6】　假定某人第 1 年年初（0 年）存入银行 1 000 元，第 1 年年末存入 1 200 元，第 2 年年末存入 800 元，第 3 年年末存入 1 400 元，第 4 年年末存入 1 100 元，第 5 年年末存入 1 500 元，银行存款年利息率为 8%。问该系列存款第 5 年末的本利和为多少？

解：

根据公式可得：

$$FV = 1\,000 \times (1+8\%)^5 + 1\,200 \times (1+8\%)^4 + 800 \times (1+8\%)^3$$
$$\quad + 1\,400 \times (1+8\%)^2 + 1\,100 \times (1+8\%)^1 + 1\,500 \times (1+8\%)^0$$
$$\quad = 1\,000 \times 1.469 + 1\,200 \times 1.36 + 800 \times 1.26 + 1\,400 \times 1.166 + 1\,100 \times 1.08 + 1\,500 \times 1$$
$$\quad = 1\,469 + 1\,632 + 1\,008 + 1\,632 + 1\,188 + 1\,500$$
$$\quad = 8\,429（元）$$

（二）系列现金流量现值

系列现金流量现值计算的一般公式：

$$PV = \frac{C_0}{(1+i)^0} + \frac{C_1}{(1+i)^1} + \frac{C_2}{(1+i)^2} + \cdots + \frac{C_{n-2}}{(1+i)^{n-2}} + \frac{C_{n-1}}{(1+i)^{n-1}} + \frac{C_n}{(1+i)^n}$$

$$= \sum_{t=0}^{n} \frac{C_t}{(1+i)^t} \tag{2-10}$$

式中：PV——现值（本金）。

该计算公式如图 2-2 表示。

【例 2-7】　某人分期付款买一套住房，首期付款 30 000 元，第 1 年年末付款 20 000 元，第 2 年年末付款 18 000 元，第 3 年年末付款 16 000 元，第 4 年年末付款 14 000 元，第 5 年年末付款 12 000 元，年利息率为 10%。问该套住房的现值为多少？

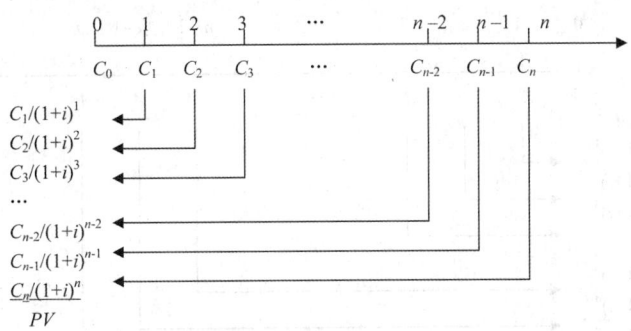

图 2-2 系列现金流量现值示意图

解:

根据公式,计算结果如下:

$$PV = \frac{30\,000}{(1+10\%)^0} + \frac{20\,000}{(1+10\%)^1} + \frac{18\,000}{(1+10\%)^2} + \frac{16\,000}{(1+10\%)^3} + \frac{14\,000}{(1+10\%)^4} + \frac{12\,000}{(1+10\%)^5}$$

$$= 30\,000 \times 1 + 20\,000 \times 0.909 + 18\,000 \times 0.826 + 16\,000 \times 0.751 + 14\,000 \times 0.683 + 12\,000 \times 0.621$$

$$= 30\,000 + 18\,180 + 14\,868 + 12\,016 + 9\,562 + 7\,452$$

$$= 92\,078(元)$$

四、年金的终值和现值

在系列现金流量中,当各期现金流量相等时,即 $C_0 = C_1 = C_2 = \cdots = C_{n-1} = C_n$ 时,该现金流量就称为年金。年金一般用 A 表示,是系列现金流量中的特例。根据不同年金的特征,可以将年金分为后付年金、先付年金、递延年金和永续年金四大类。下面将分别讨论各类年金的终值和现值的计算。

(一)后付年金的终值和现值

后付年金,又称普通年金,是指在每期期末流入和流出的年金。其特征如图 2-3 和图 2-4 简示。

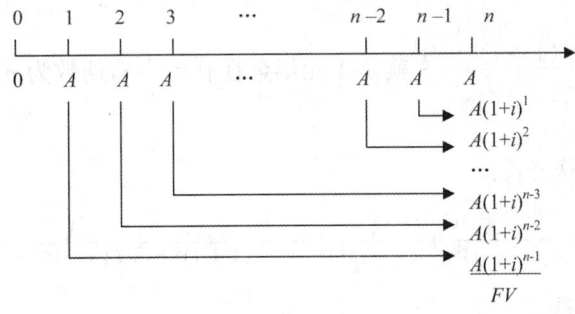

图 2-3 后付年金终值

1. 后付年金终值

后付年金终值计算公式:

$$FV = 0 + A(1+i)^{n-1} + A(1+i)^{n-2} + \cdots + A(1+i)^3 + A(1+i)^2 + A(1+i)^1 + A(1+i)^0$$

$$= A[(1+i)^{n-1} + (1+i)^{n-2} + \cdots + (1+i)^3 + (1+i)^2 + (1+i)^1 + (1+i)^0]$$

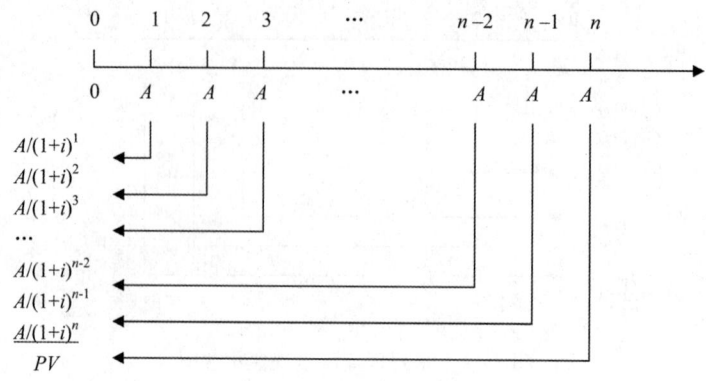

图 2-4　后付年金现值

$$= A \sum_{t=0}^{n-1} (1+i)^{n-t}$$

$$= A \sum_{t=1}^{n} (1+i)^{n-t} \tag{2-11}$$

求年金终值的一般公式可推导如下：

公式(2-11)×(1+ i) 得：

$$(1+i)FV = A(1+i)^n + A(1+i)^{n-1} + A(1+i)^{n-2} + \cdots + A(1+i)^3 + A(1+i)^2 + A(1+i)^1 \tag{2-12}$$

公式(2-12)－公式(2-11)得：

$$(1+i)FV - FV = A(1+i)^n - A(1+i)^0$$

$$FV[(1+i)-1] = A[(1+i)^n - 1]$$

故：

$$FV = \frac{A[(1+i)^n - 1]}{i} \tag{2-13}$$

公式(2-13)式中 $\dfrac{(1+i)^n - 1}{i}$ 就是 1 元年金在利率为 i，期数为 n 时的终值。

2. 后付年金现值

后付年金现值计算公式：

$$PV = \frac{A}{(1+i)^1} + \frac{A}{(1+i)^2} + \frac{A}{(1+i)^3} + \cdots + \frac{A}{(1+i)^{n-2}} + \frac{A}{(1+i)^{n-1}} + \frac{A}{(1+i)^n}$$

$$= \sum_{t=1}^{n} \frac{A}{(1+i)^t} \tag{2-14}$$

令公式(2-14)×(1+i)得：

$$(1+i)PV = A + \frac{A}{(1+i)^1} + \frac{A}{(1+i)^2} + \frac{A}{(1+i)^3} + \cdots + \frac{A}{(1+i)^{n-2}} + \frac{A}{(1+i)^{n-1}} \tag{2-15}$$

公式(2-15)－公式(2-14)得：

$$(1+i)PV - PV = A - \frac{A}{(1+i)^n}$$

$$PV[(1+i)-1] = A[1-(1+i)^{-n}]$$

故：

$$PV = \frac{A[1-(1+i)^{-n}]}{i} \tag{2-16}$$

公式(2-16)式中 $\dfrac{[1-(1+i)^{-n}]}{i}$ 就是1元年金在利率为 i，期数为 n 时的现值。

【例2-8】 某人每年年末存入银行1 000元，年利率为10%，连续存10年，问在第10年年末的终值为多少？

解：

根据公式有：

$$FV = 1000\sum_{t=1}^{10}(1+10\%)^{10-t} = 1\,000 \times 15.937 = 15\,937(元)$$

【例2-9】 假定某人每年年末支付房租2 000元，年利率为8%，连续支付5年，问支付的房租折算为现值为多少元？

解：

根据公式有：

$$PV = \sum_{t=1}^{5}\frac{2000}{(1+8\%)^t} = 2\,000 \times 3.993 = 7\,986(元)$$

（二）先付年金的终值和现值

所谓先付年金，是指在每期期初流入和流出的年金。先付年金与后付年金相比，先付年金的终值比后付年金的终值多了一期的利息，而先付年金的现值则比后付年金的现值少了一期的利息。

1. 先付年金终值

先付年金终值计算公式：

$$FV = A\sum_{t=0}^{n-1}(1+i)^{n-t} \tag{2-17}$$

由于年金终值表一般是按后付年金编制的，因此，在用后付年金终值表计算先付年金时，可用后查一期减1的方法求得先付年金的终值系数，即：

$$FV = A\sum_{t=1}^{n+1}(1+i)^{n+1-t} - A$$

$$= A[\sum_{t=1}^{n+1}(1+i)^{n+1-t} - 1] \tag{2-18}$$

【例2-10】 如〖例2-8〗的存款为期初存入，问其年金终值应为多少？

解：

根据公式，有：

$$FV = 1\,000 \times \left[\sum_{t=1}^{11}(1+10\%)^{11-t} - 1\right] = 1\,000 \times (18.531-1) = 17\,531(元)$$

2. 先付年金现值

先付年金现值计算公式：

$$PV = \sum_{t=0}^{n-1} \frac{A}{(1+i)^t} \tag{2-19}$$

为了用后付年金现值表计算先付年金的现值，可用前查一期加 1 的方法求得先付年金的现值系数，即：

$$PV = \sum_{t=1}^{n-1} \frac{A}{(1+i)^t} + A$$

$$= A\left[\sum_{t=1}^{n-1} \frac{1}{(1+i)^t} + 1\right] \tag{2-20}$$

【例 2 - 11】 如〖例 2 - 9〗的付款为期初付款，那么其年金现值则应为：

$$PV = 2\,000 \times \left[\sum_{t=1}^{4} \frac{1}{(1+8\%)^t} + 1\right] = 2\,000 \times (3.312+1) = 8\,624(元)$$

（三）递延年金的终值和现值

递延年金是指在前 m 期（$m > 1$）中没有现金流入和流出，只有在 m 期开始后的各期才有现金流入和流出的年金。

递延年金终值特征如图 2 - 5 所示。

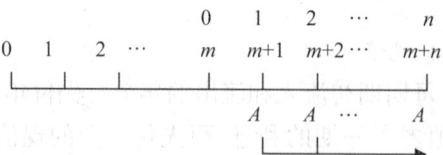

图 2 - 5　递延年金终值特征示意图

递延年金现值特征如图 2 - 6 所示。

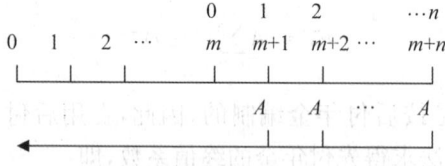

图 2 - 6　递延年金现值特征示意图

1. 递延年金终值

递延年金终值计算公式：

$$FV = A \sum_{t=m+1}^{m+n}(1+i)^{m+n-t} \tag{2-21}$$

从递延年金终值的计算公式来看，其计算方法与普通年金终值的计算方法一样，故不需对它进行专门的探讨。递延年金现值应是递延年金计算探讨的重点。

根据递延年金现值特征示意图,可按下式求解递延年金现值:

$$PV = \sum_{t=m+1}^{m+n} \frac{A}{(1+i)^t}$$

$$= \sum_{t=1}^{m+n} \frac{A}{(1+i)^t} - \sum_{t=1}^{m} \frac{A}{(1+i)^t}$$

$$= A\left[\sum_{t=1}^{m+n} \frac{1}{(1+i)^t} - \sum_{t=1}^{m} \frac{1}{(1+i)^t}\right] \qquad (2-22)$$

递延年金现值除可按公式(2-22)求解之外,还可以先求出递延年金在 n 期期初的现值,然后再将该值作为 m 期的终值,并将它折算为 m 期期初的现值,该现值即为递延年金的现值。其计算公式如下:

$$PV = \sum_{t=1}^{n} \frac{A}{(1+i)^t} \times \frac{1}{(1+i)^m} \qquad (2-23)$$

【例2-12】 设某企业的一项投资,以第 6 年末起至第 10 年末,每年将有 10 000 元的现金流入,年利率为 10%,问该递延年金的现值为多少?

解:

根据计算公式有:

$$PV = 10\,000\left[\sum_{t=1}^{10} \frac{1}{(1+10\%)^t} - \sum_{t=1}^{5} \frac{1}{(1+10\%)^t}\right] = 10\,000 \times (6.145 - 3.791) = 23\,540(元)$$

该例也可按下式计算:

$$PV = \sum_{t=1}^{5} \frac{10\,000}{(1+10\%)^t} \times \frac{1}{(1+10\%)^5} = 10\,000 \times 3.791 \times 0.621 = 23\,540(元)$$

(四)永续年金的终值和现值

永续年金是指无限期现金流入和流出的年金。这样,就形成了一个无穷数列的现金流量。因此,可以根据后付(普通)年金的求和公式推出永续年金计算公式。

$$FV = \frac{A[(1+i)^n - 1]}{i}$$

$$PV = \frac{A[1 - (1+i)^{-n}]}{i}$$

显然,在 $i > 0$ 的条件下,当 $n \to \infty$ 时,FV 发散,无解。而 PV 由于 $(1+i)^{-n}$ 趋近于0,故有:

$$PV = \frac{A}{i} \qquad (2-24)$$

【例2-13】 设某永续证券的年收益为 100 元,折现率为 10%,问该证券的现值应为多少?

解:

根据公式可得:

$$PV = \frac{100}{10\%} = 1\,000(元)$$

第二节　币值变动风险

在现代经济社会中,由于货币已与贵金属脱钩,变成了纯粹的信用货币。信用货币受其发行量、流通速度等诸多因素的影响,其币值不可避免地经常发生变动。虽然人们试图稳定货币币值,但在现实经济生活中,币值变动已成为一种极为普遍的现象。币值变动对公司理财有全面的影响。如果在公司理财中不考虑币值变动因素,将会使公司决策出现失误。本节将讨论币值变动对公司理财的影响及其影响的测定问题。

一、币值变动对资产和负债的影响

(一)币值变动对资产的影响

币值变动对资产的影响,可以分为对货币性资产和对非货币性资产的影响来讨论。货币性资产是指在物价变动情况下,其金额是固定不变的,或是以货币直接反映的资产。货币性资产主要包括现金、按固定金额收回的应收款项、按面值和固定利率到期收回本息的应收票据、收取固定利息或股息的投资等项目。非货币性资产是指在物价变动情况下,其金额或价格随物价增减变化而变动的资产。非货币性资产主要包括存货、固定资产、无形资产、收取商品或劳务的债权等项目。

在通货膨胀条件下,持有货币性资产会蒙受损失;而持有非货币性资产,会取得价值升值利益。相反,在通货紧缩条件下,持有货币性资产,会获得价值升值利益;而持有非货币性资产会蒙受价值损失。

(二)币值变动对负债的影响

币值变动对负债的影响,也可分为对货币性负债和对非货币性负债的影响来讨论。货币性负债是指在物价变动情况下,其金额是固定不变的,或是以货币直接反映的负债。货币性负债主要包括按固定金额支付的应付款项、按面值和固定利率到期支付本金和定期支付利息的各种长短期借款、应付票据、应付债券等项目。非货币性负债是指在物价变动情况下,其金额随物价变化而变动的负债。非货币性负债主要包括递延收入、以商品或劳务形式表示的负债等项目。

在通货膨胀条件下,持有货币性负债,因为可以用贬值了的货币去偿债,所以将产生利益;而持有非货币性负债,则不但不能获得货币贬值所带来的利益,而且还必须用已经升值了的商品和劳务去偿还债务,因此会蒙受损失。相反,在通货紧缩条件下,持有货币性负债会蒙受损失,持有非货币性负债则会获得利益。

币值变动对资产和负债的影响如表 2-1 所示。

表 2-1

币值变动对资产和负债的影响

项目		通货膨胀	通货紧缩
资产	货币性资产	无利	有利
	非货币性资产	无利	有利
负债	货币性负债	无利	有利
	非货币性负债	无利	有利

二、币值变动对实际收益率的影响

（一）实际收益率

实际收益率是指在不考虑币值变化率和其他风险因素时的纯利率。从理论上讲，它是资金需要量和资金供应量在供需平衡时的均衡点利率，该利率是每个人确定最优投资量的折现率。根据费雪（Fisher）分离原则，如果市场上资金可以通过借入和贷出进行交换，那么，必然会出现如下情况：第一，会存在一个均衡利率，使借入量和贷出量相等；第二，个人将不会以自己的主观收益率而是以市场均衡利率作为折现率进行最优投资决策；第三，不存在比借入和贷出更好的获利方式。该分离原则说明，如果每个人都以市场决定的利率而不是以他们自己的主观收益率来作投资决策，那么将会使他们的资产最大化。因此，最优投资决策和个人的主观偏好是分离的。

在实际中，精确测定上述均衡点利率是非常困难的。因此，在实际中用不考虑币值变化率的无风险收益率来表示实际收益率。如政府发行的各种债券就可视为无风险债券，相应地该债券的票面收益率在考虑币值变化率影响之后的收益率，就可视为实际收益率。

（二）名义收益率

币值变化削弱或增加货币的实际购买力，相应也降低或提高了投资项目的收益率。在通货膨胀条件下，货币资金的供应者会要求提高利率水平以补偿其购买力的损失。相反，在通货紧缩的条件下，由于购买力会增加，因此货币资金供应者则可能适当地降低利率水平。所以，名义无风险收益率的高低由实际收益率和币值变化率两个因素所共同决定。

由于在现实经济生活中，币值变化以通货膨胀为主；因此，在后面的讨论中，我们将以通货膨胀率为主来研究币值变化率，对于通货紧缩则将它视为负通货膨胀来讨论。

通货膨胀率通常用一般物价指数来表示，随着物价指数的增长，币值不断下降。这种情况可用"货币时间价值"中的现值形式来表现。如果一般物价水平以年 8% 的速度增长，那么，与之相对应的各期币值就应为 $1/(1+8\%)^t$。

在通货膨胀条件下，确保实际收益率的名义收益率，实际收益率和通货膨胀率之间的关系可用下式表示：

$$(1+i_名) = (1+i_实)(1+f) \tag{2-25}$$

$$i_名 = i_实 + f + i_实 \times f \tag{2-26}$$

式中：$i_名$——名义收益率；$i_实$——实际收益率；f——通货膨胀率。

【例 2-14】 试计算在通货膨胀率为 8% 条件下确保实际收益率为 5% 的名义利率。

解：

根据公式得：

$$i_名 = 5\% + 8\% + 5\% \times 8\% = 13.4\%$$

【例 2-15】 某人在已知年通货膨胀率为 5% 的条件下，在银行存入一笔年利率为 12%、期限为 5 年的定期存款。问该笔存款的实际收益率为多少？

解：

根据公式可得：

$$i_{实} = \frac{1+i_{名}}{1+f} - 1 = \frac{1+12\%}{1+5\%} - 1 = 6.67\%$$

三、通货膨胀率对现金流量终值和现值的影响

由于通货膨胀会导致币值下降,币值下降必然会冲淡货币收益的价值,甚至使盈利转变为亏损。从通货膨胀对现金流量的终值和现值的影响原理来看,就是对其价值以通货膨胀率为折现率再进行一次折现。所以,考虑通货膨胀因素后,现金流量的终值和现值的实际价值应为:

$$FV = \sum_{t=1}^{n} \frac{C_t(1+i)^{n-t}}{(1+f)^t} \tag{2-26}$$

$$PV = \sum_{t=1}^{n} \frac{C_t}{(1+i)^t(1+f)^t} \tag{2-27}$$

【例 2 - 16】 设某种债券的面值为 1 000 元,年利率为 10%,期限为 5 年,到期一次还本付息,年通货膨胀率为 5%,问该债券终值的实际价值为多少?

解:

根据公式可得:

$$FV = \frac{1\,000(1+10\%)^5}{(1+5\%)^5} = \frac{1\,000 \times 1.61}{1.276} = 1\,262(元)$$

【例 2 - 17】 已知要求的实际收益率为 6%,通货膨胀率为 5%,问在第 5 年年末收到 10 000元的现值为多少?

解:

根据公式可得:

$$PV = \frac{10\,000}{(1+6\%)^5(1+5\%)^5} = \frac{10\,000}{1.338 \times 1.276} = 5\,857(元)$$

第三节　信用风险

信用风险是指借款人不能履行还本付息责任所产生的风险。在现实生活中,只要存在借贷行为,就始终存在着信用风险。信用风险存在的普遍性,使得公司理财不得不对它加以重视。本节将讨论信用风险对收益率的影响和信用风险评级的问题。

一、信用风险对收益率的影响

投资者在有风险的环境中从事投资均会要求获得风险补偿。信用风险越大,相应市场上所要求的风险补偿就会越多。国家发行的各种证券可视为无风险的证券,而其他各种证券与它相比都存在一定风险。在其他条件相同的情况下,证券发行者不履行还本付息协议的风险越大,证券的期望收益率也就会相应地越高。某种证券所预期的收益率与该种证券的不可避免风险之间存在着某种必然的联系。这种关系称为市场全部收益率线,如图 2 - 7所示。

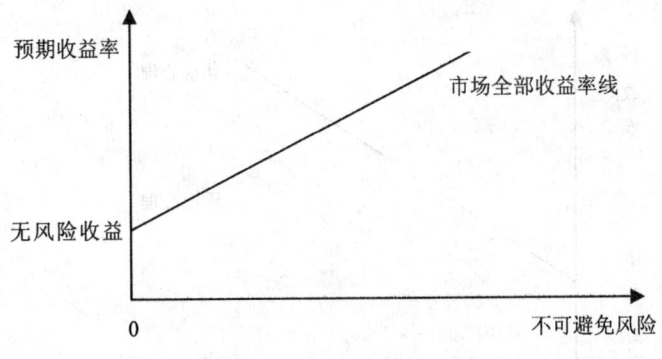

图 2-7　市场全部收益率线

　　图 2-7 说明了投资者要求的收益率随风险的增大而提高的这种关系。市场全部收益率线的斜率反映了投资者厌恶风险的程度。斜率越大，表明投资者越厌恶风险。如果投资者根本不厌恶风险，那么市场全部收益率线将成为一条水平线，即他们对风险最大的证券收益率的要求与无风险证券收益率的要求相等。

　　市场全部收益率线反映了投资者在某一点上对预期收益率与不可避免风险两者间进行权衡的状况。该状况受无风险收益率和投资者心理状态两个因素的影响。当无风险收益率提高或者下降时，市场全部收益率线将会向上或向下移动。这种状况如图 2-8 所示。

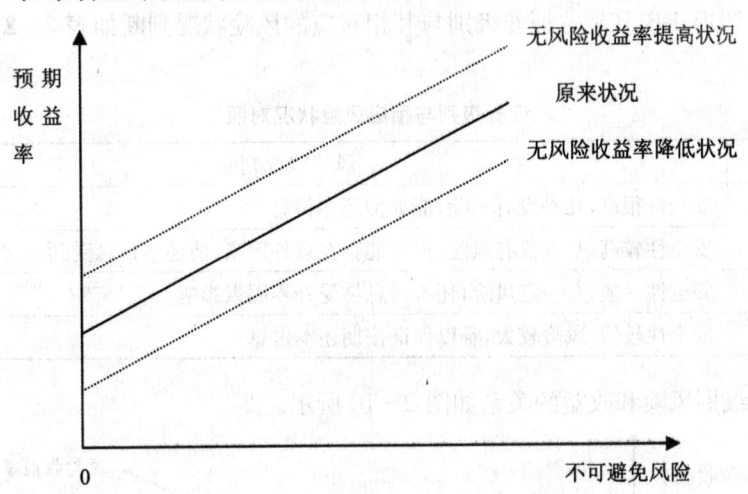

图 2-8　无风险收益率变动对市场全部收益率的影响

　　投资者对风险的厌恶程度从高（悲观心理）到低（乐观心理），市场全部收益率线的斜率就从大到小。这种状况如图 2-9 所示。

二、信用评级

　　由于投资者对不同风险水平的投资要求的收益率不同，因此，了解不同投资的风险水平就成了决定投资的前提。为了让投资者把握不同证券的风险水平，伴随着金融市场的逐步成熟和完善，专门评价证券信用的评信机构也随之产生。信用评级机构最早于 20 世纪初产生于美国。之后，随着各国金融市场的成熟，各国都相应地成立了评信机构。世界上最著名

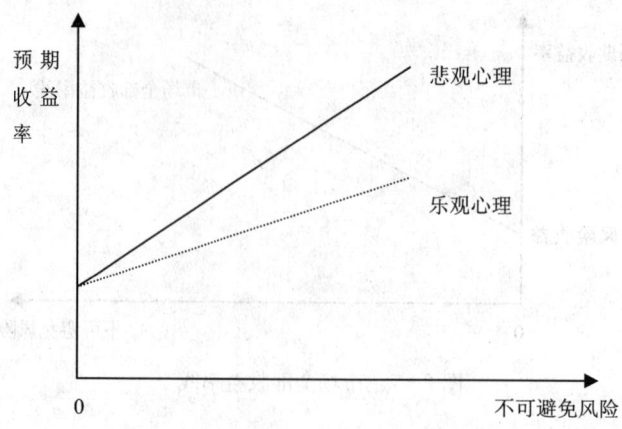

图 2-9　投资者心理状态变动对市场全部收益率的影响

的评信机构为标准普尔公司(Standard & Poor's Corporation)和穆迪投资者服务有限公司 (Moody's Investors Service)。在我国,不少地区也成立了资信评估公司。

　　证券评级一般是从行业分析、财务分析和信用契约分析三方面入手,通过对若干因素定量和定性的分析,最后给出证券级别。证券级别越高,风险越低,相应地收益率也就越低。在我国,将公司的信用级别分为 A、B、C、D 四个大级别,在每一级别中又分为三个小级别,如 AAA、AA、A、BBB、BB、B 等。证券级别与其相对应的风险状况判断如表 2-2 所示。

表 2-2

证券级别与相应风险状况对照

证券级别	风险状况判断
AAA	安全性很高,几乎没有风险,能如期还本付息
AA	安全性较高,基本没有风险,但可能存在意外因素,使还本付息受到一定影响
A	安全性一般,有一定风险,还本付息易受外界因素影响
B	安全性较低,风险较大,难以保证按期还本付息

　　不同证券级别风险和收益的关系如图 2-10 所示。

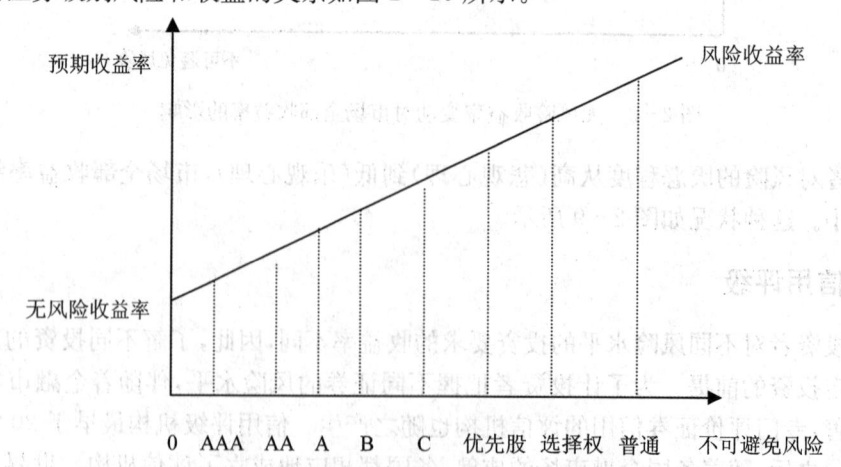

图 2-10　不同证券级别风险和收益的关系图

由于证券的级别影响到投资者对风险-收益的选择结果,影响到证券的发售能力和筹资成本。因此,企业在筹资时应充分考虑到评信公司的评级结果,根据企业自身的特征选择最佳的筹资方式,以降低筹资成本。

第四节 流通风险和期限风险

证券流通能力的强弱和到期时间的长短对证券的价值有着不可低估的影响,在进行证券投资时必须加以考虑。本节将讨论有关证券的流通风险和期限风险的问题。

一、流通风险

对证券而言,流通能力就是指证券的转售能力。证券的转售能力会对证券价格产生重要影响。证券的转售能力是指其所有者将证券转换为现金的能力。证券转售能力可从出售证券所能实现的价格和所需的时间两个方面来考察。这两个方面实际上是息息相关的,因为证券持有者如能在价格上作足够的让步,那么证券转售所花的时间就会大幅度地减少。就金融性资产而言,其变现力的强弱是由在不作大幅度价格让步的条件下,能在短期内出售大量的该类证券的能力所决定的。某种证券的价格让步幅度越小,出售期越短,其转售能力就越强;相反,某种证券的价格让步幅度越大,出售期越长,其转售能力就越弱。因此,转售能力强的证券价值高,转售能力弱的证券价值低。

对到期日相近的证券而言,其收益率除了受信用风险的影响之外,还受转售能力强弱差异的影响。证券转售能力与证券收益率成反比,转售能力强的证券,要求的补偿收益率低;转售能力弱的证券,要求的补偿收益率高。

证券价值大小和收益率高低受转售能力影响的现象,可用我国股票市场中 A 股与 B 股的价格差异,也可以说明流通能力对收益率的影响。我国 A 股的投资者众多,流通能力强;B 股的投资者少,流通能力弱。虽然 A 股与 B 股同股同权,但两者在市场上的价格却相差了许多。在 2001 年 2 月 28 日 B 股市场向国内投资者开放以前,A 股价格是 B 股的 5 倍,在开放之后下降到 2 倍左右。显然,B 股流通能力弱于 A 股是导致 A 股价格高于 B 股价格的最重要的原因之一。

二、期限风险

证券到期日的长短与市场利率变化的可能性成正比,到期日越长,市场利率变化的可能性就越大,反之则越小。为了弥补因到期日长短不同而带来的利率变动的损失,就必须对到期日长的证券要求更高的收益率,即长期证券的要求收益率要高于短期证券的要求收益率。长期证券高于短期证券的利率就是期限风险的补偿收益率。

期限风险的补偿收益率难以精确确定,这是因为期限越长,就越难估计市场利率的变化程度。当未来市场利率低于现行利率时,持有长期证券有利;反之,当未来市场利率高于现行利率时,持有长期证券不利。这种未来利率变化方向可能不一致的状况,使得长期证券期限风险补偿收益率难以确定。从现实来看,期限风险补偿收益率大约在 1~2 个百分点的范围内。期限风险补偿收益率的高低除受证券期限长短的影响之外,还受实际收益率高低的影响。期限风险补偿收益率高低与实际收益率高低成正比。

从筹资者的角度看,虽然短期证券的筹资成本低于长期证券,但它却经常面临再筹资利率变动的风险。如果短期证券到期时的市场利率上升,就会给筹资者造成损失,用短期证券筹资可能没有用长期证券筹资优。因此,期限风险补偿收益率和未来市场利率变化趋势是选择用短期证券或长期证券筹资所必须考虑的两个因素。

在考虑币值变化风险、信用风险、流通风险和到期风险之后,借入资金利息率的构成如下所示:

借入资金利息率＝实际收益率＋币值变化风险收益率＋信用风险补偿率
＋流通风险补偿率＋到期风险补偿率

公司在理财过程中必须认真考虑本章所讨论的各种因素,根据公司的风险特征来选择最有利的理财方案。以后各章将具体讨论在理财过程中如何考虑和运用这些基本的因素。

案例与资料

一、全国居民消费价格、商品零售价格、出厂价格指数与股票指数一览表(如表2－3所示)

表2-3

全国居民消费价格、商品零售价格、出厂价格指数与股票指数一览表

时间	全国居民消费价格总指数	全国商品零售价格总指数	全部工业品出厂价格指数	上证指数同比涨跌幅(%)
1990	104.30	102.20	—	—
1991	104.50	104.00	—	—
1992	108.80	106.80	—	—
1993	118.80	117.60	—	—
1994	125.50	123.20	—	—
1995	110.10	108.30	—	−14.29
1996	107.00	104.40	100.43	65.14
1997	100.40	98.80	99.08	30.22
1998	99.00	97.30	94.62	−3.97
1999	99.00	97.00	99.17	19.18
2000	101.50	99.60	102.80	51.73
2001	100.20	98.20	96.00	−20.62
2002	99.60	99.70	100.40	−17.52
2003	103.20	101.90	103.00	10.26
2004	102.40	101.30	107.10	−15.40

（续表）

时间	全国居民消费价格总指数	全国商品零售价格总指数	全部工业品出厂价格指数	上证指数同比涨跌幅（%）
2005	101.60	100.90	103.20	−8.33
2006	102.81	102.37	103.05	130.43
2007	106.51	105.64	105.43	96.66
2008	101.20	101.44	98.86	−65.39
2009	101.86	101.41	101.70	79.98
2010	104.59	104.13	105.93	−14.31
2011	104.07	103.84	101.69	−21.68
2012	102.52	101.54	98.06	3.17

注：资料来源同花顺金融数据库。

二、金融机构法定存款与贷款利率（如表 2-4 所示）

表 2-4

金融机构法定存款利率与贷款利率

（单位：年利率%）

变化时间	存款利息率						
	活期	3个月	6个月	1年	2年	3年	5年
1996.5.1	2.97	4.86	7.2	9.18	9.9	10.8	12.06
1996.8.23	1.98	3.33	5.4	7.47	7.92	8.28	9
1997.10.23	1.71	2.88	4.14	5.67	5.94	6.21	6.66
1998.3.25	1.71	2.88	4.14	5.22	5.58	6.21	6.66
1998.7.1	1.44	2.79	3.96	4.77	4.86	4.95	5.22
1998.12.7	1.44	2.79	3.33	3.78	3.96	4.14	4.5
1999.6.10	0.99	1.98	2.16	2.25	2.43	2.7	2.88
2002.2.21	0.72	1.71	1.89	1.98	2.25	2.52	2.79
2004.10.29	0.72	1.71	2.07	2.25	2.7	3.24	3.6
2006.8.19	0.72	1.8	2.25	2.52	3.06	3.69	4.14
2007.3.18	0.72	1.98	2.43	2.79	3.33	3.96	4.41
2007.5.19	0.72	2.07	2.61	3.06	3.69	4.41	4.95
2007.7.21	0.81	2.34	2.88	3.33	3.96	4.68	5.22
2007.8.22	0.81	2.61	3.15	3.6	4.23	4.95	5.49
2007.9.15	0.81	2.88	3.42	3.87	4.5	5.22	5.76
2007.12.21	0.72	3.33	3.78	4.14	4.68	5.4	5.85

（续表）

存款利息率

变化时间	活期	3个月	6个月	1年	2年	3年	5年
2008. 9. 16	0.72	3.33	3.78	4.14	4.68	5.4	5.85
2008. 10. 9	0.72	3.15	3.51	3.87	4.41	5.13	5.58
2008. 10. 30	0.72	2.88	3.24	3.6	4.14	4.77	5.13
2008. 11. 27	0.36	1.98	2.25	2.52	3.06	3.6	3.87
2008. 12. 23	0.36	1.71	1.98	2.25	2.79	3.33	3.6
2010. 10. 20	0.36	1.91	2.20	2.50	3.25	3.85	4.20
2010. 12. 26	0.36	2.25	2.50	2.75	3.55	4.15	4.55
2011. 2. 9	0.40	2.60	2.80	3.00	3.90	4.50	5.00
2011. 4. 6	0.50	2.85	3.05	3.25	4.15	4.75	5.25
2011. 7. 7	0.50	3.10	3.30	3.50	4.40	5.00	5.50
2012. 6. 8	0.40	2.85	3.05	3.25	4.10	4.65	5.10
2012. 7. 6	0.35	2.60	2.80	3.00	3.75	4.25	4.75

贷款利息率

变化时间	6个月	1年	1～3年	3～5年
1996. 5. 1	9.72		13.14	14.94
1996. 8. 23	9.18	10.08	10.98	11.7
1997. 10. 23	7.65	8.64	9.36	9.9
1998. 3. 25	7.02	7.92	9	9.72
1998. 7. 1	6.57	6.93	7.11	7.65
1998. 12. 7	6.12	6.39	6.66	7.2
1999. 6. 10	5.58	5.85	5.94	6.03
2002. 2. 21	5.04	5.31	5.49	5.58
2004. 10. 29	5.22	5.58	5.76	5.85
2006. 8. 19	5.58	6.12	6.3	6.48
2007. 3. 18	5.67	6.39	6.57	6.75
2007. 5. 19	5.85	6.57	6.75	6.93
2007. 7. 21	6.03	6.84	7.02	7.2
2007. 8. 22	6.21	7.02	7.2	7.38
2007. 9. 15	6.48	7.29	7.47	7.65
2007. 12. 21	7.47	7.56	7.74	7.83
2008. 9. 16	7.2	7.29	7.56	7.74

（续表）

变化时间	贷款利息率			
	6个月	1年	1～3年	3～5年
2008.10.9	6.93	7.02	7.29	7.47
2008.10.30	6.66	6.75	7.02	7.2
2008.11.27	5.58	5.67	5.94	6.12
2008.12.23	5.31	5.4	5.76	5.94
2010.10.20	5.10	5.56	5.60	5.96
2010.12.26	5.35	5.81	5.85	6.22
2011.2.9	5.60	6.06	6.10	6.45
2011.4.6	5.85	6.31	6.40	6.65
2011.7.7	6.10	6.56	6.65	6.90
2012.6.8	5.85	6.31	6.40	6.65
2012.7.6	5.60	6.00	6.15	6.40

注：根据中国人民银行资料整理。

习　题

一、复习思考题

1. 如何理解货币时间价值的含义？
2. 币值变动与公司价值存在着什么关系？
3. 币值变动条件下的收益率计算需要考虑的因素是什么？
4. 如何理解信用风险的含义？信用风险应该如何确定？
5. 如何理解流通风险的含义？
6. 如何理解期限风险的含义？
7. 怎样认识收益率与各种风险的关系？

二、计算题

1. 某人在银行存入 10 年期定期存款 1 000 元，年利息率为 10%（单利），试计算该笔存款的终值。

2. 某人在第 5 年取得 1 000 元，年利息率为 10%（单利），试计算该笔存款的现值。

3. 某人在银行存入 10 000 元，年利息率为 5%，复利计息，试计算该笔存款在第 5 年的终值。

4. 若某人在第 10 年可以获得 10 000 元的现金，年利息率为 10%，复利计算，问该笔钱相当于现在的多少元钱？

5. 某人有在第 5 年取得 3 000 元与现在取得 2 000 元两种方案可供选择，已知年折现率为10％,试问何方案最优?

6. 某人有在第10年取得5 000元与现在取得2 000元两种方案可供选择,已知年折现率为10％,试问何方案最优?

7. 本金为5 000元的3年期定期存款,按单利计息的年利率为8％,如果该存款到期转存,连续转了3次,问该笔存款的终值为多少? 折算为年复利利率为多少?

8. 本金为10 000元的5年期定期存款,按单利计息的年利率为12％,如果该存款到期转存,连续转了4次,问该笔存款的终值为多少? 折算为年复利利率为多少?

9. 某人在银行存入了一笔年利率为2％的3个月定期存款1 000元。假如,该笔存款连续滚存了5年,问该笔存款的终值为多少? 折算为年复利利率为多少?

10. 某人在银行存入了一笔年利率为4％的3个月定期存款10 000元。假如,该笔存款连续滚存了10年,问该笔存款的终值为多少? 折算为年复利利率为多少?

11. 某人在银行存入了一笔年利率为8％的6个月定期存款5 000元。假如,该笔存款连续滚存了5年,问该笔存款的终值为多少? 折算为年复利利率为多少?

12. 某人在银行存入了一笔年利率为6％的1个月定期存款1 000元。假如,该笔存款连续滚存了5年,问该笔存款的终值为多少? 折算为年复利利率为多少?

13. 某人在银行存入了一笔年利率为2％的1个星期的定期存款8 000元。假如,该笔存款连续滚存了3年,问该笔存款的终值为多少? 折算为年复利利率为多少?

14. 假定某人第1年年初(0年)存入银行2 000元,第1年年末存入2 200元,第2年年末存入1 800元,第3年年末存入2 400元,第4年年末存入3 100元,第5年年末存入3 500元,银行存款年利息率为8％。问该系列存款第5年末的本利和为多少?

15. 假定某人第1年年初(0年)存入银行2 000元,第1年年末和第2年年末未有款项存入,第3年年末存入4 000元,第4年年末存入3 000元,第5年年末存入5 000元,银行存款年利息率为10％。问该系列存款第5年末的本利和为多少?

16. 某房屋租赁公司向客户提供了如下两种租赁方案:方案(1):按年支付,第1年支付金额为14 000元,第2年支付金额为12 000元,第3年支付金额为10 000元;方案(2):第3年末一次支付租赁费50 000元。已知折现率为10％,问那一租赁方案最优?

17. 有一个投资方案:第1年年末投资金额为20 000元,第2年年末投资金额为30 000元,第3年年末投资金额为40 000元;第4年年末可以获得本利110 000元。已知折现率为8％,问该投资方案是否可取?

18. 某人分5年分期付款购买一套住房,首期付款30 000元,第1年付款20 000元,第2年付款18 000元,第3年付款16 000元,第4年付款14 000元,第5年付款12 000元,按月月末支付。年利息率为12％。问该套住房的现值为多少?

19. 房地产公司向客户提供了如下两种购房方案:方案(1):一次付款价格为200 000元;方案(2):首期付款70 000元,第1年年末付款40 000元,第2年年末付款35 000元,第3年年末付款30 000元,第4年年末付款25 000元,第5年年末付款20 000元,已知折现率为10％,问哪一购房方案最优?

20. 有一个投资方案:第1年年初投资金额为60 000元,第6年末开始至第10年年末每年流入现金30 000元,已知折现率为10％,问该投资方案是否可取?

21. 有一个投资方案:第1年年初投资金额为100 000元,从第6年年初开始至第10年年末,每6个月流入现金20 000元,已知折现率为10%,问该投资方案是否可取?

22. 有一个投资方案:第1年年初投资金额为60 000元,第6年末开始至第10年年末每年流入现金20 000元,已知折现率为8%,问该投资方案是否可取?

23. 有一个投资方案:第1年年初投资金额为200 000元,第6年末开始至第10年年末每年流入现金30 000元,该区间的折现率为10%,第11年开始每年末流入现金20 000元,该区间的折现率为8%,问该投资方案是否可取?

24. 已知某债券的年票面收益率为12%,且按年付息,年通货膨胀率为5%,问该债券的实际收益率为多少?

25. 已知在年通货膨胀率为5%,投资者的实际期望收益率为8%的条件下,其投资的名义收益率至少应为多少才能满足投资者的投资期望?

26. 已知某债券的年票面收益率为8%,按年付息,又知投资该债券的实际收益率为11%,问年币值变化率为多少?

27. 已知近20年的年均通货膨胀率为14%,某人20年前投资10 000元购买了年票面收益率为10%(复利)的20年期的长期政府债券,到期一次还本付息,问该债券的实际收益率及20年后的终值各为多少?

28. 已知近10年的年均通货膨胀率为16%,某人10年前投资10 000元购买了年票面收益率为10%的政府债券,每年付息一次,到期还本,问投资该债券的实际盈亏状况?

29. 已知5年期A债券的年面值为1000元,票面收益率为12%,每6个月付息一次,年通货膨胀率为8%,问在该债券到期时的现值为多少?

30. 经预测2000—2006年的通货膨胀率如表习题2-1所示。

表习题2-1

2000—2006年通货膨胀率

年 份	2000	2001	2002	2003	2004	2005
通货膨胀率	5%	7%	9%	10%	11%	8%

试确定确保2000年7月1日至2005年6月30日5年期,一次还本付息的无风险债券的实际收益率为7%时的名义利率。

31. 如果"计算题39"中所述债券为每年付息,到期一次还本,其余假设条件不变,请计算确保实际收益率为7%时的名义利率。

32. 如果"计算题30"中所述债券为每年付息两次,到期一次还本,其余假设条件不变,请计算确保实际收益率为7%时的名义利率。

33. 假设预测10年内的年通货膨胀率如表习题2-2所示。

表习题2-2

10年内通货膨胀率预测

年 份	1	2	3	4	5	6	7	8	9	10
通货膨胀率	−5%	−3%	−1%	0%	4%	6%	7%	8%	10%	10%

试确定票面利息率为8%的,一次还本付息的,10年期无风险债券的实际收益率。

34. 如果计算题33中所述债券为每年付息,到期一次还本,其余假设条件不变,请计算该债券的实际收益率。

35. 某人希望通过贷款 100 万元对房地产进行投资,房产的使用寿命为 50 年,房产出租的名义收益率为 10%。他预测 10 年内的年通货膨胀率如表习题 2-3 所示。

表习题 2-3

10 年内通货膨胀率预测

年　份	1	2	3	4	5	6	7	8	9	10
通货膨胀率	−6%	−4%	−2%	0%	4%	6%	8%	10%	11%	12%

贷款条件如下:贷款期限 10 年,贷款利息率为 12%,每两年偿还 20% 的本金,每 3 个月按贷款余额支付一次利息。试问该投资是否可行?

第三章 公司风险

【本章提要】 公司风险是指由于公司固定支出的存在而使企业盈利能力具有的可变性，以及由于负债原因引起的偿债能力的不确定性。本章重点讨论固定支出带来的风险。按固定支出进行分类，公司风险可以进一步分为总风险、经营风险和财务风险三大类。防范和利用风险是公司理财学中的一个重要课题，本章将讨论公司总风险、经营风险和财务风险三大类风险的理论意义、表现形式，以及如何控制和利用公司风险的问题。

【学习目标】 通过本章学习，要求掌握和了解如下内容：(1) 掌握总风险的含义及其计算方法。(2) 掌握总风险的分解方法。(3) 掌握经营风险的含义及其计算方法。(4) 认识影响经营风险变动的关键因素。(5) 掌握财务风险的含义。(6) 掌握财务杠杆的计算方法。(7) 认识控制公司风险的基本方法。(8) 认识现金盈亏平衡点的含义与计算方法。

第一节 企业总风险及总风险分解

企业总是在不同的风险环境条件下生存和发展的，经营企业就离不开风险。一个企业面临的风险是多种多样的，这些风险可以按多种标准进行分类。但在本节中只按公司理财学对企业总风险的定义来讨论企业总风险及其分类问题。

一、企业总风险

(一) 企业总风险的含义

从公司理财的角度看，风险对企业价值的影响，是通过风险对企业盈利能力的影响和风险对折现率的影响两个方面起作用的。风险对企业盈利能力的影响，是指由于风险的存在使企业盈利能力具有的可变性，风险越大，这种可变性就越大。同一盈利能力，风险越大，价值越低；反之，风险越小，价值越高。风险对折现率的影响，是指由于风险的存在使企业资金供给者(包括投资者和债权人)要求的资金回报率具有的可变性，风险越大，这种可变性就越大，相应地要求的回报率就越高。这两种风险对企业价值影响虽然不同，但在计算企业价值时二者是可以替代的。

(二) 企业总风险的表达式

企业总风险可用企业销售收入增减变化而引起的企业利润(税前收益)加速变化的现象

来反映,这种现象被称为杠杆现象。因此,企业总风险水平的高低可由综合杠杆来度量。

根据企业总风险的定义,综合杠杆的基本表达式:

$$综合杠杆 = \frac{\dfrac{本期利润总额 - 上期利润总额}{上期利润总额}}{\dfrac{本期销售收入 - 上期销售收入}{上期销售收入}} \qquad (3-1)$$

在销售单价、单位成本和固定成本不变的条件下,销售收入(量)的变动率会小于利润的变动率。

由于:

利润总额 = 销售收入(S) - 变动成本总额(TV) - 固定成本总额(F)

销售收入(S) = 销售单价(P) × 销售量(Q)

变动成本总额(TV) = 单位变动成本(V) × 销售量(Q)

因此,有:

$$\begin{aligned}
综合杠杆 &= \frac{\dfrac{[(P-V)Q_1-F]-[(P-V)Q_0-F]}{(P-V)Q_0-F}}{\dfrac{PQ_1-PQ_0}{PQ_0}} \\[3mm]
&= \frac{\dfrac{(P-V)(Q_1-Q_0)}{(P-V)Q_0-F}}{\dfrac{Q_1-Q_0}{Q_0}} \\[3mm]
&= \frac{(P-V)Q_0}{(P-V)Q_0-F} \\[3mm]
&= \frac{上期贡献毛益总额}{上期利润总额} \qquad (3-2)
\end{aligned}$$

从公式(3-2)可以看出,在企业有盈利的情况下,分子大于分母,即综合杠杆必然大于1。公式说明,销售收入(销售量)每增减变化1个百分点,利润总额将以大于1个百分点的速度变化。

算式的值越大,说明企业的总风险水平越高。究其原因,是企业存在固定成本。当销售量上升时,单位固定成本下降,导致利润的增长率大于销售量的增长率;反之,当销售量下降时,单位固定成本上升,导致利润的降低率大于销售量的降低率。下面以实例来说明该问题。

【例3-1】　设甲、乙两家企业,在当前生产水平条件下的经营情况如表3-1所示。

表3-1

甲、乙两家企业经营情况

项目	甲企业	乙企业
固定成本(元)	30 000 000	40 000 000
单位变动成本(元)	60	50
销售单价(元)	100	100
销售数量(件)	1 000 000	1 000 000

试根据表3-1的资料计算两家企业的综合杠杆。

解：

根据公式分别计算的两家企业的综合杠杆如下：

$$甲企业综合杠杆 = \frac{(100-60) \times 1\,000\,000}{(100-60) \times 1\,000\,000 - 30\,000\,000} = 4$$

$$乙企业综合杠杆 = \frac{(100-50) \times 1\,000\,000}{(100-50) \times 1\,000\,000 - 40\,000\,000} = 5$$

甲、乙两家企业综合杠杆说明：当销售量为100万件时，如甲企业销售量增加某1个百分点或减少某一个百分点，它的税前收益会相应增加或减少4个百分点，即以4倍于销售量的速度变化；而乙企业的销售量增加或减少某1个百分点，它的税前收益则会以5倍于该百分点的速度变化。这种情况如表3-2和表3-3所示。

表3-2

甲企业综合杠杆对税前收益的影响

项目	销售水平		
	本期	增加10%	减少10%
销售收入	100 000 000	110 000 000	90 000 000
减:变动成本	60 000 000	66 000 000	54 000 000
固定成本	30 000 000	30 000 000	30 000 000
税前收益	10 000 000	14 000 000	6 000 000
税前收益增减百分比(%)		+40%	-40%

表3-3

乙企业综合杠杆对税前收益的影响

项目	销售水平		
	本期	增加10%	减少10%
销售收入	100 000 000	110 000 000	90 000 000
减:变动成本	50 000 000	55 000 000	45 000 000
固定成本	40 000 000	40 000 000	40 000 000
税前收益	10 000 000	15 000 000	5 000 000
税前收益增减百分比(%)		+50%	-50%

甲、乙两家企业相比较，可以明显看出：乙企业由于综合杠杆高于甲企业，因此综合风险比甲企业大。但正是由于乙企业的综合风险大，在销售量提高的情况下，才使税前收益增长的速度比甲企业快；因此，乙企业通过增加销售量来扩大盈利的机会比甲企业多。如果甲、乙两家企业属于生产同一产品的企业，且乙企业单位变动成本较甲企业低是由于大举增加固定成本的缘故；那么，乙企业增加固定成本所冒的风险是否值得，就取决于它是否能扩大销售量了。

上述甲、乙两企业总风险的差异，还可以进一步用两家企业的盈亏平衡点大小不同来证

明。按照盈亏平衡点的计算公式,有:

$$\text{甲企业盈亏平}\atop\text{衡点销售收入}=\frac{\text{固定成本总额}}{\text{单位贡献毛益率}}=\frac{30\ 000\ 000}{40\%}=7\ 500(\text{万元})$$

$$\text{乙企业盈亏平}\atop\text{衡点销售收入}=\frac{\text{固定成本总额}}{\text{单位贡献毛益率}}=\frac{40\ 000\ 000}{50\%}=8\ 000(\text{万元})$$

两家企业风险平衡点可用下式计算:

$$(100-60)X-30\ 000\ 000=(100-50)X-40\ 000\ 000$$

解之有:$X=1\ 000\ 000(\text{件})$

两家企业的风险状况,还可以用图加以直观的描述,如图 3-1 所示。

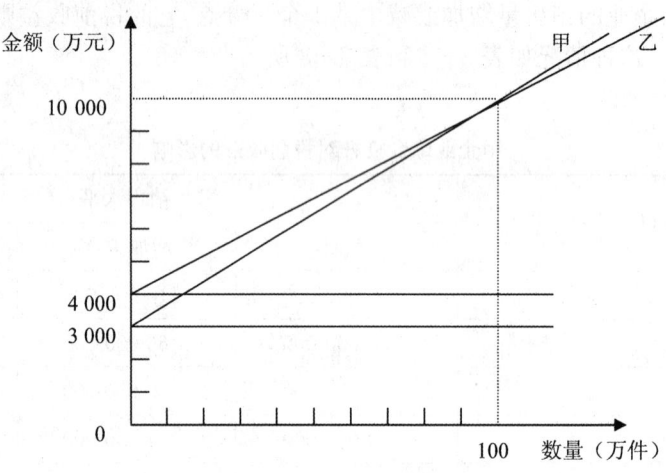

图 3-1　甲乙两公司总风险比较

从图 3-1 可以看出,在销售量为 100 万件或销售收入为 10 000 万元以内时,甲公司的总风险大于乙公司的总风险,而当销售量超过 100 万件或销售收入超过 10 000 万元以后,乙公司的总风险大于甲公司的总风险。这说明,企业的总风险是可变的。

（三）企业总风险的可变性

一个企业的总风险不是一成不变的,它是随销售量的增减变化而变化的。当销售量下降,综合杠杆率上升;当销售量上升,综合杠杆率下降。

【例 3-2】　试以〖例 3-1〗的资料为基础,问当企业销售量分别增减 10% 的情况下,企业的综合杠杆率各为多少?

解:

根据公式,可得:

（1）当销售量增加 10% 时,有:

$$\text{甲企业}\atop\text{综合杠杆}=\frac{(100-60)\times1\ 100\ 000}{(100-60)1\ 100\ 000-30\ 000\ 000}=3.14$$

$$\text{乙企业}\atop\text{综合杠杆}=\frac{(100-50)\times1\ 100\ 000}{(100-50)\times1\ 100\ 000-40\ 000\ 000}=3.67$$

（2）当销售量减少 10% 时,有:

$$\text{甲企业}\atop\text{综合杠杆}=\frac{(100-60)\times900\ 000}{(100-60)\times900\ 000-30\ 000\ 000}=6$$

$$\frac{\text{甲企业}}{\text{综合杠杆}} = \frac{(100-50)\times 900\,000}{(100-50)\times 900\,000 - 40\,000\,000} = 9$$

企业总风险之所以会与销售量的变化成反比,是因为固定成本的存在。当销售量增加时,每一单位销售收入所分摊的固定成本减少;而销售量减少时,每一单位分摊的固定成本增加。这种情况如图3-2所示。

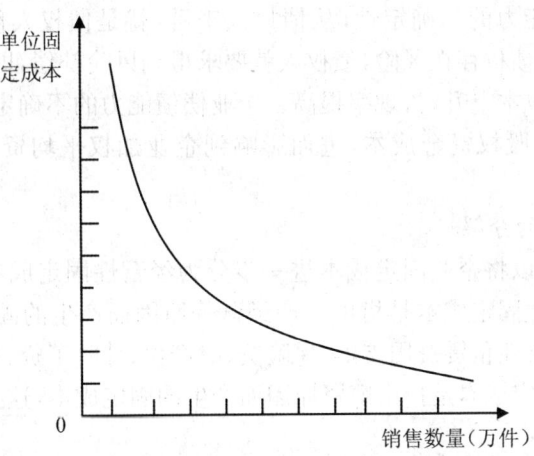

图 3-2　销售量与固定成本的关系

掌握综合杠杆,还有利于预测在销售量发生变化时的股权资金收益率的变化情况。

【例 3-3】　设某企业销售量为 1 000 000 件,销售单价为 10 元,单位成本为 5 元,生产性固定成本为 300 万元,利息支出为 100 万元时的股权资金收益率为 4%。问销售量增至 120 000 件时,该企业的股权资金收益率为多少?

解:

回答该问题可分两步计算:

第一步,计算综合杠杆率。

$$\text{综合杠杆率} = \frac{(10-5)\times 1\,000\,000}{(10-5)\times 1\,000\,000 - 3\,000\,000 - 1\,000\,000} = 5$$

第二步,计算股权资金收益率。

$$\text{股权资金收益率} = \text{原股权资金收益率} \times [1+(\text{销售量增长率}\times\text{综合杠杆率})]$$
$$= 4\% \times [1+(20\% \times 5)] = 8\%$$

计算结果表明,该企业销售量从 100 000 件增至 120 000 件时,股权资金收益率将从 4% 增至 8%,增长率为 100%,即 5 倍于销售量的速度增长。

二、总风险的分解

(一)企业总风险产生根源分析

企业总风险对企业价值的影响可从风险对企业盈利能力产生的影响和风险对企业折现率产生的影响两个方面来考察。

风险对企业盈利能力产生影响的根源在于企业存在着固定成本。一旦企业经营收入抵减变动成本之后的余额(贡献毛益)不足以弥补固定成本,企业就会发生亏损;相反,则会产生盈利。此外,企业经营收入增减变化率与企业盈亏变化率并不一致,由于固定成本的存在,前者总会低于后者,即固定成本对企业盈利能力的变化率起着放大性的作用。

风险对企业折现率产生影响的最根本原因在于企业存在的负债。负债的存在给企业带来两个方面的不确定性:一是由于负债要支付利息,即存在固定的财务费用,从而带来了盈利能力的可变性或不确定性;二是由于负债意味着企业要还本付息,从而带来了偿债能力的不确定性。企业偿债能力的不确定性,从债权人来看,就是债权人债权安全完整的不确定性,即债权的风险性。债权存在风险,债权人就要求得到风险补偿,即提高债权的利息率,这就导致企业负债资金成本上升,折现率提高。企业偿债能力的不确定性,除了影响负债资金成本之外,也会影响到股权资金成本,进而影响到企业加权平均资金成本,使折现率发生变化。

(二) 企业总风险的分解

根据前述分析,可以将企业固定成本进一步分为经营性固定成本和财务性(筹资性)固定成本两大类。经营性固定成本是指由生产经营等原因而产生的固定成本,如固定资产折旧、长期资产摊销、经营性租赁费用支出、保险费、财产税、计时工资、酌量性管理及营销固定成本,等等。财务性固定成本是指由筹资原因而产生的固定成本,这类固定成本主要是由各类借款利息费用组成。

用贡献毛益减去经营性固定成本之后的余额就是息税前收益,息税前收益减去财务性固定成本(利息费用)就是税前收益。

在区分息税前收益和税前收益,以及将固定成本分解为经营性固定成本和财务性(利息费用)之后,企业总风险就可以分解为经营风险和财务风险。其分解过程如下:

$$
\begin{aligned}
综合杠杆 &= \frac{贡献毛益}{税前收益} \\
&= \frac{贡献毛益}{税前收益} \times \frac{息税前收益}{息税前收益} \\
&= \frac{贡献毛益}{息税前收益} \times \frac{息税前收益}{税前收益} \\
&= 经营杠杆 \times 财务杠杆
\end{aligned}
\tag{3-3}
$$

贡献毛益与息税前收益之比称为经营杠杆,息税前收益与税前收益之比称为财务杠杆。经营杠杆是用来度量经营风险大小的工具,财务杠杆是用来度量财务风险大小的工具。企业综合杠杆是其经营杠杆与财务杠杆之积。

现以实例说明企业总风险的分解问题。

【例 3-4】 假定《例 3-1》中甲、乙两企业的固定成本总额中均含有 5 000 000 元的利息费用,问两企业各自的经营杠杆和财务杠杆分别为多少?

解:

根据公式,有:

$$甲企业经营杠杆 = \frac{40\,000\,000}{40\,000\,000 - 25\,000\,000} = 2.67$$

$$乙企业经营杠杆 = \frac{50\,000\,000}{50\,000\,000 - 35\,000\,000} = 3.33$$

$$甲企业财务杠杆 = \frac{40\,000\,000 - 25\,000\,000}{40\,000\,000 - 25\,000\,000 - 5\,000\,000} = 1.5$$

$$\frac{乙企业}{财务杠杆} = \frac{50\ 000\ 000 - 35\ 000\ 000}{50\ 000\ 000 - 35\ 000\ 000 - 5\ 000\ 000} = 1.5$$

上述有关企业总风险的分解说明,控制总风险可以从控制经营风险和财务风险入手。如企业总风险水平或综合杠杆率既定,当企业经营杠杆率较高,则可以通过降低财务杠杆率来确保综合杠杆率控制目标的实现。反之,当财务杠杆率较高时,则可以通过降低经营杠杆率来确保综合杠杆率控制目标的实现。

三、企业总风险分解的意义

（一）企业总风险水平分析的分类

企业风险分类既可从风险对盈利能力的影响和风险对折现率的影响来分,又可以从经营风险和财务风险来分。各类风险又是相互影响的,本书所定义的企业风险分类如图3-3所示。

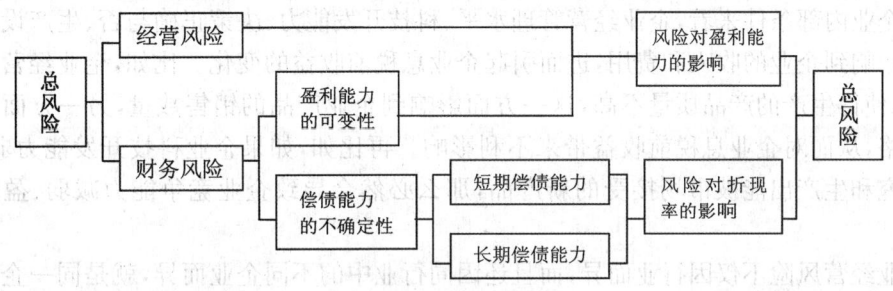

图3-3　企业风险分类

（二）企业总风险分解的意义

从上述可知,企业风险水平分析至少有如下几方面的意义:

（1）可以明确不同种类风险对企业总风险的影响程度,有利于企业根据自身实际情况采取不同的风险控制方法,有效控制企业风险。比如,当企业的经营风险过大时,那么就应该减少负债筹资,以降低财务风险;相反,当企业的经营风险较小时,那么就可以适当增加负债筹资,以获取财务杠杆利益。

（2）可以判明不同风险对决定企业价值各要素的影响状况,有利于企业有针对性地采取各种措施,提高企业价值。

（3）可以将不同风险水平的盈利能力折算为同风险的盈利能力,有利于投资者和债权人比较不同企业盈利能力的高低,从而作出科学的决策。

第二节　经营风险及其表现形式

经营风险是构成企业总风险的两大风险之一,了解经营风险有助于加深对企业总风险的认识,本节将对经营风险的概念及其计量问题进行讨论。

一、经营风险概述

经营风险是指生产经营方面的原因给企业盈利带来的不确定性,具体地说,是给企业息税前收益带来的不确定性。这种风险是企业固有的,任何企业都必然承受着这种风险。因为企业生产经营的各个方面都会受企业外部环境和内部条件的影响,不可避免地具有不确定性。

从企业外部环境看,产品销售市场和生产要素市场的任何变化均会影响到经营风险。

从产品销售市场来看,产品销售市场上的供求关系会直接影响到企业产品的销售数量和销售价格,从而引起企业息税前收益的变化。而产品销售市场上的供求关系又受诸如宏观经济政策的变化、新竞争对手的出现、新替代产品的出现,以及消费者爱好的变化等多种因素的影响。

从生产要素市场来看,生产要素市场的变化也会直接影响到企业的生产成本,从而引起企业息税前收益的变化。而生产要素市场的变化,同样受众多因素的影响。比如,原材料供应就受生产厂商、运输路线、季节变化,甚至供应地的政治经济形势等诸多因素的影响,又如,劳动力的招聘受劳动力市场供求关系、基本工资水平等方面因素的影响。

从企业内部条件来看,企业经营管理水平、科技开发能力、决策正确与否、生产设备的特征均会影响到企业的收入和费用,进而引起企业息税前收益的变化。比如,企业经营管理水平不高,使得生产的产品质量不高,这一方面影响到企业产品的销售数量,另一方面影响到销售价格,从而对企业息税前收益带来不利影响。再比如,如果企业科技开发能力弱,不能及时研究和生产出能被市场接受的新产品,那么必然会导致企业竞争能力减弱、盈利能力下降。

企业经营风险不仅因行业而异,而且还因同行业中的不同企业而异,就是同一企业在不同时间内也存在差异。

一般而言,从行业角度来比较,从事传统产品制造的行业,或因为固定成本水平相对较低,或因为市场比较成熟,产品已得到市场的广泛认可,销售和供应市场相对稳定,因此其经营风险要低于从事新产品开发和制造的行业。而从事新产品开发和制造的行业,或因为固定成本水平相对较高,或因为市场欠成熟,产品尚未取得市场的广泛认可,销售和供应市场均不稳定,因此其经营风险较大。

对处于同一行业中的不同企业而言,经营管理水平高、技术先进的企业,或因产品质量较高,被消费者所接受,销售市场稳定;或因内部控制有力,固定成本水平相对较低,即单位产品分摊的固定成本较少。因此,其经营风险要低于经营管理水平差的企业。

对同一企业而言,在不同的发展期,经营风险的大小也不相同。一般来说,在企业初创期,由于生产不稳定、产品不成熟、销售市场尚处于开发阶段、固定资产等生产性投资引起的现金流出量大,以及内部管理和控制水平也相对较弱等方面的原因,所以处于初创阶段企业的经营风险最高。在企业步入成熟期后,企业的销售渠道、供应关系网均已建立,内部管理水平也有所提高,在生产性投资减少的同时,企业的生产和销售量增加,固定资产得到了较充分的运用,因此处于成熟期阶段企业的经营风险最低。然而,当企业步入衰退期之后,经营风险水平又开始上升。总之,对同一企业而言,伴随着企业发展周期的变化,其经营风险水平也在不断变化。

二、经营风险的表现形式

既然经营风险是企业客观存在的风险,那么就有必要揭示这种风险,将它定量化,以利于对它进行控制。在上节已经讨论了有关经营风险的计量问题,在这里只是进一步对计量的问题进行较详细的说明。

从企业财务角度看,经营风险是指销售收入变化所引起的息税前收益的加速变化。产生这种加速变化的原因是企业存在经营性固定成本,经营性固定成本占总成本的比重越大,息税前收益受销售变化影响的幅度就越大,即经营风险越大。经营风险的大小通常用经营杠杆来加以表示。经营杠杆的计算公式如下:

$$\frac{经营}{风险} = \frac{销售量 \times (销售单价 - 单位变动成本)}{销售量 \times (销售单价 - 单位变动成本) - 经营性固定成本总额}$$

$$= \frac{贡献毛益}{息税前收益} \tag{3-4}$$

公式(3-4)反映了经营性固定成本对经营杠杆的影响状况,经营性固定成本利用越充分,即同等的经营性固定成本创造的销售量越大,经营杠杆就越小;反之则越大。经营杠杆越高,说明经营风险越大,即息税前收益相对于销售量变化的速度越快。对经营风险的计量问题,我们仍以实例来进行解释。

【例 3-5】 假定〖例 3-1〗中甲、乙两企业的资料不变,并进一步假定甲企业的生产经营性固定成本为 2500 万元,乙企业的生产经营性固定成本为 3500 万元。问两家企业销售收入分别增加和减少 10%条件下的经营杠杆和息税前收益增减变化情况。

解:

根据公式,将两家企业的资料列表计算,如表 3-4、表 3-5 所示。

表 3-4

甲企业经营杠杆对息税前收益的影响

项目	销售水平		
	本期	增加 10%	减少 10%
销售收入	100 000 000	110 000 000	90 000 000
减:变动成本	60 000 000	66 000 000	54 000 000
贡献毛益	40 000 000	44 000 000	36 000 000
减:经营固定成本	25 000 000	25 000 000	25 000 000
息税前收益	15 000 000	19 000 000	11 000 000
经营杠杆	2.67	2.32	3.27
息税前收益增减百分比(%)	—	+26.7%	-26.7%

表 3-5

乙企业经营杠杆对息税前收益的影响

项目	销售水平		
	本期	增加 10%	减少 10%
销售收入	100 000 000	110 000 000	90 000 000
减:变动成本	50 000 000	55 000 000	45 000 000

（续表）

项目	销售水平		
	本期	增加10％	减少10％
贡献毛益	50000000	55000000	45000000
经营固定成本	35 000 000	35 000 000	35 000 000
息税前收益	15 000 000	20 000 000	10 000 000
经营杠杆	3.33	2.75	4.5
息税前收益增减百分比（％）	—	＋33.3％	－33.3％

仔细观察表3-4和表3-5，除可以看出息税前收益是以经营杠杆的速度高于销售收入的变化速度而变化之外，还可以发现经营杠杆随销售收入的增加而降低，随销售收入的减少而提高，这些都与综合杠杆的性质是一致的。

三、经营杠杆的意义

了解企业的经营风险，主要作用是控制投资风险和确定投资要求的收益率。

1. 有利于控制经营风险

从前述经营杠杆的计算公式和实例中可以看出，经营杠杆的高低受经营性固定成本总额大小的影响。当经营性固定成本为零时，经营杠杆就等于1，这时的经营风险就等于零，即息税前收益变化率完全与销售量变化率相等。但在实际中，任何企业的经营性固定成本均不可能等于零，经营性固定成本的大小与企业经营的性质密切相关。一旦企业经营方针确定后，经营性固定成本的绝对金额就很难随意增减，降低经营性固定成本的可行途径只能是通过增加产销量，降低产品中的单位经营性固定成本。在经营性固定成本总额不变的前提下，产销量越大，经营杠杆就越小，经营风险也相应越低。掌握了企业的经营风险，就有利于企业根据实际情况或在确定经营方针时就将经营风险控制在一个适度的范围内，或通过充分提高固定成本的利用效果来降低经营风险。

另外，经营杠杆本身并不是企业息税前收益可变性的根源，该根源主要是市场和生产的不确定性。但经营杠杆会放大市场和生产的不确定性，经营杠杆越高，这种放大功能也就越大，从而使企业的经营风险扩大化。因此，企业要最有效地控制经营风险，就必须大力开拓市场，通过扩大销售量和增加销售收入来降低经营风险。

在企业从事新的投资时，应该要考虑投资后的经营风险情况。如果公司现有的经营风险过高，那么在新投资时，就应该降低投资项目的经营风险，使公司投资后的综合经营风险得以降低。相反，如果公司觉得现有经营风险过低，那么在选择新的投资项目时，则可以考虑选择经营风险较高的投资项目，使公司投资完成之后的综合经营风险有所提高，以追求风险利益。

2. 有利于确定合理的投资收益率

由于任何投资者都会在不同程度上厌恶风险，只要经营风险存在，投资者就会要求获得风险补偿，所以经营风险大的收益率价值要低于经营风险小的价值。掌握了企业经营风险的大小，就为企业确定合理的投资收益率提供了依据。

一般而言，在企业从事高经营风险的投资业务时，必须要求有相应的投资补偿。因经营风险存在而要求的投资补偿额或补偿率可根据企业经营风险与社会或行业的平均经营风险之差为基础来确定。具体地说，就是通过计算企业经营风险是社会或行业平均经营风险的百分比,然后再将企业收益率换算为可与社会或行业平均收益率相比较的收益率,最后根据换算后的收益率来确定不同经营风险条件下的要求收益率。

【例 3 - 6】 假定 A 公司的经营杠杆为 2,而社会行业平均经营杠杆为 1.5。又知社会行业平均的投资收益率为 8%,试问 A 公司应该如何选择合理的投资收益率?

解:

按照经营风险与投资收益率同步增长的原理,A 公司可以按下式选择要求投资收益率:

$$\text{A 公司应该选择的投资收益率} = \frac{2}{1.5} \times 8\% = 10.67\%$$

当然,上式是按上述的线性方式来确定要求投资收益率的,在实际中,企业可以根据其实际情况按非线性的方式来选择要求投资收益率。但是,无论如何,经营风险始终是选择投资收益率的一个重要指标。

第三节 财务风险及其表现形式

财务风险也是构成企业总风险的两大风险之一,财务风险是公司理财必须重点研究的内容。本节重点对财务风险的概念及其计量问题进行讨论。

一、财务风险概述

(一)财务风险的定义

财务风险是指由于筹集负债资金的原因,而引起的股东收益的可变性和偿债能力的不确定性。该定义表明如下含义。

1. 财务风险不是企业固有的

财务风险与经营风险不一样,它不是企业本身所固有的,当企业全部资金均为股权资金时,企业的财务风险就为零。因此,对于财务风险,企业是能够控制的。

2. 财务风险影响股东收益和偿债能力

财务风险的基本影响包括对股东收益的影响和对公司偿债能力的影响两个方面。当然,公司的财务风险还会对债权人等与企业相关的利益集团的经济利益产生影响,只不过在这里我们重点关注的是财务风险对负债公司的影响。

(二)负债筹资对股东收益的影响

从负债筹资引起的股东收益的可变性来看,负债资金成本是固定的,当资产息税前收益率高于负债税前资金成本率时,负债资金所创造的一部分收益归股权资金所有,因此,负债资金占总资金来源的比重越大,股权资金的收益率就越高;反之,当资产息税前收益率低于负债税前资金成本率时,则必须利用一部分股权资金创造的利润去支付负债利息,因此,负债资金占总资金来源的比重越大,股权资金的收益率就越低。更有甚者,当股权资金创造的利润还不足以偿付负债的利息时,那么,公司就将出现亏损。

(三)负债筹资对公司偿债能力的影响

从负债筹资引起的偿债能力的不确定性来看,这种不确定性主要是由借入资金必须偿付本金和利息的原因所引起,企业借入资金越多,固定的利息支出就越多,企业丧失现金支付能力的可能性就越大。在企业资产息税前收益率低于负债资金利息率的情况下,企业必须用自有资金创造的部分利润去支付负债利息,更有甚者,在企业息税前收益不足以支付负债利息时,即出现亏损时,企业还必须动用自有资金去偿还部分乃至全部负债的本息。这势必导致企业财务状况恶化,丧失偿债能力,甚至导致企业破产。

除此之外,企业丧失偿债能力,还有可能是企业资金调度和使用不当所致。虽然这种财务上的技术性失败可能是比较次要的原因,但它却是导致企业破产最直接的原因。因为《中华人民共和国企业破产法》规定:企业"不能清偿到期债务的依照本法宣告破产"。

二、财务风险的表现形式

财务风险的主要表现形式有用于测定股东收益可变性的财务杠杆类和用于测定偿债能力不确定性的财务比率两大类指标。在这里,仅对测定股东收益可变性的财务杠杆类指标进行讨论。测定股东收益可变性的指标主要有财务杠杆和财务杠杆收益率两大类指标,下面分别加以讨论。

（一）财务杠杆

由企业负债筹资引起的固定利息支出,必然使企业的股东收益具有可变性,且它的变化幅度会大于息税前收益变化的幅度。这是因为负债利息是固定的,当息税前收益增大时,单位息税前收益所负担的固定利息支出就会减少,相应地股东收益就会以更大的幅度增加;反之,当息税前收益减少时,单位息税前收益所负担的固定利息支出就会增加,相应地导致股东收益以更大幅度减少。这种关系称之为财务杠杆关系。财务杠杆是反映负债筹资对股东收益可变性影响程度的指标。关于财务风险的计量公式,在本章第一节已经作了说明,在这里只对它的具体运用作进一步详细的分析。财务风险的计算公式如下:

$$\frac{\text{财务}}{\text{风险}} = \frac{\text{销售量} \times (\text{销售单价} - \text{单位变动成本}) - \text{经营性固定成本}}{\text{销售量} \times (\text{销售单价} - \text{单位变动成本}) - \text{经营性固定成本} - \text{利息}}$$

$$= \frac{\text{息税前收益}}{\text{息税前收益} - \text{利息}} = \frac{\text{息税前收益}}{\text{税前收益}} \qquad (3-5)$$

公式(3-5)表明:财务杠杆越大,财务风险越高。当然,在公式中假定息税前收益大于或至少等于利息。如在息税前收益小于利息的情况下,不能用该公式来测定财务风险。该公式也反映出,财务风险越大,股权资金收益率加速增长的机会也越大。下面以实例来说明财务杠杆计算公式的具体运用。

【例 3-7】 设有 A、B、C 三家公司的有关资料如下:

资金结构如表 3-6 所示。

表 3-6

A、B、C 三家公司的资金结构

项目	A公司	B公司	C公司
6%利率的公司债		5 000 000	
10%利率的公司债			12 000 000
普通股票	20 000 000	15 000 000	8 000 000
合　计	20 000 000	20 000 000	20 000 000

息税前收益：

假定 A、B、C 三家公司均属于同一行业,生产同一种产品,上年度完成同样的产量,每家公司获得的息税前收益均为 2 000 000 元,普通股票的账面价值也均为 50 元/股。

要求:根据上述资料,计算每家公司的财务杠杆。

解:

计算结果如表 3-7 所示。

表 3-7

A、B、C 三家公司在相同息税前收益水平条件下的财务杠杆和每股收益计算

单位:元

项目	A公司	B公司	C公司
(1)息税前收益	2 000 000	2 000 000	2 000 000
(2)利息费用		300 000	1 200 000
(3)税前收益	2 000 000	1 700 000	800 000
(4)所得税(30%)	600 000	510 000	240 000
(5)税后收益	1 400 000	1 190 000	560 000
(6)普通股票股数	400 000	300 000	160 000
(7)每股收益[=(5)/(6)]	3.5	3.97	3.5
(8)财务杠杆率[=(1)/(3)]	1.00	1.18	2.5

上述计算结果表明:B公司适度举债,使该公司每股收益高于A、C两家公司;而C公司过度举债经营,不但没有获得每股收益上升的利益(与A公司持平),而且还大大地增加了财务风险。

当然,由于各公司的财务杠杆率不一样,在息税前收益发生变化时,会带来不同的结果。现再以实例加以说明。

【例 3-8】 假设〖例 3-7〗的各种条件不变,但下一年度可能出现两种情况:一是销售状况好,每家公司的息税前收益都将增加 20%;另一种是销售状况差,每家公司的息税前收益都将减少 20%。试计算在这两种状况下三家公司的财务杠杆和每股收益。

解:

计算结果如表 3-8 所示。

表 3-8

A、B、C 三家公司在相同息税前收益水平条件下的财务杠杆和每股收益计算

单位:万元

项目	增加 20%			减少 20%		
	A公司	B公司	C公司	A公司	B公司	C公司
(1)息税前收益	240	240	240	160	160	160
(2)利息费用		30	120		30	120

（续表）

项目	增加 20％			减少 20％		
	A公司	B公司	C公司	A公司	B公司	C公司
(3)税前收益	240	210	120	160	130	40
(4)所得税(30％)	72	63	36	48	39	12
(5)税后收益	168	147	84	112	91	28
(6)普通股票股数(万股)	40	30	16	40	30	16
(7)变化后每股收益[＝(5)/(6)]	4.2	4.9	5.25	2.8	3.03	1.75
(8)变化前每股收益	3.5	3.97	3.5	3.5	3.97	3.5
(9)每股收益变化率{＝[(7)－(8)]/(8)}	＋20％	＋23.6％	＋50％	－20％	－23.6％	－50％
(10)变化后财务杠杆率[＝(1)/(3)]	1	1.14	2	1	1.23	4
(11)变化前财务杠杆率	1	1.18	2.5	1	1.18	2.5
(12)息税前收益变化率{＝[(10)－(11)]/(11)}	0	－3.4％	－20％	0	＋4.24％	＋62.5％
(13)每股收益变化率/息税前收益变化率	1	1.18	2.5	1	1.18	2.5

从表 3-8 可以看出财务杠杆率与每股收益之间的关系，A 公司因财务杠杆率为 1，因此它的息税前收益变化率与每股收益变化率完全一致；而 B 公司和 C 公司的财务杠杆率分别为 1.18 和 2.5，因此它们的每股收益变化率也是其息税前收益变化率 1.18 倍和 2.5 倍。这充分说明，财务杠杆率越大，企业的财务风险也越大。但是，应该注意，财务杠杆率大也并非完全是坏事，因为它为每股收益的加速增长创造了条件。比如，当息税前收益上升 20％时，C 公司的每股收益就上升了 50％，而 A 公司的每股收益则只上升了 20％。这说明，在一定条件下财务风险会转化为财务利益。公司理财就是要不断地在收益和风险之间进行权衡，以便为股东获取最大的利益。

从表 3-8 还可以看出，财务杠杆并非一成不变，它与息税前收益成反比，与利息费用成正比。这是在控制和利用财务风险时需要注意的。

（二）财务杠杆收益率

上述讨论的财务杠杆率揭示的是息税前收益与税前收益，进而揭示税后收益和股东权益收益之间的关系，并说明了当息税前收益发生变化时，股东权益收益发生加速变化的状况。但财务杠杆率还不能直接与企业的资金结构结合起来，揭示财务杠杆对股权资金收益率的贡献。因此，有必要对财务杠杆收益率的问题进行探讨。

股权资金收益率（净资产收益率）除了可以用税后收益与净资产的平均余额之比来表示之外，还可以用如下公式表示：

$$\frac{净资产}{收益率}=\frac{总资产}{收益率}+\frac{负债平均余额}{净资产平均余额}\times\left(\frac{总资产}{收益率}-\frac{负债}{成本率}\right) \qquad (3-6)$$

公式(3-6)表明,净资产收益率是由总资产收益率和财务杠杆收益率两大部分所组成。前一部分是税后收益与总资产之比,它是企业的真实收益率,具有相对的稳定性;而后一部分收益率是由财务风险带来的,其可变性大,稳定性差。

【例3-9】 现仍以〖例3-7〗的资料为基础,并假定A、B、C三家公司的公司债券和普通股票均为平均余额,那么,可以用上述公式分别求得三家公司的股权资金收益率。

解:

(1)求总资产收益率。

由于A、B、C三家公司的息税前收益和总资产均为2 000 000元和20 000 000元,因此,这三家公司有相同的总资产税后收益率,即:

$$\frac{总资产}{收益率}=\frac{2\ 000\ 000(1-30\%)}{20\ 000\ 000}=7\%$$

(2)求股权资金税后收益率。

三家公司的股权资金税后收益率分别为:

$$A公司=7\%+\frac{0}{20\ 000\ 000}(7\%-0)=7\%$$

$$B公司=7\%+\frac{5\ 000\ 000}{15\ 000\ 000}[7\%-6\%(1-30\%)]=7.93\%$$

$$C公司=7\%+\frac{12\ 000\ 000}{8\ 000\ 000}[7\%-10\%(1-30\%)]=7\%$$

从上例计算结果可以看出,虽然三家公司的总资产收益率均相等,但由于财务风险不一样,而最终导致了三家公司在股权资金收益率上的差异。A公司财务风险为零,它既不承担财务风险损失,又不享受财务风险收益,故股权资金收益率与总资产收益率完全相等。B公司适度地承担财务风险,获得了0.93个百分点的财务风险杠杆利益,相应地使股权资金收益率比总资产收益率高了0.93个百分点。而C公司则由于财务风险过大,导致负债利息率大幅度上升,使企业没有从财务风险扩大中获得任何好处,其股权资金收益率仍等于总资产收益率,可以说,C公司过分扩大财务风险是得不偿失的。

三、财务杠杆的意义

通过财务杠杆来认识企业财务风险,有非常重要的意义。简单地讲,就是有助于企业利用财务风险的优点和控制财务风险的缺点。

1. 有助于利用财务风险

(1)有助于负债筹资决策。财务风险最显著的优点,是在总资产收益率高于负债成本率时,企业可以利用财务杠杆使股权资金收益率获得加速上升。财务杠杆效应的大小与总资产收益率、负债同股权的比率成正比,与负债资金成本率成反比。因此,如果企业知道了本企业财务杠杆的特征,就可以根据预期的总资产收益率变化情况作出最有利的负债筹资决策。比如,当企业预测未来的总资产收益率会上升时,就可以充分利用负债筹资,增大负债资金同股权资金的比率,以获取财务杠杆所带来的风险利益;反之,当企业预测未来的总资产收益率较低时,就应减少负债筹资,缩小负债资金同股权资金的比率,以回避财务杠杆所带来的风险损失。

(2)有助于确保企业控制权不被削弱。财务风险的另一个显著优点,是可以在扩大企业生产经营规模的同时,确保企业原股东对公司控制权不被削弱。这对一些股本较小,股东向公司投资的能力又较弱,但是发展潜力极大的企业来说,具有十分重要的意义。因为,这类企业急需资金来支持其发展,但是公司股东一方面没有足够的投资能力,无法用股权资金来满足企业发展对资金的需要;另一方面,股东又不愿意将有发展前途的企业的股权稀释。那么,唯一最佳的筹资方式就是利用负债筹资,通过放大财务风险来满足企业发展和其股东掌握控制权的需要。

2. 有利于控制财务风险

(1) 有利于回避无力按期偿还本息的财务风险。企业靠放大财务风险追求股权资金收益率加速增长的同时,不可避免地承受着偿债压力。如果企业负债过大,并且当资金使用不当时,就容易导致企业财务失败。所谓财务失败,是指企业无力偿还到期债务一直到破产为止的这样一个区间的财务困难。因负债所引起的财务失败的可能性会在很大程度上抵消其低资金成本所带来的好处。因此,企业必须有目的地控制企业的财务风险。通过企业财务杠杆这一工具,有利于企业把握财务风险的大小,并根据自身的实际情况作出控制财务风险的决策。

(2) 有利于确定负债资金成本的控制目标。当企业存在负债资金时,就存在如何确定负债资金成本的控制线问题。当企业总资产收益率低于负债成本率时,负债的存在将会导致企业股权资金收益率低于总资产收益率。因为,这时企业必须用股权资金赚取的收益去支付负债利息,更有甚者,当企业总资产赚取的收益还不足以偿还利息时,企业就会出现亏损,从而导致股权资金收益率为负,使负债筹资完全得不偿失。通过财务杠杆率,有利于企业测定负债资金能给企业带来收益的成本范围,从而为制定负债资金成本控制线提供可靠的依据,保证企业获得负债筹资所带来的利益和控制其可能引起的亏损。

(3) 明确了财务风险的控制方法。财务风险与经营风险不一样,它不是企业固有的,当企业全部资金均为自有资金时,这时财务杠杆率就为1,即息税前收益的变化幅度与股东收益的变化幅度相等,财务风险等于零。财务杠杆和财务杠杆收益率的计算公式表明,降低财务风险的可行途径除了绝对减少负债持有量之外,还可以通过增加息税前收益。增加息税前收益的有效方法则是增加销售收入、降低成本费用等。而增加息税前收益的各种方法又与降低经营风险的各种方法紧密联系。因此,掌握了企业的财务杠杆有利于企业选择财务风险的控制方法。

第四节　现金盈亏平衡分析

财务风险引起的偿债能力的不确定性,主要与公司的现金支付能力有关。现金支付能力,从长远来讲,又与经营中现金的盈亏相关。因此,本节将对现金的盈亏以及现金盈亏平衡分析问题进行讨论。

一、现金盈亏的概念

现金盈亏与损益是建立在不同基础之上的结果,现金盈亏是以收付实现制为基础计算的结果,损益是以权责发生制为基础计算的结果,两者必然存在着差异。具体地讲,现金盈亏是公司现金流入量与现金流出量之差。现金流入量与现金流出量之差,有经营活动产生的、投资活动产生的和筹资活动产生的三种。在这里讨论的现金盈亏主要是指经营活动产生的现金流入量与现金流出量之差,当现金净流入量为正时,称为现金盈余;相反,则称为亏损。

现金盈亏直接影响到公司支付日常生产经营费用、购置固定资产、进行长期投资、偿还到期债务、分派股利等方面的财务支付能力,是公司理财中必须重视的问题。如果一家公司出现了现金亏损,又没有外来现金支持,那么,该公司就必然陷入财务危机之中。

二、现金盈亏平衡分析

现金盈亏平衡分析,就是要计算现金盈亏平衡点。由于公司固定成本存在一些不需要支付现金的项目,因此,在计算现金盈亏时,应该以扣除不需要现金支付的项目后的固定成本作为计算现金盈亏的基础。下面举例说明现金盈亏平衡点的确定方法。

【例3-10】 假定〖例3-1〗中甲、乙两家公司,在当前生产水平条件下的经营情况如表3-9所示。

表3-9

甲、乙两家公司经营情况

项目	甲企业	乙企业
固定成本(元)	30 000 000	40 000 000
减:固定资产折旧	20 000 000	30 000 000
付现固定成本	10 000 000	10 000 000
单位变动成本(元)	60	50
销售单价(元)	100	100
销售数量(件)	1 000 000	1 000 000

要求:确定两家公司的现金盈亏平衡点;比较盈亏平衡点与现金盈亏平衡点的差异。

解:

(1) 确定两家公司的现金盈亏平衡点。

$$\text{甲企业现金盈亏平衡点销售收入} = \frac{\text{固定成本总额} - \text{折旧}}{\text{单位贡献毛益率}} = \frac{3\,000 - 2\,000}{40\%} = 2\,500(\text{万元})$$

$$\text{乙企业现金盈亏平衡点销售收入} = \frac{\text{固定成本总额} - \text{折旧}}{\text{单位贡献毛益率}} = \frac{4\,000 - 3\,000}{50\%} = 2\,000(\text{万元})$$

(2) 比较盈亏平衡点与现金盈亏平衡点的差异。

下面以作图方式比较盈亏平衡点与现金盈亏平衡点的差异,如图3-4和图3-5所示。

从图3-4和图3-5可以看出,甲公司的盈亏平衡点低于乙公司,其表面风险水平要低于乙公司;但是,它的现金盈亏平衡点却高于乙公司,即甲公司的真实风险水平,至少是短期之内的风险水平要大于乙公司。这说明,判断公司的真实风险水平应该以实际现金盈亏平衡点为准。

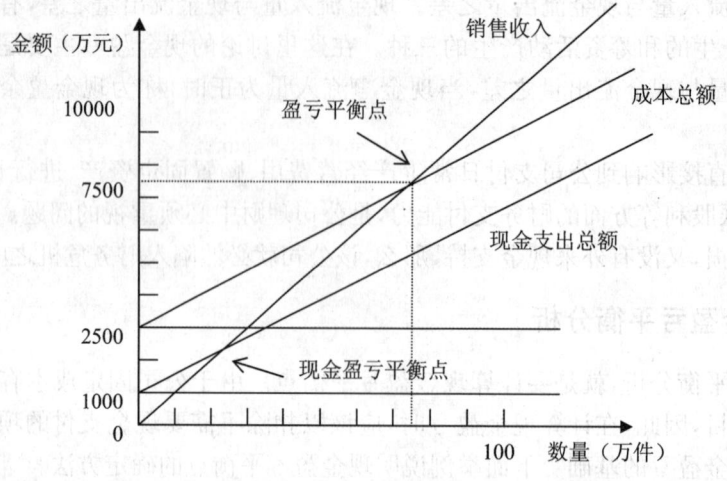

图 3-4　甲公司盈亏平衡点与现金盈亏平衡点比较

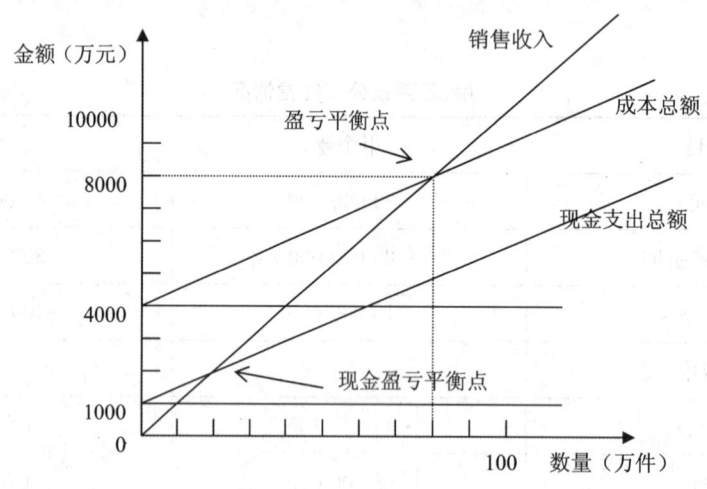

图 3-5　乙公司盈亏平衡点与现金盈亏平衡点比较

三、现金盈亏平衡分析的意义

虽然上述的现金盈亏平衡分析并没有包括全部的现金流量,但由于现金盈亏平衡分析反映了经营活动的现金流量状况,因此对于公司防范风险有着重要的意义。现金盈亏平衡分析的意义可以归纳如下。

1. 可以揭示公司利用经营风险的最大限度

现金盈亏平衡点低于盈亏平衡点的现象,说明公司出现亏损并不一定就不能持续经营。只要现金盈亏平衡点为正,公司就可以继续正常地经营下去,至少是可以在一段时间之内经营下去。现金盈亏平衡点与盈亏平衡点之差,反映了公司能够承受亏损经营的最大限度,为企业提供了利用经营杠杆来追求较高利润的参考指标。现金盈亏平衡点与盈亏平衡点的差异越大,公司利用风险追求收益的能力就越强;反之,则越小。公司应该根据现金盈亏平衡点与盈亏平衡点之差来决定自己可以利用的最大经营杠杆力度。

2. 可以反映经营活动现金流量的特征

现金盈亏平衡分析揭示了经营活动现金支出与固定成本之间的关系,将现金盈亏平衡分析与盈亏平衡分析相比较,可以反映出公司经营活动现金流量的特征,有利于公司防范经营风险。现金盈亏平衡分析说明,现金盈亏平衡点与盈亏平衡点的差异取决于非现金支出占固定成本的比重。公司的非现金支出总额越接近固定成本总额,现金盈亏的平衡点就越低;反之,则越高。如果非现金支出额占固定成本的比重趋近于100%,也就是现金支出趋近于零,那么现金盈亏平衡点则也相应趋近于零。在这种情况下,公司实际承受的经营风险就要远远低于盈亏平衡点反映出来的经营风险,这就为公司充分利用经营杠杆追求高额利润指明了方向。

虽然,为了进一步准确反映公司经营活动现金流量的平衡状态,公司还必须进行经营活动的现金预算,考虑诸如应收账款、应付账款、存货等对现金盈亏平衡点的影响;但是,这并不影响现金盈亏平衡分析在公司理财中所发挥的作用。

习 题

一、复习思考题:

1. 掌握总风险的含义及其计算方法。
2. 掌握总风险的分解方法。
3. 掌握经营风险的含义及其计算方法。
4. 认识影响经营风险变动的关键因素。
5. 掌握财务风险的含义。
6. 掌握财务杠杆的计算方法。
7. 认识控制公司风险的基本方法。

二、计算题

1. 试证明如下公式:

$$综合杠杆 = \frac{贡献毛益}{税前收益}$$

$$经营杠杆 = \frac{贡献毛益}{息税前收益}$$

$$财务杠杆 = \frac{息税前收益}{税前收益}$$

2. 试证明综合风险、经营风险和财务风险均是随销售量的增减变化而成正比变化的。

3. 假定甲、乙两家企业,在当前生产水平条件下的经营情况如表习题 3-1 所示。

表习题 3-1

甲、乙两家企业在当前生产水平条件下的经营情况

项目	甲企业	乙企业
固定成本(元)	20 000 000	30 000 000
单位变动成本(元)	40	30

（续表）

项目	甲企业	乙企业
销售单价(元)	100	100
销售数量(件)	1 000 000	1 000 000

试计算甲、乙两企业的总风险。

4. 假定"计算题3"中的甲、乙企业的销售量分别在原基础上增减10%。问甲、乙两企业的综合杠杆率又各为多少？

5. 设B企业销售量为300万件，销售单价为10元，单位成本为5元，生产性固定成本为800万元，利息支出为300万元时的股权资金收益率为6%。问销售量增至400万件时，该企业的股权资金收益率为多少？

6. 假定"计算题3"中甲、乙两企业的资料不变，并进一步假定甲企业的生产经营性固定成本为1 500万元，乙企业的生产经营性固定成本为2 500万元。问两家企业销售收入分别增加和减少10%条件下的经营杠杆和息税前收益增减变化情况（列表计算）。

7. 设A、B、C三家公司的有关资料如下：

（1）资金结构（见表习题3-2）：

表习题3-2

A、B、C三家公司的资金结构

项目	A公司	B公司	C公司
6%利率的公司债		10 000 000	
10%利率的公司债			20 000 000
普通股票	30 000 000	20 000 000	10 000 000
合　计	30 000 000	30 000 000	30 000 000

（2）息税前收益资料：

假定A、B、C三家公司均属于同一行业，生产同一种产品，上年度完成同样的产量，每家公司获得的息税前收益均为3 000 000元，普通股票的账面价值也均为10元/股。公司所得税税率为33%。

试列表计算三家公司的财务杠杆及其每股收益。

8. 假设"计算题7"的各种条件不变，但下一年度可能出现两种情况：一是销售状况好，每家公司的息税前收益都增加20%，另一是销售状况差，每家公司的息税前收益都将减少20%。试列表计算三家公司在变化后两种情况的财务杠杆及其每股收益。

9. 以"计算题7"的资料为基础，并假定A、B、C三家公司的公司债券和普通股票均为平均余额，试用如下公式求三家公司的股权资金收益率。

$$\frac{净资产}{收益率} = \frac{总资产}{收益率} + \frac{负债平均余额}{净资产平均余额} \times \left(\frac{总资产}{收益率} - \frac{负债}{成本率} \right)$$

10. 假定A、B两家公司，在当前生产水平条件下的经营情况如表习题3-3所示。

表习题 3-3

A、B 两家公司在当前生产水平条件下的经营情况

项目	A 公司	B 公司
固定成本(元)	20 000 000	30 000 000
减:固定资产折旧	10 000 000	15 000 000
付现固定成本	10 000 000	15 000 000
单位变动成本(元)	50	40
销售单价(元)	80	80
销售数量(件)	1 000 000	1 000 000

要求:

(1) 确定两家公司的现金盈亏平衡点。

(2) 比较盈亏平衡点与现金盈亏平衡点的差异。

第四章 资金成本与投资收益的计算原理和方法

【本章提要】 资金成本和投资收益在公司理财中占有重要位置,正确理解和计算资金成本、投资收益是公司正确进行筹资、投资、盈利分配决策的基础。资金成本和投资收益的理论一直倍受公司理财界的广泛关注,其中不乏复杂难懂、流派不一样的各种理论,但本章不讨论复杂的问题,而仅仅从公司理财实务的需要出发,讨论资金成本和投资收益的理论和基本计算方法。

【学习目标】 通过本章学习,要求掌握和了解如下内容:(1) 掌握资金成本的基本概念和性质。(2) 掌握资金成本的基本计算方法。(3) 掌握各种长期负债资金成本计算的基本理论和方法。(4) 掌握优先股票资金成本计算的基本理论与方法。(5) 掌握普通股票资金成本计算的基本理论与方法。(6) 掌握留存收益资金成本计算的基本理论与方法。(7) 掌握加权平均资金成本计算的基本理论与方法。(8) 掌握投资(资产)收益率计算的基本理论与方法。(9) 掌握股东投资(净资产)收益率计算的基本理论与方法。(10) 掌握考虑现金流量和货币时间价值的投资收益率计算的基本理论与方法。

第一节 资金成本

掌握公司不同资金来源的资金成本是公司正确进行筹资、投资、盈利分配决策的基础。但是在会计学中,由于会计主体观念的局限,会计没有正确的资金成本观念,不能正确计算资金成本。而从事公司理财,必须要解决资金成本的计算问题。在本节将集中讨论资金成本的性质和基本计算方法。

一、资金成本的性质

(一) 资金成本的概念

资金成本,全称为资金来源成本,又称资本成本,是指企业为取得和占有资金而付出的代价,它由资金的筹资成本和占用成本两部分组成。其中,资金占用成本是资金成本的主体,也是降低资金成本的主要方向。从资金成本与投资收益率的关系来看,资金成本又表述为投资的极限收益率,或最低收益率,如果投资收益率低于资金成本率,那么,投资将无利可图。由于在会计学中,资本是指企业所有者投入企业的资本,具体地看,就是企业的净资产或所有者权益,而资金来源则包含负债在内,其范围大于资本。因此,为了避免误解,在本书中,均使用资金成本或资金来源成本这一概念。

1. 筹资成本

资金筹资成本是指企业在筹资过程中发生的各种费用。如证券的印刷费用、发行手续费、行政费用、律师费用、审计费用、资产评估费、资信评估费用、公证费用,等等。筹资成本按是否与筹资量相关为标准,可分为固定成本、变动成本和混合成本。支付给证券公司的发行手续费以及证券的印刷费等费用属于与筹资量相关的变动成本,证券发行的行政费用、公证费用等属于与筹资量无关的固定成本,而律师费用、审计费用、资产评估费、资信评估费用则属于混合成本。但无论何种筹资成本,均只与筹资的次数和筹资量存在相关关系,而与所筹资金占用的时间长短无关。因此,从资金占用时间的角度考察,筹资成本可视为一种固定成本。

2. 资金占用成本

资金占用成本是指企业因占用资金而向资金供应者支付的各种资金占用费,如各种长短期借款的利息、长期债券的利息、优先股的股息、普通股的红利,等等。资金占用成本具有经常性、定期性支付的特征,它与资金占用的期限成正比关系,可视为变动成本。由于资金占用成本是资金成本的主体,因此,人们为了简化计算,往往也会用资金占用成本来替代资金成本。

（二）资金成本的性质

资金成本是在商品经济条件下资金所有权与使用权相分离的结果,它具有特定的经济性质。

1. 资金成本是资金使用者向资金所有者和中介机构支付的费用

资金成本是资金所有权与使用权相分离的结果。当资金所有者的资金闲置时,可直接或间接地将闲置资金的使用权转让给急需资金的人。这种资金使用权的转让,从资金所有者角度来讲,由于他放弃了一段时间的资金使用权并相应承担了一定风险,因此必然要求获得一定的补偿,这种补偿就是资金使用权转让者的收益;从资金使用者的角度来讲,由于他获得了资金使用权并享受了运用资金使用权获取利益的机会,因此必须要向资金使用权转让者支付一定的费用,这种费用就是资金成本。

2. 资金成本必须以使用资金产生的收益来补偿

资金成本作为一种耗费,最终需要通过资金使用所获得的收益来补偿。这种补偿实质上是一种利益分配关系,在资金使用所带来的收益一定的条件下,资金所有权者多得,资金使用权者就少分。因此,资金成本本质上体现的是资金所有权拥有者与借入资金使用权者之间的一种经济利益分配关系。

3. 资金成本是资金时间价值与风险水平的统一

由于资金占用成本是与资金所有权者放弃资金使用权的时间长短成正比的,因此,资金成本与货币的时间价值相关,货币时间价值是计算资金成本的基础。但是,资金成本还受各种风险和总风险水平的影响,因此,资金成本在数量上与货币时间价值不一致。资金成本是货币时间价值与风险水平的统一。

（三）资金成本的种类

资金成本可按多种标准进行分类,如按用途分类,可分为个别资金成本、加权平均资金成本和边际资金成本;按资金来源分类,可分为负债资金成本、股权资金成本,在这两种分类下还可以进一步地细分为多种资金成本,等等。在这里仅讨论资金成本按用途的分类。

1. 个别资金成本

个别资金成本是某种单一筹资方式的资金成本,如长期借款成本、长期债券、优先股成本、普通股成本和留存收益成本等等。个别资金成本主要用来比较和评价各种筹资方式的利弊,它是进行资金成本计算的基础。

2. 加权平均资金成本

加权平均资金成本是在各种个别资金成本的基础上通过加权后获得的成本。它反映的是企业综合的资金成本,主要作用在于确定计算企业价值使用的折现率和企业的最优资金结构。加权平均资金成本的权数根据需要可以在账面价值、市场价值和目标价值之间进行选择。

3. 边际资金成本

边际资金成本是增减筹资量的那部分资金的成本,在计算时也需要进行加权平均。边际资金成本主要用于作出是否应该追加筹资和投资的决策。

上述三种资金成本之间存在着密切的联系,个别资金成本是加权平均资金成本和边际资金成本计算的基础,加权平均资金成本和边际资金成本则是在个别资金成本基础上按照一定的权数基础加权的结果。

（四）资金成本的意义

资金成本在公司理财中处于至关重要的位置,其主要意义如下。

1. 资金成本是选择筹资方式、进行资金结构决策的依据

这可以从如下三个方面来理解：

（1）个别资金成本是比较各种筹资方式的依据。在其他条件相同的情况下,个别资金成本低的方案优于个别资金成本高的方案。

（2）加权平均资金成本是衡量资金结构合理性的依据。衡量资金结构是否达到最优的标准是加权平均资金成本是否最低,加权平均资金成本低的方案优于加权平均资金成本高的方案。

（3）边际资金成本是评价追加筹资方案和追加投资方案是否合理,以及如何选择追加筹资结构的依据。

2. 资金成本是评价投资方案、进行投资决策的重要标准

在对相容的多个投资项目进行选择时,只要预期投资报酬率高于资金成本率,投资项目就具有经济上的可行性。因此,资金成本又称为投资的“极限收益率”。

3. 资金成本是构成评价企业价值的折现率的基础

公司理财的基本目的是企业价值最大化,企业价值的最基本表达式是企业未来现金净流入量的折现值。因此,评价企业价值离不开折现率,而资金成本是构成折现率的最基本的要素。只有准确地计算出公司的资金成本,才能正确地选择评价企业价值的适用折现率,精确地估计企业价值,顺利地完成理财任务。

二、资金成本计算基本方法

筹资活动所引起的实际现金流入量与实际现金流出量之差就是资金成本的绝对额。由

于现金流入量与现金流出量之间存在时间差异,因此,需要将不同时点的现金流入量和现金流出量折算为同一时点的现金流入量和现金流出量来比较,计算考虑货币时间价值之后的资金成本。在实务中,为了便于对资金成本进行分析,通常用相对资金成本,即用资金成本率来替代绝对金额表示的资金成本。资金成本率就是资金的价格。从严格的意义上讲,资金成本就是由筹资活动所引起的,实际现金流出量与现金流入量相等时的折现率。这就是资金成本计算的基本原理。

(一)资金成本基本公式

根据上述"资金成本就是由筹资活动所引起的,实际现金流出量与现金流入量相等时的折现率。"这一资金成本计算的基本原理,资金成本的基本计算公式应为:

$$\sum_{t=0}^{n} \frac{CI_t}{(1+i)^t} = \sum_{t=0}^{n} \frac{CO_t}{(1+i)^t} \qquad (4-1)$$

式中:CI——实际现金流入量;CO——表示现金流出量;t——现金流动的期间;i——资金成本。

就筹资的实际情况来看,现金流入量一般是在期初一次流入,而现金流出量则是在不同时期分次流出,因此,公式(4-1)可以简化为(4-2)式:

$$CI_0 = \sum_{t=0}^{n} \frac{CO_t}{(1+i)^t} \qquad (4-2)$$

(4-2)式是(4-1)式的特例。

(二)资金成本求解方法

从资金成本的基本计算公式可以看出,资金成本方程式是一个高次方程,很难直接求解。因此,在实际求解时采用的基本方法是逐次测试法。该法分为两个阶段:

第一步,逐次测试。所谓逐次测试是先设定一个折现率(i),然后计算实际现金流入量与实际现金流出量的现值,并将实际现金流入量的现值与实际现金流出量的现值相比较,看两者是否相等。如两者相等,该设定的折现率(i)就是要求的资金成本。如果两者不相等,则需重新设定折现率(i)进行测试。重新设定折现率(i)的原理:当左式的值小于(大于)右式的值时,表明设定折现率大于(小于)实际资金成本,应降低(提高)设定折现率(i)再进行测算。这样通过多次测算,最终找到一个使左式的值略大于右式的值的折现率和一个使左式的值略小于右式的值的折现率。

第二步,插值求解。所谓插值求解,就是在逐次测试所求出的两个折现率之间运用插值法,求出一个使左式等于右式的近似折现率,该折现率就是资金成本的近似值。

为了加深对上述求解方法的认识,现对它进行进一步的讨论。将方程式(4-2)的CI_0移至边,可得:

$$NPV = \sum_{t=0}^{n} \frac{CO_t}{(1+i)^t} - CI_0 \qquad (4-3)$$

式中:NPV为净现值。

根据求解资金成本的基本原理,当NPV等于零时的折现率就是要求的资金成本。下面用图4-1来反映其求解过程。

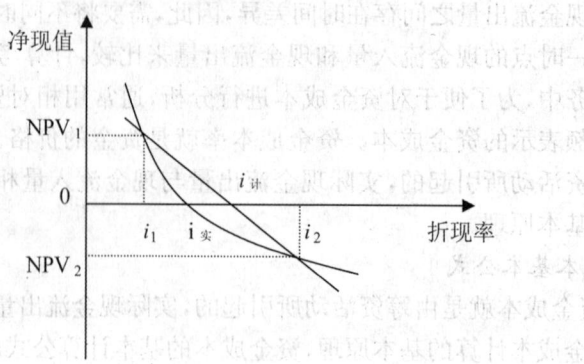

图 4 - 1

从图 4 - 1 可以看出,当折现率从 i_1 上升到 i_2 时,净现值 NPV 从正到负,资金成本必然落入 i_1 到 i_2 这一区间,在直线(NPV_1,i_1)和(NPV_2,i_2)上的资金成本$(i_计)$只是曲线上实际资金成本$(i_实)$的近似值,当 i_1 与 i_2 差异很小时,相应地 NPV_1 与 NPV_2 的差异也很小,这时计算出的资金成本就是实际资金成本的近似值。所以,在逐次测试时,要尽可能减少 i_1 与 i_2、NPV_1 与 NPV_2 的差异,使计算出的资金成本能更准确地反映实际的资金成本。

从上述资金成本计算的基本公式可以看出,求解资金成本的关键是要确定筹资活动所引起的实际现金流入量和实际现金流出量。实际现金流入量和实际现金流出量除因筹资方式的不同而存在差异之外,还因资金成本的主体不同而存在差异,以及因实际值与预测值的不同而存在差异,这些差异使得资金成本的计算复杂化。下一节将对各种不同资金来源的资金成本计算问题进行讨论。

四、资金成本计算简化方法

(一)永续现金流出量的资金成本计算方法

直接利用前述的资金成本计算公式计算资金成本,比较复杂,在条件允许的情况下,可以将它们适当简化。其基本的简化方法是假定筹资期限无限长,在筹资期限无限长的情况下,前述的资金成本计算公式就可以按下面的方法进行化简。

当方程(4-2)中的各期现金流量相等时,即 $CI_0 = CI_1 = CI_2 = \cdots\cdots = CI_{n-1} = CI_n = A$ 和期限趋于无穷大,即 $n \to \infty$ 时,有:

$$CI_0 = \sum_{t=1}^{\infty} \frac{A}{(1+i)^t} \tag{4-4}$$

即:

$$PV = \frac{A[1-(1+i)^{-n}]}{i} \tag{4-5}$$

显然,在 $i > 0$ 的条件下,当 $n \to \infty$ 时,PV 由于 $(1+i)^{-n}$ 趋近于 0,故有:

$$CI_0 = \frac{A}{i} \tag{4-6}$$

故:

$$i = \frac{A}{CI_0} \tag{4-7}$$

（二）现金流出量按一定比例持续增长的资金成本计算方法

如果现金流出量按照一个固定的比率增长，就可以采用如下公式求解资金成本，即：

$$CI_0 = \sum_{t=1}^{\infty} \frac{D_0(1+g)^t}{(1+i)^t} \tag{4-8}$$

式中：g——现金流出量的年平均增长率。

既然 g 是年平均增长率，因此，用 $\frac{1+i}{1+g}$ 乘以方程式（4-8），得：

$$\frac{CI_0(1+i)}{(1+g)} = D_0 + \frac{D_0(1+g)}{(1+i)} + \cdots\cdots + \frac{D_0(1+g)^{n-1}}{(1+i)^{n-1}} \tag{4-9}$$

（4-9）式－（4-8）式，得：

$$\frac{CI_0(1+i)}{(1+g)} - CI_0 = D_0 - \frac{D_0(1+g)^n}{(1+i)^n}$$

由于 $i > g$，故当 $n \to \infty$ 时，有：

$$\frac{D_0(1+g)^n}{(1+i)^n} \to 0$$

因此，

$$\frac{CI_0(1+i)}{(1+g)} - CI_0 = D_0$$

$$CI_0\left[\frac{(1+i)-(1+g)}{1+g}\right] = D_0$$

$$CI_0(i-g) = D_0(1+g)$$

$$CI_0 = \frac{D_1}{i-g} \tag{4-10}$$

$$i = \frac{D_1}{CI_0} + g \tag{4-11}$$

i 即为现金流出量按固定比率增长条件下的资金成本。

四、资金成本计算的因素预测

计算资金成本离不开对因筹资而引起的现金流入量、现金流出量和现金流动时间这三个因素的预测。

（一）计算资金成本的现金流入量预测

因筹资而引起的现金流入量有些是确定的，有些则不是确定的，需要进行预测。确定性的现金流入量，主要是在筹资合同中规定了的现金流入量，如长短期借款产生的现金流入量。不确定的现金流入量是在筹资合同中没有规定清楚或不能规定清楚的现金流入量，如优先股票和普通股票的市场价值。

就借款的现金流入量而言，虽然借款的现金流入量在合同中作了明确的规定，但是借款现金流入量仍然可以分为名义现金流入量和实际现金流入量。名义现金流入量是指合同借款金额，实际现金流入量则是指合同借款金额中可由企业实际使用部分的金额。名义现金流入量与实际现金流入量之间的差异,主要由筹资费用和保护性存款所引起。

筹资费用一般是在期初发生,也可视为现金流入量的抵减项目。比如,某公司向银行取得了 500 万元的长期借款,为了取得该笔长期借款,公司支付了诸如资产评估费、审计费等费用 30 万元。那么,虽然公司在该筹资活动中获得的名义现金流入量为 500 万元,但公司实际取得的现金流入量只有 470 万元(500-30)。

保护性存款是指银行等借款方为了保证其贷款的安全性和变相提高借款利息率等方面的原因,在合同中规定的借款方必须将所借款项的一部分存入银行,这一部分存款就是保护性存款。保护性存款一般是按所借款金额的一定百分比计算的,因此又称保护性存款比率。假如上例的银行借款合同规定,保护性存款比率为 20%,那么公司该笔借款的实际现金流入量则仅为 370 万元[500-(500×20%+30)]。

虽然公司的实际现金流入量只有 370 万元,但是公司却要按 500 万元的名义现金流入量支付借款利息。当然,公司存入银行的保护性存款也会获得一定的存款利息收入,只不过该利息收入是大大低于贷款利息支出的。

(二)计算资金成本的现金流出量预测

因筹资而引起的现金流出量有些是确定的,有些则不是确定的,需要进行预测。确定性的现金流出量,主要是在筹资合同中规定了的现金流出量,如长短期借款而产生的利息支出的现金流出量。不确定的现金流出量是在筹资合同中没有规定清楚或不能规定清楚的现金流出量,如普通股票的股利支出。

就借款而言,借款引起的现金流出量可以分为支付的筹资费用、借款利息和偿还的本金三个部分。在这三个部分中,筹资费用在期初发生,是固定的;利息费用在借款期内发生,可能是固定的,也可能是浮动的;本金在借款的期末或期中发生,是固定的。对于在期初发生的筹资费用,一般将它作为现金流入量的抵减项目,在现金流出量预测时,不将它作为现金流出量看待。

由借款利息引起的现金流出量是因借款而产生的实际利息支出,该利息支出是抵减保护性存款利息收入后的利息净支出。比如上例中的借款利息率为 10%,存款利息率为 2%,那么,该笔借款的实际利息支出就为 48 万元(500×10%-100×2%)。如果借款采用的是固定利息率,现金流出量就可以按照合同计算;如果借款采用的是浮动利息率,那么,就需要预测。

保护性存款因为一直存在银行,企业虽然不能使用,但也不需要动用其他资金去偿还;因此,它既不算作企业的实际现金流入量,也不算作企业实际的现金流出量。企业借款本金的实际现金流出量等于借款本金减去保护性存款后的余额。比如,上例借款公司实际需偿还的本金数额为 400 万元(500-100)。

(三)现金流动时间

筹资引起的现金流动时间从时间的长短来看,首先可以有限期的现金流动与无限期的现金流动。负债规定了还本付息期,现金流动的时间是有限的;股权没有固定还本付息期,现金流动的时间通常是无限。从各期的现金流动来看,也有些是确定的,有些则不是确定的,需要进行预测。不同时间的现金流动量有不同的价值,因此,要根据具体的情况确定不同时间的现金流动量。比如,借款引起的现金流动的时间往往是在合同上规定的,可以直接按照合同要求确定;而普通股票的现金流动时间则是不确定的,往往是根据预测确定。

（四）现金流量的其他问题

1. 税前与税后现金流量

由于税收的存在,现金流量还存在着税前现金流量与税后现金流量的问题。通常,企业筹资费用和借款利息是在税前利润中列支的费用,可以抵减应纳税所得,因此,需要将筹资费用和借款利息减去抵减的所得税,求出税后筹资费用和税后借款利息,税后筹资费用和税后借款利息就是筹资费用和借款利息产生的实际现金流出量。假如上例公司的所得税率为30%,那么该公司借款利息的实际现金流出量就应为 33.6 万元[48×(1-30%)],筹资费用的实际现金流出量则为 21 万元[30×(1-30%)]。而优先股股票和普通股股票的股利是由税后利润支付,仅存在税后现金流量。

2. 现金流量的主体确定

简单地说,现金流量的主体主要有企业和股东两类。理论上讲,公司理财的基本目的是股东财富最大化,公司在考虑筹资的时候,有必要明确不同筹资方式对股东利益的影响,从股东主体的角度出发确定筹资的现金流量。

在通常情况下,负债筹资,首先涉及的是债权人和企业两个主体,再加上债权人利益是合同固定的;其次,在负债筹资方面,企业主体与股东主体的利益具有一致性,因此,在负债筹资中,现金流量主体一般为企业。

在股权筹资中,企业主体的成本就是股东主体的收益,这样,企业主体与股东主体就存在着潜在的利益冲突,为了保证股东的利益,应该以股东主体确定股权筹资的现金流量。

五、资金成本计算实例

【例 4-1】　设某公司向银行贷款 500 万元,贷款期限 5 年,借款协议规定公司必须保持 20% 的保护性存款余额。贷款利息率为 8%,存款利息率为 2%,均 1 年结息一次。借款时发生资产评估费、审计费、律师费等费用共 20 万元。问该笔长期借款的税前成本为多少?

解:

(1) 现金流量分析(见表 4-1)。

表 4-1

现金流量分析表

单位:万元

现金流动期	现金流入量		现金流出量			保护性存款余额	现金净流量
	本金	利息收入	筹资费用	利息支出	本金		
0	500		−20			−100	380
1		2		−40			−38
2		2		−40			−38
3		2		−40			−38
4		2		−40			−38
5		2		−40	−400		−438

（2）计算资金成本。

$$380 = \sum_{t=1}^{5} \frac{500 \times 8\% - 100 \times 2\%}{(1+i)^t} + \frac{400}{(1+i)^5}$$

$$380 = \sum_{t=1}^{5} \frac{38}{(1+i)^t} + \frac{400}{(1+i)^5}$$

当 $i = 10\%$ 时，

右式 $= 3.790\ 79 \times 38 + 0.620\ 92 \times 400 = 144.05 + 248.368 = 392.42 > 380$

当 $i = 12\%$ 时，

右式 $= 3.604\ 78 \times 38 + 0.567\ 43 \times 400 = 136.98 + 226.972 = 363.95 < 380$

故有：

$$税前资金成本 = 10\% + \frac{392.42 - 380}{392.42 - 363.95} \times 2\% = 10\% + 0.87\% = 10.87\%$$

上面是采用手工方法计算资金成本。显然，这是一件比较繁琐的事情。但用 EXCEL 表求解就方便得多了。具体方法如下：

表 4-2

资金成本 EXCEL 计算表

	A	B
1	时期	现金净流量
2	0	380
3	1	−38
4	2	−38
5	3	−38
6	4	−38
7	5	−438
8	资金成本	10.848%［=IRR(B2:B7)］

比较手工与 EXCEL 表的结果，可以看出，两者之间约有差异，这是由于手工计算不够精确的原因造成的。在计算机广泛使用的今天，应尽可能选择计算机计算资金成本，这不但可以加快计算速度，而且可以使计算更加精确。

【例 4-2】　某优先股票面值为 100 元/股，票面利率为 10%，折价发行，发行价为 90 元/股。另按发行价的 4% 支付承销费，公司所得税率为 25%。目前该优选股票的市场价格为 120 元/股。试问该优先股票从企业角度和优先股股东角度的资金成本分别为多少？

解：

（1）站在企业角度的资金成本。

表4-3

现金流量分析表

单位:万元

现金流动期	现金流入量	现金流出量		现金净流量
		发行费用	利息支出	
0	90	90×(-4%)×(1-25%)		87.3
1			-10	-10
2			-10	-10
......			-10	-10
......			-10	-10
∞			-10	-10

根据公式可得:

$$i=\frac{优先股票面值×票面利率}{实际发行价-筹资费用×(1-所得税税率)}$$
$$=\frac{100×10\%}{90-90×4\%×(1-25\%)}=\frac{10}{87.3}=11.455\%$$

(2)站在优先股股东角度的资金成本。

从优先股股东的立场来看,优先股票市场价格是其获得优选股票的现金流出量(不考虑交易成本)。优先股票无规定到期日,可视为一种永续性的证券,其现金流入量就是定期收到的优先股票股利。优先股股利等于优先股票面值乘以规定股利率。

$$i=\frac{优先股票股利}{优先股票市场价格}=\frac{100×10\%}{120}=8.33\%$$

可以看出,上述站在优先股股东角度考察的资金成本,其实是优先股股东的收益率,优先股股东的收益率就是企业发行优先股票的资金成本。虽然上式的分子是不变的,但分母却在不断变化,因此,在不同时间,计算出优先股票的资金成本也不同。企业要降低优先股票的资金成本,就必须提高优先股票的市场价格,而优先股票市场价格的提高,会给优先股股东带来实际的经济利益。这就是为什么,在计算股票的资金成本时,要坚持以市场价格为基础的根本原因。

【例4-3】 某股份有限公司的普通股票,现市场价格为30元/股,上年股利为1.5元/股,预计公司股利在未来20年内将均匀增长,在第20年股利将达到6元/股。试问该公司普通股票的资金成本为多少?

解:

(1)现金流量分析。

普通股票不存在合同所规定的现金流入量和现金流出量,现金流量的确定是建立在预测基础之上的。

（2）计算股利的年平均增长率。

$$g = \sqrt[20]{\frac{6}{1.5}} - 1 = 0.07177$$

（3）计算普通股票的资金成本。

根据计算公式，得：

$$\frac{普通股票}{资金成本} = \frac{1.5 \times (1 + 0.07177)}{30} + 0.07177$$

$$= 0.05359 + 0.07177 = 0.12536 = 12.54\%$$

第二节　加权平均资金成本

任何一家企业都不可能只从一个渠道取得资金，而是根据企业自身的条件和可能从多种渠道取得资金，因此，存在一个综合的资金成本问题。加权平均资金成本就是考察企业综合资金成本高低的一种指标，该指标在公司理财中有着重要的意义。本节将讨论加权平均资金成本的基本计算理论和方法。

一、加权平均资金成本

（一）企业全部资金加权平均资金成本

企业全部资金加权平均资金成本，是指将企业所有资金来源进行加权后计算出来的综合资金成本。其计算公式如下：

$$K_w = \sum_{j=1}^{n} W_j K_j \qquad (4-12)$$

式中：K_w——加权平均资金成本；W_j——第 j 种资金来源占全部资金来源的比重；K_j——第 j 种资金来源的资金成本。

需要指出的是，计算各种资金来源比重时，不同的资金来源使用的价值是不同的。对负债而言，应使用其到期必须偿还的价值作为加权的权数，在会计上，到期必须偿还的价值就是其账面价值，故应该以账面价值作为加权的权数，而不应以负债的市场价值作为加权的权数。因为，不论负债的市场价值是大于还是小于其账面价值，只要公司不按市场价值提前收回发行在外的负债，在负债到期时，公司都必须按账面价值偿还各种负债。

相反，对公司股东权益资本而言，由于公司理财的目的是股东权益最大化，而股东的真实权益只能用公司股东权益的市场价值来反映，只有以市场价值作为权数计算出的股东权益资本的加权平均资金成本才能满足追求股东权益最大化的要求，即只有用该资金成本才能选择出对股东而言最有利的投资和筹资方案。因此，本书在计算股东权益资金成本时，坚持采用股东权益的市场价值作为计算的权数。

【例 4-4】　假定某股份有限公司各种长期资金来源的市场价值和相应的资金成本如表 4-1 所示。

表4-4

某股份有限公司各种长期资金来源的市场价值和相应的资金成本

单位:万元

长期资金来源	账面价值	市场价值	资金成本
长期银行借款	20 000 000	20 000 000	6%
长期债券	40 000 000	40 000 000	5%
优先股票	10 000 000	20 000 000	10%
普通股票	30 000 000	80 000 000	12%
留存收益	40 000 000	40 000 000	9%
合　计	140 000 000	200 000 000	—

试根据表4-4的资料计算加权平均资金成本。

解:

根据资料计算出的加权平均资金成本如表4-5所示。

表4-5

某股份有限公司加权平均资金成本

单位:万元

长期资金来源	市场价值	比重	资金成本	加权平均资金成本
长期银行借款	20 000 000	10%	6%	0.6%
长期债券	40 000 000	20%	5%	1.0%
优先股票	20 000 000	10%	10%	1.0%
普通股票	80 000 000	40%	12%	4.8%
留存收益	40 000 000	20%	9%	1.8%
合　计	200 000 000	100%	—	9.2%

由表4-5可知,该股份有限公司的加权平均资金成本为9.2%。

计算出的加权平均资金成本是否准确,取决于各种资金来源的边际成本率测定的准确程度,以及加权方式和其他的各种假设条件是否正确。如果上述加权平均资金成本能相当准确地反映公司的实际资金成本,那么,该股份有限公司在选择各种投资方案时,采用的折现率(投资的极限收益率)就应为9.2%。

(二)企业部分资金加权平均资金成本

除了上述的企业全部资金加权平均资金成本之外,还可以根据需要计算企业某一个部分的加权平均资金成本。如为某一个投资项目计算其加权平均资金成本,可以更加准确地确定该投资项目的折现率,以确保投资项目可行性研究的正确性;如为企业某一个分支机构计算其加权平均资金成本,除有利于该分支机构选择筹资和投资方案之外,还有利于企业对该分支机构的考核,有利于企业制定科学合理的管理方案。计算投资项目和分支机构的加权平均资金成本与计算企业全部资金加权平均资金成本相比,其特殊性主要表现在风险差异方面,以及由此而引起的加权权数方面的差异。

　　某一投资项目和某一分支机构加权平均资金成本的具体计算方法,与企业全部资金加权平均资金成本的计算方法基本上是一致的,需要注意的只是应以投资项目和分支机构所拥有的全部的资金来源作为基础来计算加权平均资金成本。在计算前,对投资项目和分支机构资金的划分需要特别注意,只有在科学划分的基础上,计算出的投资项目和分支机构的加权平均资金成本才能起到应有的作用。

二、加权平均资金成本的理论意义

(一)对企业投资决策的意义

　　加权平均资金成本对企业投资决策的基本理论意义,在于为企业提供了正确选择折现率的基础,因为正确确定某一投资项目的可行性离不开正确的折现率。折现率选择的正确与否,会直接影响到企业决策的正确性。投资决策的基本模型是未来现金净流入量的折现模型,即:

$$NPV = \sum_{t=1}^{n} \frac{CI_t}{(1+i)^t} - CO_0$$

　　从上式中可以看出,折现率与净现值成反比。在其他因素不变的条件下,折现率越低,净现值就越大;相反,折现率越高,净现值就越小。因此,折现率的选择对正确决策有着重要的影响。

　　当测定的加权平均资金成本低于真实的加权平均资金成本时,企业就可能会按所测定的加权平均资金成本选择过低的折现率。这样,企业就有可能将本为负的净现值算为正的净现值,从而会采纳某些可能会减少股东财富的投资方案。当测定的加权平均资金成本高于真实的加权平均资金成本时,企业可能会按测定的加权平均资金成本选择过高的折现率。折现率越高,净现值就越低。这样,企业就有可能将本来为正的净现值算为负的净现值,从而放弃某些可能增加股东财富的投资方案。可见,准确测定企业的加权平均资金成本对正确选择投资方案有着重要的意义。

(二)对企业筹资决策的意义

　　从加权平均资金成本的计算公式中可以看出,由于不同资金来源的资金成本不同,当各种资金来源所占资金来源总额的比重发生变化时,其加权平均资金成本也会相应地发生变化。一般而言,降低企业的加权平均资金成本可以提高企业的盈利能力。在其他条件相同的情况下,加权平均资金成本较低的资金结构由于盈利能力强,因此优于加权平均资金成本较高的资金结构。加权平均资金成本是考察企业资金结构优劣以及企业选择最优筹资方案的重要标准之一。

(三)加权平均资金成本的边际性

　　加权平均资金成本的计算方法暗示,企业无论采用哪种资金成本的加权平均方式,只要它希望加权平均资金成本保持不变,那么就必须按照计算加权平均资金成本时的筹资比例筹集资金。但在实际中,企业的新增投资是一种边际投资,相应的筹资也是一种边际筹资。由于种种原因,企业是不可能严格按照某一既定不变的比例关系为每一投资方案筹集资金的。比如,公司可能会为某一投资项目举债筹资,而对另一些项目则采用发行优先股票、普通股票或动用留存收益筹资。因此,企业在为新投资项目选择折现率时,应该重视的是边际筹资成本,而不是过去的加权平均资金成本。

边际资金成本视筹资情况不同,既可能是单一一种资金来源的筹资成本,也可能是多种资金来源加权平均的资金成本。如仅用某种负债来满足新投资需要时,该种负债筹资的资金成本就是边际资金成本;而如果满足新投资需要的资金来源不止一种时,就需要计算边际加权平均资金成本。但应注意,计算边际加权平均资金成本使用的权数必须是边际权数,即必须符合企业新筹资来源的比例。

总之,企业按规定的比例筹集资金,并采用其收益率超过加权平均资金成本的投资方案时,就会为其股东,特别是普通股股东带来资本增值的利益。

第三节　投资收益及其表现形式

从事投资活动就是为了追求投资收益,认识投资收益和投资收益的表现形式对制定正确的投资决策是必不可少的,因此,在本节将对投资收益的问题进行讨论。

一、投资(资产)收益率的计算方法

(一)投资(资产)收益的概念

投资收益是剔除公司筹资活动影响之后的纯投资活动带来的收益,其收益水平的高低用投资(资产)收益率来表示,由于公司的投资最终会形成资产,因此,投资收益率也可以称为资产收益率,即:

$$投资(资产)收益率=\frac{投资收益}{平均投资额}$$

具体地看,投资收益按照是否受所得税影响,分为息税前收益和含利息在内的税后收益两类。息税前收益是税前利润加上税前利息之和;含利息在内的税后收益是税后利润加上税后利息之和。平均投资额是相关资产的平均余额。在实际工作中,为了将投资收益率与资金成本率相比较,以确定公司的收益水平的高低,一般将投资收益率换算为投资的年收益率。故有:

$$投资(资产)年收益率=\frac{年投资收益}{年平均投资额}$$

根据投资收益的含义,投资收益率分为息税前投资收益率和含利息在内的税后投资收益率。由于不同企业的所得税率不一致,社会平均收益率、社会同风险收益率等指标一般是不含税的指标,因此,在将公司投资收益率与社会平均收益率、同风险利息率等指标相比较的时候,应该用息税前投资收益率指标。而含利息在内的税后投资收益率主要是用来与公司的资金成本率相比较,以确定投资的可行性。从公司的角度看,公司更关注的投资收益应该是含利息在内的税后投资收益,因此,在以后未加专门说明的投资收益率,均是含利息在内的税后投资收益率。息税前投资收益率指标与含利息在内的税后投资收益率指标的关系如下:

含利息在内的税后投资收益率=息税前投资收益率×(1-所得税税率)=税后利润+税后利息

投资收益率因具体的投资形式(资产)和不同投资形式的收益构成不一致而有多种具体

的表现形式。一般而言,可对投资收益作如下的分类:一类是以投资收益形成的业务基础分,可将投资收益分为投资利润收益和投资资本收益;另一类是以投资收益形成的资产基础分,可将投资收益分为存量投资收益、边际投资收益、总投资收益、具体投资收益等。下面将投资收益率分为总投资收益率和具体投资收益率来讨论。

（二）总投资（总资产）收益率

因为,无论企业的何种投资,在会计上均表现为企业的某种资产,企业各项投资之和就是企业各项资产之和,企业总投资就是企业总资产;所以,企业总投资收益率就是企业总资产收益率。即:

$$总投资（资产）收益率=\frac{税后利润+税后利息}{总资产平均余额}$$

【例 4-5】 假定某企业年总资产平均余额为 1 000 万元,税后利润总额为 100 万元,实际利息支出为 50 万元,所得税率为 30%,问该企业总投资收益率为多少?

解:根据公式得:

$$总投资收益率=\frac{100+50\times(1-30\%)}{1000}=13.5\%$$

企业总投资收益率是公司理财中一个十分重要的指标,用它与企业负债成本率相比较,可以判断企业投资活动和筹资活动的得失。当投资收益率大于负债成本率时,投资有利可图,企业投资和筹资均是可取的。当投资收益率小于负债成本率时,说明投资会发生亏损,企业用负债资金投资不可取。不受企业筹资活动影响的企业总投资收益率代表了企业的真实盈利能力,用它与社会同风险和不同风险的税后收益率相比较,还可以直接判断企业真实盈利能力相对于社会盈利水平的强弱,从而有利于企业进行投资决策。

（三）具体投资收益率和边际投资收益率

1. 具体投资收益率

具体投资是指企业投放于各种具体资产上的投资,如投放于流动资产上的现金、应收账款、存货等资产,投放于有价证券上的各种长短期债券和股票等资产,投放于固定资产上的房屋建筑物、机器设备等资产,以及投放于无形资产上的专利技术和商标等资产,等等。

各类具体投资按是否能单独产生投资收益来分,可分为能单独产生投资收益的投资和不能单独产生投资收益的投资。能单独产生投资收益的资产主要包括:银行存款、短期有价证券、长期有价证券、直接对外的股权投资,以及对外租赁性的资产,等等。各种对外转让的资产也可以按转让价与购入价之差确定投资收益。这些资产的具体投资收益率可按下式计算:

$$具体资产收益率=\frac{具体资产收益额}{具体资产平均余额}$$

【例 4-6】 设某公司有一账面价值为 100 万元的房屋对外出租,年租金收入为 20 万元。该房屋的年折旧费用为 5 万元,修理费用为 2 万元,营业税税率为 5%,所得税税率为 30%。问该房屋的投资收益率为多少?

根据公式计算得:

$$\begin{matrix}该房屋的\\投资收益率\end{matrix}=\frac{[20\times(1-5\%)-(5+2)]\times(1-30\%)}{100}=8.4\%$$

一般来讲,一个以生产经营为主的企业这类资产占总资产的比重均较小,故不予多讨论。

2. 追加投资的边际收益率

公司的多数资产是不能单独计算其投资收益的,而是需要多种资产共同发挥作用才能产生收益的资产,如一个工业企业的销售利润便是各类存货资产、固定资产、应收账款资产等多种资产共同作用的结果。不能单独产生投资收益的资产是一个以生产经营为主的企业的主要资产。对于这类不能单独产生投资收益的资产,一方面单独计算其投资收益十分困难,另一方面,单独计算其投资收益也没有什么必要。一般只在追加对某项资产的投资时,计算其追加投资的边际收益率。即:

$$追加资产的边际收益率=\frac{追加资产增加的投资收益}{追加资产的平均余额}$$

【例4-7】 设某公司生产经营某产品的资产总额为1 000万元,现税后利润和税后利息之和为100万元。已知该公司的固定资产生产能力有所闲置,如果公司能追加200万元的流动资产,那么,税后利润和税后利息之和能在现有的基础上增长30%。问追加200万元流动资产的边际收益率为多少?

根据题意可得:

$$\frac{追加流动资产}{的边际收益率}=\frac{100×30\%}{200}=15\%$$

掌握追加投资的边际收益率,有利于公司对追加投资的可行性进行论证,以上例为例,如果公司能筹集到资金成本在15%以下的资金,那么,公司追加200万元的流动资金投入就是可取的。反之,如果新筹集的资金成本在15%以上,那么,追加投资则是不可取的。

3. 节约投资而产生的边际收益率

除了追加投资存在边际收益之外,减少投资也存在着边际收益,减少或计算节约投资产生的边际收益率等于减少资产后的投资收益率与原投资收益率之差,具体计算公式为:

$$\frac{节约投资(资产)}{的边际收益率}=\frac{减少资产后的投资收益}{减少资产后的平均余额}-\frac{原投资收益}{原资产平均余额}$$

【例4-8】 假定〖例4-7〗中固定资产平均余额减少200万元之后,公司的税后利润和税后利息之和不变,问节约200万元固定资产的边际收益率为多少?

根据公式有:

$$\frac{节约固定资产}{的边际收益率}=\frac{100}{800}-\frac{100}{1\ 000}=12.5\%-10\%=2.5\%$$

当然,公司节约投资生产的边际收益并不限于以上的2.5%。因为,节约了资金占用量,也就节省了公司的筹资量,相应地会减少公司的利息支出,使公司的税后利润增加。假定上例公司的负债资金成本为8%,那么,因节约固定资产而增加的税后利润就为16万元(200×8%),使净资产收益率得到提高。

掌握节约投资所产生的边际收益率,有如下两个作用:一是有利于公司判断追加投资或减少投资,以及相应筹资活动的利弊;二是有利于公司调整资产的分布,将资金用于能产生最大收益的项目,充分发挥资金的使用效益。

二、股东投资(净资产)收益的计算方法

(一)股东投资(净资产)收益的概念

股东投资,即企业净资产,是总资产减去负债后的余额,是归企业股东拥有的资产。股东的收益只可能来源于税后利润(净利润)。由于股东投资按其性质可以分为普通股和优先股等,还可分为实缴资本和包括留存收益在内的全部资本(净资产),因此,该类盈利能力也可进一步分为若干意义不同的净资产收益率指标。

(二)股东投资(净资产)收益率

1. 全部股东投资收益率

全部股东投资收益率,即净资产收益率,是企业税后利润与全部净资产平均余额之比。该比率体现了由企业股东拥有的权益获取净收益的能力,反映的是投入资本及其积累与报酬的关系。其计算公式为:

$$净资产收益率=\frac{净利润}{净资产平均余额}$$

净资产收益率是最具综合性与代表性的指标。由于在市场经济条件下,利润率具有平均化的趋势,因此,该指标不受行业不同的限制,通用性强,适用范围广。一般认为,净资产盈利率越高,资本运营效益越高,投资者和债权人的利益受保障的程度也就越高。

2. 原始投入资本盈利能力分析

原始投入资本是指股东直接投入企业的股本和资本公积,不包括企业经营过程中产生的积累,即盈余公积和未分配利润。原始投入资本盈利率就是企业净利润与原始投入资本平均余额之比,其计算公式如下:

$$原始投入资本收益率=\frac{净利润}{股本平均余额+资本公积金平均余额}$$

该比率对投资者用处较大,因为投资者考察自己投资的获利能力,往往会以自己实际投入资本为基础,判断其实际投资的回报率。

3. 普通股股东收益率

净资产收益率是包含普通股和优先股在内的股东权益的收益率。在普通股股东和优先股股东中,普通股股东才是公司的最终所有者,他们对普通股股东收益率十分关注,因此,有必要进一步了解普通股股东收益率。其计算公式如下:

$$普通股权益收益率=\frac{净利润-优先股股利}{净资产-优先股权益}$$
$$=\frac{归普通股东拥有的净利润}{归普通股东拥有的权益}$$

需要注意的是,公司的优先股种类可能较多,它们按是否参与剩余利润分配为标准,可分为参与分配优先股和不参与分配优先股;按股利能否累积为标准,可分为累积优先股和非累积优先股,等等。因此,优先股股利和优先股权益要根据不同优先股的特征计算确定。净利润中扣除优先股股利后的余额属于归普通股股东拥有的收益,净资产中扣除优先股权益之后的余额属于归普通股股东拥有的权益。

（三）净资产收益率的构成

净资产收益率是由资产收益率和因财务杠杆带来的风险收益率两部分所构成。其分解式为：

$$\frac{净资产}{收益率}=\frac{资产}{收益率}+\frac{负债}{净资产}\times\left(\frac{资产}{收益率}-\frac{负债}{成本率}\right)$$

【例 4-9】 已知某企业的总资产收益率（税后）为 8%，负债与净资产之比为 0.8，负债成本率（税后）为 4%，试问该企业的净资产收益率为多少？

解：根据公式有：

$$净资产收益率=8\%+0.8\times(8\%-4\%)=11.2\%$$

【例 4-10】 如果〖例 4-9〗中企业的总资产收益率、负债成本率不变，试问该企业的负债与净资产之比要达到多少，企业的净资产收益率才能达到 20%？

解：根据公式有：

$$负债与净资产之比=(20\%-8\%)/(8\%-4\%)=12\%/4\%=3（倍）$$

掌握净资产收益率构成的原理，有利于加深对诸如资产收益率、资金来源结构、负债成本率等与净资产收益率的关系等理财问题的认识，从而根据不同情况选择出最优的资金结构。

三、考虑现金流量和货币时间价值的投资收益率

上述的投资收益率以会计利润为基础计算出来的收益率，但没有考虑现金流量和货币时间价值，考虑现金流量和货币时间价值的投资收益率，主要有净现值指数和内部收益率。

（一）净现值指数

净现值指数，又称获利能力指数，它是现金流入量现值与现金流出量现值之差比现金流出量现值。其计算公式如下：

$$净现值指数=\frac{\sum_{t=1}^{n}\frac{CI_t}{(1+i)^t}-CO_0}{CO_0}$$

（二）内部收益率

内部收益率，又称内含报酬率，是指投资项目的现金流入量现值等于现金流出量现值时的折现率。在筹资时，内部收益率就是筹资的成本。在投资时，内部收益率反映的投资本身的盈利能力。内部收益率（IRR）的一般计算公式为：

$$\sum_{t=m+1}^{n}\frac{CI_t}{(1+IRR)^t}-\sum_{t=0}^{m}\frac{CO_t}{(1+IRR)^t}=0$$

当公式中 $m=0$ 时，则有：

$$\sum_{t=1}^{n}\frac{CI_t}{(1+IRR)^t}-CO_0=0$$

后一公式是前一公式的一个特例。它适用于计算建设期短（1 年以内）的投资项目的内部收益率，而前一公式可适用于任何投资项目内部收益率的计算。

【例 4 - 11】　假定某投资项目,2012 年年初投入 500 000 元,寿命期为 5 年,年收益为 50 000元,适用折现率为 10%,固定资产折旧采用直线折旧法,残值为 0。试确定该投资项目的净现值指数和内部收益率。

解:(1)编制现金流量表(见表 4 - 6)。

表 4 - 6

现金流量表

单位:元

期间	现金流出量	现金流入量		
		净收益	折旧	合计
2012/01/01	500 000			
2012/12/31		50 000	100 000	150 000
2013/12/31		50 000	100 000	150 000
2014/12/31		50 000	100 000	150 000
2015/12/31		50 000	100 000	150 000
2016/12/31		50 000	100 000	150 000

(2)计算净现值指数。

$$净现值指数 = \frac{\sum_{t=1}^{n} \frac{CI_t}{(1+i)^t} - CO_0}{CO_0} = \frac{\sum_{t=1}^{5} \frac{150\ 000}{(1+10\%)^t} - 500\ 000}{500\ 000} = \frac{68\ 618}{500\ 000} = 13.72\%$$

上述计算也可以采用 EXCEL 表求解,具体方法是,先将各期的现金流量复制于 EXCEL 表之中,然后在净现值一行中输入"=XNPV(10%,B2:B7,A2:A7)",最后回车,就可以得到所求的净现值(见表 4 - 7)。

表 4 - 7

净现值指数 EXCEL 计算表

	A	B
1	时期	现金流量
2	2012/01/01	−500 000
3	2012/12/31	150 000
4	2013/12/31	150 000
5	2014/12/31	150 000
6	2015/12/31	150 000
7	2016/12/31	150 000
8	折现率	10%
9	净现值	68 593.7[=XNPV(B8,B2:B7,A2:A7)]
10	净现值指数	13.72%[=B9/(−B2)]

（3）计算内部收益率。

$$NPV = \sum_{t=1}^{5} \frac{150\ 000}{(1+IRR)^t} - 500\ 000 = 0$$

用 EXCEL 表可以求得，IRR 等于 15.238%[＝IRR(B2:B7)]。

在各种投资收益率中，总投资收益率，即总资产收益率是最为重要的指标，净资产收益率是在总资产收益率与财务风险带来的收益率之和，考虑现金流量和货币时间价值的收益率，是评价具体投资决策是否可行的收益率，对这些问题请读者认真体会。

习　题

一、复习思考题

1. 什么是资金成本？决定资金成本的主要因素有哪些？
2. 资金成本计算的基本公式是什么？
3. 简化资金成本计算方法有几种？您认为那种计算比较精确？
4. 长期借款资金成本计算的基本理论和方法是什么？
5. 长期债券与长期借款在资金成本计算方面有什么区别？
6. 通货膨胀是如何影响到负债资金成本的？
7. 如何理解税前资金成本与税后资金成本？
8. 计算优先股票资金成本的主体可以有哪些？其基本理论与方法是什么？
9. 普通股票资金成本计算的基本理论与方法是什么？
10. 计算留存收益资金成本的基本理论与方法是什么？
11. 如何理解加权平均资金成本的经济含义？
12. 计算加权平均资金成本基本理论与方法？

二、计算题

1. 已知某企业 5 年期借款的年利息率为 8%，最低存款余额为 20%，借款费用为借款金额的 5%，存款利息率为 2%，企业所得税率为 33%，年通货膨胀率为 6%，问该笔借款的实际资金成本为多少？

2. 设某公司向银行贷款 1 000 万元，贷款期限 5 年，贷款利息率为 10%，3 个月结息一次。借款协议规定公司必须保持 20% 的保护性存款余额，存款利息率为 2%，一年结息一次。借款时发生资产评估费、审计费、律师费等费用共 50 万元。该公司的所得税率为 33%。请分别用如下三种方法计算该笔长期借款的税前成本：

（1）资金成本等于现金流入量与现金流出量相等时的折现率的方法。
（2）资金成本等于资金占用费除以实际筹资额与筹资费用之差的方法。
（3）资金成本等于资金占用费加上筹资费用与贷款年限之商再除以实际筹资额的方法。

3. 分别用精确计算法和近似计算法计算"计算题 2"贷款的税后成本。

4. 假设"计算题 2"中的年通货膨胀率分别为 4% 和 8%，试用精确计算法和近似计算法分别计算该笔长期借款的税前成本和税后成本。

5. 试指出如下三个资金成本计算公式异同：

(1)
$$\frac{\text{本}}{\text{金}} - \frac{\text{保护性}}{\text{存款}} - \frac{\text{筹资}}{\text{费用}} = \sum_{t=1}^{n}\frac{\left(\frac{\text{本}}{\text{金}}\times\frac{\text{借款}}{\text{利息率}} - \frac{\text{保护性}}{\text{存款}}\times\frac{\text{存款}}{\text{利息率}}\right)}{(1+i)^{t}} + \frac{\frac{\text{本}}{\text{金}} - \frac{\text{保护性}}{\text{存款}}}{(1+i)^{n}}$$

(2)
$$\frac{\text{资金}}{\text{成本}} = \frac{\text{资金占用费}}{\text{实际筹资额}-\text{筹资费用}}$$

(3)
$$\frac{\text{资金}}{\text{成本}} = \frac{\text{资金占用费}+\dfrac{\text{筹资费用}}{\text{贷款年限}}}{\text{实际筹资额}}$$

6. 试证明在考虑通货膨胀率后,如下两个实际资金成本近似计算公式的正确性：

$$i^{*} = \left(\frac{1+i}{1+f}-1\right)(1-\text{所得税税率})$$

$$i^{*} = \frac{1+i(1-\text{所得税税率})}{1+f}-1$$

i^{*} 为考虑通货膨胀后的实际资金成本。

7. 某公司发行的长期债券面值为 1 000 元/张,年利息率为 8%,每年付息,到期还本,期限为 5 年。债券按面值发行。筹资费用为债券面值的 10%。试用分别精确计算法和近似计算法计算该公司债券的税前资金成本和税后成本。

8. 某公司发行的长期债券面值为 1 000 元/张,年利息率为 10%,每年付息两次,到期还本,期限为 5 年。债券按面值溢价 30% 发行。筹资费用为债券面值的 10%。试用分别精确计算法和近似计算法计算该公司债券的税前资金成本和税后成本。

9. 某公司发行的长期债券面值为 1 000 元/张,年利息率为 6%,每年付息,到期还本,期限为 5 年。债券按面值折价 10% 发行。筹资费用为债券面值的 10%。试用分别精确计算法和近似计算法计算该公司债券的税前资金成本和税后成本。

10. 某公司按长期债券面值折价 30% 发行面值为 1 000 元/张的无票面利息率,到期还本,期限为 5 年的债券。筹资费用为债券面值的 10%。试用分别精确计算法和近似计算法计算该公司债券的税前资金成本和税后成本。

11. 分别精确计算法和近似计算法计算计算题 7、计算题 8、计算题 9、计算题 10 等题,在年通货膨胀率分别为 -4% 和 6% 条件下的实际资金成本。

12. 分别精确计算法和近似计算法计算计算题 7、计算题 8、计算题 9、计算题 10 等题,在年通货膨胀率分别为表习题 4-1 条件下的实际资金成本。

表习题 4-1

年通货膨胀率

年　　份	第 1 年	第 2 年	第 3 年	第 4 年	第 5 年
通货膨胀率	-4%	-6%	0	4%	6%

13. 分别精确计算法和近似计算法计算计算题 7、计算题 8、计算题 9、计算题 10 等题,在年通货膨胀率分别为表习题 4-2 条件下的实际资金成本。

表习题 4 - 2

年通货膨胀率

年　　份	第 1 年	第 2 年	第 3 年	第 4 年	第 5 年
通货膨胀率	6%	4%	0	−4%	−6%

14. 某优先股票面值为 100 元/股,票面利率为 10%,折价发行,发行价为 90 元/股,另按发行价的 3% 支付承销费。从企业角度看,该优先股票的资金成本为多少? 优先股资金成本有无税前成本和税后成本之分? 为什么?

15. 某优先股票面值为 100 元/股,票面利率为 10%,在其市场价格分别为 120 元/股、150 元/股、200 元/股时,试从股东角度考虑如下问题:

(1) 该优先股票的资金成本分别为多少?

(2) 优先股资金成本高对股东有利还是优先股资金成本低对股东有利? 为什么?

(3) 优先股资金成本是否受通货膨胀率的影响? 为什么?

16. 某公司发行普通股票,发行价为 8 元/股,股票发行费用为筹资额的 4%,预计第 1 年支付股利 0.40 元/股,以后按年 5% 的速度递增。该普通股票的市场价格为 12 元/股。请回答如下问题:

(1) 从抽象的公司角度看和股东角度看的资金成本分别为多少?

(2) 以上两种普通股票的资金成本计算法,哪一种对股东财富最大化有帮助? 为什么?

(3) 普通股票资金成本是否受通货膨胀率的影响? 为什么?

17. 某股份有限公司的普通股票,现市场价格为 20 元/股,去年股利为 1.00 元/股,预计公司股利在未来 20 年内将均匀增长,在第 20 年股利将达到 3.00 元/股。试问该公司普通股票的资金成本为多少?

18. 假定某公司普通股票的资金成本为 10%,个人所得税率为 20%,股利再投资的交易费用率为 1%,问该公司留存收益的资金成本为多少?

19. 假定某企业年总资产平均余额为 3 000 万元,利润总额为 200 万元,实际利息支出为 150 万元,所得税率为 25%,问该企业总投资收益率为多少?

20. N 公司将一账面价值为 200 万元的固定资产对外出租,年租金收入为 30 万元。该固定资产的年折旧率为 5%,计提修理费率为 2%,营业税率为 5%,所得税率为 25%。问该房屋的投资收益率为多少?

21. M 公司生产经营某产品的资产总额为 1 000 万元,现利润总额为 100 万元,实际支付利息为 50 万元。已知该公司的固定资产生产能力有所闲置,如果公司能追加 200 万元的流动资产,那么,利润总额能在现有的基础上增长 30%。追加流动资产的资金来源是年利率为 6% 短期贷款。公司的所得税率为 25%。问追加 200 万元流动资产的边际收益率为多少? 追加流动资产是否可取?

22. 假定上述 M 公司将闲置的固定资产 200 万元按账面价出售,使固定资产的平均余额减少 200 万元,并将出售固定资产所得现金用于偿还年利率为 8% 的公司长期负债,其余不变。问 M 公司在采取该行动之后的投资收益率和相应的边际收益率为多少?

23. 某公司拟从两个投资项目中选择一个投资项目,其投资额均为 1 000 万元。两个投资项目在不同经济环境下的预期收益率和概率分布如表习题 4 - 3 所示。

表习题 4 - 3

两个投资项目在不同经济环境下的预期收益率和概率

经济环境	发生概率	预计年收益率	
		方案 A	方案 B
好	0.3	35%	20%
一般	0.5	15%	14%
差	0.2	0%	10%

试问该公司应选择那一个投资项目为优？

第五章　资本金筹资

【本章提要】　资本金投入是组建企业的前提,资本金投入的多少不仅关系到企业经营能力的大小,还关系到企业风险水平和盈利能力,涉及企业价值在不同股东之间的分配,影响到股东的利益。资本金的投入形式多种多样,不同的资本金筹资方式会产生不同的结果,对股东利益有不同的影响,因此,资本金筹资本质上还是一个处理股东间经济利益的分配问题。资本金筹资是一个复杂的问题,需要公司认真对待。本章重点讨论不同的资本金制度,以及非股票形式的、普通股票、优先股票等资本金的筹资理论和方法,并分析其筹资利弊,探讨其筹资策略。

【学习目标】　通过本章学习,要求掌握和了解如下内容:(1)掌握资本金的基本概念。(2)掌握资本金制度的分类与基本内容。(3)掌握非股票形式资本金筹资的基本特征、利弊与策略。(4)掌握普通股票的特征。(5)掌握普通股票筹资过程中新老股东利益之间的关系。(6)了解普通股票的分类,以及我国普通股票分类的特殊性。(7)了解普通股票持有者的基本权利。(8)了解我国普通股票发行的有关规定。(9)掌握普通股票筹资的利弊与策略。(10)掌握优先股票的特征与分类。(11)掌握优先股票筹资的利弊与策略。

第一节　企业资本金制度

资本金制度是规范和约束公司及其投资者行为的法律规范。本节将重点介绍不同的资本金制度和我国资本金制度的基本内容。

一、资本金制度简介

（一）资本金

资本金是企业投资者创办企业时投入企业的本钱,它是企业赖以生存的基础。资本金在法律形式上就是注册资本,公司的注册资本为在公司登记机关登记的全体股东认缴的出资额。资本金的作用可归纳如下。

1. 资本金是企业从事经营活动的前提

企业资本金是企业从事生产经营活动的物质基础,有了这个物质基础,企业才可能从事正常的经营活动和承担相应的法律责任,保障债权人及社会公众的权益。资本金也是国家维护社会经济秩序的手段。

2. 资本金是企业对外借债的基础

资本金的多少从一定程度上反映了企业实力的大小,决定了企业对外借债的能力,资本金越多,企业承担负债的能力就越强。在《公司法》中,之所以对不同组织形式的公司规定不同的最低法定注册资本,其实就是反映了不同组织形式的公司对外借债的要求是不一样的这样一个事实,通过强制性的最低注册资本的规定,可以在一定程度上保护债权人的权益。

3. 资本金有利于保障投资者的权益

资本金可以明确企业的产权关系。《公司法》不但对公司的最低注册资本金有明确的规定,而且还对公司投资者的人数有规定,公司投资者通过法定的注册,可以明确公司与投资者之间、不同投资者之间的产权关系,使投资者权益受到法律的保护。有了资本金,才能在资本保全的基础上正确核算企业的盈亏,为促进企业实现自负盈亏、自主经营、自我发展、自我约束创造物质条件。

(二)资本金制度分类

财务上的资本金是指企业的实收资本,它与法律上的资本金——注册资本不尽相同。注册资本是企业在工商行政管理部门登记的注册资本,在注册资本登记管理上,世界上流行的模式主要有如下三种。

1. 实收资本制

实收资本制,又称法定资本制,它要求在企业设立时,必须确定资本金总额并一次缴足,否则不得设立。在实收资本制度下,企业的实收资本等于注册资本。在该制度下,企业要增减资本,都必须修改公司章程,并在工商行政管理部门办理重新登记手续,企业增减资本的灵活性低。实收资本制主要在属于成文法系的国家使用,如欧洲大陆国家。我国就曾长期采用实收资本制,目前对一人有限公司仍实行实收资本制。

2. 授权资本制

授权资本制,虽然要求企业在公司章程中确定资本金总额,但是并不要求在企业设立时一次缴足全部资本,只要缴纳了第一期出资额,企业即可成立。剩余未缴资本金,则授权董事会在公司成立之后分期到位。在该种制度下,允许实收资本与注册资本不一致,企业增减资本灵活。授权资本制主要在属于非成文法系的国家使用,如英美等国。

3. 折中资本制

折中资本制是介于实收资本制和授权资本制之间的一种资本金制度,它要求在企业设立时,应确定资本金总额,并规定首期出资额或比例。该种资本金制度,筹资灵活性虽不如授权资本制大但却高于实收资本制;法律约束力则低于实收资本制,高于授权资本制。我国从 2006 年 1 月开始实行的新《公司法》采用的就是折中资本制。

(三)资本金管理原则

资本金制度,是指国家围绕资本金的筹集、管理以及投资者责权利等方面所作的法律规范。从筹资行为看,资本金制度是公司与投资者之间签约的基本规范,主要体现在一国《公司法》及相应的法规制度中。

资本金制度的建立,集中体现在资本确定、资本充实、资本不变和资本保值增值四项管理原则上。这四项管理原则的基本内容如下。

1. 资本确定原则

资本确定原则要求公司章程中必须明确规定公司的资本总额，以及各投资者在资本总额中所占的比重。

2. 资本充实原则

资本充实原则要求投资者应按既定的资本规模缴入资本，并保证所投资本是殷实、不折不扣的。具体要求公司不得折价发行股票，公司必须按规定的比例从利润中提取一定盈余公积金，以保持原有资本的安全与充实等。

3. 资本不变原则

资本不变原则指公司除非按规定的法律程序办理增减资本手续，不得任意增减资本总额，增减资本决议由股东大会作出。另外，在公司存续期内，投资者除依法转让其投资权益外，不得以任何方式收回原始投入资本等。

4. 资本保值与增值原则

资本保值与增值原则要求企业不但要保全原始投入资本，即在经营活动中以保持资本完整为前提来确认收益，而且要求资本不断增值，因为只有这样才能满足投资者的收益期望，也只有这样才能从过程的管理中来保证资本充实原则的实现。由于资本观念不同，因此对资本保值与增值的具体衡量方法也不尽相同。如财务资本保全要求公司以货币形式反映的资本得到保值和增值，而实物资本保全则要求公司以生产经营能力形式反映的资本得到保值和增值。

二、我国资本金制度的基本内容

（一）资本金筹集制度

我国资本金筹集制度主要涉及法定资本金、资本金构成、筹资方式、筹资期限、验资及出资证明、投资者违约责任等方面的内容。具体内容如下。

1. 法定资本金

法定资本金是指国家规定的开办某类公司必须筹集的最低资本金限额。该最低资本金限额因企业经营的性质和企业组织形式而异。在我国，法定资本金在《公司法》中的规定：

《公司法》规定了设立公司最低资本金的要求，即股东出资必须达到法定资本最低限额，没有达到该资本金限额，企业就不可能设立。《公司法》对不同组织形式的公司设定了不同的注册资本的最低限额，对有限责任公司注册资本的最低限额是人民币 3 万元，对一人有限责任公司注册资本的最低限额是人民币 10 万元，对股份有限公司注册资本的最低限额是人民币 500 万元。当然，如果法律、行政法规对有限责任公司注册资本的最低限额有较高规定的，公司最低注册资本还应遵从其规定。

2. 资本金的构成和资本公积金

根据我国相关法规规定，资本金按照投资主体分为国家资本金、法人资本金、个人资本金和外商资本金。与此相适应，股份制企业的股份划分为国家股、法人股、个人股和外资股。

资本公积金是一种资本储备形式，或者说是一种准资本，是所有者权益的构成部分，它可以按照法定程序转化为资本金。其主要来源包括：

（1）投资者实际缴付的出资额超出资本金的差额。如发行股票的溢价净收入等。

（2）法定财产重估增值。即按照国家法律和法规规定进行企业财产重估，其资产评估确认价值或者合同和协议约定价值（现行法规允许在对外投资等经济活动中，其资产作价和确定投资额按评估确定价值上下浮动 20％）与原账面净值的差额，作为资本公积金。

（3）资本汇率折算差额。所谓资本汇率折算差额，是指资产账户与实收资本账户采用的折算汇率不同而产生的折算记账本位币差额。为了体现资本不变的原则，其差额不得调整资本账户，而作为资本公积金处理。它包括外商投资企业在分期多次缴纳资本金时，以后各次缴纳资本金时的汇率同第一次缴纳资本金时的汇率相比发生变化所产生的折算记账本位币差额。

（4）接受捐赠的财产。企业接受捐赠的财产除货币资金以外，均要按照规定对捐赠财产计价入账，一方面增加企业资产，另一方面增加资本公积金。

3. 筹资方式

企业资本金筹集方式可以多种多样，是投资者依法投入的任何财产。按照我国公司法规定：除法律、行政法规规定不得作为出资的财产之外，股东可以用货币出资，也可以用实物、知识产权、土地使用权等可以用货币估价并可以依法转让的非货币财产作价出资；对作为出资的非货币财产应当评估作价，核实财产，不得高估或者低估作价。但是，全体股东的货币出资金额不得低于有限责任公司注册资本的 30％。股份制企业还可通过发行股票筹集资本金。股东以货币出资的，应当将货币出资足额存入公司在银行开设的账户；以非货币财产出资的，应当依法办理其财产权的转移手续。

4. 筹资期限

企业资本金可一次筹足，也可按法律规定分期筹集，对出资期限的限定，应以国家有关律和法规以及合同和章程为准。我国《公司法》规定，公司全体股东的首次出资额不得低于注册资本的 20％，也不得低于法定的注册资本最低限额，其余部分由股东自公司成立之日起 2 年内缴足；其中，投资公司可以在 5 年内缴足。筹资期限的规定，有利于企业按时形成正常的生产经营能力，并保护投资者、债权人的权益。

5. 验资及出资证明

股东缴纳出资后，必须经依法设立的验资机构验资并出具证明。验资证明包括价值确认和时间确认两项内容。从价值量与入账时间看，对于现金出资方式，它以实际收到或存入企业开户银行的日期和金额作为投入资本的入账依据；对于以实物投资和无形资产投资的，应按合同和协议或评估确定确认的价值作为投资入账价值。在时间上，实物投资在办理完成实物转移和产权手续时确认其投资；无形资产投资则依合同和协议或公司章程规定，移交有关凭证时确认其投资。

股东的首次出资经依法设立的验资机构验资后，由全体股东指定的代表或者共同委托的代理人向公司登记机关报送公司登记申请书、公司章程、验资证明等文件，申请设立登记。

6. 投资者违约责任

投资者的违约及其责任。资本金筹集方式、投资者的出资期限及出资比例等，都在投资协议或合同中作了约定，并写入企业章程中，它是企业资本金筹集与管理的重要依据。但有时投资者出于各种目的或其他因素，违反企业章程和有关协议或者合同的规定，没有及时足额地出资，从而影响了企业的成立，这种行为在法律上视为出资违约。对于投资者出资违约，企业和其他投资者可以依法追究其违约责任，政府部门应根据国家有关法律法规，对违约者进行处罚：属于单方违约的，守约方有权按法律程序要求违约方赔偿由延期缴入资本金而产生的利息及相应的经济损失等；属于各方共同违约的，工商行政管理部门有权对违约各方进行处罚,直到吊销营业执照。

（二）资本金管理制度

资本金管理要求因企业组织形式而异,但主要包括资本金保全、投资者的权利和责任两方面的内容。

1. 资本金保全

资本金保全是资本金制度的重要内容之一,即企业资本金在企业生产经营期间内,投资者只能依法转让,不得抽回投资。《中华人民共和国公司登记管理条例》规定,公司的发起人股东在公司成立后,抽逃出资的,由公司登记机关责令改正,并处以所抽逃出资额10％以下的罚款。构成犯罪的,依法追究刑事责任。公司减少注册资本的,当自减少注册资本决议或者决定作出之日起90日后申请变更登记,在变更登记时应提交公司在报纸上登载公司减少注册资本的公告（该公告在90日内至少刊登3次的有关证明和公司债务清偿或者债务担保情况的说明）。

2. 投资者的权利和责任

该方面的内容规定了投资者对其出资所拥有的权利和承担的责任,即投资者按照出资比例或者合同和章程的规定,分享企业利润和分担风险以及亏损。现代企业是以有限公司为基本组织形式的,因此投资者只以投入资本承担有限责任。

第二节　非股票形式的资本金筹资

非股票形式的资本金筹资是非股份公司制企业资本金筹资的主要形式,本节将对它进行介绍。

一、非投票形式资本金筹资的特征

非股票形式的资本金筹资,是企业直接与各类投资者之间签订投资合同融入资本金的筹资形式。该类筹资形式的基本特征有二。

（一）不以股票为媒介

不以股票为媒介是该种筹资方式不同于股票筹资的最显著特征。它广泛适用于各类非股份公司制企业,是非股份公司制企业资本金筹资的主要形式。

（二）出资方式多样化

虽然股份公司发行股票筹资,股东出资方式也存在多样化的现象,但这种现象还不算普遍,特别是向社会公众发行股份时,公司多以现金形式筹集资本金;但非股份公司制企业筹资时,股东出资方式多样化则是十分常见的现象。具体如下。

1. 现金出资

它是企业吸收直接投资的主要形式。现金具有使用上的灵活性,它既可用于购置资产,也可用于支付费用。因此,企业在筹资时吸收一定量的现金额投资,对其生产经营的正常进行十分有利。也正因为如此,各国法律法规才对现金在出资总额中的比例有一定的规定。

2. 非现金出资

非现金出资包括吸收实物资产投资（即投资者以房屋、建筑物、设备等固定资产和材料、商品等流动资产作价出资)和吸收无形资产投资(即投资者以专利权、商标权、非专有技术、土地使用权等无形资产投资)。与现金出资方式比较,非现金形式的出资优点是可以直接形成经营所需资产,有利于缩短企业经营筹备期,提高效率;缺点是价值估计困难,不能根据企业的需要灵活地改变资产结构。

二、非股票形式资本金筹资的利弊

非股票形式资本金筹集方式有利也有弊,其利弊可简略地归纳如下。

(一)非股票形式资本金筹资的优点

1. 程序简单

它可以以相对简单的法律程序、快捷的筹资速度直接融入资本金,迅速地提高企业对外借债的能力。

2. 经营准备周期短

非股票形式资本金筹集资产的种类多样化,既包括现金和非现金的实物资产,又包括各种无形的技术和经验。其中,以非现金资产筹资,可以在很大程度上将公司的筹资过程和投资过程统一起来,使公司能在筹集资本金的过程中完成生产经营的准备过程,从而节省了将现金转化为生产经营所需要的非现金资产的时间,缩短了生产经营的准备周期。

(二)非股票形式资本金筹资的缺点

1. 资金成本高

非股票形式的资本金转让能力差,主要表现在两个方面:一方面,非股票形式的资本金转让在产权市场中产权交易远不如股票市场中股票交易活跃,变更产权登记手续复杂;另一方面,非股票形式的资本金转让,无论比例大小如何,都需得到企业股东会的批准,障碍多。这些都直接导致非股票形式的资本金的资金成本要高于股票的资金成本。

2. 筹资较困难

非股票形式的资本金筹资难度较大,主要是由于它的变现能力差,因此不利于吸引投资者。此外,资本金没有证券化,产权关系没有股票明确,容易产生产权纠纷也是其筹资困难的原因之一。

三、公司新设与公司扩张的资本金筹资的特殊问题

新设一家公司的资本金筹资与一家公司因扩张再次进行资本金筹资面临的问题有所不同。

(一)公司新设的资本金筹资问题

在公司创办时期,资本金筹资的主要问题有二:一是确定资本金筹资额;二是如何保证筹集到足够的资本金,使公司能够顺利成立。

资本金筹资额的多少与创办公司的目的密切相关,如果公司创办后,经营对资金的需求量大,确定的资本金额度就应该较大;相反,如果对资金的需求量小,资本金额度就可以定得较小。除此之外,公司计划的资金来源结构也会影响到资本金额度的大小。如果公司计划比较激进,负债占总资金来源的比重较高,相应地资本金额度可以定得比较低;相反,如果公司计划比较保守,负债占总资金来源的比重较低,相应地资本金额度可以定得比较高。公司资金来源结构受公司经营风险的大小的影响。公司经营风险低,公司资金来源结构可以激

进一些,而公司经营风险高,公司资金来源结构应该保守一些。

如何保证筹资到足够的资本金,使公司能够顺利成立,其核心问题是寻找投资伙伴。当然寻找合适的投资伙伴,涉及投资能力、技术资源、经营理念、管理水平、市场渠道、甚至人品等方面的问题。但在这里不准备讨论这些问题,只重点讨论不同投资人的利益平衡问题。创办企业需要投资人签订投资合作协议,规定不同投资人的权利与义务。在资本金投入全部以现金形式投入时,投资人之间的利益关系容易平衡。但如果投资人分别用不同的资产投入作为资本金时,投资人之间的利益平衡就是一件比较复杂的事情。需要对不同投资人投入的资产进行估价,估价的结果必须得到全部投资人的认可。

（二）公司增资的资本金筹资问题

已经营运的公司增加注册资本,其资本金筹资首先要考虑的问题是,是否有新股东加入。如果没有新股东加入,只是现有股东按照原持股比例增资,那么股东结构将不会发生变化,不涉及股东利益的再平衡;如果有新股东加入或原股东不是按照原持股比例增资,那么就会使股东结构发生变化,这样就涉及股东利益的再平衡。

当公司经营一段时间之后,原股东前期投入的资本金价值往往会发生变化,在引进新股东时,需要对公司股东权益的价值进行重新评估,当公司评估价值大于原资本金投入价值时,原股东会获得创业利润,当公司评估价值小于原资本金投入价值时,原股东原投入的资本金则会发生损失。创业利润是指原股东通过对外资本金筹资,而获得的所持净资产价值增加的利益。

【例 5-1】　假定某公司现有账面价值与评估价值的资本结构如表 5-1 所示。

表 5-1

资本结构表

单位:万元

项目	账面金额	评估价值（增值）	评估价值（减值）
实收资本（注册资本）	200	200	200
资本公积	100	500	−100
盈余公积	100	100	100
未分配利润	100	100	100
所有者权益合计	500	900	300

由于该公司生产经营规模扩大,需增资 600 万元,决定引进新股东,并按照新股东所占股份的比例调整注册资本。试回答下列问题;(1)计算不同情况下,公司增资后原股东和新股东的股份比例;(2)原股东所获得的创业利润(损失);(3)编制会计分录。

解;

(1)计算不同情况下,公司增资后原股东和新股东的股份比例。

价值增值情况下:

公司增资后原股东的股份比例＝900÷(900＋600)＝60%

公司增资后新股东的股份比例＝600÷(900＋600)＝40%

价值减值情况下:

公司增资后原股东的股份比例＝300÷(300＋600)＝33.33%

公司增资后新股东的股份比例＝600÷(500＋300)＝66.67%

（2）原股东所获得的创业利润（损失）。

价值增值情况下：

公司增资后原股东的创业利润＝1500×60%－500＝400(万元)

价值减值情况下：

公司增资后原股东的创业损失＝900×33.33%－500＝－200(万元)

（3）编制会计分录。

价值增值情况下：

借：货币资金　　　　　　　　　　　　　　　　　　　　　　　　600(万元)

　贷：实收资本(200÷60%－200)　　　　　　　　　　　　133.33(万元)

　　　资本公积(600－133.33)　　　　　　　　　　　　　466.67(万元)

价值减值情况下：

借：货币资金　　　　　　　　　　　　　　　　　　　　　　　　600(万元)

　贷：实收资本(200÷33.33%－200)　　　　　　　　　　　400(万元)

　　　资本公积(600－133.33)　　　　　　　　　　　　　200(万元)

表 5-2

资本结构表

单位:万元

项目	账面金额	增值后(增值)	增值后(减值)
实收资本(注册资本)	200	333.33	600
资本公积	100	966.67	100
盈余公积	100	100	100
未分配利润	100	100	100
所有者权益合计	500	1500	900

从〖例5-1〗可以看出,因股东结构变化引起的原股东权益的盈亏,是公司增资时应该重点考虑的问题。当然上述的注册资本金可以根据投资人的需要进行调整,而不是按原股东原投入的资本金为依据调整。

四、非股票形式资本金筹资的策略

企业在吸收直接投资决策时,要在预测资金需要量的前提下,研究其筹集资本金的策略。该策略包括确定筹集资本金的总量、出资形式、产权关系等具体内容,下面分别加以讨论。

（一）确定筹集资本金总量的策略

企业资本金筹集规模应与生产经营相适应,而吸收直接投资在大多数情况下能直接形成生产经营资产,因此,企业在创建时必须注意其资本金筹集规模与投资规模的关系,要求从总量上协调两者关系,以避免因吸收直接投资规模过大而造成资产闲置、或因规模不足而影响资产经营效益。此外,还要充分注意到资金来源结构的问题,力争取得资金来源成本最低的最佳资金结构,使资本金的收益最大化。

（二）选择出资形式的策略

选择出资形式,主要目的是要使企业保持其合理的出资结构与资产结构。由于在吸收直接投资形式下,各种不同出资方式形成的资产的周转能力与变现能力不同,对企业正常生产经营能力的影响也不相同;为保证各种出资方式下资产间的合理搭配,提高资产的运营能力,因此,对不同出资方式下的资产,应在吸收投资时确定较合理的结构关系,包括实物资产与无形资产间的结构关系、流动资产与长期资产间的结构关系（包括流动资产与固定资产间的结构关系）等。保持出资结构的合理性,可以使企业在未来的经营中能按发展的需要来调整其资产结构,避免资产结构僵化,保持其资产的流动性和经营弹性。

（三）选择投资合作伙伴的策略

不论各投资主体采用何种出资方式,企业吸收直接投资时,都必须认真选择投资合作伙伴。选择投资合作伙伴要考虑的因素至少应该包括:

（1）投资方的投资能力。确认投资者的投资能力可以有效地避免未来的投资纠纷。确认各类投资者投资能力的方法多种多样,比如,通过查看企业的财务报表可以判断企业资产的流动性,一般来讲,流动性强的企业,它的现金投资能力会较强,反之则较弱;再如,一家流动性不强但长期资产大量闲置的企业,用其长期资产投资的能力则较强,等等。

（2）与公司主营业务的关联程度。寻找一家不但实力强大而且与本公司业务密切相关的大公司作为投资合作伙伴,将有助于企业未来的发展。

（四）明确投资过程中的产权关系

由于不同投资者之间的投资数额不同,从而享有的权益也不相同,因此,企业在吸收投资时必须明确各投资者间的产权关系,包括企业与投资者间的产权关系,以及各投资者间的产权关系。企业与投资者间产权关系的确立以各投资者所投资产办理产权转移手续为前提。只有在产权转移完成的前提下,才能真正证明投资者拥有企业的产权,才能明确企业与投资者的责权利关系。各投资者间的产权关系涉及各投资主体间的投资——收益对等关系,涉及各投资者间对企业经营权的控制能力,以及分享收益、承担风险的比例,因此它必须以具法律效力的合同和协议的方式确定。

第三节　普通股票筹资

普通股是构成股份公司的最基本的股份,普通股票持有人才是公司的最终所有者,离开了普通股,股份公司将不会存在。普通股本还是公司向外借债的基础。本节将较为详细地讨论普通股票及其筹资策略的问题。

一、普通股票的特征

普通股票代表对公司剩余资产的所有权,普通股股东共同拥有公司,承担同公司所有权相联系的最终风险,但他们的责任只限于自己的投资额。普通股票的主要特征如下。

（一）永久性资金来源和有限责任

普通股票是公司最基本的资金来源，它在公司成立过程中最先出现。普通股票是没有规定最后到期日的有价证券。普通股票持有者不能从公司收回自己的投资，但可以把持有的股票拿到二级市场上去销售，从而收回投资。只有在公司清算时，普通股票持有者才能从公司分得剩余资产。普通股股东是公司的所有者，并承担以其投资额为限的风险，即只承担有限责任。

（二）定额股份、已发行股份、库存股份和流通中股份

公司章程中所规定的普通股票的最大发行量，就是定额股份，也称之为法定股份。在授权资本制下，为了保持一定程度的灵活性，公司的定额股份一般并不一次发行，这样就可以在公司需要资金时随时发行，而不必再修改公司章程。定额股份中已发售出去的，称为已发行股份。已发行股份中为社会大众所持有的股份，称之为流通中股份。由于种种原因，公司可将其发行在外的部分股票购回，这种购回并储存的股票称之为库存股份。应注意的是，库存股份必须是已发行而后又购回的股票，因此，已发行股份等于库存股份与流通中股份之和。库存股份没有选举、收取股利或其他方面的股东权利。在公司资产负债表上，应分别注明定额股份、已发行股份和库存股份的数量。

【例5-2】　某股份有限公司的定额股份为20 000万股，已经对外发行股份15 000万股，回购股份3 000万股，问该公司定额股份、已发行股份、库存股份和流通中股份各为多少？

解：

定额股份20 000万股；

已发行股份15 000万股；

库存股份3 000万股；

流通中股份＝15 000万股－3 000万股＝12 000万股。

在我国，因为实行的是实收资本制，因此，已发行股份必须等于定额股份，对回购股份作了比较严格的规定。根据《公司法》第一百四十三条对四种情况下可回购本公司的股票作了明确规定：(1)减持公司注册资本；应当自收购之日起10日内注销。(2)与持有本公司股份的其他公司合并；应在6个月内转让或注销。(3)将股份奖励给本公司职工，收购总额不得超过本公司已发行股份总额的5%，并在1年之内转让给职工。(4)股东因对股东大会做出的公司合并、分立决议持异议，要求公司收购其股份的。应在6个月内转让或注销。这些法规说明在我国上市公司不可能长期存在大量的库存股份。

（三）票面价值

普通股票由于是一种无到期日的有价证券，公司没有按照普通股票面值收回普通股票的义务，因此，从理论上说，它有无票面价值并不重要。普通股票的票面价值只是公司章程中对每股普通股票规定的票面价值，它本身没有什么经济意义。但从实际上来看，我国明文规定，普通股票必须标明票面价值。还进一步规定，普通股票不得以低于票面价值的价格发行。如果普通股票的发行价低于其票面价值的话，那么，普通股票持有者就要对债权人承担股票的认购价与面值之间的差额的责任。因此，实际上，在我国普通股票的面值都定得比其市价低许多，即普通股票总是溢价发行。在这种情况下，普通股票账户只反映面值，而发行价高于面值的溢价收入，则单独反映在资本公积账户中。

如果普通股票没有面值，那么股票账面价值就是发行价或预先规定的某个价格，股票溢

价则反映发行价格与规定价格之间的差额。

（四）账面价值和内含价值

全部普通股票的账面价值等于公司资产账面值减去流通在外的优先股票权益之差，每股普通股账面价值等于全部普通股的账面价值除以流通在外的普通股股数之商。

【例5-3】 某股份有限公司资产负债表的权益资料如表5-3所示，试确定普通股票的账面价值。

表5-3

所有者权益表

单位：万元

优先股（每股面值10元）	10 000
普通股（每股面值1元）	10 000
资本公积	30 000
盈余公积	20 000
未分配利润	20 000
所有者权益合计	90 000

解：

$$普通股每股账面价值＝（90\ 000－10\ 000）÷10\ 000＝8.00（元/股）$$

从理论上说，在币值不变前提下，每股普通股票的账面价值和其内含价值应当一致。股票的内含价值即公司资产的清理价值。但实际上，币值总在不断变化的过程之中，就是在总物价水平不变的场合下，不同资产的价格也必然或多或少会发生变化，这就使得普通股票的账面价值必然会与其内含价值存在差异。公司一些资产的清理价值小于它的账面价值，而另一些资产的清理价值则会高于它的账面价值。公司总资产的现实价值究竟是高于还是低于其账面价值，需要用专门的资产评估方法评估之后才能知晓。常用的评估方法有物价指数法和重置价值法两种。

（五）市场价值

普通股票每股市场价值，是指其当前的市场交易价格。在实际中，各种热门股票的市价容易取得；但是，交易量小的股票，其市价往往难以取得。因为交易过程中反映的市价实际上只是一种边际价格，当股票交易量很少的情况下，这种边际价格并不能代表其真实市价。所以，在分析这些公司股票市价信息的时候，必须慎重。为了能准确地反映股票的市场价值，可以采用一段时间（如1周、1个月或3个月等）股票的加权平均市场价格来表示股票的市场价值。

普通股票每股市场价值，是有关股票的当前股利以及投资者对该种股票预期的未来股利和风险的一个函数。由于这些因素与股票的账面价值和内含价值只存在部分的因果联系，因此，普通股票市价不可能和它的账面价值或清理价值紧密相关。

二、普通股票筹资中的创业利润

（一）创业利润的含义

普通股票筹资是股份有限公司不断的筹资行为，任何股份有限公司都可以多次从股票市场上筹集资金。虽然公司每次发行普通股票筹资时外部的市场环境和内部的筹资条件都不同,股票发行的价格也不同,但是由于普通股票的发行价格必须要高于普通股票的每股账面价值;因此,每次新发行普通股票,都会导致普通股票的账面价值提高。这样,就会产生创业利润。股份有限公司的创业利润比有限责任公司的创业利润含义更丰富。有限责任公司的股权流动性不大,市场价值难以取得,因此,多用筹资后原股东获得的所持股权净资产账面价值的增加来表示。但在股份有限公司的条件下,股票的流通性很强,市场价值容易取得,且股东衡量其利益,也多是站在市场价值的角度去考察,这样,股份有限公司的创业利润就有净资产账面价值和市场价值两种表现形式。

【例5-4】 假定某公司通过对外发行股份,从有限责任公司转变为股份有限公司。该公司原有净资产为10 000万元,按1元/股的价格折合普通股票10 000万股。对外发行新股5 000万股,发行价格8元/股。问该公司的原创业股东可以获得多少创业利润?

解:

发行新股后的企业价值=10 000(万元)+5 000(万股)×8(元/股)=50 000(万元)

发行新股后创业股东占有净资产的价值=50 000×10 000/(10 000+5 000)=33 333(万元)

发行新股后创业股东获得创业利润(净资产)=33 333-10 000=23 333(万元)

发行新股后创业股东获得创业利润(市场价值)=10 000(万股)×8(元/股)-10 000=70 000(万元)

从例〖5-4〗可以看出,原创业股东出资10 000万元创办的公司,在转换为股份有限公司之后,拥有新公司2/3的股权,享有33 333万元的净资产;而新加入股东出资40 000万元,却只占有新公司1/3的股权,只享有16 667万元的净资产。发行普通股票,为创业股东带来了23 333万元净资产增加的创业利润;而新股东则在拥有的净资产方面亏损了23 333万元。当然,新股东在普通股票的市场价格方面可能并不会产生亏损,如果普通股票的市场价格大于8元/股,新股东可以获得认购普通股票的利益。比如,普通股票的市场价格为10元/股,那么,新股东就可以获得10 000万元(5 000×10-40 000)的利益。

追求创业利润,是众多创业股东愿意将公司转为上市公司发行普通股票的基本原因之一。市场上有人愿意以远远高于净资产的价格购买普通股票的基本原因,是可以从市场上获得资本收益。当然,产生这种双赢局面的前提条件是公司拥有较高的盈利能力,才能为新加入公司的投资者带来相应的回报。

(二)创业利润与未来收益的关系

虽然扩大新股发行量,原股东可以获取较高的创业利润,但是这是以稀释原股东控制权为代价的。随着原股东控制权的稀释,原股东在公司未来收益中所占有的份额必然会有所降低,虽然公司原股东所获的绝对收益并没有减少,但是会相对减少,即将承受收益增长速度减慢的机会损失。这在公司未来收益很高时会显得特别明显。因此,如何处理创业利润与未来收益的关系,也是在确定发行新股数量时应该加以考虑的因素。下面以实例来讨论这一问题。

【例5-5】 假定华胜公司现有普通股票10 000万股,净资产为20 000万元,年净利润为6 000万元,每股收益为0.6元。现根据市场需要,决定将总资产扩张到100 000万元,估计扩张之后的总资产税前收益率可以达到20%。公司预计新股能按照20倍的市盈率,即12元/股的价格顺利发行。公司拟定了两个发行方案,甲方案:发行5 000万股;乙方案:发行3 000万股。资金不足部分,通过年利息率为8%的银行借款解决。公司所得税率为

30%。试根据上述资料回答下列问题：

(1) 按照两种不同方案,原股东所获得的创业利润(按净资产计算)各为多少?

(2) 按照两种不同方案,原股东所获得的未来收益各为多少?

(3) 哪一方案对公司的现有股东更为有利?

解：

根据资料,可以按以下步骤分析求解：

(1) 计算两种不同方案下原股东所获得的创业利润。

按照发行新股 5000 万股和 3000 万股的标准,计算发行新股后公司负债与权益情况,如表 5-4 所示。

表 5-4

发行新股后公司负债与权益情况表

单位:万元

发行新股的政策标准	股权比例		资产总额	筹资后权益情况				负债与权益之比
	原股份	新股份		现有权益	筹资金额	权益总额	负债总额	
5 000 万股	67%	33%	100 000	20 000	60 000①	80 000	20 000	0.25
3 000 万股	77%	23%	100 000	20 000	36 000②	56 000	44 000	0.785 7

① 发行 5 000 万股的筹资金额＝5 000×12＝60 000(万元)。

② 发行 3 000 万股的筹资金额＝3 000×12＝36 000(万元)。

原股东可以从新股发行中获取的创业利润：

按照政策的上下限发行新股,原股东获取的创业利润分别为：

按照 5 000 万股发行,

$$原股东可以获得的创业利润＝80 000×67\%-20 000＝33 600(万元)$$

按照 3000 万股发行,

$$原股东可以获得的创业利润＝56 000×77\%-20 000＝23 120(万元)$$
$$两种不同发行方案创业利润之差＝33 600-23 120＝10 480(万元)$$

(2) 计算两种不同方案下原股东所获得的未来收益。

不同新股发行方案的净资产收益率：

根据公司的总资产收益率预测,公司的净资产收益率在不同筹资方案下将分别为：

按照 5 000 万股发行,

公司筹资后的净资产收益率＝[20%＋0.25 ×(20%-8%)]×(1-30%)＝16.1%

按照 3 000 万股发行,

公司筹资后的净资产收益率＝[20%＋0.7857 ×(20%-8%)]×(1-30%)＝20.6%

两种不同发行方案公司净资产收益率之差＝20.6%-16.1%＝4.5%

不同新股发行方案原股东分享的净利润差异：

按 5 000 万股发行,

公司净利润＝80 000×16.1%＝12 880(万元)

其中,原股东享有的公司净利润＝12 880×67%＝8 629.6(万元)

按 3 000 万股发行，

公司净利润＝56 000×20.6％＝11 536（万元）

其中，原股东享有的公司净利润＝11 536×77％＝8 882.72（万元）

两种不同发行方案公司原股东获得的净利润之差＝8 882.72－8 629.6＝253.12（万元）

（3）分析不同方案对公司现有股东利益的影响。

根据不同新股发行方案收益与成本的比较分析，可以综合判定不同方案的优劣，为决策提供可靠的依据。通过上述的计算，公司发行 5000 万股新股比发行 3000 万股新股，原股东可以多获得 10480 万元的创业利润，但是每年占有公司的净利润会减少 253.12 万元。每年减少的这 253.12 万元的净利润，就是公司原股东多赚取 10480 万元创业利润的成本。但是，应该注意的是，原股东获取的创业利润是无风险的，而在未来每年获取的净利润是存在风险的。另外，还应该将未来可能少获取的净利润折算为现值，才能与获取的创业利润直接相比较，判断不同方案的得失。

考虑货币的时间价值之后，该成本可以按下式计算：

因为：

$$10\ 480 = \frac{253.12}{i}$$

所以：

$$i = \frac{253.12}{10\ 480} = 2.42\%$$

上述计算结果表明，如果不考虑控制权稀释的影响，只从经济得失出发，那么，不同的筹资方案，公司原股东多获得的创业利润的成本仅为 2.42％。将该成本与公司的负债成本 5.6％[8％×（1－30％）]相比较，应该说，采用发行 5 000 万股的筹资方案优于发行 3 000 万股的筹资方案。

【例 5－6】 假定〖例 5－5〗中的各种资料不变，假定公司在发行新股之后的股票价格仍然为 20 倍的市盈率，即公司股票的市场价格会发生变化，试问：

（1）按照两种不同方案，原股东所获得的未来收益各为多少？

（2）哪一方案对公司的现有股东更为有利？

解：

根据资料，可以按以下步骤分析求解：

（1）计算两种不同方案下原股东所获得的未来收益。

按 5 000 万股发行，

每股收益＝12 880÷15 000＝0.858 7（元）

每股市场价值＝20×0.858 7＝17.17（元）

原股东持有股份的市场价值＝10 000×17.17＝171 700（元）

按 3 000 万股发行，

每股收益＝11 536÷13 000＝0.887 4（元）

每股市场价值＝20×0.887 4＝17.75（元）

原股东持有股份的市场价值＝10 000×17.75＝177 500（元）

两种不同发行方案公司每股收益之差＝0.887 4－0.858 7＝0.028 7（元）

两种不同发行方案公司每股市价之差＝17.75－17.75＝0.58(元)

两种不同发行方案原股东所获得的市场价值之差＝177 500－171 700＝5 800(万元)

上述计算表明,按照 3 000 万股发行比按照 5 000 万股,在未来,原股东除了可以多获得年 253.12 万元的净利润之外,还可以多获得 5 800 万元的市场价值。

(2) 分析不同方案对公司现有股东利益的影响。

在考虑市场价值的情况下,判断不同方案的优劣,除了考虑原股东每年占有公司的净利润的变化之外,还要考虑原股东股票市场价值的差异。那么有:

$$10\ 480 = \frac{253.12}{i} + 5\ 800$$

所以:

$$i = 5.4\%$$

上述计算结果表明,如果不考虑控制权稀释的影响,只从经济得失出发,那么,公司原股东多获得的创业利润的成本仅为 5.4%。将该成本与公司的负债成本 5.6%[8%×(1－30%)]相比较,应该说,采用发行 5 000 万股的筹资方案仍优于发行 3 000 万股的筹资方案。

三、普通股票持有者的基本权利

如无特殊规定,在我国,普通股票持有者应享有以下的一些基本权利。

(一) 盈利分配权

普通股票持有者有权获得股利。但普通股股利的发放与公司债券利息和优先股股利的支付不同,除了前者的支付顺序次于后两者之外,它的发放与否完全取决于公司董事会是否决定将公司的一部分利润作为股利分配。对债券而言,如果公司不能按照契约条款的规定还本付息,债权人有权采取法律行动进行追索,迫使公司清偿债务,即使迫使公司破产也理所当然。而普通股票持有者则不可能采取法律行动要求公司分配股利。只有在公司经理和董事会营私舞弊的情况下,普通股股东才可以向法院提出控诉,强迫公司支付股利。

(二) 剩余资产索偿权

公司进行清算时,普通股票持有者有权在债权人、优先股票持有人分得公司资产之后,分享公司的剩余资产。如清算之后公司资产不能补偿自己的投资,普通股股东只能自己承担损失。普通股股东与公司存在着风险共担、利益共享的关系。如公司获利丰厚,他们是主要受益者;如公司经营亏损,他们就是主要受害者。

(三) 投票表决权

普通股票持有者既然是公司的所有者,他们就有资格参与公司董事会的选举权,并对公司的重大经济活动有投票表决权。大公司的众多股东只能通过由他们选举产生的董事会来间接控制公司。公司的直接控制权掌握在董事会和由董事会选出的经理人员手中。由于大公司股东众多,且分散于各地缺乏联系,因此只能通过一年一度的股东大会来表决他们对管理上的意见。股东对公司的间接管理,在于行使其表决权。

绝大多数的股东并不可能参加一年一度的股东大会,而是委托少数股东代表为自己投票。这种委托通常是通过"代表委托证"进行的。代表委托证是指股东把自己的投票权转让给别人的书面凭证。因此,股东们争取对公司的控制权往往首先表现在争取多数代表委托证之上。

董事的选举方法通常采用多数票选举制、累计票数选举制和分期选举制三种方法。其各种选举方法如下。

1. 多数票选举制

在这种选举制下,每持有一张股票就有一票表决权,而且,股东对董事会的每一个席位逐一进行投票表决,得到多数选票的候选人才可以成为公司董事。显然,在这种选举制下,只要拥有多数股票,就能控制多数选票,并能包办整个董事会的选举,如某一股东所持有的股份总额超过了总股份的 50%,或者他们征集的委托投票权的股份数量超过了总投票权的 50%,那么,他们就可以获取所有的董事席位,而其他股东则无法获得任何一个席位。

比如,某股份有限公司的总普通股票的总股数为 1 000 万股,其中,有一位股东拥有 5 000 万股加 1 股,另一些股东则拥有 5 000 万股减 1 股,那么,按照多数票选举的规则,每一次对一位董事候选人投票的时候,前一位股东推荐的候选人,都可以获得比后一类股东推荐的候选人多两票的优势,从而取得董事资格。这样,前者就可以获取公司全部的董事席位,而后者,虽然只比前一位股东的股数少 1 股,但是却不能选举出一名代表自己利益的董事。显然,这种选举制度有欠公平。

2. 累计票数选举制

为了克服上述多数票选举制的缺陷,许多公司都规定采用累计票数选举制。我国证监会也要求所有的上市公司都采用累计票数选举制。所谓累计票数选举制,是指股东可以将其投票权累计用于一个或数个董事候选人身上,而不必像多数选举制那样平均投于每一个候选人身上的选举制度。比如,公司要从若干名董事候选人选出 9 名董事,那么,每一股就可以获得 9 张投票权,股东可以将这 9 张投票权全部投在某一位候选人身上,使该候选人从这一股中就获得了 9 票,从而令该候选人的得票数量迅速增加。累计票数选举制与多数票选举制不同,它可以使少数股权所有者也能选出一定数额的董事。其选出某个数额的董事所必需的最低票数的计算公式如下:

$$\text{选出董事所必需的票数} = \frac{\text{流通在外的普通股票总数} \times \text{希望选出的董事人数}}{\text{拟选举的董事总数} + 1} + 1$$

【例 5-6】 设天地公司有 50 000 000 股普通股票流通在外,拟选举董事总数为 9 人,少数股东集团至少需掌握多少股份才能获得一名董事席位?

解:

根据公式有:

$$\text{选出董事所必需的票数} = \frac{50\ 000\ 000 \times 1}{9 + 1} + 1 = 5\ 000\ 001(\text{股})$$

即只要拥有 5 000 001 股,就能保证少数集团获得一名董事席位。

显然,由于累计票数选举制能使少数股权所有者有机会选出自己在公司董事会中的代表,因此这种选举制度比多数票选举制更为民主。故它是最常用的选举方法。

3. 分期选举制

这种选举方法不是一次选取出全部董事,而是分多次选举产生。如上例中的 9 名董事不是一年一次选出,而是采取每年选 3 名,三年三次选出。采取分期选举制,前述公式的分母会随着选举人数的减少而减小,而分子不变,因此,获得一名董事席位所必须的最低股份拥有数量必然会相应增加。故分期选举制不利于少数股权所有者。

【例 5 - 7】 假定〖例 5 - 6〗中的 9 名董事不是一次选举产生,而是每年选 3 名,问选举 1 名董事席位必须持有的股份数为多少?

$$\frac{选出董事所}{必需的票数} = \frac{50\ 000\ 000 \times 1}{3+1} + 1 = 12\ 500\ 001(股)$$

显然,少数股权所有者获取一个董事席位的最低股份数已大大高于了前一种情况。事实上,这种分期选举制是一种阻挠少数股权所有者获取董事席位的方法。

（四）优先购股权

按照相关法规,公司在发行新股票时,必须给予现有股东优先认购的权利。这种对增发新股的优先认购权,也是股东的权利之一。优先购股权的目的有二:一是维护股东在公司的既得利益,为股东提供免于股票价值稀释的保障;二是维持股东对公司所有权的比例,保护现有股东对公司的控制权。

（五）查账权

按照我国规定,公司应按每个会计年度,在股东大会召开 15 日前,将经会计师事务所验证过的公司当年的资产负债表、利润表、财务状况变动表、营业报告、利润分配方案等会计账册和其他相关文件资料,备置于公司注册所在地,供股东查阅。如有必要,股东还可进一步检查公司会计账册,拥有监督公司经营和财务管理的权利,以及提出建议或质询的权利。

四、普通股票发行分类

普通股票发行可以分为首次公开发行(IPO)、公开增发、定向增发、配股等四类,下面简单讨论这四类发行的特征。

（一）首次公开发行

首次公开发(initial public offer),简称 IPO,指股份公司首次向社会公众公开招股的发行方式。IPO 新股定价过程分为两部分,首先是通过合理的估值模型估计上市公司的理论价值,其次是通过选择合适的发行方式来体现市场的供求,并最终确定价格。

目前我国首次公开发行的发行定价是通过询价完成的。其基本步骤如下:

(1) 券商的投研部门先撰写投资价值研究报告,给出企业的估值情况。

(2) 企业与符合《证券发行与承销管理办法》规定条件的证券投资基金公司、证券公司、信托投资公司、财务公司、保险机构投资者、合格境外机构投资者,以及中国证监会认可的其他机构投资者接触,了解各机构对拟上市企业的看法及估值情况。

(3) 在北京、上海、深圳三地进行路演,即邀请机构投资者聚在一起,进行公开的宣传推介。

(4) 有资格的机构投资者分别向券商发出询价报告,即在某个价位上愿意申购多少股。

(5) 券商及拟发行人根据询价报告,按照最大融资额的原则确定一个发行价。

(6) 对于网上申购的投资者,按照网下询价确定的价格来发行。

（二）公开增发

公开增发是公司上市之后,再次向社会公开发行股票的事件。公开增发首先应当满足《上市公司证券发行管理办法》中的相关要求。这些要求主要有:上市公司的组织机构健全、运行良好,上市公司的盈利能力具有可持续性,上市公司的财务状况良好,上市公司 36 个月内财务会计文件无虚假记载,且不存在重大违法行为,上市公司募集资金的数额和使用符合相关要求。除此之外,还明确规定:三个会计年度加权平均净资产收益率平均不低于 6%。扣除非经常性损益后的净利润与扣除前的净利润相比,以低者作为加权平均净资产收益率的计算依据;除金融类企业外,期末不存在持有金额较大的交易性金融资产和可供出售的金融资产、借予他人款项、委托理财等财务性投资的情形;发行价格应不低于公告招股意向书前 20 个交易日公司股票均价或前 1 个交易日的均价。

(三) 定向增发

定向增发也是公司上市之后,再次增加发行股票的事件。但该类增发,只是向符合条件的少数特定投资者(发行对象不得超过 10 人)非公开发行股份的行为。非公开发行股票的发行价格不得低于公告前 20 个交易均价的 90%,发行股份 12 个月内(认购后变成控股股东或拥有实际控制权的 36 个月内)不得转让。与公开增发不一样,非公开发行无盈利要求,即使是亏损企业也可申请发行。由于参与定向增发的投资人所获得的股票都有明确的锁定期,因此,敢于提出非公开增发计划、并且已经被大投资人所接受的上市公司,通常会有较好的成长性,有利于公司的一般股东。

对于投资机构来说,定向增发方式可以使其以简单和低成本的方式参与高成长公司或行业,轻易获得公司或行业高速发展带来的利润,更为重要的是定向增发的股权一般锁定期只在 1 年左右的时间,随后可以进行流通,投资周期短且收益将非常丰厚。

(四) 配股

配股是上市公司根据原股东所持股份数按比例向原股东发行新股、筹集资金的行为。从股票发行价格来看,配股与公开增发和定向增发相比最大的区别是,公开增发和定向增发是按尽可能接近甚至高于市场价格的价格定价,但在配股时,公司为了鼓励股东积极认购,新股的价格往往会在发布公告时股票市价的基础上折价。这样,配股后公司的股票会除权,理论上的除权价格是配股前股票价格与新股发行价格的加权平均价格,即是新股配售后的股票价格。

【例 5‑8】　某公司在配股前的普通股票价格为 10 元/股,按照 10∶3 的比例向原股东配股,配股价格为 6 元/股,试问配股后该普通股票的除权价格为多少?

解:

$$除权价格 = \frac{10 + 0.3 \times 6}{1 + 0.3} = 9.077(元/股)$$

显然,配股只是股东对公司追加投资,配股后虽然股东持有的股票增多了,但它并不直接影响到股东财富的变化。

四、普通股票的利弊

从发行公司的角度考察,利用普通股票筹资的利弊和筹资策略可概括如下。

(一) 普通股票的优点

1. 永久性的资金来源

普通股票没有固定的到期日,是一项永久性的资金来源。普通股票也没有固定的费用负担,有盈利才支付股利,无盈利则可不必支付股利。甚至在有盈利的情况下,也可不支付或少支付股利。因此,用普通股票筹资,公司风险最小,或没有财务风险。

2. 无财务风险

普通股票筹资,由于没有企业财务风险,保障了债权人的利益,因此会增加公司债券的价值,使债券筹资成本降低。

3. 筹资容易

普通股票筹资比债券筹资更容易。这是因为:

(1) 普通股票的预期收益比优先股和债券高。其收益之所以高是由两个原因引起:一是在公司经营优良、盈利高时,它不但能为投资者带来丰厚的股利,而且会使市价大幅度上升,给股东带来丰厚收益;二是普通股票代表公司主权,在通货膨胀情况下,普通股票的价值会随公司资产价格的上涨而上升,不承担币值贬值风险。

(2) 普通股票代表着对公司一定的控制权,因此特别受某些希望参与管理的投资者欢迎。

(二) 普通股票的缺点

1. 不能获得财务杠杆利益

普通股票筹资虽无财务风险,但也享受不到财务杠杆带来的利益,不能像负债那样以加速的形式提高现有权益资金盈利率。

2. 资金成本高

普通股股利不可减免所得税,而且对其投资者而言投资风险较大,因此,其资金成本比债券资金成本高。

3. 会削弱控制权

增加普通股票发行量,将导致现有股东对公司控制权的削弱。对中小企业而言,其控制权还有可能为他人夺走。

五、普通股票筹资策略

(一) 普通股票筹资的基本策略

针对普通股票筹资的优缺点,筹资采取的策略应是在充分权衡风险与收益的情况下,合理确定普通股权益占企业总资金来源的比重,使普通股权益收益率在可承受风险范围内最大化。具体地说,要注意如下几方面的问题。

1. 注意资产盈利率与负债成本率的差异

将企业资产盈利率与负债成本率相比较,如企业资产盈利率大于负债成本率,借债可取,企业资产盈利率越是高于负债成本率,并且越稳定,扩大借债规模就越可取。反之,则不可取。因此,确定所有者权益筹资的规模,首先得从权衡负债规模开始,然后在负债与所有者权益之比达到最优的基础上,再确定所有者权益筹资规模。

2. 注意净资产盈利率与优先股股息率的差异

将企业净资产盈利率与优先股股息率相比较,如果企业净资产盈利率大于优先股股息率,那么发行优先股票筹资可取,前者越是大于后者,且稳定程度越高,优先股权益与普通股权益之比越大就越可取;反之,则不可取。因此,确定普通股票发行规模,必须还要考虑优先股票的发行规模,在确定优先股权益与普通股权益的最佳比例之后,再确定普通股票的筹资规模。

3. 关注资本市场的反映

要确定企业资本的最优结构,就必须关注市场对企业资本结构的反应,该反应主要是通过筹资成本反映出来的。

普通股票筹资策略除了考虑最基本的资本结构性问题,以及不同资金来源的资金成本和收益能力的问题之外,还要考虑普通股票发行的时间、发行方式、销售方式、发行价格等等方面的具体问题,因为这些具体措施会直接影响到公司实际获得的筹资金额、普通股票的发行数量、普通股票的每股账面值、每股收益和每股市价,对原普通股股东的利益产生直接的影响。下面对有关普通股股票发行时间和方式,以及普通股票的销售方式和定价等策略方面的问题进行专门讨论。

(二)选择普通股票发行时间的策略

选择普通股票的发行时间至少需要注意以下两个方面的问题。

1. 宏观经济活动状况

任何一个国家的经济都存在衰退、复苏、繁荣、高涨等的周期性循环。公司的经营状况也不可避免地会受到不同经济循环周期的影响。一般来说,在经济衰退时期,虽然一方面由于公司的销售量下降,盈利减少,内部留存收益筹资能力减弱,但另一方面公司的投资机会也会减少,因此公司对资金的需求下降,对外筹资的需求也相应减弱。而在国民经济进入复苏阶段之后,虽然公司投资机会增多,对资金的需求量增加,一方面由于公司销售量的增加,盈利增加,使公司可以通过消化库存筹集资金,但是另一方面由于公司的生产能力可能尚未能充分发挥作用,因此公司可以暂缓对外筹集资金。在经济繁荣阶段,公司投资旺盛,资金需求量大,仅靠内部筹资已经无法满足需要,对外筹资成为了筹资的主导形式。在国民经济高涨期,资金缺口进一步扩大,公司对外部资金的要求更加迫切。与公司对资金的需求量相反,筹资成本在衰退期最低,然后经复苏期、繁荣期逐步提高,到高涨期达到最高峰。因此,公司在发行普通股票筹资时,除了需要考虑对股权资金的需要量之外,还要考虑到经济周期对筹资成本的影响,将内部资金需求量与外部筹资成本结合在一起考虑,尽可能在满足需要的同时,降低筹资成本。

2. 股票市场行情状况

股票行情不仅是对整个国民经济状况的反映,而且密切与公司筹资成本相关。当股票市场价格上涨时,普通股票的发行价格就高,公司筹集同量资金所发行的股票数量就较少,相应地筹资成本也就较低,股东权益就不会受到稀释。相反,当股票市场价格下降时,筹资成本会相应上升,筹资成本上升会导致股东权益稀释,给公司原股东带来损失。因此,公司应尽可能避免在股票市场价格降低时发行普通股票筹资。

实际上,股票市场行情是与宏观经济活动周期密切联系在一起的,在选择股票筹资时间时应将这两个因素联系在一起考虑。一般而言,在衰退期,一方面由于股票市场价格较低,另一方面借款利息率也较低,因此用负债筹资比用股票筹资优;而在繁荣期和高涨期,一方面由于股票市场价格较高,另一方面借款利息率也较高,因此用股票筹资比用负债筹资优。

(三)选择普通股票发行方式的策略

普通股票的发行方式是指公司通过何种途径发行股票。总的来看,股票发行的方式可归为公开发行和不公开发行两大类。选择公开方式发行股票或不公开方式发行股票应注意的问题如下:

1. 公开方式发行股票

公开发行是指通过中介机构,间接向社会公众发行股票的股票发行方式。公开发行股票的好处是发行范围广、发行对象多,容易筹足所需的资金;股票的变现能力强、流通性好,有助于宣传公司、提高公司的知名度和扩大影响力等等。不足之处是手续烦琐,以及无法根据公司发展需要选择股东等等。

2. 不公开方式发行股票

不公开发行是指只是向少数特定对象直接发行股票的股票发行方式。不公开发行股票的好处是发行方式弹性较大,可以有目的的选择对公司发展有重要帮助的股东,通过筹资与其建立紧密的关系,利于公司的长远发展等。不足之处是发行范围小,股票变现能力差,筹资相对困难等。

在我国,对公司选择股票发行方式的制约条件较多,公司的选择权利并不大,因此要求公司在选择股票发行方式时必须熟悉相关法规,只有这样,公司选择的方案才具有可行性。

(四) 选择普通股票销售方式的策略

股票销售方式也会对筹资成本产生重要影响。股票销售方式有自销和委托承销两种方式。股票销售方式直接关系到筹资成本和筹资金额,因此需要公司认真对待。

1. 股票发行的自销方式

股票发行的自销方式,是指发行公司自己直接将股票销售给认购者。这种销售方式的好处是股票发行公司可以直接控制整个发行过程,实现发行意图,并能够降低发行费用。不足之处是筹资时间长,发行公司要承担全部发行风险,且只有知名度高、实力强和信誉卓著的发行公司才能采用这种股票发行方式。

2. 股票发行的承销方式

股票发行的承销方式,是指发行公司将股票销售业务委托给证券公司代理。我国有关法规规定,我国的股份有限公司向社会公开发行股票时,必须采用承销发行方式。股票承销又分为包销和代销两种具体形式。

所谓包销,是指发行公司根据与证券公司签订的承销协议,将股票的销售权交给证券公司,而证券公司根据承销协议规定的价格,一次性购入发行公司本次发行的全部股票,然后以较高的价格出售给社会上的其他投资者。对发行公司而言,包销的好处是发行公司可以及时筹足资本,不承担发行风险,股票是否能按高于包销价格卖出的风险均由证券公司承担;缺点是股票包销价格较低,部分发行股票的溢价由证券公司获得,筹资成本高。

所谓代销,是指发行公司根据与证券公司签订的代销协议,将股票交给证券公司代理销售,但是在这种形式下,证券公司只负责代销股票,不承担发行风险,并且根据代销股票的量获取佣金。对发行公司而言,代销的好处是筹资成本较包销低,缺点是风险大。

(五) 普通股票发行价格制定的策略

股票发行价格是股票发行时使用的价格。制定发行价格是普通股票筹资策略的重要组成部分。它直接涉及普通股票的发行数量,以及能否成功发行等,对股东权益有举足轻重的影响,因此,公司必须认真对待。

一般来说,普通股票发行价格的制定要考虑诸如股票的账面价值、每股收益、股票市场行情、流通盘的大小、所属行业、公司所在地区、公司发展潜力等多种因素,经过公司与证券商或投资者的协商来确定。在完全市场化的前提条件下,普通股票的发行价格具体可以通过如下几种方法确定。

1. 通过承销人之间的竞争性出价确定

采用这种方式确定普通股票的发行价格,要求公司公开对外进行招标。在这种定价方式下,各个承销商会根据自己掌握的股票价格信息,预测公司股票在市场上的可能销售价格,并在此基础上确定承销股票的最高价格,然后参与招标。公司则根据承销商的出价,选择出价高者为其承销商。如果承销商之间的竞争足够充分,那么,采用这种定价法对公司是最为有利的。

2. 通过与承销商直接谈判确定

当发行公司没有足够的承销商可以选择时,就可以采用这种方法来确定一个发行公司和承销商都能接受的普通股票发行价格和承销价。但是采用该种定价方式,要求公司必须了解和预测公司普通股票的市场价格及其未来变化趋势,因此,对财务人员的要求较高。

3. 由发行公司自己确定

采用这种定价方式,普通股票的发行价格完全由发行公司自己确定。投资者则根据公司确定的发行价格订购股票,如果股票的订购量超过了发行量,那么,公司将按发行量与订购量的百分比确定每位投资者实际可以购入的股票数量。当然,也可以采用抽签等公平的方式确定每位投资者可以购入的股票数量。

采用由发行公司自己确定普通股票发行价格的定价方式,可以有效地防止承销商在股票推销中的渔利机会,因此是一种可取的定价方式。但是,如果公司对股票市场价格的预测发生错误,将会对公司股票筹资带来不利的影响。比如股票因发行价格高于市场价格而无法售出,或因股票发行价格过分低于市场价格而蒙受损失,等等。因此,采用由发行公司自己确定普通股票发行价格的定价方式,对公司财务人员的素质要求极高。

4. 以拍卖方式确定

采用该种定价方式的具体做法:先由投资者出价,然后再选择一个略低于某个有利于股票推销的出价为公司股票的发行价格。从理论上来讲,由于直接对投资者的拍卖方式能充分反映股票市场的需求状况,因此,以拍卖方式确定发行价格应是最为合理的定价方式。

总之,普通股票筹资量的确定,要放在其他各类资金来源之后来考虑,并充分注意其发行时间和方式对其发行价格的影响,只有这样才能充分利用普通股票筹资的优点,回避其缺点,使股东权益最大化的目标得以实现。

第四节　优先股票筹资

优先股是企业权益资金之一,但它又与普通股存在着很大的差异,从股份公司的最终所有者——普通股票持有者的角度看,优先股票性质很像债券。本节将讨论优先股票筹资的若干问题。

一、优先股票的特征

(一) 优先股票中"优先"的含义

优先股票的优先有如下两层含义:一是指在企业清算时对偿付债务后所余净资产要求权的优先,即它的索赔权优先于普通股票;二是指获取股利的权利优先,即它的股利支付应先于普通股票股利的支付。优先股票持有者获得这两重优先的代价:第一,丧失了投票权,即没有了在公司管理方面权利;第二,丧失了获取公司超额利润的权利。

（二）优先股票具有混合证券的特征

优先股票实际上是一种混合性筹资形式,既具有债券的特点——固定的股息率,又具有普通股票的特点——不需要还本。优先股票的收益是股票面值与其规定股利率之积,它们一般不参与公司剩余利润的分配,就这点而论,优先股票与债券的性质相同;优先股票无到期日,不需要还本,甚至可以不支付股利,就这点而论,优先股票与普通股票的性质相同。优先股票持有者对公司资产的要求权小于债权人,但大于普通股票持有人,是介于债券和普通股票之间的一种筹资工具。

（三）优先股票股利优先权的特征

虽然优先股票规定有固定股利,但实际上,公司对这种股利的支付却带有随意性,并非必须支付不可。不支付优先股股利,并不会像不支付债券利息那样,使企业面临破产的境地。而且公司不支付优先股股利,并不是就必然意味公司不履行合同义务或丧失了偿付能力,这可能是公司的其他决策原因所致。

二、优先股票的种类

优先股票按发行条款和股利分配条款的不同,可分为若干种类。下面简述最常见的分类。

（一）按股利能否累积为标准分类

按股利能否累积为标准,可分为累积优先股票和非累积优先股票。

1. 累积优先股票

几乎所有的优先股票都具有累积股利的特征,即任何 1 年未付的股利都能递延到以后各年去支付。未支付的优先股票股利会使优先股票在公司中的权益增加。公司必须付清了优先股票股利之后才能支付普通股票的股利。

【例 5 - 9】　某公司已经连续 3 年没有支付每股面值为 100 元、股利率为 10％的优先股票的股利,问公司累积拖欠优先股票股利为多少? 每股优先股票在公司中的权益为多少?

解:

$$公司累积拖欠优先股票股利＝100×10％×3＝30(元/股)$$
$$每股优先股票在公司中的权益＝100＋30＝130(元/股)$$

在〖例 5 - 9〗中,公司必须在偿清每股 30 元的优先股票股利之后,才能支付普通股票的股利。正是由于优先股票的股利可以拖欠,因此,当年支付股利并没有保障。如果公司不想支付普通股票股利,那么就可以不付清拖欠的优先股票股利。

一般而言,公司不支付当年优先股票股利,通常是其经营状况不好所致。但是,在公司经营状况很好时,也不必一定付清拖欠的优先股票股利。

在大量拖欠优先股股利时,公司若想支付普通股股利,可以采用将优先股票调换为普通股票而使优先股票持有人放弃对拖欠股利的要求权来达到。例如,某公司的优先股股票每股面值为 100 元,由于该公司已 4 年未支付股利率为 10％的股利,累计拖欠 40 元,使得该优先股票市价降为 70 元/股。如果该公司既想不付拖欠的优先股票股利,又想支付普通股票股利,那么公司可用一定市价的普通股票调换上述优先股票。比如用市价为 110 元的普通股票去调换上述市价为 70 元一股的优先股票。从理论上说,优先股票持有者以每股 140 元的优先股票只交换到 110 元普通股票,似乎损失了 30 元;但从现实来看,他们却是以 70 元的优先股票换取了 110 元的普通股票,并没发生损失。当然上述例子是按 1∶1 的市价进行调换的,在实际中,调换比例可以多种多样。但这种调换必须得到国家有关管理机关认可才行。

2. 非累积优先股票

非累积优先股票是指当年未付的优先股票股利不能转移到以后年度补付的优先股票。在这种情况下,公司没有补付过期优先股股利的义务,优先股票持有者也无权要求公司予以补付。公司在以后年度一旦有盈利,只要先支付该年的优先股票股利,就可以支付普通股票股利了。显然,这种非累积优先股票不利于保护该类股票持有人的权益,从投资者的角度来看,它甚至不如收益债券。因此,在实际中很少发行该类优先股票,一般只有在公司改组的情况下才可能发行。

(二) 按能否参与剩余利润分配为标准分类

按能否参与剩余利润分配为标准,可分为参与分配优先股票和非参与分配优先股票。

1. 参与分配优先股票

参与分配优先股票是指优先股票在获取自己应得的股利之外,如公司有超额利润,有权参与同普通股一样的分配,分享额外股利。参与性的主要特征,是当公司利润丰厚、普通股股利超过优先股所获股利时,优先股票持有人可以参与超额利润的分配,获得与普通股票持有人相同的股利报酬,以共享公司的经营成果,即优先股股东可以获取双重的分红权。

【例 5 - 10】 某公司发行一种面值为 100 元/股,股利率为 8% 的优先股票,规定能按 1∶1 的比例参与公司剩余利润的分配。普通股票账面价值 5 元/股,当年普通股票实际股利分配情况为 0.5 元/股。问在这种情况下,优先股票的第二次分红可以得到多少股利?

解:

(1) 计算普通股票的以账面价值为基础的股利率。

$$普通股票以账面价值为基础的股利率=0.5/5=10\%$$

(2) 按普通股票获得的股利率计算优先股票的应得股利。

$$优先股票的应得股利=100×10\%=10(元/股)$$

(3) 计算优先股票第二次可以分得的股利。

$$优先股票第二次可以分得的股利=10-8=2(元/股)$$

在实际中,参与分配的比例不一定就是上述的 1∶1 情况,比例可以是多种多样的。在计算优先股票的第二次分红金额的时候,应该根据具体情况具体计算。虽然这种参与分配优先股票对该类股票的投资者有利,但是,实际中很少有优先股票能享受这种参与。

2. 非参与分配优先股票

非参与分配优先股票是指只能获得事先规定股利的股票。公司所获得的超额利润全部归普通股所有,优先股票持有人无权参与其再分配。

(三) 按是否可转换为普通股票为标准分类

按是否可转换为普通股票为标准,可分为可转换优先股票和不可转换优先股票。

1. 可转换优先股票

可转换优先股票是指该股票在持有一段时间之后,可以按事前规定的兑换率转换为普通股票的优先股票;也可以不转换,将它作为优先股票,获取固定的股利。总之,转换权力归优先股股东所有。

2. 不可转换优先股票

不可转换优先股票是指只能享受固定股利,不能转换为普通股票的优先股票。该类股票与普通股票不发生任何联系。

(四)按是否有收回优先股票的权利为标准分类

按是否有收回优先股票的权利为标准,可分为可收回优先股票和不可收回优先股票。

1. 可收回优先股票

虽然优先股票同普通股票一样,没有规定到期日,但是一般认为优先股票不是公司的永久性资金来源,因为在有关合同中都附有收回这种股票的条款。即在优先股票发行若干年后,公司可随时按照预先规定的价格和方式收回已发行的优先股票。需要强调的是,此项收回的决定权归发行公司所有,而不是优先股票持有人。优先股票的收回性质增加了公司的筹资机动性。收回的价格一般高于票面价值或清偿价值,以示对优先股票的补偿。

为了保证收回优先股票的资金来源,企业可设立偿付基金。偿付基金应该根据收回优先股票的资金实际需要量计算提取。

【例 5 - 11】 某公司发行计划在 12 年内收回发行在外的可收回优先股票 10 000 万元,收回比例为每隔 3 年收回面值的 25%,合同规定的收回价格为优先股票面值的 120%,适用折现率为 6%。问该公司每年应该提取多少偿付基金?

解:

分析:首先,由于优先股票的股利已经每年支付,因此不需要再为股利提取偿付基金;其次,由于每隔 3 年收回一次优先股票,因此提取偿付基金的时间应以 3 年为 1 期。根据以上分析,有:

$$10\ 000 \times 25\% \times 120\% = \sum_{t=1}^{3} A(1+6\%)^t$$

$$A = \frac{10\ 000 \times 25\% \times 120\%}{\sum_{t=1}^{3}(1+6\%)^t} = \frac{3\ 000}{3.374\ 6} = 888.99(万元)$$

根据上述计算结果可知,只要公司每年提取 888.99 万元的偿付基金,就可以满足按合同条款规定收回优先股票的资金需要。

一般来说,当发生如下几种情况时,公司可用偿付基金收回优先股票:第一,当市场利率降低,且公司可以以其他筹资方式获得成本更低的资金时,收回以前发行的优先股票可减轻股利负担;第二,当公司资金充裕时,可以收回资金成本较高的优先股票以减轻财务负担;第三,当公司不愿再受优先股票的契约条款所限制,且又可用其他方式获取资金时,可以收回优先股票,摆脱限制。

【例 5 - 12】 某公司在 5 年前发行了面值为 100 元/股,股息率为 10% 的优先股票。在优先股票发行合同中规定:在优先股票发行 5 年之后,公司可以按照当时市场价格 10% 的溢价收回发行在外的优先股票,该收回权利归公司所有。现在该优先股票的市场价格为 160 元/股。公司预计同风险的市场利率已经降为 6%,并且在未来还有进一步下降的空间,估计在未来的第 3 年起将下降至 5%。因此,公司决定按照合同的约定收回该批优先股票。试问收回该优先股票可以给公司带来什么好处？

解：

分析：收回优先股票的收益是可以降低未来的股息支出，成本是收回价格与发行价格之差。

(1) 计算收回优先股票的收益。

第 1 年和第 2 年年节约股息支出＝100×(10％－6％)＝4(元/股)

第 3 年以后年节约股息支出＝100×(10％－5％)＝5(元/股)

$$\text{节约股息支出的现值}=\frac{4}{1+6\%}+\frac{4}{(1+6\%)^2}+\frac{1}{(1+6\%)^2}\times\frac{5}{5\%}=98.26(\text{元}/\text{股})$$

(2) 计算收回优先股票的成本。

收回优先股票的成本＝160×(1＋10％)－100＝76(元/股)

(3) 计算收回优先股票的盈亏。

收回优先股票的盈亏＝98.26－76＝22.26(元/股)

计算结果表明，收回该优先股票可以给公司带来每股 22.26 元的好处，因此，该收回行为是可取的。

企业可以利用偿付基金，在公开市场上买进优先股票或按发行契约所规定的回收价格收回一部分优先股票。偿付基金的建立有利于优先股票持有者，因为在其回收过程中会驱使剩余优先股票的市价上扬。根据供求关系，随着流通在外的优先股票的不断减少，其股票市场价格必定会上升。但是，偿付基金的建立却不利于普通股票持有者，因为它提前造成现金流出，使公司财务风险增大。正是由于这些原因，公司发行的有偿付基金的优先股票的股利率，一般都低于无偿付基金的优先股票的股利率。

2. 不可收回优先股票

不可收回优先股票是指在有关合同条款中，没有赋予公司以某一价格或方式收回优先股票的权利的股票。公司如要收回此类优先股票，只能在证券市场上按市价收购，或者以其他证券调换优先股票。

三、优先股票的表决权

优先股票持有者对公司的净资产和利润有优先要求权，但对公司经营管理决策方面的重大问题没有投票表决权。只有在发行公司连续三年不支付优先股票股利的情况下，优先股票持有者才可以获得一股一票的表决权。在这种情况下，全部优先股票持有者就有权选举若干名董事，间接参与公司管理。但是，一方面由于优先股票选举出的董事通常占董事总人数的比重很小，另一方面由于优先股票持有者能参加公司的经营管理之前，公司已经陷入严重的财务困境；因此，优先股票持有者即使获得一股一票的表决权，从实际上看，也起不了多大的作用。

虽然优先股票持有者可以按他们同公司签订的契约，在公司违反条款时取得一股一票的表决权，也可以在合同中规定若干限制条款，比如要求公司应达到某些财务比率等；但应该指出的是，不管公司违反它和优先股票持有者所签契约中的哪一款规定，都不会像公司违反贷款和债券契约那样，要承担立即偿付的义务。在违反优先股票契约时，公司只是给予优先股股东选举董事来间接参与经营管理的权利，并保证在违反契约期间不支付普通股票股利而已。因此,法律赋予优先股股东的权利要比债权人小得多。

四、优先股票的利弊和筹资策略

（一）优先股票的优点

1. 财务负担轻

由于优先股票股利不是发行公司必须偿付的一项法定债务,如果公司财务状况恶化时,这种股利可以不付,从而减轻了企业的财务负担。

2. 财务上灵活机动

由于优先股票没有规定最终到期日,它实质上是一种永续性借款。优先股票的收回由企业决定,企业可在有利条件下收回优先股票,具有较大的灵活性。

3. 财务风险小

由于从债权人的角度看,优先股属于公司股本,从而巩固了公司的财务状况,提高了公司的举债能力,因此,财务风险小。

4. 不减少普通股票收益和控制权

与普通股票相比,优先股票每股收益是固定的,只要企业净资产收益率高于优先股票成本率,普通股票每股收益就会上升。另外,优先股票无表决权,因此,不影响普通股股东对企业的控制权。

总之,优先股票一方面财务风险小,另一方面不减少普通股股东既得利益,这两方面是它的主要优点。

（二）优先股票的缺点

1. 资金成本高

由于优先股票股利不能抵减所得税,因此其成本高于债务成本。这是优先股票筹资的最大不利因素。

2. 股利支付的固定性

虽然公司可以不按规定支付股利,但这会影响企业形象,进而对普通股票市价产生不利影响,损害到普通股股东的权益。当然,如在企业财务状况恶化时,这是不可避免的;但是,如企业盈利很大,想更多地留用利润来扩大经营时,由于股利支付的固定性,便成为一项财务负担,影响了企业的扩大再生产。

（三）优先股票筹资策略

正是由于优先股票筹资有上述利弊,因此在筹资时应注意分析在不同盈利水平条件下优先股票筹资的不同影响。一般来说,确定优先股票的发行量应注意如下的问题。

1. 关注净资产收益率与优先股票成本之差

将公司的净资产收益率与优先股票成本相比较,如公司的净资产收益率较高,足以抵消优先股票的成本时,企业发行优先股票可以获得财务杠杆利益,使普通股股东收益最大化。

【例 5-13】 已知南山公司净资产收益率为 16%,如果将优先股票的股息率设定为 8%,那么,优先股票可以按照面值发行。试分别计算优先股权益与普通股权益之比为 0.3：1、0.6：1、0.8：1 和 1：1 时的普通股权益收益率为多少?

解:

在不同情况下,普通股权益收益率分别为:

优先股权益与普通股权益之比为 0.3：1 时的普通股权益收益率

$$=16\%+\frac{0.3}{1}\times(16\%-8\%)=18.4\%$$

优先股权益与普通股权益之比为 0.6：1 时的普通股权益收益率

$$=16\%+\frac{0.6}{1}\times(16\%-8\%)=20.8\%$$

优先股权益与普通股权益之比为 0.8：1 时的普通股权益收益率

$$=16\%+\frac{0.8}{1}\times(16\%-8\%)=22.4\%$$

优先股权益与普通股权益之比为 1：1 时的普通股权益收益率

$$=16\%+\frac{1}{1}\times(16\%-8\%)=24\%$$

从例〖5-13〗可以看出,随着优先股权益与普通股权益之比的增大,发行优先股所获得的财务杠杆利益就越大,当优先股权益与普通股权益之比达到 1：1 时,公司的净资产收益率达到了 24%。当然,如果企业还能按某种最佳的负债权益比,同时增加债务和优先股,那么,企业还能更充分地运用有利的财务杠杆,使普通股股东收益率以更快的速度上升。

2. 关注企业财务风险的变化

注意企业现行的财务风险,在控制企业财务风险的前提条件下追求普通股股东收益的最大化。当企业经营风险较大时,增加债务虽然可以获得较高的普通股权益收益率,但是,这样会增加公司的财务风险并放大总风险,使企业价值降低。因此,在此时,企业为了回避财务风险,就应少增加债务,多增加优先股;因为这样做既可以减少企业总风险,又可使普通股票持有者获得最大的风险收益。

总之,如在依靠负债筹资会过多增大企业风险,而又不愿发行普通股票削弱企业的控制权和丧失风险收益的情况下,最佳的筹资方案就只能是发行优先股票筹资。

从我国目前的现实情况看,尚未见我国股份公司发行优先股票。究其原因,一是我国公司的筹资管理尚未能以股东财富最大化为目标,公司筹资的目的主要是从市场上融入生产经营所需的资金,对资金来源的结构,特别是股本的结构对股东权益的影响问题并不重视;二是股票市场尚不健全,公司难以自主决定发行股票的种类。可以预见,随着规范化的股份公司日益增多,公司理财目的将会逐渐转向股东财富最大化;随着股票市场的日益健全,公司发行股票的自主权会相应增加,到时,股份公司将自然会考虑到优先股票筹资的问题,优先股票也终将成为我国证券市场上的常见证券品种。

案例与资料

中国股票市场募集资金量统计如表 5-5 所示。

表 5-5

中国股票市场募集资金量统计

年份	股票募集金额合计		IPO 统计					
	募集资金	实际募资	数量(家)	股数	募集资金	发行费用	实际募资	市盈率
1991	15.21	14.60	21	4.708	13.585	0.609	12.976	9.586

（续表）

年份	股票募集金额合计		IPO统计					
	募集资金	实际募资	数量（家）	股数	募集资金	发行费用	实际募资	市盈率
1992	246.14	243.84	133	28.177	243.545	2.306	241.239	36.877
1993	327.94	321.45	163	65.157	233.966	6.058	227.908	13.944
1994	118.09	115.21	54	19.891	62.321	2.058	60.263	11.298
1995	103.94	100.36	25	15.176	43.161	1.900	41.261	11.542
1996	336.64	323.00	188	59.715	254.023	11.838	242.185	14.825
1997	965.93	938.09	203	131.522	692.502	22.577	669.926	14.412
1998	830.78	810.04	108	80.646	417.469	13.216	404.253	14.111
1999	890.49	868.51	94	86.183	542.961	13.499	529.462	17.913
2000	1,585.53	1,541.04	144	117.770	829.555	24.469	805.086	33.389
2001	1,114.43	1,082.56	67	79.458	563.182	15.946	547.236	32.260
2002	754.10	730.71	70	120.950	534.163	15.539	518.624	19.251
2003	636.36	614.56	66	83.637	453.508	15.210	438.298	18.296
2004	650.03	624.73	98	54.881	353.459	17.420	336.039	17.398
2005	328.85	323.40	15	13.915	57.631	2.811	54.820	20.434
2006	2,792.67	2,743.34	71	394.828	1,731.441	41.931	1,689.509	24.506
2007	8,021.06	7,900.07	121	413.691	4,593.975	88.894	4,505.081	29.480
2008	3,482.82	3,426.29	77	121.118	1,063.827	30.820	1,033.006	26.738
2009	5,149.53	5,045.81	111	260.378	2,021.966	70.252	1,951.714	50.865
2010	10,123.13	9,857.76	347	580.031	4,958.280	210.162	4,748.118	59.051
2011	7,783.28	7,585.66	277	159.594	2,756.957	154.886	2,602.072	45.953
2012	4,713.46	4,605.44	149	81.263	1,017.933	67.320	950.613	30.093

年份	公开增发					定向增发				
	数量（家）	股数	募集资金	费用	实际募资	数量（家）	股数	募集资金	费用	实际募资
1991	0	—	—	—	—	0				
		—	—	—	—		—	—	—	—
1992	0	—	—	—	—	0	—	—	—	—
1993	0	—	—	—	—	0	—	—	—	—
1994	0	—	—	—	—	0	—	—	—	—
1995	0	0.000	0.000	0.000	0.000	1	0.400	1.160	—	—
1996	0	—	—	—	—	0	—	—	—	—
1997	1	0.300	2.550	0.122	2.428	0	0.000	0.000	0.000	0.000
1998	7	6.350	50.543	0.562	49.981	0	0.000	0.000	0.000	0.000
1999	4	5.164	50.330	1.214	49.117	3	2.320	9.424	0.113	9.311
2000	20	12.450	190.519	5.809	184.710	0	0.000	0.000	0.000	0.000
2001	20	13.518	186.189	6.015	180.174	1	0.329	2.234	0.098	2.135

（续表）

年份	公开增发					定向增发				
	数量（家）	股数	募集资金	费用	实际募资	数量（家）	股数	募集资金	费用	实际募资
2002	27	16.594	159.383	5.660	153.723	1	0.364	2.039	0.129	1.911
2003	16	12.310	114.592	3.394	111.198	1	1.000	0.428	0.207	0.221
2004	12	23.717	163.339	3.957	159.382	1	3.164	19.996	0.000	0.000
2005	4	52.300	269.800	2.527	267.272	0	0.000	0.000	0.000	0.000
2006	6	11.155	102.300	2.012	100.288	51	197.404	938.385	4.624	925.976
2007	30	21.619	675.031	10.625	664.405	146	265.006	2,519.510	19.791	2,065.183
2008	28	32.207	518.232	11.330	506.902	107	155.868	1,655.029	11.383	1,431.083
2009	14	17.923	261.694	7.254	254.440	119	391.734	2,749.896	23.848	2,726.048
2010	10	58.256	377.143	8.663	368.481	160	437.278	3,300.090	36.627	3,263.463
2011	10	48.512	288.788	4.837	283.951	178	384.580	3,588.271	33.491	3,554.780
2012	6	8.680	115.469	5.516	109.952	152	454.373	3,440.551	33.171	3,407.379

数据来源：同花顺 iFinD。

习　　题

一、复习思考题

1. 什么是资本金？

2. 资本金制度可以分为哪几类？我国资本金制度的基本内容是什么？

3. 非股票形式的资本金筹资有什么特殊性？其筹资又有哪些利弊？

4. 非股票形式的资本金筹资有哪些基本的策略？

5. 普通股票的特征是什么？

6. 普通股票筹资是如何影响到新老股东之间的利益关系的？

7. 对普通股票进行分类有什么作用？

8. 你认为应该如何看待我国普通股票分类的特殊性？

9. 在我国，普通股票持有者有哪些基本的权利？

10. 我国对普通股票发行有哪些基本的规定？

11. 普通股票筹资的主要利弊是什么？

12. 普通股票筹资有哪些基本的策略？

13. 优先股票的基本特征是什么？

14. 优先股票是如何进行分类的？不同分类的基本目的是什么？

15. 优先股票筹资的主要利弊是什么？

16. 优先股票筹资有哪些基本的策略？

二、计算题

1. 已知光明股份有限公司章程中规定的定额股份为 40 000 万股,已发行股份 30 000 万股,现有库存股份为 5 000 万股,问该公司流通中的股份为多少?

2. 南珠股份有限公司资产负债表的权益资料如表习题 5-1。

表习题 5-1

南珠股份有限公司资产负债表的权益资料

优先股(每股面值 10 元)	10 000
普通股(每股面值 1 元)	10 000
资本公积	40 000
盈余公积	20 000
未分配利润	30 000
所有者权益合计	110 000

优先股票的票面股利率为 10%,但公司已经连续两年未计提和分配优先股票的股利。

试根据上表计算普通股的每股账面价值。

3. 设计算题 2 南珠公司在清算后的净资产分别为 30 000 万元和 120 000 万元,问在这两种情况下,普通股票每股可以各分得多少金额?

4. 设 W 公司发行 A、B 两类股票。A 类股票和 B 类股票均享有一股一票的投票权。B 类股票的持有者为公司创始人,B 类股票的发行价格为 2 元/股,发行数量为 10 000 万股。A 类股票对社会公众发行,发行价格为 10 元/股,发行数量为 5 000 万股。问 B 类股票持有者通过发行 A 类股票可以获得多少创业利润?

5. 假定振业股份有限公司现有普通股票 10 000 万股,净资产为 40 000 万元,年净利润为 5 000 万元,每股收益为 0.5 元。现根据市场需要,决定投资扩大生产经营规模,投资完成之后,公司的总资产将扩张到 120 000 万元,估计扩张之后的总资产收益率可以达到 18%。公司感到如果不增加普通股本,那么扩张后的资产负债率就会太高,不利于公司未来的发展。因此,决定发行普通股票,降低资产负债率。公司预计新股能按照 16 倍的市盈率,即 8 元/股的价格顺利发行。公司拟定了两个发行方案,方案甲:发行 6 000 万股;方案乙:发行 3 000 万股。资金不足部分,通过年利息率为 6% 的银行借款解决。公司所得税率为 30%。试根据上述资料回答:按照两种不同方案,原股东所获得的创业利润各为多少?原股东所获得的未来收益又各为多少?您认为两个方案中,哪一个方案最优?为什么?

6. 大华公司有 80 000 000 股普通股票流通在外,拟选举董事总数为 9 人,问少数股权所有者至少需掌握多少股份才能获得一名董事席位?

7. 如果计算题 6 中的公司采用分期选举制,每次选出董事 3 人,问少数股权所有者至少需掌握多少股份才能获得一名董事席位?

8. S 股份有限公司的普通股票总数为 20 000 万股,现准备新发行普通股票 3 000 万股。王先生目前持有 S 公司的普通股票 30 000 股,问王先生可以获得多少股的优先购股权?

9. 长风股份有限公司现有总资产 5 000 万元,资产盈利率为 12%,负债与净资产(全部为普通股票所有)之比为 0.8∶1,负债资金成本率为 6%。目前有一个资产盈利率为 10% 的投资项目,需要筹资 2 000 万元。根据分析,当负债与净资产之比在 1∶1 之内时,公司的负债资金成本率和普通股票的市场价格均不会发生变化。试根据上述资料求解最佳的普通股票筹资量,以及筹资后的净资产收益率。

10. C 公司已经连续 3 年没有支付每股面值为 100 元、股利率为 8% 的累积优先股票的股利,问该公司每股优先股票的权益为多少?

11. D 公司发行一种面值为 100 元,股利率为 5%,按 1∶1 参与剩余利润分配的优先股票。2002 年 D 公司普通股票的账面价值为 4 元/股,股利为 0.3 元/股。问每股优先股票在 2002 年参与第二次分红,可以分得多少股利?

12. 华风公司在 5 年前发行了面值为 100 元/股,股息率为 8% 的优先股票。在优先股票发行合同中规定:在优先股票发行 5 年之后,公司可以按照当时市场价格 10% 的溢价收回发行在外的优先股票,该收回权利归公司所有。现在该优先股票的市场价格为 150 元/股。公司预计同风险的市场利率目前已经降为 6%,并且在未来 3 年保持不变,从未来的第 4 年起将下降至 5%。因此,公司正思考是否按照合同的约定收回该批优先股票。试问公司是否应该收回该优先股票?为什么?

13. F 公司发行计划在 10 年内收回的可收回优先股票 20 000 万元,收回比例为每隔 2 年收回面值的 20%,收回金额为优先股票面值的 120%,适用折现率为 8%。问该公司每年应该提取多少偿付基金?

14. G 公司的净资产收益率为 15%,优先股票成本率为 9%,试计算当优先股票与普通股票之比分别为 0.5∶1、0.8∶1、1∶1 情况下的普通股票收益率。

第六章 长期负债筹资

【本章提要】 长期负债筹资的形式繁多,各种不同形式的长期负债所具有的成本和风险各不相同,对股东权益的影响差别也很大,是公司各类筹资方法中较复杂的一种方法,其筹资策略变化多端,值得公司重视。本章重点讨论公司长期借款、融资租赁、长期债券等公司长期负债筹资的理论和方法,分析各类长期负债筹资利弊,以及探讨筹集长期负债的策略。

【学习目标】 通过本章学习,要求掌握和了解如下内容:(1)掌握长期借款偿债计划的编制方法。(2)掌握长期借款利率确定方法。(3)了解长期借款的保护性条款的基本内容。(4)了解长期借款的利弊与筹资的基本策略。(5)掌握经营租赁与融资租赁之间的异同。(6)掌握融资租赁决策需要考虑的主要因素。(7)了解售后租回方式筹资对企业财务的影响。(8)了解融资租赁的利弊与筹资策略。(9)掌握长期债券的基本特征与分类。(10)掌握长期债券的不同收回方法。(11)了解长期债券的发行条件。(12)了解长期债券的利弊和筹资策略。

第一节 长期借款筹资

长期借款是指从银行或其他金融机构和企业借入的,偿债期在 1 年以上的借款,它是企业长期负债的主要来源之一。在本节,将重点讨论长期借款的偿债计划编制、合同条款,以及长期借款筹资利弊等方面的问题。

一、长期借款偿债计划

长期借款金额大、期间长,为了保证按期还本付息,企业必须编制偿债计划。该计划通常是由借贷双方协商确定的,它是长期借款合同中最重要的内容。就借款企业而言,确定偿债计划要充分注意到企业现金流入量的时间和积累这样两个因素,尽量使长期借款的偿债期和偿付量与现金流入期和积累量相衔接,以规避偿还长期借款的风险。具体的偿还方式主要有分期付息到期还本、分期还本付息,以及分期等额偿还本息等等多种方式。下面分别加以讨论。

(一)分期付息到期还本

所谓分期付息,就是按既定的期间,如 1 年、半年、1 个季度或 1 个月,对借款本金支付利息;所谓到期还本,就是在借款到期时,一次偿还借款本金。举例如下。

【例6-1】 假定甲公司向银行取得1 000万元、年利息率为10％的5年期长期借款,借款合同规定的偿债方式为每年年末付息一次、到期还本。试编制该笔借款的偿债计划。

解:

根据借款合同,编制的该笔长期借款的偿债计划如表6-1所示。

表6-1

分期付息到期还本偿债计划

单位:万元

年度	支付利息	偿还本金	偿债总额	剩余本金
0	—	—	—	1 000
1	100	—	100	1 000
2	100	—	100	1 000
3	100	—	100	1 000
4	100	—	100	1 000
5	100	1000	1100	0
合计	500	1000	1500	—

分期付息到期还本的偿还方式在实际中极为普遍。用该方式还债,相对于其他偿还方式,对借款企业而言,有两方面的优点:一是前期偿债压力比较小,即使企业经营状况不理想,也能将偿债风险后置,从而给予企业较长时期的机动,有利于企业扭转被动的经营局面;二是可以实实在在地在整个借款期内占用全部借款金额,从而有利于保证企业的资金需要。但该种偿债方式,在长期借款到期日偿债压力较大;因此,为了保证到期日偿还借款本金的需要,借款企业必须在平时就注意积累现金,或在长期借款到期日前筹划新的资金来源,以满足偿债的需要。该种偿债计划虽然对借款企业而言好处较多,但是对贷款方而言,其风险较大;因此,按该种偿债计划筹措长期借款的利率会较高。

(二)分期还本付息

该种偿债方式的基本特征是分期等额偿还本金,对未还本金则按期支付利息。因随着本金的偿还,利息支付额会逐渐降低,所以每期偿债的金额并不相等。举例如下。

【例6-2】 仍以〖例6-1〗公司为例,但公司还款计划为每年等额支付200万元的本金,对尚未还的本金支付利息。试编制该笔借款的偿债计划。

解:

根据借款合同,编制的偿债计划如表6-2所示。

表6-2

分期还本付息偿债计划

单位:万元

年度	剩余本金	偿还本金	支付利息	偿债总额
0	1000	—	—	—
1	800	200	100	300

（续表）

年度	剩余本金	偿还本金	支付利息	偿债总额
2	600	200	80	280
3	400	200	60	260
4	200	200	40	240
5	0	200	20	220
合计	—	1 000	300	1 300

从表6－2可以看出，随着借款本金的逐年偿还，剩余本金，即实际占用借款数量呈逐年下降的趋势，就该例来看，甲公司实际年均占有借款金额不是1 000万元，而是600万元[（1 000＋800＋600＋400＋200）÷5]。显然，这种偿债方式有利于减少贷款方的风险，故贷款方普遍喜欢该种偿债计划。但对借款方而言，前期还款量多，风险大；且随着本金的偿还，借款量减少，可能会导致企业资金供应紧张。

一般而言，对借款企业来讲，如果长期借款是用来购买立即可以投入使用的固定资产，那么，可以采用该种偿债计划。特别是借款期与固定资产折旧期相一致时，采用分期还本付息的偿债计划较优。因为，以折旧形式流入的现金正好可以用来偿还借款本金，而固定资产产生的收益则只需用来保证利息支付，其负担较轻，风险也相对较低。

相反，对建设期间较长的固定资产项目，则不应该采用分期还本付息的偿债计划。因为这类固定资产投资项目，在建设期间不可能产生足够现金流入量，无法以项目本身产生的现金流入量来满足偿还本金和利息的需要。例如，用长期借款建筑一条收费的高速公路，就不能采用在公路未建好之前就分期偿付本金，甚至支付利息的偿债方案。对建设期间较长的固定资产项目，可行的借款方案是与银行签订递延的分期还本付息的偿债计划。在固定资产项目建成并投入使用，即产生现金流入量之后才开始偿债。

（三）分期等额偿还本息

该种偿债计划的基本特征，是在借款期内按某一相等的金额偿付借款的本金和利息。由于借款前期的利息多，后期的利息少；因此，按相等金额偿付借款本息的结果必然是前期偿还的本金少，后期偿还的本金多。举例如下。

【例6－3】 假定〖例6－1〗中甲公司的偿债计划为分期等额偿还借款本息，试编制偿债计划。

解：

根据借款合同，编制的偿债计划如表6－3所示。

表6－3

分期等额还本付息偿债计划

单位：万元

年度	年偿债额	支付利息	偿还本金	本金剩余额
0	—	—	—	1 000
1	263.8	100	163.8	836.2

（续表）

年度	年偿债额	支付利息	偿还本金	本金剩余额
2	263.8	83.6	180.2	656
3	263.8	65.6	198.2	457.8
4	263.8	45.8	218	239.8
5	263.8	24	239.8	0
合计	1319	319	1 000	

表 6-3 中的年偿债额按照如下的方式确定：

因为：

$$1\ 000 = \sum_{t=1}^{5} \frac{年偿债额}{(1+10\%)^t}$$

所以：

$$年偿债额 = \frac{1\ 000}{\sum\limits_{t=1}^{5} \frac{1}{1+10\%}} = \frac{1\ 000}{3.790\ 79} = 263.8（万元）$$

由于利息是计入企业成本或费用可以抵税的项目，故还需要将年偿债额分为偿还本金和支付利息两个部分。具体方法如下：

本年支付利息＝上年度本金剩余额×10%

偿还本金＝年偿债额－支付利息

本年本金剩余额＝上年本金剩余额－本年偿还本金

从表 6-3 可以看出，甲公司 5 年内共偿付本息 1 319 万元，其中本金 1 000 万元，利息 319 万元。

按该偿债计划，甲公司实际年均借款数为 637.96 万元[（1 000＋836.2＋656＋457.8＋239.8）÷5]，略高于分期还本付息偿债计划的年均借款数。分期等额偿还本息的偿债计划，其风险含义和适用范围均与分期还本付息的偿债计划一样，企业可以根据其现金流入量的特征，按年、季、月等时期编制分期等额偿还本息的偿债计划。

二、长期借款利率确定

借款利率的高低直接影响到借贷双方的经济利益，是借贷双方都十分关心的事。长期借款利率的高低主要受借款期限和借款企业信用状况的影响。借款期限越长，银行等金融机构承担的风险就越大，相应地要求的借款利率也就越高。在借款期限既定的条件下，企业信用状况好和抵押品价值大、变现能力强，那么贷款人所承受的风险就低，相应地要求的借款利率也会降低。这说明，借款利率与借款期限成正比，与企业信用状况成反比。即借款期限越长，借款利率越高；企业信用程度越高，借款利率越低。反之亦然。

在我国，虽然各类长期银行借款的利率是由中央银行规定的，似乎不存在讨价还价的问题；但是，从实际上来看，借贷双方讨价还价的空间相当大。因为，中央银行规定的借款利率只是一个名义利率，而借贷双方追求的是实际利率。贷款方可以通过要求借款方保持借款量的一定比例作为最低存款余额,使借款方的实际借款量少于需支付利息的名义借款量,从而使得实际借款利率高于名义利率。

【例6-4】 假定〔例6-1〕中的甲公司,按合同要求需保持借款量的20%作为最低存款余额,而存款利率则仅为2%,试问甲公司该笔长期借款的实际利率为多少?

解:

$$实际利率 = \frac{1\,000 \times 10\% - 200 \times 2\%}{1\,000 - 200} = 12\%$$

从〔例6-4〕可以看出,虽然甲公司长期借款的名义利率仅为10%,但是实际却高达12%,高于名义利率10%。这充分说明,虽然我国各类长期借款的名义利率是固定的,但在实际利率上却有相当大的讨价还价空间。

银行还可以通过改变利息支付期来提高实际利率。

【例6-5】 假定〔例6-1〕中的甲公司,银行借款的名义利率为12%,银行要求按月支付利息,问该贷款的实际利率为多少?

解:

$$实际利率 = \left(1 + \frac{12\%}{12}\right)^{12} - 1 = 12.68\%$$

企业在与银行协商长期借款时,应充分注意到名义利率与实际利率的差异,尽量利用有利条件去降低实际利率。比如,选择一些变现能力强的资产作为借款的抵押物,就可以减少银行承担的风险,从而易于降低借款的实际利率。

如果长期借款存在固定利率制和浮动利率制两种选择方案,那么企业还必须预测未来市场利率的变化趋势。只有在准确预测的基础上,才能作出正确的决策。一般而言,当预期市场利率会上升时,应采用固定利率制,这样可以保证借款利率不随市场利率的上升而提高;当预期市场利率会下降时,应采用浮动利率制,这样将使企业获得市场利率下降的好处。

三、长期借款的保护性条款

对贷款人而言,长期借款风险大,贷款人为了保护自身的经济利益,均会要求企业保持良好的财务状况,至少要求企业在整个借款期内保持与取得借款之时相同的财务状况。但由于长期借款时期长,借款企业财务状况完全有可能恶化,因此,贷款人为了避免借款人财务状况恶化损害到自己的利益,通常都会在借款协议中注明各种保护性条款。这些条款具体说明了贷款人在何种条件下拥有何种干预借款人行为的法律权利,这类保护性条款有利于确保借款人财务状况的稳定性和贷款人贷款的安全性。这类保护性条款可分为非限制性条款、限制性条款和违约惩罚条款三大类。

（一）非限制性条款

非限制条款,又称例行性条款,主要内容如下。

1. 定期提供财务报表

贷款人为了保证自身的经济利益需要了解借款人的经营情况,因此,要求借款人必须定期向贷款人提供经注册会计师审计过的财务报表,以及现金流量预测等资料。

2. 维护资产的安全完整

企业资产是保证债权人债权安全的物质基础,因此,贷款人自然会要求借款人承担维护资产安全完整的义务,保证正常的生产经营能力,限制企业为其他单位或个人提供担保等。

3. 及时清偿到期债务

拖欠任何到期债务,均有可能导致借款人破产,因此,贷款人不仅需要关心自身到期贷款本息的收回,而且也需要关心借款人清偿其他到期债务的能力,要求借款人及时清偿各种到期债务,特别是短期债务,只有这样,才能确实保证长期债权人的利益。

(二)限制性条款

限制性条款主要是为了使借款人保持某一特定的财务状况和管理结构而制定的制约借款人行为的条款。限制性条款通常涉及流动比率、资产负债率、现金流出、固定资产、资本性支出、负债、专款专用,以及管理等方面的内容。具体解释如下。

1. 最低流动比率限制

企业资产的流动性直接关系到企业分期偿债的能力,因此,贷款人要求借款人保持一个最低的流动比率是最常见的限制性条件之一。该最低比率通常由借贷双方协商确定。最低流动比率是贷款人衡量借款人财务状况好坏的重要指标,也是贷款是否继续向借款人提供的标准。最低流动比率的确定除需要考虑社会和行业平均标准之外,还应充分注意企业生产经营方面的特征。

2. 最高资产负债率限制

资产负债率越低,就意味着企业资产对负债的担保力越强,贷款人债权的安全性就越有保障,即风险越低。限制资产负债率实质上就是限制企业负债的增加。最高资产负债率是贷款人决定是否对借款人采取某种行动的一个很重要的标准。如果借款人的资产负债率高于限制标准,那么贷款人就可以要求借款人提前偿还借款。

3. 固定资产处置限制

贷款人为了减少其自身的风险,往往从清理、抵押等方面对借款企业的固定资产处置权利予以限制。一个支付能力不足以偿还到期债务的企业,有可能通过出售固定资产来换取偿债的现金。但是,出售固定资产来换取偿债的现金行为,会损害企业长期借款的偿还能力。贷款人从自身的利益出发,自然希望借款人为其保留固定资产,以减少长期贷款所冒的风险。因此,贷款人通常要求在借(贷)款协议中写明限制借款人随意清理固定资产的条款,比如,规定借款人在进行固定资产清理前,至少应征得贷款人同意才可以进行清理的契约条款,甚至禁止借款人进行任何固定资产清理的契约条款。

长期借(贷)款协议,还经常包括不准抵押的限制条款。这一条款,可以防止借款企业把任何资产抵押给其他债权人;同样地,也限制借款企业为其他公司或个人提供担保或背书转让任何债务。

4. 资本性支出限制

为了防止借款企业把资金冻结在非流动性投资上面,贷款人有时会限制借款企业在固定资产方面的资本支出。通常的做法是要求借款企业在借款期内将每年资本支出限制在一定金额之内,这种限制条款的目的在于迫使借款人将一定量的资金投放在流动资产上,以保持资产应有的流动性。

保护条款也可能规定,未经贷款人同意,借款企业不得与其他企业兼并或合并,也不得进行企业分立,以确保借款人经营结构和财务结构不被改变。

贷款人也可能会限制借款人进行长期证券投资,目的在于确保借款人的变现能力。

5. 增加负债限制

贷款人为了保证自己贷款的安全性,在借(贷)款协议中,经常会限制借款企业接受除季节性流动资金贷款之外的任何借款,或至少要求借款人须经贷款人同意后才能借款的条款。并进一步规定,这些新增的借款只能是无担保贷款,或处于从属地位的借款,确保贷款人在各类贷款中享有优先求偿的权利,减少其所冒的风险。借款协议通常还包括限制借款企业租赁筹资的契约条款。

6. 现金流出限制

为了保证企业有足够的现金清偿借款,借(贷)款协议中经常会有限制现金流出企业的条款。比如规定最高的股利支付额、工资支付额,限制股票回购,等等。

7. 其他限制

其他限制性条款可能包括为了保证企业长期稳定发展,借(贷)款协议可能要求公司某些关键人物,如董事长、总经理、财务总监等,在贷款期内必须留在公司之中。这是因为银行在决定向一家企业贷款时,除了考虑公司法人的偿债能力之外,还会将在偿还借款中起关键作用的人物作为重要因素来考虑。其他限制性条款,还可能要求贷款必须专款专用,以便于银行对借款企业使用借款资金的监控,等等。

(三)违约惩罚条款

几乎所有的借(贷)款协议都有违约惩罚条款,该类条款详细规定了借款人违反上述各类契约条款时,将受到何种惩罚。最常见的惩罚条款是"提前偿付",即规定,如果借款人到期不能履行协议的任何一项条款时,整个借款将立即到期和偿还。这一惩罚条款有助于贷款人对违约借款企业采取必要措施,以保护其自身的利益。除了提前偿付条款外,还有其他一些罚款性契约条款,如提高贷款利息率。所有这些惩罚性契约条款,目的都在于保证贷款人在其认为必要时能据此提出强制性建议来改进借款人的财务状况,从而确保贷款人的自身利益。

各类长期借款的契约条款都是由借贷双方协商确定的,作为贷款方,因为贷款放出之后不可能再对它进行直接控制,风险大,所以贷款人会为贷款定出几乎近于苛刻的各种条款;作为借款方,则试图减少借(贷)款协议对其经营的制约,以利企业的发展。作为借款方的财务人员,在签订借款契约之前,一定要充分了解各类契约条款对企业经营的影响程度,并分析其利弊,尽量争取有利于企业发展的契约条款。

四、长期借款筹资的利弊和筹资策略

长期借款筹资有利有弊,其利弊和筹资策略分析如下。

(一)长期借款筹资的优点

长期借款筹资的优点主要有如下几点:

(1)由于长期借款是一种权益交易形式,因此,当借款带来的收益大于借款成本时,企业可获得更大利益,使企业净资产收益率加速上升。

(2)长期借款利息可以抵税,因此资金成本比权益性资金来源的资金成本低。

(3)长期借款灵活机动,借(贷)款合同是借贷双方协商的结果,外部的干预比较少,企业可以利用自身的有利条件获得优惠的借款。

(4)长期借款不必向社会公开企业经营状况,有利于保护企业的经营秘密。

(二)长期借款筹资的缺点

(1)借款利息是固定不变的,当借款所获收益不能补偿筹资成本时,会产生负财务杠杆

效应,使所有者权益收益减少。

(2)借(贷)款合同中的限制性借款条款除了可能会对企业投资、筹资、盈利分配等方面有所限制之外,还可能对企业的资产处置、人员安排、本企业与其他企业的财务关系等方面进行限制,从而影响到企业发展战略的实施。

(3)长期借款以年金形式支付的本金和利息,会导致企业资金大量流出,形成企业固定的财务负担,使企业风险增大。

(三)长期借款筹资策略

长期借款利弊分界点是借款收益减借款成本之差,当该差额为正时,借款有利;当该差额为负时,借款无利。因此,在长期借款筹资前,必须对借款所能产生的收益进行准确预测。在进行这种预测时,要充分注意到限制性条款对企业盈利能力的影响。一般而言,限制性条款会在一定程度上降低资金的使用效益,制约企业的发展速度,限制企业经营的自主性等等。因此,企业在预测盈利能力时,要充分考虑到这些限制条款的影响,使盈利预测尽可能准确。企业只有在准确预测取得借款后的收益和成本的基础上,才能确定长期借款的数量、期限、偿债方式、合同条款等。

第二节 融资租赁筹资

租赁是以商品资本表现的借贷资本的一种形式,它兼有商品信贷和资金信贷的两重性。具体地看,租赁是一种契约性协议,它规定资产所有者(出租人)在一定时期内,根据一定条件,将资产交给使用者(承租人)使用,承租人在规定的期限内分期支付租金并享有对租赁资产的使用权。对承租人而言,承租人实际上是取得了一笔信贷资金。本节将对融资租赁的相关财务问题进行探讨。

一、租赁分类

按租赁契约的不同,租赁可分为多种类型,在这里,我们只讨论经营租赁和融资租赁。

(一)经营租赁

经营租赁,又称为业务租赁、营业租赁等,是指承租人在租赁期届满后必须将租赁资产退还出租人的租赁。其基本特征如下:

(1)在租赁期届满时,承租人没有购买租赁资产的特殊权利,也没有续租与购买的选择权。

(2)经营租赁合同是一种可解除的合同,在一般情况下,承租人有权在租赁期间内在预先通知出租人后解除租约。

(3)租赁期短于租赁资产的经济寿命期,一般是承租人完成某一特定经营任务后就将租赁资产退还给出租人。

(4)因租赁资产的所有权不转移,出租人要承担财产的保险、维修、折旧和税金等因所有权持有而发生的费用。

从以上特征可以看出,在经营租赁中,与资产所有权有关的风险和报酬均没有转移到承租人身上,即承租人既不承担持有租赁资产的风险,也享受不到持有租赁资产所带来的收益。

（二）融资租赁

1. 融资租赁的特征

融资租赁是指与租赁资产所有权有关的风险和报酬实质上已全部转移到承租方的租赁形式。其基本特点如下：

（1）租赁期届满时，租赁资产的所有权转让给承租人。

（2）租赁合同是一种不可解约合同，租期的定义为不可解约的固定期限加上租约中规定的特权。

（3）承租人有购买资产的选择权，且在租赁开始日就相当肯定承租人未来会行使此项选择权，资产的购买价格将充分低于行使选择权时的公允价值。

（4）租赁期长，且在最后不转让所有权的租赁，根据会计学中的实质重于形式的原则，只要租期与租赁资产的经济寿命期相当（租期大于或等于资产经济寿命期的 75%），也视为融资租赁。

（5）与租赁资产相关的保险、维修、折旧和税金等费用均由承租人承担，租赁资产也列为承租人的资产。

从上述特征可以看出，在融资租赁中，承租人每期所付的租金实际上就是在租赁期间取得固定资产的使用权和租赁期满时取得资产的所有权所进行的分期付款，即租金实质上是对实物信贷的分期偿还。

2. 融资租赁分类

融资租赁可进一步分为直接租赁、转租赁、杠杆租赁和售后租回等租赁形式。

（1）直接租赁是承租人直接向生产厂商或租赁机构租赁生产经营所需资产的租赁形式。它属于纯粹的融资租赁。直接租赁当事人的关系如图 6-1 所示。

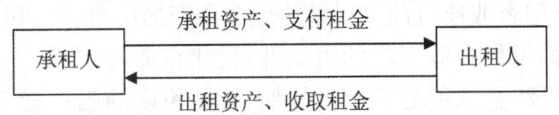

图 6-1　直接租赁当事人的关系

（2）转租赁是指租赁机构具有承租人和出租人双重身份的租赁。即租赁机构一方面作为承租人，从其他出租人处租入资产；另一方面作为出租人，再把租入的资产转租给其他承租人。转租赁各种当事人的关系如图 6-2 所示。

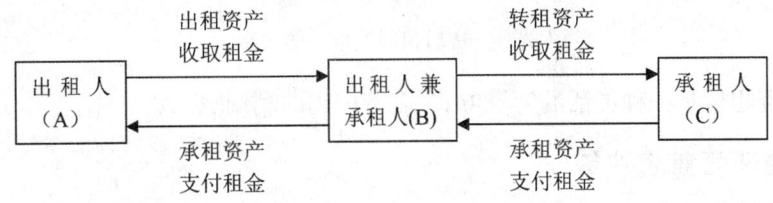

图 6-2　转租赁当事人的关系

这种租赁形式在我国较为常见，如在 20 世纪 80 年代中期直到 90 年代中期，我国电力供应普遍紧张，沿海一带小型的燃油发电厂遍地开花，对燃油发电机的需求量极大，为了满足这种需要，我国一些租赁公司就大量从国外租赁公司手中租入燃油发电机组，然后再出租给国内厂商。这种租赁形式,对最终承租人而言,与直接租赁并无太大差异。

（3）杠杆租赁,又称借款租赁,通常适用于金额较大的租赁项目。对于金额较大的租赁项目,租赁公司可能因财力所限,或不愿意承担全部风险,往往会邀请银行等金融机构参加该租赁项目。租赁公司自筹购买设备所需资金的 20%～40%,其余 60%～80% 的资金则以该设备作为抵押物从银行取得贷款解决。租赁公司再将购入的设备出租给承租人,同时,收取租金的权利转让给提供贷款的银行。出租资产的所有权仍归出租方所有。由于出租方用少量的资金推动了巨额的租赁业务,产生了杠杆效应,因此称为杠杆租赁。该种租赁当事人的关系如图 6-3 所示。

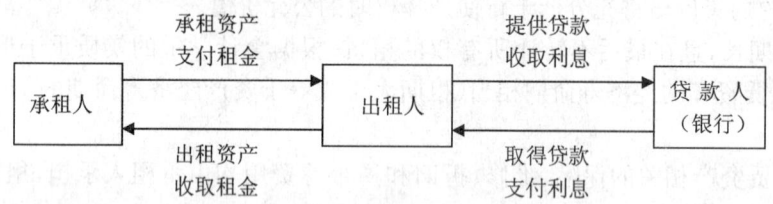

图 6-3 杠杆租赁当事人的关系

该种租赁,虽然对出租人而言有许多优点,比如贷款方没有对出租人债务的追索权,其风险仅局限于 20%～40% 的资金范围,以及用少量资金推动巨额租赁业务等;但是,对承租人而言,同直接租赁没有本质上的区别。

就我国实际来看,我国规模较大的租赁公司都是依附于金融机构的。

（4）售后租回,又称返回租赁,是企业把现有固定资产出售给租赁公司,然后再向租赁公司原封不动地租回资产的租赁。这样,固定资产的所有权掌握在租赁公司手中,企业对固定资产则只有使用权。但企业通过放弃对某些固定资产的所有权可以解决企业现金严重短缺的问题,并且可以立即增加企业资产的流动性,优化企业的财务状况。此外,该种租赁形式,还有可能使企业获得租金抵税的好处。例如,售后租回的固定资产原账面净值为零,但通过售后租回这种租赁形式,产生的租金可获得抵减所得税的好处。因此,售后租回的租赁形式是一种值得重视的筹资方式。售后租回的租赁形式当事人之间的关系如图 6-4 所示。

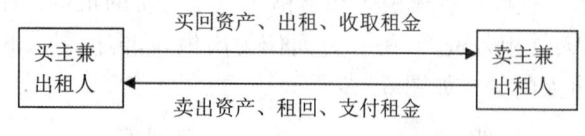

图 6-4 售后租回当事人的关系

总之,融资租赁是一种灵活的筹资方式,有着广阔的利用空间。

二、融资租赁筹资决策

融资租赁筹资决策需要考虑的因素是多种多样的。从融资租赁作为长期借款的替代筹资方案而言,进行融资租赁决策,应该将融资租赁与长期借款的利益相比较,以便在这两种筹资方式中选优。在这里,主要通过融资租赁与举债购置固定资产、借款与售后租回的比较,来讨论融资租赁的筹资决策问题。

（一）融资租赁与举债购置的筹资决策

当一个企业需要为添置某项固定资产筹资时，如果既可以用融资租赁的方式筹资，也可以用长期借款方式筹资，那么就需要在这两种筹资方案中进行选优。比较两种筹资方式的优劣，必须充分考虑到不同方案的现金流量和资金的机会成本，将不同方案的现金流量折算为现值，现金流出量现值低者为优。下面举例说明融资租赁与举债购置的决策。

【例6-6】 假定某公司已决定添置一台价值为200万元的设备。该设备的使用期为10年，预计10年后的残值为零。现有融资租赁和长期借款购置两种方案可供选择。融资租赁合同规定：租赁期为5年，每年年初支付租金40万元，并需按未付租金部分价值的8%支付利息，在租赁期届满时，企业还需一次性支付70万元以取得对该设备的所有权。长期借款合同规定：借款期限为5年，借款利息率为10%，年末付息到期还本。已知该公司资金的机会成本为5%，所得税率为30%，租金可作为费用抵减应税收益。问哪种方案为优？

解：

（1）编制不同方案的现金流量表。

根据例中资料，可分别编制融资租赁和长期借款购置的现金流出量现值计算表，如表6-4和表6-5所示。

表6-4

融资租赁现金流出量现值计算表

单位：万元

年份	租金及转让费	利息支付额	税前现金流出量	税后现金流出量	资金成本为5%的折现系数	现金流出量现值
0	40	—	40	28	1	28
1	40	12.8	52.8	36.96	0.952 38	35.2
2	40	9.6	49.6	34.72	0.907 03	31.49
3	40	6.4	46.4	32.48	0.863 84	28.06
4	40	3.2	43.2	30.24	0.822 7	24.88
5	70		70	70	0.783 53	54.85
合计	270	32	302	232.4	—	202.48

表6-5

举债购置现金流出量现值计算表

单位：万元

年份	利息支付额	税前现金流出量	税后现金流出量	资金成本为5%的折现系数	现金流出量现值
1～5	20	20	14	4.329 48	60.61
5	—	200	200	0.783 53	156.71
合计	100	300	270		217.32

（2）比较两种决策。

比较表6-4和表6-5可以看出，虽然融资租赁的税前现金流出量大于举债购置的税前现金流出量，但是由于租金可以抵税，因此，税后现金流出量融资租赁比举债购置低了14.84万元（217.32－202.48），融资租赁筹资方式比举债筹资方式要优。

（二）借款与售后租回的筹资决策

当一个企业固定资产占用量过大而流动资产拥有量相对不足，导致企业固定资产的生产能力不能充分发挥时，企业应当筹集资金，追加流动资产的投入。筹集资金的方式，可以是向银行申请流动资金借款，也可以是向银行或其他金融机构申请长期借款。但向银行申请借款，其财务状况必须满足银行的贷款要求。比如，申请流动资金借款，要求企业的资产有较高的流动性，或者说企业的流动比率必须达到某个标准；申请长期借款，除上述要求之外，还要求企业的资产负债率必须低于某个标准，或要求借款专款专用。如果企业的条件不能满足银行贷款的基本标准，就难以从银行取得借款。

【例6-7】　假定A公司的资产负债表如表6-6所示，试分析该公司不同筹资方式的可行性。

表6-6

A公司资产负债表

单位：万元

资产	金额	负债及所有者权益	金额
流动资产	1 000	流动负债	1 500
固定资产	5 000	所有者权益	4 500
合计	6 000	合计	6 000

解：

（1）筹资方式分析。

从表6-6的资产方可以看出，A公司是一个固定资产占用量大而流动资产不足的公司；从权益方可以看出，A公司又是一个所有者权益比重高、负债比重低的公司。根据A公司的财务状况，可以对该公司的不同筹资方式得出如下的分析结论：第一，通过资产与负债的对照分析，可以发现，该公司的流动比率仅为0.667∶1，流动比率极低，这说明A公司资产流动性极差，公司部分固定资产的资金来源靠流动负债解决，短期偿债能力极低。以这种财务状况，A公司根本无法从银行取得流动资金借款。第二，因为A公司短期偿债能力不足，可能会危及到长期借款的安全，也难以获取长期借款。即使按资产负债率标准可以取得长期借款，贷款银行为了规避风险也要求企业将长期借款专款专用于购置固定资产。但就A公司的实际情况来看，是固定资产因流动资产不足而闲置，当务之急是要增加流动资产，使固定资产的生产能力能充分发挥出来。第三，由于所有者权益比重高，筹集股权资金会进一步降低公司的财务杠杆，限制所有者权益收益率的提高；因此，筹集所有者权益资金也不是该公司最佳的筹资形式。

在长短期借款均难以取得的情况下，筹集所有者权益资金又不佳时，选择售后租回的融资租赁是一个最可取的筹资办法。

（2）售后租回融资租赁方式的利益分析。

假定 A 公司将账面净值为 2 000 万元的固定资产卖给某租赁公司,然后,再以应付融资租赁费总额为 2 500 万元的价格将其租回,那么,A 公司新的资产负债表则如表 6-7 所示。

表 6-7

A 公司售后租回融资租赁后的资产负债表

单位:万元

资产	金额	负债及所有者权益	金额
流动资产	3 000	流动负债	1 500
固定资产合计	5 500	应付融资租入固定资产款	2 500
其中:自有固定资产	3 000	所有者权益	4 500
融资租入固定资产	2 500		
合计	8 500	合计	8 500

从表 6-7 可以看出,A 公司采用售后租回融资租赁方式筹资之后,公司财务状况迅速改善,资产流动性增强,流动比率从 0.667:1 提高到 2:1;资产负债率 47%(4 000÷8 500),低于 50%,符合公认标准。企业也有足够的流动资产应付生产经营的需要。从本质上看,售后租回的筹资方式就是承租人以其资产作担保获得出租人贷款的筹资方式。

需要注意的是,承租人出售资产的实际价在多数情况下与其账面值不相等,从而会产生出售资产的损益。另外,由于存在出租人谋取利益的问题,出售资产的价与租回的价也不会相等。这些也是影响售后租回筹资决策的因素。具体地说,追求当期利润可能成为企业选择售后租回筹资方式的一个动因,因为,当出售价高于账面值时,采用售后租回筹资方式可以为当期带来利润。当然,该损益在不同的会计制度下会有不同的表现形式,从理论上讲,损失应立即确认,但收益则不能确认,因为应用它来抵减租回价高于出售价的价差。至于租回是否可取,则可以与举债相比较。总之,售后租回方式的筹资决策,实际上是资产出售和租回两个方面的决策。

【例 6-8】 某公司将 1 台账面价值为 200 万元的设备,出售给租赁公司为 220 万元,然后,再从租赁公司以 240 万元的价格租回。试分析该设备售后租回的盈亏状况?

解:

对该问题可以按以下思路进行分析:

(1)出售固定资产时的会计分录为:

借:现金 2 200 000
    贷:固定资产 2 000 000
        损益类账户 20 万元

(2)租回固定资产时的会计分录为:

借:融资租入固定资产 2 400 000
    贷:长期应付款 2 400 000

上述会计分录说明,在公司将固定资产卖给租赁公司的当时,产生了 20 万元的账面利润,但是,在未来,摊入成本费用、折旧费用和租赁费用会增加,从而导致未来若干期的利润减少。这种做法的实质是将未来的利润据为当期所有,在一定程度上改变了分配格局。

三、融资租赁筹资的利弊和策略

融资租赁在资产所有权风险和报酬方面的特征,决定了它与长期借款等负债筹资有不同的利弊,下面将详细对这些利弊和针对利弊应采取的相关策略进行探讨。

（一）融资租赁筹资的优点

融资租赁筹资的主要优点可归纳如下。

1. 承受的风险低

企业通过租赁形式使用资产除了可以规避设备被淘汰的风险之外,还可以避免过时的风险。因为,融资租赁合同通常都规定,在承租人不能按期支付租金及相关费用时,出租人有权收回其出租的资产。如果承租人在承租期中,发现承租的设备已经陈旧过时,有被淘汰的危险;那么承租人可以拒付租金,让出租人收回设备。这样,可以在一定程度上减少损失。

另外,在承租人发生经营困难不能按时支付租金和相关费用时,出租人的权利只能是收回其出租的资产,而无权要求承租人用其他资产偿债,这样就防止了风险的扩大化。而以其他负债形式筹资,比如长期借款,债权人为追债,把企业逼破产也理所当然。

2. 全额筹资

在举债购置固定资产的情况下,贷款人为了减少贷款风险,通常都要求借款人支付部分价款,其结果是借款人不可能获得所购固定资产的全部筹资额。而融资租赁,承租人只要承诺按期支付租金就可获得固定资产的使用权,即获得了所有固定资产价款的全额筹资量。

3. 筹资灵活性强

租赁筹资不仅可以避免长期借款筹资的许多限制性条款的约束,而且可以不公开企业的财务状况,使企业经营更为自主;另外,租赁是实物信贷,比举债购置资产速度快;再有,租赁形式多样,企业可以根据需要选择最有利的租赁形式,比如选择售后租回方式就可以迅速增强企业资产的流动性。

4. 可以获得减税利益

租金可以作为费用抵减应税收益是租赁筹资相对于举债购置的一大优点。我国《中华人民共和国企业所得税法实施条例》对租赁费用的处理作了如下规定:

（1）以经营租赁方式租入固定资产发生的租赁费支出,按照租赁期限均匀扣除。

（2）以融资租赁方式租入固定资产发生的租赁费支出,按照规定构成融资租入固定资产价值的部分应当提取折旧费用,分期扣除。具体可按以下方法处理:

第一,承租方租入固定资产的租赁期长于该固定资产法定折旧年限的,每期支付的不高于按税法规定的折旧年限计算的折旧额的租赁费可全额扣除。

第二,承租方租入固定资产的租赁期短于该固定资产的法定折旧年限的,对每期支付的租赁费高于按税法规定的折旧年限计算的折旧额的,其超出部分不得作为本期扣除,待租赁期满后该固定资产转移至承租方时,在不少于税法规定的折旧年限减去已承租使用的期限后剩余的期间内分期扣除。对租赁期满后将该固定资产转让或变卖的,其取得的收入与扣除费用之间的差额部分可作为本期收入或支出处理。

第三,承租方对租入固定资产,视同自有资产一并提取折旧。

第四,承租方支付的手续费、利息等可在支付时直接扣除。

从以上规定可以看出,在我国,承租企业的租赁成本（包括租金）是作为费用计入成本,从而抵减课税额,或者直接享受免税利益。因此,在租赁决策中,税赋无疑是一项重要的影响因素。

（二）融资租赁筹资的缺点

融资租赁筹资虽有上述的各种优点,但也存在如下的几个主要缺点:

(1) 由于出租人承受的风险大,相应地要求的回报必然会高,因此,租赁的实际成本往往会高于长期借款或债券的成本。

(2) 由于承租人在租赁期中没有取得租赁资产的所有权,因此难以根据自身的需要对租入资产进行改良。即使征得出租人同意,可以对租入资产进行改良,承租人往往也会从没有获得所有权的角度出发,不愿出资对自己没有所有权的资产进行最合理的改良。

(3) 对最终所有权不转移的租赁而言,承租人不能获得租入资产的残值和升值利益。这种情况,在通货膨胀期内,会使承租人丧失更多的利益。

（三）融资租赁筹资的策略

根据融资租赁筹资的优缺点,企业应采取如下的策略:

(1) 根据企业所具有的风险特性,选择是采取经营租赁还是融资租赁。当企业风险极大,又无其他方法可以规避时,企业应采取经营租赁方式,因为经营租赁可以规避因资产所有权带来的相关风险。

(2) 根据负债购置和融资租赁的成本,选择是负债购置还是融资租赁,应选择成本低的。

(3) 根据企业资产和负债的结构,以及筹资的难易程度,选择具体的融资租赁方式。当企业的资产流动性差和借款难度大时,可选择售后租回的融资租赁方式。

第三节　长期债券筹资

一、长期债券的特征

（一）长期债券的特征及其信用等级的确定

长期债券是长期债务证书,在债券上载明还本期和本金额,以及规定的利率和付息期。

举债公司将按照债券上载明的利率定期向债券持有者支付利息,并在到期日按债券面值偿还本金。长期债券的基本特征如下。

1. 固定的现金流量

在不考虑信用风险的条件下,长期债券的现金流量是固定不变的。

2. 债券利息率与市场利息率存在差异

由于市场利率是不断变动的,而债券的利率是固定的,这样两者之间就会产生差异。另外,不同举债公司的信誉程度不同,债券持有者面临的风险也不同,因此,对投资收益率的高低有不同的要求。这些因素决定了,在实际中,公司债券的利息率会与市场利息率存在差异。

3. 市场价格与债券面值存在差异

除了在债券发行时,债券票面利率与市场利率之间可能存在差异之外,在债券发行之后,随着市场利率的不断变动和债券利率的固定不变,也可能造成市场利率与票面利率的差异。这些因素最终都会造成债券的市场价格与债券的票面价值不相等。

(二)长期债券信用等级的确定

1. 确定长期债券信用级别所考虑的主要因素

资信评价机构会设定很多指标来评定长期债券的信用等级,以标准普尔公司为例,其评价长期债券信用级别时所关注的因素包括:经营风险、市场状况、销售毛利和其他盈利能力指标、管理质量、会计政策的稳定性、固定费用数额、财务杠杆比率,现金流入量,以及公司的财务弹性。

2. 债券信用质量评价指标

按照标准普尔公司的标准,不同级别债券与财务比率的关系如表6-8所示。

表6-8

债券信用质量评价指标表

债券信用等级[②]	主要财务比率[①]					
	AAA	AA	A	BBB	BB	B
利息保障倍数	21.39	10.02	5.67	2.90	2.25	0.74
固定费用保障比率	6.96	5.31	3.42	2.22	1.62	0.85
EBITDA/利息[③]	31.68	14.78	8.25	5.02	3.46	1.56
营运资金/负债总额	109.8%	75.4%	49.1%	30.3%	20.2%	9.8%
自由营运现金流量/负债总额	53.8	27.9	19.5	3.9	0.7	-1.7
永久资本税前收益	25.1	19.1	16.0	11.8	10.2	6.2
营业收益/销售收入	21.2	17.1	14.6	12.3	11.9	8.7
长期负债/资本化总额	9.7	18.9	28.8	40.7	50.2	62.2
负债总额/调整后资本化总额(包括短期负债)	22.6	28.3	36.7	45.3	55.6	71.4
负债总额/调整后资本变化总额(包括短期负债和8倍租金)	36.1	40.1	46.8	56.1	65.5	76.5

① 三年算术平均值。

② 标准普尔公司的特定标准。

③ EBITDA=息前、税前、折旧前、摊销前的收益。

从投资机构的角度考察,信用级别在BBB(含BBB)级以上的债券是投资级的债券;信用级别低于BB级的债券是投机级的债券,该类债券被认为是垃圾债券(junk bonds),垃圾债券又称为高收益债券或低级债券。一般而言,债券的信用级别越高,筹资成本越低;反之,则越高。公司在准备发行债券之前,应该根据不同的信用评价标准,设计自身的财务结构,以降低筹资成本。

二、债券的种类

债券可按多种不同的标准分类,如按债券是否记名,分为不记名债券和记名债券;按债券是否可转换为普通股,分为不可转换债券和可转换债券,等等。下面,我们主要以债券的抵押、担保标准来对债券进行分类。

（一）非抵押和非担保债券

我国目前尚不允许发行非抵押和非担保债券。这类债券发行时并无公司资产作为保证,投资者之所以购买这类债券,是因为相信公司的盈利能力,因此,这类债券又称之为信用债券。按信用程度的高低,它又可分为如下几类。

1. 信用债券

信用债券是指公司发行的无担保债券。债券持有者相信公司的盈利能力可作保证。由于信用债券没有公司具体资产的担保,万一公司破产清理,债券持有者将成为一般债权人。虽然这种债券没有担保,但其持有者仍受到债券契约中规定的各项限制条款的保护。其中最主要的是负债抵押条款,它要求公司不能将其资产作为其他债权人的抵押品,这样就保证了公司财产的完整无缺,维护了投资者的利益。由于信用债券的持有者是相信发行公司的信誉才购买债券,因此,只有信誉卓越的大公司才能发行这种债券。另外,如公司给予债券投资人一些权利,如给予认购普通股票的权利,那么信誉程度不是很高的企业,也可能发行信用债券。可转换为普通股的债券通常就属于信用债券。

2. 次等信用债券

次等信用债券是指债券的持有者在企业清偿时,要等到公司对享有优先债权的债务进行清偿之后,才能要求清偿的债券。但是,他们在公司偿付的次序中先于优先股票和普通股票的持有者。在公司破产清理时,次等信用债券持有者起着有利于优先债权持有者的作用,因为后者能将前者债权份额据为己有。

【例6-9】　某公司共发行信用债券6 000万元,次等信用债券6 000万元。如该公司现破产清偿资产净得8 000万元,试问两种债券持有者各获得多少清偿金额?

解:

分析:由于清偿排列次序有先后,应该首先清偿信用债券持有者的债权,再清偿次等信用债券持有人的债权。故有:

$$信用债券持有人获得的清偿价值＝6 000（万元）$$
$$次等信用债券持有者获得的清偿价值＝8 000－6 000＝2 000（万元）$$

如果上述公司债券不存在优先与非优先之分,那么两类债券持有人将会平分这8 000万元的清偿价值,即每类债券持有人均可以获得4 000万元的清偿价值。

由于次等信用债券的求偿权次于发行公司的其他所有债务,优先债权人在评估公司的财务状况时,可以将次等信用债券视为公司的所有者权益。实际上,次等信用债券通常被公司用来作为扩大所有者权益的一种方法,以支持公司增加借款。

公司决策者之所以发行次等信用债券,在很大程度上归因于这种债券的利息可以从应税收益中扣除,而最类似于它的另一种筹资方法——优先股票的股利则不能从应税收益中扣除,这样,发行次等信用债券的资金成本就低于优先股票。虽然公司为了吸引投资者购买,给予次等信用债券的利率远远高于一般信用债券的利率,但实际资金成本低于优先股票。如果准许次等信用债券可以转换为普通股票,那么,公司甚至可以按低于信用债券的利率来出售该种债券,从而获得更低成本的利益。从优先债权人的观点来看,不管次等信用债券是否转换为普通股票,企业的所有者权益基础并没因此发生变化。

例如,某公司有普通股权益4 000万元,无优先股。按公认的负债与资本之比的1:1标准,公司最多只可筹集4 000万元的负债资金。高于这个数,对债权人而言,风险就过大了。公司如要多筹集负债资金,就必须扩大借债的权益基础。当然,公司发行普通股可扩大其权益基础,但这容易导致股东权益稀释和控制权削弱;发行优先股虽可以避免普通股东权益稀释,但是优先股股利不能抵税,资金成本较高。为了规避扩大所有者权益的弊端,公司可以用较高利率发行一些次等信用债券,扩大对优先债权人而言的权益基础,以增加公司的财务弹性。假定该公司发行2 000万元的次等信用债券,公司借债的权益基础就扩大为6 000万元,从理论上讲,公司筹集优先负债的最高限额就增至6 000万元。从该例可以看出公司发行不同种类债券的根本目的所在。

3. 收益债券

它是一种混合债券。一方面,它与一般债券相似,有固定的到期日,求偿权排在优先股票和次等信用债券之前;另一方面,它又与一般债券不同,其利息只有在公司获利时才支付。该种债券具有累积性,即各年未付利息可以积累起来,等到公司有足够收益时酌情支付,但公司积累的应付利息一般以3年为限。显然,这种债券不能使投资者充分得到获取固定报酬的保证,因而并不受投资者欢迎,一般均是在公司改组时发行。可是,该种债券除了具有优先股的某些特点——可以不必支付股利外,还可享受利息可抵应税收益的优惠,因此,一般来说,通过提高债券利率发行这种债券,仍比发行优先股票筹资有利。

(二)抵押债券

抵押债券是以公司某些资产的留置权作为担保的债券。抵押债券的具体资产应在抵押债券契约中详细写明。如果发行公司破产,抵押品可以拍卖,以满足债券持有者的债权要求。抵押债券按抵押品的属性来分,主要有以下两种形式。

1. 固定资产抵押债券

它是以企业固定资产作为抵押品的债券。抵押固定资产的市价应该超过债券发行额,以保证债券的安全。企业清偿时,债券持有者有权拥有这些资产的处置权。如果发行公司违反了债券契约的规定,代表债券持有者利益的受托管理人可以取消公司抵押品赎回权。在这种场合下,受托管理人将变卖被抵押的公司资产,用所得款项偿付债券。要是变卖资产所得款项少于流通在外的债券总额时,对其不足额的求偿权来说,抵押债券持有者将成为一般债权人。

这种抵押债券本身又有许多种类,诸如第一抵押债券、第二抵押债券、一般抵押债券、闭口抵押债券和开口抵押债券,等等。第一、第二抵押债券是由于同一固定资产作两次抵押所引起的,在这种情况下,要优先满足第一抵押债券持有者的利益。所谓一般抵押债券是指以企业所有资产作为抵押的债券。闭口、开口抵押债券则是指限制或允许企业发行对同一抵押资产具有同等债权排列顺序的新债券,闭口是限制,开口为允许。

2. 金融资产抵押债券

它是以发行公司所拥有的金融资产作为抵押品的债券。这里的金融资产主要是指发行公司拥有的其他公司或政府的股票和债券。这些股票和债券在债券未收回时,一般应交给受托人保管,但发行公司仍有表决权,也可获股息和利息。万一企业破产,受托人可将这些有价证券分给债券持有者,以维护他们的利益。被抵押的金融资产的价值,一般要求超过它所保证债券价值的25%以上。我国有关股票抵押的规定,是股票市价的年波幅不超过200%,股票无亏损,抵押金额不超过股票市价的60%。

（三）担保债券

担保债券是由发行公司以外的第三者担保的债券。它一般是由发行公司的母公司或信誉较高的公司出面担保债券发行公司的本利的支付能力。担保采用背书和签订合同的方式。根据担保者的多寡可将担保债券分为独家担保债券和联合担保债券两种。独家担保债券,系一公司担保另一公司的债务,即连带承担本利的支付义务,但债券不改变原发行公司的名称和标志。联合担保债券,是指由两家或两家以上公司担保的债券,这种债券通常是由这些担保公司出资兴办的合资企业发行的,这些担保公司共同连带承担合资企业的债务。

三、公司债券的发行

（一）债券发行条件

按我国《中华人民共和国公司法》规定,股份有限公司、国有独资公司和两个以上的国有企业或者其他两个以上的国有投资主体投资设立的有限责任公司,为筹集生产经营资金,可发行公司债券。

发行公司债券,必须符合下列条件:

（1）股份有限公司的净资产额不低于人民币3 000万元,有限责任公司的净资产额不低于人民币6 000万元。

（2）累计债券总额不超过公司净资产额的40%。

（3）最近3年平均可分配利润足以支付公司债券1年的利息。

（4）筹集的资金投向符合国家产业政策。

（5）债券的利率不得超过国务院限定的利率水平。

（6）国务院规定的其他条件。

发行公司债券筹集的资金,必须用于审批机关批准的用途,不得弥补亏损和非生产性支出。

凡有下列情形之一的,不得再次发行公司债券:

（1）前一次发行的公司债券尚未募足的。

（2）对已发行的公司债券或者其债务有违约或者延迟支付本息的事实,且仍处于继续状态的。

股份有限公司、有限责任公司发行公司债券,由董事会制订方案,股东会作出决议,并报国务院证券管理部门批准。

（二）债券发行公告

符合债券发行条件的,经国务院证券管理部门批准后可以发行债券的公司,在发行债券前必须发布公告,公告应载明下列事项:

（1）公司名称、住所。

（2）经营范围。

（3）资产、资本总额。

（4）负债总额及其结构。

（5）发行债券的缘由。

（6）发行债券的种类、总额、面额、发行价。

（7）公司债券的利率，利息支付方法及期限。

（8）公司债券的偿还方法及期限。

（9）公司债券的发行对象。

（10）公司债券的承销商、发行地点。

（11）发行债券的起止日期。

（三）债券的其他规定

1. 债券形式

公司债券必须在债券上载明公司名称、债券票面金额、利率、偿还期限等事项，并由董事长签名，公司盖章。公司债券从形式上分，可分为记名债券和无记名债券。

2. 债券存根簿

发行公司债券应当置备公司债券存根簿。公司债券存根簿根据债券是否为记名债券，其内容有所不同。

发行记名公司债券的，应当在公司债券存根簿上载明下列事项：债券持有人的姓名或者名称及住所，债券持有人取得债券的日期及债券的编号，债券总额、债券的票面金额、债券的利率、债券的还本付息的期限和方式，以及债券的发行日期。

发行无记名公司债券的，应当在公司债券存根簿上载明债券总额、利率、偿还期限和方式、发行日期及债券的编号。

3. 债券转让

公司债券可以转让。转让公司债券应当在依法设立的证券交易场所进行。公司债券的转让价格由转让人与受让人约定。

记名债券，由债券持有人以背书方式或者法律、行政法规规定的其他方式转让。记名债券的转让，由公司将受让人的姓名或者名称及住所记载于公司债券存根簿。

无记名债券，由债券持有人在依法设立的证券交易场所将该债券交付给受让人后即发生转让的效力。

4. 债券募集书

债券发行时，公司应制作债券应募人填写的公司债券应募书。应募书应载明公司债券发行公告中有关事项和国务院证券管理部门批准募债的文号及日期。应募人应于公司债券应募书上填写其认购的公司债券数目及其住所，并签名盖章。应募人应按应募书所填债券金额缴纳购债款，应募人逾期不能缴纳购债款时，视为自动放弃所认购债券，所认购债券另行募集。

5. 债券持有人权利

在保护债券持有人权益方面，我国规定，债券持有人可通过债券持有人会议，委托代理发行公司债券的证券商保护其利益。债券持有人会议由发行债券的公司或代理发行公司债券的证券商召集。拥有同次发行债券总额 10% 的债券持有人，可以请求发行公司召集债券持有人会议。债券持有人会议，以每一张债券为一表决权。可见，我国在公司债券的发行和对债券持有者权益的保护方面已经有了相当严密的规定。

6. 可转换债券

上市公司经股东大会决议可以发行可转换为股票的公司债券,并在公司债券募集办法中规定具体的转换办法。发行可转换为股票的公司债券,应当报请国务院证券管理部门批准。公司债券可转换为股票的,除具备债券发行的条件外,还应当符合股票发行的条件。发行可转换为股票的公司债券,应当在债券上标明可转换公司债券字样,并在公司债券存根簿上载明可转换公司债券的数额。

发行可转换为股票的公司债券的,公司应当按照其转换办法向债券持有人换发股票,但债券持有人对转换股票或者不转换股票有选择权。

四、债券的收回

债券发行公司可以有多种收回债券的方式,常见的收回方式:在最终到期日偿清本息后收回债券;发行新债券来收回老债券;定期偿付本息来收回债券。在这里,我们只讨论偿债基金、分批偿还和债券调换的问题。

(一)偿债基金

为了保证在债券到期时能够顺利收回发行在外的债券,公司可以设立偿债基金。所谓偿债基金,就是每年或每期按照债券的一定比例提取固定的金额,并将提取出来的基金进行专户管理,以便在未来收回债券。计提偿债基金需要考虑到期应该偿还的债券金额、到期的时间、提取偿债基金的机会投资收益率等诸多因素。下面以实例说明偿债基金提取的计算方法。

【例 6 - 10】　设 H 公司发行每年年末付息,到期一次还本的 5 年期公司债 1 000 万元。为了保证在到期日能顺利收回债券,公司决定设立偿债基金,已知该公司资金机会成本为 8%,试问该公司每年平均应提取多少偿债基金?

解:

按题意,债券利息每年已支付,到期偿债总额为债券面值 1 000 万元。故可按下式计算每年平均应提取的偿债基金(A):

因为:

$$1\ 000 = \sum_{t=1}^{5-t} A(1+8\%)^t$$

所以:

$$A = \frac{1\ 000}{\sum_{t=1}^{5-t}(1+8\%)^t} = \frac{1\ 000}{5.866\ 6} = 170.46(万元)$$

计算结果表明,公司只要每年提取 170.46 万元的偿债基金,在债券到期时,公司就可以顺利收回发行的债券。

(二)分期偿还

分期偿还与偿债基金不一样,它在债券发行时明确规定所发行的债券将分多少批次收回。例如,某公司发行 10 年期 10 000 000 元的分期偿还债券时,可规定 10 个到期日,每次偿付债券 1 000 000 元。每次偿付债券的号码既可事先公布,又可在每次偿还期前抽签决定,不过更多的是抽签决定。被抽中的债券,不论该债券持有者是否愿意,其债券均应在该期赎回。在这种偿还方式下,公司只要按照当年偿还金额计算提取偿债资金就可以了,而不需要将提取的偿债金额专户储存,或进行投资,因此,操作相对简单。

就公司而言,发行这种债券主要目的是为了吸引广大投资者购买该种债券。从实际上看,企业很少发行这类债券。这类债券的发行者主要是政府部门。

（三）债券调换

所谓债券调换,是指公司发行新债券去调换老债券,即在一种债券到期之前,发行另一种债券来取而代之。公司用新债券调换旧债券的动机多种多样,对这些动机需要进行分析,以判明债券调换行为对股东利益的影响。具体来看,债券调换的基本动机如下。

1. 改变债券利息率的因素

债券发行之后,同风险的市场利率仍然在不断变化,但是债券的利息率却固定不变,这样就势必影响到公司负债的资金成本。降低债券的资金成本,可能成为债券调换的一个因素。一般而言,在债券发行以后,如果市场利率下降,那么通过债券调换,降低公司债券的资金成本将对企业有利;反之,如果市场利率上升,那么债券调换则会导致公司债券的资金成本上升,对企业无利。

2. 减少债券保护性条款限制的因素

当公司觉得旧债券的契约保护性条款过分限制了企业的活动,妨碍了公司的经营战略时,公司就可以通过债券调换的方式,用保护性条款限制较少的新债券来替换老债券,增加公司经营上的灵活机动性。

3. 追求会计账面利润的因素

公司期望能在当期企业会计账面上反映出较大利润,也许也是一些公司调换债券的动机。在会计处理上,债券卖价与买价之差是作为收益入账的,当市场利率上涨时,老债券的市价可能会低于其面值,在这时买进老债券,就会产生会计账面收益。当然,企业新发行的债券,其利息率必定会升高,这将使企业以后支付的利息额增大,对以后财务状况不利。可以这样说,在这种情况下调换债券,其当期的利润增加是建立在以后各期利润减少基础之上的。

【例 6 - 11】　设 N 公司于 2000 年 1 月 1 日发行了面值为 3 000 万元、年利息率为 12％的每年年末付息、到期一次还本的 10 年期债券。由于市场利率发生变化,到 2005 年 1 月 1日,同风险市场期望收益率已降到 4％。现公司决定按面值重新发行年利率为 4％的 5 年期债券去调换年利率为 12％的公司债。设定发行新债的金额正好等于收回旧债所需的金额。已知该公司所得税率为 30％。试评价公司该债券调换行为是否可取？

解:

该债券调换行为的分析评价过程如下:

（1）计算收回旧债券所需金额。

$$\text{收回旧债券所需金额} = \sum_{t=1}^{5} \frac{3\,000 \times 12\%}{(1+4\%)^t} + \frac{3\,000}{(1+4\%)^5}$$

$$= 360 \times 4.451\,82 + 3\,000 \times 0.821\,93 = 1\,602.66 + 2\,465.79 = 4\,068.45（万元）$$

（2）计算新债换旧债的盈亏。

按会计核算规则,债券收回价高于应付债券面值之差就是债券调换的亏损,即:

借:应付长期债券(旧)　　　　　　　　　　30 000 000

　　损益类账户　　　　　　　　　　　　　10 684 500

贷:应付长期债券(新)　　　　　　40 684 500

新旧债券调换时的亏损是建立在新债券未来利息节约基础上的,其实公司并未发生真实的亏损,这种亏损因会抵减部分税收,使企业现金流出量减少,对企业有利。债券调换后的利息节约额可计算如下:

$$年利息节约额 = 3 000 \times 12\% - 4 068.45 \times 4\% = 360 - 162.74 = 197.26(万元)$$

未来利息减少,利润增加,相应地税收也会增加,从而导致企业现金流出量增加,对企业不利。

(3)计算新债换旧债盈亏引起的现金流量差异。

新旧债券调换时的亏损导致的现金流出量减少额为:

$$现金流出量减少额 = 1 068.45 \times 30\% = 320.54(万元)$$

新旧债券调换后利息支出减少导致的年现金流出量增加额为:

$$现金流出量增加额 = 197.26 \times 30\% = 59.18(万元)$$

新旧债券调换引起的现金流出量节约额净现值为:

$$\begin{aligned}现金流出量\\减少额净现值\end{aligned} = 320.54 - \sum_{i=1}^{5} \frac{59.18}{(1+4\%)^i}$$

$$= 320.54 - 263.46 = 57.08(万元)$$

以上计算结果表明,该公司的新旧债券调换使公司现金流出量减少的净现值为57.08万元,该调换给公司带来了好处,对这一新债换旧债的行为应予以好评。

相反,如果利率上涨,公司原发行债券的市价就会下跌,这时用新债换旧债,在调换当时就会产生会计利润。但根据上例的分析,可以看出,这种新旧债券的调换只会增加公司的现金流出量,减少企业价值,对公司是不利的。在市场利率上涨时,采用新旧债券调换,只可能对那些以会计利润为考核目标的经营管理者有利,而对所有者不利。因此,一般不应在市场利率上涨时进行债券调换。仍以实例加以说明。

【例 6-12】　设 M 公司于 2000 年 1 月 1 日发行了面值为 3 000 万元、年利息率为 4% 的每年年末付息、到期一次还本的 10 年期债券。由于市场利率发生变化,到 2005 年 1 月 1 日,同风险市场期望收益率已上升到 10%。现公司决定按面值重新发行年利率为 10% 的 5 年期债券去调换年利率为 4% 的公司债。设定发行新债的金额正好等于收回旧债所需的金额。已知该公司所得税率为 30%。试评价公司该债券调换行为是否可取?

解:

该债券调换行为的分析评价过程如下:

(1)计算收回旧债券所需金额。

$$\begin{aligned}收回旧债券\\所需金额\end{aligned} = \sum_{i=1}^{5} \frac{3 000 \times 4\%}{(1+10\%)^i} + \frac{3 000}{(1+10\%)^5}$$

$$= 120 \times 3.791 + 3 000 \times 0.621 = 454.92 + 1 863 = 2 317.92(万元)$$

(2)计算新债换旧债的盈亏。

按会计核算规则,债券收回价低于应付债券面值之差就是债券调换的盈利,即:

借:应付长期债券(旧)　　　　　　　3 000万元
　贷:应付长期债券(新)　　　　　　2 317.92万元
　　　损益类账户　　　　　　　　　682.08万元

新旧债券调换时的盈利是建立在新债券未来利息增加基础上的,其实公司并未发生真实的盈利,但是这种盈利会导致当期利润增加、所得税增加,从而导致企业现金流出量增加,对企业无利。债券调换后的未来年利息增加额可计算如下:

年利息增加额＝2 317.92×10%—3 000×4%＝231.79－120 ＝111.79(万元)

未来利息增加,利润减少,相应的税收也会减少,从而导致企业现金流出量减少,对企业有利。

(3)计算新债换旧债盈亏引起的现金流量差异。

新旧债券调换时的盈利导致的现金流出量增加额为:

现金流出量增加额＝682.08×30% ＝204.62(万元)

新旧债券调换后利息支出增加导致的年现金流出量减少额为:

现金流出量减少额＝111.79×30%＝33.54(万元)

新旧债券调换引起的现金流出量节约额净现值为:

$$
\begin{aligned}
\text{现金流出量}\atop\text{增加额净现值} &= 204.62 - \sum_{t=1}^{5} \frac{33.54}{(1+10\%)^t} \\
&= 204.62 - 127.15 = 77.47 \text{(万元)}
\end{aligned}
$$

以上计算结果表明,该公司的新旧债券调换使公司现金流出量增加的净现值为77.47万元,该调换未能给公司带来好处,因此,不能对这一新债换旧债的行为予以好评。

从上述的两个实例中可以看出,债券调换所引起的本年利润差异是相当大的,这会对公司的经营班子产生极大的诱惑。因此,在对债券调换行为进行评价时,一定要站在股东的立场上进行分析。总之,企业债券调换的目的是多种多样的,其动机和利弊均需认真分析。

五、长期债券筹资的利弊和筹资策略

长期债券筹资,从发行公司的角度看,既有利又有弊。其主要优缺点和筹资策略如下。

(一)长期债券筹资的优点

(1)债券成本是固定的,如果公司收益增加,那么净资产收益率会加速增长,即可获得财务杠杆利益。

(2)由于债券受若干限制性条款保护,债券持有者的风险较小,因此其利息比股息低。再由于企业债券的利息费用是税前费用,因此,其税后资金成本比企业总资金成本低。

(3)用债券筹资,不会稀释企业每股收益和股东控制权,即公司所有者不会损失其对公司的控制权。

(二)长期债券筹资的缺点

(1)债券必须还本付息,是企业的固定支付费用,随着这种固定支出的增加,企业的财务负担和破产可能性增大。一旦企业资产收益率下降到债券利息率之下,会产生财务杠杆的负效应。一旦企业不能支付这种固定费用,企业便宣告破产。

(2)由于企业财务风险和破产风险因其债务的增加而上升,这些风险的上升又导致企业债务成本、权益资金成本上升;因此,增大了企业总资金成本。

(3)在债券合同中,各种保护性条款使企业在股息策略、筹资方式和资金调度等多方面

受到制约,经营灵活性降低。

(三) 长期债券筹资策略

正是由于长期债券筹资有上述利弊,而且利弊产生往往均源于同一原因,是由量的变化所引起,即在某一量的前提下为利,但在另一量的前提下则变为弊。因此,企业在采用债券筹资时,应充分注意到量变所引起的质变问题。一般来讲,应注意如下一些因素:

(1) 债券对资金市场的影响,对资金成本的影响。

(2) 债券使财务杠杆增大后,对权益资金收益率的影响,对股东控制权的影响。

(3) 企业是否有足够的收益能力确保应付债券的还本付息。

(4) 市场利率变动对债券发行和收回所产生的影响。

(5) 债券契约中各种限制性条款对企业经营和财务活动的制约情况。

总之,企业在利用债券筹资时,如能扬长避短,就有可能获得最大的利益。

第四节　长期负债筹资策略综述

长期负债筹资是一种权益交换式的筹资方式,运用得当可以提高股东权益收益率,增加企业价值;运用不当,则会降低股东权益收益率,减少企业价值。因此,企业在运用长期负债筹资时,一定要注意其运用的策略。长期负债筹资策略可以分为控制财务风险的策略和放大财务风险的策略两类,本节将对这两类策略进行简要的综述。

一、控制财务风险的长期负债筹资策略

控制财务风险的长期负债筹资策略,主要就是控制增加长期负债。控制增加长期负债,主要在公司资产收益率不高和财务风险已经很大时使用。当公司资产收益率不高时,公司可能从财务杠杆中获得的财务杠杆利益就会降低,特别当资产收益率低于负债成本率时,负债筹资更是得不偿失。当公司财务风险已经很大时,增加负债会使企业的资金成本上升,从而使企业资产盈利率与负债成本率之间的正差异逐渐缩小,并最终使该差异消失,甚至转变为负差异,从而产生负的财务杠杆作用,使股东权益收益率下降。因此,在公司资产收益率不高和财务风险已经很大时,公司应采用控制财务风险的长期负债筹资策略。

在该策略下,企业应控制长期负债筹资,多用增加股东权益资金的方式筹资。如果企业的资产收益率很高,只是企业财务风险较大,那么,企业可以通过筹集优先股的方式来提高普通股权益收益率。如果企业的资产收益率不高,财务风险又很大时,企业还不能采用发行优先股的方式筹集股东权益资金,那么,企业只能采用发行普通股的方式筹集股东权益资金。

二、放大财务风险的长期负债筹资策略

放大财务风险的长期负债筹资策略,主要就是增加长期负债。它一般在公司资产收益率较高时使用。当公司资产收益率较高时,企业通过负债筹资可以使普通股东权益收益率得到快速提高。但在筹集负债资金时,企业应充分运用权益的层次结构,使企业能在控制财务风险的前提之下,尽可能地提高普通股权益收益率。下面以实例对该筹资策略加以说明。

【例 6-13】 设甲公司的资产盈利率为 20%，经营所需资产总额为 10 000 万元。假定公司负债与借债权益基础之比在公认的 1∶1 的范围之内，可以筹得资金成本为 5% 的信用债券、资金成本为 7% 的次等信用债券、资金成本为 10% 的优先股票，并假定全部资金来源可以随意组合。问该公司应如何筹集资金才能使普通股权益收益率达到最大？

解：

首先，应明确借债权益基础的含义。根据前面有关论述可知，普通股票是优先股票发行的基础，普通股票和优先股票之和是次等信用债券发行的基础，而普通股票、优先股票和次等信用债券之和又是信用债券发行的基础。按题意，该公司如能最大限度地运用负债与借债权益基础之比，即 1∶1 的比例，那么，该公司的普通股权益收益率将达到最大。故有如下的关系图，如图 6-5 所示。

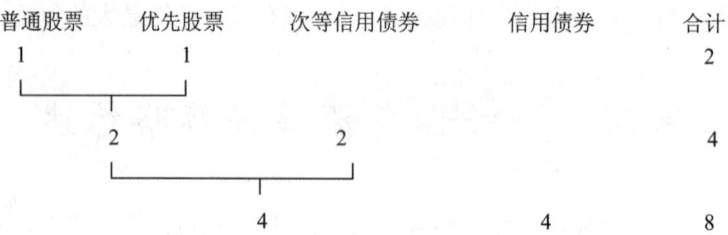

图 6-5　普通股票、优先股票、次等信用债券和信用债券关系图

即有：

普通股票＝10 000÷8＝1 250（万元）

优先股票＝普通股票＝1 250（万元）

次等信用债券＝普通股票＋优先股票＝1 250＋1 250＝2 500（万元）

信用债券＝普通股票＋优先股票＋次等信用债券＝1 250＋1 250＋2 500＝5 000（万元）

按上述结构，该公司的普通股权益收益率达到最大化，其计算结果如下：

普通股权益收益率＝[10 000×20%－(5 000×5%＋2 500×7%＋1 250×10%)]÷1 250
　　　　　　　　＝116%

离开上述结构，普通股权益收益率都不可能达到最大化。从〖例 6-13〗可以发现，公司将其权益分成多种层次的基本目的不外是扩大低资金成本的对外借债基础，使普通股权益收益率最大化。

案例与资料

一、中国 1990—2012 年债券发行量统计表（见表 6-9，表 6-10）

表 6-9

中国 1990—2012 年债券发行量统计表

单位：亿元

年份	国债	地方政府债	金融债	央票	短融	企业债	公司债
1990 年	347.30	—	—	—	—	—	—

（续表）

年份	国债	地方政府债	金融债	央票	短融	企业债	公司债
1991 年	351. 91	—	—	—	—	—	—
1992 年	405. 86	—	—	—	—	—	—
1993 年	454. 51	—	—	—	—	—	—
1994 年	1 137. 55	—	182. 00	—	—	1. 00	—
1995 年	1 448. 71	—	842. 60	—	—	—	—
1996 年	1 900. 75	—	2 082. 00	—	—	9. 00	—
1997 年	2 457. 49	—	2 823. 50	—	118. 92	64. 60	—
1998 年	9 068. 60	—	2 030. 23	—	—	135. 36	—
1999 年	3 996. 03	—	1 751. 00	—	—	154. 36	—
2000 年	4 619. 50	—	1 645. 00	—	—	105. 30	—
2001 年	4 683. 53	—	2 625. 00	—	—	144. 00	—
2002 年	6 061. 40	—	3 436. 30	1 937. 50	—	325. 00	—
2003 年	8 042. 37	—	4 525. 00	7 638. 20	—	450. 00	—
2004 年	7 163. 90	—	5 128. 20	15 160. 50	—	322. 00	—
2005 年	7 042. 00	—	7 125. 60	27 462. 00	1 453. 00	654. 00	—
2006 年	8 883. 30	—	9 574. 70	36 522. 70	2 919. 50	1 015. 00	—
2007 年	23 483. 44	—	11 918. 60	40 571. 00	3 349. 10	1 696. 30	112. 00
2008 年	8 558. 21	—	11 785. 30	42 960. 00	4 338. 50	2 366. 90	288. 00
2009 年	16 229. 21	2 000. 00	13 758. 50	38 240. 00	4 612. 05	4 247. 18	734. 90
2010 年	17 778. 17	2 000. 00	13 444. 20	42 350. 00	6 892. 35	3 621. 20	511. 50
2011 年	15 547. 90	2 000. 00	23 054. 30	14 140. 00	10 122. 30	3 471. 30	1 291. 20
2012 年	14 162. 26	2 500. 00	25 604. 10	—	14 803. 47	7 984. 50	2 507. 50

表 6 - 10

中国 1990—2012 年债券发行量统计表（续）

年份	中期票据	资产支持证券	可转债	可分离转债存债	集合票据	债券发行总额
1990 年	—	—	—	—	—	347. 30
1991 年	—	—	—	—	—	351. 91
1992 年	—	—	5. 00	—	—	410. 86
1993 年	—	—	—	—	—	454. 51
1994 年	—	—	—	—	—	1 320. 55
1995 年	—	—	—	—	—	2 291. 31
1996 年	—	—	—	—	—	3 991. 75
1997 年	—	—	—	—	—	5 464. 51
1998 年	—	—	3. 50	—	—	11 237. 69

（续表）

年份	中期票据	资产支持证券	可转债	可分离转债存债	集合票据	债券发行总额
1999 年	—	—	15.00	—	—	5 916.39
2000 年	—	—	28.50	—	—	6 398.30
2001 年	—	—	—	—	—	7 452.53
2002 年	—	—	41.50	—	—	11 801.70
2003 年	—	—	185.50	—	8.00	20 849.07
2004 年	—	—	209.03	—	—	27 983.63
2005 年	—	98.02	—	—	—	43 834.61
2006 年	—	275.39	43.87	99.00	—	59 333.46
2007 年	—	178.08	106.48	188.80	13.05	81 616.85
2008 年	1 737.00	302.01	77.20	632.85	—	73 045.97
2009 年	6 900.00	—	46.61	30.00	17.80	86 816.25
2010 年	4 924.00	—	717.30	—	52.40	92 291.12
2011 年	7 269.70	12.79	413.20	—	80.41	77 403.10
2012 年	8 453.30	202.13	163.55	—	120.83	76 501.64

资料来源：同花顺金融数据库。

二、中国 1990—2012 年贷款量与贷款利率统计表（见表 6-11）

表 6-11

中国 1990—2012 年贷款量与贷款利率统计表

金额单位：亿元；利率单位：％

时间	各项贷款合计	短期贷款	中长期贷款	1 年期贷款利率（％）	3～5 年期贷款利率（％）
1990 年	17 511.00	—	2 245.80	9.36	10.80
1991 年	21 116.40	—	3 044.40	8.64	9.54
1992 年	25 742.80	—	3 924.60	8.64	9.54
1993 年	32 955.80	—	5 197.20	10.98	13.86
1994 年	39 976.00	26 948.70	7 774.90	10.98	13.86
1995 年	50 544.10	33 372.00	10 699.30	12.06	15.12
1996 年	61 156.60	40 210.00	12 672.60	10.08	11.70
1997 年	74 914.10	55 418.30	15 468.70	8.64	9.90
1998 年	86 524.10	60 613.20	20 717.80	6.39	7.20
1999 年	93 734.30	63 887.60	23 968.30	5.85	6.03
2000 年	99 371.10	65 748.10	27 931.20	5.85	6.03
2001 年	112 314.70	67 327.23	39 328.08	5.85	6.03

（续表）

时间	各项贷款合计	短期贷款	中长期贷款	1年期贷款利率（%）	3～5年期贷款利率（%）
2002 年	131 293.90	74 247.90	48 642.04	5.31	5.58
2003 年	158 996.20	83 661.15	63 401.40	5.31	5.58
2004 年	178 197.80	86 840.60	76 702.88	5.58	5.85
2005 年	194 690.40	87 449.20	81 369.54	5.58	5.85
2006 年	225 285.28	98 509.53	106 512.40	6.12	6.48
2007 年	261 690.88	114 477.91	131 539.08	7.47	7.74
2008 年	303 394.64	125 181.65	154 999.79	5.31	5.76
2009 年	399 684.82	146 611.31	222 418.76	5.31	5.76
2010 年	479 195.55	166 233.38	288 930.43	5.81	6.22
2011 年	547 946.69	203 132.62	323 806.52	6.56	6.90
2012 年	629 910.00	248 273.00	352 907.00	6.00	6.40

资料来源：同花顺金融数据库。

习　　题

一、复习思考题

1. 长期借款偿债计划的主要内容是什么，其编制方法有哪些？

2. 长期借款利率应该如何确定？

3. 长期借款保护性条款的基本内容有哪些？

4. 如何认识长期借款筹资的利弊？长期借款筹资应该注意的基本策略是什么？

5. 如何认识经营租赁与融资租赁之间的异同？

6. 融资租赁筹资决策需要考虑的主要因素有哪些？

7. 售后租回方式筹资对企业财务会产生什么影响？

8. 如何认识融资租赁筹资的利弊？租赁筹资的基本策略是什么？

9. 长期债券的基本特征是什么？

10. 长期债券分类的基本目的是什么？

11. 收回长期债券的方法有哪些？

12. 我国长期债券发行的基本条件是什么？

13. 如何认识公司的长期债券调换行为？

14. 你认为应该在什么条件下债券调换才对企业有利？

15. 如何认识长期债券筹资的利弊？其筹资的基本策略是什么？

16. 如何理解控制和放大财务风险的筹资策略？

二、计算题

1. 假定甲公司向银行取得 1 200 万元、年利息率为 8% 的 5 年期长期借款,借款合同规定的偿债方式为每年年末付息一次到期还本。试编制甲公司的还款计划表。

2. 假定计算题 1 中的甲公司还款计划为每季付息一次到期还本。试编制甲公司的还款计划表。

3. 假定计算题 1 中的甲公司还款计划为每年等额支付 240 万元的本金,对尚未偿还的本金支付利息。试编制甲公司的还款计划表,并计算甲公司实际年均占有借款数。

4. 假定计算题 1 中的甲公司还款计划为每季等额偿还本金,对尚未偿还的本金支付利息。试编制甲公司的还款计划表,并计算甲公司实际年均占有借款数。

5. 假定计算题 1 中的甲公司还款计划为按年分期等额偿还借款本息。试编制甲公司的还款计划表,并计算甲公司实际年均占有借款数。

6. 假定计算题 1 中的甲公司还款计划为按季分期等额偿还借款本息。试编制甲公司的还款计划表,并计算甲公司实际年均占有借款数。

7. 假定计算题 1 中的甲公司,按合同要求需保持借款量的 20% 作为最低存款余额,而存款利率则仅为 2%,试求甲公司该笔长期借款的实际利率。

8. 假定某公司向银行取得年利息率为 12% 的长期贷款,按合同要求需保持借款量的 20% 作为最低存款余额,借款利息每月支付一次;而存款利率则仅为 2%,每 6 个月结息一次。试求这笔长期借款的实际利率。

9. 假定某公司向银行取得年利息率为 10% 的长期贷款,按合同要求,应该在期初支付全年的贷款利息,且需保持借款量的 20% 作为最低存款余额,存款利率为 2%,每年结息一次。试求这笔长期借款的实际利率。

10. 乙公司计划添置一台价值为 500 万元的设备。该设备的使用期为 10 年,预计 10 年后的残值为购置价的 10%。现有融资租赁和长期借款购置两种方案可供选择。

融资租赁合同规定:租赁期为 5 年,每年年初支付租金 100 万元,并需按未付租金部分价值的 10% 支付利息。在租赁期届满时,企业还需一次性支付 100 万元以取得对该设备的所有权。

长期借款合同规定:借款期限为 5 年,借款利息率为 12%,每半年付息一次,到期还本。

又知该公司资金的机会成本为 8%,所得税率为 30%,租金可作为费用抵减应税收益。试问乙公司应该选择何种筹资方式?

11. 中华股份公司决定添置 1 台价值为 200 万元的设备。该设备的使用期为 10 年,预计 10 年后的残值为零。现有融资租赁和长期借款购置两种方案可供选择。

融资租赁合同规定:租赁期为 5 年,首期租赁费 50 万元,以后每年年末支付租金 30 万元,并需按未付租金部分价值的 8% 支付利息。在租赁期届满时,企业还需一次性支付 50 万元以取得对该设备的所有权。

长期借款合同规定:借款期限为 5 年,借款利息率为 10%,年末付息到期还本。

已知该公司资金的机会成本为 6%,所得税率为 30%,租金可作为费用抵减应税收益。试问中华公司应该选择何种筹资方式?

12. 先锋公司目前的资产负债表如表习题 6 - 12 所示。

表习题6-12

A公司资产负债表

单位:万元

资产	金额	负债及所有者权益	金额
流动资产	1 500	流动负债	2 500
固定资产	5 500	所有者权益	4 500
合计	7 000	合计	7 000

现公司准备将账面净值为2 000万元的固定资产,以2 200万元的市场价格卖给某租赁公司,然后,再与租赁公司签订5年期的租赁合同将其租回。合同规定应付融资租赁费总额为2 500万元,每年年末支付500万元。要求:编制先锋公司新的资产负债表;对新、旧资产负债表进行比较分析,并根据分析结果说明该筹资行为是否可取;计算该筹资行为对当前和以后会计账面盈亏的影响。

13. 假定计算题12中的情况是将账面净值为2 800万元的固定资产,以2 200万元的市场价格卖给某租赁公司,然后,再以应付融资租赁费总额为2 500万元的价格将其租回。要求:编制新的资产负债表;计算该筹资行为对当前和以后会计账面盈亏的影响,并加以评价。

14. 假定计算题12和计算题13中公司的适用折现率为8%,请分别将售后回租筹资行为对公司目前和以后的盈亏影响折算为现值,并加以评价。

15. 某公司的资产盈利率为16%,现需要总投资额为20 000万元。但是目前只有普通股权益3 000万元,无其他资金来源。公司现在需要研究筹资结构。公司预计如果按公认的优先权资金来源与次优先资金来源之比的1∶1标准进行筹资,其风险不会发生变化,各种资金来源的利息率分别为信用债券利息率8%、次等信用债券10%、收益债券12%、优先股票股利12%。试根据上述资料确定公司的最优资金结构。

16. 设W公司发行年利息率为10%,每年年末付息,到期一次还本的10年期公司债10 000万元。为了保证能在到期日顺利收回债券,公司决定设立偿债基金。已知W公司资金机会成本为8%,试问该公司每年平均应提取多少偿债基金?

17. 设K公司发行年利息率为8%,到期一次还本付息的5年期公司债5 000万元。为了保证能在到期日顺利收回债券,公司决定设立偿债基金。已知K公司资金机会成本为5%,试问该公司每年平均应提取多少偿债基金?

18. 设Y公司于2000年3月1日发行了面值为10 000万元、年利息率为10%的每年年末付息、到期一次还本的10年期债券。由于市场利率发生变化,到2003年3月1日,同风险市场期望收益率已降到4%。现公司决定按面值重新发行年利率为4%的7年期债券去调换年利率为10%的公司债。设定发行新债的金额正好等于收回旧债所需的金额。已知公司所得税率为30%。试评价公司该债券调换行为是否可取。

19. 设Y公司于2000年3月1日发行了面值为10 000万元、年利息率为10%的每年年末付息、到期一次还本的10年期债券。由于市场利率发生变化,到2003年3月1日,同风险市场期望收益率上升到12%。现公司决定按面值重新发行年利率为12%的7年期债券去调换年利率为10%的公司债。设定发行新债的金额正好等于收回旧债所需的金额。已知公司所得税率为30%。试评价公司该债券调换行为是否可取。

20. 设 X 公司于 1998 年 6 月 1 日发行了面值为 8 000 万元、年利息率为 6% 的每年年末付息、到期一次还本的 10 年期债券。由于市场利率发生变化,到 2003 年 6 月 1 日,同风险市场期望收益率下降到 4%。现公司决定按面值重新发行年利率为 4% 的 5 年期债券去调换年利率为 6% 的公司债。设定发行新债的金额正好等于收回旧债所需的金额。已知公司所得税率为 30%。试评价公司该债券调换行为是否可取。

21. 设 X 公司于 1998 年 6 月 1 日发行了面值为 8 000 万元、年利息率为 6% 的每年年末付息、到期一次还本的 10 年期债券。由于市场利率发生变化,到 2003 年 6 月 1 日,同风险市场期望收益率上升到 10%。现公司决定按面值重新发行年利率为 10% 的 5 年期债券去调换年利率为 6% 的公司债。设定发行新债的金额正好等于收回旧债所需的金额。已知公司所得税率为 30%。试评价公司该债券调换行为是否可取。

22. 设甲公司的资产盈利率为 16%,经营所需资产总额为 16 000 万元。假定公司优先负责与借债权益基础之比在公认的 1:1 的范围之内,可以筹得利息率为 5% 的信用债券、利息率为 7% 的次等信用债券、利息率为 10% 的收益债券、股利率为 10% 的优先股票,并假定全部资金来源可以随意组合。问该公司应如何筹集资金才能使普通股权益收益率达到最大?

23. 假设 H 公司必须借入 120 万元资金来满足某种投资的需要,银行提供了如下两种借款供 H 公司选择:第一种是年利息率为 12%,要求每月等额支付的 3 年期分期偿还借款;第二种是年利息率为 10%,补偿性为 20%,存款利息率为 2%,每年末等额还本付息的 3 年期借款。试选择成本最低的借款。

24. 假设 Q 公司必须借入 200 万元资金来满足某种投资的需要,银行可提供的几种借款方案如下:第一种,年利息率为 14%,每年付息,到期还本的 5 年期借款;第二种,年利息率为 12%,要求每季等额支付的 5 年期分期偿还借款。第三种,年利息率为 10%,补偿性余额为 20%,存款利息率为 2%,每年末等额还本,按季结算借款利息,按年结算存款利息的 5 年期借款。试选择成本最低的借款。

第七章　具有选择权性质的证券筹资

【本章提要】　具有选择权的证券与以前所讨论的普通股票、优先股票、长期债券等形式的证券不同,它本质上是公司用前后期利益交换的一种筹资方法。权益交换是否对公司原有股东有利,主要取决于公司前期获取的利益与后期放弃的利益的比较。如前期利益大于后期利益,那么就有利可图;反之,如果前期利益小于后期利益,则无利可图。本章将探讨可转换证券、认股权证、优先认股权等具有选择权性质的证券筹资的理论和方法。

【学习目标】　通过本章学习,要求掌握和了解如下内容:(1)掌握可转换证券的特征与分类。(2)掌握可转换证券的价值特征,以及不同价值之间的关系。(3)掌握可转换证券收益率构成的理论,以及盈亏区间确定的方法。(4)掌握可转换证券的成本理论,以及其引起的股东权益稀释量的确定方法。(5)了解可转换证券筹资的利弊与筹资的基本策略。(6)掌握认股权证的特征。(7)掌握认股权证的价值特征,以及不同价值之间的关系。(8)掌握认股权证收益率构成的理论,以及盈亏区间确定的方法。(9)了解认股权证筹资的利弊与筹资的基本策略。(10)掌握认股权证的成本理论,以及其引起的股东权益稀释量的确定方法。(11)掌握优先认股权的特征和优先认股权的价值特征。(12)掌握优先认股权筹资的利弊与筹资策略。

第一节　可转换证券筹资

一、可转换证券的特征

(一)可转换证券的概念

可转换证券是具有转换为普通股票权利的公司债券或优先股票。首先,该定义说明可转换证券本身是一种公司债券或优先股票;其次,说明这种公司债券或优先股票具有某些特殊权利,这种特殊权利主要是指公司债券或优先股票享有在某一特定时期和价格条件下可以转换为普通股票的权利;最后,暗示行使这种权利的主体是可转换证券持有者。

从公司的角度出发,发行这种证券的目的,实质上是通过赋予投资者一定的优惠——获取普通股票的权利,来换取低资金成本和少限制筹资条件的利益。这种交换,本质上是公司用未来利益来换取当期利益的利益交换。

（二）可转换证券的特征

根据可转换证券的一般性条款,可转换证券的特征可归纳如下。

1. 一次转换性

持有可转换证券的投资者可以根据自己的权利决定是否将可转换证券转换为普通股票,但是,作为可转换证券的债券或优先股票一旦转换为普通股票之后,就只能作为普通股票的形态存在,而不能再转换为债券或优先股票。即可转换证券的转换权具有一次性的特征。

2. 明确规定了转换价格

任何可转换证券都明确规定了带有转换权利的公司债券或优先股票在不同条件下的转换为普通股票的价格。转换价格有绝对数和相对数两种表示方法。绝对数是指公司债券或优先股票转换为普通股票时,每股普通股票的转换价格为多少;相对数是指每张公司债券或优先股票可以转换为多少股普通股票。

【例 7 - 1】　某公司发行面值为 1 000 元/张的可转换为普通股票的次等信用债券,条款中规定,该债券的持有人可以在 1 年以上 10 年以内,以每股 10 元的价格将该债券转换为普通股票。问此可转换债券的绝对转换价格和相对转换价格各为多少?

解:

根据题意可知:

绝对价格＝10 元/股;相对价格＝1:(1 000/10)＝1:100,即每一张可转换债券可以转换为 100 股普通股票。

需要注意的是,可转换证券的转换价格并不是长期不变的,在实际中,既可以定期提高,也可以随着股票的除权除息而降低。

比如,〖例 7 - 1〗中的可转换证券的条款中可规定,转换价格如果在头 4 年中为 10 元/股,在第二个 4 年中为 12 元/股,在最后 2 年为 14 元/股;那么,该可转换证券的转换价格就是定期提高的。随着时间的推移,可转换证券绝对转换价格提高,每一张可转换证券可以换到的普通股票数量就会相应减少。公司制订该种转换价格的目的,在于迫使可转换证券持有者及时将可转换证券转换为普通股票,以保证公司筹资计划的顺利完成。

在我国的可转换债券的实践中,尚未出现定期提高转换价格的可转换债券。我国的可转换债券的价格均是随着股票的除权除息而逐渐降低的。这与我国的可转换债券的期限较短有关,根据中国证监会公布的《上市公司证券发行管理办法》可转换公司债券的期限最短为 1 年,最长为 5 年。一般当公司发生派送股票股利,转增股本,增发新股或配股,派送现金股利等情况时,应该按下述公式对可转换债券的转股价格进行调整:

(1) 派送股票股利或转增股本: $P_1 = P_0/(1+n)$;

(2) 增发新股或配股: $P_1 = (P_0 + A \times k)/(1+k)$;

(3) 派送现金股利: $P_1 = P_0 - D$;

上述三项同时进行: $P_1 = (P_0 - D + A \times k)/(1 + n + k)$。

式中: P_0——初始转股价; n——送股或转增股本率; k——增发新股或配股率; A——增发新股价或配股价; D——每股派送现金股利; P_1——调整后转股价。

【例 7 - 2】　中国石油化工股份有限公司(简称中国石化)2013 年 6 月 13 日发布公司

2012 年度末期利润分配及转增股本的实施方案：以股权登记日（2013 年 6 月 18 日）本公司的总股数为基准，每 10 股派发现金红利人民币 2.00 元（含税），送红股 2 股，同时用资本公积金转增 1 股。该公司发行的石化转债（110015）调整前的转股价格为 6.98 元/股。问中国石化可转换债券除权除息之后的转股价格为多少？

解：

分析：根据中国石化可转换债券的转股价格和本次利润分配及转增股本实施方案，本次转股价格调整仅涉及调整公式的第（1）项和第（3）项。故有：

$$P_1 = (P_0 - D)/(1 + n) = (6.98 - 0.20)/(1 + 0.3) = 5.22(元/股)$$

故石化转债的转股价格应由 6.98 元/股调整为 5.22 元/股，调整后的转股价格应该自 2013 年 6 月 19 日起生效。

3. 规定了转换期

转换期是指可转换证券持有者行使转换权的有效时间。就债券而言，转换期一般等于债券的期限。但除了这种转换期之外，还有递延转换期，即长于债券期限的转换期。公司采用递延转换期，可以获得不向递延转换那部分债券支付利息的好处。根据中国证监会公布的《上市公司发行可转换公司债券实施办法》，可转换公司债券自发行之日起 6 个月后方可转换为公司股票。就优先股票而言，转换期通常是永久性的，即没有规定具体的转换期限。总之，转换期是公司根据筹资的需要而设定的。

二、可转换证券的价值

对投资者而言，可转换证券具有三重价值：一是它作为债券或优先股票的价值；二是转换为普通股票的潜在价值；三是可转换证券的市场价值。下面，分别讨论这三种价值。

（一）作为债券或优先股票的价值

这种价值是指可转换证券如果不具备可转换权利在市场上销售的价值，它是可转换证券的最低极限价值，即无论普通股票市场价格下降到多少，可转换证券的价格一般都不会下跌到这个极限价值之下。可转换证券作为债券或优先股票的价值的确定方法与债券或优先股票价值的确定方法一样，是用市场同风险收益率对未来现金流量折现的结果。下面分别讨论作为债券和作为优先股票价值的确定方法。

1. 作为债券的价值

债券价值就是公司债券未来现金流入量的折现值。其计算公式为：

$$PV = \sum_{t=1}^{n} \frac{C_t}{(1+i)^t} + \frac{V}{(1+i)^n}$$

【例 7-3】　某公司按面值发行年利率为 5%、期限为 15 年、面值为 1 000 元/张的可转换债券。如果没有赋予该债券可转换为普通股票的权利，它的年利率必须达到 10% 才能按面值发行。试计算该可转换债券仅作为债券的价值为多少？

解：

（1）分析：债券按面值发行的前提是票面利率必须等于市场同风险收益率，根据这一原理和题意可知，该债券的市场同风险收益率为 10%。由于该债券的票面利率仅为 5%，因此，如果不赋予它可以转换为普通股票的权利，那么它必然会折价发行。

（2）计算价值。根据公式可得：

$$PV = \sum_{t=1}^{15} \frac{1\ 000 \times 5\%}{(1+10\%)^t} + \frac{1\ 000}{(1+10\%)^{15}} = 50 \times 7.606 + 1\ 000 \times 0.239\ 4 = 619.70(\text{元/张})$$

计算结果表明，该公司可转换债券的最低价值为 619.70 元/张。即无论公司普通股票的价格怎么下降，转换价值多么微不足道；该可转换债券的价格在市场利率保持不变的前提下，最多降至 619.70 元/张。因为在这个价格水平上，该可转换债券的实际收益率已同一般债券 10% 的收益率保持一致了。

2. 作为优先股票的价值

一般优先股票的价值就是其股利的折现值，其计算公式为：

$$PV = \sum_{t=1}^{\infty} \frac{D_p}{(1+i)^t} = \frac{D_p}{i}$$

式中：PV——优先股票的价值；D_P——年股利额；i——期望收益率。

【例 7-4】　某公司发行年利率为 8%、面值为 100 元/张的可转换为普通股的优先股票。假定该优先股票的年利率要达到 12% 才能按其面值出售。试问该可转换优先股票作为优先股票的价值为多少？

解：

根据公式，可得：

$$PV = \frac{D_p}{i} = \frac{100 \times 8\%}{12\%} = 66.67(\text{元 / 股})$$

与债券一样，这价格表明了可转换优先股票的极限价值，即无论普通股价如何下跌，该类优先股票的价格都不会低于 66.67 元。因为，在这个价格水平上，该优先股票的期望收益率已等于一般优先股票 12% 的期望收益率了。

当然，在一个较长的时期内，可转换证券的最低极限价值并非一成不变，它总是随如下两个因素的变化而变化：一是随资金市场上利率的变化而变化，当资金市场上一般利率上升时，可转换证券的极限价值会随之下降；反之，则会随之上升。二是随其发行公司的财务风险的变化而变化，当公司财务风险降低，即信用等级提高时，在其他因素不变的情况下，可使其一般有价证券的利率下降，从而提高可转换证券的极限价值；反之，极限价值则会下降。

（二）转换为普通股票的潜在价值

转换为普通股票的潜在价值，简称转换价值，是由可转换证券转换为普通股票后的股票价格所决定的。其计算公式如下：

转换为普通股票的潜在价值＝转换比率×普通股票价格

从以上公式可以看出，转换价值是由转换比率和普通股票价格两个因素所决定的。如果可转换证券的转换比率会随着时间的延长而递减，那么，可转换证券持有者在什么时候行使转换权最优，就与他对以后普通股票市场价格的预测相关了。

【例 7-5】　假定某公司发行面值为 1 000 元/张、年利息率为 3%、期限为 5 年的可转换债券。转换条件规定，在可转换债券发行 1 年之后，可转换为普通股票，具体转换价格为 3 年内转换比率为 30 股，3 年以后转换比率为 25 股。目前，该可转换债券已经发行了 1 年，可转换条件已经生效,现在的普通股票市场价格为40元/股。可转换债券持有人估计,普通股票的市场价格将以年10%的速度上涨。问目前该债券转换为普通股票的潜在价值为多少?是否应该立即转换为普通股票?

解:

(1)计算目前转换为普通股票的潜在价值。

$$转换价值＝30股×40元/股＝1\,200元$$

(2)计算第5年转换为普通股票的潜在价值。

$$转换价值＝25股×40元/股×(1＋10\%)^4＝1\,464.1元$$

(3)计算转换价值上升的年均收益率。

因为:

$$1\,200＝\frac{1464.1}{(1＋i)^4}$$

所以:

$$i＝\sqrt[4]{\frac{1\,464.1}{1\,200}}－1＝5.1\%$$

(4)计算持有可转换债券的年均收益率。

$$持有可转换债券的年均收益率＝转换价值上升的年均收益率＋可转换债券的年利息率$$
$$＝5.1\%＋3\%＝8.1\%$$

(5)分析:根据上面的计算结果可知,持有可转换债券的年均收益率为8.1%,低于在第1年转换为普通股票后的资本收益率10%。仅此一项,在第5年转换的年均收益率就比在第1年转换的年均收益率低了1.9%。如果再考虑普通股票的股利,那么,在第5年转换的年均收益率就比在第1年转换的年均收益率低得更多。因此,仅从收益率的角度考察,将可转换债券持有到第5年再转换是不合算的。

但是,如果注意到持有普通股票的风险大于持有可转换债券的风险,也许推迟转换是可以接受的。可转换债券的持有人究竟是应该立即转换,还是继续持有,抑或是在可转换债券到期时再转换,就完全取决于可转换债券持有人对风险的认识了。

正是基于对风险的不同认识,在市场上才既会有人立即将可转换证券转换为普通股票,也有人一直持有可转换证券,直到到期时才将可转换证券转换为普通股票。

(三)可转换证券的市场价值

如前所述,可转换证券持有者的利益受到最低极限价值的保护,在这种情况下,由于套利活动的存在,最终会使可转换证券市场价格至少不低于其转换价值或作为非转换证券的价值。

因为,如果可转换证券的市场价格低于其转换价值,人们将在市场上以市场价格购进可转换证券并按其转换价格换取普通股票,然后再将普通股票卖出,从中获取利润。如果可转换证券的市场价格低于其作为非转换证券的价值,人们则将在市场上以市场价格买进可转换证券,但不将其转换为普通股票,以赚取高额利息收入所带来的超额利润。正是由于这类套利活动的存在,使得可转换证券的市场价格至少不会低于它的转换价值或作为非转换证券的价值。

（四）可转换证券三种价值之间的关系

由于可转换证券价格下降风险的有限性，以及利润增加的无限性，即随着企业经营的改善，普通股票市场价格会大大超过其转换价格，使投资者获利增加；必然导致可转换证券的市场价格经常高于其转换价值。可转换证券的市场价格高于其转换价格的差额称之为转换价值的溢价。可转换证券一般总是按溢价销售的。

可转换证券存在着两种溢价：一是作为非转换证券的溢价；二是作为转换价值的溢价。这两种溢价存在着互逆的关系。在普通股票市场价值较高时，作为非转换证券的价值往往微不足道，即转换价值溢价越高，其作为非转换证券的溢价就越低；反之，可转换证券的市价过多地超过其作为非转换证券价值的溢价时，转换价值的溢价就越低。这种关系如图7－1所示。

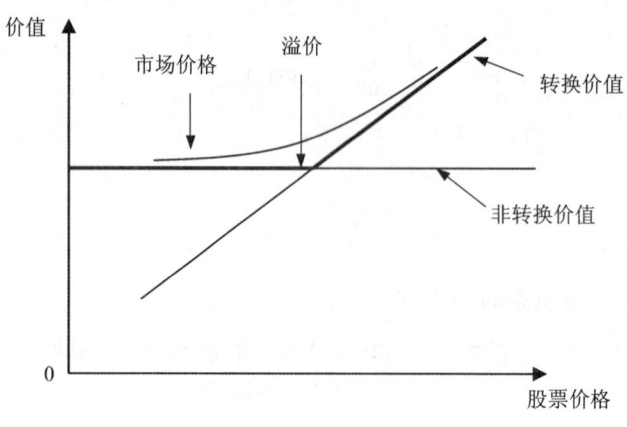

图7－1　三种价值关系

图7－1中的粗线是一条基本价格曲线，称之为市场有效价格底线，粗线上的价格为基本价格。

市场价值同基本价格的关系：可转换证券市场价格不会低于转换价值和非转换价值中任意一较高者。因为，如果市场价格降至转换价值之下，套利活动将导致市场价格上升至转换价值之上；若市场价格降到非转换价值之下，这时投资者的套利也将驱使价格上升至非转换价值之上。

三、可转换证券的收益率构成及其盈亏区间

（一）可转换证券的收益率构成

在可转换债券或可转换优先股票的市价与一般债券或优先股票价值接近时，可转换性的价值就很小了。这时可转换债券或优先股票的价值，主要就是一般债券或优先股票的价值。可转换证券的预期收益，一部分来自其利息收益，另一部分来自其资本收益，其收益率构成公式如下：

可转换证券的预期收益＝可转换证券的利息收益 ＋ 可转换证券的资本收益

可转换证券的预期总收益率（以债券为例）可按下式计算：

$$PV = \sum_{t=1}^{n} \frac{I}{(1+i)^t} + \frac{V}{(1+i)^n}$$

式中：PV——债券面值；I——年利息额；V——转换为普通股票后的普通股票的市价；i——债券的收益率。

【例7-6】 设某公司按面值发行的年利率为5%的、面值为1 000元/张的债券，10年后可转换为普通股票30股，预计每股市价为50元。试求该可转换债券的收益率和收益率的构成情况。

解：

（1）求总收益率。将各已知数代入公式，可以求得该可转换债券的总收益率。

$$PV = \sum_{t=1}^{10} \frac{1\,000 \times 5\%}{(1+i)^t} + \frac{30 \times 50}{(1+i)^{10}}$$

解之得：

当 $i = 8\%$ 时，方程式右边 $= 50 \times 6.71 + 1\,500 \times 0.463\,2 = 1\,030.29$

当 $i = 9\%$ 时，方程式右边 $= 50 \times 6.4176 + 1\,500 \times 0.422\,4 = 954.48$

$$i = 8\% + \frac{1\,030.29 - 1\,000}{1\,030.29 - 954.5} \times (8\% - 9\%) = 8.4\%$$

（2）求收益率的构成。

因为：　　　　　　　　　总收益率＝利息收益率＋资本收益率

又知：　　　　　　　　　利息收益率＝5%

所以：　　　　　　　　　资本收益率＝8.4%－5%＝3.4%

利息收益是确定的，而资本收益则具有相当大的风险。一般债券的全部收益均以利息形式表现，而可转换债券的收益仅有一部分以利息形式表现，两者相比较，可转换债券的风险要大于一般债券的风险，相应地，其预期收益率也要大于一般债券的收益率才有利于它的发行。

总之，企业在发行可转换证券的时候，要充分考虑到其收益率的两个组成部分，并根据企业的财务状况确定其收益率中两个部分的比例，使之既能吸引广大投资者购买，又能使企业财务状况最优。

（二）可转换证券的盈亏区间

下面将以可转换债券为例来讨论可转换证券的盈亏区间。

对投资者而言，可转换债券具有双重价值：一是作为债券本身的价值，该价值由债券本身的票面利率和同风险的社会平均期望收益率决定；二是作为普通股票的潜在价值，该价值由转换为普通股票当时的普通股票市场价格决定。作为债券本身的价值是固定的（只要同风险社会平均期望收益率不变），这表明，可转换债券对投资者而言，风险是有限的。作为转换为普通股票的转换价值则是不确定的，它随普通股票市价上升而增大。从理论上讲，转换价值可以趋于无限。正是因为投资者可以以有限的风险博无限的收益，才使可转换债券成为一种颇受投资者欢迎的证券。

与投资者相反，发行公司的收益具有有限性，而风险具有无限性。因此，它的风险很大。发行公司的盈亏区间可按下式确定：

$$PV = \sum_{t=1}^{n} \frac{C}{(1+i_{预})^t} + \frac{V_{计}}{(1+i_{预})^n}$$

式中:$V_计$——按可转换债券预计到期时普通股市价计算出的转换为普通股票后的价值;$i_预$——预期的可转换债券收益率。

由于可转换债券的转换价格($V_转$)是固定不变的(不考虑除权息后的价格调整),但普通股票市价($V_市$)却处于不断变动之中,因此,用上式可确定发行公司在普通股票市价($V_市$)变化中出现的盈亏区间。

当$V_转 > V_市$时,投资者行使转换权无利可图,不会将可转换债券换为普通股票。这样,公司就会出现呆滞证券。呆滞证券的产生,会使公司陷于财务困境。为了摆脱这一困境,公司往往得付出股东权益稀释的沉重代价。

当$V_市 > V_计$时,$i_实$(可转换债券实际收益率)$> i_预$(可转换债券预期收益率),公司必然得为可转换债券筹资付出高于预期资金成本的代价。

只有当$V_转 < V_市 < V_计$时,发行公司才既可以避免呆滞证券的产生,又可以使可转换债券的实际资金成本不高于预期的资金成本,即发行公司只有在该区间内才能获得发行可转换债券的好处。

发行可转换债券,公司的盈亏区间如图7-2所示。

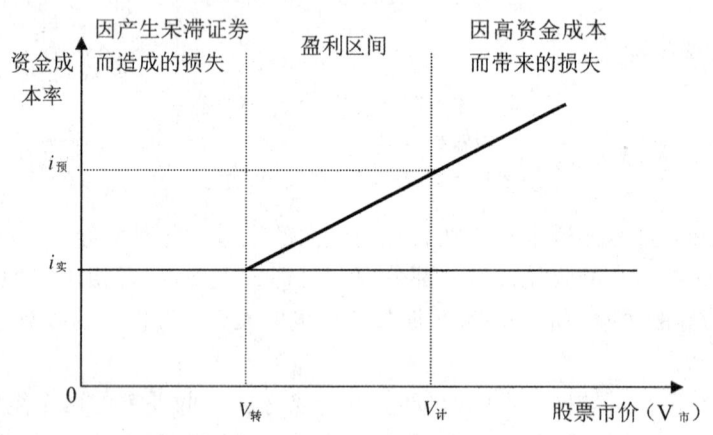

图7-2　可转换证券的盈亏区间

从图7-2可以看出,利用可转换债券筹资,公司可能获得的利益局限于上下限均为常量的一定区间之内,即可能获得的利益是有限的。当$V_市$越趋近$V_转$,可转换债券的实际收益率$i_实$就会最大限度地低于可转换债券的预期收益率$i_预$,使发行可转换债券能获得最大利益;当$V_市$趋近$V_计$,发行可转换债券所能获取的利益也近于零。

同时也可以看出,公司利用可转换债券筹资可能产生损失的区间,是小于或大于某一常量的发散区间。从纯理论上考察,公司用可转债券筹资所带来的损失可能趋于无限,但也应注意,这种损失不是会计账面上的损失,而是对股东财富而言的机会损失。

【例7-7】　设某公司按面值发行的年利率为3%的、面值为1 000元/张的债券,在第5年可转换为普通股票50股,公司为该可转换债券设定收益率为10%。试求该可转换债券的盈亏区间。

解:

(1)计算可转换债券收益率为10%时的普通股票市场价格。

$$1\ 000 = \sum_{t=1}^{5} \frac{1\ 000 \times 3\%}{(1+10\%)^t} + \frac{50 \times V}{(1+10\%)^5}$$

$$V = \frac{1\ 000 - 3.791 \times 30}{0.621 \times 50} = 28.54(元/股)$$

（2）确定可转换债券的盈亏区间。

因为：

$$转换价格 = 1\ 000 \div 50 = 20(元/股)$$
$$计划价格 = 28.54(元/股)$$

所以，可转换债券的盈亏区间为：

$$20(元/股) < 盈利区间 < 28.54(元/股)$$

正是由于可转换债券对发行公司的盈亏影响有不均衡性的特征，或者说具有收益有限性和风险无限性的特征，所以公司发行该种证券必须慎之又慎。只有在准确预测未来普通股票市价的基础上，发行可转换债券筹资才可能获得应有的利益。

四、可转换证券筹资的利弊

从发行公司的角度看，可转换证券筹资的优缺点如下。

（一）可转换证券筹资的优点

1. 低资金成本

公司发行的可转换证券的利息率或股利率通常低于一般债券的利息率或优先股票的股利率。可转换证券的转换价值越大，就越受投资者的欢迎，公司对可转换证券支付的利息率或股利率也就越低。

2. 可转换证券提供了一种高于目前市价出售普通股票的方法

发行可转换证券的基本目的往往是为了出售普通股票，而并非债券，只是因为某种原因，使普通股票市价偏低，如果按这种偏低的市价筹资对公司而言极不合算，而公司采用发行可转换证券这种间接性权益资本筹资方法，则可使公司以高于目前的市价出售普通股票。例如，由于某一项新工程开工初期成本很高，使公司盈利下降，进而影响到公司普通股票市价。但公司预测，随着时间的推移，盈利将会大幅度上升，从而导致普通股票价格上扬。在这种情况下，如果公司以市价出售普通股票筹资，要筹集到所需的资金数，就必须多发行普通股票，这样就会稀释企业的每股收益。但是，如果用可转换债券，就可将转换价格定得高于目前的普通股票市价。这样，当可转换债券转换为普通股票时，普通股的股数就要比现在直接出售普通股票少，从而充分保护了现有股票持有者的权益。根据中国证监会公布的《上市公司发行可转换公司债券实施办法》第十九条规定，可转换公司债券的转股价格应在募集说明书中约定。价格的确定应以公布募集说明书前 30 个交易日公司股票的平均收盘价格为基础，并上浮一定幅度。

【例 7-8】　假定某公司现在发行在外的普通股票股数为 10 000 万股，普通股票账面价值为 3 元/股，市场价格为 10 元/股。公司现有一有利可图的投资项目，需要募集普通股权益资金 15 000 万元。公司预计，当该项目投产之后，公司净利润总额将达到 10 000 万元，随着盈利能力的增强，普通股票的市场价格将超过 15 元/股。因此，公司不愿意以目前 10 元/股的价格发行普通股票，而希望发行可转换债券，并将转换价格确定为 15 元/股。试分析该公司采用发行普通股票和发行可转换债券两种筹资方式,对现有普通股股东利益的不同影响。

解:

(1) 发行普通股票后现有普通股股东的利益。

新发行普通股票数量 =15 000÷10 =1 500(万股)

新发行普通股票后的每股账面价值=(10 000×3+15 000)÷(10 000+1 500)=3.91(元/股)

投产后普通股票的每股收益=10 000÷(10 000+1500)=0.87(元/股)

(2) 发行可转换债券后现有普通股股东的利益。

转换后的普通股票数量 =15 000÷15 =1 000(万股)

新发行普通股票后的每股账面价值=(10 000×3+15 000)÷(10 000+ 1 000)=4.09(元/股)

投产后普通股票的每股收益=10 000÷(10 000+ 1 000)=0.91(元/股)

(3) 计算两种不同筹资方式导致的现有普通股股东利益差异

发行可转换债券比发行普通股票的每股收益增加数=0.91−0.87=0.04(元/股)

发行可转换债券比发行普通股票的每股账面价值增加数=4.09−3.91=0.18(元/股)

当然,这种好处的产生是以企业盈利能力增加和其普通股票市价上涨为前提的。如果普通股票市价没有上涨,企业将为此承担不利后果。

3. 灵活的筹资方法

用可转换证券筹资的灵活性主要表现在以下几个方面:

(1) 可转换证券通常具有可收回的特征,这一特征使企业拥有按特定价格(一般约高于可转换证券的面值)在到期日之前收回可转换证券的权利。在转换价值高于收回价格时,企业可行使收回权利,迫使可转换证券的持有者将其转换成普通股票。这样,公司可以获得减少债券,增加普通股票的好处。

(2) 发行可转换证券不仅利率较低,而且限制性条款少,使企业处于更为机动的位置。

(3) 可转换证券为公司证券发行开拓了新市场,且一般而言,它的发行成本要低于普通股票。

(二) 可转换证券筹资的缺点

1. 资金成本具有不确定性,可能会大幅度上升

尽管可转换证券给予发行公司以高于普通股票现有市价出售潜在普通股票的机会,但是,当普通股票价格大幅度上涨时,成本也将大幅度上升,因此在这种情况下用可转换证券筹资没有用一般债券或优先股票筹资优。

2. 可能出现呆滞证券

与上一情况相反,如果普通股票的市场价格没有提高到足以使投资者将可转换证券转换为普通股票的程度,那么,就会出现呆滞证券,即不行使转换权利的可转换证券。公司有了呆滞证券,它的财务风险将会增大,获取新资金来源的能力将会降低。呆滞证券的出现,不但使公司再出售新的可转换证券十分困难,而且对一般债券和优先股票的发行也十分不利。呆滞证券的风险或呆滞性,将会在某种程度上抵销可转换证券按高于普通股票市价发行所带来的好处。公司发行普通股票,可以立即取得股本,不承担财务风险;而发行可转换证券,公司并不能断定在什么时候取得股本,必然得承担这种不确定性所带来的财

务风险。

3. 可转换证券的低资金成本具有时间界限

当可转换证券转换为普通股票后,可转换证券的低资金成本优势就将丧失。

五、可转换证券筹资策略

(一)可转换证券筹资策略的理论分析

通过上面的有关讨论可知,可转换证券是作为递延的普通股票使用的,或者说它是一种间接权益筹资证券,即推迟发行的普通股票。这种证券筹资有它的优点,也有它的缺点。在利用这种方式筹资时,为了能避劣趋优,有必要研究其筹资策略。

从有关可转换证券的优劣讨论中可知,优劣转换的分歧点,来源于公司未来的普通股票市场价格。未来的普通股票市价过低会产生呆滞证券,这时,发行可转换证券没有发行普通股票优;未来的普通股票市价过高,会使公司的筹资成本过高,这时,发行可转换证券没有发行一般债券或优先股票优;只有当未来的普通股票市价与公司预期市价基本相符时,发行可转换证券才能带来预期的收益,才是可取的筹资方式。因此,利用可转换证券筹资的正确与否,取决于对普通股票未来市场价格预测的准确性。公司和投资者双方均要对未来的普通股票市场价格进行预测,但两者的预测结果,由于种种原因,必然存在着差异。公司就要在确信自己预测的准确性的基础上,充分利用这种差异,来确定最佳的筹资方式;并在确定用可转换证券筹资后,进一步研究诸如转换证券的利率、转换价格、转换期限,以及赎回条款,等。

(二)可转换证券利息率和转换价格决策的分析

当公司预计普通股票价格在未来将落入预期的盈利区间中而低于市场上投资者的估计时,就应采用发行可转换证券的筹资策略,这样,现有普通股票持有者所受股权稀释的程度将小于发行普通股票。在决定发行可转换证券之后,公司要集中力量研究合理确定利率和转换价格的问题。

可转换证券收益率是由利息收益率和资本收益率所决定的,在可转换证券收益率既定的情况下,利息率的高低与资本收益率成反比。提高利息率,即使可转换证券的最低极限价值上升,虽可提高对可转换证券持有者的保护程度,但会增加公司的固定财务负担,使公司承担的财务风险增加,在万一盈利率下降的情况下,对公司不利。提高资本收益率,即提高转换价格,虽可减轻公司的财务负担,但在公司普通股票市价增长幅度超过预计增长幅度时,公司会为此付出更高的成本,会稀释现有股权。正因为如此,公司在确定可转换证券收益率之后,还要根据其预测的风险概率,制订最佳的可转换证券的利率和转换价格。关于如何根据风险概率来确定可转换证券的利率和转换价格的问题,是一个比较复杂的问题,在这里我们存而不论。下面,只举简例讨论利率与转换价格的关系,以及不同利率与转换价格的风险问题。

【例 7-9】 某公司在一般债券利率 10% 的情况下发行可转换债券,为吸引投资者,将可转换债券收益率定为 12%、债券面值为 1 000 元,并准备按面值发行。现设定利率分别为 3%、5%、8% 的三个方案,预计在第 10 年公司的普通股票市价为 50 元,试问不同方案的转换价格各为多少?

解:

根据公式：

$$PV = \sum_{t=1}^{n} \frac{I}{(1+i)^t} + \frac{V}{(1+i)^n}$$

可知，现 V 为未知数，当求解出 V 后，再用 V 的数值除以预计的每股普通股票市价 50 元，即可得到各方案的转换价格，即每张债券可换多少张普通股票和每股的转换价格。现将计算过程和结果列示于下：

当利率为 3%（令为 A 方案）时有：

$$1\,000 = \sum_{t=1}^{10} \frac{30}{(1+12\%)^t} + \frac{V}{(1+12\%)^{10}}$$

查表可知：

$$\sum_{t=1}^{10} \frac{1}{(1+12\%)^t} = 5.65$$

$$\frac{1}{(1+12\%)^{10}} = 0.322$$

故上式可化简为：

$$1\,000 = 5.65 \times 30 + 0.322V$$

即：

$$V = \frac{1\,000 - 5.65 \times 30}{0.322} = 2\,579.19(元)$$

$$转换比率 = \frac{2\,579.19}{50} = 51.58(股)$$

$$转换价格 = \frac{1\,000}{51.58} = 19.39(元／股)$$

(2) 当利率为 5%（令为 B 方案）时有：

$$V = \frac{1\,000 - 5.65 \times 50}{0.322} = 2\,228.26(元)$$

$$转换比率 = \frac{2\,228.26}{50} = 44.57(股)$$

$$转换价格 = \frac{1\,000}{44.57} = 22.44(元／股)$$

当利率为 8%（令为 C 方案）时有：

$$V = \frac{1\,000 - 5.65 \times 80}{0.322} = 1\,701.86(元)$$

$$转换比率 = \frac{1\,701.86}{50} = 34.04(股)$$

$$转换价格 = \frac{1\,000}{34.04} = 29.38(元／股)$$

可将以上计算结果列表反映，如表 7-1 所示。

表 7-1

不同方案计算结果表

项目	A 方案	B 方案	C 方案
可转换债券面值(元)	1 000	1 000	1 000
规定的收益率	12	12	12
可转换债券利率	3	5	8
可转换债券资本收益率	9	7	4
预计普通股票第 10 年市价(元)	50	50	50
转换比率(股)	51.58	44.57	34.04
转换价格(元/股)	19.39	22.44	29.38

从表 7-1 计算结果中可以看出，随着可转换债券利率的提高，转换价格呈下降趋势。三个方案哪一个更优，需要视公司预计的不同风险来确定。如 A 方案与 C 方案相比较，C 方案每年每张可转换债券需多付利息 50 元，如公司盈利下降，这会增加公司负担；而 A 方案的转换价格相对数(转换比率)比 C 方案多 17.54 股，如普通股票价格上涨超过 50 元，就会使公司付出较 C 方案高的筹资成本。

A、B、C 三种方案收益与风险的特征如图 7-3 所示：

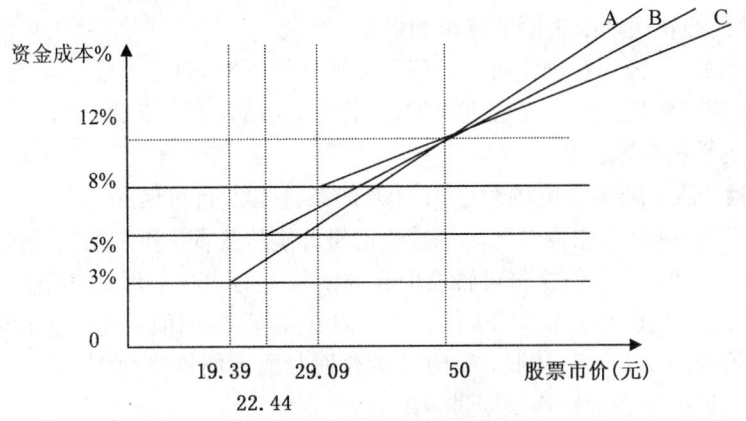

图 7-3　A、B、C 三方案收益与风险特征

从图 7-3 可以看出，从盈利空间来看，将票面利率定为 3% 的 A 方案的盈利空间最大，定 5% 的 B 方案次之，定为 8% 的 C 方案的盈利空间最小。但该盈利空间随着股票市价的上升而逐渐缩小，到股票市价等于 50 元/股时，各方案的盈利均等于零。当股票市价超过 50 元/股时，各方案均发生亏损。从亏损量来看，A 方案最多，B 方案次之，C 方案最少。这说明，A 方案的特征是收益高风险大，B 方案的特征是收益与风险适中，C 方案的特征是收益低风险小。至于三方案中究竟应该选择哪一个方案，主要取决于公司对待收益和风险的态度，激进型公司可能选择 A 方案，中庸型公司可能选择 B 方案，稳健型公司则会选择 C 方案。

公司除了权衡利率和转换价格高低的利弊之外,还要充分考虑可转换证券的转换期限、赎回权利,以及转换价格调整等等条款。制订这些条款的基本目的,是既能使公司在复杂多变的经济环境中保持筹资的灵活性和主动性,将成本控制在一定的范围之内;又能刺激投资者的投资热情,使公司的可转换证券易于出售。

(三)可转换证券转换期限决策的分析

1. 可转换证券转换期限对可转换证券筹资的影响

可转换证券转换期限对可转换证券筹资的影响,可以从投资者和发行公司两个方面来考察:

(1)从投资者的立场出发,转换期限越长,对投资者就越有吸引力。这是因为,转换期限越长,可供投资者想象的空间就越大,可转换证券产生溢价的空间也就越大。在这种情况下,投资者无论是持有可转换证券以获取利息收益,还是直接买卖可转换证券赚取资本收益,都可以在不担心到期因素制约的前提下进行;反之,转换期限越短,可转换证券的价值就越接近作为债券或优先股票本身的价值,或普通股票的价值,其溢价的空间就越小。故投资者愿意选择那些转换期限长的可转换证券进行投资。

(2)从发行公司的立场出发,转换期限越长,公司承受的风险就越大。这是因为,市场利率和普通股票的市场价格在不断变化,当普通股票的市场价格过多地高于转换价格时,特别是公司预计的市场价格时,公司会蒙受高资金成本的损失;而普通股票市场价格低于转换价格时,又会产生呆滞证券,使公司以递延方式高价发行普通股票的计划落空,给公司带来负债增加和股东权益稀释的损失。延长转换期限,对发行公司的好处是公司的可转换证券容易发行,且可使票面利息率降低。

2. 可转换证券转换期限决策的分析例解

根据上述的分析,公司在确定可转换证券的转换期限时,除了考虑公司需要权益资金的时间之外,主要应该将发行的难易程度与发行后的风险结合在一起进行分析,从中选择出最适合公司情况的转换期限。

【例 7-10】　假定公司在市场利率为 10% 的条件下发行可转换债券,预计将可转换债券的期限定为 5 年,那么其票面利息率和转换价格分别应为 5% 和 8 元/股的情况下,才能按照 1 000 元/张的面值发行;但是将可转换债券的期限定为 10 年,那么其票面利息率和转换价格分别为 3% 和 10 元/股的情况下,能按照 1 000 元/张的面值发行。公司估计第 5 年的普通股票市场价格为 10~12 元/股,第 10 年的普通股票市场价格为 15~25 元/股。问公司应该如何对该可转换债券的转换期限进行决策?

解:

(1)分析:由于 5 年期可转换债券的转换价格低于预测的最低市场价格,即 8(元/股)<10(元/股),10 年期可转换债券的转换价格也低于预测的最低市场价格,即 10(元/股)< 15(元/股);因此,不存在呆滞证券的问题。故分析的重点应该放在最高市场价格对资金成本的影响之上。

(2)计算不同方案的最高资金成本。

计算 5 年转换期的最高资金成本。

$$1\ 000 = \sum_{t=1}^{5} \frac{1\ 000 \times 5\%}{(1+i)^t} + \frac{125 \times 12}{(1+i)^5}$$

解之有：$i=12.75\%$

计算 10 年转换期的最高资金成本。

$$1\ 000=\sum_{t=1}^{10}\frac{1\ 000\times3\%}{(1+i)^t}+\frac{100\times25}{(1+i)^{10}}$$

解之有：$i=11.69\%$

根据以上计算结果可知,不但 10 年转换期的最低资金成本 3%低于 5 年转换期的最低资金成本 5%,而且 10 年转换期的最高资金成本 11.69%也低于 5 年期的最高资金成本 12.75%,故公司应该选择发行转换期为 10 年的方案。

（四）可转换证券提前赎回条款决策的分析

所谓提前赎回可转换证券,就是在提前赎回条件出现时,赋予公司可以按照事先约定的赎回条款将可转换证券提前赎回的权利。公司制订可转换证券提前赎回条款的主要目的,是使公司能够在变化的环境中掌握主动,控制可转换证券的资金成本。比如,上海虹桥机场股份有限公司在 2000 年 2 月发行的可转换债券中就规定了提前赎回的条款,该赎回条款规定:在可转换债券的转换期内,如果公司普通股票在任何连续 40 个交易日中有至少 30 个交易日的收盘价不低于转换价格的 130%时,公司有权按面值加上当日的应计利息赎回全部或部分在赎回日之前未转换的机场债券。公司决定行使赎回权时,必须按照有关规定发布赎回公告。

需要注意的是,公司发布提前赎回公告,并不是要真正赎回可转换债券,而是要迫使可转换债券持有人提前将可转换债券转换为普通股票,从而将可转换债券的资金成本限制在一定的范围之内。避免公司可转换债券资金成本的无限升高。

【例 7－11】 已知上海虹桥机场股份有限公司发行的可转换债券,期限为 5 年、面值为 100 元/张、票面利息率为 0.8%,每年付息一次,转换价格为 10 元/股,转换期从发行半年后开始直至可转换债券期限届满。当转换期内的普通股票市场价格连续 30 日为转换价格的 130%以上时,公司可以按照面值加应付利息将可转换债券赎回。试根据上述资料,计算上海虹桥机场股份有限公司可转换债券的最高资金成本。

解：

分析:最早转换时间为持有可转换债券半年,如果在可转换债券开始转换的初期,普通股票的市场价格就在 30 个交易日连续地大于了转换价格的 130%,那么,公司可以及时行使提前赎回权。在这种情况下,公司可转换债券的最高资金成本应该按以下思路计算:

因为：

$$100=\frac{0}{(1+i)^{1/2}}+\frac{100\times130\%}{(1+i)^{1/2}}$$

所以：

$$i=\left(\frac{130}{100}\right)^2-1=69\%$$

需要指出的是,上述资金成本是按照转换价格的 130%为基础计算的,但在现实中,在公司发布赎回公告之时,普通股票的市场价格已经大于了转换价格的 130%,实际的市场价格可能高于 13 元/股;因此,该可转换债券的实际资金成本完全可能高于 69%。

（五）转换价格调整条款决策的分析

转换价格调整分正常调整和非正常调整两种类型。正常调整是指随公司分配股利、公积金转赠股本或增发新股而进行的调整。正常调整的目的是为了保证可转换证券持有人的利益。非正常调整是指因转换价格高于了普通股票的市场价格，公司为了避免呆滞证券的产生而进行的向下调整。在这里只讨论非正常转换价格调整的问题。

中国石化公司在 2011 年 12 月 15 日，召开了 2011 年第二次临时股东大会，会议审议通过了《关于向下修正"石化转债"转股价格的议案》同意向下修正转股价格。修正后的转股价格不低于股东大会召开前 20 个交易日公司股票交易均价和前一交易日的均价较高者。公司 2011 年第二次临时股东大会召开日（12 月 15 日）前 20 交易日公司股票交易均价为 7.28 元/股，股东大会召开前一个交易日（12 月 14 日）公司股票交易均价为 7.08 元/股，因此，公司修正后的转股价格为 7.28 元/股。显然，公司制订转换价格向下调整的条款是为了避免呆滞证券的产生。制订转换价格的调整条款，对发行可转换证券的公司极为重要。因为，这些条款可以给予公司极大的灵活性，在很大程度上避免发行时的预测错误，减少因呆滞证券的存在而产生的损失。

公司转换价格向下调整幅度的大小，直接影响到公司筹资的灵活性和资金成本。转换价格下调的幅度越大，公司的筹资灵活性就越大，但是，相应地资金成本也越高；反之亦然。因此，在确定转换价格向下调整的幅度时，要将这两个因素加以综合考虑，使公司既保持筹资的灵活性，又不至于付出太高的成本。为了保证这一目标的实现，公司应该在预计的普通股票变化区间内制订转换价格下调幅度的条款。

第二节　认股权证筹资

认股权证，是一种约定该证券的持有人可以在规定的某段期间内，有权利（而非义务）按约定价格向发行人购买（或出售）标的证券的权利凭证。当然，也可能是以现金结算等方式收取结算差价的权利凭证。在本节，我们只讨论认股权证在公司筹资中的若干基本问题。

一、认股权证的特征

（一）认股权证的特征

从法律角度来分析，认股权证本质上是权利契约，支付权利金购得权证的一方有权（非义务）在契约期间内或到期时，以事先约定的价格买进事先约定数量的证券。在公司筹资中运用的认股权证，主要具有如下特征。

1. 认股权证是优先购买普通股票的权利证书

认股权证不是公司的一种主要资金来源，而只是优先购买普通股票的权利证书。发行认股权证的主要目的，是吸引广大投资者和某些投资机构购买公司发行的债券或优先股票。认股权证往往是按购买债券或优先股票数量的某种比例赠送或低价售给投资者的。这样，投资者不仅能获取所购债券或优先股票的固定利息收入，而且还能根据规定的优惠价格购买普通股票。在我国证券市场上，将附送认股权证的债券称为认股权和债券分离交易债券，简称可分离债券。购买可分离债券的投资者，可以同时获得债券和认股权证。

2. 认股权证必须明确认购普通股票的股数

每份认股权证所能认购的普通股股数必须列示在认股权证之上。虽然最初的认购股数是固定的,但它一般会随普通股票的除权而变动。比如,某认股权证的初始认购股数每份认股权证为1股,当所认购的普通股票发生除权时,假定原股票由于送股的原因,公司的股本扩大了30%,那么相应地每份认股权证所认购的股数就会增加为1.3股。这样做的基本目的是保护认股权证持有人的利益。当认股权证持有人行使认股权时,应把认股权证交回公司。

3. 认股权证必须明确认购普通股票的价格

认股权证上规定了认购普通股票的价格,但该价格并非一成不变,它可以根据两种情况而调整:一种是随着普通股票的除权除息而调整,这种调整的最终结果是认股权证的认购价格逐渐降低,其基本目的是保护认股权证持有人的利益;另一种是随着普通股票的市场行情变化而调整,其基本目的是促使认股权证持有人行使其认股权。

4. 认股权证必须明确认购的有效期限

认股权证上还须载明认股权的有效期限,超过有效期限后,认股权证即失效。也有无限期的认股权证,即永久有效的认股权证,但多数认股权证是有期限限制的。

总之,认股权证实质上是发行公司用给予投资者以优惠价购买普通股票的权利来换取所售债券或优先股票的低利息率的利益的一种手段。因此,用认股权证购买普通股票,其价格一般低于市价,这样认股权证就有了价值。

（二）我国公司发行认股权证的条件

1. 认股权证发行条件

根据《上海证券交易所认股权证管理暂行办法》和《深圳证券交易所认股权证管理暂行办法》的规定,公司发行认股权证必须满足以下四个条件:

（1）最近20个交易日流通股份市值不低于30亿元。

（2）最近60个交易日股票交易累计换手率在25%以上。

（3）流通股股本不低于3亿股。

（4）交易所规定的其他条件。

从该规定中可以看出,目前我国只允许普通股票流通性极强的公司发行认股权证。

2. 认股权证上市交易条件

公司发行认股权证上市交易必须满足以下条件:

（1）约定权证类别、存续期间、行权价格、行权日期、行权结算方式、行权比例等要素。

（2）申请上市的权证不低于5 000万份。

（3）自上市之日起存续时间为6个月以上24个月以下。

（4）发行人提供了符合要求的履约担保。

（5）交易所规定的其他条件。

从该规定中可以看出,目前我国还不允许超过2年的认股权证上市流通。

二、认股权证的分类

（一）认股权证分类标准

认股权证可以按照多种不同的标准进行划分,以下是一些常见的分类。

（1）按照权利标准，认股权证可以划分为认购权证和认沽权证。

（2）按照执行时间标准，认股权证可以划分为欧式认股权证、美式认股权证、百慕大式认股权证。

（3）按照发行主体标准，认股权证可以划分为股本权证和备兑权证。

将以上三种分类标准组合起来，可以出现多种认股权证。比如，欧式认购权证、欧式认沽权证、美式认购权证、美式认沽权证，等等。

（二）不同认股权证的基本概念

1. 认购权证

认购权证是指认股权证持有人有权利（而非义务）在某段期间内以预先约定的价格向发行人购买特定数量的标的证券。

2. 认沽权证

认沽权证是指权证持有人有权利（而非义务）在某段期间内以预先约定的价格向发行人出售特定数量的标的证券。

3. 股本认股权证

如果权证由上市公司自己发行，就叫做股本认股权证或者权益认股权证。它授予持有人一项权利，在到期日前，以行权价购买公司发行的新股（或者是库存的股票）。它的特点是期限比较长，可能长达数年。一般公司均是通过发行新股支付行权，行权后每股的权益会被摊薄。股本认股权证最主要的功能是协助筹资，以降低筹资成本，增大对投资者的吸引力。简单而言，股本认股权证有两个基本特点：一是上市公司自己发行；二是总股本有变化。

4. 备兑认股权证

备兑认股权证是指标的证券发行人以外的第三方发行的认股权证，其认兑的股票是已经存在的股票，不会造成总股本的增加。备兑权证是现在国际证券市场的主流权证。其中，备兑的含义指发行人将权证的指定证券或资产存放在独立的受托人、托管人或存管处，作为其履行责任的抵押，而受托人、托管人或存管处则代表权证持有人的利益。备兑权证一般都是国际性投资银行机构发行，在国内只有券商可以发行备兑权证。发行商必须事先拥有标的证券或有权拥有该标的证券。备兑权证发行商的利益来自于备兑权证发行价与收回备兑权证成本之差，对备兑权证的投资者而言，处理需要承担一般认股权证的风险之外，还要承担发行商的信誉风险。

5. 指数认股权证

指数认股权证是指标的证券为指数的认股权证。由于指数无法进行实物交割，所以指数认股权证全部采用现金结算。指数认股权证是市场最受欢迎的认股权证，2006 年上半年，香港的恒生指数认股权证就占了香港整体认股权证市场成交金额的约 46%。

6. 美式权证、欧式权证及百慕大权证

美式权证是指在权证存续期内，在到期日前的任何时间都可按权履约；欧式权证则只有在到期日或到期限日前几天才可以履约；百慕大权证介于美式权证与欧式权证之间，是在权证存续期限内选择几个时点来履约。由于美式权证在认股权证的存续期内任何时间都可以行权，因此，认股权证一定会产生溢价；而欧式权证和百慕大式权证则只能在到期日或指定的日期才可以行权，由于在持有认股权证到行权日的这一段时间内普通股票的市场价格会有波动,因此,认股权证的价值比美式权证低,有可能产生折价。目前我国的认股权证都是欧式权证和百慕大式权证。

三、认股权证的价值

认股权证与可转换证券的价值相类似,有最低极限的理论价值和市场价格。在这里主要以美式认股权证为例讨论认股权证(认购权证)的价值问题。

(一)认股权证的理论价值

1. 认股权证理论价值的确定

认股权证的理论价值,或称内在价值,是标的证券价格与行权价之差同行权比例之积。就美式认股权证而言,该理论价值就是在证券市场上出售时的最低极限价格,其计算公式如下:

$$V=(P-E)\times N$$

式中:V——认股权证的理论价值;P——普通股票市场价格;E——用认股权证购买普通股票的价格;N——每张认股权证可以购买的普通股股数。

【例 7-12】　某认股权证每张能以每股 30 元的优惠价格购买普通股票 2 股,其相同股票的市场价格为每股 35 元。问认股权证的理论价值为多少?

解:

根据公式,有:

$$V=(35-30)\times 2=10(元/张)$$

2. 认股权证理论价值的特征

单从上述公式看,似乎当所定优惠价格高于市场价格时,认股权证的理论价值将为负。但从实际上看,当优惠价格高于市场价格时,人们将不会再以认股权证所规定的价格去购买普通股票,因此,其最低理论价值只能为零。

认股权证的理论价值之所以是出售认股权证的最低极限价格,是因为存在着套利活动。如果认股权证的市场价格低于其理论价值,那么人们会购入认股权证,并把它换成普通股票,然后再按市价将普通股票抛售出去,从而获得利润。正因为如此,认股权证的市价一般不可能低于其理论价值。

由于普通股票的市场价格会随着时间的推移而波动,因此认股权证的理论价值也就不是一成不变的了。下面以一个简例说明认股权证的理论价值随普通股票市价变动而变动的情况。

【例 7-13】　设某认股权证在认购期限内,每普通股的认购价为 20 元,每张认股权证可认购 2 股。试问当普通股票市场价格分别为 10、15、20、25、30、35 元/股时的认股权证的理论价值为多少?

解:

根据认股权证价值计算公式,可确定出认股权证在不同普通股票市价情况下的理论价值,如表 7-2 所示。

表 7 - 2

认股权证理论价值计算表

单位:元

普通股票市价 ①	认股权证认购价 ②	认购股数 ③	认股权证理论价值 ④＝(①－②)×③
10	20	2	0
15	20	2	0
20	20	2	0
25	20	2	10
30	20	2	20
35	20	2	30

注:认股权证价值不能为负,当计算值小于零时,其价值为零。

从〖例 7 - 3〗可见,认股权证的理论价值其最低限为零,高限可以趋于无限。

(二)认股权证的市场价格

认股权证的市场价格,即它在市场上的交易价格,是由市场上的供求关系决定的。影响认股权证的市场价格的因素主要有认股权证的杠杆效应、认股权证的有效期限的长短,以及普通股票股利等。下面分别对这些因素进行讨论。

1. 认股权证的杠杆效应

按前所述,认股权证的市场价格一般高于其理论价值。认股权证的市场价格超过其理论价值的部分称之为认股权证溢价。认股权证溢价产生的基本原理是认股权能为投资者提供杠杆效应。

认股权证的杠杆效应,是指人们用同等金额资金投资,可购得的认股权数比购得的普通股票股数多。这样,当普通股票市场价格上涨超过认股权证交易时的普通股票价格时,投资认股权证的潜在利润将大于购买普通股票的利润;并且在普通股票市价上涨幅度加大时,这种潜在的利润会以更快的速度增长,从而产生杠杆作用。下面举一简例说明这种杠杆作用。

【例 7 - 14】 设某发行认股权证的公司,其普通股票的现在市场价格为 20 元/股,认股权证规定的认购价格也为 20 元/股;认股权证的市场价格为 5 元/股。现某人准备用 10 000 元对该公司的普通股票进行投资,试分析该投资者购买普通股票和购买认股权证在不同普通股票市场价格条件下的盈亏。

解:

分析:简单地看,在准备投资时的认股权证的理论价值为零,似乎购买认股权证是不可取的。但是,这种情况会因普通股票市价的上升而发生变化。

现将两种不同投资在不同普通股票市价情况下的资本收益列表反映,如表 7 - 3 和表 7 - 4 所示。

表7-3

购普通股票的资本收益

单位:元

普通股票未来市价预测	所购普通股票股数(股)	预测的未来普通股总收入	普通股票的投资总金额	普通股票的资本收益额
①	②	③=②×①	④	⑤=③-④
20	500	10 000	10 000	0
25	500	12 500	10 000	2 500
26	500	13 000	10 000	3 000
27	500	13 500	10 000	3 500
28	500	14 000	10 000	4 000
29	500	14 500	10 000	4 500
30	500	15 000	10 000	5 000

表7-4

购认股权证的资本收益

单位:元

普通股票未来市价预测	认股权证所规定的认购价格	认股权证理论价值	所购认股权证的认购股数(股)	预测的未来认股权证总收入	认股权证投资总金额	认股权证的资本收益额
①	②	③=②-①	④	⑤=③×④	⑥	⑦=⑤-⑥
20	20	0	2 000	0	10 000	−10 000
25	20	5	2 000	10 000	10 000	0
26	20	6	2 000	12 000	10 000	2 000
27	20	7	2 000	14 000	10 000	4 000
28	20	8	2 000	16 000	10 000	6 000
29	20	9	2 000	18 000	10 000	8 000
30	20	10	2 000	20 000	10 000	10 000

对比表7-3和表7-4,不难看出,当普通股票的市价超过25元/股(即认股权证理论价值等于其购买时的市场价格)以后,普通股票市价每上涨1元,投资于普通股票上的资本收益将增加500元,而投资于认股权证上的收益则将增加2000元,后者是前者的4倍。

认股权证的这种杠杆作用使得投资于认股权证上的资本收益增长速度快于投资在普通股票上的资本收益增长速度,并在某一点之后,投资于认股权证上的资本收益将大于投资于普通股票上的资本收益。投资于认股权证上的资本收益,等于投资于普通股票上的资本收益时的普通股票市场价格,可以按如下方式计算:

令使投资于认股权证上和投资于普通股票上报酬率相等的普通股市价为X,那么有:

$$X - \frac{\text{购买普通股票}}{\text{的市场价格}} = \frac{\text{购买认股权证数量}}{\text{购买普通股票数量}} \left[X - \left(\frac{\text{普通股票}}{\text{认购价格}} + \frac{\text{购买认股权}}{\text{证的价格}} \right) \right]$$

【例 7 - 15】　根据〖例 7 - 14〗的资料，问投资于认股权证上和投资于普通股票上报酬率相等的普通股市价为多少？

解：

根据公式，有：

$$X - 20 = 4[X - (20 + 5)]$$
$$X = 26.67 (元/股)$$

即当普通股票市场价格为 26.67 元/股时，投资于认股权证上和投资于普通股上的报酬率正好相等。

认股权证价格具有自身限制的机制。当普通股票市价为 30 元/股时，其投资收益则已数倍于普通股票的资本收益了。当然，当普通股票市价下跌时，认股权证将会产生不利于投资者的杠杆作用，如在〖例 7 - 14〗中，投资于认股权证上的资本收益，将以 4 倍于投资在普通股票上的资本收益的速度下降。

通过〖例 7 - 15〗可见，认股权证的溢价是由认股权证的杠杆作用引起的，其深层原因则是普通股票市场价格的变动。认股权证的杠杆作用并非一成不变，它随着人们普遍预测的普通股票市价上涨而减弱。因为普遍预测的普通股票市价上涨，必然导致认股权证的理论价值上升，并使其市场价格上升，从而缩小了它与普通股票价格的差异，故使其杠杆作用减弱。仍以〖例 7 - 14〗为例，来分析普遍预测普通股票市场价格上涨情况下的杠杆力变化。

【例 7 - 16】　试根据〖例 7 - 14〗资料，分析在不同股价条件下的认股权证杠杆力。

解：

分析结果如表 7 - 5 所示。

表 7 - 5

社会普遍预测普通股票市场价格将上涨情况下的认股权证杠杆力变化表

普遍预测的普通股票未来市场价格	认股权证所规定的认购价格	认股权证市场价格（理论价格）	所购普通股票股数	所购认股权证的认购股数	认股权证的杠杆力
①	②	③=①-②	④=10 000/①	⑤=10 000/③	⑥=⑤/④
25	20	5	400	2 000	5
30	20	10	333	1 000	3
40	20	20	250	500	2
50	20	30	200	333	1.67
60	20	40	167	250	1.5
70	20	50	143	200	1.4
80	20	60	125	167	1.3

〖例 7 - 16〗充分表明，当股价越接近其认股权证所规定的认购价格时，认股权证的杠杆力作用就越大。这时，预测相关普通股票市场价格将会提高的投资者，就会乐意支付认股权证市场价格超过其理论价格的溢价，以期求得认股权证强大的杠杆力所带来的超额收益。

随着股价不断上升,认股权证的理论价值进而其市场价格不断上涨,使得杠杆力作用逐步降低,人们愿为认股权证支付溢价的积极性也就降低,并最终拒绝支付溢价,使认股权证的市场价格停留在其理论价值的水平上。可见,认股权证价格具有自身限制的机制。关于这种机制,如图7-4所示。

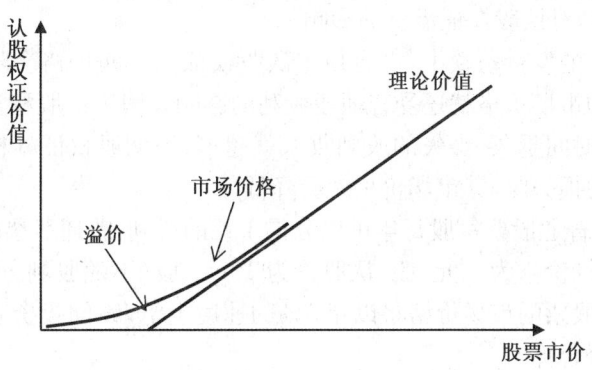

图7-4　认股权证价格的自身限制机制

在前述两个关于认股权证杠杆力的例子中,前一例的杠杆力始终保持不变,而后一例的杠杆力则随普通股票市场价格的上升而下降。这两例实际上并不矛盾,只是各自的前提不一样。前者是从某一投资者个人对普通股票未来市价的预计出发,来确定哪一种投资对他更有利。因为在证券市场上,个人的行为尚不足以使整个普通股票和认股权证的价格发生变化,因此,他以每股20元的市价购得普通股票和以5元1张的市价购得认股权证。而他预计的普通股票未来市价并不一定就成为事实。但后者是从市场上众多投资者对普通股票未来市价的预计出发,这样整个证券市场便要受其影响,其预计的普通股票市场价格和认股权证市场价格往往就成为现实的市场价格。因此,同一投资量所能购得的普通股票股数或认股权证数会发生变化,认股权证的杠杆力也会相应发生变化。这也从一个角度反映了投资者能先于整个市场预测趋于同一前采取行动的重要意义。

2. 认股权证的有效期限对认股权证溢价的影响

认股权证的有效期限也是影响其市场价格的一个因素。认股权证有效期限的长短对认股权证市场价格的影响,可以从如下几个方面来考察:第一,认股权证距到期日的时间越长,普通股票市场价格的变化就可能幅度越大,认股权证理论价值上涨的机会就越多。这样,就给投资者提供了更大的想象空间,从而有效地刺激认股权证的交易,使认股权证市场价格上升。第二,认股权证距到期日的时间越长,行使认股权的自由度也就越大。在这种情况下,持有认股权证的人就不急于将它卖出或行使认股权,而认股权证的潜在投资者则更愿意购买有效期限长且机会多的认股权证;这样,市场的供求关系就会有利于供方,从而使认股权证的市场价格上涨。相反,认股权证的有效期限越短,认股权证理论价值上涨的机会就越少,投资者参与投资的热情就会减少;这样,投资者就越不愿为它支付溢价。

这种影响又称为认股权证的时间价值。只要认股权证还没有到期,即使一个认股权证在到期前的理论价值为零,它也仍然存在着一定的时间价值。时间价值反映认股权证在标的证券到期日前发生有利于投资者价格变动的价值(上升有利于认购权证,下跌有利于认沽权证),这一价值是由标的证券价格的波动带来的。随着时间的推移,由于标的证券在认股权证到期时的价格越来越明确,证券的价格向有利方向变动的机会日益减少,认股权证在到期时拥有更高价值的可能性也相应减少,从而导致认股权证的时间价值递减。认股权证时间价值递减效应并不是线性的,而是随着权证到期日的临近而加速。在认股权证到期日,认股权证的市场价格就会回归其理论价值。所以,认股权证的期限也是影响认股权证市场价格的一个因素。

3. 普通股票股利对认股权证溢价的影响

如果在认股权证的发行条款中,没有规定认股权证的认购价格会随普通股票除息而降低,那么,认股权证的市场价格就还受普通股股利的影响。因为认股权证的持有者不能获得股利,认股权证持有时间越久,丧失的股利收入就越多,当认股权证杠杆作用所带来的收益不足以弥补其股利的损失时,其市场价格就会降低。

【例 7 - 17】 某普通股票每股每年可以分得 1 元的股利,普通股票的市场价格为 12 元/股,其认股权证的市场价格为 5 元/股,认股价为 10 元/股(不随股利分配而降低)。假定在可预见的将来,普通股票的市场价格将以年 5% 的速度上涨,试问投资者按现在的市场价格购买该认股权证是否合算?

解:

(1)计算不考虑股利影响的,投资于认股权证与投资于普通股票报酬率相等时所需要的时间。

$$x - 12 = \frac{12}{5}\big[x - (10 + 5)\big]$$

解之有: $X = 17.14(元/股)$

由于: $17.14 = 12 \times (1 + 5\%)^t$

所以: $\ln 17.14 = \ln 12 + t\ln(1 + 5\%)$

$$t = \frac{\ln 17.14 - \ln 12}{\ln 1.05} = 7.31(年)$$

计算结果表明,不考虑股利影响的情况下,投资于认股权证与投资于普通股票报酬率相等时所需要的时间为 7.31 年。

(2) 分析投资认股权证的收益。

由于普通股票股利每年为 1 元/股,因此,购买认股权证每年会损失 1 元/股的股利,7 年总共损失 7 元钱的股利。如果考虑投资认股权证的机会损失,那么,投资认股权证的成本为 22 元/股(5+10+7),大大高于 17.14 元/股。因此,以 5 元/股的市场价格投资该认股权证不合算。

四、附送认股权证方式筹资的收益率构成及其盈亏区间

发行债券和优先股票并附送认股权证的盈亏区间确定方法,与可转换证券基本相同。其差异主要有两点:一是可转换证券要么以债券或优先股票的形式存在,要么以普通股票的形式存在。但以附送认股权证方式筹资,债券或优先股与认股权证是分离的,债券或优先股的存续期不会因认股权证权利的行使而消失。二是债券或优先股存续期限可能与认股权证规定的期限不一致。正是由于上述两个特征,使附送认股权证方式筹资的收益率构成的计算方法略不同于可转换证券的计算方法。其基本计算方法,是在计算债券或优先股的全部价值的基础上加上认股权证的价值。具体计算方法见下例。

【例7-18】　设某公司拟发行面值为1 000元/张,每年年末付息,到期日还本的10年期债券若干。公司预计这批债券的利息率要达到10%才能按面值卖出。但如采用购一张债券附送20股普通股票认股权证的筹资方案,在债券利率降为8%时,债券也能够按面值发行;那么,该附送认股权证发行债券筹资方案的收益率计划构成就为:债券票面利率8%,认股权证风险收益率2%。再假定该公司附送的认股权证认购期为5年,认股价为25元/股。试问认股权证到期时的普通股票市价为多少时,该筹资方案的实际收益率才等于10%?(假定认股权证到期时一次认购。)

解:

设 V 等于普通股票市价,有:

$$1\ 000 = \sum_{t=1}^{10} \frac{1\ 000 \times 8\%}{(1+10\%)^t} + \frac{1\ 000}{(1+10\%)^{10}} + \frac{20(V-25)}{(1+10\%)^5}$$

$$1\ 000 = 80 \times 6.144\ 57 + 1\ 000 \times 0.385\ 54 + 20(V-25) \times 0.620\ 92$$

$$V = \frac{122.89}{12.42} + 25 = 34.89(元/股)$$

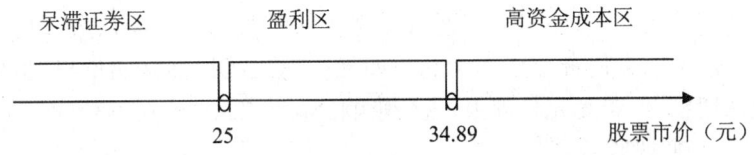

图7-5　附送认股权证发行债券筹资方式的盈亏区间

根据以上计算结果,该公司附送认股权证发行债券筹资方式的盈亏区间如图7-5所示。从图7-5可以看出,该筹资方式对公司而言,其盈利区间的普通股票市价为25~34.89元/股,低于25元/股会因出现呆滞证券而产生损失;高于34.89元/股,则会产生高资金成本的损失。

五、认股权证筹资的利弊

(一)认股权证筹资的优点

1. 吸引投资者

吸引投资者是发行认股权证的主要优点。在企业发行债券或优先股票时,给予投资者认购普通股票的权利,可以有效地刺激投资者的投资欲,使企业较容易筹得所需的资金。我国《上市公司证券发行管理办法》规定,上市公司可以公开发行认股权和债券分离交易的可转换公司债券(简称"分离交易的可转换公司债券"),分离交易的可转换公司债券的期限最短为1年。认股权证上市交易的,认股权证约定的要素应当包括行权价格、存续期间、行权期间或行权日、行权比例。认股权证的行权价格应不低于公告募集说明书日前20个交易日公司股票均价和前1个交易日的均价。认股权证的存续期间不超过公司债券的期限,自发行结束之日起不少于6个月。募集说明书公告的权证存续期限不得调整。认股权证自发行结束至少已满6个月起方可行权,行权期间为存续期限届满前的一段期间,或者是存续期限内的特定交易日。

2. 低资金成本和宽松的筹资条款

由于认股权证具有价值,因此,企业在发行债券或优先股票时可以适当地降低利率,从而获取低成本的资金来源。另外,投资者在获取认股权所带来的利益后,往往乐意放弃对公司来说属于过严的某些契约条款,使公司处于主动的位置。

3. 扩大了潜在的资金来源

当认股权证的认购权被行使时,就增加了企业的资金来源。对需要扩充权益资金的公司而言,它既可以获得发行债券或优先股票低资金成本的好处,又享有了筹资权益资金的好处。

（二）认股权证筹资的缺点

1. 不能确定投资者将在何时行使认股权

这一点往往使公司陷于被动。因为认股权证为公司提供了一个筹资数额,但这笔资金何时才能取得,公司并不能控制。在公司急需资金时,这笔资金数额不能满足需要,公司又不便于用其他方法再筹资,特别是用发行普通股票再筹资,因为这会过多地稀释普通股每股收益;而用负债筹资,又可能使财务风险过大。这就使公司处于既有潜在资金来源又无资金可用的困境之中,陷于被动。

2. 高资金成本风险

上述筹资困境一旦产生,公司只好通过提高普通股股利来刺激认股权证持有者行使认购权,以筹措资金,但这会使资金成本增高。如强行地逐级提高认购价格,虽可刺激认股权证持有者行使认股权,但若无充分理由,这会影响公司形象,对公司不利。

3. 稀释每股普通股收益

当认股权行使时,普通股股份增多,每股收益下降。同时,这也稀释了原股东对公司的控制权。

六、发行认股权证的策略

认股权证不外乎是由公司发行的一种选择权,即一种按特定价格购买特定数额普通股票的权利,但这种认股权是否行使完全取决于该证券的持有者,而不取决于公司。因此,发行认股权证虽有若干优点,但也有其不可忽视的缺点。这就决定了公司在发行认股权证时必须慎重,必须注意其发行策略。

总的来讲,发行认股权证的策略应是充分利用其优点,控制其缺点,作好预测,留有余地,争取主动。关于利用优点,实际中容易做到,但如何控制缺点,则是一个需要认真研究的问题。控制缺点,应做好如下工作。

（一）预测认股权证成本

以认股权证随债券销售赠送为例,来讨论认股权证成本。

【例 7-19】 某公司拟发行面值为 1 000 元/张,每年年末付息,到期日还本的 10 年期的债券若干。公司预计这批债券的利息率需要在达到 10% 时才能卖出。但如改用每购一张债券附送 20 股普通股认股权,那么利率可以降为 8%,且很容易按面值卖出。认股权证规定的认购价为每股 25 元,认购期为 10 年。目前公司普通股票的市场价格为 20 元/股,估计未来市场价格将以每年 10% 的幅度上涨。试根据上述资料计算公司发行的认股权证的收益和成本。

解:

认股权证的收益等于按债券面值发行与按期望收益率计算的折现价值之差。故:

$$\text{认股权证发行的收益} = 1\,000 - \left(\sum_{t=1}^{10} \frac{80}{(1+10\%)^t} + \frac{1\,000}{(1+10\%)^{10}}\right)$$
$$= 1\,000 - 877.11 = 122.89(元)$$

计算结果表明,公司发行附认股权证的债券,发行时就可取得每张 122.89 元的收益,折合为每股认股权收益为 6.14 元(122.89/20)。

认股权证的成本等于按市场价格出售普通股票与按认购价格出售普通股票之差。故在第 10 年公司将为认股权证付出的成本为:

$$\text{认股权证收回时成本} = [20 \times (1+10\%)^{10} - 25] \times 20$$
$$= [51.88 - 25] \times 20 = 26.88 \times 20 = 537.60(元)$$

计算结果表明,公司在第 10 年收回认股权证时,每 20 股认股权的成本为 537.60 元,每股为 26.88 元。对比发行时的收益,收回时的成本是很高的。当然在考虑其时间价值后,差异将会有所缩小。我们也不难算出当发行时收益等于收回时成本的内部收益率。因为:

$$122.89 = \frac{537.6}{(1+i)^{10}}$$
$$i = \sqrt[10]{\frac{537.6}{122.89}} - 1$$
$$= 15.91\%$$

15.91% 的内部收益率是投资者的收益率,也是公司发行认股权证的资金成本率。

从投资者的角度看,他购买认股权证的投资是每股 6.14 元,但第 10 年流回的收益为每股 26.88 元,投资报酬率为 15.91%,远远高于了一般债券 10% 的收益率。从公司的角度出发,发行时虽然取得了每股认股权 6.14 元的收益,但第 10 年却要为此付出每股 26.88 元的成本,其资金成本率为 15.91%,远远高于了其债券 8% 的利率。

以上是将认股权证的投资同债券相分离考察,目的在于单独分析其收益和成本。我们也可以将它同债券联系在一起来考察,计算出全部资金成本率。按公式有:

$$1\,000 = \sum_{t=1}^{10} \frac{80}{(1+i)^t} + \frac{1\,000}{(1+i)^{10}} + \frac{537.6}{(1+i)^{10}}$$

通过逐次测试可知,当 $i=10\%$ 时,方程式右边为 1 012.65;当 $i=12\%$ 时,方程式右边为 947.06。这表明,所求的 i 必然介于 11% 与 12% 之间,通过插值法可以求得:

$$i = 11\% + \frac{1\,012.65 - 1\,000}{1\,012.65 - 947.06} \times (12\% - 11\%) = 11.19\%$$

11.19% 是投资者的总收益率,它高于一般期望收益率 10%。它之所以会高,一个重要原因是这一投资比纯债券投资风险大,预期来自普通股票市场价格上升的收益也许不能实现。

(二)认股权证引起的股东权益稀释量的确定

应特别注意认股权证收回时的成本,〖例 7 - 18〗中的 537.60 元(或每股 26.88 元)是公司给予认股权证以低价购买普通股票的成本。显然,这会削弱或稀释现有普通股股东收益。普通股票市价上涨幅度越大,这种认股权的稀释力就越大。为了说明这种现象,仍以〖例 7 - 18〗为例,并加入若干必要假设条件,分认股价低于账面值和认股价高于账面值但低于市价两种情况来说明。

1. 认股价低于账面值的绝对稀释情况

【例7-20】 设公司在发行的认股权证到期前,有100万股流通在外的普通股,每股账面值为51.88元,公司净资产收益率为13.5%。现尚有20万认股权尚未行使,设认股权行使增资后公司的净资产收益率仍为13.5%。可计算增资前后的每股收益情况如下:

增资前:

$$每股收益＝13.5\%×51.88＝7(元)$$
$$总收益＝7×1\ 000\ 000＝7\ 000\ 000(元)$$

增资后:

$$总收益＝7\ 000\ 000＋13.5\%×(25×200\ 000)＝7\ 675\ 000(元)$$
$$每股收益＝7\ 675\ 000÷(1\ 000\ 000＋200\ 000)＝6.4(元)$$

通过增资前后的对比,可看出每股收益绝对额下降了0.60元(＝7－6.4)。

也可以计算出增资前后每股账面值的稀释状况,即:

$$每股账面值稀释＝51.88－\frac{51.88×1\ 000\ 000＋25×200\ 000}{1\ 000\ 000＋200\ 000}＝4.48(元)$$

股东权益稀释无疑会给原有股东带来损失,这种损失是发行认股权证的成本。

2. 认股价高于账面值但低于市价的机会稀释情况

【例7-21】 假定〖例7-20〗中的每股市价为51.88元,每股账面值为20元,其余不变。增资前后的每股收益情况如下:

(1) 增资前:

$$每股收益＝13.5\%×20＝2.7(元)$$
$$总收益＝2.7×1\ 000\ 000＝2\ 700\ 000(元)$$

(2) 按25元/股的认股价增资结果:

$$总收益＝2\ 700\ 000＋13.5\%(25×200\ 000)＝3\ 375\ 000(元)$$
$$每股收益＝3\ 375\ 000÷(1\ 000\ 000＋200\ 000)＝2.81(元)$$
$$每股账面值＝(20×1\ 000\ 000＋25×200\ 000)÷(1\ 000\ 000＋200\ 000)＝20.83(元)$$
$$每股市价＝(51.88×1\ 000\ 000＋25×200\ 000)÷(1\ 000\ 000＋200\ 000)＝47.4(元)$$

增资后:

(3) 按51.88元/股的市价筹资500万元的机会性增资结果:

$$总收益＝2\ 700\ 000＋13.5\%×5\ 000\ 000＝3\ 375\ 000(元)$$
$$每股收益＝\frac{3\ 375\ 000}{1\ 000\ 000＋\dfrac{5\ 000\ 000}{51.88}}＝3.08(元)$$

$$每股账面值＝\frac{20×1\ 000\ 000＋5\ 000\ 000}{1\ 000\ 000＋\dfrac{5\ 000\ 000}{51.88}}＝22.8(元)$$

(4) 各种稀释额的计算:

按25元/股的认股价的实际增资结果与增资前的比较:

每股收益绝对增加数 2.81－2.7＝0.11(元)

每股账面值绝对增加数 20.83－20＝0.83(元)

每股市价绝对减少数 51.88－47.4＝4.48(元)

按 25 元/股的认股价筹资 500 万元的实际增资结果与按 51.88 元/股的市价筹资 500 万元的机会性增资结果的比较：

每股收益相对减少数＝3.08－2.81＝0.27(元)

每股账面值相对减少数＝22.8－20.83＝1.97(元)

以上计算结果表明,在认股价高于账面价的情况下,虽然增资后的每股收益和每股账面值的绝对额会有所增长,但是只要认股价低于市价,同样会引起每股收益的相对稀释。

无论每股收益的绝对稀释,还是相对稀释,从股东角度看,都是发行认股权证的成本。

通过上述对认股权证收益和成本的讨论,可以看出对未来普通股票市场价格进行准确预测的重要性。对未来普通股票市场价格的预测,可分为公司自身的预测和市场公众的预测。公司在确定是否发行认股权证时,除注意自身作出的预测外,还要充分注意市场公众的预测,只有这样才能使作出的决策更优。

比如,公司预测到普通股票市场价格将会大幅度提高,并高于市场公众的预测值,在这种情况下,公司如以认股权证来换取当前收益,成本会相对高;放弃发行认股权证,直接以较高利率的债券或优先股票筹资会更为有利。以前例而言,公司如不发行认股权证,直接把年利率提高到 10% 同样能筹得所需资金的话,那么提高利率筹资更为有利。因为,从成本的角度看,发行认股权证的筹资成本为 11.19%,高于年利率 10%;从筹集权益资金的角度看,在第 10 年,筹集同样数量的资金,比发行认股权证少发行 50%[(200000－96376)÷200000]以上的股份,不会减少每股收益。

与上述预测相反,如公司预测普通股票市场价格上涨幅度低于市场公众的预测值,且股票的未来市价落在盈利区间之中,则发行认股权证来换取当前收益是可取的。因为,这时不但可以使资金成本降低,而且也更容易签订限制性少的契约,从而有利于企业。

关于为什么可以利用发行证券方和投资方的预测差异进行最有利筹资问题,希望读者能认真思考,因为这一问题是所有灵活性筹资方法都必然面临的问题,弄通它有利于加深对若干基本理财问题的理解。

(三) 留有余地,争取主动

由于认股权证持有者何时行使认股权,公司难以控制,因此,常使公司处于被动地位。为了变被动为主动,公司应抓好如下两个方面的工作:一是资金安排上要留有余地,使之在财务结构上保持一种较机动的位置,以便能在认股权没行使时,能以其他形式方便而又便宜地筹集资金;二是要采取多种有效的相关措施,刺激认股权证持有者行使认股权,使资金的无序流入变为有序流入。

第三节　优先认股权筹资

一、优先认股权的特征

优先认股权与认股权证极为相似,也是以某一优惠价格购买普通股票的权利。但是,它与认股权证也有差别。与认股权证相比,其基本特征如下。

1. 发行目的与来源的特征

优先认股权与认股权证不一样,它不是作为一种筹资工具在发行债券或优先股票时附送的,而是通过如下两种渠道产生的:一是为了维护企业原股东在企业的现有权益,在企业发行新股时,按原股东所持股份的一定比例分配给原股东的认股权;二是为了激励管理人员和员工的工作积极性,将优先认股权作为一种管理手段,按诸如工作年限、职位、贡献等指标赠送给员工的股票期权。

2. 流通性能的特征

优先认股权的流通性差,特别是内部员工的优先认股权往往并不能转让,这是优先认股权有别于认股权证的一个主要特征。

3. 流通期限的特征

按原股东所持股份的一定比例分配给原股东的优先认股权,虽然在一定程度上可以流通,但是由于发行它的目的是在增加发行新股时平衡股东之间利益的一种手段,因此,其流通期限一般很短,有效期限一般都在 1 个月之内。

4. 市场价格的特征

由于优先认股权的流通性能差、流通时间短,因此,它的溢价一般不大,在多数情况下,其市场价格与理论价值基本相同。

下面,以按原股东所持股份的一定比例送给原股东的优先认股权为例,来讨论其价值特征和筹资策略。

二、优先认股权的价值特征

既然优先认股权拥有按某一固定认股价格购买普通票的权利,那么只要普通股票的市价超过了认股价,认股权便拥有了价值。其理论价值的确定方法,与认股权证理论价值的确定方法一样,等于普通股市价与认股价之差。

与认股权证不同的是,优先认股权认股期限短和流通性差,因此,在转让时,其溢价一般不会像认股权证那样高。在多数情况下,优先认股权的理论价值就是其市场的转让价格。因为,优先认股权的到期时间短,随着优先认股权到期日的临近,优先认股权的市场价格必然向其理论价值回归。在优先认股权快到期时,如果转让价还远远高于其理论价,购买优先认股权的人将承受极大的风险;一旦普通股票的市场价格未能如预期那样上升,那么,购买优先认股权的人将无利可图,甚至蒙受巨大的损失。

在我国,20 世纪 90 年代中期,优先认股权在我国股市上流通曾是一个普遍现象,而且还普遍出现了国家股股东向社会公众股股东转售公司配股的优先认股权的现象。当时国有股的优先认股权的转售价,远远低于其理论价值,其根本原因在于国有股不能流通。因为国有股不能上市流通,社会公众购买国有股转配的国有股之后也不能流通,所以国有转配股的问题成了我国股市的一大问题。在 20 世纪 90 年代中期后,国家不再允许国有股优先认股权转售。关于国有转配股的遗留问题,我国证监会直到 2000 年 3 月才发布文件,此历史遗留问题才得到全部解决。

三、优先认股权的筹资策略

虽然优先认股权不是一种独立的筹资工具,不能直接地给公司带来资金,但是,优先认股权却给予了公司普通股票筹资的灵活性,使公司可能以较高的价格增加发行新股,并使认购新股的股东增加,减少了增发股份无人购买的可能性。因此,优先认股权本质上是隶属于普通股票筹资策略的。研究优先认股权的筹资策略,必须与普通股票的筹资策略联系在一起来考虑。

(一)发行优先认股权的优缺点

1. 发行优先认股权的优点

发行优先认股权的优点可从股东和公司两个方面来考察:

从股东角度看,发行优先认股权可以给予股东投资的灵活性,避免股东权益稀释。一般来讲,公司为了新股的顺利发行,其新股的发行价一般会在一定程度上低于股票的现行市场价格,如果公司的一些股东因没有足够的资金而放弃购买新股的话,那么,这些股东将会蒙受股东权益稀释的损失。但如果公司能向其股东送优先认股权的话,那么,由于优先认股权具有价值,当股东没有足够的资金购买公司按其原有股份数配售的新股时,他就可以将公司送给他的优先认股权转售给别人,从而减少损失。因此,公司发行优先认股权,对股东而言,是有百利而无一害。

从公司来看,发行优先认股权的优点,主要是可以给予公司筹集普通股票的灵活机动性和以较高价格发行普通股票的可能性。因为公司发行优先认股权后,公司潜在的投资者将会有所增加,这会使公司新发行股份的供求关系发生有利于发行方的变化,从而使公司有可能以较高的价格发行新股。特别在普通股票市场价格偏低,但预期普通股票市场价格会上升时,公司发行优先认股权的好处更为显著。在这时,公司发行优先认股权不但可以以较高的价格发行普通股票,甚至还可以以高于目前普通股票市场价格的方法发行普通股票。

【例 7 - 22】 某公司现有普通股票 20 000 万股,账面价值为 3 元/股。现决定按 10∶3 的比例向所有股东配股。目前公司的普通股票市场价格为 10 元/股。公司预计,如果直接向股东配股,哪怕配股价小于现有普通股票市场价格 80% 的情况下,也只有 70% 的股份参与认购新股。但是,如果先向所有普通股股东赠送优先认股权,那么,随着优先认股权的流通转让,即使配股价为普通股票市场价格的 90%,全部新发行的股份也都能够发行出去。试分析发行优先认股权给公司带来了哪些好处?

解:

(1)计算是否发行优先认股权在筹资额方面的差异。

发行优先认股权多筹集的股权资金额
=20 000×30%×10×90%−20 000×30%×70%×10×80% =54 000−33 600=20 400(万元)

(2)计算是否发行优先认股权在每股账面价值方面的差异。

发行优先认股权每股账面价值增加额
=(20 000×3+6 000×9)÷(20 000+6 000) − (20 000×3+4 200×8)÷(20 000+4 200)
=4.385−3.868=0.517(元/股)

从上例中可以看出,在配股前先发行优先认股权,不仅可以给公司带来多筹资的好处,也可以给转让优先认股权的股东带来普通股票每股账面价值加速上升的好处。总之,在多数情况下,发行优先认股权将给普通股股东权益的增加带来直接的好处。

2. 发行优先认股权的缺点

发行优先认股权的缺点,主要是在公司的普通股票市场价格不升反降时,公司将蒙受发行优先认股权所带来的不利影响。因为,如果公司不发行优先认股权,公司的股东就只能直接认购公司所发行的普通股票,公司不再承担普通股票市场价格变化的各种有利或是不利的后果;而发行优先认股权则给予了优先认股权持有人选择权,在公司普通股票市场价格下降时,优先认股权持有人不行使认股权是理所当然的,公司只能承担其所带来的不利后果。

（二）发行优先认股权的策略

根据发行优先认股权的利弊,发行优先认股权的基本策略在于要准确预测公司未来普通股票的市场价格。从理论上讲,当未来普通股票市场价格高于现行价格时,可以发行优先认股权;当未来普通股票市场价格低于现行价格时,则不可以发行优先认股权。

此外,由于优先认股权的存续时间短;因此,在发行优先认股权时,其认股价格一般不要高于普通股票的现行市场价格,这样可以规避未来普通股票市场价格不如期望值高的风险。

如果公司可以规定优先认股权的行使期间,那么,公司应该根据对普通股权益资金需要的迫切程度,确定优先认股权的存续期间。一般而论,对普通股权益资金的需要越是迫切,所确定的优先认股权的存续期间就应越短,甚至不发行优先认股权,而直接发行普通股票。相反,对普通股权益资金的需要并不迫切,所确定的优先认股权的存续期间就可以较长。

案例与资料

我国部分可分离转债发行情况如表7-6、表7-7所示。

表7-6

我国部分可分离转债发行情况表（债券）①

名称	名称	发行		利率		计息期	
		规模（亿元）	期限（年）	数值（%）	类型	起息	到期
四川长虹	09长虹债	30.00	6.00	0.80	固定利率	2009-07-31	2015-07-30
江西铜业	08江铜债	68.00	8.00	1.00	固定利率	2008-09-22	2016-09-22
葛洲坝	08葛洲债	13.90	6.00	0.60	固定利率	2008-06-26	2014-06-26
宝钢股份	08宝钢债	100.00	6.00	0.80	固定利率	2008-06-20	2014-06-20
康美药业	08康美债	9.00	6.00	0.80	固定利率	2008-05-08	2014-05-08
国电电力	08国电债	39.95	6.00	1.00	固定利率	2008-05-07	2014-05-07
青岛啤酒	08青啤债	15.00	6.00	0.80	固定利率	2008-04-02	2014-04-02
上港集团	08上港债	24.50	3.00	0.60	固定利率	2008-02-20	2011-02-20
中国石化	08石化债	300.00	6.00	0.80	固定利率	2008-02-20	2014-02-20
中兴通讯	中兴债1	40.00	5.00	0.80	固定利率	2008-01-30	2013-01-30
中远航运	08中远债	10.50	6.00	0.80	固定利率	2008-01-28	2014-01-28
赣粤高速	08赣粤债	12.00	6.00	0.80	固定利率	2008-01-28	2014-01-27
上汽集团	08上汽债	63.00	6.00	0.80	固定利率	2007-12-19	2013-12-19
日照港	07日照债	8.80	6.00	1.40	固定利率	2007-11-27	2013-11-27
深高速	07深高债	15.00	6.00	1.00	固定利率	2007-10-09	2013-10-09

---

① 资料来自同花顺金融数据库。

（续表）

名称	名称	发行		利率		计息期	
		规模（亿元）	期限（年）	数值（%）	类型	起息	到期
中信国安	国安债1	17.00	6.00	1.20	固定利率	2007-09-14	2013-09-13
武钢股份	07武钢债	75.00	5.00	1.20	固定利率	2007-03-26	2012-03-25
云天化	07云化债	10.00	6.00	1.20	固定利率	2007-01-29	2013-01-28
中化国际	06中化债	12.00	6.00	1.80	固定利率	2006-12-01	2012-12-01
攀钢钒钛	钒钛债1	32.00	6.00	1.60	固定利率	2006-11-27	2012-11-27
马钢股份	06马钢债	55.00	5.00	1.40	固定利率	2006-11-13	2011-11-13

表7-7

我国部分可分离转债发行情况表（认股权证）（续）

名称	名称	发行规模（亿份）	发行方式	存续期限（月）	行权类型	初始行权价	初始行权比例
四川长虹	09长虹债	5.7300	派送	24.00	百慕大式	5.23	1.00
江西铜业	08江铜债	17.6120	派送	24.00	百慕大式	15.44	0.25
葛洲坝	08葛洲债	3.0163	派送	19.07	百慕大式	9.19	0.50
宝钢股份	08宝钢债	16.0000	派送	24.00	百慕大式	12.50	0.50
康美药业	08康美债	1.6650	派送	12.00	百慕大式	10.77	0.50
国电电力	08国电债	4.2747	派送	24.00	百慕大式	7.50	1.00
青岛啤酒	08青啤债	1.0500	派送	18.08	百慕大式	28.32	0.50
上港集团	08上港债	2.9155	派送	12.00	百慕大式	8.40	1.00
中国石化	08石化债	30.3000	派送	24.00	百慕大式	19.68	0.50
中兴通讯	中兴债1	0.6520	派送	24.00	百慕大式	78.13	0.50
中远航运	08中远债	0.5145	派送	17.98	百慕大式	40.38	0.50
赣粤高速	08赣粤债	0.5640	派送	24.03	百慕大式	20.88	1.00
上汽集团	08上汽债	2.2680	派送	24.00	百慕大式	27.43	1.00
日照港	07日照债	0.6160	派送	12.03	百慕大式	14.25	1.00
深高速	07深高债	1.0800	派送	24.03	百慕大式	13.85	1.00
中信国安	国安债1	0.9571	派送	24.03	百慕大式	35.50	0.50
武钢股份	07武钢债	7.2750	派送	24.00	百慕大式	10.20	1.00
云天化	07云化债	0.5400	派送	24.00	百慕大式	18.23	1.00
中化国际	06中化债	1.8000	派送	12.00	百慕大式	6.58	1.00
攀钢钒钛	钒钛债1	8.0000	派送	24.00	百慕大式	3.95	1.00
马钢股份	06马钢债	12.6500	派送	24.00	百慕大式	3.40	1.00

习　题

一、复习思考题

1. 可转换证券有什么基本特征？主要有哪些类别？
2. 如何认识可转换证券的价值特征？
3. 可转换证券不同价值之间存在着什么关系？
4. 怎样认识可转换证券收益率的构成？
5. 怎样理解可转换证券盈亏区间？
6. 可转换证券的成本主体是什么？
7. 可转换证券引起的股东权益稀释量应该如何确定？
8. 可转换证券筹资有哪些利弊？相应的筹资策略是什么？
9. 认股权证有什么基本的特征？
10. 怎样认识认股权证的价值特征？
11. 认股权证不同价值之间存在着什么关系？
12. 如何认识认股权证收益率的构成要素？
13. 认股权证盈亏区间受哪些因素的影响？
14. 认股权证筹资有哪些利弊？相应的筹资策略是什么？
15. 怎样认识认股权证的成本？
16. 认股权证是如何引起股东权益稀释的？
17. 什么是优先认股权？
18. 怎样认识优先认股权的价值特征？
19. 优先认股权筹资存在的主要利弊是什么？相应的筹资策略有哪些？

二、计算题

1. 长城公司按面值发行年利率为 3%、每年付息的 15 年期的面值为 1 000 元/张的可转换债券。如果该债券没有转换为普通股票的权利的话，它的年利率必须达到 10% 才能吸引投资者按面值购买。试计算长城公司该债券仅作为债券的价值。

2. 光明公司按面值发行年利率为 6%、每年付息的面值为 100 元/张的可转换为普通股的优先股票。假定该优先股票的年利率要达到 12%，才能按其面值出售。试计算光明公司可转换优先股票仅作为优先股票的价值。

3. 假定 S 公司面值为 1 000 元/张的可转换债券，可转换普通股票 60 股。试计算其普通股票的市场价格分别为 10、15、20、25、30、40 元/股时的转换为普通股票的潜在价值。

4. 设 U 公司按面值发行的年利率为 2%、每年付息的面值为 1 000 元/张的债券，10 年后可转换为普通股票 50 股，预计每股市价为 30 元。试求 U 公司可转换债券的收益率的构成。

5. 已知 5 年期的 B 可转换债券的面值为 1 000 元/张，票面利息率为 2%，每年付息一次，在第 5 年可转换债券到期时可转换为普通股票 50 股，同风险市场利率为 12%，试求 B 可转换债券的盈亏区间?

6. 已知 5 年期每年付息的 D 可转换债券的面值为 1 000 元/张,票面利息率为 1%,可转换为普通股票 100 股。假定 D 可转换债券在第 3 年全部转换为普通股票,当时 D 普通股票的市场价格为 20 元/股。试求 D 可转换债券筹资的实际资金成本。

7. 假定某公司现在发行在外的普通股票股数为 8 000 万股,普通股票账面价值为 2 元/股,市场价格为 8 元/股。公司现有一有利可图的投资项目,需要募集普通股权益资金 10 000 万元。公司预计,当该项目投产之后,公司净利润总额将达到 6 000 万元,随着盈利能力的增强,普通股票的市场价格将超过 12 元/股。因此,公司不愿意以目前 8 元/股的价格发行普通股票,而希望发行可转换债券,并将转换价格确定为 12 元/股。试分析该公司采用发行普通股票和发行可转换债券两种筹资方式对现有普通股股东利益的不同影响。

8. 已知太空科技股份有限公司于 1995 年 4 月 1 日按面值发行了 5 年期可转换债券 50 000 万元。可转换债券的面值为 1 000 元/张,票面利息率为 1%,每年 3 月 31 日付息一次,可转换为普通股票 100 股。同风险市场利率为 10%。实际转换情况见表习题 7-1

表习题 7-1

转换情况表

转换时间	1995.4.1~1996.3.31	1996.4.1~1997.3.31	1997.4.1~1998.3.31	1998.4.1~1999.3.31	1999.4.1~2000.3.31
转换股数(万股)	1 000	300	500	200	300
普通股票平均市场价格	12	13	14	12	11

试求该可转换债券的实际资金成本。

9. 大成公司计划在一般债券利率 10% 的情况下发行可转换债券。为吸引投资者,将可转换债券收益率定为 12%,债券面值为 1 000 元/张,并准备按面值发行。现设定票面利率分别为 2%、4%、6% 的三个方案,并预计在第 10 年公司的普通股票市价为 20 元/股,试问各方案的转换价格各为多少? 如果在第 10 年公司普通股票的市场价格为 30 元/股,问上述三方案中哪一方案最优?

10. 已知 H 公司在同风险市场收益率为 8% 的情况下,发行了 5 年期的可转换债券,发行条款规定:面值 1 000 元/张,票面利息率为 1%,每年付息一次,在第 5 年可转换债券到期时可转换为普通股票 100 股。假定在第 5 年末普通股票的市场价格为 20 元/股。试求 H 公司股东权益的稀释状况。

11. 假定公司预计如果将可转换债券的期限定为 3 年,那么其票面利息率和转换价格分别应为 4% 和 6 元/股的情况下,才能按照 1000 元/张的面值发行;但是将可转换债券的期限定为 5 年,那么其票面利息率和转换价格分别为 3% 和 8 元/股的情况下,能按照 1000 元/张的面值发行。公司估计第 3 年的普通股票市场价格为 8~10 元/股,第 5 年普通股票市场价格为 10~15 元/股。问公司应该如何对该可转换债券的转换期限进行决策?

12. 已知某公司的可转换债券,期限为 5 年,面值为 1 000 元/张,票面利息率为 2%,每年付息一次,转换价格为 8 元/股,转换期从发行 1 年后开始直至可转换债券期限届满。当转换期内的普通股票市场价格连续 30 日为转换价格的 150％ 以上时,公司可以按照面值加应付利息将可转换债券赎回。试根据上述资料计算该公司可转换债券的最高资金成本。

13. 设 A 认股权证在认购期限内,其普通股的认购价为 20 元/股,每张认股权证可认购 5 股,试求 A 认股权证在普通股票市价分别为表习题 7-2 情况下的理论价值。

表习题 7-2

股票市价与认股权证认购资料表

普通股票市价	认股权证认购价	认购股数	认股权证理论价值
10	20		
15	20		
20	20		
25	20		
30	20		
35	20		

14. 已知目前欣欣电子科技股票的市价为 10 元/股,电子科技认股权证的市价为 3 元/股。电子科技认股权证规定的认股价为 12 元/股。试问普通股票市价要上涨到多少时才能使目前投资于普通股票上和投资于认股权证上报酬率相等?

15. D 公司发行的认股权证,其认购价格为 6 元/股。现某投资者准备用 10 000 元在 D 公司普通股票市场价格为 5 元/股,认股权证市场价格为 1 元/股的情况下选择投资方案。该投资者预测,普通股票的市场价格在认购期内呈逐年上涨的趋势,见表习题 7-3。

表习题 7-3

不同年份股价表

年份	第 1 年	第 2 年	第 3 年	第 4 年	第 5 年	第 6 年
股价	5	6	7	8	9	10

又知 D 公司普通股票的年股利为 0.5 元/股。试求:认股权证杠杆率;各方案的最大盈利和亏损额(不考虑股利);如果投资者的预测完全准确,投资者何时认购普通股票为优;

如果表中的普通股票市场价格是社会普遍预测的结果,求认股权证杠杆力的变化情况。

16. 设 G 公司拟发行面值为 1 000 元/张,每年付息一次,到期日还本的 10 年期债券若干。公司预计这批债券的利息率要达到 10％ 时才能按面值卖出。但如采用购一张债券附送 20 股普通股票认股权证的筹资方案,在债券利率降为 6％ 时,债券也能够按面值发行。假定该公司附送的认股权证认购期为 5 年,认股价为 20 元/股。如果全部认股权证均在第 5 年行使认股权,当时的普通股票市价为 40 元/股。试回答:该筹资方案的实际资金成本为多少?该筹资方案的盈亏区间?

17. B 公司拟发行面值为 1 000 元/张,每年付息一次,到期日还本的 5 年期的债券若干。公司预计这批债券的利息率需要在达到 8％ 时才能按面值卖出。但如改用每购一张债券附送 20 股普通股认股权,那么利率可以降为 5％,且很容易按面值卖出。认股权证规定的认购价为每股 10 元,认购期为 5 年。目前公司普通股票的市场价格为 8 元/股,估计未来市场价格将以每年10%的幅度上涨。计算B公司发行的认股权证的收益和成本。

18. 设K公司在发行的认股权证到期前,有1 000万股流通在外的普通股票,该普通股票的市场价格为15元/股,账面价值为8元/股,公司净资产收益率为15%。现尚有100万股认股权尚未行使,认购价格为10元/股。假定认股权行使增资后,公司的净资产收益率仍为15%。试求认股权证行使后的股东权益稀释状况。

19. 设M公司在发行的认股权证到期前,有3 000万股流通在外的普通股票,该普通股票的市场价格为12元/股,账面价值为6元/股,公司净资产收益率为14%。现尚有500万股认股权尚未行使,认购价格为4元/股。假定认股权行使增资后,公司的净资产收益率仍为14%。试求认股权证行使后的股东权益稀释状况。

20. R公司拟增加发行普通股票筹资10 000万元,公司目前的普通股票市场价格为10元/股,但公司根据其自身的盈利能力和风险水平估计,其普通股票内含价值为12元/股。因此,公司决定先用负债筹资,并发行认购价格为12元/股的优先认股权。问这种筹资方式给普通股股东带来的好处是什么?

21. 某公司现有普通股票10 000万股,账面价值为3元/股。现决定按10:5的比例向所有股东配售新股。目前公司的普通股票市场价格为8元/股。公司预计,如果直接向股东配售新股,哪怕新股发行价小于现有普通股票市场价格70%的情况下,也只有60%的股份参与认购新股。但是,如果先向所有普通股股东赠送优先认股权,那么,随着优先认股权的流通转让,即使新股发行价为普通股票市场价格的80%,全部新发行的股份也都能够发行出去。试分析发行优先认股权给公司带来了哪些好处?

第八章　流动负债筹资

【本章提要】　流动负债是指在1年以内需要偿还的各种债务,是企业的短期资金来源。在企业确定长期债务与短期债务的比例关系之后,就应该进一步确定短期筹资方式,以及它们内部的结构。利用流动负债进行短期筹资的渠道和方式是多种多样的,且其中大部分筹资渠道不能相互替代。因此,企业在其生产经营活动中,应该根据自身的实际情况,充分考虑各种不同短期筹资方式的优缺点,作出不同的短期筹资决策。本章将分别讨论自然筹资、商业汇票、商业票据、短期银行借款和负债基金等各类常见流动负债的筹资理论和方法,及其筹资利弊和筹资策略。

【学习目标】　通过本章学习,要求掌握和了解如下内容:(1)掌握商业信用筹资的特征、分类与资金成本计算方法。(2)掌握应计费用筹资的概念和筹资额的计算方法。(3)掌握商业汇票的特征、分类与成本计算方法。(4)掌握商业票据的特征与筹资策略。(5)掌握短期银行借款的分类、借款成本的计算。(6)了解应收账款和存货担保借款的基本内容。(7)了解负债基金筹资的主要内容。(8)了解流动负债筹资的基本策略。

第一节　自然筹资

自然筹资是指利用卖方提供的商业信用和因费用形成在前、支付在后两类原因而自然形成的筹资。下面将分别讨论这两类自然筹资。

一、商业信用筹资

商业信用是卖方为了促销,向买方提供赊销而形成的信用,从买方的角度看,商业信用是一种自然筹资渠道。据有关资料统计,这种短期筹资在许多生产经营类企业中均达到流动负债的40%以上,是企业重要的短期资金来源。

(一)商业信用分类

商业信用可按多种标准进行分类,如信用期的长短、信用是否有成本等。在这里,只讨论商业信用按是否有成本的分类。按是否有成本来分,可分为无成本商业信用和有成本商业信用两类。

无成本商业信用是指由于纯粹的法定结算原因引起的应付未付的款项,以及由于按合同规定而预收的款项。比如,在托收承付方式的验货付款结算方式下,企业就可以不花成本地占用一段时间其他企业的资金;又如,按合同规定向购买单位收取的各种预收货款,等等。

有成本商业信用是指卖方给予了现金折扣的信用。在这种情况下,现金折扣是卖方给予买方提前支付货款的一种报酬,如买方不按规定提前付款,将不能获得这种报酬。这种信用条件以"2/10,n/60"这类形式在发票上注明。"2/10"表示在 10 天内付款可以获得 2% 的折扣,"n/60"表示如不享受折扣可以延期至 60 天付款。

（二）信用成本的确定

在上述前种情况下,如果拖延付款期,有可能不继续发生成本,也可能会产生成本。如卖方规定,买方不在规定时间内付款将加收延期支付费,这时无成本商业信用就转化为了有成本商业信用。另外,企业延期付款会导致其信用等级降低,这也应视为一种信用成本。因此,我们讨论信用成本问题是以正当的信用条件为前提的。

在不考虑延期成本和信用等级降低的情况下,商业信用成本主要是由现金折扣所引起的,即由于买方在可取得现金折扣的信用期限后付款所损失的现金折扣引起的。如将因失去现金折扣而发生的信用成本换算为年利率,那就有利于把握信用成本的大小。

令：r 为现金折扣占销售收入的百分比,n 为按发票付款的信用期限天数,d 为可取得现金折扣信用期限的天数,v 为每次赊购商品的金额。

那么就有：

（1）不考虑货币时间价值的资金成本：

$$\text{每一筹资期间的利率} = \frac{r \times v}{(1-r) \times v} = \frac{r}{1-r}$$

$$\text{每年筹资次数} = \frac{365}{n-d}$$

$$\text{年利息率表示的年资金成本} = \frac{r}{1-r} \times \frac{365}{n-d}$$

（2）考虑货币时间价值的资金成本：

$$\text{年利息率表示的年资金成本} = \left(1 + \frac{\frac{r}{1-r} \times \frac{365}{n-d}}{\frac{365}{n-d}}\right)^{\frac{365}{n-d}}$$

考虑货币时间价值后的用年利息率表示的年资金成本,比不用年利息率表示的年资金成本要更为精确。特别是对信用期短和现金折扣大的应付账款来讲,用后式就更有必要。

【例 8-1】　问在"2/10,n/60"条件下,放弃可取得的现金折扣,在信用期限未付款的筹资成本为多少?

解：

（1）不考虑货币时间价值的年资金成本：

$$\text{年利息率表示的年资金成本} = \frac{2\%}{1-2\%} \times \frac{365}{60-10} = 2.04\% \times 7.3 = 14.892\%$$

（2）考虑货币时间价值的年资金成本：

$$\text{年利息率表示的年资金成本} = \left(1 + \frac{14.892\%}{7.3}\right)^{7.3} - 1 = 15.88\%$$

根据上面计算结果可知,在可取得现金折扣的信用期限后付款的年筹资成本,不考虑货币时间价值的年资金成本为 14.892%,考虑货币时间价值的年资金成本为 15.88%。企业掌握了该资金成本,就可以将它与其他资金来源渠道的资金成本进行比较,从而作出正确的决策。如果企业从其他渠道能够筹得其年资金成本低于 14.892%(严格来讲应该是 15.88%)的资金,那么,企业就应该在可取得现金折扣的信用期限内付款,获取现金折扣,降低资金成本。当然,如果企业资金紧张,又无法从其他渠道及时筹得资金成本低于 14.892%(严格来讲应该是 15.88%)的资金,那么就只好损失现金折扣了。但是,在企业损失现金折扣之后,应该将付款时间推迟到发票规定的信用期限的最后一天,以最大限度地缩小应付账款的资金成本。

总之,企业在利用商业信用时,必须将其可以在一定程度下自由使用的资金来源所能获得的收益,与它放弃利用现金折扣的机会成本和延期付款而导致的信用等级下降的机会成本进行权衡,以求取得的利益最大。

（三）影响商业信用筹资的主要因素

影响商业信用筹资的主要因素有如下几个。

1. 商品的经济特征

销售周转快的商品由于接受信用者能迅速卖出商品,收回现金,产生支付能力,因此,供应者提供的商业信用周期相对较短。而对那些周转慢的商品,供应者为了促销,往往愿意提供较长的商业信用期。除此之外,商品的耐久性也对商业信用期的长短起着重要的作用。因为从理论上讲,商业信用期是不应该超过其商品保质期的。比如,新鲜的蔬菜和水果供应商就很难向其经销商提供商业信用,即使提供,它的商业信用期一般都不会超过罐装食品的商业信用期;而一些耐用消费品的商业信用期则可能长达 6 个月以上。

2. 供应商与销售商的经济实力

一般来讲,供应商的经济实力决定了它提供商业信用的能力。不过在实际中更常见的现象是,实力强大的销售商会利用其有利的位置,强制性地要求大小供应商都向它提供商业信用。

3. 商品的供求关系

商品的供求关系是最直接地影响商业信用的因素,如果市场上某种商品供大于求,那么,供应商为了促销就会多提供一些商业信用,相反,则会少提供商业信用。对一些价格变化大、时效性强的商品,供应商往往会采取既提供较长期的商业信用,又同时提供高额现金折扣的营销方法,比如,服装行业就经常采用这种营销方法。在这种情况下,公司对于何时付款的决策,除了要考虑筹资成本之外,还要考虑销售风险的问题。

（四）商业信用筹资的利弊及策略

1. 商业信用筹资的优点

与其他短期筹资方式相比较,商业信用筹资主要有如下优点:

（1）商业信用易于取得。对绝大多数企业而言,应付账款是一种持续性的信贷形式。企业不需要办理任何复杂的手续就可以取得商业信用。企业购货越多,取得的商业信用也就越多。比如,某公司每天购买 20 000 元的货物,商业信用条件为 n/30,那么,该公司就取得了 600 000 元(20 000×30)的商业信用。当该公司因业务扩大,每天购买额增加至 30 000 元时,其应付账款筹资额就自然地上升为 900 000 元。

（2）企业享有很大的自主权。企业可以在取得现金折扣的期限内付款，获取现金折扣；也可以放弃现金折扣，在支付期限的最后一天付款。如果在支付期限的最后一天仍不能付款时，还可通过与供货单位协商，请求过若干时间再支付。

（3）企业不必用资产进行担保。在万一不能如期支付货款的情况下，也不会像短期银行借款那样面临抵押资产被银行强行拍卖或处置的风险，使企业的生产能力在相当长一段时间内不会遭受损失，从而有利于企业渡过难关。

2. 商业信用筹资的缺点

（1）商业信用是不可能无限利用的。它的利用受外部环境的影响，如在求大于供时，卖方就很可能不但不向买方提供商业信用，而且还要求买方向他提供商业信用，即预付货款。

（2）商业信用筹资时间短，还款压力大。特别是企业从多个供应商处取得商业信用时，情况更是如此。这就要求企业有较高的理财技巧，安排和平衡资金，保证如期付款。

（3）商业信用可能存在着较高的隐蔽性成本。该隐蔽性成本是指销售方通过提高产品销售价格来抵消提供商业信用的成本。

3. 商业信用筹资策略

公司利用商业信用筹资应注意如下一些策略：

（1）关注公司的净商业信用。从事实上看，任何一个企业都既享受一些人提供的商业信用，又向另一些人提供商业信用，其是否获得净商业信用利益还须通过应收账款与应付账款的对比才能知道。当公司的应收账款大于应付账款时，公司的净商业信用为负。只有在应付账款大于应收账款的条件下，公司才真正利用商业信用筹集到了资金。

（2）与供应商维持良好的关系。与供应商维持良好的关系是极为重要的。一方面，它可以继续获得商业信用；另一方面，在公司现金周转发生困难时，也容易获得供应商的谅解，允许在一定程度上延期支付已经到期的应付账款。而与供应商建立良好关系的前提条件，是公司在平时应该严守信用，不可无故拖欠供应商的款项；保持稳健的财务比率；以及多与供应商对产品销售状况等方面的问题进行沟通。

二、应计费用筹资

（一）应计费用的概念

应计费用是指随生产经营过程产生的、形成在前支付在后的各种费用。应计费用产生的根本原因，是费用的产生是随生产经营活动的发生而产生，费用的支付是根据法定的或者合同规定的付款日支付。这样，这类费用在未支付之前就逐渐积累起来，成为了企业应付而未付的费用，使企业获得了一定的资金来源。应计费用是一种最为典型的自然筹资形式，只要企业的生产经营活动存在，就会产生应计费用筹资的现象。企业中最常见的应计费用有应交税金、应付租金、应付工资等。

（二）应计费用筹资额的计算

应计费用筹资额的计算通常有两种方法：一是按最低占用期计算；二是按平均占用期计算。下面简要介绍这两种计算方法。

1. 按最低占用期计算

所谓最低占用期是指从会计上计算出应计费用日开始一直到支付日为止的这一段期间。会计上一般都是在月末计算或结出各种应付费用的余额，但实际支付日则因费用的性质不同而有差异,比如,税金支付日是由国家税收征管法(《中华人民共和国税收征管法》)规定,租金支付日由租赁合同约定,工资支付日则由劳务用工合同约定,等等。按最低占用期计算应计费用筹资额的公式为:

$$\frac{应计费用}{筹资额} = \frac{某期费用总额}{某期天数} \times 费用计算日与费用支付日的间隔天数$$

公式表明,应计费用筹资额受某期的费用总额和支付日这样两个因素影响,而且某期的费用总额和支付日与应计费用筹资额成正比。企业的生产经营规模越大,相应的应付未付的费用总额也就越大,应计费用筹资额就越多;支付日越靠后,应计费用占用的天数就越长,应计费用筹资量就越多。

【例 8 - 2】　某企业一月应交税金总额为 600 000 元,按规定在每月 10 日前交纳。问该企业应交税金的筹资额为多少?

解:

根据公式,有:

$$应计税金筹资额 = \frac{600\ 000}{30} \times 10 = 200\ 000(万元)$$

显然,如果〔例 8 - 2〕税金的交纳日为每月的 5 日,那么,应计税金的筹资额就下降为 100 000元。

2. 按平均占用期计算

所谓平均占用期是指从应计费用产生日起到支付日止这一段时间的平均数。因为从产生到支付这一段时间内应计费用是不断增加的,到支付日累积到最高点,因此,从理论上讲,若要计算其占用平均数,应该用这一段时间的每日余额之和除以该段时间的天数的方法来计算,即:

$$\frac{应计费用}{筹资额} = \frac{\sum 计算期每日应计费用余额}{计算期天数}$$

但是上式在实际使用中并不方便,其主要原因是在会计上平时并没有计算应计费用的每日余额,故难以用上式直接计算应计费用筹资额。为了简化计算,可采用按平均占用期近似计算应计费用筹资额的方法。其计算公式如下:

$$\frac{应计费用}{筹资额} = \frac{某期费用总额}{某期天数} \times \frac{支付间隔期}{2}$$

【例 8 - 3】　试根据【例 8 - 2】的资料,用平均占用期法计算该企业应计税金的筹资额。

解:

按平均占用期的计算结果如下:

$$\frac{应计费用}{融资额} = \frac{600\ 000}{30} \times \frac{30}{2} = 300\ 000(元)$$

应该说,按平均占用期计算的筹资额更符合实际情况。

(三)确定应计费用筹资额的意义

应计费用是一种无筹资成本的资金来源。但这种筹资方式又是不能由企业自主利用的筹资方式,企业拖欠应计费用可能会产生极高的资金成本。如应交税金的支付期是由税法规定,企业必须按时交纳,如不按时交纳,税务机关将对其罚款,责令其交纳滞纳金等;如推迟发放职工工资,则必定会受到职工强有力的反对,使企业的生产经营受到影响;如推迟支付固定资产租金,出租人肯定不情愿,可能会为此废止合同,使企业限于经营的困境;等等。

应计费用筹资额的多少,主要取决于企业经营规模的大小,在一些规模庞大的企业,仅应付税金筹资额就有可能超过亿元。再加上其他各种应付未付的费用,其应计费用的筹资额的确不可低估。

所谓应计费用筹资,实际上只能是估计出应计费用的筹资额,以便于企业能将它视同股东权益资金来使用。计算应计费用筹资额的目的,主要是为确定用其他流动负债筹资的筹资额。比如,某公司计划需要流动负债总额 1 000 万元,但公司测算,因经营活动产生的各种应计费用总额为 100 万元,那么,该公司实际需要筹集的流动负债就只有 900 万元。从该例可以看出,虽然,计算应计费用筹资额不可能增加企业的筹资额,但是可以使企业准确地把握实际需要的筹资额,从而有利于企业编制筹资计划,降低整个企业的资金成本。

第二节　商业汇票筹资

商业汇票是指企业间根据购销合同进行延期付款的商品交易时,由收款人或付款人(或承兑申请人)签发,由承兑人承兑,委托付款人在到期日无条件支付确定的金额给收款人或持票人的票据。该票据是一种反映债权债务关系的期票。根据承兑人不同,商业汇票分为商业承兑汇票和银行承兑汇票两种。本节分别讨论这两种汇票筹资。

一、商业承兑汇票

(一)商业承兑汇票的基本内容

商业承兑汇票必须以合法的商品交易为基础,按购销双方约定签发,由收款人签发的商业承兑汇票,应交付款人承兑;由付款人签发的商业承兑汇票,应经本人承兑。付款人必须在商业承兑汇票下面签署"承兑"字样并加盖预留银行印章后,将商业承兑汇票交给收款人。收款人或背书人对将要到期的商业承兑汇票,送交开户银行办理收款。付款人应在商业承兑汇票到期前将票款足额交存其开户银行,以便银行在到期日凭票将款项划给收款人、背书人或贴现银行。

在我国,商业承兑汇票一律记名,允许背书转让。商业汇票承兑期限,由交易双方商定,最长不超过 6 个月。如属分期付款,应一次签发若干张不同期限的汇票。商业承兑汇票承兑后,承兑人即付款人负有到期无条件支付票款的责任。

使用商业承兑汇票结算方式,收款人需要资金时,可持未到期的商业承兑汇票向其开户银行申请贴现。贴现银行需要资金时,可持未到期的商业承兑汇票向其他银行转贴现;在人民银行开立账户的贴现银行可向人民银行申请再贴现。商业承兑汇票的持有人向银行办理贴现手续时必须具备的条件:在银行开立存款账户的企业法人以及其他组织;与出票人或者直接前手之间具有真实的商品交易关系;提供与其直接前手之间的增值税专用发票和商品发运单据复印件。

　　贴现、转贴现和再贴现的期限一律从其贴现之日起至汇票到期日为止。实际支付贴现金额按票面金额扣除贴现日至到期前一日的利息计算。

　　贴现、转贴现、再贴现到期,贴现、转贴现和再贴现银行应向付款人收取票款。如不能获得付款人的付款,转贴现和再贴现银行应向其前手追索票款。转贴现和再贴现银行追索票款时,可从申请人的存款账户收取票款。

　　商业承兑汇票筹资可以分为利用本企业承兑的商业承兑汇票延期付款筹资和将收到的其他企业的商业承兑汇票转让、贴现筹资两种形式。以下分别讨论这两种形式的筹资。

　　(二)利用商业承兑汇票延期付款筹资

　　利用商业承兑汇票延期付款筹资,又称应付票据筹资,是指企业将由本企业承兑后的商业汇票交收款人,换取延期付款而产生的筹资。这种筹资与应付账款筹资十分相似,都是在一定时间内占用供货方的资金。所不同的是,应付账款筹资不需要给供货方规范的银行票据,而商业承兑汇票要给供货方规范的银行票据。就供货方而言,持有商业承兑汇票的风险要低于应付账款的风险。这是因为:第一,商业承兑汇票的承兑者负有到期无条件支付票款的责任,且该责任是受到银行监督的。在商业承兑汇票到期后,只要承兑方在银行账上有足够的现金,银行就会将款项划给持票的收款人。而应付账款(筹资)则没有银行参与,具体何时和如何付款,只能由提供信用方与接受信用方协商确定,收回货款的保证程度没有商业承兑汇票高。第二,接受商业承兑汇票的供货者,可以将未到期的商业承兑汇票转让、贴现,从而收回垫付在商业信用上的资金,以满足企业对资金的需要。

　　利用商业承兑汇票延期付款,可能不产生成本,也可能产生成本。商业承兑汇票的成本主要是由商业承兑汇票本身所带利息引起的。在一般的情况下,由于企业利用商业承兑汇票筹资,不存在像短期银行借款那样的最低存款余额,也不存在像应付账款那样的现金折扣,因此,商业承兑汇票的实际资金成本就是由票面利息决定的。只要将票面利息率换算为年利息率,就可以求得商业承兑汇票的年资金成本。不带利息的商业承兑汇票不存在资金成本。

　　【例8-4】 某企业用本企业签发和承兑的带息商业承兑汇票购买货物一批,商业承兑汇票期限为3个月,月利息率为1‰。问企业用该商业承兑汇票筹资的年资金成本为多少?

　　解:

$$年资金成本=(1+1‰)^{12}-1=12.68\%$$

　　(三)商业承兑汇票转让、贴现筹资

　　商业承兑汇票转让、贴现筹资,又称应收票据筹资,是指企业将收到的企业承兑的商业承兑汇票转让给他人或向银行贴现,将应收债权转换为现金或其他资产的筹资行为。

　　1. 商业承兑汇票转让筹资

　　商业承兑汇票的转让是指企业将收到的其他企业承兑的商业承兑汇票通过采购货物转让给供货方的行为,当然,也可以直接将商业承兑汇票转让给他人以换取现金、偿还债务等。不过在现实中更多的情况是购货转让。这时,企业实际上是将收到的商业承兑汇票当成现金来使用,从而商业承兑汇票就产生了筹资功能。如果商业承兑汇票的承兑方的信用很高,那么,愿意接受该商业承兑汇票的企业就越多,并且成本也越低。转让商业承兑汇票的资金成本主要是由汇票折价、汇票利息损失等原因引起。对于这类资金成本,企业应该将它计算出来,以便与其他筹资行为相比较,进行正确的决策。

【例 8 - 5】　某企业与供货方达成协议,用持有的带息商业承兑汇票购买货物一批,票据附带的利息归供货方所有。该商业承兑汇票期限为 6 个月,目前距到期日尚有 2 个月,年利息率为 9％。问企业用该商业承兑汇票筹资的实际年资金成本为多少?

解:

$$年资金成本 = \left(1+4\times\frac{9\%}{12}\right)^{\frac{12}{2}} - 1 = 19.41\%$$

2. 商业承兑汇票贴现筹资

商业承兑汇票贴现实际上是持票人把未到期的商业承兑汇票转让给银行,并贴付一定利息,以取得银行短期贷款的行为。商业承兑汇票的应付贴现票款的计算方法如下:

贴现息＝汇票到期金额×贴现天数×(月贴现率÷30 天)

汇票到期金额＝汇票面值＋汇票到期利息

应付贴现票款＝汇票到期金额－贴现息

【例 8 - 6】　甲企业销售材料一批,价款为 100 万元,收到期限为 6 个月、年利息率为 6％的带息商业承兑汇票。该汇票于 3 月 10 日开出汇票,9 月 10 日到期。甲企业由于急需用款,在 4 月 10 日向银行办理贴现,其月贴现率为 9‰。问该贴现的筹资金额和资金成本为多少?

解:

(1) 计算筹资金额。

汇票到期金额＝100＋100×(6％×6/12)＝103(万元)

贴现息＝103×150×(9‰×1/30)＝4.635(万元)

应付贴现票款＝103－4.635＝98.365(万元)

(2) 计算筹资成本。

贴现时的汇票金额＝100＋100×(6％×1/12)＝100.5(万元)

实际支付利息＝100.5 － 98.365＝2.135(万元)

$$资金成本 = \left(1+\frac{2.135}{98.365}\right)^{\frac{12}{5}} - 1 = 5.289\%$$

从上述的讨论中可以看出,商业承兑汇票是一种灵活的短期筹资方式。但是,这种筹资有时付出的资金成本是相当高的,因此,企业在利用商业承兑汇票筹资时应该充分估计它的实际资金成本。

二、银行承兑汇票

(一) 银行承兑汇票的基本概念

银行承兑汇票与商业承兑汇票在各方面都基本一样,不同之处在于它是由承兑申请人签发,并由承兑申请人向开户银行申请,经银行审查同意承兑的、第一付款人是银行的票据。银行承兑汇票,由于有银行参与,因此信誉程度比商业承兑汇票高。

银行承兑汇票起源于国际贸易,并大量地应用于国际贸易。这是因为,在进出口双方相距甚远且无法确认对方的信誉时,交易双方为了保证自己的利益,就需要以银行信用来替代商业信用,因此,就产生了银行承兑汇票。银行承兑汇票是以一定的成本将国际贸易的风险转移给愿意承担风险的第三者的一种金融工具。

在发达国家,银行承兑汇票很少应用于国内贸易。这是因为企业面临更多的筹资渠道,其中一些如商业票据、银行信贷额度等,有着更加优惠的市场利率。此外,国内交易双方比较容易了解对方的资信和财务状况,在完善的商业信用制度下,供货方通常愿意直接向购货方提供短期贷款(也就是应收账款),而并不一定非要使用银行承兑汇票。但是,在我国,由于货币市场不发达,企业的筹资渠道和筹资工具短缺,除了银行短期贷款,几乎没有其他筹资工具;再由于我国的社会信用制度,特别是商业信用不健全,企业信用活动缺乏强有力的法律规范和制度保证,这使银行承兑汇票受到社会的广泛欢迎,成为了我国商业汇票筹资的主流。

（二）利用银行承兑汇票延期付款筹资

企业利用银行承兑汇票延期付款,必须要与银行签订承兑协议,在签订承兑协议之前,银行要审核收付款人双方签订的购销合同及"银行承兑汇票申请书",并按有关规定和程序审核出票人资格、购销合同、资信等,必要时还会要求出票人提供担保,只有符合规定和承兑条件申请,银行才同意与出票人签订承兑协议。由于银行承兑汇票要经过银行承兑,而银行为了规避自己的风险和保证自己的收益,往往会要求企业按承兑金额交纳一定比例的保证金、收取一定的手续费,以及提供担保等;因此,利用银行承兑汇票延期付款的筹资量要少于商业承兑汇票,且资金成本要高于商业承兑汇票。

【例 8 - 7】　天成公司用 3 个月期的银行承兑汇票购买了 100 万元的商品,银行的承兑条件是企业按照承兑金额的 30％交纳保证金,银行按照承兑金额收取 0.1％的手续费,企业必须为申请银行承兑汇票提供抵押品。实际发生抵押品的评估、登记、公证费用为 10000元。试问该银行承兑汇票的筹资量和资金成本为多少?

解:

$$实际筹资量 = 100 \times (1 - 30\%) = 70(万元)$$

$$资金成本 = \left(1 + \frac{1 + 100 \times 0.1\%}{70}\right)^4 - 1 = 6.44\%$$

（三）银行承兑汇票转让、贴现筹资

银行承兑汇票转让、贴现筹资,也是应收票据筹资的一种,由于银行承兑汇票有银行的信誉作保证,信誉程度要远远高于商业承兑汇票,基本上可以将它视为现金的等价物看待;因此,它的转让、贴现比商业承兑汇票更加容易,筹资成本相应也较低,是一种理想的筹资证券。企业可以将银行承兑汇票作为现金使用,直接用银行承兑汇票采购货物或偿还负债,也可以把银行承兑汇票拿到银行去贴现。其贴现金额和贴现资金成本的计算方法与前述的商业承兑汇票一样,在这里不再进行讨论。

三、商业汇票筹资策略

企业使用商业汇票筹集短期资金的策略,也分为利用应付票据筹资的策略和利用应收票据筹资的策略。下面分别加以讨论。

（一）利用应付票据筹资的策略

利用应付票据筹资的策略主要包括如下一些方面。

　　1. 应付票据选择的策略

　　所谓应付票据选择的策略,就是根据筹资量和资金成本来选择是使用商业承兑汇票还是银行承兑汇票的策略。一般而言,由于银行承兑汇票存在筹资保证金和手续费,其筹资功能不如商业承兑汇票大。所以,企业以商业汇票进行采购的时候,应尽可能支付商业承兑汇票,以求最大限度地增加筹资量和降低资金成本。

　　2. 考虑企业的到期支付能力

　　企业的到期支付能力,是利用商业承兑汇票筹资所必须重点考虑的问题。因为商业承兑汇票经过转让、贴现、转贴现和再贴现等等环节之后,与商业承兑汇票有利害关系的人会逐渐增多,再加上该种交易的后手对前手有债务追索权,如果企业不能按期付款,将会形成一条很长的债务追讨链,对企业的声誉产生极为不利的影响,使企业的信用成本急剧上升,给企业未来筹资带来不可估量的麻烦。因此,只有在企业确认到期付款能力没有问题的条件下才能使用商业承兑汇票方式筹资。如果不能确保按期付款,那么,用商业承兑汇票筹资就没有用应付账款筹资优。

　　(二) 利用应收票据筹资的策略

　　与商业承兑汇票相比,银行承兑汇票由于有银行的信誉作保证,其安全性高,收回债权有保障,可以视为现金的等价物,其转让、贴现容易,筹资功能强。因此,企业在信用销售的时候,应该尽可能收取银行承兑汇票,这样可以最大限度地增加筹资量和降低资金成本。

第三节　商业票据筹资

一、商业票据的特征

(一) 商业票据的概念

1. 商业票据概念

　　商业票据(commercial paper,简称 CP),是企业在货币市场上发行的筹措短期信贷资金的信用期票。它与前述的商业承兑汇票不一样,不需要以真实的商品交易为基础,而是公司根据自己募集资金的需要,直接面向货币市场发行的信用期票。商业票据的期限多在两个月至一年。发行商业票据的公司主要是一些信誉卓著的大公司,这些公司包括公用事业公司、金融公司、保险公司、银行持股公司,以及加工制造类公司。商业票据不仅可以满足公司季节性流动资金的需要,而且还可以为大型基本建设项目筹集临时性的资金来源。美国的商业票据市场规模最大,发展也最为成熟。

　　2. 我国对短期融资券的管理办法

　　我国目前虽然没有商业票据,但是我国的短期融资券与商业票据的属性基本相同。中国人民银行于 2005 年 5 月 23 日发布了《短期融资券管理办法》,允许企业发行短期融资券。根据该办法,中国人民银行是短期融资券的发行、交易、登记、托管、结算、兑付的监督管理机构。目前,短期融资券只能对银行间债券市场的机构投资人发行,只在银行间债券市场交易。筹资券不对社会公众发行。短期融资券的期限最长不超过 365 天。发行筹资券的企业可在上述最长期限内自主确定每期筹资券的期限。

企业申请发行短期融资券应当符合下列条件：

（1）是在中华人民共和国境内依法设立的企业法人。

（2）具有稳定的偿债资金来源，最近一个会计年度盈利。

（3）流动性良好，具有较强的到期偿债能力。

（4）发行筹资券募集的资金用于本企业生产经营。

（5）近3年没有违法和重大违规行为。

（6）近3年发行的筹资券没有延迟支付本息的情形。

（7）具有健全的内部管理体系和募集资金的使用偿付管理制度。

（8）中国人民银行规定的其他条件。

短期融资券发行由符合条件的金融机构承销，企业自主选择主承销商。需要组织承销团的，由主承销商组织承销团。企业不得自行销售短期融资券。承销方式及相关费用由企业和承销机构协商确定。短期融资券采用实名记账方式在中央国债登记结算有限责任公司登记托管，中央结算公司负责提供有关服务。

短期融资券发行人应按有关规定在短期融资券存续期间定期披露财务信息。对可能影响短期融资券投资人实现其债权的重大事项，发行人应当及时向市场公开披露。这些重大事项包括：

（1）发行人的经营方针和经营范围的重大变化。

（2）发行人发生未能清偿到期债务的违约情况。

（3）发行人发生超过净资产10％以上的重大损失。

（4）发行人作出减资、合并、分立、解散及申请破产的决定。

（5）涉及发行人的重大诉讼。

（6）法律、行政法规规定的其他事项。

《短期融资券管理办法》的颁布，表明商业票据筹资形式已经正式成为我国企业的筹资形式之一。从2005年5月《短期融资券管理办法》颁布后至2013年9月的短短几年的时间中，我国已经有发行了4 083只商业票据，发行金额达到了62 699.57亿元人民币①。

（二）商业票据率的特征

商业票据票面利率的特征是低于银行贷款利率，高于银行存款利率。商业票据利息率的这一特征，是企业采用发行商业票据筹资而不用银行借款筹资的根本原因所在。因为，用商业票据筹资，企业可以将银行的利润据为己有，从而降低筹资成本。例如，银行吸收存款的利率为4％，发放贷款的利率为8％，存贷利差为4％。这时，如果企业发行票面利率为6％的商业票据，那么，商业票据投资者和发行者将可瓜分这4％的存贷利差。具体地说，商业票据投资者获得了比银行存款高两个百分点的利息收益，而商业票据发行企业的筹资成本则比银行贷款低两个百分点。

我国《短期融资券管理办法》规定，发行利率或发行价格由企业和承销机构协商确定。我国商业票据发行利率，与一年期存款利息率和贷款利息率的比较情况如表8-1

---

① 　数据来源：同花顺金融数据库。

所示。

表 8-1

我国部分公司商业票据(短期融资券)发行情况简表

公司名称	发行时间	信用级别	发行额(亿元)	期限(天)	发行方式	票面值(元)	票面利息率%	发行价格(元)	存款利息率%	贷款利息率%
中国铁道建筑总公司 01	2007.1.16	A-1	12	365	贴现	100		96.38	2.52	6.12
中国一拖 01	2007.1.17	A-1	6	365	贴现	100		96.1	2.52	6.12
中铁物资 01	2007.1.23	A-1	6	365	贴现	100		96.33	2.52	6.12
浙江农资集团 01	2007.1.29	A-1	3.4	365	贴现	100		95.97	2.52	6.12
中铁二局 01	2007.2.6	A-1	4	365	固定利息	100	4.058		2.52	6.12
中国南山开发	2007.2.14	A-1	9.5	365	固定利息	100	3.75		2.52	6.12
许继电气 01	2007.3.13	A-1	4	270	贴现	100		97.19	2.52	6.12
中国石油化工集团 01	2007.3.21	A-1	100	182	固定利息	100	3.2		2.79	6.39
中铁二局 02	2007.3.22	A-1	3	365	贴现	100		96.06	2.79	6.39
中国昊华化工	2007.3.28	A-1	15	365	固定利息	100	3.939 3		2.79	6.39
中国普天信息 01	2007.3.29	A-1	7	365	贴现	100		96.06	2.79	6.39
中铁五局	2007.4.3	A-1	4.9	365	固定利息	100	3.95		2.79	6.39
中铁物资 02	2007.4.13	A-1	5	365	贴现	100		96.41	2.79	6.39
中国网通 01	2007.4.30	A-1	100	365	固定利息	100	3.34		2.79	6.39
中国铝业	2007.6.15	A-1	30	365	固定利息	100	3.55		3.06	6.57
中国铝业 01	2007.6.15	A-1	30	365	固定利息	100	3.55		3.06	6.57
兖矿集团 01	2007.6.22	A-1	10	365	贴现	100		96.478 5	3.06	6.57
中铁一局	2007.7.24	A-1	5	365	固定利息	100	4.28		3.33	6.84
中粮集团 01	2007.7.26	A-1	20	182	固定利息	100	3.5		3.33	6.84
中国铁道建筑总公司 02	2007.8.2	A-1	8	365	固定利息	100	3.97		3.33	6.84
兖矿集团 02	2007.8.30	A-1	10	365	固定利息	100	3.99		3.6	7.02

注:短期债务评级符号和定义:A-1 级为最高级短期债券,其还本付息能力最强,安全性最高;A-2 级还本付息能力较强,安全性较高;A-3 级还本付息能力一般,安全性易受不良环境变化的影响;B 级还本付息能力较低,有一定的违约风险;C 级还本付息能力很低,违约风险较高;D 级不能按期还本付息。短期债务评级每一个信用等级均不进行微调。

（三）商业票据资金成本的特征

商业票据除了票面利息率要低于银行贷款利息率之外,它还不存在向银行取得的贷款产生的保护性存款余额,因此,商业票据的实际利息率要比银行借款的利息率低很多。但是,企业发行商业票据支付的筹资费用一般较高,这些费用包括资信评估费用、发行费用、登记费用等,在计算商业票据的资金成本时,需要将发行费用考虑在内。

【例8-8】 某公司在货币市场上发行票面年利息率为3%的6个月期的商业票据5 000万元,在发行过程中总共产生筹资费用50万元。试问该商业票据的实际年资金成本为多少?

解:

$$年资金成本=\left(1+\frac{5\ 000\times3\%\div2+50}{5\ 000}\right)^2-1=5.06\%$$

虽然商业票据会产生一些筹资费用,但是根据经验数据统计,商业票据的利息率一般要比最优惠的银行贷款利息率低20%。

正因为发行商业票据有这些好处,在货币市场发达的国家,商业票据成为了企业的一种重要筹资方式。在我国许多信誉良好的大公司也将商业票据作为短期负债筹资的主要形式之一。

二、商业票据筹资的利弊

(一)商业票据筹资的优点

企业发行商业票据筹资,其主要优点如下。

1. 可以多方面满足企业对资金的需要

发行商业票据,既可以满足企业季节性流动资金的需要,又可以在一定程度上满足诸如基本建设对资金的临时需要。

2. 可以获得连续不断的资金来源

企业可以在已发行商业票据到期时,再发行新的商业票据,通过转换信用,获得连续不断的资金来源。

3. 可以为企业在寻找最佳的长期资金来源期间提供资金支持

当股票和债券市场不能提供令人满意的长期筹资条件时,企业可以通过发行商业票据暂缓进行长期筹资,为企业在寻找最佳的长期筹资机会时提供必要的资金支持。

4. 可以补充或替代商业银行贷款

当银行贷款难以取得,或认为与银行签订信贷协议太麻烦,或银行借款的资金成本过高时,企业可以通过发行商业票据来补充或取代商业银行的贷款。

5. 可以比用银行借款筹资方法更低的资金成本筹集到更多的资金

由于商业票据直接面向投资者,避免了存贷利差,利息费用也与银行借款利息一样可以在税前利润中扣除;再由于它面对的是广大的投资者,在这些投资者中不乏喜好风险的人,愿意冒风险购买商业票据,而不像银行那样严格限制贷款数量。因此,用商业票据筹资可以比用银行借款筹资方法更低的资金成本筹集到更多的资金。

6. 发行商业票据有利于提高企业的知名度

商业票据是直接面向广大投资者的,这样发行商业票据就可以起到宣传公司产品和信誉的作用,使企业知名度得到提高。

例如,华电国际电力股份有限公司就借助公司AAA的信用评级,在2013年中连续以固定利率和到期一次还本付息的方式不断地发行商业票据(短期融资券),解决公司流动资金不足的问题。具体情况如表 8-2 所示。

表 8-2

华电国际电力股份有限公司 2013 年短期融资券发行情况表

名称	发行总额（亿元）	期限（天）	发行价格（元）	票面利率（％）	发行日期	募集资金用途	主体信用评级
13 华电 SCP004	40.00	270	100.0	3.85	2013.4.25	本次债券募集资金 40 亿元，用于归还公司本部到期资金。	AAA
13 华电 SCP005	40.00	270	100.0	3.85	2013.5.2	本次债券募集资金 40 亿元，用于归还公司本部到期资金。	AAA
13 华电 SCP006	40.00	270	100.0	3.9	2013.5.28	本次债券募集资金 40 亿元，用于归还公司本部到期资金。	AAA
13 华电 SCP007	40.00	270	100.0	4.8	2013.8.13	本次债券募集资金 40 亿元，用于归还公司本部到期资金。	AAA
13 华电 SCP008	60.00	270	100.0	4.75	2013.9.10	本次债券募集资金 60 亿元，用于归还公司本部到期资金。	AAA
13 华电股 CP001	15.00	365	100.0	4.03	2013.3.14	本次债券募集资金 15 亿元，全部用于偿还公司本部银行贷款。	AAA
13 华电股 CP002	20.00	365	100.0	4.8	2013.9.13	本次债券募集资金 20 亿元，全部用于偿还公司本部银行贷款，增加公司直接融资规模，优化公司融资结构，降低公司融资成本。	AAA
13 华电股 SCP003	30.00	270	100.0	4.4	2013.7.15	本次债券募集资金 30 亿元，全部用于偿还公司本部银行贷款。	AAA
13 华电股 SCP004	30.00	270	100.0	4.6	2013.7.23	本次债券募集资金 30 亿元，全部用于偿还公司本部银行贷款。	AAA
13 华电股 SCP005	35.00	270	100.0	4.75	2013.9.6	本次债券募集资金 35 亿元，拟用于偿还公司本部及下属公司银行贷款，以及用于补充公司流动资金。	AAA

（二）商业票据筹资的缺点

商业票据筹资的主要缺点如下。

1. 发行商业票据需要较高的资信级别

在货币市场上发行商业票据，严格地受到商业票据市场特性的制约。商业票据的市场特性，是指商业票据在市场上的交易不受某些个人主观行为影响的特征。与商业票据的发行相比，银行贷款更多地受个人主观行为的影响，比如银行认为某企业有发展前途，向它贷款安全，即使在哪怕整个市场认为无前途的情况下，银行也可能向该企业贷款。这样，一些暂时处于财务困境的优秀公司，也就会因商业票据的市场性特征而无法用商业票据筹资。

2. 筹资金额受公司偿债能力的限制

商业票据的发行额度受发行公司现阶段偿债能力的影响。虽然一家公司的发展前景很好，但是由于目前正处于投资阶段，偿债能力显得有些不足，那么就不可能按照自己的需要发行足够的商业票据，也就无法用商业票据筹资的形式来满足其资金需要。

三、商业票据筹资策略

（一）将商业票据作为补充银行信贷不足和降低银行借款成本筹资的策略

确定商业票据的发行量，主要应取决于银行发放贷款的能力和利率。当银根紧缩和贷款利率上升时，企业应该增大商业票据的发行量，这样做不仅有利于企业解决资金短缺的问题，而且还可以获得低资金成本的好处。当银根放松和贷款利率下降时，企业一方面取得贷款容易，另一方面发行商业票据，从成本来看，所得利益不大。因此，企业可以考虑减少商业票据的发行量。

从筹资策略来看，商业票据既是补充银行信贷资金不足的一种资金来源，又是加重同银行在信贷方面讨价还价的一种筹码。因为银行也是以盈利为目的的，存贷利差是银行盈利的一个最主要的来源，如果企业能以低于银行贷款利息率的资金成本，用商业票据筹集到所需的资金，无疑会增加企业与银行谈判中企业方的筹码。

（二）与长期资金来源联系起来考虑商业票据筹资的策略

商业票据无论如何都只是企业一种短期的资金来源，它只能暂时替代或补充某些长期资金来源，而无法长期取代各种长期资金来源。因此，企业只有在筹集长期资金来源时机不佳的情况下，才应考虑发行适当的商业票据来暂时替代或补充某些长期资金来源的不足。

（三）保持足够偿债能力，严守信誉

由于商业票据在公开市场上发行，影响面大，到期时间短，如果企业不能按期还本付息，其后果将是灾难性的；因此，企业必须保持足够的偿债能力，严格按合同还本付息。如果企业遇到特殊情况出现不能按期还本付息时，应提前做好信用转换，或者申请银行贷款来偿还到期商业票据的准备。总之，在企业偿债能力万一出现问题时，企业应该首先考虑如何偿还到期商业票据，其次才是其他负债。

第四节　短期银行借款筹资

在我国，短期银行借款是绝大多数企业短期资金来源中最重要的组成部分。本节将讨论短期银行借款筹资的相关问题。

一、短期银行借款的特征

短期银行借款与应付款项相比主要有如下特征：

（1）企业通过短期银行借款获得的是货币资金，而不是像应付款项那样是从供应商等那里取得的原材料和商品等实物资产。

（2）它是一种不与采购或销售量同步的、有计划的借款，而应付款项则是随采购或销售量的增减而自动增减的。

（3）应付款项只要管理得好，资金成本可以为零，而短期银行借款必定是要花费成本的。

银行对工商企业的贷款按是否需要担保分为无担保贷款和担保贷款两大类。以下简要介绍这两类短期银行借款。

二、无担保贷款

（一）无担保贷款的特征

无担保贷款，实际上是企业凭借自身的信誉从银行取得的贷款。企业在对应收账款和存货进行季节性投资时，广泛地利用无担保贷款。企业申请无担保短期贷款时，需要将企业近期的财务报表、现金预算和预测报表等送交银行。银行根据这些资料对企业风险和报酬进行分析后，决定是否向企业贷款，并拟定具体的贷款条件。

（二）贷款条件

贷款条件主要包括如下几个方面。

1. 贷款额度

贷款额度是银行规定的在某一特定时间内可以向其客户提供的最高贷款限额。在我国目前的实务中，多站在银行的角度，称其为授信额度。但银行所规定的这个最高贷款限额并不受法律约束，而只是一种意向。如银行缺乏借贷资金或借款企业财务状况变差时，银行可以根据情况改变贷款额度，甚至拒绝提供贷款。贷款额度的有效期通常定为1年，次年再重新修订贷款额度。

2. 周转信贷协定

周转信贷协定主要是规定银行在法律上有义务提供不超过某个最高贷款额度的协定。该协定的内容主要是在协定的有效期内，只要企业的借款总额没有超过贷款限额，银行就必须满足企业在任何时间提出的借款要求。这一协定的主要目的是制约银行发放贷款的随意性，以保证企业生产经营活动的正常进行。为了执行这一协定，在银根紧缩时，银行往往被迫从外部借入资金来满足签有周转信贷协定企业提出的借款要求。由于借款企业享有协定带来的这种好处，因此，一般要按周转信贷最高限额的未用部分付给银行一笔承诺费。

【例8-9】　假定某企业的周转信贷额为1 000万元，贷款利息率为8%，承诺费率为5%。该企业年度平均借款余额为600万元，问该企业本年度享有周转信贷协定好处的成本和实际借款成本各为多少？

解：

$$享有周转信贷协定好处的成本＝（1 000－600）×5\%＝20（万元）$$

$$\frac{借款实际}{资金成本}=\frac{600\times8\%+400\times5\%}{600}=11.33\%$$

周转信贷协定,不仅可以满足企业季节性的资金需要,而且还可以满足一般流动资金的需要,是一种有用的筹资手段。

3. 逐笔贷款

逐笔贷款是指根据某种短期需要向银行取得的借款。对于这类贷款,银行要逐笔审核企业的借款申请,估计借款企业未来偿还贷款的能力。

4. 利息率

银行对企业借款一般实行浮动利率。对信誉好、存款余额多的大公司给予优惠利率;对一般企业的贷款利率则高于这个优惠利率。因此,企业可以同银行协商以确定具体的贷款利率。虽然我国利息率是央行统一规定的,表面上银行和企业在确定利息率上没有自主权,但实际上,银行通过诸如提前扣息、规定最低存款余额等方式,可以大幅度地提高贷款的利息率。比如某借款的名义利率为10%,但银行要求企业在借款时先付利息,那么,该笔借款的实际利率则为11.1%[10/(1-10%)]。

5. 最低存款余额

最低存款余额,又称保护性存款余额,是银行要求借款企业在其银行存款账户中保持的一个最低的存款额度。最低存款余额会提高企业的流动性。它对保护银行贷款的安全性有一定帮助。最低存款余额占贷款总额的百分比,是借款企业与银行双方商定的,一般在10%~20%之间。由于最低存款余额的存在,实际贷款利息率将高于名义贷款利息率。如果某企业取得银行借款的名义利息率为8%,但银行要求该企业必须保持贷款总额20%的最低银行存款余额,那么,该企业取得银行借款的实际利息率就为10%[8%/(1-20%)]。

三、担保贷款

(一)担保贷款的特征

担保贷款,分为保证贷款、抵押贷款和质押贷款三类。保证贷款是指按《中华人民共和国担保法》(以下简称《担保法》)规定的保证方式,以第三者承诺,在借款人不能偿还贷款时,按约定承担一般保证责任或者连带责任而发放的贷款。抵押贷款是指按《担保法》规定的抵押方式,以借款人或第三人的财产作为抵押物发放的贷款。质押贷款是指按《担保法》规定的质押方式,以借款人或第三人的动产或权利作为质物发放的贷款。抵押与质押的主要区别:抵押是指债务人或第三人不转移对财产的占有,用于抵押的标的物主要是不动产和部分动产,而质押是指债务人或第三人将其动产或权利证书交给债权人占有;抵押物所产生的收益归抵押人所有,而质押物产生的收益则由质权人占有;同一抵押物可以设置清偿顺序不同的数个抵押权,而质押只能"一物一质";抵押物在一定条件下可以转让,而质押物不允许转让。

在担保贷款的条件下,银行通过掌握担保品,可以减少贷款风险。借款企业可以用自己拥有的应收账款、存货、固定资产或其他资产作为担保品。担保贷款需要借贷双方签订抵押或质押借款合同,在合同中必须注明抵押品或质押物的名称并作一系列说明,以保证贷款人的权益。

贷款人的安全程度取决于抵押品或质押物价值的大小和它的变现速度。在借款人不能偿还债务时,贷款人就可变卖抵押品或质押物,当出售抵押品或质押物所得价款超过贷款本息时,要将其差额部分归还借款人;当不够偿债时,其差额部分变为一般无担保债权。显然,抵押品或质押物价值越大,出售时可能获得的价款就越多,反之则越少;抵押品或质押物变现速度越快,出售抵押品或质押物就越容易,且折价越少,反之则出售越难,且折价越多。故贷款人总希望借款人提供的抵押品或质押物的价值大,变现速度快。

（二）不同担保资产的贷款

由于我们讨论的是短期银行借款,因此在这里只讨论应收账款担保贷款和存货担保贷款的问题。

1. 应收账款担保贷款

应收账款是企业流动性最大的资产之一,是一项较为合适的抵押物。从贷款者的角度看,这种抵押物的缺点主要是难于估计应收账款的收回率和收账费用,具有较大风险。因此,贷款者在接受这种抵押物时,总会对应收账款的质量和数额进行分析,确定应收账款的收回率和收账费用。收账费用的高低与每笔应收账款金额的大小有关系,每一应收账款账户中的金额越小,即越零星,相应地收账费用就会越高。贷款人通过对应收账款的分析,可以确定贷款额占应收账款的比例。

对借款企业来说,用应收账款作为抵押物来获取短期银行借款,不仅可以解决应收账款投资的资金来源,而且可在一定程度上转让应收账款,从而减少了风险。

应收账款担保贷款又可分为应收账款抵押（包括转让和贴现在内）和应收账款销售两种类型。下面简述这两种方式的特征:

（1）应收账款抵押（包括转让和贴现在内）。应收账款抵押（包括转让和贴现在内）的特征是贷款人不仅对应收账款有留置权,而且还对借款人（商品销售者）有追索权,即如果商品购买者不付款的话,商品销售者必须承担这个损失。在这种情况下,不需要将应收账款被抵押的事件通知商品购买者。

应收账款抵押贷款的一般程序:首先,商品销售企业与银行签订应收账款抵押贷款协议,在协议中要明确规定双方的权利和义务;其次,商品销售企业定期将销售发票交给银行,由银行对发票进行审查,评价购买者的信用,剔除不符合银行信用标准的企业发票;最后,决定贷款额占应收账款的百分比并发放贷款。

【例 8-10】 假定某企业与一家银行签订有应收账款抵押贷款协议,协议规定的贷款比例为审核通过后发票金额的 80%,贷款利息率为 8%,贷款保证金为贷款总额的 20%。在月末,该企业将本月信用期限为 3 个月的 500 万元销售发票交银行审查,银行审查后认为只有 400 万元符合它的信用标准。试问该企业本月应收账款抵押贷款金额和资金成本各为多少?

解:

$$应收账款抵押贷款金额＝400×80\%＝320（万元）$$

$$资金成本＝\left(1+\frac{320×8\%÷4}{320×(1-20\%)}\right)^{4}-1=10.38\%$$

（2）应收账款销售。应收账款销售的特征是企业将拥有的收账权卖给了贷款人,由贷款人直接向商品购买者收取账款,这时需将应收账款主体发生变化的事件通知商品购买者。在应收账款销售后,贷款人对借款人（商品销售者）就再无追索权,坏账损失的风险全由贷款人承担。应收账款销售一般是通过代理融通公司进行。

代理融通,首先要求销售者与代理融通者签订规定双方权利与义务的协议,其次要对程序作出安排。一般程序:销售者收到购买者的订单之后,填写信用同意单并交代理融通公司审查,如审查通过,销售者发出商品并在发票上盖戳通知购买者直接向代理融通公司付款;如审查没通过,销售者一般应拒绝信用销售。在这里,代理融通公司起着信用审查、贷款和承担风险三方面的作用。有了代理融通公司的参与,一些中小型企业就可以不在企业内部建立信用机构,从而可以减少企业在这方面的费用,为企业带来经济利益。

代理融通公司实际支付给销售应收账款企业的资金额,是扣除代理融通公司收取的佣金和保留金额后的余额。保留金额是根据销售发票金额减去允许客户在付款时扣除的现金折扣,以及在应收账款上可能发生的销售退回和折让等计算得出的。应收账款销售折扣的比例由双方协商确定,一般为10%左右。

应收账款销售,实质上是公司售卖资产的行为。售卖资产就不可避免会出现销售的损益。从应收账款来看,由于应收账款都是折价销售,因此,应收账款销售会出现账面亏损。对应收账款折价销售损失的会计处理规则:将应收账款销售的折价视为公司销售收入或销售利润的减少,只将支付代理融通公司的代理融通费作为财务费用。因此,其会计分录为:

借:现金(实收金额)

　　销售利润(应收账款折价)

　　财务费用(代理融通费)

　　贷:应收账款(应收账款账面价值)

按照会计规则,应收账款销售筹资的资金成本的基本计算公式为:

$$资金成本 = \left(1 + \frac{F}{S-F-L}\right)^{\frac{360}{N}} - 1$$

式中:F——代理融通费;S——应收账款实际销售额=应收账款账面价值×(1-折扣率);L——留置金;N——应收账款的平均收账期。

【例8-11】 假定某公司与代理融通公司签订了4 000万元的应收账款销售合同,合同规定,代理融通佣金为所审查信用额度的1%,应收账款销售额为应收账款总金额的90%,应收账款的平均收账期为60天,留置金按照现金折扣1%、销售退货3%确定。试计算该公司应收账款销售筹资的资金成本。

解:

$$资金成本 = \left[1 + \frac{4\ 000 \times 1\%}{4\ 000 \times 90\% - 4\ 000 \times (1\% + 1\% + 3\%)}\right]^6 - 1 = 7.27\%$$

虽然在上述资金成本的计算中没有将销售折扣计算在内,但是从财务的角度考察,应收账款销售所产生的折价损失也是企业为了提前取得资金来源的一种支出,因此,也应该将折价视为应收账款筹资的资金成本。如果将应收账款折价的损失考虑在内,将应收账款销售与应收账款担保贷款相比较,对借款企业而言,应收账款销售的风险虽然较小,但是成本较高;而应收账款抵押(包括转让和贴现在内)则是风险较大,成本较低。

2. 存货担保贷款

存货也是一种流动性较大的资产,可以作为短期银行借款的抵押品。由于存货种类繁多,有效期不一,因此,贷款人除了考虑存货的变现性、市场价格稳定性之外,还需要考虑存货的耐久性。这种担保贷款也是按其市价的一定百分比发放的,百分比随存货的变现性、市场稳定性和耐久性而变化。

存货担保贷款按抵押方式不同可分为多种担保贷款,主要有如下几种:

(1) 流动抵押贷款。在这种方法下,借款人可以用其存货"总额"充当担保品,而不需具体规定存货的种类。贷款人则对借款人的全部存货都拥有流动留置权。但这种留置权含意并不十分明确,贷款人很难掌握。流动抵押贷款,企业所受限制较少,贷款利息率较高。

(2) 动产抵押贷款。采用这种方法贷款,要先明确存货种类,借款人对这些存货拥有所有权,贷款人则拥有留置权。借款人未经贷款人同意不得出售这些存货;同样,贷款人在借款人不能偿债时,需经法院同意才能动用这些存货。因此,这种抵押贷款方法并不利于借款人和贷款人,故很少被采用。

(3) 信托收据贷款。在这种贷款方法下,贷款人对存货拥有所有权,但委托借款人销售该存货,存货销售所得货款用于偿还借款。贷款人为了保证自己的权益,需要了解借款人所销货款用于偿债的情况。这种贷款方法,流行于耐用消费品制造或经销行业。

(4) 公共仓库收据贷款。这种贷款是指以公共仓库开出的证明某批货物确属借款人所有的收据作为抵押物的贷款。在这种情况下,仓库只有在取得贷款人同意后,才能将货物交给借款人,这样就保证了贷款人的权益。

(5) 借款企业仓库收据贷款。这种贷款与公共仓库贷款一样,只是作为抵押品的存货放置于借款企业的仓库之中。一般由借款企业划出一定面积的仓库,专门储存已抵押的存货,贷款人派专人对抵押存货进行看守。未经贷款人批准同意,借款企业不得动用已抵押的存货。

当然,企业除了可用上述两类资产担保取得短期银行借款外,还可以用诸如股票、债券等有价证券担保取得短期银行借款,也可以靠第三者担保取得短期银行借款。不过,这些类型的担保贷款与上述两种担保贷款相比相对简单,故不再讨论。

第五节 负债基金筹资

负债基金分为两大类:一类是按职工工资总额提取的职工福利基金和按税后利润提存的集体福利基金;另一类是根据偿还各种债务的需要而专门提存的各种偿债基金。所谓负债基金筹资,就是指如何将这两部分基金用于生产周转的问题,即如何筹集生产周转资金的问题。下面讨论如何运用这两类基金为生产周转服务。

一、集体福利基金参与生产周转的问题

按职工工资总额提取的职工福利基金,以及按企业税后利润提存的集体福利基金,虽只能用于企业职工的集体福利事业,但由于集体福利基金的提取量与支出数从某一时间来看,一般存在着差异,即提取数大于支出数。这种情况的产生主要是因为该类基金必须先提后用,特别是在企业盈利较大的年份,为了以丰补歉,会留存相当一部分集体福利基金以备日后的需要。这样,就客观上为企业可以动用部分集体福利基金参与短期生产周转准备了条件。另外,在集体福利基金的使用方面,企业董事会和经理、职工代表大会拥有决策权,可以

决定支用集体福利基金的时间,这又从主观上使动用部分集体福利基金参与短期生产周转成为可能。

动用集体福利基金参与短期生产周转,要注意不能影响了企业职工各种正常的集体福利的资金需要。要做到这一点,最重要的是应编制可行的集体福利基金使用计划,并根据该计划确定利用集体福利基金参与生产周转的时间和金额计划。

【例 8 - 12】 假定某公司本年度计划动用集体福利基金 1 000 万元并采用一次性付款方式购建一职工活动中心,在年初集体福利基金余额为 600 万元,该公司每月提取集体福利基金金额为 100 万元,日常性集体福利基金支出为 50 万元。试确定该公司可以动用集体福利基金参与生产周转的最大平均金额和最长时间。

解:

$$\frac{\text{积累到 1 000 万元}}{\text{所需要的时间}} = \frac{1\,000 - 600}{100 - 50} = 8(\text{个月})$$

$$\text{最大平均金额} = \frac{600 + 1\,000}{2} = 800(\text{万元/月})$$

当然,实际动用集体福利基金参与生产周转的平均金额应该小于 800 万元/月,这是因为在集体福利基金积累到 1 000 万元之时,就是集体福利基金使用之时。为了能及时偿还借用的集体福利基金,公司必须在集体福利基金需要使用之前就积累现金,这样公司就不可能以最长的时间和最高的金额占用其集体福利基金。因此,实际中动用集体福利基金参与生产周转的时间应该短于最长可用时间,金额也应该低于最大可用金额。

如果因生产特别急需资金,迫不得已要暂缓举办集体福利事业时,那么,也必须通过多种渠道向全体职工解释其原因,使广大职工充分认识其必要性。这样,才能达到借用集体福利基金参加短期生产周转的目的。

二、偿债基金参与生产周转的问题

由于偿债基金具有专门用途,一般要求专款专存或用于短期(也可以是长期)有价证券投资,以便能保证及时清偿到期债务。因此,不是在迫不得已时,最好不要动用偿债基金参与生产周转。如果公司在生产周转上的确资金短缺,那么也应在有周密计划的条件下才可以动用偿债基金。偿债基金运用于生产周转的具体方法与动用集体福利基金参与生产周转的方法相似,故不再叙述。

第六节　流动负债筹资策略综述

流动负债进行短期筹资的渠道和方式是多种多样的,且其中大部分筹资渠道不能相互替代;因此,其筹资策略比较特殊,需要予以讨论。

从决策程序来看,流动负债筹资策略应放在各种长期资金来源筹资之后来考虑。一个企业流动负债筹资策略的决策程序一般如下:

(1) 先根据其资金需要量决定其筹资需要量。

(2) 根据企业的经营风险水平决定负债资金与股权资金的比重。

（3）根据企业资产构成状况决定流动负债筹资与长期负债筹资的比重。

（4）计算应计费用筹资量，即估计视同股东权益资金量。

（5）计算出其他流动负债的筹资量。

（6）计算出不同类型流动负债的筹资成本，并估计其具有的风险。

（7）根据企业现金流入的特征，确定各种流动负债筹资的比例。

下面以一个企业的实例说明流动负债的筹资策略。

【例8-13】　设某公司的资金需要量为10 000万元。该公司的经营风险一般，因此，公司决定以社会公认的1∶1标准为企业的股权资金与负债资金之比，流动比率则定为2∶1。又知，公司的流动资产总额为6 000万元，日常每月的应计费用为600万元，并且该公司的短期流动资金贷款成本为8%。试确定该公司流动负债的筹资策略。

解：

按前述程序，解决该公司流动负债的筹资策略，可按下列步骤进行：

（1）计算负债资金需要量。

$$负债资金需要量＝10 000×50％＝5 000（万元）$$

（2）计算流动负债资金需要量。

$$流动负债资金需要量＝6 000÷2＝3 000（万元）$$

（3）计算应计费用所产生的视同股东权益资金量。

$$视同股东权益资金量＝600÷2＝300（万元）$$

（4）计算其他流动负债资金需要量。

$$其他流动负债资金需要量＝3 000－300＝2 700（万元）$$

（5）确定应付账款和商业汇票的筹资策略。

应付账款和商业汇票的筹资策略为：应付账款和商业汇票的筹资成本小于8%的，应用应付账款和商业汇票筹资；而应付账款和商业汇票的筹资成本大于8%的，则应用短期流动资金贷款筹资。

当然，流动负债筹资策略并非如此简单，它除了要考虑流动负债筹资量的问题之外，还要考虑各种流动负债资金的时间界限问题，即要解决各类流动负债资金在筹资时间上的衔接问题，并争取多设计一些流动负债筹资方案，使企业有更多的选择余地，以保证在满足企业经营资金需要量的同时，使流动负债资金的筹资成本达到最低。

流动负债筹资策略是企业一项连续不断的筹资行为，在实际中除了要注意按既定计划行事之外，还要有足够的灵活性。只有这样，才能保证在满足企业经营资金需要量的前提下，流动负债资金的筹资成本最低目标能得以实现。

习　　题

一、复习思考题

1. 商业信用筹资有哪些基本特征？

2. 确定商业信用的资金成本需要考虑哪些基本因素?

3. 何谓应计费用? 其筹资额的计算方法有哪些?

4. 商业汇票的基本特征是什么?

5. 商业承兑汇票与银行承兑汇票有什么区别? 哪一种方式的筹资成本高?

6. 企业为什么要发行商业票据? 商业票据有哪些基本特征?

7. 短期银行借款应该如何分类? 其借款成本受哪些因素影响?

8. 应收账款抵押借款与应收账款销售有什么异同?

9. 存货担保借款可以分为哪些形式?

10. 负债基金包括哪些主要内容?

11. 制订流动负债筹资策略需要考虑哪些基本因素?

二、计算题

1. 已知付款的信用条件为"1/10,n/60",试分别计算放弃可取得的现金折扣在信用期限未付款的不考虑货币时间价值和考虑时间价值的筹资成本。如应付账款展期至 90 天,那么不考虑货币时间价值和考虑时间价值的筹资成本又分别为多少?

2. 已知 B 公司可以随时取得 12% 的短期流动资金贷款,试问 B 公司对待"2/10,n/60"、"2/10,n/90"、"1/10,n/40"等信用条件的态度应该是什么?

3. S 企业 5 月应交税金总额为 2 000 000 元,按规定在每月 10 日前交纳。请分别按最低占用期和平均占用期计算应交税金筹资量。

4. E 企业的工资支付政策是每月 8 日前支付工资,每月应付工资总额为 1 200 000 元,请分别按最低占用期和平均占用期计算应付工资筹资量。

5. M 公司每月发生如下应付费用:应交税金 800 000 元,10 日前交纳;应付工资 2 000 000 元,8 日支付;水电费 300 000 元,5 日支付;房租 30 000 元,6 日支付;其他 100 000 元,12 日支付。请分别按最低占用期和平均占用期计算 M 公司的应计费用筹资量。

6. 某企业用本企业签发和承兑的带息商业承兑汇票购买货物一批,商业承兑汇票期限为 6 个月,月利息率为 0.9%。问企业用该商业承兑汇票筹资的年资金成本为多少?

7. 某企业与供货方达成协议,用持有的带息商业承兑汇票购买货物一批,票据附带的利息归供货方所有。该商业承兑汇票期限为 3 个月,目前距到期日尚有 1 个月,年利息率为 7%。问企业用该商业承兑汇票筹资的实际年资金成本为多少?

8. 乙企业持有一张价款为 30 万元,期限为 6 个月的无息商业承兑汇票。现距汇票到期日还有 3 个月,乙企业准备将该汇票在银行贴现,贴现利率为 8%,问乙企业贴现这张汇票可以获得多少资金? 年资金成本为多少?

9. 某公司为了采用延期付款的方式购买货物,与银行签订了 6 个月期的银行承兑汇票承兑协议,协议规定承兑金额为 200 万元。银行承兑的条件是企业应按照承兑金额的 30% 交纳保证金,银行按照承兑金额收取 0.1% 的手续费,企业必须为申请银行承兑汇票提供抵押品。企业实际发生抵押品的评估、登记、公证等费用的总额为 15 000 万元。试问该银行承兑汇票的筹资量和资金成本为多少?

10. A 公司采购原材料一批,价值 500 000 元,信用条件为"1/10,n/50"。目前 A 公司手中没有多余的现金来支付货款,但持有 9 月期的带息商业承兑汇票一张,票面金额

600 000元,票面利息率为6%,该票据尚有3个月到期。又知银行的贴现利息率为9%。问A公司应该如何筹集购货款?

11. 某公司在货币市场上发行票面年利息率为5%的9个月期的商业票据10 000万元,在发行过程中发生资信评估费用20万元、发行费用50万元、登记费用10万元。试问该商业票据的实际年资金成本为多少?

12. 假定某企业与一家银行签订有应收账款抵押贷款协议,协议规定的贷款比例为发票金额的70%,贷款利息率为6%,贷款保证金为贷款总额的20%。在月末,该企业将本月信用期限为2个月的800万元销售发票交银行审查,银行审查后认为只有60%符合贷款的信用标准。试问该企业本月应收账款抵押贷款金额和资金成本各为多少?

13. 假定某公司与代理融通公司签订了5 000万元的应收账款销售合同。合同规定,代理融通佣金为所审查信用额度的1%,应收账款销售额为应收账款总金额的90%,应收账款的平均收账期为90天,留置金按照现金折扣1%、销售退货4%设置。试计算该公司应收账款销售筹资的资金成本。

14. 假定某公司本年度计划动用集体福利基金2 000万元并采用一次性付款方式购建一职工活动中心,在年初集体福利基金余额为500万元,该公司每月提取集体福利基金金额为300万元,日常性集体福利基金支出为100万元。试确定该公司可以动用集体福利基金参与生产周转的最大平均金额和最长时间。

15. 某公司预测年度总资金需要量为10 000万元,并根据自己的经营风险程度,确定其财务结构如下:企业的股权资金与负债资金之比为1∶0.8,流动比率则定为2∶1。目前公司的流动资产总额为5 000万元,日常每月的应计费用发生额为2 100万元,并且该公司的短期流动资金贷款成本为8%。试确定该公司流动负债的筹资策略。

第九章　资金结构理论与最优资金结构

【本章提要】　不同的资金来源具有不同的资金成本和风险水平,公司资金结构会直接影响到公司综合资金成本的高低以及财务风险水平和总风险水平的高低。资金结构一直是公司理财学中研究的重要内容之一,广受理财专家的关注,其理论繁多。这些理论流派不同,不乏高深难懂的理论。本章尽可能用通俗易懂的语言,深入浅出地对资金结构的基本理论,以及最优资金结构等问题进行讨论,希望读者通过对本章的学习,能对资金结构的理论和方法有较深入的认识。

【学习目标】　通过本章学习,要求掌握和了解如下内容:(1)了解 MM 资金结构理论。(2)了解 MM 资金结构理论与实际的差异。(3)掌握资金结构与加权平均资金成本之间的关系。(4)掌握最优资金结构的不同判断标准。(5)掌握资金成本突破点计算的基本理论与方法。(6)掌握最优资金结构确定的方法。

第一节　资金结构理论

对于公司是否存在最优资金结构的问题,在理论上存在众多的流派,有赞成的,也有反对的。在这些理论中,最具有代表性的理论是 MM 资金结构理论,本节将对 MM 资金结构理论进行介绍。

一、MM 资金结构理论概述

莫迪格莱尼(Modigliani)和米勒(Miller)两位学者在 1958 年发表的《资本成本、公司财务和投资管理》一文中,提出了公司的资金来源结构(资本结构)与公司价值无关的命题,简称 MM 定理。该研究成果的作者之一米勒于 1990 年获得诺贝尔经济学奖,而莫迪格莱尼则因第一个提出储蓄的生命周期假设已于 1985 年获得诺贝尔经济学奖。按照无税和有税,MM 定理首先分为 MM 定理(无税)和 MM 定理(有税)两种情况,在无税和有税下面分别存在 MM 定理1(无税)和 MM 定理2(无税),以及 MM 定理1(有税)和 MM 定理2(有税)四种情况。无税和有税的 MM 定理1 和 MM 定理2 的基本表达式如下。

(一)无税条件下的 MM 定理

MM 定理 1:$V_L = V_U$

MM 定理 2:$K_S = K_u + \dfrac{B}{S}(K_u - K_b)$

推论：

MM 定理 1：投资者利用自制的财务杠杆，个人能够复制或消除公司财务杠杆的影响。

MM 定理 2：由于股权风险与财务杠杆成正比，因此，股权成本随财务杠杆的增大而增加。

（二）有税条件下的 MM 定理

MM 定理 1：$V_L = V_U + TB$

MM 定理 2：$K_S = K_u + \dfrac{B}{S}(K_u - K_b)(1 - T)$

推论：

MM 定理 1：由于公司的利息支出可以在税前收益中列支，因此，公司的财务杠杆可以减少公司所得税支出。

MM 定理 2：由于股权风险与财务杠杆成正比，因此，股权成本随财务杠杆的增大而增加。

（三）基本符号含意

为了阐述 MM 定义的方便，下面对所使用的符号加以说明：

V——企业价值

V_L——有杠杆（负债）的企业价值

V_U——无杠杆（负债）的企业价值

K_S——有杠杆（负债）公司的股权资金收益率

K_U——无杠杆（负债）公司的股权资金收益率

B——负债价值

S——股权价值

K_b——负债利息率

X——息税前收益

T——所得税税率

S_L——有杠杆（负债）公司的股权价值

S_U——无杠杆（负债）公司的股权价值

NI——净收益（税后利润）

二、无税条件下 MM 定理的证明

（一）MM 定理（无税）的假设前提

MM 定理 1（无税）命题的主要假设前提如下：

（1）公司占用的一切资产归公司所有。

（2）没有公司及个人所得税，也不存在证券交易成本和破产成本。

（3）公司只发行有风险的股票和无风险的债券这样两种证券。

（4）公司和个人都能按照同样的利率借入或贷出资金。

（5）投资者对公司未来的盈利能力和现金流量存在着相同的预期。

（6）投资不发生变化，现金流是永续不断的。

（二）证明 MM 定理 1（无税）

1. MM 定理 1（无税）的基本内容

MM 定理 1（无税）的表达式如下：

$$V_L = V_U$$

从该表达式可以看出，企业价值与企业的资金来源结构无关。

2. 证明 MM 定理 1（无税）

根据上述假设前提，可以对 MM 定理 1 命题进行证明，证明是建立在投资者利用自制杠杆作用套利的基础之上的。其证明过程如下：

假设投资者有下面两种选择，如表 9-1 所示。

表 9-1

投资者的两种选择

决　策	投　资	收　益
A：购买有杠杆作用公司股权（L）α	αS_L	$\alpha(X - K_b B)$
B：购买无杠杆作用公司股权（U）α；借款 αB	$\alpha S_U - \alpha B$	$\alpha X - \alpha K_b B = \alpha(X - K_b B)$

表 9-1 中：α 为投资者购买的股票占公司总股份的百分比，$0 \leqslant \alpha \leqslant 1$。

从表 9-1 可以看出，A 投资者购买的是有杠杆作用公司的股票；B 投资者购买的是无杠杆作用公司的股票，但是，同时按照公司杠杆系数借入资金，自己创造与公司相等的杠杆系数。由于这两种投资方式产生的收益完全相等，因此，其投资价值也应该完全相等，即：

$$\alpha S_L = \alpha S_U - \alpha B$$

在方程式两边同时除以 α 有：

$$S_L = S_U - B$$

移项后可得：

$$S_L + B = S_U$$

因为：

$$S_L + B = V_L, \quad S_U = V_U$$

所以：

$$V_L = V_U$$

MM 定理 1（无税）证毕。

3. MM 定理 1（无税）的经济含义

MM 定理 1（无税）的经济含义如图 9-1 所示。

图 9-1 表明，在不存在税收的条件下，公司资金来源结构完全与公司价值无关。它认为，企业价值只与其预期收益和同风险折现率相关，企业价值等于预期收益的折现值，即：

$$V = (S + B) = \frac{X}{K}$$

式中：K 为市场同风险收益率。

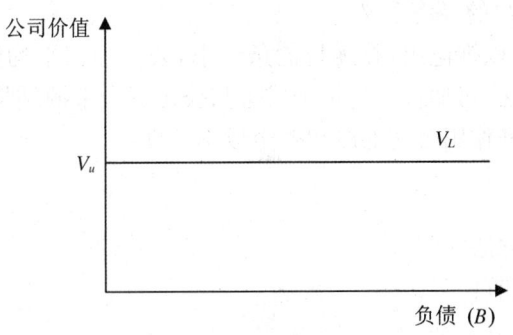

图 9-1　MM 定理 1(有税)图解

（三）证明 MM 定理 2(无税)

1. MM 定理 2(无税)的基本内容

$$K_S = K_u + \frac{B}{S}(K_u - K_b)$$

MM 定理 2(无税)说明：有杠杆作用公司的股权成本，等于无杠杆作用公司的股权成本加上无杠杆作用公司的股权成本与有杠杆作用公司的负债成本之差同负债与股权之比的乘积。

2. 证明 MM 定理 2(无税)

由于股票价值为：

$$S = \frac{NI}{K_S}$$

式中：NI 为公司净收益。

因此股权成本为：

$$K_S = \frac{NI}{S}$$

在无公司所得税情况下的公司净收益为：

$$NI = X - K_b B$$

由于 $X = K_u V_L$，所以有：

$$NI = K_u V_L - K_b B$$

设 $V_L = S + B$，有：

$$NI = K_u(S+B) - K_b B = K_u S + K_u B - K_b B$$

方程式两边除以 S 得：

$$\frac{NI}{S} = K_S = \frac{K_u S}{S} + \frac{K_u B}{S} - \frac{K_b B}{S}$$

$$K_S = K_u + \frac{B}{S}(K_u - K_b)$$

MM 定理 2(无税)证毕。

3. MM 定理 2(无税)的经济含义

根据上面的结论,可以推论出,在无税的条件下,公司加权平均资金成本不受公司资金来源结构的影响,或者说公司加权平均资金成本与公司资金来源结构无关,或者说公司加权平均资金成本等于无杠杆作用公司的股权资金成本。即:

$$K_{平均} = K_u$$

该等式可以按下述方法证明。

由于在无税情况下,有:

$$K_u = \frac{X}{V_u} \text{ 和 } V_u = V_l$$

因此,有:

$$K_{平均} = \frac{X - BK_b}{V_L} + \frac{BK_B}{V_l} = \frac{X - BK_b + BK_b}{V_l} = \frac{X}{V_l} = \frac{X}{V_u} = K_u$$

即:

$$K_{平均} = K_u$$

证明完毕。

MM 定理 2(无税)的经济含义如图 9-2 所示。

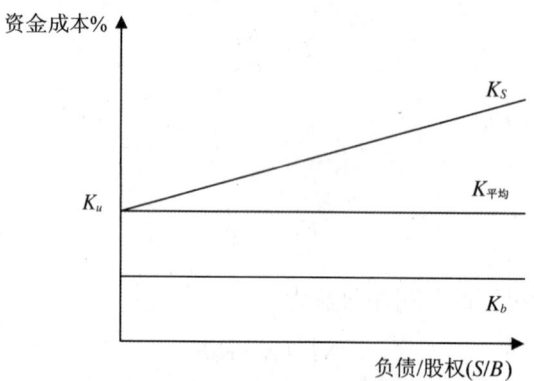

图 9-2　MM 定理 2(无税)图解

图 9-2 表明,在无税的条件下,公司加权平均资金成本不受公司资金来源结构的影响,或者说公司加权平均资金成本与公司资金来源结构无关。

三、有税条件下 MM 定理的证明

(一) 证明 MM 定理 1(有税)

1. MM 定理 1(有税)的基本内容

MM 定理 1(有税)的基本内容,可以用下式表达:

$$V_L = V_U + TB$$

2. 证明 MM 定理 1(有税)

由于收益存在着所得税,以及负债可以在税前收益中列支,因此,再运用前面的套利过程就有表 9-2 的结果。

表 9-2

投资者的两种选择

决　策	投　资	收　益
A:购买有杠杆作用公司股权$(L)\alpha$	αS_L	$\alpha(X-K_bB)(1-T)$
B:购买无杠杆作用公司股票$(U)\alpha$;借款 $\alpha(1-T)B$	$\alpha S_U - \alpha(1-T)B$	$\alpha X(1-T)-\alpha(1-T)K_bB$ $=\alpha(X-K_bB)(1-T)$

由于两种投资的收益相等,因此有:

$$\alpha S_L = \alpha S_U - \alpha(1-T)B$$

在方程式两边同时除以 α 有:

$$S_L = S_U - (1-T)B$$

展开方程式有:

$$S_L = S_U - B + TB$$

移项后可得:

$$S_L + B = S_U + TB$$

因为:

$$S_L + B = V_L,且 S_U = V_U$$

所以:

$$V_L = V_U + TB$$

MM 定理 1(有税)证毕。

3. MM 定理 1(有税)的经济含义

MM 定理 1(有税)的经济含义如图 9-3 所示。

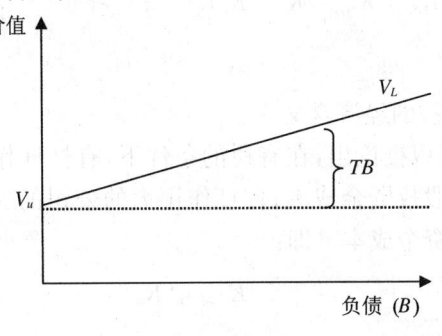

图 9-3　MM 定理 1(有税)图解

　　图9-3说明,在税收存在的条件下,由于负债的税收挡板作用的存在,公司价值与公司负债呈正相关,即随着公司负债的增加,公司价值也随之上升。

　　(二) 证明 MM 定理 2(有税)

　　1. MM 定理 2(有税)的基本内容

　　MM 定理 2(有税)的基本内容可用下式表达:

$$K_S = K_u + (K_u - K_b)(1-T)\frac{B}{S}$$

　　MM 定理 2(有税)说明:有杠杆作用公司的股权成本,等于无杠杆作用公司股权成本,加上无杠杆作用公司股权成本与有杠杆作用公司负债成本之差同负债与股权之比和 1 减所得税率之差的乘积。

　　2. 证明 MM 定理 2(有税)

　　由于股票价值为:

$$S = \frac{NI}{K_S}$$

　　因此股权成本为:

$$K_S = \frac{NI}{S}$$

　　净收益为:

$$NI = (X - K_b B) - (X - K_b B)T$$

　　化简上式得:

$$NI = X(1-T) - K_b B(1-T)$$

　　将股权成本代入上式得:

$$NI = K_u V_L - K_u BT - K_b B(1-T)$$

　　设 $V_L = S + B$,方程式两边除以 S 得:

$$\frac{NI}{S} = K_S = \frac{K_u S}{S} + \frac{K_u B}{S} - \frac{K_u BT}{S} - \frac{K_b B(1-T)}{S}$$

$$K_S = K_u + K_u \frac{B}{S}(1-T) - K_b \frac{B}{S}(1-T)$$

$$K_S = K_u + (K_u - K_b)(1-T)\frac{B}{S}$$

　　MM 定理 2 证毕。

　　3. MM 定理 2(有税)的经济含义

　　根据上面的结论,可以推论出,在有税的条件下,有杠杆作用公司的加权平均资金成本低于无杠杆作用公司的股权资金成本;杠杆作用大的公司的加权平均资金成本低于杠杆作用小的公司的加权平均资金成本。即:

$$K_{平均} < K_u$$

　　该等式可以按下述方法证明。

由于在有税情况下,有:

$$K_u = \frac{X(1-T)}{V_u} \text{ 和 } V_l = V_u + TB$$

因此,有:

$$K_{平均} = \frac{(X - BK_b)(1-T)}{V_L} + \frac{BK_b(1-T)}{V_l}$$

$$= \frac{X - BK_b - XT + BK_bT + BK_b - BK_bT}{V_l}$$

$$= \frac{X - XT}{V_l} = \frac{X(1-T)}{V_l} = \frac{X(1-T)}{V_u + TB}$$

所以:

$$K_u = \frac{X(1-T)}{V_u} > \frac{X(1-T)}{V_u + TB} = K_{平均}$$

从上式中很容易推出,B 越大,$\frac{X(1-T)}{V_u + TB}$ 值就越小,即 $K_{平均}$ 值就越小。故有"在有税的条件下,有杠杆作用公司的加权平均资金成本低于无杠杆作用公司的股权资金成本;杠杆作用大的公司的加权平均资金成本低于杠杆作用小的公司的加权平均资金成本"。

证明完毕。

MM 定理 2(有税)的经济含义如图 9-4 所示。

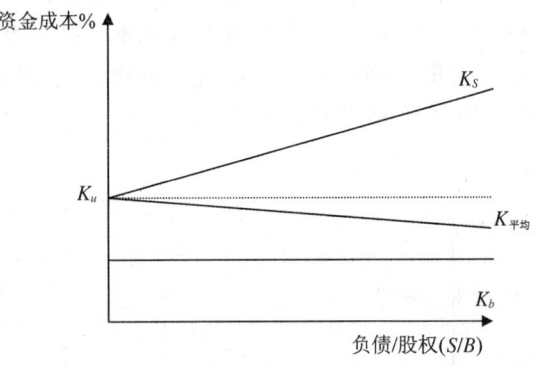

图 9-4　MM 定理 2(有税)图解

图 9-4 表明,在存在税收的条件下,公司的加权平均资金成本受公司资金来源结构的影响,且随负债与股权之比的增大而降低。

第二节　最优资金结构

显然,在现实生活中,MM 资金结构理论的前提条件是不存在的,因此需要对 MM 资金结构理论进行修正。对 MM 资金结构理论修正的理论主要有多种税收并存的影响、负债与股权转换的影响、期权定价问题的影响、代理问题的影响、信号理论、破产成本等,本节只讨论破产成本对资金结构的影响问题。在存在破产成本的条件下,公司应该存在着最优资金结构,本节将讨论最优资金结构的问题。

一、破产成本对资金成本的影响

（一）破产成本

在现实中,债权人绝不可能按照一个固定不变的利率向不同负债与股权之比的企业贷款。这是因为,债权人贷给不同负债与股权之比的企业所承受的风险是不同的,风险越大,债权人所要求的风险补偿就越高,最终导致贷款利息率上涨,使加权平均资金成本变成一个非线性的函数。负债比例越大,企业不能按期还本付息的可能性就越大,企业面临的破产风险也就越大。如果企业破产,将会发生极高的破产成本。这些成本包括:

（1）破产时低价拍卖财产以筹集现金所发生的损失。

（2）由企业财务危机造成的债务纠纷而导致的企业实际资产价值的恶化,以及增加的法律诉讼费用和仲裁、清理费用。

（3）在面临破产时,企业为了避免步入破产境地,采取的诸如以牺牲长远利益来换取短期活力所造成的损失。

（4）由企业破产危机引起的经营业务方面的损失,等等。

（二）破产成本对资金成本的影响

随着负债比重上升,企业破产危机可能性增大,债权人的投资风险相应增大,在这种情况下,如要他们借出资金,他们就会要求更高的收益率作为风险补偿,从而导致负债资金成本上升。至少从理论上讲,负债比重越大,负债资金成本也就越高。同理,当负债对企业价值的比率在某个程度以内时,股权资金成本率基本保持不变;但负债与企业价值之比一旦超出了一定范围之后,负债经营会使企业破产风险增大,造成更多的人抛售这种股票,使股票供大于求,股票市场价格下跌,从而导致股权资金成本上升。这种情况如图9-5所示。

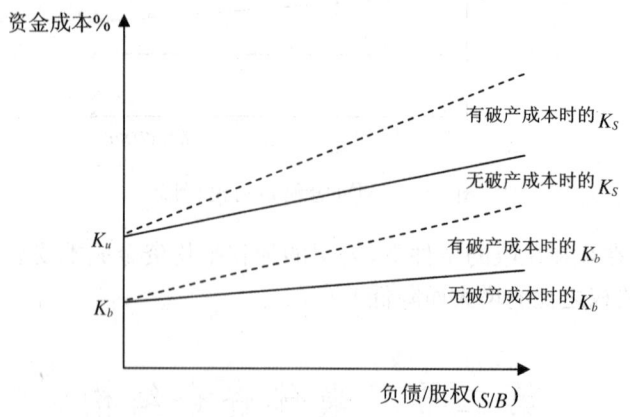

图9-5　破产成本对资金成本的影响

图9-5简明地表示了破产成本对负债资金成本和股权资金成本的影响。但是,图9-5是将它们描述为线性,这与实际存在着一定的差异,在实际中应该是非线性的。下面分别对负债资金成本、股权资金成本同负债与企业价值之间的关系。

二、最优资金结构

最优资金结构可以有资金成本、企业价值和净资产收益率三种判断标准,以下分别讨论这三种判断标准。

（一）用资金成本判断最优资金结构

在现实中,当负债对企业价值的比率在某个程度以内时,负债资金成本率基本保持不变或缓慢增长;但是,当负债与企业价值之比一旦超出了一定范围之后,企业的破产风险就会迅速增大,从而导致负债资金成本率迅速上升。这种情况如图9-6所示。

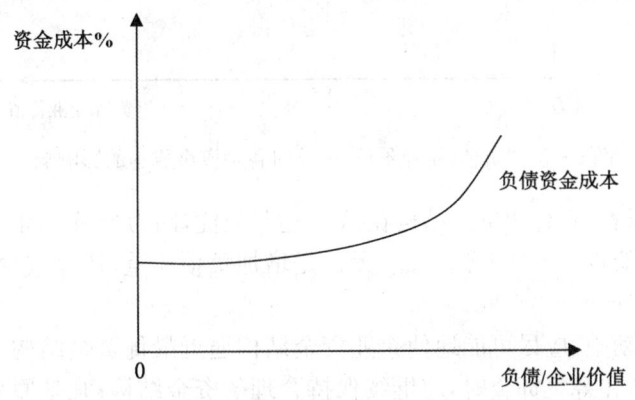

图9-6 "负债/企业价值"变化对负债资金成本的影响

股权资金成本同负债与企业价值之比也具有上述的关系。当负债与企业价值之比一旦超出了一定范围之后,会导致股权资金成本以加速的形式上升,即股权资金成本同负债与企业价值之间的关系也是一种非线性的关系。这种情况如图9-7所示。

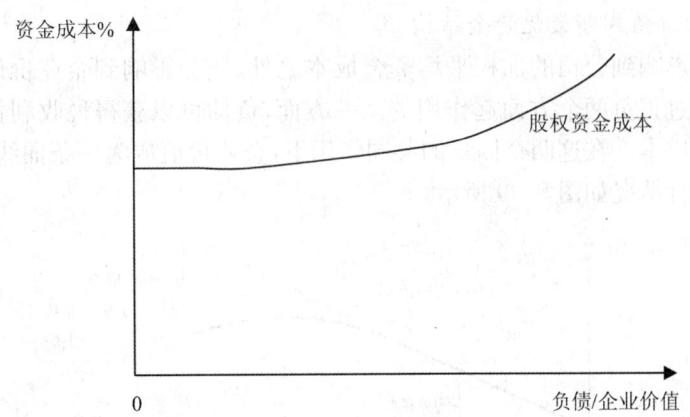

图9-7 "负债/企业价值"变化对股权资金成本的影响

在分别考虑负债比重对负债资金成本和股权资金成本的影响之后,就可以将它们综合起来,计算出在不同负债与企业价值之比条件下的加权平均资金成本,然后比较不同加权平均资金成本的大小,就可以求得企业资金的最优结构。这种情况如图9-8所示。

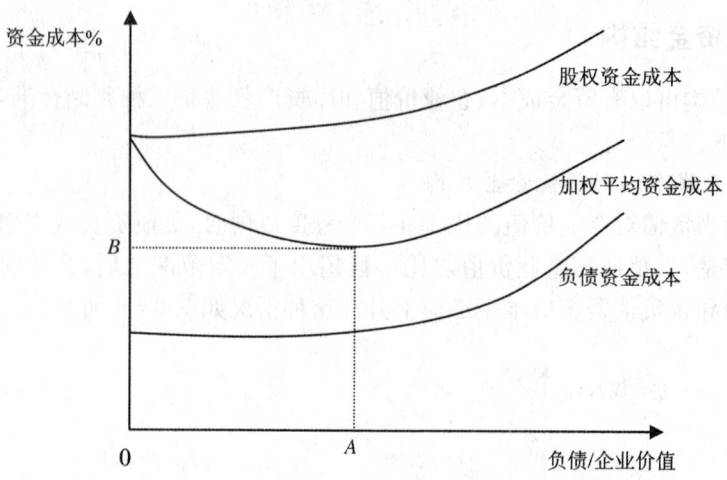

图9-8 "负债/企业价值"变化对各种资金成本的影响响

从图9-8可以看出,企业资金结构在A点达到最优,因为与A点相对应的B点是加权平均资金成本的最低点。当离开这一点,无论是增加负债比重,还是减少负债比重,加权平均资金成本都会上升。

企业在筹资活动中,应尽可能地使企业资金结构逼近最优资金结构。凡是原来资金结构比较合理的企业,在筹集资金时,应继续保持合理的资金结构;凡是原来资金结构不太合理的企业,应通过筹资活动,尽量使资金结构趋于合理,逼近最优。要做到这一点,就要求企业财务人员在利用债务时,密切关注金融市场对公司资金结构的反映,这些反映包括企业普通股票、优先股票、债券等的市场行情,以及借款的难易程度、利息率的高低、筹资费用的大小等因素。如能做到这一点,企业的资金结构就可能逐渐逼近最优点,使加权平均资金成本降至最低限度,从而有利于股东权益最大化目标的实现。

（二）用企业价值判断最优资金结构

负债除了会影响到公司的加权平均资金成本之外,还会影响到企业价值。负债对企业价值的影响是通过正负两个方面起作用的。一方面,负债可以获得税收利益;另一方面,负债会产生破产等成本。在这两个因素的共同作用下,企业价值成为一条曲线,从而存在最优的资金结构。这种情况如图9-9所示。

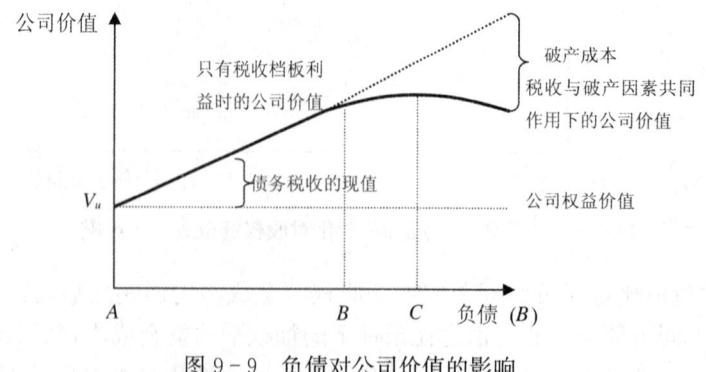

图9-9 负债对公司价值的影响

从图9-9可以看出,当负债金额为C时,公司的价值达到最大化。

（三）用净资产收益率判断最优资金结构

净资产收益率可以用下式表示：

$$\text{净资产收益率} = \text{总资产收益率} + \frac{\text{负债}}{\text{净资产}}\left(\text{总资产收益率} - \text{负债成本率}\right)$$

从上述净资产收益率的计算公式中可以看出，净资产收益率受资金结构的影响，当然资金结构也会影响到负债资金成本率。严格地说，负债资金成本率是负债与净资产之比的函数，净资产收益率是负债与净资产之比的复合函数，即：

$$\text{净资产收益率} = \text{总资产收益率} + \frac{\text{负债}}{\text{净资产}}\left(\text{总资产收益率} - f\left(\frac{\text{负债}}{\text{净资产}}\right)\right)$$

这种关系如图 9－10 所示。

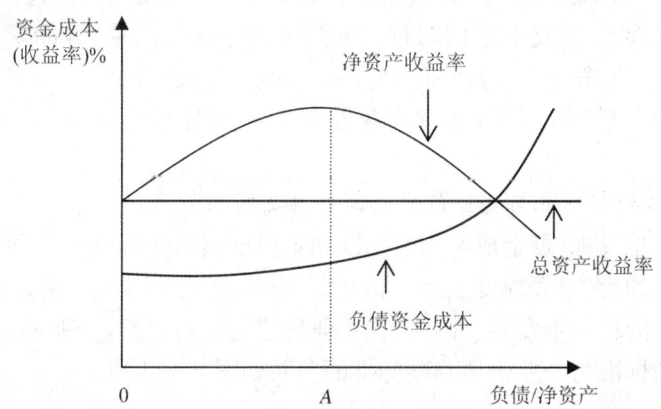

图 9－10　"负债/净资产"变化对净资产收益率的影响

从图 9－10 可以看出，随着负债与净资产之比的变化，企业负债资金成本率和净资产收益率均随之变化。在总资产收益率不变的条件下，随着负债占总资金来源的比重增大，虽然负债资金成本率随之逐渐上升，但是由于财务杠杆的作用，净资产收益率也随之逐渐上升。但是当负债占总资金来源的比重高到一定的程度之后，随着负债资金成本率的上升，净资产收益率则开始下降，当负债资金成本率等于总资产收益率的时候，净资产收益率又等于总资产收益率了；当负债资金成本率大于总资产收益率的时候，净资产收益率就低于总资产收益率了，这时公司增加负债就完全得不偿失。公司可以通过对不同资金结构条件下的净资产收益率的比较，寻找到能使净资产收益率达到最大化的资金结构。能使净资产收益率达到最大化的资金结构就是最优的资金结构。就图 9－10 而言，当负债与净资产之比为 A 时，企业价值达到最大化。

三、对不同最优资金结构判断标准的评价

以上讨论了三种最优资金结构的判断标准，可以相信在多数情况下，用不同判断标准会得出不同的结论，那么究竟应该如何看待这些不同的标准？

（一）不同最优资金结构判断标准的基础

资金成本判断标准和企业价值判断标准都是以企业市场价值为基础的，而净资产收益率判断标准则是以企业账面价值为基础的。

资金成本判断标准认为,负债产生的风险不但影响到负债本身的资金成本,而且还会影响到企业股权资金的市场价值,而股权资金成本是股利与股权资金市场价值之商,因此负债与企业价值之比会影响到股权资金的成本。在股利支付额不变的条件下,股权资金的成本与企业的市场价值成反比,企业价值越大,股权资金成本率就越低,反之则越高。

企业价值判断标准认为,负债产生的财务杠杆作用一方面会增加企业价值,另一方面又会因为破产等成本的存在而减少企业价值,负债对企业价值的最终影响是通过这正负两方面的力量对比获得的。当负债产生的正影响大于负影响时,企业价值会因为负债的存在而增加;反之,当负债产生的负影响大于正影响时,企业价值会因负债的存在而减少。

净资产收益率判断标准认为,负债的存在会为净资产收益率提供财务杠杆效应,当总资产收益率大于负债资金成本率的时候,负债与净资产之比越大,净资产收益率就会越高,反之则会越低。在净资产收益率计算公式中所涉及的总资产、净资产、负债等指标,均是按会计账面价值计算的,因此,净资产收益率判断标准是建立在会计账面价值基础之上的。

（二）资金成本判断标准与企业价值判断标准之间的关系

从上面所述不难发现,资金成本判断标准和企业价值判断标准有相同之处,都是建立在市场价值基础之上的,在很大程度上可以相互统一起来。应该说,资金成本判断标准是在企业价值标准基础上的进一步发展。因为,在企业价值最大的时候,企业的股权资金成本就最低。资金成本判断标准与企业价值判断标准的关系如图 9 - 11 所示。

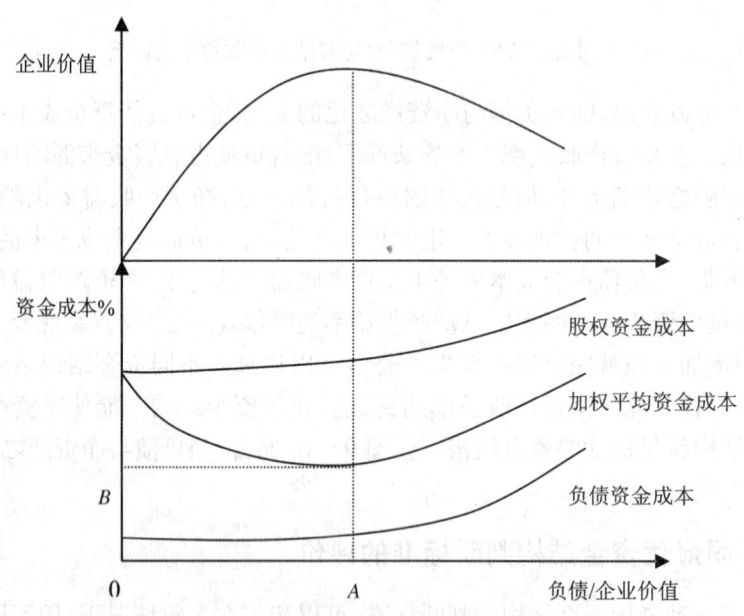

图 9 - 11　资金成本判断标准与企业价值判断标准的关系

从图 9 - 11 可以看出,当负债与企业价值之比为 A 的时候,资金成本达到最低点,企业价值达到最高点,资金来源结构在此点达到最优。

（三）净资产收益率判断标准与资金成本和企业价值判断标准之间的矛盾

净资产收益率完全是按照会计账面价值计算的结果，是企业净收益与会计账面净资产价值之比，它没有考虑负债的外部影响，即财务风险对企业适用折现率的影响。股权（净资产）的内涵价值是企业预期净收益的折现值，该价值除了受企业净收益额的影响之外，还受企业适用折现率的影响，而企业适用折现率是同风险的市场折现率。该折现率受企业财务风险或企业负债与净资产之比的影响。如果由于负债的存在，使企业净收益的增长速度高于适用折现率的增长速度，那么，负债会导致企业价值增加；反之，当企业净收益的增长速度低于适用折现率的增长速度时，负债则会导致企业价值减少。但是用净资产收益率标准则不能考察该种现象，只能选择出净资产收益率高的资金结构方案。这样，净资产收益率判断标准就会与资金成本判断标准和企业价值判断标准产生矛盾。

比较三种不同的最优资金结构判断标准，虽然用资金成本和企业价值判断标准能够更好地确定最优资金结构，但是，其缺点是企业价值变化无常，而且难以取得，所以在实际运用的时候会存在一定的问题。在资料不足的情况下，特别是对非上市公司是难以运用这两个标准判断最优资金结构的。而净资产收益率标准，不存在企业价值的确定问题，因此，可以运用于任何公司。

第三节　追加筹资金额同边际资金成本的关系

前面讨论的问题是在筹资金额不变条件下，资金结构变化同加权平均资金成本之间的关系。但在实际中，任何一个企业的筹资额都是在不断变化的，筹资额的变动不可避免地会导致资金成本的变动，这种因追加筹资额而产生的追加的资金成本称之为边际资金成本。本节将专门讨论追加筹资金额同边际资金成本的关系。

一、边际资金成本

从严格的意义上讲，边际资金成本是指资金增量（ΔX）引起的资金成本增量（ΔY），在资金增量 $\Delta X \to 0$ 时，与资金增量 ΔX 的比值，即：

$$边际资金成本 = \lim_{\Delta X \to 0} \frac{\Delta Y}{\Delta X}$$

但在筹资实务中，筹资金额不可能无限小，也不可能计算出每新增一元筹资额所增加的资金成本。因此，在公司理财的实务中均简单地把新增的资金成本称为边际资金成本。如果某公司现有各种资金来源总额为 10 000 万元，加权平均资金成本为 10％，现为了扩大生产经营规模，新发行债券 1 000 万元，其资金成本为 6％，那么，这 6％ 就是公司发行新债券筹资的边际资金成本。

边际资金成本是一个动态的概念，它一般随着筹资规模的扩大而上升。究其原因，是在实际中任何企业都不可能以一个固定的资金成本率筹集到无限的资金。另外，由于新增资金来源往往并非唯一，因此，也需要计算新增资金的加权平均资金成本。这时，新增资金的加权平均资金成本就是新增筹资额的边际资金成本。

二、边际资金成本的计算

加权平均边际资金成本的确定应按如下步骤进行:

步骤一:测定各类资金来源的资金成本分界点。资金成本分界点是指使资金成本发生变动时的筹资金额。如果某企业长期债券在 2 000 万元及以下时,债券的资金成本为 8%,当超过 2 000 万元时,债券的资金成本则上升为 10%;那么,2 000 万元就为长期债券筹资方式的成本分界点。在实务中,该成本分界点是根据金融市场上的供求关系预测而得的。

步骤二:确定追加筹资额的资金结构。

步骤三:确定筹资突破点和划分与之对应的筹资范围。筹资突破点是指使某种资金来源的资金成本发生变动时的筹资总额。在筹资突破点以内筹资,资金成本保持不变,但是一旦超出了筹资突破点,即使资金结构维持不变,其资金成本也会发生变化。筹资突破点的计算方法如下:

$$筹资突破点 = \frac{某种资金来源的成本分界点筹资金额}{该种资金来源占筹资总额的比重}$$

步骤四:分组计算追加筹资额的边际资金成本。

下面以实例说明边际资金成本的确定和追加筹资额同边际资金成本的关系。

【例 9-1】 假定某公司为了满足追加投资的需要,拟筹集一定金额的长期资金。根据对资金市场状况和公司有关条件的分析,得到了如下的各种筹资方式下筹资规模与资金成本关系方面的资料,如表 9-3 所示。

表 9-3

各种筹资方式下筹资规模与资金成本

单位:万元

筹资方式	资金成本分界点	个别资金筹资范围	资金成本(%)
长期借款	100	100 以内	5
	200	100~200	6
		200 以上	7
长期债券	150	150 以内	6
	300	150~300	7
		300 以上	8
普通股票	300	300 以内	12
	600	300~600	13
		600 以上	14

公司通过分析,确定追加筹资的资金结构为长期借款 20%、长期债券 20%、普通股票 60%。

根据前述加权平均资金成本的计算方法,其计算过程和结果如下:

(1)计算筹资突破点,如表 9-4 所示。

表 9 - 4

筹资突破点

单位:万元

筹资方式	资金成本(%)	资金成本分界点	筹资结构	筹资突破点	筹资范围
长期借款	5	100	20%	500	0~500
	6	200	20%	1 000	500~1 000
	7	>200	—	—	>1 000
长期债券	6	150	20%	750	0~750
	7	300	20%	1 500	750~1 500
	8	>300	—	—	>1 500
普通股票	12	300	60%	500	0~500
	13	600	60%	1 000	500~1 000
	14	>600	—	—	>1 000

(2) 计算加权平均资金成本,如表 9 - 5 所示。

表 9 - 5

加权平均资金成本

单位:万元

筹资范围	筹资方式	资金结构%	个别资金成本%	加权平均资金成本%
0~500	长期借款	20	5	1
	长期债券	20	6	1.2
	普通股票	60	12	7.2
	加权平均资金成本			9.4
500~750	长期借款	20	6	1.2
	长期债券	20	6	1.2
	普通股票	60	13	7.8
	加权平均资金成本			10.2
750~1 000	长期借款	20	6	1.2
	长期债券	20	7	1.4
	普通股票	60	13	7.8
	加权平均资金成本			10.4
1 000~1 500	长期借款	20	7	1.4
	长期债券	20	7	1.4
	普通股票	60	14	8.4
	加权平均资金成本			11.2

（续表）

筹资范围	筹资方式	资金结构%	个别资金成本%	加权平均资金成本%
>1 500	长期借款	20	7	1.4
	长期债券	20	8	1.6
	普通股票	60	14	8.4
	加权平均资金成本			11.4

可以将表9-5边际资金成本绘制成图9-12,以直观反映追加筹资同边际资金成本间的关系。

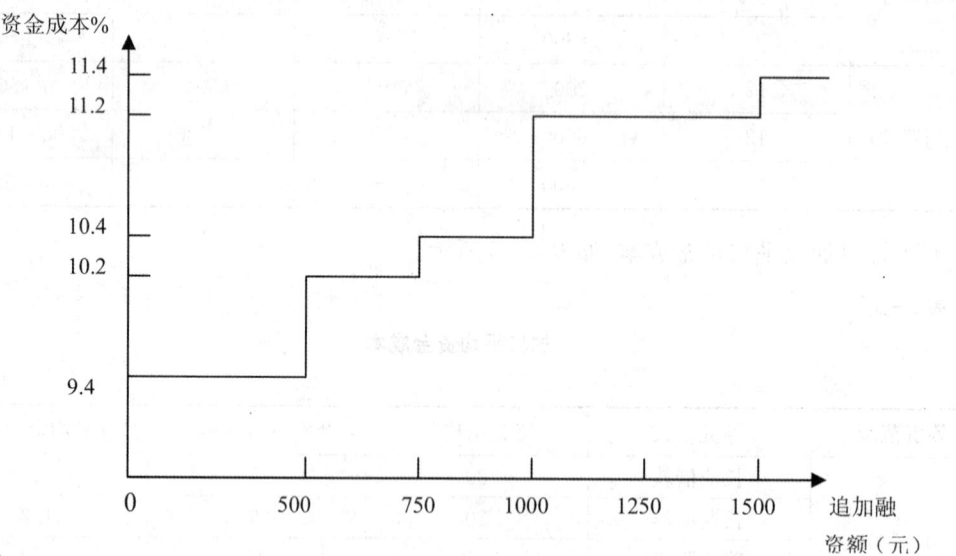

图9-12　追加筹资同边际资金成本间的关系

掌握了边际资金成本,就可以用它与投资项目的收益率相比较,确定一个企业的最佳投资额和筹资额,为企业进行正确的投资和筹资决策奠定基础。

第四节　确定最优资金结构方法例解

下面,我们将上述确定最优资金结构的原理应用于实例,来讨论求解最优资金结构的具体方法。

一、资料

【例9-2】　设某股份有限公司目前的资金结构和有关资料如表9-6所示。

表9-6

公司资金结构相关资料表

单位:万元

资金来源	账面价值	市场价值	比重②	资金成本②	加权平均资金成本②
长期债券	600	600	34.29%	4.2%	1.44%
优先股票	100	150	8.57%	9%	0.77%
普通股票①	500	1 000	57.14%	12%	6.86%
合 计	1 200	1 750	100%	——	9.07%

① 普通股票市场价格为10元/股,共发行在外100万股。

② 为了简化计算,在资金成本计算时,除普通股票按照市场价值为基础计算之外,其他资金成本均以账面价值为基础计算。以下相同。

该公司的所得税税率为30%。本年期望普通股票股利为0.7元/股,并预计以后将以每年5%的速度递增。债券的票面利息率为6%。

现公司拟增资300万元进行一项投资,该项目投产后,公司的息税前收益总额预计为200万元。现在公司需要研究筹措资金的最佳方案。

公司拟订了如下几种筹资方案,并预计不同方案的市场价值和资金成本如下:

方案1:按面值发行300万元的债券,债券利息率为10%,发行费用为债券总额的3%。因发行费用造成的资金不足部分由流动负债弥补。流动负债的资金成本现不予考虑(以下方案相同,不再提示)。通过预测得知,由于公司负债比重上升,风险相应增加,在普通股票每股股利增至0.8元/股,且股利按年增长率6%的速度递增的情况下,普通股票的市场价格将下跌为9元/股。其余资金来源的市场价格不变。

方案2:只发行债券200万元,年利息率降为9%,发行费用仍为3%;同时以10元/股的价格发行普通股票10万股,筹集资金100万元,股利仍为0.7元/股,年股利递增速度为5%,无发行费用。预计这种筹资方式可保持公司普通股票市场价格维持在10元/股的水平不变。其余资金来源的市场价格不变。

方案3:只发行债券100万元,年利息率降至8%,发行费用仍为3%;同时,以10元/股的价格发行普通股票20万股,筹集资金200万元。这时预计普通股票的市场价格将上涨为11元/股,股利将仍保持在0.7元/股,股利年增长率将仍为5%,无发行费用。其余资金来源的市场价格不变。

试根据上述资料按照加权平均资金成本最低、企业价值最大、净资产收益率最高标准确定最优资金结构。

二、确定最优资金结构

(一)按照加权平均资金成本标准确定最优资金结构

寻找公司资金的最优结构,一般应先从资金成本最低的资金来源开始,由于负债的资金成本在公司各种资金来源中是最低的,因此应从充分利用负债开始,然后再逐渐降低负债的比重。每改变一次负债比重,就测算一次它对公司资金成本的影响,从而形成多种可供选择的方案。最后,从这些方案中选择出资金成本最低的方案作为筹资的最佳方案。现按逐次测试法寻找筹集资金的最佳方案。

方案 1：

根据给出的资料，可以编制资金成本计算表（见表 9-7）。

表 9-7

资金成本计算表

单位：万元

资金来源	账面价值	市场价值	比重	资金成本	加权平均资金成本
长期债券（旧）	600	600	30.77%	4.2%	1.29%
长期债券（新）	300	300	15.38%	7.22%＊{＝[10%（1−30%）]/−3%}	1.11%
优先股票	100	150	7.69%	9%	0.69%
普通股票（市场价格 9 元/股，发行在外 100 万股）	500	900	46.16%	14.89%（0.8/9+6%）	6.87%
合　计	1 500	1 950	100%	—	9.96%

注：为简化的近似计算。

方案 2：

根据给出的资料，可以编制资金成本计算表（见表 9-8）。

表 9-8

资金成本计算表

单位：万元

资金来源	账面价值	市场价值	比重	资金成本	加权平均资金成本
长期债券（旧）	600	600	29.27%	4.2%	1.23%
长期债券（新）	200	200	9.76%	6.49%＊[＝[9%（1−30%）]/−3%]	0.63%
优先股票	100	150	7.32%	9%	0.66%
普通股票（市场价格 10 元/股，发行在外 110 万股）	600	1100	53.65%	12%（＝0.7/10+5%）	6.44%
合　计	1 500	2 050	100%	—	8.96%

＊：为简化的近似计算。

方案 3：

根据给出的资料，可以编制资金成本计算表（见表 9-9）。

表 9-9

资金成本计算表

单位:万元

资金来源	账面价值	市场价值	比重	资金成本	加权平均资金成本
长期债券(旧)	600	600	27.65%	4.2%	1.16%
长期债券(新)	100	100	4.61%	5.77%* [=[8%(1-30%)]/-3%]	0.27%
优先股票	100	150	6.91%	9%	0.62%
普通股票(市场价格 11 元/股,发行在外 120 万股)	700	1320	60.83%	11.36%(=0.7/11+5%)	6.91%
合　　计	1 500	2 170	100%	—	8.96%

*:为简化的近似计算。

将上述三方案的结果相比较,可以发现方案 3,即发行债券 100 万元和发行普通股票 20 万股,除了可以使公司资金结构达到最优,资金成本仅为 8.96%之外,公司的价值也最高。因此,公司应该按方案 3 的资金结构筹资。

从上面的讨论中可以看出,公司测试的次数越多,可供选择的方案就越多,资金结构就越容易逼近最优。

(二)按照企业价值标准确定最优资金结构

根据前面计算的结果,可以将三个方案的企业市场价值和普通股票市场价值列表反映,如表 9-10 所示。

表 9-10

价值比较表

	方案 1	方案 2	方案 3
企业市场价值(万元)	1 950	2 050	2 170
普通股票市场价值(元)	9	10	11

比较三个方案,方案 3 的企业市场价值和普通股票的市场价值均最大,故方案 3 最优。

(三)按照净资产收益率标准确定最优资金结构

根据前面计算的结果,可以将三个方案的净资产收益率和普通股票收益率列表反映,如表 9-11 所示。

比较三个方案,方案 1 的净资产收益率和普通股权益收益率均最高。因此,以净资产收益率作为选择最优资金结构的标准,方案 1 最优。

比较上述三种最优资金结构选择的标准,可知资金成本选择标准与企业价值标准不存在任何矛盾,而净资产收益率选择标准则与资金成本选择标准和企业价值选择标准存在着矛盾。这是因为净资产收益率标准是以账面价值为基础计算的结果,而其他两种选择标准均是以市场价值为基础计算的结果。完全站在股东的立场上考察,以市场价值为基础的选择标准更能满足股东财富最大化的需要。但是,从操作的可行性来考察,以净资产收益率作为选择标准更具有可操作性。因为,计算净资产收益率所需的各种数据资料都是现存的,而计算企业市场价值的资料则是难以取得的,甚至是不存在的。总之,在企业的市场价值能够取得的条件下,确定最优的资金结构,应该尽可能地采用资金成本或企业价值标准,当企业的市场价值无法取得的时候,才可以用净资产收益率标准来取而代之。不过就是在不得已而采用净资产收益率标准的时候,也要尽可能考虑不同资金结构条件下企业所承受的风险程度,对净资产收益率进行风险调整,使选择的结果尽可能符合现实情况。有关风险调整净资产收益额和收益率的方法,本书将在以后的相关章节中论及。

表 9－11

收益率计算表

单位:万元

项目	方案 1	方案 2	方案 3
息税前收益	200	200	200
减:长期债券利息(旧)	36	36	36
长期债券利息(新)	30	18	8
税前收益	134	146	156
减:所得税	40.2	43.8	46.8
税后收益	93.8	102.2	109.2
减:优先股股利	9	9	9
归普通股票拥有的收益	81.8	93.2	100.2
净资产总额	600	700	800
普通股票权益	500	600	700
净资产收益率	15.63%	14.6%	13.65%
普通股权益收益率	16.36%	15.53%	14.31%

习　　题

一、复习思考题

1. 什么是 MM 资金结构理论? 其基本内容是什么?

2. MM 定理的基本经济含义是什么? 这些含义又是如何推论出来的?

3. MM 定理的假设前提与现实生活中存在着什么主要的差异?

4. 在现实生活中,资金结构与加权平均资金成本之间存在着什么关系?

5. 最优资金结构可以用什么标准进行判断? 不同的判断标准各有什么基本的特征?

6. 什么是资金成本的突破点? 其计算的基本理论与方法是什么?

7. 如何利用资金成本标准来确定最优的资金结构？

8. 如何利用净资产收益率标准来确定最优的资金结构？

二、计算题

1. 乙公司为了满足追加投资的需要,必须筹集一定金额的长期资金。公司通过对资金市场状况和公司有关条件的分析,得到了如下的各种筹资方式下筹资规模与资金成本关系方面的资料,见表习题9-1。

表习题9-1

各种筹资方式下筹资规模与资金成本

筹资方式	资金成本分界点	个别资金筹资范围	资金成本(%)
长期借款	500	500 以内	6
	1 000	500～1 000	7
		1 000 以上	8
长期债券	1 000	1 000 以内	5
	2 000	1 000～2 000	6
		2 000 以上	7
普通股票	2 000	2 000 以内	12
	4 000	2 000～4 000	13
		4 000 以上	14

公司通过分析,确定追加筹资的资金结构为长期借款20%、长期债券20%、普通股票60%。

请计算筹资突破点;计算公司筹资量小于1 000万元、筹资量为1 000～5 000万元、筹资量大于5 000万元时的边际加权平均资金成本;绘制边际资金成本图。

2. 东方公司根据对资金市场状况和公司有关条件的分析,预测公司各种可能的筹资方式下的筹资规模与资金成本关系如表习题9-2所示。

表习题9-2

各种可能的筹资方式下筹资规模与资金成本

筹资方式	资金成本分界点	个别资金筹资范围	资金成本(%)
长期借款	300	300 以内	6
	600	300～600	7
		600 以上	8
长期债券	500	500 以内	5
	1 000	500～1 000	6
		1 000 以上	7

（续表）

筹资方式	资金成本分界点	个别资金筹资范围	资金成本（%）
普通股票	1 000	1 000 以内	12
	2 000	1 000～2 000	13
		2 000 以上	14

公司通过分析，认为当追加筹资的资金结构为长期借款 20%、长期债券 30%、普通股票 50%时，公司的资金结构达到最优。

公司又分析，投资规模与投资收益率存在如下的关系，见表习题 9-3。

表习题 9-3

投资规模与投资收益率关系

投资规模	500 以下	500～1 000	1 000～1 500	1 500～2 000	2 000～2 500
投资收益率	16%	14%	12%	10%	8%

试根据上述资料确定东方公司的最佳追加投资量。

3. 假设南方股份有限公司目前的资金结构和有关资料如表习题 9-4 所示。

表习题 9-4

南方公司资金来源结构表

单位：万元

资金来源	账面价值	票面利率	市场价值
长期债券	2 000	7%	2 000
优先股票（面值 100 元/股）	300	10%	400
普通股票（发行在外 200 万股）	1 200	——	2 400
合　　计	3 500	——	4 800

南方公司的所得税率为 30%，本年期望股利为 0.6 元/股，并预计以后将以每年 6%的速度递增。

现南方公司有一项有利可图的投资项目，需要筹资 1 000 万元，项目投产之后，公司的息税前收益总额将达到 800 万元。通过分析，有如下几个筹资方案可供选择：

方案 1：按面值发行 1 000 万元的 5 年期长期债券，债券利息率为 10%，发行费用为债券总额的 3%。通过预测得知，由于公司负债比重上升，风险相应增加，在普通股票每股股利增至 0.7 元/股，且股利按年增长率 6%的速度递增的情况下，普通股票的市场价格将下跌为 10 元/股。其他资金来源的市场价值保持不变。

方案 2：按面值发行 500 万元的 5 年期长期债券，债券利息率为 9%，发行费用为债券总额的 3%；同时，以 10 元/股的价格发行普通股票 50 万股，筹资 500 万元，筹资费用为筹资额的 4%。通过预测得知，在普通股票每股股利保持原 0.6 元/股，股利按年增长率 6%的速度递增的情况下，普通股票的市场价格将下跌至 11 元/股。其他资金来源的市场价值保持不变。

方案3：按面值发行200万元的5年期长期债券，债券利息率为9％，发行费用为债券总额的3％；按面值100元/股，发行优先股票2万股，金额200万元，股息率为11％，发行费用为发行额的4％，发行新优先股票后，优先股票的市场价格预计为150元/股；以10元/股的价格发行普通股票60万股，筹资600万元，发行费用为发行额的4％。通过预测得知，在普通股票每股股利保持0.6元/股不变，股利按年增长率6％的速度递增的情况下，普通股票的市场价格将保持12元/股不变。其他资金来源的市场价值保持不变。

方案4：按面值100元/股，发行优先股票3万股，金额300万元，股息率为11％，发行费用为发行额的4％，发行的新优先股票的市场价格预计为160元/股；同时，以10元/股的价格发行普通股票70万股，筹资700万元，发行费用为发行额的4％。通过预测得知，在普通股票每股股利保持0.6元/股，股利按年增长率6％的速度递增的情况下，普通股票的市场价格将增至13元/股。其他资金来源的市场价值保持不变。

方案5：以10元/股的价格发行普通股票100万股，筹资1 000万元，发行费用为发行额的4％。通过预测得知，在普通股票每股股利保持0.6元/股，股利按年增长率6％的速度递增的情况下，普通股票的市场价格将增至14元/股。其他资金来源的市场价值保持不变。

以上各方案中，资金不足部分将按年8％的利息率从银行取得长期借款来弥补。

请根据上述资料分别按照资金成本标准、企业价值标准和净资产收益率标准选择最优的筹资方案。

第十章 流动资产投资管理

【本章提要】 流动资产投资属于短期投资,是公司中连续不断的投资行为。流动资产投资管理的好坏直接关系到公司经营的成败,任何一个公司都不能因为流动资产的单次投资量小、收回时间短而忽视它。在现实中,一个公司财务主管的主要精力有 60% 以上是用于公司的流动资金管理,而流动资产是流动资金管理的一个最重要的方面。本章将在讨论流动资产投资总额的问题之上,重点讨论流动资产中现金、短期有价证券、应收账款、存货等主要项目的投资和管理问题。

【学习目标】 通过本章学习,要求掌握和了解如下内容:(1)了解流动资产投资总额确定的理论和方法。(2)了解现金管理的意义。(3)掌握现金预算与持有量决策的基本方法。(4)掌握现金流量管理的基本方法和内容。(5)了解短期有价证券的特征和投资目的。(6)了解短期有价证券投资策略。(7)掌握应收账款投资的信用决策理论和方法。(8)了解客户信用分析的不同方法。(9)掌握信用动态管理的基本方法。(10)了解应收账款的收账策略。(11)了解存货投资总额决策的理论。(12)了解存货投资结构管理的理论。(13)掌握存货分类最佳投资额的决策方法。

第一节 流动资产投资总额决策

对流动资产的投资应从确定流动资产的投资总额开始,然后再深入到各具体的流动资产组成项目投资额的确定。本节将从收益和风险两个方面来讨论流动资产投资总额的决策问题。

一、流动资产的特征与分类

(一)流动资产的特征

在会计学中,流动资产一般被定义为可以在 1 年以内或者超过 1 年的一个营业周期以内转变为现金或者运用的资产。这些资产包括现金(包含库存现金和银行存款)、短期有价证券、应收账款、其他应收款、各种存货等。流动资产与固定资产和其他长期资产相比较,有两个显著的特征。

1. 使用期短

流动资产一般不会超过1年或者一个营业周期都不发生形态转化,如绝大多数的库存材料,在1年中都会转变为在制品,然后再转变为产成品,产成品销售之后,又转变为现金或经应收账款再转变为现金。

2. 流动性强

流动性强是指变为现金的速度快。存货销售后变成应收账款,应收账款收回后变为现金;短期有价证券可随时在金融市场上出售,迅速转变为现金。当然,固定资产也可以在各种市场上出售而转变为现金,但是固定资产是公司的主要生产手段,它不是为了转让而存在的资产,如果将它出售,公司的生产经营能力必然会遭受削弱。也就是说,除了不需要的固定资产可以转让变为现金之外,公司正常生产经营中的固定资产未到迫不得已时(如面临破产时)是不会出售的,因此固定资产的变现能力极低。

(二) 流动资产的分类

按流动资产在生产经营循环中所处的位置,可以将流动资产分为在生产领域中发挥作用的流动资产、流通领域和生息领域发挥作用的流动资产。

1. 处于生产领域的流动资产

处于生产领域的流动资产包括各种原材料、辅助材料、燃料、低值易耗品等存货资产。它们主要是劳动对象,是构成产品的实体,或有助于产品形成的流动资产。在生产加工过程中,它们首先改变自己的形态变为在制品,随着生产加工过程的完成,在制品又转变为产成品。

2. 处于流通领域的流动资产

处于流通领域的流动资产包括产成品、应收账款、结算需要的现金等。在制品转变为产成品之后,就离开生产过程进入了流通领域。通过销售,产成品或直接转变为现金,或先通过应收账款再转变为现金。

3. 处于生息领域的流动资产

处于生息领域的流动资产包括定期存款和短期有价证券等。公司将短期闲置的现金存入银行或作短期有价证券投资均可以获得一定的利息收入,处于生息领域的流动资产随时都可以根据公司生产经营的需要转化为生产或流通领域的流动资产。

各种流动资产除了需要在处于不同领域之间和同一领域内部保持平衡关系,使各种流动资产发挥最大的效益之外,还要求与总资产保持一定的比例关系,使公司的收益和风险取得平衡。从收益和风险角度考察,变现能力强的资产风险小、收益低;变现能力弱的资产风险大、收益高。因此,流动资产投资需要注意到投资总额和结构两个方面的问题,并通过平衡总额与结构的关系使公司价值最大化。

二、流动资产投资总额决策

公司在确定流动资产投资总额时,必须权衡收益和风险的问题。为了探讨这一问题,我们首先假定公司的固定资产总额不变,并在这一假定的基础上,通过变动流动资产总额来分析流动资产总额变化对公司收益和风险的影响。其次,假设公司的应收账款和存货的变现能力都很强,可以将它们作为现金来看待,这样,我们所要讨论的流动资产就都是变现能力极强的现金和有价证券了。

根据易变现资产在收益和风险方面的特征,可以推出,公司易变现资产的比重越大,风险就越小,但相应地收益率也就越低。

按上述流动资产均视为变现能力极强的现金资产的假定,流动资产占资产总额的比重越大,公司风险就越低。因为当公司有足够的易变现资产时,一方面,能保证偿还各种到期债务,减少不能偿还到期债务的不确定性;另一方面,可以增加应付各种意外情况的能力。比如,可以增加抵御因原材料短缺和产品销路不畅对生产的不利影响,即减少了外部市场变化对公司生产冲击的风险。另外,有了足够的易变现资产,公司就可以容易地根据市场变化调整生产方向,满足市场需要,使公司保持高度机动性,避免市场不确定性带来的不利影响。

但是,公司在流动资产占资产总额的比重增大的同时,闲置的流动资产就会相应增加,从而导致公司盈利能力下降。因为,将闲置资产作为生息资本带来的收益必然会远远低于将这些资产作为生产资本所带来的收益,这也是为什么投资者要投资办公司,而不将资金存入银行追求利息的根本原因。可见,公司降低风险是以降低收益为代价的。

下面,我们根据前述假定,即公司流动资产的变现能力均很强的假定,用一个例子来说明公司流动资产总额确定的风险与收益平衡的问题。

设某公司以现有的固定资产生产能力,其最高年产量可达 100 万件,在这个范围内,随着产量的增减变化,所需流动资产的总额将相应变化。现假定该公司有 A、B、C 三个流动资产投资方案可供选择。这三个流动资产投资方案与产量的关系如图 10 - 1 所示。

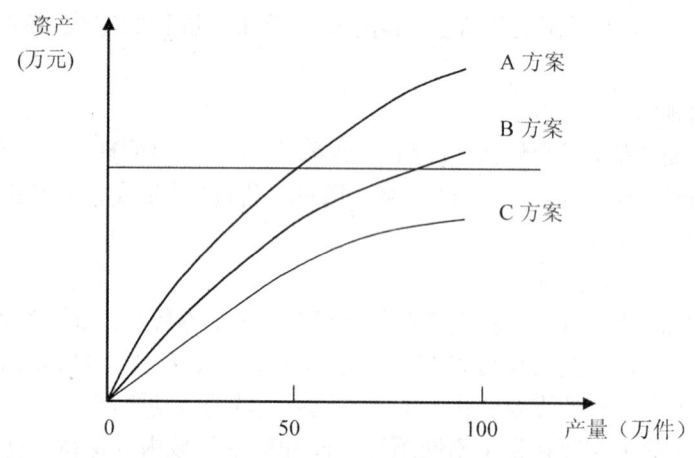

图 10 - 1 不同流动资产方案与产量的关系图

从图 10 - 1 可以看出,流动资产投入量随产量的增加而增加,但并不保持线形关系,而是随产量增加其增长率呈递减状态。这符合流动资产增长的现实状况。因为,随着产量上升,流动资产绝对量增大,流动资产内部各项目之间互相调剂使用的机会增多,进而导致了流动资产的使用效率提高。至于固定资产,则假定它在 0~100 万件这个区间内总额保持不变。

在 A、B、C 三个方案中,A 方案最稳健,在所有产量水平下,流动资产对固定资产的比率都最高。B 方案次之,C 方案再次之。C 方案是三个方案中最为冒进的方案,在所有产量水平下,流动资产对固定资产的比率都最低。

【例 10 - 1】 设前述公司预计在计划年度内能实现销售量 80 万件,每件销售单价为 30 元,付息和纳税前的收益率为 15%。该公司固定资产总额为 1 000 万元,流动资产机会成本率为 8%，A、B、C 三方案流动资产的总金额分别为 1 000 万元、900 万元和 800 万元。试根据这些资料分别计算不同方案的收益率。

解：

根据资料，可以得到三个方案的收益率计算表，如表 10 - 1 所示。

表 10 - 1

按不同流动资产方案计算的收益率

单位:万元

	A 方案	B 方案	C 方案
销售收入	2 400	2 400	2 400
息税前收益	360	360	360
流动资产机会成本	80	72	64
税前收益	280	288	296
流动资产	1 000	900	800
固定资产	1 000	1 000	1 000
资产总额	2 000	1 900	1 800
流动资产周转次数（次）	2.4	2.67	3
总资产周转次数（次）	1.2	1.26	1.33
总资产税前收益率（%）	14%	15.16%	16.44%

从表 10 - 1 可以看出，流动资产对固定资产的比率越高，收益率越低。A 方案能使公司保持最大的流动性，风险最小，但收益率也最低；C 方案流动性最低，风险最大，但提供的收益率最高。因此，公司在确定流动资产投资总额时，要充分权衡它可能给公司带来的收益和风险，使流动资产与总资产之比最适合公司的实际，即既有利于公司的稳定发展，又有利于确保股东财富最大化目标的实现。

当然，流动资产内部各项目的变现能力和收益能力均是不一样的，因此还存在流动资产内部结构决策的问题。对于这个问题，本书将放在第十章企业投资与筹资有机配合的策略中去讨论。

第二节　现金管理

从严格的意义上讲，现金不属于投资。因为所谓投资就是将现金转变为非现金形态的资产。但从持有现金会丧失投资机会的角度看，也可以将现金作为一种机会性的投资损失来看待。所以，在公司理财中往往将现金纳入投资研究的内容。

一、现金管理的意义

现金一般是指可以立即用来购买商品、支付各种费用或用来偿还各种债务的支付手段。它是一种流动性最强但无法或很少产生盈利的资产。尽管公司必须以现金支付薪金，购买原材料、固定资产,支付各种税收、利息、股利,以及偿还各种债务等等;但现金本身不能或基本不能为公司创造盈利,公司还必须为持有现金负担高额的机会成本。现金管理的主要目的就是要在现金的流动性与收益性之间进行选择,将现金余额降低到足以维持公司运营的最佳水平,并充分利用暂时闲置的现金去获取尽可能高的收益,使其持有量既能满足公司生产经营的需要,又能使风险降至合理的水平。

一般而言,公司持有现金主要的意义如下。

(一)满足交易性的需要

为了满足交易性的需要和日常生产经营活动对货币的需要,公司必须持有现金。因为,在实际中,公司现金收入的周期和频率与现金支出的周期和频率存在着不一致,现金收入与现金支出很少在数量和时间上完全同步。这样,公司就必须保持一定的现金余额,来调节现金收入与现金支出之间存在的时间和数量差异,维持公司交易活动的需要。这些交易包括原材料采购,支付工资、费用、税金、利息、股利,以及偿还负债等。

(二)满足预防性的需要

一个公司现金收支的金额和时间通常很难准确估计,因此,公司需要持有一定量的现金以防不测。这些当做安全性存量的现金,被称为预防性现金余额。公司持有预防性现金余额的多少受如下一些因素影响。

1. 公司现金流量的可预测性

公司持有的预防性现金余额的多少,取决于一个公司现金流量的可预测性,且两者成反比关系。公司现金流量的可预测性程度越高,公司的现金收支计划才会越准,公司才可能在不降低公司支付能力的基础上,减少现金的持有量。反之,如果公司现金流量的可预测性差,那么公司为了不降低公司的支付能力,就必须增加现金持有量。

2. 公司筹资能力的强弱

预防性现金余额的多少与公司对外的筹资能力强弱成反比。公司的筹资能力强,公司日常持有的现金余额就可以大大减少。因为筹资能力强的公司,在公司急需现金时,可以迅速地从不同渠道取得现金,从而满足现金支付的需要。反之,筹资能力弱的公司,则必须更多地依靠自己的现金积累来满足现金支付的需要。因此,日常的现金持有量必然会增加。

在现实中,对满足预防性的现金需要量,往往可以用变现能力很强的短期有价证券来担保。在平时公司现金有多余的时候,将现金转变为短期有价证券;在公司需要现金时,将短期有价证券卖出,转换为现金。这样,既可以减少闲置的现金量,增加收益,又可以保证公司对现金的需要。

(三)满足投机性的需要

满足投机性需要的现金余额是指公司为了从市场行情的波动中获取利益而持有的现金余额。这些市场行情包括诸如偶然出现的廉价购买原材料和其他资产的机会,预期证券行情涨落获取好处的机会等。这些机会往往是稍纵即逝,因此,只有在公司保持一定现金余额的前提下,才有可能抓住这些机会,获取超常的利益。满足投机性需要的现金余额的多少,与公司的经营理念密切相关,一些喜好冒险和投机的公司,可能在这方面的现金持有量余额较大;而一些不愿参与各种投机活动的公司,则可能没有满足投机性需要的现金余额。

(四)满足补偿性的需要

满足补偿性的需要是指满足与银行签订的贷款合同的最低存款余额的需要。这完全随公司与银行签订的合同而变化。

尽管大多数公司的现金账户需要满足交易性、预防性、投机性和补偿性四种目的,但是,公司在实际中是可以用同一个现金余额来满足这些不同的需要的。例如,投机性余额就可以用来满足公司预防性的需要。故公司持有的现金余额并不是上述四种现金余额之和。此外,公司还有可能依靠举债和现有的有价证券来满足上述四种现金需要。因此,在确定公司现金持有量时,还需要考虑这两个因素。下面,将主要讨论有关因公司生产经营需要和预防性需要而持有现金的问题。

二、现金预算

现金收支,或称财务收支,是公司资金运动的主要形式。公司的现金支出意味着一次资金运动的开始,现金收入意味着一次资金运动的结束。现金收支是资金循环的纽带,要使现金收支在数量上相适应和时间上相衔接,就必须对它进行管理,进行全面的安排和调度。现金预算是对现金收支进行管理的一种有用方法。

现金预算是对公司一段时间内现金流入量与流出量所作出的预先安排。它是公司预算体系的重要组成部分,是公司进行现金管理的必要手段。有了现金预算,就可以了解公司各期现金收支情况,估算现金富余或短缺的金额和时间,为现金管理提供依据。现金预算有两种主要的编制方法:现金收支法和调整净收益法。

（一）现金收支法

现金收支法,又称直接法,是最为常见的现金预算编制方法,预算编制的基本原理是根据现金收支直接编制现金预算。其主要步骤包括:

（1）预测公司现金流入量。预测的主要依据是公司的销售收入预算、投资收入预算和其他收入预算,从这些收入预算可以推出公司能有多少现金流入。

（2）预测公司现金流出量。预测公司现金流出量的主要依据是公司的采购支出、营业费用支出、利息支出、纳税支出,以及固定资产投资性支出等方面的预算。

（3）估算出公司现金不足或富余的金额,并对不足或富余现金作出合适的处理。

估算公式为:

$$\text{预算期现} \atop \text{金余缺额} = {\text{预算期期初} \atop \text{现金余额}} + {\text{预算期现} \atop \text{金流入量}} - {\text{预算期现} \atop \text{金流出量}} - {\text{预算期期末} \atop \text{现金余额}}$$

如果结果为正,表明公司在预算期内现金富余,需要对闲置现金进行有效的利用;如果结果为负,表明公司在预算期内存在现金短缺,需要设法筹措资金以满足公司对现金的需要。

采用这种方法编制预算的优点,是能直接将预算与现金收支的实际情况进行比较,有利于控制和分析现金预算执行情况;但由于现金净收入并不能反映公司的盈亏状况,因此,其缺点是无法揭示预算期内公司现金与财务成果之间的联系。

（二）调整净收益法

调整净收益法,又称间接法,也是现金预算编制的一种常用方法,预算编制的基本原理是将按权责发生制计算的会计净收益调整为净现金流量。其主要步骤为:

（1）将按权责发生制基础计算出的税前收益,调整为现金收付实现制为基础的税前收益;再扣除预算期内支付的各项税款,得出以现金收付实现制为基础的税后收益。

（2）将现金收付实现制为基础的税后收益，加、减与预算期收益无关的现金收、支金额，得出预算期内现金余额的增加额（减少额）。

（3）预算期内现金余额增加额（减少额）加、减期初、期末现金余额，再扣除发放现金股利额之后所剩金额，可以计算出该预算期内可供利用的现金余额。

（4）对预算期内的现金余缺作出处理。

这种现金预算编制方法的优点，是将现金预算与财务成果有机联系起来，将按权责发生制基础计算的净收益与现金收付实现制基础计算的净收益有机联系起来，克服了现金收支法下收益额与现金流量不平衡的缺点，如实反映了有盈利但现金不足、亏损但现金有富余的实际现象，使公司能更好地将现金收付行为与追逐盈利的目标紧密联系在一起。这种现金预算编制法的缺点，是不能直观地和明晰地反映生产经营过程中营业现金收支的具体情况，如销售收入额、直接材料和人工费用支出额等的实际情况，给现金收支控制和评价考核带来了麻烦。

三、现金持有量决策

现金管理的主要目的有二：一是保证足额和及时地满足公司生产经营对现金的需要；二是尽量缩减公司闲置现金数量，提高资金收益率。

但是，现金管理的两个目的具有相互排斥性。当财务部门为了消除闲置现金，减少现金持有量时，就容易造成现金短缺，使生产经营可能受到不利的影响；当为了满足各种潜在的现金需要和提高其保证程度而加大现金持有量时，又会导致现金闲置数量增加，资金收益率下降。因此，在现实工作中，财务人员必须要周密地计划，使两个具有相互排斥性的目标有机结合起来，并同时实现。

足够的现金持有量是保证现金管理第一个目的实现的前提，但持有量过大，又会影响到第二个目标的实现，为了使两个目标统一起来，必须确定最佳的现金持有量。

确定最佳现金持有量的方法较多，在这里只介绍应用的较广泛的存货模型、现金周转期模型和随机模型三种。

（一）存货模型

该模型的运用是建立在存在发达的货币市场假定条件之下的。在发达的货币市场中，存在着众多的可供短期投资的有价证券，这样，在公司现金有多余的时候，就可以将现金转变为短期有价证券；在公司需要现金时，又可以顺利地将短期有价证券转换为现金。也就是说，通过投资短期有价证券，公司既可以减少闲置的现金量，增加收益；又可以保证公司对现金的需要。

将现金转换为有价证券和将有价证券转换为现金都会产生成本，如果这些成本都是已知的，那么，就可以借用确定存货经济批量的公式来求解公司应该持有的最佳现金余额。这个模型是通过对现金持有量成本与买卖短期有价证券的固定成本的权衡，来确定现金管理总成本最低时的现金持有量。

现金持有成本是指因持有现金而放弃证券收益的机会成本，该机会成本是一种变动成本。买卖证券的成本是指每次买卖证券所花费的费用，这里假定该费用是不随买卖量变化，而随买卖次数变化的固定成本。

假设公司期初持有现金 C 元，C 元随着每天的均衡支出而耗尽时，公司出售 C 元的短期有价证券来补充现金。这种情况如图 10 - 2 所示。

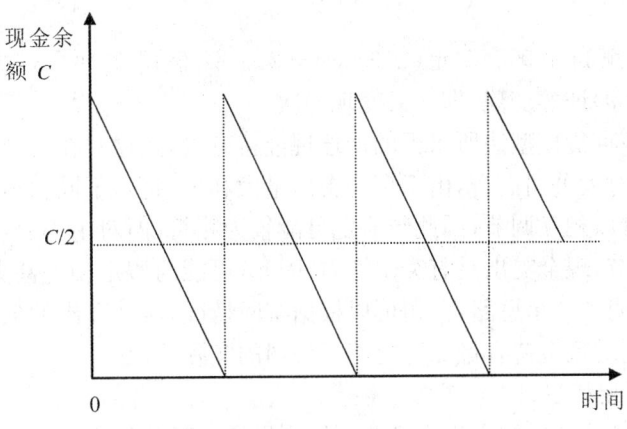

图 10 - 2　现金余额与时间关系图

从图 10 - 2 可以明显地看出这样一种关系:每次出售短期有价证券的量越大,现金余额 C 和平均余额 C/2 越大,这必然会导致持有现金的机会成本也越大;相反,每次出售量越小时,虽然机会成本减少,但是其证券买卖的交易成本会增加。按这种关系,可列出其总成本公式如下:

$$b \times \frac{T}{C} + r \times \frac{C}{2}$$

式中:b——每次交易的固定成本;T——有关时期的现金总需要量;r——持有现金的机会成本。

T/C 表示该时期内证券交易次数,$C/2$ 表示该时期的现金平均余额。

当 b、T、r 均为已知数时,求上式的极小值,可先对其求导,然后再令其一阶导数等于 0,即:

$$\frac{r}{2} - \frac{bT}{C^2} = 0$$

移项整理后得:

$$C^* = \sqrt{\frac{2bT}{r}}$$

C^* 表示总成本最低时的现金的最佳持有量,也就是每次证券变现的金额。从上式可以看出,现金持有量与现金需要总量 T 和每次交易费用 b 成正比,与持有现金的机会成本成反比,但它们之间的关系是非线形的。

【例 10 - 2】　假定某公司一个月的预计现金支付总额为 1 000 000 元,现金支付均匀分布,每次证券买卖费用为 100 元,现金持有的机会成本(短期有价证券的利息率)为 5%,问该公司的最佳现金持有量应为多少?

解:

根据公式,有:

$$C^* = \sqrt{\frac{2 \times 100 \times 1\,000\,000}{\frac{0.05}{12}}} = 219\,089\,(元)$$

现金平均持有额为 109 545 元（219 089÷2）。该公司在一个月中大致应进行 5 次（1 000 000÷219 089）证券变现，即 6 天变现一次。

需要指出，用该存货模型法所求得的最佳现金持有量，是建立在现金支出是均匀分布的假定基础之上的。对大公司而言，由于现金支出量大和项目多，不同项目所需现金经常在时间上不一致，往往可以相互调节，因此与假定可能较为相符；但对中小公司而言，不同项目互相之间往往难以调节，现金支出具有突击性质，因此，可能与假定相差甚大。但是，该模型为确定现金持有量指明了一个思路，公司可以根据实际情况，对计算出的最佳现金持有量进行经验调整，使之确定的现金持有量尽可能符合公司的实际。

（二）现金周转期模型

现金周转期是指从现金投入生产经营开始到最终重新转化为现金所花的时间。它大致由三部分时间所组成：一是存货周转期，即将现金转化为原材料进而转化为在制品、产成品，并最终出售所需要的时间；二是应收账款周转期，即从产成品销售到收回现金花的时间；三是应付账款周转期，即从收到赊购原材料起到支付现金止这一段时间。现金周转期的计算公式如下：

现金周转期＝存货周转期＋应收账款周转期－应付账款周转期

现金周转期模型下的最佳现金余额计算公式为：

$$最佳现金余额 = \frac{企业年现金需求总额}{365} \times 现金周转期$$

【例 10-3】　某公司预计存货周转期为 90 天，应收账款周转期为 35 天，应付账款周转期为 25 天，年现金需求量为 1 200 万元。试求该公司的最佳现金持有量。

解：

$$现金周转期＝90＋35－25＝100\,(天)$$

$$最佳现金持有量 = \frac{1200}{365} \times 100 = 329\,(万元)$$

用现金周转期模型计算出的最佳现金持有量相当保守，在周转初期的现金持有量的富余额较大，相应地机会成本也较大。为了克服这一缺点，公司应尽可能地将富余现金投资于短期有价证券，以增加公司收益。

（三）随机模型

随机模型，又称米勒-奥尔模型，它适用于每日现金流入量与现金流出量的变化是随机和不稳定的情况，假定，日现金净流入量，即现金余额的变化接近于正态分布，那么，随机变化情况如图 10-3 所示。

采用随机模型，公司需要根据历史经验和现实需要，确定现金持有量的最高控制线 H 和最低控制线 M，将现金余额控制在 $M\sim H$ 这个区间内。由于公司需要保持一定量的保险储备，所以 M 一般应大于零。当现金余额降到下限时，公司应当将短期有价证券转化为现金。当现金余额达到上限 H 时，应将部分现金转换为有价证券。H 是根据随机模型计算确定的。Z 为最佳现金余额，也是根据随机模型计算确定的。当现金余额在 H 和 M 之间波动

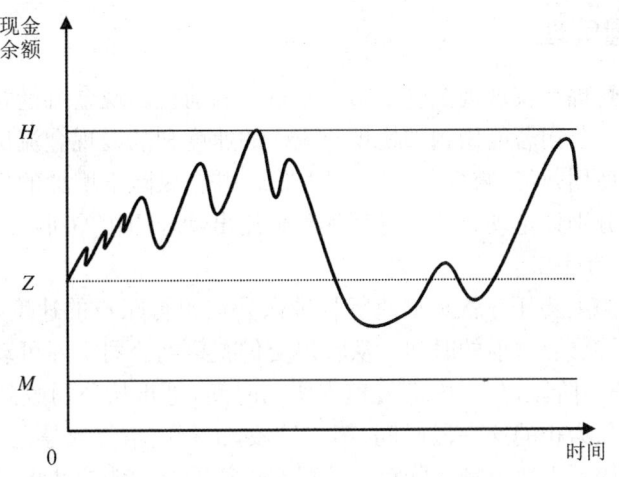

图 10-3　现金余额随机变化示意图

时,公司无需采取行动去变现短期有价证券或是将富余现金用于短期有价证券的投资。

最佳现金持有量的计算公式为:

$$Z = \sqrt[3]{\frac{3F\sigma^2}{4K}} + M$$

式中: σ^2 ——现金余额的方差,即余额波动的离散程度; F ——短期有价证券的固定变现成本; K ——日机会成本率。

$$H = 3 \times \sqrt[3]{\frac{3F\sigma^2}{4K}} + M$$
$$= 3Z - 2M$$

$$平均现金余额 = \frac{H+Z+M}{3} = \frac{4Z-M}{3}$$

【例 10-4】　某公司日现金余额的标准差 σ 为 500 元,短期有价证券投资的固定成本为 50 元,现金的机会成本率为 10%。试计算其下限为 0 时的最佳现金持有量、上限和平均余额。

解:

因为:　　　　　　　$(1+K)^{365} = 1 + 10\%$

所以:　　　　　　　$K = \sqrt[365]{1+10\%} - 1 = 0.000\ 261$

$\sigma^2 = 500^2 = 250\ 000$

$$Z = \sqrt[3]{\frac{3F\sigma^2}{4K}} + M = \sqrt[3]{\frac{3 \times 50 \times 250\ 000}{4 \times 0.000\ 261}} + 0 = 3\ 298.8(元)$$

$$H = 3Z - 2M = 3Z = 9\ 896.4(元)$$

$$平均现金余额 = \frac{4Z-M}{3} = 4\ 398.4(元)$$

在我国的公司理财实践中,少有上述现金持有量决策模型运用的实例,这主要是我国的货币市场欠发达,能够投资的品种较少。但是,在我国证券市场中,国债回购业务很旺,且手续费极低,可以为短期闲置现金提供较高的收益率。

四、现金流量管理

加强现金流量管理是实现现金管理第二个目标的前提。现金流量管理分为现金流入管理和现金流出管理。公司若能做到加快现金流入的速度和减慢现金流出的速度,那么,就可以充分发挥资金的使用效能,减少公司的闲置现金,并在风险不增加的条件下为公司创造更高的收益率。以下分别讨论现金流入管理和现金流出管理的相关问题。

(一)现金流入的管理

现金流入管理的主要任务就是加速货款进入公司银行账户的速度,即缩短公司不能利用客户已付支票(或汇票)款项的时间。从客户交付支票到公司实际可动用支票款项的时间可分为两个阶段:第一阶段,公司内部处理支票的时间,是指从公司收到客户支票起到公司把支票交给银行收款为止的这一段时间;第二阶段,银行间清算支票的时间,是指公司把支票交给银行收款开始到支票金额实际存入公司在银行的存款账户止的这一段时间。缩短这两个阶段的时间都可以加速货款入账的速度。

随着电子计算机在银行清算中的全面普及和银行间的竞争加剧,除了银行间清算的时间正日益缩短之外,客户使用电子货币形式的结算会逐渐增多,这样,公司现金流入管理的主要任务应该是研究如何缩短大额款项的第一阶段的时间了。

(二)现金流出的管理

与现金流入管理相反,现金流出管理的主要任务是尽可能地延缓现金支出。当然,这里所讲的尽可能地延缓现金支出,是在合法合理的范围内延缓支出,而绝不是该支的不支。实际上,在法制和信用制度健全的条件下,该支的不支,该付的不付,公司是要承担责任的,由此而引起的损失会远远超过延期支付所获得的利益。

延缓现金支出主要是要充分利用卖方在商品交易中提供的信用条件,如"2/10,n/60"等,公司应根据自己的实际情况,选择或获取现金折扣,或享受信用优惠。

公司利用汇票付款也可以延缓现金支出。汇票不是"见票即付"的付款方式,而是有一定期限的商业信用。在汇票未到期前,公司就可以减少现金持有量。

第三节　短期有价证券投资管理

短期有价证券是在货币市场上流通的各种有价证券。虽然我国的货币市场并不完善,短期有价证券的流通量极小;但是可以预见,随着经济体制改革的深化、市场经济体系的完善,短期有价证券的种类一定会有所增加,短期有价证券亦将成为我国公司理财的内容之一。因此,在这里也对短期有价证券的管理进行讨论。

一、短期有价证券的特征

在货币市场上流通的短期有价证券包括短期国库券、短期金融票据、公司发行的商业票据等等,它们都具有如下的特征。

(一)具有高度的变现能力

能在货币市场上直接发行短期有价证券的机构,除了政府和金融机构之外,都是信誉程度极高的大公司,基本上无违约风险。作为一种受投资者欢迎的投资品种,其交易频繁,具有高度的变现能力,偿还期在1年以内。

（二）报酬率稳定

在货币市场上流通的各种短期有价证券的市场价格比较稳定,其市场价格基本上是随票面利息的积累而成逐渐上升趋势的,因此,其收益率可以比较精确地计算出来。一些短期有价证券是直接按票面规定的利息率为基础来计算的。也有一些短期有价证券是不计息的,但是这些短期有价证券是按面值折价出售的,到期时由发行者按面值赎回,购买者获得的报酬是通过证券买价与其面值之差来计算。如果证券持有者在证券到期前出售所持有的证券,那么,其报酬率将取决于售价与买价之差,而不是票面价与买价之差和票面规定的利息率。

二、短期有价证券的投资目的

公司在短期出现富余现金时,最佳的选择应该是购买短期有价证券。公司将暂时闲置的现金用于短期有价证券投资的基本目的如下。

（一）作为现金的替代物

在货币市场上流通的短期有价证券,由于变现能力强和收益率稳定,因此通常被视为"准现金"。持有短期有价证券,可以在公司需要现金时立即将其变现,满足公司对现金的需要。短期有价证券的迅速变现,一般并不会发生折价损失,因此可以将短期有价证券作为现金的理想替代物。它可以作为一种以较高收益率积累现金的手段,来应付公司在不久的将来对各种现金支出的需要。

（二）作为短期投资的手段

短期有价证券的收益率会高于银行活期存款利息率,公司用暂时闲置的现金向短期有价证券投资,既可以满足公司突发性的对现金的需要,又可以获得比银行活期存款利息率高的投资收益率。

三、短期有价证券的投资策略

（一）短期有价证券投资应考虑的基本因素

从作为现金替代物的短期投资来考察,短期有价证券投资应考虑的基本因素如下。

1. 安全程度

安全程度,即安全性,是指如期收回短期有价证券投资本息的保证程度。短期有价证券的安全性与证券发行人的信用状况密切相关,信用级别越高,安全程度就越高。但与收益率相反,短期有价证券的信用级别越高,收益率就越低。比如AAA级短期有价证券的安全性高于AA级短期有价证券,但是,AA级短期有价证券的收益率则大于AAA级短期有价证券。这说明,公司在进行短期有价证券投资时,要在短期有价证券的风险与收益之间进行权衡。不过,从作为现金替代物的角度来看,短期有价证券投资应始终将安全性放在首位。

2. 变现能力

短期有价证券变现能力是指短期有价证券在不作价格让步的前提下,迅速转变为现金的能力。价格不变,变现速度越快,变现能力就越强。现实中的任何交易价格均具有边际性,即交易价格随供求关系的变化而变化。当供大于求时,价格下降;当求大于供时,价格上升。交易的这种特征说明,公司在选择短期有价证券投资时,应尽可能选择发行量大和市场交易活跃的短期有价证券,因为这类证券的价格会相对稳定,且变现能力强。如果公司暂时闲置的现金数额较大,还需要考虑分散投资,以减少短期有价证券的投资风险。最好能选择到期日与现金需要时间相一致的短期有价证券投资,这样,就可以将投资的变现能力风险降到最低限度。

3. 收益能力

由于短期有价证券投资的目的就是希望在规避风险的前提之下追求较高的收益,因此收益能力必然是短期有价证券投资所要考虑的一个重要问题。但是,应该注意到风险与收益的关系,追求收益只能放在风险之后来考虑。对短期有价证券投资来说,追求收益能力的最大化,只能是在既定风险水平条件下的收益能力最大化。

（二）短期有价证券的投资组合决策

短期有价证券种类、数量和期限是短期有价证券投资必须认真考虑的三个问题。安排短期有价证券投资,首先,要估计公司未来现金净流入量;其次,要根据公司不同时期的现金流动模式和规律性,选择各种到期日的证券,使现金流入时间与支付时间尽可能地接近,从而形成既能保证现金流动性的需要,又能谋取最大平均收益的短期有价证券组合。

确定短期有价证券的最优投资组合必须考虑短期有价证券的种类、数量和期限三个因素,以及三因素之间的相互关系。短期有价证券的种类和数量相互联系,且受现金净流入量的影响。现金净流入量越多,投资短期有价证券的种类和数量就可以越多。各种短期有价证券的期限受制于现金支出的时间。如果公司能准确地估计出未来一段时期的现金流出量、现金流入量和现金净流入量,那么,短期有价证券的到期日就成为其投资组合决策中最重要的因素。

第四节　应收账款投资管理

在我国,随着市场经济的完善和发展,公司间相互提供商业信用的情况与日俱增,公司加强应收账款的投资和管理已成为流动资产管理的一项重要内容。本节将对应收账款投资和管理的若干基本理论和方法进行探讨。

一、信用策略

虽然宏观国民经济环境会对公司应收账款的高低产生重大影响,但公司本身的信用策略才是决定公司应收账款投资水平的最主要和最直接的因素。公司信用策略就是通过权衡收益和风险来确定应收账款投资水平的策略。确定最佳应收账款投资量应考虑的主要因素有信用标准、信用期限、现金折扣、坏账损失、收账费用等。

（一）信用标准

信用标准是指公司向购货方提供商业信用时间的长短。信用标准会直接影响到应收账款的投资量,信用标准与应收账款投资量成反比,即降低信用标准会引起应收账款投资量的增加,提高信用标准会引起应收账款投资量的减少。应收账款投资量的多少,会从两个方面影响到公司收益：一方面，应收账款的增加可以扩大公司的销售量，使公司从销售收入的增长中获得更大的收益；另一方面，应收账款的投资会产生投资成本，该投资成本为应收账款的机会成本。从理论上讲，只要增加应收账款的收益可以弥补应收账款的投资成本，那么增加在应收账款上的投资就是可取的。以下将通过实例来分析应收账款投资中收益与成本的权衡的理论和方法。

【例 10 - 5】 某公司生产和销售一种产品，其销售单价为 100 元/件，生产和销售的单位变动成本为 60 元/件。假设该公司生产经营能力尚未能充分发挥作用，可以在不增加固定成本的条件下增加产品的产售量。该公司上年度产品赊销量为 30 000 件，信用标准为 n/30；本年度的生产和销售形式均没有发生变化。公司估计，若将信用标准降低到 n/60，那么可以增加赊销额 30%。已知增加应收账款的机会成本率为 10%。试根据上述资料分析降低信用标准的策略是否可取。

解：

为了便于分析，可编制增加应收账款的收益和成本分析表，如表 10 - 2 所示。

表 10 - 2

追加应收账款的收益和成本分析表

单位：元

项　　　目	金　　额	算　　式
1. 增加销售量产生的收益	360 000	30 000×30%×(100−60)
2. 增加应收账款产生的成本	40 000	400 000×10%
上年度应收账款平均余额	250 000	(30 000×100)÷12
本年度应收账款平均余额	650 000	(39 000×100)÷6
应收账款增加额	400 000	650 000−250 000
3. 收益-成本	320 000	360 000−40 000

通过表 10 - 2 的分析，可以发现，追加应收账款产生的收益大于追加应收账款产生的成本，产生了 320 000 元的净收益，因此放宽信用标准是可取的。当然，放宽信用标准产生的实际成本并不只有应收账款的筹资成本，还包括坏账损失风险等。

（二）信用期限与现金折扣

公司在提供信用时，可以给客户以较长期限的信用或现金折扣的选择权。这种选择权也称为信用条件。公司给出信用条件前，除了需要对收益和成本进行权衡之外，还要进行收益与风险的权衡，最后根据权衡的结果制订最有利的信用条件。

【例 10 - 6】 假定［例 10 - 5］中公司有将 30 天的信用标准放宽为 60 天和给出"2/10，n/60"信用条件这样两个方案。设有 50% 的客户选择现金折扣，在第 10 天付款；有 50% 的客户放弃现金折扣，在第 60 天付款。哪一方案为优？

解：

根据上述资料的分析计算结果如表 10 - 3 所示。

表 10-3

不同信用条件的信用成本分析计算表

单位:万元

项　目	金　额	算　式
一、"2/10,n/60"信用条件		
1. 现金折扣	39 000	1 950 000×2%
2. 应收账款成本	37 917	379 167×10%
(1) 第10天付款的应收账款平均余额	54 167	1 950 000÷36
(2) 第60天付款的应收账款平均余额	325 000	1 950 000÷6
应收账款平均余额	379 167	
"2/10,n/60"信用条件下的成本	76 917	
二、"n/60"信用条件下的成本	65 000	650 000×10%
三、"2/10,n/60"信用条件下的成本 — "n/60"信用条件下的成本	11 917	

根据表 10-3 的分析结果,"2/10,n/60"信用条件的成本大于"n/60"信用条件的成本,因此单从结果来看,"n/60"比"2/10,n/60"优。但是,我们也应该注意到这种结果是建立在延长信用期限不会带来风险损失的前提之下的。实际上,随着信用期限的延长,公司的风险损失也会随之增加,这样,两种信用策略的对比将会有不同的结果。

(三)坏账损失

坏账损失是由于客户违约不支付货款而造成的损失。从理论上讲,只要公司提供商业信用,就会存在坏账损失的可能性或风险。这种风险的大小与信用期限有关,信用期限越长,坏账损失的风险就越大。因此,在制订信用策略时,公司必须要考虑到信用期限与坏账损失之间的关系,通过权衡不同信用期限产生的收益和风险来确定信用期限和信用条件。现以实例说明这种权衡的方法。

【例 10-7】 设〖例 10-5〗和〖例 10-6〗中不同信用策略的坏账损失率如表 10-4 所示。

表 10-4

不同收账期与坏账损失率对照表

项目	原"n/30"策略	"n/60"策略	"2/10,n/60"策略
平均收账期	30 天	60 天	35 天[①]
坏账损失率	2%	5%	2.5%

① $\frac{10\times1950000+60\times1950000}{3900000}=35$(天)。

试分析不同信用策略的收益情况。

解:

根据所掌握的资料,可以编制分析计算表,如表 10-5 所示。

表 10-5

不同信用策略收益分析计算表

单位:元

项　　　目	原"n/30"策略	"n/60"策略	"2/10,n/60"策略
1. 全年赊销额	3 000 000	3 900 000	3 900 000
2. 应收账款周转次数	12	6	10.286
3. 应收账款平均余额	250 000	650 000	379 167
4. 应收账款成本(3×10%)	25 000	65 000	37 917
5. 现金折扣	0	0	39 000
6. 坏账损失	60 000	195 000	97 500
7. 信用总成本(4+5+6)	85 000	260 000	174 417
8. 贡献毛益(1×40%)	1 200 000	1 560 000	1 560 000
9. 扣除信用成本后的贡献毛益	1 115 000	1 300 000	1 385 583

对比表 10-5 中的三种方案,可以看出,在考虑坏账损失之后,"2/10,n/60"的信用策略所获得的收益最大,比"n/60"的信用策略多获利 85 583 元。因此,"2/10,n/60"的信用策略是三种信用策略中最优的选择。

（四）收账费用

收账费用也是确定信用策略需要考虑的重要因素之一。收账费用包括收账所花的邮电通讯费、派专人收款的差旅费和不得已时发生的法律诉讼费等。在其他条件不变的情况下,收账费用与坏账损失成反比,即收账费用越多,坏账损失就越少,平均收账期就越短。

当然,收账费用与坏账损失和平均收账期并不存在线性关系。一般是,最初的少量收账费用对坏账损失的影响不大,即不会引起坏账损失的大幅度下降。然而,随着收账费用的逐渐增加,它对坏账损失的减少所起的作用就越来越大。但是,当达到某个程度之后,追加的收账费用对进一步地减少坏账损失的作用会逐渐减弱。同样,收账费用与平均收账期也存在着这种关系。

为什么会出现这种现象? 这可以通过对实际存在的现象的分析来回答。在实际中,对信用程度差的客户,用单纯的信函或电话等方式催款对其付款行为的影响不大;但公司派人上门催款时,其作用开始增大;到动用法律手段时,收账费用所起的作用达到顶峰。可是当这类信用程度差的客户倾其家产也不可能偿还所欠款项时,公司无论花费多少收账费用对增加货款的回收也不会起到什么作用,即收账费用的作用锐减。这种关系如图 10-4 所示:

从图 10-4 可以看出,在收账费用投入量较少的时候,坏账损失下降不多;随着收账费用投入量的增多,坏账损失急剧下降;但是,当坏账损失下降到一定程度之后,无论收账费用投入多少,坏账损失均不会有明显的减少。追加收账费用不会引起坏账损失明显下降的这一点称为饱和点。在理论上,任何一家公司的收账费用都不应该超过饱和点,因为超过饱和点后的投资是不可能产生效益的投资。

下面继续以实例讨论考虑收账费用后的信用策略制订问题。

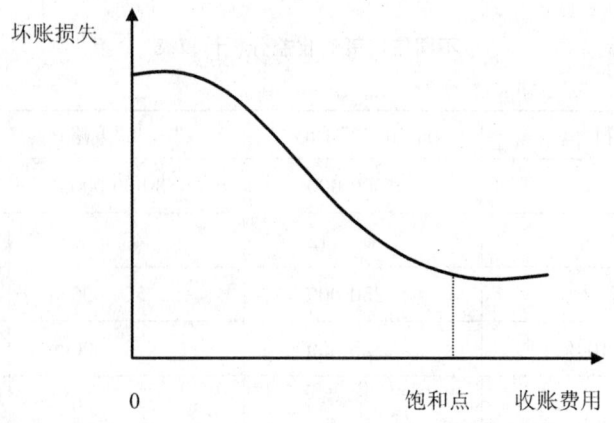

图 10-4 坏账损失与收账费用关系示意图

【例 10-8】 现在前述年赊销金额为 3 900 000 元实例的基础上假定收账费用与坏账损失和平均收账期有如下的关系(见表 10-6)。

表 10-6

收账费用与坏账损失和平均收账期的关系表

项 目	方案 1	方案 2	方案 3
全年收账费用(元)	0	100 000	200 000
平均收账期	60 天	40 天	30 天
坏账损失率	5%	2%	1%

问该公司应该选择哪一个方案?

解:

根据资料,可以得到三个收账方案成本分析计算表,如表 10-7 所示。

表 10-7

三个收账方案成本分析计算表

单位:元

项 目	方案 1	方案 2	方案 3
1. 全年赊销额	3 900 000	3 900 000	3 900 000
2. 应收账款周转次数	6	9	12
3. 应收账款平均余额	650 000	433 333	325 000
4. 应收账款成本	65 000	43 333	32 500
5. 坏账损失	195 000	78 000	39 000
6. 收账费用	0	100 000	200 000
7. 总成本(4+5+6)	260 000	221 333	271 500

从表 10-7 可以看出,方案 1 没有收账费用,总成本为 260 000 元;方案 2 追加了 100 000 元的收账费用,总成本降至 221 333 元,比不追加收账费用多盈利 38 667 元(260 000

−221 333）；但方案 3 收账费用增至 200 000 元，总成本上升至 271 500 元，比没有收账费用的方案 1 还少盈利 11 500 元（271 500−260 000），这主要是收账费用超过其所带来的收益所致。因此，三个方案中，公司应选择方案 2。

（五）信用策略综述

以上分别讨论了制订信用策略所要考虑的若干问题，即信用标准、信用期限、现金折扣、信用条件、坏账损失和收账费用等方面的问题。现根据客户的信用态度，把客户分为付款迅速、付款迟缓和不付款三大类，以及把公司是否提供信用的决策分为提供信用和不提供信用两种，这样，就会出现六种不同的组合结果。这六种组合结果如表 10-8 所示。

表 10-8

信用决策的六种最终结果

公司信用决策 最终结果 客户付款行为	提供信用	不提供信用
付款迅速	①盈利增加	②失去盈利机会
付款迟缓	③收账费用增加，盈利减少	④避免了收账费用，但失去了盈利机会
不付款	⑤收账费用增加，坏账损失增加	⑥避免了收账费用和坏账损失

从表 10-8 可以看出，结果①和结果⑥是公司进行信用分析所追求的目标，如果通过信用分析得到这两个结果，公司就很容易采取果断措施提供信用或不提供信用。结果②和结果⑤是公司应该努力避免的结果，避免这两种结果可以使公司盈利能力得到提高。上述四种结果对公司盈利能力的影响是显而易见的，但结果③和结果④对公司盈利能力的影响则不明显，需要将它们产生的收益和成本进行比较后才能得出结论。在客户付款迟缓的情况下，公司提供信用，如果发生了结果③，那么，公司提供信用所增加的收益将被增加的收账费用抵减一部分，极端者收益可能全部被抵消，甚至出现负数。如果没有提供信用的话，则如结果④所示，避免了收账费用和丧失了盈利机会。当实际上的收账费用小于丧失的盈利时，就会给公司带来机会损失；相反，在实际上的收账费用大于丧失的盈利时，就会给公司带来机会收益。显然，公司在制订信用策略时，应尽可能使结果③和结果④明朗化，以最大限度地减少收账费用所带来的风险和增加提供信用所带来的收益。

二、客户信用分析

由于存在客户延期付款和拒付款的风险，因此，公司在提供信用时必须对客户的信用状况进行分析。信用分析的传统方法是先对客户个人品质、付款能力、财产状况和外部环境四个因素进行分析，然后再将这四个方面的因素加以综合评价，以决定是否对客户提供信用。以下讨论这四个因素。

个人品质是指诚实、正直、公平等等方面的个人素质特征。这些特征对客户是否在信用期限内付款起着决定性的影响。对单位而言，客户的个人品质主要是指单位负责人或主管部门负责人的品质。对个人品质的评价，虽然可以通过面对面交谈和通过信用申请单上的有关资料来判断，但更可靠的是根据客户以往付款的实际情况来判断。当然，也可以从其他向该客户提供信用的公司，或者从信用中介机构那里取得客户品质的资料，使对客户品质的判断更为可靠。

客户是否能如期付款,除了与其品质有关之外,还与其付款能力直接有关。付款能力是指客户在信用期满时的支付能力。证明客户付款能力的方法主要是分析客户的各种财务资料。这些财务资料主要是与客户的损益表有关的资料。因为,通过对客户若干期损益表的分析,可以大致预测客户在信用期满时的支付能力。

财产状况代表着客户资产对信用所提供的担保能力。它主要通过对客户资产负债表的分析来了解。如通过对公司资产流动性的分析,可以了解客户偿付信用能力的强;通过债务与权益、债务与总资产等比率的分析,可判明客户对偿付信用的财产担保能力。

外部环境主要是指信用决策时的社会政治和经济条件。这种外部环境虽然是客户不能控制的因素,但是公司在制订信用策略时必须加以详细分析。因为外部环境如何会直接影响到客户付款能力的变化,如在银根紧缩时,客户筹集资金的能力就会减弱,从而延期付款的可能性就会增大;在通货膨胀或物价上涨时,公司提供信用就会遭受贬值损失,等等。外部环境除了指社会大环境之外,还包括客户所在地区和行业的环境。外部环境的信息来源不能靠客户提供,而要靠本公司的财务人员日常搜集。

对以上四个方面的因素分别分析之后,就需要对它们进行综合分析,以得出是否提供信用的决策。这种分析程序如图 10 - 5 所示。

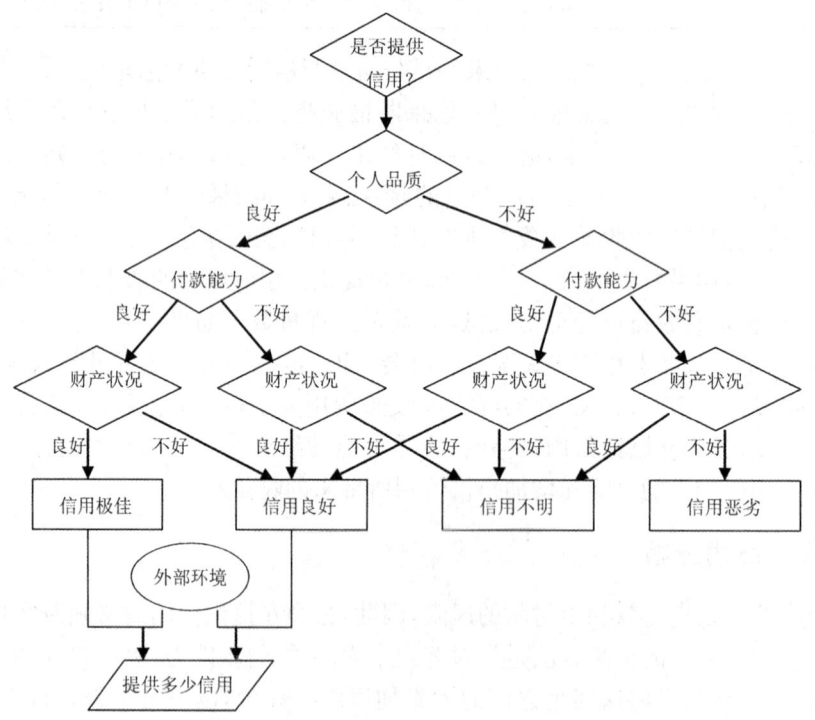

图 10 - 5　传统信用分析示意图

图 10 - 5 是一个信用分析员在处理信用资料时的主观分析示意图。简单起见,该图没有对外部环境这一因素进行深入的剖析,而主要集中于其他三个因素之上。显然,外部环境对提供信用的影响是很大的,在外部环境不好或恶劣的情况下,即使客户信用极佳,提供信用也是不明智的。另外,提供多少信用,会受到公司自身条件的制约,如公司资金状况的制约。

对个人品质、付款能力和财产状况三因素的衡量,有时可以定量表现,如各种财务比率指标;但更多的情况下,只能定性表现,如很好、较好、不好等。对每一要素进行定量和定性分析后,分析人员就得出每一要素的好坏结果。通过层层分析,最后得到的结果分为四大类,并将它们从极佳到恶劣排列,以此来确定提供信用的取舍和提供多少信用的问题。

这种分析过程的弱点,是分析判断过程包含着大量的主观判断。虽然主观判断是必要的,但是不同的分析人员会对四个因素的重要程度、优劣标准作出不同的判断,这就使分析难以标准化。为了解决这一问题,公司应尽可能地制订主观判断的标准作为提供信用的依据,以防范提供信用上的偏见。

在进行信用分析时,信息成本是一个必须考虑的因素。随着各种信用分析的深入,其信息成本将以加速度的形式上升,致使深入调查所花的费用大大超过其可能带来的收益。因此,对客户信用的深入分析,往往只能局限于大客户身上。

为了克服传统信用分析法过于依赖分析人员主观判断的缺点,目前,不少公司已引入了较复杂的数理统计方法来进行信用分析。广泛运用于处理消费者个人信用方面的"信用分"分析法,就是其产物。目前,"信用分"法正越来越多地用于单位客户的信用分析。所谓"信用分"法,首先,对客户的各种情况分别用数字打分;其次,再将各种情况的得分相加求其所得总分;最后,按客户所得总分确定是否对其提高信用。

三、信用动态管理

产品赊销出去后,就应该加强对应收账款的管理工作,及时掌握信用动态,采取各种必要的措施催收越期货款,确保公司的经济利益。在这里,我们将讨论信用动态管理的一般理论和方法。

（一）应收账款投资总额动态控制法

应收账款投资总额控制可以用应收账款占总资产的比率作为标准。应收账款占总资产的比率反映公司提供信用水平的高低,该比率越大,说明公司提供的信用水平越高,相应地风险也就越大。应收账款占总资产比率的变化,可以反映公司各期提供信用水平变动的动态状况。公司应该根据自身资金来源和资产分布的实际情况,确定一个应收账款占总资产的最高比率和最低比率作为控制标准,并随时将实际提供的信用水平与这两个提供信用水平的控制标准相比较。当实际信用水平达到或超过最高控制标准时,公司就应该采取有效措施缩减信用水平;当实际信用水平接近或低于最低控制标准时,公司就应该适当放宽信用水平,促使公司销售量增加。

为了便于将实际信用水平与计划标准相比较,公司可以采用控制图法来加强其应收账款管理。控制图法在信用动态管理中的运用,如图 10-6 所示。

采用控制图法控制公司提供信用的水平,要求公司信用员在决定是否提供信用之前,必须考虑公司总的信用水平状况,只有在总信用水平低于最高信用水平的前提之下,才能提供信用。具体地说,当实际接近最高控制线时,应收紧信用;当实际接近最低控制线时,则应放松信用。

需要说明的是,应收账款是按销售价格计价而不是按成本计价。因为销售价格中包含有利润,因此,应收账款的账面资金占用额大于实际资金占用额,即应收账款与总资产之比所表示的信用水平大于公司实际提供的信用水平。为了准确掌握公司在应收账款方面的投

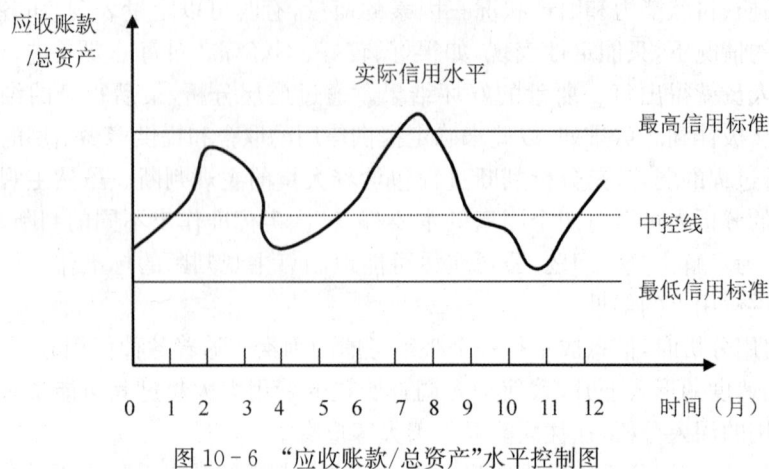

图 10-6 "应收账款/总资产"水平控制图

资量,需要将应收账款的价值从销售价调整为成本价。调整的基本方法是首先确定销售收入成本率,然后再用该比率乘以销售收入,就得到了应收账款的成本。公司应尽可能以实际提供的信用为基础来控制信用水平。

（二）平均收账期控制法

平均收账期是指应收账款平均余额与每日平均赊销额之比,其计算公式为:

$$平均收账期=\frac{应收账款平均余额}{日平均赊销额}=\frac{应收账款平均余额}{\dfrac{某期赊销总额}{该期日历天数}}$$

平均收账期指标反映了客户偿付货款的情况,通过各期该指标的变化,就可以了解公司实际信用期限变化的动态状况,有利于公司作出是否采取加速收款措施的决策。

【例 10-9】 假设某公司的信用标准为 n/60。全年实际每月赊销额和应收账款的资料如表 10-9 所示。

表 10-9

赊销额和应收账款余额明细资料

单位:万元

月份	赊销额	应收账款[①]	月份	赊销额	应收账款[①]
1	300	620	7	500	1 080
2	280	600	8	530	1 120
3	310	590	9	600	1 230
4	340	640	10	680	1 410
5	350	710	11	740	1 570
6	420	800	12	810	1 700

① 应收账款为应收账款平均余额。

试根据表中资料求各月的平均收账期。

解:

根据表 10-9 的资料,按公式可以求得各月份的平均收账期:

$$1\text{月份平均收账期}=\frac{620}{300\div 31}=64.07（天）$$

其余各月份的平均收账期按上述计算方法类推，其计算结果如表 10 - 10 所示。

表 10 - 10

各月份平均收账期一览表

单位：天

月　　份	1	2	3	4	5	6	7	8	9	10	11	12
平均收账期	64.1	60	59	56.5	62.9	57.1	67	65.5	61.5	64.3	63.7	65.1

　　通过掌握各月份收账期的变化，可以制订相应的收账对策。特别通过将收账期与公司提供的信用期限相比较，可以发现有无延期付款的现象存在；如果有，延期付款的程度又有多大等，这就有利于公司进行收账决策。按上例，公司除 2、3、4、6 月 4 个月的收账期在其提供的信用期限以内之外，其余 8 个月的收账期均长于公司所提供的信用期限。其中，7 月份的收账期最长，为 67 天。这说明，该公司在实际执行信用策略时还不够严格，公司应该强化逾期应收账款的催收工作。

　　公司也可以用收账期控制图法对收账期进行管理。这时，公司所制订的信用期限就为中控线，上控线和下控线是公司准许收账期波动的范围。这样，在将各期实际的收账期填入控制图中后，就可以直接判断实际与标准的背离程度，从而有利于制订正确的收账策略。

　　（三）应收账款账龄分析法

　　上述平均收账期是销售收入和客户付款状况共同影响的结果。为了进一步了解客户的付款情况，在计算出平均收账期后，财务人员还需要进一步编制"应收账款账龄分析表"。该表是按应收账款账龄分组，并反映各应收账款账龄组的金额和占应收账款总额的比重的分析表。

四、收账策略

　　公司对拖欠货款的客户要制订可行的收账策略。应收账款的收款工作以寄出收款单开始。当信用到期后，公司通常采用的收账策略是先给客户发出一封通知付款的信函，然后再逐渐缩短间隔期连续发给几封催收款的"讨债信"，信中的语气也随着时间的推移越来越严肃。如果信函不起作用，公司可以向客户打电话催款，直到派出专人前往客户所在地收款。如果派出专人都不能收回货款，公司就只有通过法律程序来解决问题。显然，客户拖欠货款的时间越长，公司采取的收款方式就应该越趋严厉，这样，所花的收账费用就越大。

　　权衡采用什么收款方式合适，必须要将支付的收账费用与它可能带来的收益联系在一起来考虑。公司一般不应花 1 000 元钱去收回 500 元钱的货款。公司制订的收账策略，只有在收账费用小于其所取得的预期收益时才是可取的。

第五节　存货投资管理

　　存货包括各种原材料存货、在制品存货和产成品存货等，它是一般工商企业中占用资金量最大的一类资产之一。存货资产的大小,取决于诸多因素:第一,生产规模和产品结构;第二,生产周期和工艺过程;第三,供货和销货情况;第四,其他。直接参与存货管理的部门有供应、生产、销售、财务等部门,其中前三个部门主要从数量上对存货进行管理,而财务部门则主要从价值方面对存货进行管理。与现金、有价证券和应收账款的管理相比,存货管理要复杂得多。本节将对存货投资管理的相关理论和方法进行讨论。

一、存货投资总额的决策

(一)存货投资的风险和收益特征

存货是流动资产各项目中收益率最大,同时又是风险最大的资产。存货不同于流动资产中的其他项目,公司在其他项目的投资,风险和收益具有单一方向性的特征,如现金占用量越大,公司风险水平就越低,同时收益也越低,即现金投资的风险和收益成反比;但是公司在存货上的投资,风险和收益却具有多向性的特征。一方面,存货过多可能会增加公司风险,也可能会降低生产经营的成本,使收益增加;还可能会因资产的使用效率下降,引起收益减少。另一方面,存货过少则既可能丧失销售机会或使成本上升,导致收益下降;又可能因提高资金的使用效率而导致收益增加。这说明,增加存货可能使公司的风险和收益同时增加或减少,减少存货也可能使公司的风险和收益同时增加或减少。

有关存货风险和收益的特征可以进一步用表 10 - 11 具体分析如下。

表 10 - 11

存货风险和收益特征分析表

存货项目	存货增加对风险和收益的影响情况		存货减少对风险和收益的影响情况	
	风险	收益	风险	收益
原材料存货	变现能力减弱; 原材料短缺风险减小,生产稳定性增强	资金使用效率降低,收益率下降; 成本下降,收益增加	变现能力增强; 原材料短缺风险增大,生产稳定性减弱	资金使用效率增加,收益率上升; 成本上升,收益下降
在制品存货	变现能力减弱; 生产秩序不正常风险减小,稳定性增强	资金使用效率降低,收益率下降; 成本下降,收益增加	变现能力增强; 停工风险增大,生产稳定性减弱	资金使用效率增加,收益率上升; 成本上升,收益下降
产成品存货	变现能力减弱; 不能满足市场需求的风险减小	资金使用效率降低,收益率下降; 销售收入上升,收益增加	变现能力增强; 不能满足市场需求的风险增大	资金使用效率增加,收益率上升; 销售收入减少,收益减少

从表 10 - 13 可以看出,增加原材料和在制品有利于公司抵御供应市场不确定性对公司正常生产秩序影响的能力,增加产成品存货有利于公司增加抵御销售市场上销售需求上升但公司无货可供而坐失盈利机会的能力。但销售市场还有销售需求下降这一方面的不确定性,一旦销售市场需求下降,不仅会使产成品存货难以变现,而且也必然会影响到在制品和原材料的变现,这就意味着存货越多风险越大。

（二）存货投资总额决策例解

公司旨在为应付供应市场不确定性和销售市场上需求上升不确定性而增加存货以获取收益的需要，正好与为规避销售市场上需求下降的不确定性而减少存货以降低风险的要求相矛盾，解决这对矛盾的唯一办法就是权衡各种存货水平上的综合风险和收益，并从中选择出最佳的存货投资方案。

为了保证权衡建立在可靠的基础之上，公司必须对市场，特别是销售市场的各种情况进行准确的预测。关于市场预测的方法多种多样，这里不作介绍，只是要说明的是，市场预测总是建立在若干假设基础之上的，要完全精确地预测市场情况的变化是很困难的，因此，公司在进行存货投资总额决策时，要根据公司抗风险能力的实际状况留有余地。

下面，我们通过实例来讨论存货总投资的决策问题。

【例 10 - 10】 甲羊毛衫工厂的现有资产负债表如表 10 - 12 所示。

表 10 - 12

资产负债表

单位：万元

资产	金额	负债及股东权益	金额
现有资产项目合计	300	普通股权益	300
总资产	300	总权益	300

表 10 - 12 是为了讨论问题方便而简化了的资产负债表。在资产方仅设现有资产合计项目来替代各种资产，权益方则只有一个普通股权益项目。

该工厂预计，本年秋冬季市场对一种用进口原料编织的羊毛衫的需求量将激增。若动用本厂生产潜力以及通过外加工组织生产，在不增加固定成本的条件下，可在旺季到来时生产 100 000 件该种羊毛衫投放市场。且进一步估计这 100 000 件羊毛衫有可能全部销售出去。该羊毛衫的销售单价为 50 元/件。生产该种羊毛衫的原材料必须一次性从外国进货，原材料费用为 20 元/件，其他变动费用为 20 元/件。采购原材料和支付其他变动费用的资金通过短期银行借款解决。

该公司通过向银行取得贷款 200 万元，一次性从国外购入原材料之后的资产负债表如表 10 - 13 所示。

表 10 - 13

资产负债表

单位：万元

资产	金额	负债及股东权益	金额
现有资产项目合计	300	短期银行贷款	200
新增原材料存货	200	普通股权益	300
总资产	500	总权益	500

当该批羊毛衫生产完工之后的资产负债表如表 10 - 14 所示。

表 10 - 14

资产负债表

单位:万元

资产	金额	负债及股东权益	金额
现有资产项目合计	300	短期银行贷款	400
新增原材料存货	0	普通股权益	300
新增产成品存货	400		
总资产	700	总权益	700

如 100 000 件羊毛衫全部按预测结果销售出去,那么,偿还短期银行贷款后的资产负债表(不考虑税收影响)如表 10 - 15 所示。

表 10 - 15

资产负债表

单位:万元

资产	金额	负债及股东权益	金额
现有资产项目合计	300	短期银行贷款	0
新增现金	100		
新增原材料存货	0	普通股权益	300
新增产成品存货	0	留存收益	100
总资产	400	总权益	400

从表 10 - 15 可以看出,如果实际情况与预期情况完全相符,公司可以从该生产经营活动中获得 100 万元(未考虑税收影响)的收益。但是,如果市场需求情况发生了变化,公司生产的羊毛衫只销售了 50 000 件,那么,其资产负债表则如表 10 - 16 所示。

表 10 - 16

资产负债表

单位:万元

资产	金额	负债及股东权益	金额
现有资产项目合计	300	短期银行贷款	400
新增现金	250		
新增原材料存货	0	普通股权益	300
新增产成品存货	200	留存收益	50
总资产	750	总权益	750

在这时,如果银行贷款已经到期,公司为了偿还到期银行贷款,被迫将库存羊毛衫按成本的 50% 出售,并将所得现金和原销售所得现金一起偿还银行贷款。其资产负债表则如表 10 - 17 所示。

表 10 - 17

资产负债表

单位:万元

资产	金额	负债及股东权益	金额
现有资产项目合计	300	短期银行贷款	50
新增现金	0		0
新增原材料存货	0	普通股权益	300
新增产成品存货	0	留存收益	—50
总资产	300	总权益	300

从表 10 - 17 可以看出,由于市场需求下降,该公司不但没有足够的现金偿还银行贷款,而且还亏损了 500 000 元。在这时,如果银行仍坚持要公司偿还所欠的 500 000 元贷款,那么,公司就只好变卖原有资产来还债。这势必会进一步地引起公司财务状况继续恶化,更有甚者,将导致公司破产。

通过上例可以看出,销售预测的准确性对存货投资决策正确性的影响,以及存货投资决策正确性对公司经营成败的影响,因此,公司应尽可能地做好销售预测工作。

从上例中,我们还可以看出风险具有自身放大的特征,即风险带来的损失的影响大于其损失金额本身,这是进行决策时必须考虑的重要问题。

在〖例 10 - 10〗中,从表面上看,将存货投资定于 50 000 件的标准,可能损失的机会盈利是 500 000 元,实际获利也是 500 000 元;而将存货投资定于 100 000 件的标准,可能多获得盈利 500 000 元,也可能造成实际损失 500 000 元,似乎两方案的收益与风险是对等的,即公司采用哪一个存货投资方案并不取决于方案本身的优劣,而取决于决策者对待收益和风险的态度,稳健的决策者选择 50 000 件产品为标准来制订存货投资水平,而激进的决策者则选择 100 000 件产品为标准来制订存货投资水平。

但如果深入分析,我们并不难发现,由于风险具有自身放大的特征,因此两种方案各自所具有的收益和风险并不相等,即两种方案有优劣之分。具体分析如下:以 50 000 件产品为标准的存货投资方案实际获利额为 500 000 元,可能损失的机会盈利也是 500 000 元,损失的机会盈利不具有风险放大功能,因此,该方案实际获得的收益与损失的机会收益之差正好等于零,即收益与风险对等。而以 100 000 件产品为标准的存货投资方案可能多获得的机会收益为 500 000 元,可能产生的实际损失也为 500 000 元,但实际损失对公司的负面影响具有放大的功能。以〖例 10 - 10〗来看,公司为了清偿到期债务还必须变卖部分资产,这就会造成更大的亏损,甚至迫使公司破产,因此,该方案可能获得的机会收益与可能产生的实际亏损之差并不等于零,而是后者大于前者,即风险大于收益。故存货投资量为 50 000 件的方案优于存货投资量为 100 000 件的方案。

〖例 10 - 10〗也从一个侧面反映了公司持有现金可以抵御风险的优点。如果该羊毛衫厂在原资产项目中拥有 500 000 元的闲置现金储备,那么,它就可以在不影响公司原有生产经营规模的前提下,及时偿还短期银行贷款,从而有效地抵御了风险放大的负作用。

对究竟应该选择以 50 000 件产品为标准的存货投资方案,还是选择以 100 000 件产品为标准的存货投资方案,也可以采用如下更简单的方法进行收益与风险分析:首先,以

50 000件产品为标准的存货投资方案为基础。然后,再考虑追加50 000件产品所带来的收益和风险,看收益和风险是否相等,如收益与风险相等,那么方案应无优劣之分;如果收益与风险不相等,那么就存在优劣之分。从以上分析的结果可以得出,追加50 000件产品所需存货可能带来的追加收益为500 000元,而可能造成的损失为1 000 000元[500 000-(-500 000)]。故选择以100 000件产品为标准的存货投资方案不可取。

当然,以上分析说明是在本例的各种假定条件下进行的,如果预测结果发生了变化,那么存货投资方案的优劣标准也将发生变化。但无论预测结果如何变化,均需在权衡各种存货水平收益和风险的基础上,才能作出最佳的存货投资总额决策。

二、存货投资结构管理

存货结构首先可分为原材料存货、在制品存货、产成品存货三大类,在每一大类之下又分为若干小类。比如,原材料分为主要材料、辅助材料、燃料、包装物、低值易耗品等,而它们又可按规格和型号分为若干更加明细的种类。对于这些更加明细的类别,这里不加以讨论。此处只对存货中原材料、在制品和产成品三类存货的结构问题进行讨论。

(一)影响存货结构的因素

原材料、在制品和产成品三类存货各占存货总额的比重主要受如下一些因素的影响。

1. 生产经营的因素

公司的生产经营性质直接影响到不同存货占存货总额的比重,如产品的生产制造周期、原材料采购的季节性和产成品销售的季节性,等等。制造周期长的产品,其在制品占存货总额的比重就大;原材料采购如果存在季节性,那么,原材料的储备时间就会增长,相应地,原材料的平均余额就会较大,占存货总额的比重也就会上升;如果产成品销售存在季节性,那么,产成品存货占存货总额的比重也就会增大。

2. 公司生产组织和经营管理的因素

公司生产组织和经营管理的特点也与公司存货的结构密切相关。比如,定单式的生产组织形式与先生产后推销的生产组织形式相比较,前者产成品占存货的比重就比后者产成品占存货的比重小。再如,重视生产过程稳定性以降低生产成本的经营管理与重视产品密切与市场需求相符以减少产成品积压的经营管理相比较,前者原材料和在制品占存货总额的比重就比后者原材料和在制品占存货总额的比重大。

(二)不同存货结构的收益和风险

不同存货结构存在着不同的收益和风险,因此,有必要从收益和风险的角度讨论存货的结构问题。

1. 原材料存货的收益和风险

从原材料、在制品和产成品三类存货所具有的收益和风险特征来看,原材料因为尚未投入使用,对公司而言,其潜在使用用途较多,用途转换的风险较小,但是,原材料存货尚未经过加工,本身并没有附加任何新的价值,其收益能力也相应较低。

2. 产成品存货的收益和风险

产成品是公司加工完毕后的产品。从风险角度考察,一方面对公司而言,产成品用途只有在市场上销售一条路,用途转换风险极大;另一方面,按正常经营角度考察,产成品存货是存货中变现能力最强的存货,变现风险较低。产成品风险水平究竟怎样,要看产品销售市场的状况,如果销售状况不好,那么风险就会大于原材料存货;如果销售状况好,其风险会小于原材料存货。从收益角度考察,产成品中包含着在生产过程中新创造的价值,其收益能力是各类存货中最高的。

3. 在制品存货的收益和风险

在制品是正处于加工过程中的存货。从风险角度考察,第一,它的用途只有继续加工一条路,用途的转换性极差,用途转换风险大;第二,它还承受着能否转变为合格产成品的生产风险;第三,它没有完整的使用功能,几乎不具备在市场上变现的功能,变现风险极大。这三个方面决定了在制品是存货中风险最大的一种存货。从收益能力考察,产品的加工过程就是新创造价值的积累过程,在制品正处于加工过程之中,包含了一部分新创造的价值,因此其收益能力高于原材料但低于产成品。

从上述分析中不难看出,在制品是三类存货中风险最大但收益极不确定的一类存货,因此,在存货结构的安排中,应尽可能地减少在制品存货占存货总额的比重。减少在制品存货的方法,从生产上来看,主要是改进产品的生产加工工艺,以缩短生产周期;从组织管理上来看,主要应实行少量小批生产,以减少积压在生产过程中在制品的绝对量。对产成品而言,应适当减少产成品的库存量,实行以销定产,使产成品存货的库存量尽可能与市场需求保持一致。在原材料的安排上,虽然原材料与在制品和产成品相比有较大的自由空间,但是仍应坚持按需采购,以减少盲目采购所带来的风险和损失。对存货投资结构的管理,是一个日常性的工作。三类存货的比重随生产活动周期而不断变化,在实际的存货结构管理中,应为不同的生产周期制订不同的结构标准,以加强存货结构管理。

三、存货分类最佳投资额的决策

存货投资决策除了投资总额的决策之外,还要重视分类投资额的决策。存货分类投资额的决策就是确定各类存货的最佳持有量的决策。该决策一般包括如下四个步骤:第一,选择决策对象;第二,取得最佳订货批量或经济批量;第三,确定存货保险量;第四,确定各类存货的最佳持有量。下面,分别讨论各步骤的决策理论和方法。

(一)选择决策分析对象

由于公司存货种类和规格、品种繁多,重要程度各不相同,如果公司要对每种规格和标准的存货都分别制订最佳投资额,那么,不仅工作量会大大增加,而且实际上也无必要;因此,可取的方法是从众多的存货中选出重要的或投资额大的存货进行最佳投资额分析,而对重要程度低或投资额小的存货则按经验进行大类投资额确定。

选择决策分析对象的常用方法是重点分析法或称 ABC 分析法。该种方法的基本思想是将全部存货按金额的大小和占总存货的比重分为 ABC 三类,A 类是其种类在全部存货种类的比重为 10% 左右,但其金额比重在 50% 左右的存货;B 类是其种类比重在 30% 左右,其金额比重也在 30% 左右的存货;C 类是其种类比重在 60% 以下,而其金额比重在 20% 以上的存货。用该法分类的结果如图 10-7 所示。

A 类中的各项目是存货管理的重点,对其投资和投资的日常周转都要加以注意,应对它们确定最佳持有量。对 B 类的存货,可以采取确定一次投资额管较长时期的方法进行管理。而对 C 类存货的投资额则可以采用分大类确定的方法管理。通过这种分类,可以突出存货管理重点,减少不必要的工作量,收到良好的管理效果。

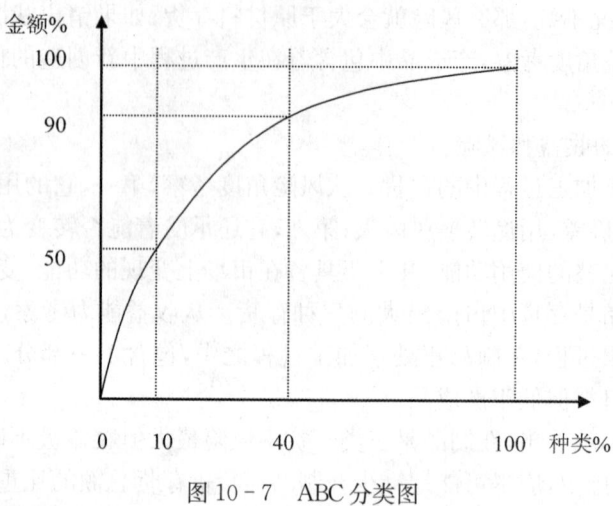

图 10-7　ABC 分类图

（二）确定经济批量

这里以原材料存货为例来说明最佳经济批量的确定问题。原材料最佳采购批量是指能使原材料的储存保管费用和采购费用之和最小的采购批量。这两类费用的内容，以及两类费用与采购批量的关系如表 10-18 所示。

表 10-18

储存保管费用和采购费用与采购批量的关系表

种类	主要内容	与采购批量的关系	
		批量越大	批量越小
储存保管费用	库存材料占用资金的机会成本 库存材料的保险费 库存材料的合理损耗 仓库等固定资产的折旧费和修理费等 仓库保管人员的工资和办公费用等	储存量越大，储存保管费用越高	储存量越低，储存保管费用越低
采购费用	库存材料的运输费和到货检验费等 采购人员的差旅费和办公费等	采购次数越少，采购费用越低	采购次数越多，采购费用越高

表 10-18 充分显示了当材料采购总量不变时的采购批量，与储存保管费用成正比和与采购费用成反比的关系。按这种关系推论，采购批量与采购和储存总成本的关系如图 10-8 所示。

如果令 P 代表每次采购成本，S 代表某段时间的材料消耗量（即采购的量），C 代表某段时期内单位存货的储存成本。那么，可以得到如下总成本公式（假定存货均衡减少）：

$$总成本 = P \times \frac{S}{Q} + C \times \frac{Q}{2}$$

对上式求导，并令导数等于 0，有：

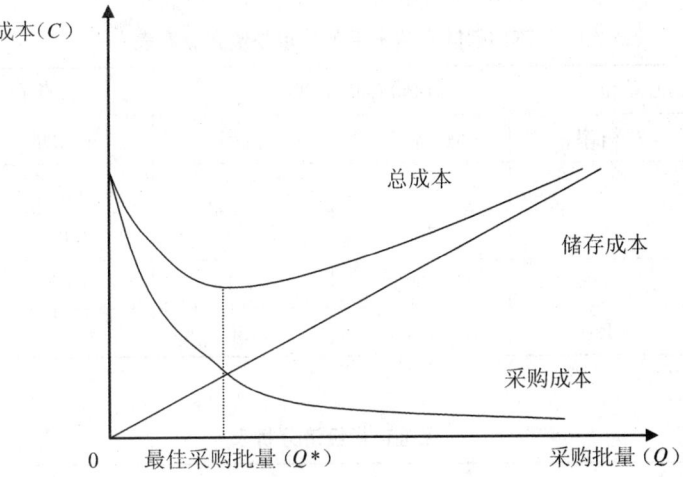

图 10-8　采购批量与采购和储存总成本的关系示意图

$$-P\frac{S}{Q^2}+\frac{C}{2}=0$$

整理方程后得：

$$Q^*=\sqrt{\frac{2PS}{C}}$$

【例 10-11】　某公司本期需要某种原材料 100 000 单位,每次采购成本为 500 元,单位储存成本为 2 元,问该种材料的最佳采购批量为多少?

解：

根据公式,有：

$$Q^*=\sqrt{\frac{2PS}{C}}=\sqrt{\frac{2\times500\times100000}{2}}=7071（单位）$$

(三) 确定存货保险量

上述公式计算出的最佳采购批量是以需要量预测十分准确,需要量均衡和到货不存在延误为先决条件的。但在实际中,不可能存在如此理想的状况。为了避免因存货短缺给公司带来的损失,有必要增加一定的存货作为保险。但这个保险量要增加多少才合适,是需要认真考虑的。因为,保险存货过多,会增加储存成本;而保险存货过少,又会因存货短缺发生短缺成本。确定存货保险量,就是通过权衡一定存货保险水平条件下储存成本和保险成本的大小,制订出使保险存货总成本达到最低点时的存货保险量。

【例 10-12】　假定〖例 10-11〗中公司估计出的不同保险存货水平下的短缺量和概率如表 10-19 所示。

假定每单位存货短缺量所造成的损失为 3 元,即单位短缺成本为 3 元。试问最佳的保险存货量为多少?

解：

根据资料,可以得到保险存货的经济分析表,如表 10-20 所示。

表 10 - 19

不同保险存货水平下的短缺量和概率表

保险存货 500 单位		保险存货 1 000 单位		保险存货 1 500 单位	
短缺量	概率	短缺量	概率	短缺量	概率
0	0.1	0	0.5	0	0.8
500	0.3	500	0.4	500	0.2
1 000	0.6	1 000	0.1	1 000	0
	1.0		1.0		1.0

表 10 - 20

保险存货经济分析表

保险存货	期望短缺量			期望短缺成本	保险存货的储存成本	期望保险存货总成本
	短缺量	概率	期望短缺量			
①	②	③	④=②×③	⑤=④×3	⑥=①×2	⑦=⑤+⑥
500	0	0.1	0	0		
	500	0.3	150	450		
	1 000	0.6	600	1 800		
		1.0	750	2 250	1 000	3 250
1 000	0	0.5	0	0		
	500	0.4	200	600		
	1 000	0.1	100	300		
		1.0	300	900	2 000	2 900
1 500	0	0.8	0	0		
	500	0.2	100	300		
	1 000	0	0	0		
		1.0	100	300	3 000	3 300

从表 10 - 20 可以看出, 当保险存货为 500 单位时, 保险存货总成本为 3 250 元; 当保险存货升至 1 000 单位时, 保险存货总成本降至 2 900 元; 当保险存货升至 1 500 单位时, 保险存货总成本则升至 3 300 元。因此, 在该例中, 保险存货定为 1 000 单位时最佳。

（四）确定存货的最佳持有量

知道了最佳采购批量和最佳保险存货量, 就很容易求得存货的最佳持有量和相应的最佳投资额。最佳存货持有量在采购发生时, 等于最佳采购批量加上最佳保险存货量; 在采购即将发生时, 等于最佳保险存货量; 在两次采购期中, 等于最佳存货采购批量除以 2, 再加上最佳保险存货量。各种最佳持有量乘以单位价格就是其相应的最佳投资额。

【例 10 - 13】 根据〖例 10 - 11〗、〖例 10 - 12〗资料, 假定订货价格为 20 元/单位。试分别确定例中公司在采购发生时、在采购即将发生时、在两次采购期中的最佳存货持有量和投资金额。

解：

在采购发生时最佳存货持有量＝7 071＋1 000＝8 071(单位)

在采购发生时最佳存货投资额＝8 071×20＝161 49(元)

在采购即将发生时最佳存货持有量＝1 000(单位)

在采购即将发生时最佳存货投资额＝1 000×20＝20 000(元)

在两次采购期中的最佳存货持有量＝7 071÷2＋1 000＝4 535.5(单位)

在两次采购期中的最佳存货投资额＝4 535.5×20＝90 710(元)

四、存货投资决策应考虑的其他因素

在存货投资决策时，除了要考虑上述因素之外，还有大量其他因素要考虑。在这里，我们将重点讨论数量折扣和物价变动这样两个因素。

（一）数量折扣

供货单位为了促销，往往会给订货量达到某一标准以上的购货者提供价格折扣。由于这种折扣会对单位价格产生影响，因此也会影响到公司经济采购批量。在这种情况下，公司就应该在放弃追加投资以降低储存成本与追加投资以获取折扣利益之间进行权衡。

【例 10 - 14】　设〖例 10 - 11〗中的供货商规定，订货量达到 10 000 单位时，可享受 2% 的价格折扣优惠。问在这种情况下，公司是按 7 071 单位的批量订货优，还是按 10 000 单位的批量订货优？

解：

决策分析过程如下：

按 10 000 单位的批量订货增加或节约的成本：

本期内获得的价格优惠(节约成本)总额＝100 000×20×2%＝40 000(元)

本期内增加的储存成本总额＝$\frac{10000-7071}{2}×2＝2929$(元)

本期内减少的采购成本总额＝$500×\left(\frac{100000}{7071}-\frac{100000}{10000}\right)＝2071$(元)

本期内增加的成本总额＝2 929－2 071＝858(元)

本期内节约的成本净额＝40 000－858＝39 142(元)

上述分析结果表明，按 10 000 单位的批量订货，由于获得了高达 40 000 元的折扣利益，因此在弥补改变原最优采购批量带来的损失 858 元后，还获得了 39 142 元的净利益。故将采购批量改为 10 000 单位是可取的。

从上面的分析过程可以看出，经济批量公式仍然是公司改变采购批量时权衡收益与成本的基础。

（二）物价变动

物价变动可能是由通货膨胀所引起，也可能不是由通货膨胀所引起。但无论怎样，物价变动已经成为日常生活中常见的现象。物价变动会对公司理财产生重要影响，财务人员在考虑存货投资问题时应该对物价变动问题加以关注。

在物价持续上涨的时候，增大采购批量虽然可以降低购买价格，但是会增加储存成本；

而在物价持续下跌时,减少采购批量虽然可以降低购买价格,但是又会增加采购成本。因此,在物价变动条件下进行存货投资决策时,应该考虑物价变化对各种成本的影响,并权衡其利弊。下面以实例说明这种权衡。

【例 10 - 15】 仍以〖例 10 - 11〗的资料为基础,并假定材料价格将以每月 0.7% 的速度上涨,现有四种投资方案:第一,在 1 月份一次将全年所需的 100 000 单位的材料全部购入;第二,在 1 月份和 7 月份分两次各购入 50 000 单位;第三,在 1、4、7、10 月份分四次各购入 25 000 单位;第四,按经济采购批量 7 071 单位采购。试评价这四种存货投资方案的优劣。

解:

该问题的分析过程如下:

(1) 计算每月材料价格。

按利率为 0.7% 复利计算的各月份材料价格,如表 10 - 21 所示。

表 10 - 21

各月份材料价格计算表

单位:元

月份	价格	月份	价格
1	20	7	20.85
2	20.14	8	21
3	20.28	9	21.15
4	20.42	10	21. 3
5	20.57	11	21.44
6	20.71	12	21. 6

(2) 计算不同方案的采购平均价格。

在 1 月份一次将全年所需的 100 000 单位的材料全部购入的采购平均价格＝20(元/单位)

在 1 月份和 7 月份分两次各购入 50 000 单位的采购平均价格

＝(20 ＋ 20.85)÷2＝20.425(元/单位)

在 1、4、7、10 月份分四次各购入 25 000 单位的采购平均价格

＝(20＋20.42＋20.85＋21.3)÷4＝20.6425(元/单位)

按经济采购批量 7 071 单位采购的采购平均价格

＝(20＋20＋20.14＋20.28＋20.42＋20.57＋20.71＋20.85＋20.85＋21＋21.15＋21.3＋21.44
＋21.6)÷14＝20.7364(元/单位)

(3) 编制不同方案的成本比较表,如表 10 - 22 所示。

通过以上分析,可以发现,在考虑物价上涨因素后的最佳采购批量仍然是 7 071 单位。其余三个方案,即一次购买、两次购买、四次购买的方案虽可降低购买成本,但却增加了更多的储存成本,使总成本升高,因此也不可取。当然,在不同物价水平条件下,作出的决策也应相应变化。

表 10 - 22

物价上涨情况下的成本比较表

成本单位:元

	序号(计算方法)	一次购买数量			
		100 000	50 000	25 000	7 071
平均单价	①	20	20.425	20.6425	20.7364
购买次数	②	1	2	4	14
平均储备量	③	50 000	25 000	12 500	3 535.5
购买成本	④＝100 000×①	2 000 000	2 042 500	2 064250	2 073 640
储存成本	⑤＝③×2	100 000	50 000	25 000	7 071
采购成本	⑥＝②×500	500	1 000	2 000	7 000
总成本	⑦＝④＋⑤＋⑥	2 100 500	2 093 500	2 091 250	2 087 711

　　本节的各种分析也说明,存货最优投资额,不能单纯以数学公式计算出来的最佳采购批量为标准,而应是在充分考虑多种因素的综合影响后,通过收益与风险或不同成本的权衡求得。总之,存货管理是公司管理中的重要课题,对它的投资决策必须认真对待。

习　　题

一、复习思考题

1. 确定一个公司的流动资产投资总额需要考虑哪些关键因素?

2. 公司保持现金余额有什么作用?

3. 现金预算有哪些基本方法? 其基本特征是什么?

4. 现金持有量决策的基本模型有哪些? 运用这些模型的假定条件是什么?

5. 现金流入量和流出量管理的基本内容有哪些?

6. 短期有价证券的特征有哪些? 投资短期有价证券的基本目的是什么?

7. 短期有价证券投资应该注意的基本问题是什么? 有哪些策略?

8. 一个公司应该如何确定信用政策?

9. 怎样了解客户信用? 有哪些基本的分析方法?

10. 怎样进行信用的动态管理?

11. 制订应收账款的收账策略应该考虑哪些基本因素?

12. 确定公司的存货投资总额需要考虑哪些基本因素?

13. 确定公司的存货投资结构需要考虑哪些基本因素?

14. 公司应该如何寻找存货管理的重点?

15. 存货分类最佳投资额决策应该考虑哪些基本因素? 基本方法是什么?

二、计算题

1. 甲公司以现有的固定资产生产能力,其最高年产量可达 150 万件,在这个范围内,随着产量的增减变化,所需流动资产的总额将相应变化。甲公司预计在计划年度内能实现销售量 100 万件,每件销售单价为 20 元,付息和纳税前的收益率为 15%,固定资产总额为 1 000 万元,流动资产机会成本率为 8%。公司有 A、B、C 三个流动资产投资方案,总金额分别为 1200 万元、1000 万元和 800 万元。要求:计算三个方案的收益率和周转率;分析三个方案在收益和风险方面的特征。

2. 假定 F 公司一个月的预计现金支付总额为 200 万元,现金支付均匀分布,每次证券买卖费用为 100 元,现金持有的机会成本(短期有价证券的利息率)为 5%。试求 F 公司的最佳现金持有量和变现间隔期。

3. 乙公司预计存货周转期为 110 天,应收账款周转期为 60 天,应付账款周转期为 50 天,年现金需求量为 800 万元。试求乙公司的最佳现金持有量。

4. 丙公司日现金余额的标准差 σ 为 300 元,短期有价证券投资的固定成本为 30 元。现金的机会成本率为 8%,试计算其下限为 3 000 元时的最佳现金持有量、上限和平均余额。

5. 大通公司生产和销售一种产品,其销售单价为 80 元/件,生产和销售的单位变动成本为 50 元/件。大通公司的生产经营能力尚未能充分发挥作用,可以在不增加固定成本的条件下增加产品的产销量。已知大通公司上年度产品赊销量为 30 000 件,信用标准为 n/30;本年度的生产和销售形式均没有发生变化。现大通公司准备改变信用政策,有四种方案。

方案一:将信用标准降低到 n/60,可以增加赊销额 20%,已知增加应收账款的机会成本率为 8%,问改变信用政策是否可取?

方案二:将 30 天的信用标准放宽为 60 天和给出"2/10,n/60"信用条件这样两个方案,并设有 60% 的客户选择现金折扣,在第 10 天付款;有 40% 的客户放弃现金折扣,在第 60 天付款,问哪一方案为优?

方案三:假定不同信用策略存在不同的坏账损失率:原信用条件"n/30"的坏账损失率为 2%,预计坏账损失率的增加速度是付款期延长的 1.2 倍。问哪一方案为优?

方案四:计划收账费用与坏账损失率和平均收账期的关系如表习题 10 - 1 所示。

表习题 10 - 1

计划收账费用与坏账损失率和平均收账期的关系

项　　目	"n/30"	"n/60"	"2/10,n/60"
全年收账费用(元)	0	100 000	200 000
平均收账期	60 天	40 天	30 天
坏账损失率	5%	2%	1%

问哪一方案为优?

6. 海洋公司的信用标准为 n/60,全年实际每月赊销额和应收账款的资料如表习题 10 - 2 所示。

表习题 10-2

赊销额和应收账款余额明细资料

单位:万元

月份	赊销额	应收账款*	月份	赊销额	应收账款①
1	300	700	7	550	1 280
2	380	660	8	630	1 320
3	410	690	9	610	1 280
4	400	640	10	720	1 510
5	450	710	11	740	1 670
6	480	830	12	850	1 800

① 应收账款为应收账款平均余额。

试评价海洋公司应收账款的管理状况,并指出应该注意的地方。

7. 假定某远离 A 公司所在地的客户长期拖欠 A 公司 100 000 元的货款,A 公司拟定了三种收账方案:A 方案,只定期用信函和电话催款;B 方案,派专人前去收款;C 方案,诉诸法律强行收款,并进一步估计了这三种不同方案的成本和可能得到的预期收益。其预测结果如表习题 10-3 所示。

表习题 10-3

三种收账方案预测结果分析表

单位:元

A 方案(收账费用 5 000 元)			B 方案(收账费用 10 000 元)			C 方案(收账费用 15 000 元)		
收回现金	概率	预期收益	收回现金	概率	预期收益	收回现金	概率	预期收益
0	0.7		0	0.1		0	0	
10 000	0.15		10 000	0.5		10 000	0.6	
20 000	0.1		20 000	0.3		20 000	0.2	
30 000	0.03		30 000	0.06		30 000	0.15	
40 000	0.02		40 000	0.04		40 000	0.05	
合计	1		合计	1		合计	1	

试根据上表选择出最佳的收账方案。

8. H 公司生产的空调是具有季节性的产品,公司的现有资产负债表如表习题 10-4 所示。

表习题 10-4

资产负债表

单位:万元

资产	金额	负债及股东权益	金额
现有资产项目合计	5 000	普通股权益	5 000
总资产	5 000	总权益	5 000

H公司预计,本年夏季市场对一种用进口原材料生产的空调机的需求量将激增。若动用本厂生产潜力以及通过外加工组织生产,在不增加固定成本的条件下,可在旺季到来时生产10 000台该种空调机投放市场,且进一步估计这10 000台空调机有可能全部销售出去。该空调机的销售单价为3 000元/台。生产该种空调机的原材料必须一次性从外国进货,原材料费用为1 500元/台,其他变动费用为1 000元/台。采购原材料和支付其他变动费用的资金通过短期银行借款解决。

请编制采购完成时的资产负债表;生产完成时的资产负债表;销售10 000台时的资产负债表;销售6 000台时的资产负债表;销售6 000台前提下,清偿短期银行借款后的资产负债表。并且,根据以上资产负债表分析H公司投资存货的收益和风险。试问在上述情况下,H公司是否存在最佳的存货投资量,为什么?

9. Z公司本年需要甲种原材料80 000件,单位成本为100元/件,每次采购成本为1 000元,单位储存成本为2元/件,请计算甲材料的最佳采购批量和平均持有量;甲材料的最大投资量和平均投资量。

10. 假定计算题9中Z公司估计出的不同保险存货水平下的短缺量和概率如表习题10 - 5所示。

表习题10 - 5

不同保险存货水平下的短缺量和概率

保险存货1000单位		保险存货2 000单位		保险存货3 300单位	
短缺量	概率	短缺量	概率	短缺量	概率
0	0.1	0	0.5	0	0.8
500	0.3	500	0.4	500	0.2
1 000	0.6	1 000	0.1	1 000	0
	1.0		1.0		1.0

试求在考虑保险存货量之后的最佳甲材料投资量。

11. 设计算题9、计算题10中Z公司的供货商规定,订货量达到10 000件时,可享受2%的价格折扣优惠。试求在这种情况下,Z公司最佳甲材料采购批量和最佳甲材料投资量。

12. 假定计算题9、计算题10和计算11中Z公司所需的甲材料价格将以每月0.5%的速度上涨,现有四种投资方案:在1月份一次将全年所需的甲材料全部购入;在1月份和7月份两次进货,每次购入50%;在1、4、7、10月份四次进货,每次购入25%;按经济采购批量采购。试评价这四种投资方案的优劣。

第十一章 固定资产投资管理

【本章提要】 固定资产是企业从事生产经营活动的物质基础,在所有投资中风险最大。为了避免固定资产投资失误,企业必须重视固定资产投资的决策和管理。本章重点讨论固定资产投资的特征和分类,投资项目的现金流量分析,投资项目可行性分析,投资项目评价标准,投资项目排队和组合,以及风险投资决策等方面的内容。

【学习目标】 通过本章学习,要求掌握和了解如下内容:(1)掌握固定资产投资的特征。(2)了解投资项目按项目之间关系分类的方法和意义。(3)掌握投资项目的现金流量分析的基本理论与方法。(4)掌握投资项目不同评价方法的基本理论及其具体评价方法。(5)了解投资项目评价标准之间的冲突及其标准的选择问题。(6)了解投资项目排队和组合的理论与方法。(7)掌握风险投资决策风险调整折现率法和调整现金流量法。

第一节 固定资产投资的特征及分类

一、固定资产投资的特征

固定资产投资与流动资产投资相比,从财务角度考察,具有如下的一些基本特征。

(一) 单项投资金额大和回收期长

固定资产是企业进行生产经营活动的重要物质基础,它的单位价值大,使用期限长。固定资产投资决策一旦实施,就会在一个相当长的时期中对企业财务状况产生全面的影响。这一特征决定了企业对固定资产的投资必须十分慎重。

(二) 投资的一次性和回收的分次性

企业在进行固定资产投资时必须一次性垫支购建固定资产的全部资金,而且垫支的资金只能在固定资产未来漫长的使用期中慢慢地分期收回。这一特征决定了对固定资产的投资所需的资金必须以长期资金来源为基础。

(三) 使用效益的递减性

固定资产存在着各种有形损耗和无形损耗,这些不同的损耗会导致固定资产的使用效益逐渐下降。具体地说,有形损耗会导致固定资产使用效益绝对下降,无形损耗会导致固定资产使用效益相对下降。在科学技术高速发展的今天,无形损耗已成为固定资产使用效益下降的主要因素。比如,电子计算机遭受无形损耗的风险就极大。这一特征决定了在进行固定资产投资决策时,必须重视其有效的经济生命周期,而不能仅考虑其有形的实物寿命周期。

（四）变现能力差

固定资产投资的实物形态主要是房屋建筑物、机器设备等资产,这些资产不易改变用途,且是企业进行生产经营活动的基础。这决定了固定资产一方面难以变现,另一方面也不应该随便变现。因此,该特征决定了固定资产投资的风险大。

（五）资金占用量相对稳定

固定资产投资一旦确立,在资金占用数量上便保持相对的稳定性,不像流动资产那样经常波动。因为,企业业务量在一定范围内增减变化时,企业一般不会立即调整固定资产投资量。具体地看,当企业业务量在一定范围内增加时,企业并不会立即增加固定资产投资,而是尽可能地通过挖潜和提高效率来完成增加的业务量。当业务量在一定范围内减少时,企业为了维持一定的生产能力,也不会立即出售固定资产。特别是从固定资产实物具有的不可分割性特征来看,企业很难根据业务量的减少幅度,而将固定资产分割出售。

二、固定资产投资项目分类

固定资产投资项目可以按多种标准进行分类,如按照折旧年限分类、按实物形态分类、按是否与经营相关性分类、按固定资产投资项目的关系分类,等等。在这里,我们只讨论按投资项目之间的关系为标准的分类。按投资项目之间的关系为标准,固定资产投资项目可以分为独立投资项目、互不相容的投资项目、先决投资项目和重置投资项目等几类。按这种标准分类的好处是有利于测算每一投资项目可能产生的现金流入量和现金流出量,从而为正确的投资决策奠定基础。

（一）独立投资项目

独立投资项目是指在一组项目中是否接受一个项目与是否接受另一些项目之间不存在关系的投资项目。独立投资项目按照独立性的强弱,又可以进一步分为完全独立的投资项目和非完全独立的投资项目。项目的独立性可以从技术上和经济上来考察。技术独立是指在一组投资项目中,是否接受某一项目并不影响其他项目实施的技术可行性。经济独立是指是否接受某一项目并不影响其他项目的现金流量。完全独立的投资项目是技术上和经济上都独立的项目。非完全独立的项目是指仅在技术上独立,但在经济上不独立的项目。

比如,在不考虑资金来源的情况下,一家运输公司拟购买分别用于货物运输的载重汽车和用于旅客运输的客车。从技术上来看,这两类投资项目就是独立的,因为公司可以同时购买到这两种汽车;从经济上考察,各投资项目的现金流量是无关的,因为载重货车货物运输的现金流量不会影响到客车旅客运输的现金流量。那么,这两个投资项目就是完全独立的投资项目。

如上例中运输公司拟购买的汽车是两种不同型号,并且可以相互替换使用的载重汽车。这样,虽然它们在技术上是独立的,但由于它们的现金流量会相互影响,在经济上并不完全独立,因此,这两个项目不是完全独立的投资项目。对非完全独立的投资,在计算投资项目现金流量的时候,应该以边际现金流量作为投资项目的现金流量。

在实际中,多数独立的投资项目都属于非完全独立的投资项目,只有极少数的投资项目属于完全独立的投资项目。对独立投资项目的可行性论证可用图 11 - 1 简示。

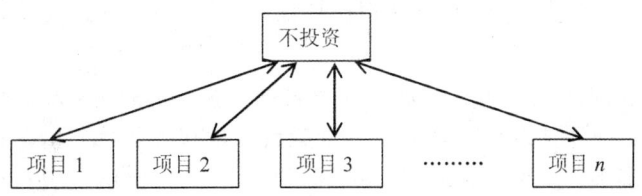

图 11-1 独立投资项目之间的关系示意图

图 11-1 表明,在对独立投资项目进行决策时,各投资项目之间不发生比较,而是独立地与不投资进行比较,有 n 个投资项目就需要比较 n 次。

从比较结果来看,一组投资项目可能全部被接受;也可能一组项目中有部分符合标准被接受,而另一些项目不被接受;还有可能全部不被接受。各个投资项目是否可取,完全取决于各投资项目本身,而与其他投资项目无关。

从对独立投资项目经济上是否可行的判别方法来看,只需要将某一投资项目的现金流入量和现金流出量统一换算为同一时点的价值(终值或现值),再比较同一时间价值的现金流入量和现金流出量的大小。如果现金流入量大于现金流出量,那么,这个投资项目在经济上便是可行的,企业就可以对该投资项目进行投资。

(二)互不相容的投资项目

互不相容的投资项目是指在一组投资项目中,各项目之间具有排他性,其中一个项目的收益将会因采用另一个投资项目而完全丧失。就如一块空地,其面积只能容纳一座厂房或一栋宿舍,那么,这两个投资项目就是互不相容的投资项目。而到底哪一个投资项目为优的投资决策就是互不相容的投资决策。

显然,对这类互不相容的投资项目进行决策,要比前述的独立投资项目的决策复杂得多。在进行决策时,从理论上讲,需要进行两两比较,通过多次比较后,才能选择出最佳的投资项目。这种可行性论证如图 11-2 所示。

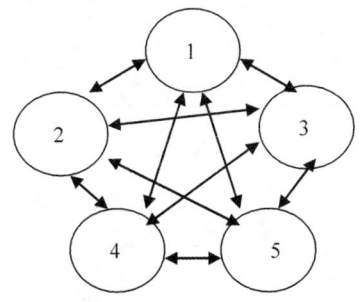

图 11-2 互不相容投资项目之间的关系示意图

若有 n 个互不相容的投资项目,就要进行 $\dfrac{n(n-1)}{2}$ 次比较才能得到正确的决策结果。当然,进行 $\dfrac{n(n-1)}{2}$ 次比较,只是从理论上而言的,在实际中,只要将各投资项目按某一标准计算出的结果从大到小顺序排列,就可以一目了然地判断投资项目的优劣。

(三)先决投资项目

先决投资项目,是指接受某一投资项目的同时或在前必须接受另一投资项目的投资项目。如某企业要建造一幢新厂房,必须征得一块地的使用权,为征得这块地的投资就是建造厂房的先决投资项目。

先决投资项目这种分类实际上仅是一种暂时的分类,其目的是为了促使决策者能考虑到拟采纳的投资项目所要涉及的一切有关的现金流入量和现金流出量。将先决投资项目同与它相关的一项或多项投资项目相结合,可以得到一个综合的投资项目,这个综合的投资项目可以根据其性质,划分为独立投资项目或互不相容投资项目。

（四）重置投资项目

重置投资项目,又称为固定资产更新改造项目,是指为了能更有效地生产同一产品或发挥同样作用而进行的取代现有资产的投资。重置投资项目一般是在现有资产快要报废,或由于技术进步再使用现有资产已经不经济时,才会加以考虑。重置投资项目也可以进一步划分为独立投资项目或互不相容投资项目。

第二节 投资项目的现金流量分析

对投资项目进行正确决策的关键,是要准确地估计投资项目在不同时期的现金流入量和现金流出量。本节将重点对投资项目的现金流量分析问题进行讨论。

一、投资项目现金流量的特点

在对全部投资机会进行适当分类之后,就需要对投资项目的现金流入量和现金流出量进行测算,只有在准确预测现金流入量和现金流出量的基础之上,才能对每一个潜在的投资项目经济上的效益性进行科学的评价。

预测投资项目的现金流入量和现金流出量,是进行投资项目经济评价的基础。现金流入量不同于会计账面上的收入,现金流出量不同于会计账面上的成本。关于这种差异,将在后面讨论,现只讨论现金流量的特点。

（一）现金流量是时间的函数

现金流量是时间的函数,这可以用一个简单的图形来加以表示,如图 11 - 3 所示。

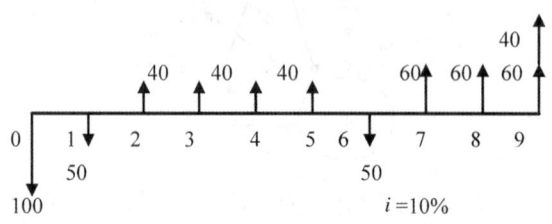

图 11 - 3 现金流量示意图（单位:万元）

图 11 - 3 表示的是一个各年度现金流入量和现金流出量的示意图。从图 11 - 3 中可以看出,整个投资项目的期限是 9 年,要求的投资收益率为 10%。在第 0 年投资额（现金流出）为 100 万元;第 1 年投资额为 50 万元;第 2、第 3、第 4、第 5 年每年流入现金为 40 万元;在第 6 年又对项目进行再投资,现金流出量为 50 万元;第 7、第 8 年每年流入现金为 60 万元;第 9 年除了有正常经营的现金流入量 60 万元之外,还因项目终止,收回了部分投资,产生了 40

万元的现金流入量,第 9 年的现金流入量总额为 100 万元。

运用现金流量图来分析现金流入量和现金流出量的最突出优点,是可以直观地描述投资的全过程。在现金流量图中,各阶段的现金流入量和现金流出量是投资项目实际产生的现金流入量和现金流出量,而不是会计账面上的收入和成本。

（二）不同时间段的现金流量具有不同的价值

由于货币具有时间价值,不同阶段的现金流入量和不同时间的现金流出量在折算为同一点之后的价值是不相等的,因此,在比较不同时期现金流量价值大小的时候,必须将它们换算为同一时点的现金流量。只有这样,才能对投资项目的经济效益作出合理的评价。

二、投资项目现金流入量的确定

在投资项目分析中,最重要和最困难的环节就是预测其现金流量,而预测现金流入量的难度又高于预测现金流出量。

（一）投资项目现金流入量的内容

投资项目的现金流入量主要由两部分组成:一是项目投入营运后的经营现金净流入量;二是项目终止后的固定资产残值收入和收回的垫付流动资金。在投资项目现金流入量的预测中,经营现金净流入量的预测最为关键和困难。预测之所以关键,是因为它是投资项目现金流入量的主流,直接影响到整个现金净流入量预测的准确性。预测之所以困难,是因为无论产品销售市场还是生产要素供应市场都存在着极大的不确定性,特别是固定资产的投资回收期长,市场的变化大,因此,要准确预测经营现金净流入量的难度很大,需要企业各有关部门,如财务部门、销售部门、生产部门等的通力合作,尽力克服各种主观偏见,才有可能使预测结果尽可能符合实际。

（二）经营现金净流入量计算

1. 经营现金净流入量与会计利润的关系

投资项目营运后的经营现金净流入量不等于会计账面上的利润。这种净现金流入量,完全是从企业是否产生现金收支的角度来确定的。例如,会计成本中的折旧费,就不是企业的现金支出;会计账面利润也并不全部都是企业的现金收入,因为企业还必须交纳所得税。由于会计是以权责发生制为基础的,它无法直接提供以收付实现制为基础计算的净现金流入量,因此,在实际中,为了简化净现金流入量的计算,多采用税后利润加上折旧等非现金支出的费用作为企业或投资项目的净现金流入量。即:

净现金流入量＝税后利润＋折旧费和长期资产摊销

2. 投资项目的边际净现金流入量的计算

在多数情况下,投资项目的净现金流入量都具有边际性,是一种边际净现金流入量。边际净现金流入量是指在某一特定时期内,投资这个项目与不投资这个项目之间产生的净现金流入量之差。其基本计算公式为:

某投资项目的边际净现金流入量＝企业投资该项目后的净现金流入量总额
－企业不投资该项目的净现金流入量总额

这表明,计算投资项目的边际净现金流入量,不能只考虑投资项目本身所产生的净现金流入量,而且还要考虑投资项目净现金流入量之间的相互影响,要从整个企业的角度去计算投入一个项目所产生的净现金流入量的增减变化情况。

投资一个项目对企业现有项目的影响大致可以从两个方面来考察：第一，追加一个投资项目，可能造成现有的一些投资项目现金流入量的减少，也可能导致现有的一些投资项目现金流入量的增加。这样，追加投资项目对整个企业现金流入量的贡献，就需要在追加投资项目基础上计算出的企业现金流入量和不追加投资项目基础上计算的企业现金流入量之间进行比较，两者之差才是追加投资项目所产生的现金流入量。第二，费用也具有上述特征，新投资项目的现金流出量也不是该投资项目本身的现金流出量，而是投资该项目和不投资该项目企业现金流出量之差。

在考虑以上两个因素之后，可以用如下公式来计算投资项目营运后某时期的净现金流入量：

一定时期内某投资项目的净现金流入量＝[（企业投资该项目后的收入－企业不投资该项目后的收入）－（企业投资该项目的经营成本－企业不投资该项目的经营成本）－（企业投资该项目的折旧费－企业不投资该项目的折旧费）]×（1－所得税率）+（企业投资该项目的折旧费－企业不投资该项目的折旧费）

【例 11-1】　某企业正考虑进行一项固定资产投资。该投资项目的投资额为 1 000 万元，寿命期为 10 年。具体现金流入量和现金流出量见表 11-1 中的"投资该项目"栏，投资项目实施前的现金流入量和现金流出量见表 11-1"不投资该项目"栏，那么，计算出的 10 年中该投资项目每年的净现金流入量的结果见表 11-1"差异"栏。

表 11-1

净现金流入量计算表

单位：万元

项目	投资该项目	不投资该项目	差异
销售额	3 000	2 000	1 000
经营成本	1 400	1 000	400
折旧费	300	200	100
税前收益	1 300	800	500
所得税（30%）	390	240	150
税后收益	910	560	350
加：折旧费	300	200	100
经营净现金流入量	1 210	760	450

从〖例 11-1〗中可以看出，折旧费是影响净现金流入量的一个重要因素，虽然，不论采用何种折旧方法，在投资项目有效期内所提取的折旧费用总额都是相等的；但是，如果考虑货币时间价值的话，不同的折旧方法将会产生不同的净现金流入量。快速折旧方法产生的净现金流入量要大于直线折旧方法的净现金流入量。

（三）固定资产残值收入和收回的垫付流动资金计算

固定资产寿命终了时的残值收入也是投资项目的现金流入量，需要估计。虽然要精确估计这种现金流入量的难度较大，但是固定资产的寿命周期较长，且残值占固定资产的比重一般较小，特别在考虑货币时间价值后，对总现金流入量的影响会很小；因此，在实际中多采用按现行同类固定资产的残值来确定投资项目的残值。

投资项目终止之后,企业要将垫付在该项目上的流动资金收回,收回金额应该按照垫付的金额计算。

三、投资项目现金流出量的确定

（一）投资项目现金流出量的内容

在讨论投资项目现金净流入量时,已经把投资项目营运后的各种经营上的现金流出量,纳入了经营现金净流入量中进行分析。因此,在这里所要讨论的投资项目的现金流出量,实际上就是指建设该投资项目本身,以及为使该投资项目在有效期内正常运转所产生的现金流出量,如固定资产的大修费用、局部的更新改造费用等。

（二）投资项目现金流出量预测应该注意的问题

估计一个小型的固定资产投资项目的现金流出量可能比较简单,但是要精确估计一个大型而复杂的投资项目的现金流出量则是极困难的。因为,一个大型投资项目的建设周期长、涉及面广,在建设中可能会遇到事先未预料到的技术上和经济上的因素。因此,投资项目的实际现金流出量与预计现金流出量之间往往会产生极大的差异。

比如,原一个认为在技术上很成熟的大型投资项目,在建设期间,发现有一些技术并不过关,要克服这些技术难关,必须投入新的资源,这样就会产生预计之外的现金流出量。又如,原投资项目现金流出量预测时的价格在建设期间发生了变化,这样也会使投资项目的实际现金流出量与预计现金流出量产生差异。

同样,为保证大型投资项目在有效期内正常运转所产生的实际现金流出量也可能与估计的现金流出量之间存在极大的差异。

这说明,对投资项目现金流出量的估计也存在着不确定性或风险。规避这种风险的可行办法是各个部门之间的通力合作,尽可能在事前考虑到影响投资项目现金流出量的各种因素和各个因素发生的概率,通过概率分析来确定其投资项目的现金流出量。

第三节　投资项目的评价方法

企业在收集到投资项目的现金流入量和现金流出量资料之后,就可以采用一定的数量分析方法对各种拟定的投资项目的经济效益大小进行评价了。本节将讨论五种基本评价方法:回收期法（变形的回收期法）、平均收益率法（变形的平均收益率法）、净现值法、获利能力指数法、内部收益率法。简化起见,在本节所举例中,各年现金流量都假定在各年年末流动。

一、回收期法

（一）基本方法

1. 计算公式

回收期法是投资项目评价中最简单的方法。决定固定资产投资回收期的两个因素是投资额的大小和每年回收额的多少。其基本计算公式为:

$$\sum_{t=1}^{PP} CI_t = CO_0$$

或：

$$\frac{\sum_{t=1}^{PP} CI_t}{CO_0} = 1$$

式中：PP——回收期；CI_t——t 期现金流入量；CO_0——原始投资额。

其计算步骤如下：

(1) 确定投资回收期区间。具体方法是逐期将各期现金流入量相加,求相加各期的总现金流入量。每累加一期的现金流入量,就将合计数与投资额比较一次,如合计数小于投资额,则继续往后加,一直加到合计数等于或初次大于投资额那一期为止。这样,就可以得到现金流入量合计数从正负两个方向最接近投资额的两个时期,这两个时期就是投资回收期所在的区间,投资回收期就在这两个时期中间。

(2) 求投资回收期。具体方法是用插值法求投资回收期,其计算公式如下：

$$投资回收期 = 从负方最接近投资额的现金流入量合计所需的时间 + \frac{投资额 - 从负方最接近投资额时期的现金流入量合计数}{从正方最接近投资额时期的现金流入量合计数 - 从负方最接近投资额时期的现金流入量合计数}$$

【例 11-2】　假定某企业有 A、B、C 三个投资方按,其有关资料如表 11-2 所示。

表 11-2

A、B、C 三方案净收益和净现金流量表

单位:元

期间	A方案		B方案		C方案	
	净收益	净现金流量	净收益	净现金流量	净收益	净现金流量
0	—	(300 000)	—	(300 000)	—	(300 000)
1	10 000	70 000	30 000	130 000	60 000	120 000
2	40 000	100 000	50 000	150 000	50 000	110 000
3	50 000	110 000	50 000	150 000	40 000	100 000
4	50 000	110 000	—	—	40 000	100 000
5	60 000	120 000			20 000	80 000

根据表 11-2,可以分别计算出三个方案的投资回收期如下：

$$PP(A) = 3 + \frac{300\,000 - 280\,000}{390\,000 - 280\,000} = 3.18(年)$$

$$PP(B) = 2 + \frac{300\,000 - 280\,000}{430\,000 - 280\,000} = 2.13(年)$$

$$PP(C) = 2 + \frac{300\,000 - 230\,000}{330\,000 - 230\,000} = 2.7(年)$$

将计算出的回收期与期望回收期相比较,可以判断投资项目是否可行。投资回收期作

为衡量投资项目变现能力的一个指标,其判断方法如下:

投资回收期≤期望回收期,投资方案可行

投资回收期＞期望回收期,投资方案不可性

假定上述企业的期望回收期为3年,那么,方案B、方案C可行,方案A不可行。

2. 投资回收期法的优缺点

(1)优点。投资回收期的优点可以简单概括如下:第一,计算简单,资料容易取得;第二,考虑了现金流量;第三,反映了投资项目的风险,便于选择出变现能力强,风险小的投资项目。

(2)缺点。投资回收期的缺点:第一,没有考虑到回收期以后的现金流量,不能用它来准确评价投资项目的经济效益;第二,没有考虑到回收期间流入现金的数额,以及货币时间价值。因此,仅用投资回收期作为选择方案的标准,可能作出错误的决策。如上例中的B方案回收期短于C方案,但以此断定B方案优于C方案则可能是错误的。

(二)考虑货币时间价值的回收期法

这种方法是为了克服前述回收期法的缺点而产生的一种改进方法。

考虑货币时间价值的回收期法有两种:一是加息回收期法,另一是折现回收期法。下面对这两种方法加以介绍。

1. 加息回收期法

加息回收期法是先求出投资加计利息的本利和,然后再根据本利和作为计算回收期的基数。加计的利息可以是投资期望收益额。现以实例说明。

【例11-3】　现假定〖例11-2〗中的资料不变,投资者的期望收益额为100 000元,试用加息回收期法计算考虑货币时间价值的投资回收期。

解题过程如下:

(1)计算考虑利息之后的投资额。

A方案考虑利息之后的投资额＝300 000＋100 000＝400 000(元)

B方案考虑利息之后的投资额＝300 000＋100 000＝400 000(元)

C方案考虑利息之后的投资额＝300 000＋100 000＝400 000(元)

(2)计算考虑利息后的投资回收期。

$$PP(A)=4+\frac{400\,000-390\,000}{510\,000-390\,000}=4.08(年)$$

$$PP(B)=2+\frac{400\,000-280\,000}{430000-280\,000}=2.8(年)$$

$$PP(C)=3+\frac{400\,000-330\,000}{430\,000-330\,000}=3.7(年)$$

2. 折现回收期法

折现回收期法是先将各年的现金流量按规定的折现率折算为现值,然后以现值作为计算回收期的基础。现以实例说明。

【例11-4】　现假定〖例11-2〗中的资料不变,折现率为10％,试用折现回收期法计算考虑货币时间价值的投资回收期。

(1)计算三方案的现金流量的现值。

三方案的现金流量现值计算结果如表 11-3 所示。

表 11-3

A、B、C 三方案现金净流量折现表

单位:元

期间	折现率	A方案		B方案		C方案	
		现金净流量	现金净流量折现值	现金净流量	现金净流量折现值	现金净流量	现金净流量折现值
0	1	(300 000)	(300 000)	(300 000)	(300 000)	(300 000)	(300 000)
1	0.90909	70 000	63 636	130 000	118 182	120 000	109 091
2	0.82646	100 000	82 646	150 000	123 969	110 000	90 911
3	0.75131	110 000	82 644	150 000	112 697	100 000	75 131
4	0.68301	110 000	75 131			100 000	68 301
5	0.62092	120 000	74 510			80 000	49 674

（2）计算计算折现回收期。

$$PP(A)=3+\frac{300\ 000-228\ 926}{304\ 057-228\ 926}=3.95(年)$$

$$PP(B)=2+\frac{300\ 000-242\ 151}{354\ 848-242\ 151}=2.51(年)$$

$$PP(C)=3+\frac{300\ 000-275\ 133}{343\ 434-275\ 133}=3.36(年)$$

在实际工作中,上述两种考虑货币时间价值的方法,前一种方法用得较为普遍。因为,一方面,在投资的本金之外,究竟希望获得多少额外的"回报",可由投资者根据其对风险和收益的态度决定;另一方面,加息回收期法不需要查阅现值,计算比较简单。考虑货币时间价值的回收期法,虽然在一定程度上克服了基本投资回收期法的缺点,但还是不能反映投资项目的效益性。

二、平均收益率法

（一）基本方法

1. 计算公式

投资平均收益率法,又称平均会计收益率法,是投资项目各年收益的平均数与该投资项目平均投资额的比率。它是一种被广泛使用的评价投资项目的会计方法,其计算公式为:

$$年平均收益率=\frac{年平均收益}{平均投资额}$$

在投资项目评价中,为了剔除筹资活动的影响,收益指标一般选用息税前收益。当然如果有必要,也可选用税后利润。

【例 11-5】 试根据〖例 11-2〗的资料计算三个方案的年平均收益率。

（1）计算年平均收益额。

三个方案的年平均收益额分别如下:

$$A\ 方案年\\平均收益额 = \frac{10\,000 + 40\,000 + 50\,000 + 50\,000 + 60\,000}{5} = 42\,000(元)$$

$$B\ 方案年\\平均收益额 = \frac{30\,000 + 50\,000 + 50\,000}{3} = 43333(元)$$

$$C\ 方案年\\平均收益额 = \frac{60\,000 + 50\,000 + 40\,000 + 40\,000 + 20\,000}{5} = 42\,000(元)$$

（2）计算年平均投资额。

为了便于计算平均投资额，可以根据表 11-2 中的资料编制 A、B、C 三方案各期投资余额计算表，如表 11-4 所示。

表 11-4

A、B、C 三方案各期投资余额计算表

单位：元

期间	A 方案		B 方案		C 方案	
	累计折旧	投资余额	累计折旧	投资余额	累计折旧	投资余额
0	—	300 000	—	300 000	—	300 000
1	60 000	240 000	100 000	200 000	60 000	240 000
2	120 000	180 000	200 000	100 000	120 000	180 000
3	180 000	120 000	300 000	0	180 000	120 000
4	240 000	60 000			240 000	60 000
5	300 000	0			300 000	0

按表 11-4，可以求得三个方案的平均投资额如下：

$$A\ 方案平均投资额 = \left(\frac{300\,000 + 240\,000}{2} + \frac{240\,000 + 180\,000}{2} + \frac{180\,000 + 120\,000}{2} + \frac{120\,000 + 60\,000}{2}\right.$$
$$\left. + \frac{60000 + 0}{2}\right) \div 5 = 150\,000(元)$$

$$B\ 方案平均投资额 = \left(\frac{300\,000 + 200\,000}{2} + \frac{200\,000 + 100\,000}{2} + \frac{100\,000 + 0}{2}\right) \div 3 = 150\,000(元)$$

$$C\ 方案平均投资额 = \left(\frac{300\,000 + 240\,000}{2} + \frac{240\,000 + 180\,000}{2} + \frac{180\,000 + 120\,000}{2} + \frac{120\,000 + 60\,000}{2}\right.$$
$$\left. + \frac{60\,000 + 0}{2}\right) \div 5 = 150\,000(元)$$

因此，三个投资方案的年平均收益率分别为：

$$A\ 方案年\\平均收益率 = \frac{42\,000}{150\,000} = 28\%$$

$$B\ 方案年\\平均收益率 = \frac{43\,333}{150\,000} = 28.89\%$$

$$C\ 方案年\\平均收益率 = \frac{42\,000}{150\,000} = 28\%$$

根据上述计算结果，B 方案的年平均投资收益率最高，而 A、C 两方案的年平均投资收益率相等。如仅从该指标出发，B 方案优于 A、C 两个方案。

2. 优缺点

（1）优点。投资平均收益率指标的优点可以概括如下：第一，平均投资收益率指标与人们所熟悉的会计相关指标完全一致,易于为人们理解、掌握和接受。第二,考虑了投资项目的效益性,克服了回收期法在这方面的缺点。

(2) 缺点。将投资平均收益率指标作为投资项目决策的准则,也有着重大的缺陷。这些缺陷主要包括:第一,投资平均收益率法在计算投资项目收益时,用的是会计收益而不是净现金流入量,因此,在进行投资项目评价时无法考虑边际投资额和边际收益额;第二,投资平均收益率法假定在投资项目有效期内的历年会计收益相等,但是,实际与假定存在着很大差异;第三,投资平均收益率法没有考虑到现金流入和现金流出的时间,忽视了货币时间价值,因此,不能精确地反映投资项目的真实的经济效益。

按投资平均收益率法,无法对上例中的 A 方案和 C 方案进行取舍,因为这两个方案的平均收益率均为 28%。显然,如果考虑到货币时间价值的话,C 方案将优于 A 方案,因为 C 方案前期的净现金流入量要大于 A 方案。

(二) 平均现金净流入率法

没有考虑净现金流入量,是平均收益率法指标的一个主要缺陷。为了弥补这一缺陷,可以用平均现金净流入率指标来加以补充。

平均现金净流入率是指投资项目寿命周期内的年平均营业现金流量与平均投资额的比率,也称为平均投资现金净流入率。平均现金净流入率法是通过比较平均现金净流入率的大小,选择最优可行性方案的方法。其计算公式为:

$$平均现金净流入率＝年平均营业现金流量/平均投资额$$

其中:

$$年平均营业现金流量＝项目寿命周期内各年营业现金流量之和÷项目寿命周期$$
$$平均投资额＝[(固定资产投资额－残值)÷2]＋残值＋流动资产垫支$$

【例 11 - 6】　根据〖例 11 - 2〗资料计算三个方案的平均现金净流入率指标。

由于该例的投资残值为零,因此可以直接运用公式得出如下结果:

$$A 方案年平均现金净流入量＝\frac{\dfrac{70\,000＋100\,000＋110\,000＋110\,000＋120\,000}{5}}{\dfrac{300\,000}{2}}＝68\%$$

$$B 方案年平均现金净流入量＝\frac{\dfrac{130\,000＋150\,000＋150\,000}{3}}{\dfrac{300\,000}{2}}＝95.56\%$$

$$C 方案年平均现金净流入量＝\frac{\dfrac{120\,000＋110\,000＋100\,000＋100\,000＋80\,000}{5}}{\dfrac{300\,000}{2}}＝68\%$$

从上述计算结果来看,方案 B 优于方案 A 和方案 C。

平均收益率指标与平均现金净流入率指标的差异是由垫支资金的现金流量所引起的,这种关系可用下面推论加以说明:

$$\frac{年平均营业现金流量}{平均投资额}＝\frac{年平均税后利润＋年折旧额}{平均投资额}＝\frac{年平均税后利润}{平均投资额}＋\frac{年折旧额}{平均投资额}$$

该公式的前半部分表明了投资的获利能力,即投资项目能获利润的大小;公式的后半部分表明了折旧的回收速度。这两部分合计则表明了企业现金回收的情况。

这种方法虽然全面考虑了财务人员所关心的企业现金流量状况的问题,但是却掩盖了投资项目的收益能力,特别是该指标仍然没有考虑货币的时间价值,不能得出正确的分析结果。另外,该比率也让非专业人士难于理解。因此,它只能作为平均收益率指标的一种补充指标。

三、净现值法

1. 计算公式

净现值是指投资项目未来现金流入量的折现值与其原始投资现金流出量的折现值的差额。其计算公式为:

$$NPV = \sum_{t=m+1}^{n} \frac{CI_t}{(1+i)^t} - \sum_{t=0}^{m} \frac{CO_t}{(1+i)^t}$$

式中:NPV——净现值;CI_t——第 t 期的现金流入量;CO_t——第 t 期投资的现金流出量;i——资金成本或期望折现率。

如果投资项目的投资是在 0 期一次完成,即 $m=0$,那么,上式可以简化为下式:

$$NPV = \sum_{t=1}^{n} \frac{CI_t}{(1+i)^t} - CO_0$$

显然,当某个投资项目的净现值为负时,该项目应予以否定;只有净现值为正时,该项目才可以接受。如评价中的两个投资项目是互不相容的,那么,应该选择净现值大的那一个投资项目。

【例 11 - 7】 根据〖例 11 - 2〗的资料,计算折现率为 10% 时的 A、B、C 三方案的净现值。

解:

根据公式有:

$$NPV(A) = \left[\frac{70\ 000}{(1+10\%)^1} + \frac{100\ 000}{(1+10\%)^2} + \frac{110\ 000}{(1+10\%)^3} + \frac{110\ 000}{(1+10\%)^4} + \frac{120\ 000}{(1+10\%)^5} \right] - 300\ 000 = 78\ 568(元)$$

$$NPV(B) = \left[\frac{130\ 000}{(1+10\%)^1} + \frac{150\ 000}{(1+10\%)^2} + \frac{150\ 000}{(1+10\%)^3} \right] - 300\ 000 = 54\ 847(元)$$

$$NPV(C) = \left[\frac{120\ 000}{(1+10\%)^1} + \frac{110\ 000}{(1+10\%)^2} + \frac{150\ 000}{(1+10\%)^3} + \frac{100\ 000}{(1+10\%)^4} + \frac{80\ 000}{(1+10\%)^5} \right] - 300\ 000 = 93\ 107(元)$$

以上计算结果表明,C 方案的净现值最大,A 方案次之,B 方案再次之。在原始投资额相同的情况下,净现值越大,说明投资项目的收益率越高,投资方案越可取。

在〖例 11 - 7〗中,A 方案和 C 方案虽然原始投资额和累计现金净流入量相同,但是现金流入的时间上存在着差异,即 A 方案前期的现金流入量小于后期的现金流入量,而 C 方案前期的现金流入量大于后期的现金流入量,通过折现,必然有 C 方案的净现值大于 A 方案的净现值。故 C 方案优于 A 方案。

再有,在投资回收期法和投资平均收益率法下的最优方案——B 方案,在净现值法下成了最次方案,这又如何理解呢? 这种情况可以从投资项目的寿命期来理解。B 方案虽然投资回收期短,但它的寿命期也短。在它寿命期终止后,A、C 两方案的投资项目还在继续创造收益。从创造净收益和现金流入量的总量来看,A、C 两方案要大于 B 方案,就是折算为现值之后也要大于 B 方案。企业进行投资的目的是为了创造尽可能大的收益,而不是加快回收期和提高短期投资收益率。可是,投资回收期法和平均收益率法正忽视了这一点,用个别指标来替代投资的基本目的。所以,仅用投资回收期法和平均收益率法来评价投资项目,会作出错误的决策;而用净现值法评价投资项目则弥补了投资回收期法和平均收益率法的缺陷,使决策建立在科学合理的基础之上。

2. 优缺点

(1) 优点。净现值法的优点可以归纳如下:第一,考虑了项目寿命期内的全部现金流量,能反映整个寿命期内的收益状况,克服了投资平均收益率法在这方面的缺点;第二,考虑了货币的时间价值,使对投资方案的评价建立在合理可比的基础之上;第三,引进了适用折现率,减少了投资决策失败的风险。

(2) 缺点。净现值法的缺点:第一,适用折现率的设定比较困难,但其适用折现率的准确性直接关系到决策结果的正确性;第二,当不同投资项目的投资规模不同和生命周期不一致的时候,很难根据净现值的大小来判断投资项目的优劣。

四、获利能力指数法

1. 计算公式

获利能力指数,又称现值指数,它是现金流入量现值与现金流出量现值之比。设计获利能力指数的目的,主要是为了克服净现值指标不能反映净现值与投资量关系的弊端。净现值法虽然有前述的若干优点,但是,对投资额不相等的不同方案,单纯依据净现值的绝对量来选择投资项目是不可能得出正确结论的。因为投资额不一致的各个投资方案,其净现值是不可比的。获利能力指数的计算公式如下:

$$PI = \frac{\sum_{t=1}^{n} \frac{CI_t}{(1+i)^t}}{CO_0}$$

式中:PI——获利能力指数。

PI 与 NPV 存在着如下关系:

当 $NPV > 0$ 时,$PI > 1$;

当 $NPV = 0$ 时,$PI = 1$;

当 $NPV < 0$ 时,$PI < 1$。

显然,只要 PI 等于或者大于 1 时,投资方案就可以采纳;而 PI 小于 1 时,投资方案不可以采纳。

【例 11-8】 根据〖例 11-7〗的资料,计算折现率为 10% 时的 A、B、C 三方案的获利能力指数。

解:

按公式有:

$$PI(A) = \frac{378\,568}{300\,000} = 1.26$$

$$PI(B) = \frac{354\,847}{300\,000} = 1.18$$

$$PI(C) = \frac{393\,107}{300\,000} = 1.31$$

获利能力指数越大,表明投资项目的获利能力越大。在例中,C 方案最优,A 方案次之,B 方案再次之。

2. 获利能力指标与净现值指标发生矛盾时的处理

由于获利能力指数使不同投资方案具有了共同可比的基础,因此,它有广泛的适用性。但是在利用获利能力指数法时也要注意到,在一组互不相容的投资方案中,选择一个方案时,用获利能力指数作为标准可能会与用净现值作为标准产生矛盾。这时,还是采用净现值作为评价标准为好。因为,获利能力指数只能表示投资项目的相对获利能力,而不能反映投资项目预期获取的绝对经济效益。

【例 11 - 9】　设某企业有如表 11 - 5 显示的甲、乙两个互不相容的投资方案,问哪一个方案为优。

表 11 - 5

甲、乙两方案经济效益比较表

单位:万元

项目	甲方案	乙方案
现金流入现值 $\left(\sum_{t=1}^{n} \dfrac{CI_t}{(1+i)^t}\right)$	500	300
原始投资额(CO_0)	400	220
净现值(NPV)	100	80
获利能力指数(PI)	1.25	1.36

从表 11 - 5 计算中可看出,按净现值标准,甲方案为优;按获利能力指数标准,乙方案为优。根据企业投资的基本目的——获取最大收益,企业应该采用甲方案。因为,采用甲方案可以使企业的资源得到最充分的运用,为企业带来最大的经济效益。

3. 优缺点

(1) 优点。获利能力指数法的优点可以简单归纳如下:第一,可以克服投资额大小和投资寿命期长短对净现值大小的影响,使不同方案建立在可比的基础之上;第二,可以将不同投资项目效益性的比较简单化。

(2) 缺点。获利能力指数法的缺点:第一,仍然存在需要设定适用折现率的难题;第二,不能解决互不相容的投资方案的选择问题;第三,该指标的经济含义难以被一般人理解。

五、内部收益率法

1. 计算公式

内部收益率,又称内含报酬率,是指投资项目的现金流入量现值等于现金流出量现值时的折现率。对该问题,我们已经在计算资金成本时进行了较详细的讨论,因此,这里将在简要回顾它的概念和计算方法的基础上,重点讨论内部收益率作为投资项目评价标准与其他评价标准相比的特征和优劣。

根据内部收益率的定义,内部收益率的一般计算公式为:

$$\sum_{t=m+1}^{n} \frac{CI_t}{(1+IRR)^t} - \sum_{t=0}^{m} \frac{CO_t}{(1+IRR)^t} = 0$$

在公式中，CI_t 和 CO_t 均为已知量；IRR 为内部收益率，是一个未知变量。具体可用逐次测试和内插值的两步骤近似计算方法求解 IRR。

当公式中 $m=0$ 时，则有：

$$\sum_{t=1}^{n} \frac{CI_t}{(1+IRR)^t} - CO_0 = 0$$

该公式是前一公式的一个特例。它适用于计算建设期短（1 年以内）的投资项目的内部收益率，而前一公式可适用于任何投资项目内部收益率的计算。

根据内部收益率的计算公式，可以看出内部收益率具有如下特征：

当 $\sum_{t=1}^{n} CI_t = CO_0$ 时，$IRR = 0$；

当 $\sum_{t=1}^{n} CI_t < CO_0$ 时，$IRR < 0$；

当 $\sum_{t=1}^{n} CI_t > CO_0$ 时，$IRR > 0$。

第一种情况表明，投资项目产生的现金流入量之和刚好等于其现金流出量，没有带来任何盈利，这时的收益率为 0。第二种情况表明，投资项目产生的现金流入量之和小于其现金流出量，这时投资项目不仅没有产生任何盈利，而且还使一部分投资不能收回，投资收益率为负。第三种情况表明，投资项目产生的现金流入量之和大于其现金流出量，获得了一定的盈利，投资收益率为正。盈利越多，收益率（IRR）就越大；同样的盈利额取得越早，IRR 也就越大，反之则越小。可见一个投资项目的现金流入和现金流出的数量和时间都可以通过 r 的变化表示出来，因此，IRR 是一个投资项目经济效益的综合体现。

【例 11 - 10】　根据〖例 11 - 2〗的资料，计算 A、B、C 三方案的内部收益率。

解：

根据公式，可以得出 A、B、C 三方案的现金流量表达式如下：

A 方案：

$$\frac{70\,000}{(1+IRR)^1} + \frac{100\,000}{(1+IRR)^2} + \frac{110\,000}{(1+IRR)^3} + \frac{110\,000}{(1+IRR)^4} + \frac{120\,000}{(1+IRR)^5} - 300\,000 = 0$$

B 方案：

$$\frac{130\,000}{(1+IRR)^1} + \frac{150\,000}{(1+IRR)^2} + \frac{150\,000}{(1+IRR)^3} - 300\,000 = 0$$

C 方案：

$$\frac{120\,000}{(1+IRR)^1} + \frac{110\,000}{(1+IRR)^2} + \frac{150\,000}{(1+IRR)^3} + \frac{100\,000}{(1+IRR)^4} + \frac{80\,000}{(1+IRR)^5} - 300\,000 = 0$$

根据上面所列的现金流量表达式，通过逐次测试和内插值两个步骤（该两个计算步骤请读者自己完成），最后求得的三个方案的内部收益率：A 方案 18.98%，B 方案 19.86%，C 方案 22.34%。

以内部收益率作为评价标准，C 方案最优，B 方案次之，A 方案再次之。

比较前面的各种指标可知，在净现值法下，A 方案优于 B 方案，而现在则是 B 方案优于 A 方案，两种方法所得出的结论正好相反。如何认识这种矛盾，究竟哪种结论更正确？对这一问题，我们将在下节进行专门的讨论。

2. 优缺点

（1）优点。用内部收益率作为评价标准的主要优点：第一，特别突出货币的时间价值，可以将计算结果直接与相关的收益率相比较，从而使决策简单化；第二，不受投资规模大小和投资项目生命周期长短等因素对投资决策的影响，克服了净现值指标的不足。

（2）缺点。用内部收益率作为评价标准的主要缺点：第一，内部收益率指标是建立在各期现金流入量创造的收益率都相等的基础之上的，但是，该假定与实际可能相差很大。第二，在某些现金流量序列中可能出现多个内部收益率。这种情况多见于分期建设和生产的投资项目，因为，在这种情况下，净现金流量序列中将会出现多次正负号的转变。从数学上看，在净现金流量序列中，正负号转变多少次，就有可能产生多少个内部收益率。在存在多个内部收益率的情况下，以内部收益率作为投资项目的评价标准，将是一件十分复杂的事情。第三，在评价互不相容的项目时，往往不能得出正确的结论。

在本节中，讨论了五种投资项目的基本评价方法。前两种方法，即投资回收期法和年平均收益率法，都是没有考虑货币时间价值，以及没有完全考虑现金流量（甚至不考虑现金流量）的方法；因此，若以它们作为投资项目的评价标准，必然难以得到科学和合理的结论，甚至会将决策引入歧途。

在基本方法上进行适当改造后的方法，即考虑货币时间价值的投资回收期法和平均现金净流入率法，虽在一定程度上克服了基本方法的缺点，但仍然有很多不足，不能全面反映投资项目的效益情况。

后三种方法，即净现值法、获利能力指数法和内部收益率法，则克服了前两种方法的缺点。但是，这三种方法得出的方案优劣往往又不一致，这就使得对投资项目的评价复杂化了。

总之，不同的投资项目的评价方法，各有各的优缺点。因此，在进行投资项目评价时，要尽可能多计算一些不同类别的指标，以全面揭示投资项目在各个方面的特征，使评价建立在科学的基础之上。

第四节 投资项目评价标准和投资项目排队

投资项目排队，就是将投资项目按优劣为序的排列。投资项目的优劣，又与投资项目的评价标准有关。因此，本节将先讨论投资项目的评价标准，然后再讨论投资项目的排队。

一、投资项目的评价标准问题

（一）投资项目评价指标的优劣判断标准

企业从事投资，从本质上看，是为了增加企业价值和促使股东财富最大化目标的实现。因此，判断投资项目评价标准优劣的最佳方法，就是将这些标准与企业价值最大化和股东财富最大化联系起来，能够选择出使企业价值最大化和股东财富最大化的评价标准就是优的标准；反之，则是劣的标准。

将投资项目评价标准与企业价值联系在一起考虑，作为一个优的评价标准，必须要能体现出三个特征：第一，该标准必须考虑到投资项目整个有效期内的现金流量；第二，该标准必须考虑到货币时间价值,即不同的现金流量具有不同的价值量;第三,该标准在选择互不相容投资项目时,能选择出可以使企业价值最大化和股东财富最大化的项目。

(二)净现值、获利能力指数和内部收益率等指标与企业价值的联系

净现值法、获利能力指数法和内部收益率法,都能体现上述第一和第二两个特征。但是获利能力指数法和内部收益率法,并不能完全满足上述第三个特征,它们只适用于评估独立投资项目,判断这些独立投资项目是否可取。只有净现值法才不但满足第一和第二两点要求,而且还满足第三点要求。

投资项目对企业价值和股东财富的影响除了受收益率大小的影响之外,还受收益额绝对量多少的影响。收益额等于投资额乘以收益率,即收益额受投资额和收益率两个因素的影响。在互不相容的投资项目中,选择一些项目就必须放弃另一些项目。当存在一些收益率高、投资量小的项目的绝对收益额低于一些收益率低、投资量大的项目的绝对收益额的情况时,从投资项目对企业价值和股东财富的贡献的角度考察,选择收益率高、绝对收益额低的项目就不如选择收益率低、绝对收益额多的项目优。因为,企业价值大小与绝对收益额高低成正比,收益率必须通过收益额才能影响到企业价值。可见,获利能力指数和内部收益率的高低与企业价值和股东财富的大小之间并不存在必然的线性联系。因此,这两个指标不满足第三点的要求。而净现值的大小能直接反映企业价值和股东财富的大小,所以,它满足第三点的要求。

【例 11-11】 某公司现有企业价值为 2 000 万元,现在有 G、H 两个互不相容的投资项目供选择。G 项目的投资总额为 150 万元,内部收益率为 15%,净现值为 200 万元;H 项目的投资总额为 400 万元,内部收益率为 12%,净现值为 500 万元。假设净现值能完全代表企业价值,问该公司选择哪一个方案为优?

解:

本问题可以按下述方法分析:

求实施不同投资方案后的企业价值:

$$实施 G 方案后的企业价值 = 2\ 000 + 200 = 2\ 200(万元)$$
$$实施 H 方案后的企业价值 = 2\ 000 + 500 = 2\ 500(万元)$$

由于实施 H 方案后的企业价值大于实施 G 方案后的企业价值,所以,H 方案优于 G 方案。

之所以内部收益率高的 G 方案没有内部收益率低的 H 方案优,是由于两个投资项目属于互不相容的投资项目,且 H 方案可以容纳更多的投资,这些多出的投资额足以弥补收益率低的不利影响,使 H 投资项目产生出大于 G 投资项目的净现值,从而使实施 H 投资项目的企业价值大于实施 G 投资项目的企业价值。

(三)净现值与折现率之间的关系

以上从投资项目选择标准是否有利于企业价值和股东财富最大化的角度,论证了净现值法是评价投资项目的最佳方法。现在,我们将从净现值和内部收益率指标理论意义上讨论不同指标的合理性。

净现值是随折现率和现金流入量的时间而变化的,折现率越高,现金越后流入,净现值越小;反之,则越大。不同方案的优劣状况也会随折现率和现金流入量的时间而发生变化。理解这一点,对认识不同投资项目的评价标准是很有帮助的。下面根据本节各个实例,通过

作图来直观解释这种现象,如图 11-4 所示。

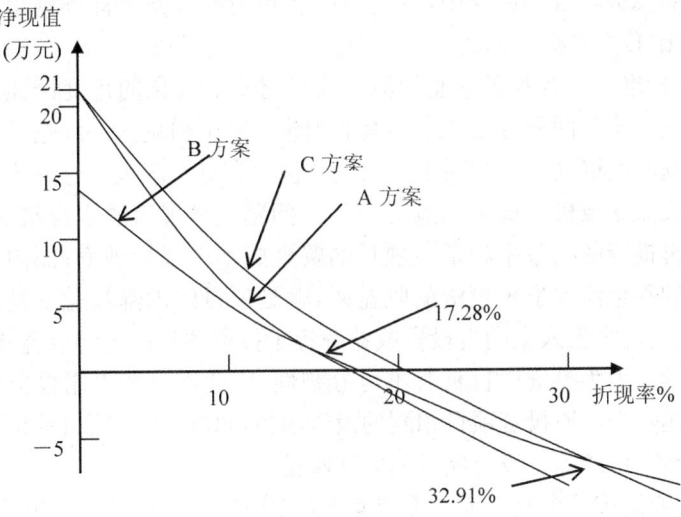

图 11-4　净现值与折现率之间的关系

图 11-4 中各方案净现值的交点是按以下程序求得:

A 方案与 B 方案的交点为下式中的 *IRR*。

$$\left[\frac{70\,000}{(1+IRR)^1}+\frac{100\,000}{(1+IRR)^2}+\frac{110\,000}{(1+IRR)^3}+\frac{110\,000}{(1+IRR)^4}+\frac{120\,000}{(1+IRR)^5}\right]$$
$$-\left[\frac{130\,000}{(1+IRR)^1}+\frac{150\,000}{(1+IRR)^2}+\frac{150\,000}{(1+IRR)^3}\right]=0$$

通过逐次测试和插值求解,得到:*IRR* $=17.28\%$,净现值 *NPV* $=21\,826$(元)。

B 方案与 C 方案的交点为下式中的 r。

$$\left[\frac{130\,000}{(1+IRR)^1}+\frac{150\,000}{(1+IRR)^2}+\frac{150\,000}{(1+IRR)^3}\right]$$
$$-\left[\frac{120\,000}{(1+IRR)^1}+\frac{110\,000}{(1+IRR)^2}+\frac{150\,000}{(1+IRR)^3}+\frac{100\,000}{(1+IRR)^4}+\frac{80\,000}{(1+IRR)^5}\right]=0$$

通过逐次测试和插值求解,得到:*IRR* $=32.91\%$,净现值 *NPV* $=-61\,145$(元)。

从图 11-4 可以看出,A 方案对折现率的变化比 B 方案和 C 方案都敏感,即 A 方案的斜率最大,折现率的提高导致 A 方案的净现值以快于 B、C 两方案的速度降低。B 方案的斜率又大于 C 方案,B 方案对折现率变化的敏感程度大于 C 方案。C 方案的斜率最小,对折现率变化的敏感程度也最小。究其原因,是各方案现金流入量在时间上存在差异。B 方案在前期的现金流入量最大,C 方案次之,A 方案再次之。这也说明了,为什么在净现值法下,A 方案优于 B 方案;而在内部收益率法下,B 方案又优于 A 方案的原因。

(四)不同评价指标前期现金流入量的再投资收益率

在独立投资项目的评价中,用净现值标准和内部收益率标准作出的取舍决策是一致的,即用净现值法表示可接受的投资方案,内部收益率法也必定表示可以接受。因为,根据内部收益率标准,只要收益率大于资金成本率,投资方案就可以接受。在内部收益率大于资金成本率时,净现值必然为正。净现值为正就表示投资方案可以接受。故在独立投资项目的评价中,净现值标准同内部收益率标准并无矛盾。

在互不相容的投资项目的评价中,净现值标准和内部收益率标准则可能产生矛盾。上节例中的 A 方案和 B 方案就是如此。

前面,从评价标准是否有利于企业价值和股东财富最大化的角度论证了净现值法的优点,现在,我们再进一步从两种方法本身具有的理论意义上讨论这一问题。

解决这一问题的关键在于早期现金流入量的价值究竟有多大？这其实也就是早期现金流入量再投资的收益率或机会成本究竟有多大的问题。净现值法本身暗示,将投资项目产生的现金流入量再投资的收益率就是该项目的资金成本率或折现率;而内部收益率法则是建立在投资项目的现金流入量再投资的收益率,就是项目的内部收益率基础之上的。撇开其他问题不讲,仅就现金流入量的再投资收益率等于投资项目的内部收益率这一点而论,内部收益率就欠科学。因为投资项目具有不可分割性,因此不可能再用投资项目前期流入的现金流量立即重建一个与原投资项目相同的投资项目,这样,投资项目前期的现金流入量的投资收益率就必然不可能等于投资项目的内部收益率。

显然,如果企业能按某个资金成本率筹集到所需的一切投资资金,那么,企业所有投资项目均应按这个资金成本率进行评价。这时,企业从已投资项目中收回的现金的再投资收益率就相当于投资项目的资金成本率,而不是投资项目的内部收益率。净现值法正反映了这种情况,所以,仅从这一点来说,净现值标准也优于内部收益率标准。

内部收益率标准虽然有上述的缺点,但是它比较适合于债权人对债权安全性的评价。因为,只要内部收益率大于负债资金成本率,企业就具有支付利息的能力,因此,内部收益率在银行等部门得到普遍的运用。

在实际工作中,并不能因为某种方法优于另一种方法,而不使用另外的方法,而是应尽可能用多种不同的方法,多计算几种标准,弄清投资项目的各种特征,以选择出最优的投资项目。

二、投资项目排队和组合

(一)投资项目排队

按照投资项目的评价标准,投资项目可按净现值、获利能力指数和内部收益率三种标准进行排队。假定某公司有 9 个投资项目,它们的这三个指标及其排队结果如表 11 - 6 所示。

表 11 - 6

投资项目的三种指标及其排队结果表

单位:万元

投资项目	原始投资额	净现值		获利能力指数		内部收益率	
		净现值	排队序号	获利能力指数	排队序号	内部收益率	排队序号
A	800	100	1	1.125	6	0.18	5
B	700	90	2	1.129	5	0.17	6
C	500	80	3	1.16	3	0.20	4

（续表）

投资项目	原始投资额	净现值		获利能力指数		内部收益率	
		净现值	排队序号	获利能力指数	排队序号	内部收益率	排队序号
D	450	50	4	1.11	7	0.14	7
E	300	45	5	1.15	4	0.34	1
F	250	42	6	1.68	1	0.32	2
G	190	−12	8	0.94	8	0.08	8
H	110	−10	9	0.91	9	0.06	9
I	100	13	7	1.32	2	0.28	3

从表 11-6 可以看出，不同的评价标准反映的投资项目优劣顺序是不一致的。这是在进行投资项目组合时必须认真加以考虑的问题。

（二）投资项目组合

从理论上讲，只要投资项目提供的净现值为正，或者获利能力指数大于 1，或者内部收益率大于资金成本率，那么，这些投资项目都是可行的；并且当边际投资项目的净现值从正趋近于 0，或获利能力指数趋近于 1，或内部收益率趋近于资金成本率时，企业从全部投资中获取的利益最大。但是从实际上看，任何企业的投资总是有一定限额的。因此，难以对所有有利可图的项目进行投资，而必须是有选择性地投资。这样，就必然涉及投资项目的组合问题。投资项目组合的基本目的，是要选择出能使企业价值和股东财富最大化的投资组合。

投资项目组合应考虑两个因素：第一，要选择内部收益率大的项目。由于内部收益率反映了投资项目收益率的高低，在资金来源有限的情况下，将有限的资金投资于收益率高的项目，可以使企业获得更大的收益；因此，投资项目的基本排队顺序应是以内部收益率指标进行排序。第二，要考虑有限资金的充分运用。由于投资项目具有不可分割的特征，且不同投资项目所需要的资金量和它创造的收益率都不一样。因此，若仅按投资项目的内部收益率大小为标准来选择投资项目，就有可能造成有限的资金得不到充分的运用，使企业的绝对收益额不能达到最大。

为了能选择出能使企业价值和股东财富最大化的投资组合，选择投资组合的目标变量应该是净现值之和最大，约束变量是投资限额。具体的优选方法可以用线性规划模型求解，也可以用逐次测试法求解。下面以实例说明投资项目的逐次测试组合方法。

【例 11-12】　假定企业的投资限额为 1 500 万元，试从表 11-6 中选择出最优的投资组合。

用逐次测试法求解：

·(1) 先按内部收益率大小为标准进行投资项目的组合。按内部收益率为序选择的投资项目组合结果如表 11-7 所示。

表 11 - 7

按内部收益率为序选择的投资项目组合结果

单位:万元

投资项目	原始投资额	净现值
F	250	42
E	300	45
I	100	13
A	800	100
合计	1 450	200

从表 11 - 7 可以看出,这种组合虽然保证了单个收益率高的投资项目入选,但它无法使有限的资金得到充分的利用,因此,整个投资项目的组合并不是最优。

(2) 以净现值最大为标准,采用逐次测试法得到的最佳结果如表 11 - 8 所示。

表 11 - 8

按净现值为序选择的投资项目组合结果

单位:万元

投资项目	原始投资额	净现值
F	250	42
E	300	45
C	500	80
D	450	50
合计	1 500	217

比较表 11 - 7 和表 11 - 8,可以发现表 11 - 8 的投资组合虽然没有保证内部收益率大的方案都入选,但是它充分利用了有限的资金,从而使企业的净现值比表 11 - 7 的投资组合多了 17 万元。

随着投资项目的增多,以及资金成本率的变化,从众多投资机会中选择出最优的投资组合,将是一件复杂的事情,需要企业认真对待。

第五节　风险投资决策

固定资产投资风险大,风险分析在固定资产投资决策中占有重要位置。风险投资决策的分析方法很多,但在本节,只讨论调整折现率法和调整现金流量法两种方法。

一、调整折现率法

调整折现率法是根据现金流量的风险大小调整净现值计算公式中的分母,使净现值计算公式的分子与分母的风险相匹配。具体地说,是将与特定投资项目有关的风险,转换为追加资金成本或要求达到的收益率以提高折现率,并按提高后的折现率计算现值。

调整后的净现值计算公式仍为:

$$NPV = \sum_{t=1}^{n} \frac{CI_t}{(1+i)^t} - CO_0$$

式中:NPV——净现值;CI_t——第 t 期的现金流入量;CO_0——第 0 期投资的现金流出量;i——风险调整后的资金成本率或期望折现率。

折现率的风险调整方法有如下几种。

（一）利用资本资产定价模型调整折现率

在进行投资决策分析时,决策者可以引用与证券总风险模型大致相同的模型——企业总资产风险模型。

总资产风险＝不可分散风险＋可分散风险

（二）按投资项目的风险程度调整折现率

按投资项目的风险程度调整折现率,是对影响投资项目风险的各个因素进行综合分析,然后确定风险程度的大小,并根据风险程度的大小来调整折现率的一种方法。

这是一种带有明显主观色彩的方法,一般应由企业管理人员和销售、生产、技术、财务等部门组成的专家小组对影响投资项目风险的各因素进行综合分析,确定风险程度。

（三）利用风险收益率模型调整折现率

一项投资的总收益可分为无风险收益率和风险收益率两部分,即:

总收益率＝无风险收益率＋风险收益率

对特定投资项目而言,其预期总收益率或设定折现率则应按下式计算:

总收益率＝无风险收益率＋投资项目风险收益系数×投资项目的预期标准离差

按风险调整折现率后的具体决策评价方法,与未考虑风险的决策评价方法基本相同。现以实例加以说明。

【例 11－13】　假定〖例 11－2〗中的 A、C 两方案均存在风险,A 方案的风险折现率为 2％,C 方案的风险折现率为 5％。无风险折现率仍为 10％。试计算 A、C 两方案的无风险净现值。

A 方案适用折现率＝10％＋2％＝12％

C 方案适用折现率＝10％＋5％＝15％

$$NPV(A) = \left[\frac{70\,000}{(1+12\%)^1} + \frac{100\,000}{(1+12\%)^2} + \frac{110\,000}{(1+12\%)^3} + \frac{110\,000}{(1+12\%)^4} + \frac{120\,000}{(1+12\%)^5} \right] - 300\,000 = 58\,514(元)$$

$$NPV(C) = \left[\frac{120\,000}{(1+15\%)^1} + \frac{110\,000}{(1+15\%)^2} + \frac{150\,000}{(1+15\%)^3} + \frac{100\,000}{(1+15\%)^4} + \frac{80\,000}{(1+15\%)^5} \right] - 300\,000 = 50\,225(元)$$

从计算结果可以看出,考虑风险与不考虑风险的 A、C 两方案的优劣发生了转变,不考虑风险,C 方案优于 A 方案;考虑风险后,A 方案优于 C 方案。这说明,投资项目的优劣是随其风险程度变化而变化的。

这种方法,对风险大的项目采用较高的折现率,对风险较小的项目采用较低的折现率,简单明了,通俗易懂,因此被广泛采用。

二、调整现金流量法

调整现金流量法,与上述方法不同,它是按风险程度调整投资项目的现金流量,即通过改变净现值计算公式中的分子,降低预期现金流量的价值来进行调整。现金流量的风险越大,折算为无风险的现金流量的值就越小,相应地,净现值就越小。具体的调整方法很多,在这里只介绍肯定当量法。

肯定当量法的基本思路,是先用一个约当系数把有风险的现金流量调整为无风险的现金流量,然后用无风险的折现率对无风险的现金流量进行折现,计算无风险的净现值,并以该净现值来评价投资项目是否可行。其基本计算公式为:

$$NPV = \sum_{t=1}^{n} \frac{CI_t \times D_t}{(1+i)^t} - CO_0$$

式中: D_t——现金流量的约当系数。

约当系数是肯定的现金流量与不肯定的现金流量期望值之比,即:

$$D_t = \frac{肯定的现金流量}{不肯定的现金流量期望值}$$

在进行评价时,可根据各年现金流量的风险程度,选用不同的约当系数。如现金流量无风险,约当系数 $D_t=1$;现金流量的风险很小时,约当系数则可取 $1 > D_t > 0.8$;当现金流量风险一般时,约当系数则可取 $0.8 > D_t > 0.4$;当现金流量风险很大时,约当系数则应取 $0.4 > D_t > 0$。

约当系数的确定,会因人而异,愿意冒风险者使用较高的约当系数,而不愿意冒风险者则会选择较低的约当系数。为了防止因决策者偏好而造成投资决策失误,可以根据标准离差率来确定约当系数。标准离差率与约当系数经验对照关系如表 11-9 所示。

表 11-9

标准离差率与约当系数对照表

标准离差率	约当系数
0~0.07	0.9
0.08~0.15	0.8
0.16~0.23	0.7
0.24~0.32	0.6
0.33~0.42	0.5
0.43~0.54	0.4
0.55~0.7	0.3

在投资决策分析中,运用肯定当量法的关键是确定约当系数,当约当系数确定后,决策分析就比较容易了。现以实例说明该种方法的实际运用。

【例 11-14】 假定〖例 11-2〗中 A、C 两方案各年净收益、相应的约当系数和无风险现金净流量如表 11-10 所示,无风险折现率为 10%。试评价 A、C 两方案的优劣。

表 11-10

A、C 两方案调整后的无风险现金净流量表

单位:千元

期间	A方案					C方案				
	净收益	约当系数	无风险净收益	折旧	无风险现金净流量	净收益	约当系数	无风险净收益	折旧	无风险现金净流量
0	—	—	—	—	(300)	—	—	—	—	(300)
1	10	0.95	9.5	60	69.5	60	0.9	54	60	114
2	40	0.9	36	60	96	50	0.8	40	60	100
3	50	0.8	40	60	100	40	0.75	30	60	90
4	50	0.7	35	60	95	40	0.7	28	60	88
5	60	0.6	36	60	96	20	0.6	12	60	72

$$NPV(A) = \left(\frac{69.5}{(1+10\%)^1} + \frac{96}{(1+10\%)^2} + \frac{100}{(1+10\%)^3} + \frac{95}{(1+10\%)^4} + \frac{96}{(1+10\%)^5} \right) - 300 = 42.15(千元)$$

$$NPV(C) = \left(\frac{114}{(1+10\%)^1} + \frac{100}{(1+10\%)^2} + \frac{90}{(1+10\%)^3} + \frac{88}{(1+10\%)^4} + \frac{72}{(1+10\%)^5} \right) - 300 = 58.17(千元)$$

计算结果表明,C 方案优于 A 方案。

由于固定资产投资项目的各种预测都存在风险,一般在预测现金流量的时候就将风险因素考虑进去了,即在编制投资项目的现金流量表之前,就已经根据风险程度对现金流量进行了调整。因此,在计算净现值时,用得更多的方法是根据综合风险程度调整适用的折现率。

习　题

一、复习思考题

1. 固定资产投资有哪些基本特征?

2. 对投资项目应该如何分类? 分类有什么意义?

3. 现金流量与会计收益有什么异同?

4. 投资项目现金流入量分析的基本理论与方法有哪些?

5. 投资项目现金流出量分析应该注意哪些问题?

6. 不考虑货币时间价值的投资项目评价标准有哪些? 基本内容是什么?

7. 考虑货币时间价值的投资项目评价标准有哪些? 基本内容是什么?

8. 投资项目评价标准之间如果出现冲突应该如何处理? 为什么?

9. 选择投资项目的评价标准应该注意哪些主要的问题?

10. 投资项目应该如何排队? 有什么意义?

11. 投资项目组合应该注意哪些问题?

12. 风险调整折现率法与风险调整现金流量法有什么区别?

二、计算题

1. E公司拟进行一项固定资产投资。该投资项目的固定资产投资额为1 000万元,寿命期为10年,寿命终止后的残值为原始投资额的10%;流动资产投资额为200万元。投资该项目与不投资该项目的年经营现金流量见表习题11-1。

表习题11-1

净现金流入量计算表

单位:万元

	投资该项目	不投资该项目	差异
销售额	5 000	3 000	
经营成本	3 200	1 600	
折旧费	400	200	
税前收益	1 400	1 200	
所得税(30%)	420	360	
税后收益	980	840	
加:折旧费	400	200	
经营净现金流入量	1 380	1 040	

设折现率为8%,试回答下列问题:

(1) 计算投资该项目的年经营现金流量。

(2) 描绘投资该项目的现金流量图。

(3) 计算投资项目的投资回收期。

(4) 计算投资该项目的平均会计收益率。

(5) 计算投资该项目的平均现金净流入率。

(6) 计算投资该项目的考虑货币时间价值的回收期。

(7) 计算投资该项目的净现值。

(8) 计算投资该项目的获利能力指数。

(9) 计算投资该项目的内部收益率。

2. 假定W公司有A、B、C三个投资方案,其有关资料见表习题11-2。

表习题11-2

A、B、C三方案净收益和净现金流量表

单位:元

期间	A方案		B方案		C方案	
	净收益	净现金流量	净收益	净现金流量	净收益	净现金流量
0	——	(800 000)	——	(800 000)	——	(800 000)
1	10 000	90 000	60 000	220 000	50 000	130 000
2	20 000	100 000	60 000	220 000	60 000	140 000

期间	A方案		B方案		C方案	
	净收益	净现金流量	净收益	净现金流量	净收益	净现金流量
3	30 000	110 000	60 000	220 000	60 000	140 000
4	50 000	130 000	50 000	210 000	60 000	140 000
5	50 000	130 000	50 000	210 000	50 000	130 000
6	50 000	130 000			50 000	130 000
7	60 000	140 000			40 000	120 000
8	60 000	140 000			30 000	110 000
9	60 000	140 000			30 000	110 000
10	60 000	140 000			20 000	100 000

设折现率为10%,请计算三方案的各项指标,并根据计算出的各种指标选择最优方案:

(1) 计算投资该项目的投资回收期。

(2) 计算投资该项目的平均会计收益率。

(3) 计算投资该项目的平均现金净流入率。

(4) 计算投资该项目的考虑货币时间价值的回收期。

(5) 计算投资该项目的净现值。

(6) 计算投资该项目的获利能力指数。

(7) 计算投资该项目的内部收益率。

3. 假定G公司有如下可供选择的投资方案,其有关资料如表习题11-3所示。

表习题11-3

G公司有可供选择的投资方案

方案	时间	0	1	2	3	4	5	6	7	8	9
A	C	(160)	0	40	40	40	40	40	40	40	40
	R	—	0	20	20	20	20	20	20	20	20
B	C	(80)	26	26	26	26	26				
	R	—	10	10	10	10	10				
C	C	(50)	9	9	9	9	9	9	9	19	
	R		4	4	4	4	4	4	4	4	
D	C	(60)	17	17	17	17	17				
	R		5	5	5	5	5				
E	C	(180)	40	50	50	50	50	40			
	R		10	20	20	20	20	10			
F	C	(240)	45	45	45	50	50	50	45	45	
	R		15	15	15	20	20	20	15	15	
G	C	(30)	10	10	10	10	10				
	R		4	4	4	4	4				
H	C	(120)	0	21	21	21	21	21	21	21	21
	R		0	6	6	6	6	6	6	6	6

时间 方案		0	1	2	3	4	5	6	7	8	9
I	C R	(45)	10 4	10 4	10 4	10 4	10 4	10 4	13 4		
J	C R	(130)	23 8	23 8	23 8	23 8	23 8	23 8	23 8	33 8	
K	C R	(90)	17 7	17 7	17 7	17 7	17 7	17 7	17 7	17 7	17 7
L	C R	(100)	28 8	28 8	28 8	28 8	28 8				
M	C R	(120)	25 10	25 10	25 10	25 10	25 10	25 10	25 10	25 10	

注:表中 C 为净现金流量,R 为年净利润。

要求:

(1) 计算净现值、获利能力指数、内部收益率。

(2) 将计算结果分别从大到小列表排队。

(3) 求公司投资限额为 600 万元时的最佳投资组合。

4. 假定计算题 3 中 W 公司 A、B、C 三个投资方案适用的风险收益率分别为 4%、1% 和 2%。无风险收益率为 10%。试计算三方案的净现值。

5. 假定计算题 3 中 W 公司 A、B、C 三个投资方案的有关资料如表习题 11-4 所示。

表习题 11-4

A、B、C 三方案各年净收益和相应的约当系数表

期间	A 方案		B 方案		C 方案	
	净收益	约当系数	净收益	约当系数	净收益	约当系数
0	—		—		—	
1	10 000	0.95	60 000	0.9	50 000	0.9
2	20 000	0.9	60 000	0.85	60 000	0.85
3	30 000	0.85	60 000	0.8	60 000	0.8
4	50 000	0.8	50 000	0.75	60 000	0.75
5	50 000	0.75	50 000	0.7	50 000	0.7
6	50 000	0.7			50 000	0.65
7	60 000	0.65			40 000	0.6
8	60 000	0.6			30 000	0.55
9	60 000	0.55			30 000	0.5
10	60 000	0.5			20 000	0.45

试根据表习题 11-4 和计算题 3 的相关资料,计算三方案考虑风险后的净现值。

第十二章　证券投资

【本章提要】　证券投资不是生产性投资,而是金融性投资。按金融资产的类别来分,证券投资可以分为债券投资、股票投资、权益交换性证券投资等大类,在这些不同的大类中,又可以细分为若干小类。各种证券的市场价格波动大,投资充满了风险,为了控制证券投资的风险,证券投资必须注重投资策略。在本章,不讨论证券投资的技术性分析问题,只根据各种证券的特征,讨论其价值的确定问题,并从公司理财的角度分析证券投资策略。

【学习目标】　通过本章学习,要求掌握和了解如下内容:(1)掌握债券估价的理论和方法。(2)掌握债券应计利息和到期收益率的计算方法。(3)掌握债券久期与凸性的计算方法。(4)了解债券投资风险分析的理论与方法。(5)掌握普通股票估价的传统模型。(6)了解普通股票估价的其他模型。(7)了解普通股票投资的风险分析方法与投资策略。(8)掌握可转换债券投资估价和收益率计算的方法。(9)了解可转换债券的风险特征和投资策略。(10)了解认股权证估价和收益率计算的方法。(11)了解认股权证的风险特征和投资策略。

对任何一种证券进行投资,首先是要确定它的价值,证券价值是其未来现金流入量的折现值。证券现金流入量、流入期、适用折现率是证券最重要的特征。不同证券在现金流入量、流入期、适用折现率方面各有其特点,本章将在对不同证券特征讨论的基础之上,研究不同证券投资的相关问题。

第一节　债券投资

在各种证券投资中,由于债券的现金流入(出)量、流入(出)期是既定的,适用折现率也相对容易选择,因此其投资理论和方法最为成熟,本节将在对债券投资的相关问题进行探讨。

一、债券定价原理与实例

(一)债券定价原理

债券估价受债券票面利息率、到期年限、到期收益率等因素的影响,经典的债券定价理

论对债券价格、债券利息率、到期年限、到期收益率之间的关系,有如下五个定理:

定理一:债券的市场价格与到期收益率呈反比关系。即到期收益率上升时,债券价格会下降;反之,到期收益率下降时,债券价格会上升。

定理二:当债券的收益率不变,即债券的票面利率与收益率之间的差额固定不变时,债券的到期时间与债券价格的波动幅度之间成正比关系。即到期时间越长,价格波动幅度越大;反之,到期时间越短,价格波动幅度越小。

定理三:随着债券到期时间的临近,债券价格的波动幅度减少,并且是以递增的速度减少;反之,到期时间越长,债券价格波动幅度增加,并且是以递减的速度增加。

定理四:对于期限既定的债券,由收益率下降导致的债券价格上升的幅度大于同等幅度的收益率上升导致的债券价格下降的幅度。

定理五:对于给定的收益率变动幅度,债券的票面利率与债券价格的波动幅度之间成反比关系。即票面利率越高,债券价格的波动幅度越小。

（二）债券市场实例

在债券市场中,为了方便投资人作出正确的决策,会给出若干对债券投资有用的指标,投资人在从事债券投资时,需要了解债券市场中的相关指标,表 12-1 选取了在我国债券市场上交易的 2012 年发行的几只公司债券,下文将结合这些公司债券的实际例子,对相关指标进行讲解。

表 12-1

债券交易行情简表① (取自 2013 年 9 月 9 日)

价格单位:元;利率单位:%

名称	上市日	现价	票面利率	应计利息	剩余期限	到期收益率	麦氏久期	修正久期	凸性	债券评级
12 中油 01	2012.12.4	99.99	4.55	3.6525	4.2055	4.5416	3.7881	3.6217	17.5823	AAA
12 大秦债	2012.12.27	99.95	4.88	3.6767	2.2521	4.8806	2.1146	2.0162	6.1799	AAA
12 中山 01	2012.12.11	101	5.5	4.7767	6.1397	5.2957	5.1408	4.8807	31.5594	AA+
12 酒钢债	2012.5.25	99.6	5.4	2.6038	1.5233	5.6346	1.4719	1.3934	3.3044	AA+
12 鹏博债	2012.4.27	103.5	7.5	3.7603	3.5068	6.3231	3.1151	2.9281	12.0109	AA
12 化机债	2012.5.15	102	7	2.8192	3.6055	6.3332	3.2336	3.0392	12.7501	AA
12 湘鄂债	2012.5.15	89.965	6.78	2.9535	3.5726	10.235	3.1823	2.8854	11.5827	AA-
12 中富 01	2012.6.21	90.407	5.28	1.5334	1.7151	11.715	1.662	1.4877	3.5853	AA-

① 资料来源:同花顺金融数据库。

表中应计利息是债券上一利息支付日与交易日之间产生的利息金额,该利息为原债券持有人所有。在债券交易成功之后,债券购买者需要向原债券持有人支付该笔利息,因此,债券的实际结算价等于现价加上应计利息。如 12 中油 01 债券的交易结算价=99.99+3.652 5=103.642 5(元)。

二、债券估价和到期收益率计算

（一）债券估价

进行债券投资首先应该了解债券的内在投资价值,确定债券内在投资价值的方法就是债券估价。所谓债券的内在价值就是债券未来现金流入量的折现值。其基本计算公式为：

$$PV = \sum_{t=1}^{n} \frac{C_t}{(1+i)^t} + \frac{V}{(1+i)^n}$$

在各期利息相等的情况下，有 $C_1 = C_2 = C_3 = \cdots = C_{n-1} = C_n = I$。$I$ 为每期利息现金流入量。那么，上述公式可以用下式来表示，即：

$$PV = \sum_{t=1}^{n} \frac{I}{(1+i)^t} + \frac{V}{(1+i)^n}$$

由于债券的未来现金流入量（利息和本金）以及现金流入量的时间（付息期和还本期）是确定的，因此，对债券估价而言，最关键的问题是要准确估计市场同风险收益率。如果能正确地估计出市场同风险收益率，那么就可以准确地估计出债券的内在价值。

需要指出，如果市场同风险收益率难以估计，也可用投资者要求的最低收益率来替代。只不过，用投资者要求的最低收益率作为折现率计算出的债券内在价值，只是对该投资者而言的内在价值，而不是对社会而言的内在价值。

【例 12 - 1】　甲公司在 2013 年 9 月 9 日打算投资购买 12 中油 01 债券。12 中油 01 债券的相关资料见表 12 - 1。如果甲公司投资债券的最低收益率为 6%，问甲公司是否应该购买 12 中油 01 债券？

解：

甲公司是否应该购买 12 中油 01 债券的判断过程如下：

(1) 计算 A 公司债券对甲公司而言的内在价值。

$$PV = -3.6525 + \sum_{t=1}^{4.02} \frac{100 \times 4.55\%}{(1+6\%)^t} + \frac{100}{(1+6\%)^{4.02}}$$
$$= -3.6525 + 4.55 \times 4.412 + 100 \times 0.783 = 94.72 \text{（元/张）}$$

(2) 将债券市场价格与其内在价值相比较，判断购买该债券是否有利。

当债券市场价格＜内在价值，购买债券有利；

当债券市场价格＞内在价值，购买债券无利。

显然，由于 A 公司债券的市场价格 99.99 元大于了对甲公司而言的内在价值 94.72 元，甲公司购买 A 公司债券无利。

上述问题，可借助 EXCEL 表计算得到，如表 12 - 2 所示。

表 12 - 2

债券价值 EXCEL 计算表

序号	A	B	
1	时期	现金流量	
2	2013.9.9	−3.6525	
3	2013.12.4	4.55	
4	2014.12.4	4.55	
5	2015.12.4	4.55	
6	2016.12.4	104.55	
7	净现值	95.64	［＝XNPV(6%,B2：B6,A2：A6)］

EXCEL 计算表所求的净现值 95.64 元与手工计算的结果 94.72 元略有差异。

（二）到期收益率计算

判断债券投资是否可行，除了可用债券的内在价值与债券的市场价格相比较之外，还可用债券的到期实际收益率与期望收益率相比较。到期实际收益率，简称到期收益率或实际收益率。如果到期收益率大于期望收益率，则投资可行；如果到期收益率小于期望收益率，则投资不可性。

所谓债券的到期收益率，是指因购买债券所引起的现金流出量与现金流入量相等时的折现率。

【例 12 - 2】 甲公司在 2013 年 9 月 9 日打算投资购买 12 中油 01 债券。12 中油 01 债券的相关资料见表 12 - 1。公司的期望收益率为 6%。试问甲公司是否应该购买 12 中油 01 债券？

解：

（1）计算投资该债券的到期收益率。

根据公式，有：

$$99.99 + 3.6525 = \sum_{t=1}^{5} \frac{100 \times 4.55\%}{(1+i)^t} + \frac{100}{(1+i)^5}$$

表 12 - 3

到期收益率　EXCEL 计算表

序号	A	B
1	时期	现金流量
2	2013.9.9	−103.64
3	2013.12.4	4.55
4	2014.12.4	4.55
5	2015.12.4	4.55
6	2016.12.4	104.55
7	到期收益率	4.485%　［=XIRR(B2:B6,A2:A6)］

（2）比较到期收益率与期望收益率的大小，判断是否应该投资该债券。

由于到期收益率 4.485%（与债券市场行情表中计算出的 4.5416% 有一定差异）＜期望收益率 6%，因此，公司不应该购买 12 中油 01 债券。

三、债券的久期与凸性

（一）债券久期

1. 麦氏久期

久期（Duration）的概念，最早是由麦考利（Macaulay）于 1938 年提出来，所以又称麦考利久期模型（Macaulay Duration Model），简称麦氏久期（记为 D）。久期是债券未来现金流量现值的时间加权平均值，其权重是各期现金流量现值在债券价格中所占的比重。其具体计算公式为：

$$D = \frac{\sum_{t=1}^{n} \frac{t \times C_t}{(1+i)^t}}{\sum_{t=1}^{n} \frac{C_t}{(1+i)^t}}$$

式中：D——麦氏久期。

由于式中的分母就是债券的市场价格 PV，因此，有：

$$D = \frac{\sum_{t=1}^{n} \frac{t \times C_t}{(1+i)^t}}{PV}$$

从上述计算公式中可以看出，计算久期的关键步骤如下：

第一，　要先确定债券的到期收益率，即现值计算公式中的内部收益率。

第二，　用到期收益率对债券各期的现金流入量进行折现。

第三，　用 t 乘以 t 期债券的现金流入量的折现值。

第四，　求和得到计算久期的分子。

第五，　用计算出的分子除以 PV。

【例 12-3】　甲公司债券的 2013 年 6 月 9 日的市场价格为 110 元/张，面值为 100 元/张，票面利息率为 10%，每年 12 月 8 日付息，到期一次还本。甲公司债券到期日为 2017 年 12 月 4 日。问甲公司债券的久期为多少？

解：

(1) 计算甲公司债券的到期收益率。

$$110 = \sum_{t=1}^{5} \frac{100 \times 10\%}{(1+i)^t} + \frac{100}{(1+i)^5}$$

到期收益率 i 等于 8.58%

(2) 计算以到期收益率 8.58% 为折现率的债券各期现金流入量的现值，如表 12-4 所示。

表 12-4

麦氏久期计算表

时间	现金流量	到期收益率为 8.58% 的折现系数	折现值	t	$t\times$折现值
2013.6.9	−110	1	−110		
2013.12.8	10	0.959677	9.59677	0.50	4.798385
2014.12.8	10	0.883843	8.838432	1.50	13.25765
2015.12.8	10	0.814002	8.140019	2.50	20.35005
2016.12.8	10	0.749679	7.496794	3.50	26.23878
2017.12.8	110	0.69044	75.94836	4.50	341.7676
合计					406.4125

(3) 计算久期。

久期 $D=406.4125 \div 110 = 3.695$

麦氏久期可以运用 EXCEL 的财务函数 duration 计算。比如要计算表 12-1 中的 12 中油 01 债券的麦氏久期,可在 EXCEL 的财务函数中输入"= DURATION(20130909, 20171204,4.55%,4.2055,1)",然后回车,即得到 12 中油 01 债券的麦氏久期 3.8195。该计算结果与 13-1 中的 12 中油 01 债券的麦氏久期 3.7881 有一定差异。

2. 修正久期

对于给定的到期收益率的微小变动,债券价格的相对变动与其麦氏久期为正比关系。这种正比关系只是一种近似的比例关系,它的成立是以债券的到期收益率很小为前提的。为了更精确地描述债券价格对于到期收益率变动的灵敏性,人们又引入了修正久期模型(Modified Duration Model)。

$$PV = \sum_{t=1}^{n} \frac{C_t}{(1+i)^t} = \frac{C_1}{(1+i)} + \frac{C_2}{(1+i)^2} + \cdots + \frac{C_n}{(1+i)^n}$$

$$\frac{\mathrm{d}PV}{\mathrm{d}i} = -\frac{1}{(1+i)}\left[\frac{C_1}{(1+i)} + \frac{2C_2}{(1+i)^2} + \cdots + \frac{nC_n}{(1+i)^n}\right]$$

上述公式表示当收益率发生微量变动时,债券价值的变动状况,将公式两边同时除以债券价格,就得到了每一单位利率百分比变动时债券价格的百分比变动,即:

$$\frac{\mathrm{d}PV}{\mathrm{d}i} \times \frac{1}{PV} = -\frac{1}{(1+i)}\left[\frac{C_1}{(1+i)} + \frac{2C_2}{(1+i)^2} + \cdots + \frac{nC_n}{(1+i)^n}\right] \times \frac{1}{PV}$$

上述公式是修正久期的表达式,括号中的项是麦氏久期公式的分子,故有,修正久期等于麦氏久期除以(1+到期收益率):

$$D_{修正} = -\frac{D_{麦氏}}{1+i}$$

从上述公式的推导中,可以知道,修正久期是债券估价计算公式的一阶导数。修正久期可以运用 EXCEL 的财务函数 mduration 计算。在实务中,通常用绝对值表示修正久期。

修正久期也可以运用 EXCEL 的财务函数 mduration 计算。比如要计算表 12-1 中的 12 中油 01 债券的修正久期,可在 EXCEL 的财务函数中输入"= MDURATION(20130909, 20171204,4.55%,4.2055,1)",然后回车,即得到 12 中油 01 债券的修正久期 3.6536。该计算结果与表 12-1 中的 12 中油 01 债券的修正久期 3.6217 约有差异。当然运用"修正久期=麦氏久期÷(1+到期收益率)"公式,也可以得到 12 中油 01 债券的修正久期 3.6536 [3.8195÷(1+4.5416%)]。

从久期计算公式中,可以看出,影响久期的三要素为:到期时间、息票利率和到期收益率。不同债券价格对市场利率变动的敏感性不一样。债券久期是衡量这种敏感性最重要和最主要的标准。久期等于利率变动一个单位所引起的价格变动。如市场利率变动 1%,债券的价格变动 3%,则久期是 3,如市场利率变动 1%,债券的价格变动 4%,则久期是 4。

久期的上述特征给债券投资人提供了参照。当投资人判断当前的利率水平存在上升可能,就可以集中投资于短期品种、缩短债券久期;而当投资人判断当前的利率水平有可能下降,则拉长债券久期、加大长期债券的投资,这就可以帮助投资人在债市的上涨中获得更高的溢价。

久期是一种测度债券发生现金流的平均期限的方法。由于债券价格敏感性会随着到期时间的增长而增加,久期也可用来测度债券对利率变化的敏感性,根据债券的每次息票利息或本金支付时间的加权平均来计算久期。

一个长久期的债券和一个短久期的债券可以组合一个中等久期的债券投资组合,而增加某一类债券的投资比例又可以使该组合的久期向该类债券的久期倾斜。所以,投资者可以在判断好未来的利率走势后,确定债券投资组合的久期,使其达到预期的投资效果。

(二) 凸性

久期是随着利率变化而变化的,它并不能完全描述债券价格对利率变动的敏感性,1984年 Stanley Diller 引进了凸性(convexity),又称凸度的概念。

久期描述了价格——收益率曲线的斜率,凸性描述了价格——收益率曲线的弯曲程度。凸性是债券价格对收益率的二阶导数。

债券的市场价格等于它的面值,它的到期收益率就等于票面利率;如果市场价格高于(低于)面值,则到期收益率就会低于(高于)票面利率。据此,可以导出债券定价的两个基本特点:第一,如果债券价格上涨,则收益率必然下降,反之,如果债券价格下降,则收益率必然上升;第二,债券收益率的下降会引起债券价格的上升,且上升的幅度要超过债券收益率以同样比率上升引起的债券价格下降幅度。凸性关系的两个特点:第一,在其他条件不变时,到期收益率越高、凸度越小;第二,在其他条件不变时,利率越低,凸性越大

1. 凸性的计算

PV 的二阶导数为:

$$\frac{\mathrm{d}^2 PV}{\mathrm{d}i^2} = \frac{2 \times C_1}{(1+i)^3} + \frac{2 \times 3 \times C_2}{(1+i)^4} + \cdots + \frac{t \times (t+1)C_t}{(1+i)^{t+2}} = \frac{1}{(1+i)^2} \sum_{t=1}^{n} \frac{t(t+1)C_t}{(1+i)^t}$$

$$C = \frac{1}{PV} \frac{\mathrm{d}^2 PV}{\mathrm{d}i^2} = \frac{1}{(1+i)^2} \sum_{t=1}^{n} \frac{t(t+1)C_t}{(1+i)^t} \div \sum_{t=1}^{n} \frac{C_t}{(1+i)^t}$$

C 被称为凸性,债券凸性是时间乘积 $t \times (t+1)$ 的加权修正值,权数是现金流 C_t 的现值占整个现金流 PV 的百分比,不同于久期的是,其修正值是 $(1+i)^{-2}$。

可以看出,凸性是对债券价格关于收益率的二阶导数,是对债券久期利率敏感性的测量。在价格—收益率出现大幅度变动时,它们的波动幅度呈非线性关系。由持久期作出的预测将有所偏离。凸性就是对这个偏离的修正。如表 12-5 所示。

表 12-5

12 中油 01 债券凸性计算表

i	$1/(1+i)^2$	t	$t+1$	$t(t+1)$	C_t	$t(t+1)C_t$	折现系数	现值	$(2)\times(7)$ $\times(8)$
(1)	(2)	(3)	(4)	(5)	(6)	(7)	(8)	(9)	(10)
4.54%	0.915 0	0	1	0	−3.65	0	1	−3.65	0
4.54%	0.915 0	0.205 5	1.205 5	0.247 7	4.55	1.127	0.990 9	4.509	1.022
4.54%	0.915 0	1.205 5	2.205 5	2.658 7	4.55	12.097	0.947 9	4.319	10.492
4.54%	0.915 0	2.205 5	3.205 5	7.069 7	4.55	32.167	0.906 7	4.125	26.687
4.54%	0.915 0	3.205 5	4.205 5	13.480 7	4.55	61.337	0.867 3	3.946	48.676
4.54%	0.915 0	4.205 5	5.205 5	21.891 7	104.55	2 288.78	0.829 6	86.74	1 737.42
合计								99.98	1 824.23
凸性=(10)÷(9)									18.24

该计算结果与表 12 - 1 中的 12 中油 01 债券的凸性 17.582 3 有一定差异。

凸性的意义在于：

第一，凸性随久期的增加而增加。若收益率、久期不变，票面利率越大，凸性越大。利率下降时，凸性增加。

第二，对于没有隐含期权的债券来说，凸性总大于 0，即利率下降，债券价格将以加速度上升；当利率上升时，债券价格以减速度下降。

第三，含有隐含期权的债券的凸性一般为负，即价格随着利率的下降以减速度上升，或债券的有效持续期随利率的下降而缩短，随利率的上升而延长。因为利率下降时买入期权的可能性增加了。

凸性在债券投资中也是十分重要的工具，它与久期配合使用，可以提高预测的精度。久期模型还可以将信用风险、利率风险、税收风险等各种风险因素考虑进去，使久期模型能揭示更多的内容。

四、债券投资风险分析

虽然债券是还本付息的有价证券，但是，债券投资仍然存在风险。债券投资的风险包括信用风险、利率风险、币值变动风险、变现能力风险和再投资风险等。

（一）信用风险

1. 信用风险评判

信用风险是指借款人无法按时支付债券利息和偿还本金的违约风险。以政府信用作担保的财政部发行的国库券，可视为无违约风险的证券。除中央政府以外，地方政府和公司发行的债券或多或少都存在信用风险。因此，对非中央政府发行的债券都需要进行信用评级，以反映其信用风险。这种信用评级是由专门的信用评级机构负责。当然，必要时，投资者也可以对发行债券人的偿债能力直接进行分析。

债券的信用等级反映了债券偿债能力的强弱和信用风险的大小。进行债券评级，有助于投资者根据自己对风险的偏好和承受能力选择不同信用等级的债券进行投资。债券评级还有促使债券发行公司积极改进经营管理、健全财务结构的作用，从而有助于保障投资者的利益。世界最著名的评信公司有标准普尔（Standard & Poor's Corporation）和穆迪投资者服务公司（Moody's Investors Service）。它们使用的债券等级如表 12 - 6 所示。

表 12 - 6

债券信用等级表

	高品质级	投资级	次标准级	投机级
标准普尔	AAA　AA	A　BBB	BB　B	CCC　CC　C
穆迪投资者服务公司	Aaa　Aa	A　Baa	Ba　B	Caa　Ca　C

需要说明的是，这两家公司现在都使用修正符号来进一步区分等级在 AAA（或 Aaa）级以下的债券。标准普尔公司用"＋"或"－"来区别同等级债券的优劣，例如，A（＋）代表品质最佳的 A 级债券，而 A（－）代表品质最次的 A 级债券。穆迪投资者服务公司则用 1、2、3 来区分同级债券的优劣，其中 1 代表最佳，3 代表最差。

2. 信用级别对投资的影响

在表 12-1 中,AAA 或 AA 级债券代表安全性极高的债券;A 和 BBB 级债券为投资级债券,其安全性比 AAA 和 AA 级债券低,但仍较安全。在美国,受法律规定的制约,大多数银行和金融机构投资者只允许对债券等级为投资级别及其以上的债券投资,而对 BB 或以下级别的债券,在法律上禁止一般的金融机构购买。

债券等级对公司和投资者都很重要。这是因为:第一,债券等级是衡量债券风险的指标,对债券票面利息率和公司负债资金成本有直接的影响。第二,机构投资者是购买债券的大户,而机构投资者受法律的限制,往往只能对投资级别及其以上的债券进行投资,因此,如果公司债券的信用级别低于 BBB 级,则公司债券发行将会遇到困难。第三,信用等级变动会对公司未来的负债资金筹资产生影响。比如,机构投资者在买进 BBB 级债券之后,随着时间的推移,该债券降低为 BB 级或以下水平,那么从事该债券的投资机构除了会受到其管理部门的谴责之外,管理部门可能还会要求投资机构尽快将这些低级别的债券脱手。这样,就会使机构投资者处于极为不利的境地。由于管理部门限制机构投资者购买信用级别低于 BBB 级的债券,这种限制使低级别的债券供求关系不利于供方,因此,一旦机构投资者手中出现了信用级别低于 BBB 级别的债券,那么它们就只能被折价销售,从而产生巨额亏损。正是如此,在实际中,很多投资机构只购买信用级别在 A 级以上的债券,更有甚者,有些投资机构只对 AAA 级的债券投资。总之,债券级别越低,债券购买者就越少,发行公司筹资就越困难,并且债券的资金成本也就越高。如表 12-7 所示。

表 12-7

部分公司债券评级与收益率表(取自 2013 年 9 月 9 日债券交易行情表)

名称	上市日	期限	发行量(亿元)	票面利率%	到期收益率%	债券评级
12 中油 01	2012.12.4	5	160	4.55	4.5416	AAA
12 大秦债	2012.12.27	3	50	4.88	4.8806	AAA
12 中山 01	2012.12.11	7	10	5.5	5.2957	AA+
12 酒钢债	2012.5.25	3	30	5.4	5.6346	AA+
12 鹏博债	2012.4.27	5	14	7.5	6.3231	AA
12 化机债	2012.5.15	5	7	7	6.3332	AA
12 湘鄂债	2012.5.15	5	4.8	6.78	10.235	AA-
12 中富 01	2012.6.21	3	5.9	5.28	11.715	AA-

从表 12-7 可以看出,随着债券信用级别的降低,债券的收益率,特别是到期实际收益率则逐渐上升。AA-级的 12 中富 01 债券的到期收益率是 AAA 级的 12 中油 01 债券到期收益率的 2.58 倍(11.715%/4.5416%)。

(二) 利率风险

债券利率风险,是指因利率变动而使投资者遭受损失的风险。由于债券的票面利息率在债券存续期内是固定不变的,但市场利率却是在不断变化的,因此,债券价格会因市场利率的变化而波动,即使没有信用风险的国库券,也存在利率风险。当市场利率上升时,债券价格下跌;当市场利率下降时,债券价格上升。债券到期日越长,市场利率变化的可能性就越大，相应的利率风险也就越大；因此，长期债券的利息率一般比短期债券的利息率高。

（三）币值变动风险

币值变动风险是指通货膨胀（或紧缩）引起的债券市场价格和到期收益率下降（或上升）的风险。币值变动对债券内在价值和到期收益率的影响用下式计算：

$$PV = \sum_{t=1}^{n} \frac{I}{(1+i)^t (1+f)^t} + \frac{B}{(1+i)^n (1+f)^t}$$

式中：f —— 币值变化率。

【例 12-4】 某公司在 3 年前按面值购入了票面价值为 1 000 元/张，票面利率为 10%，每年付息一次，到期还本的 10 年期债券若干张。现发生通货膨胀，通货膨胀率为 6%，试问该公司购买该债券所蒙受的降价损失和到期收益率为多少？

解：

根据公式，可得：

（1）计算降价损失。

$$PV = \sum_{t=1}^{10-3} \frac{1000 \times 10\%}{(1+10\%)^t (1+6\%)^t} + \frac{1000}{(1+10\%)^7 (1+6\%)^7}$$
$$= 100 \times 3.96819 + 1000 \times 0.34128 = 738.1(\text{元}/\text{张})$$

每张债券的降价损失 = 1 000 - 738.1 = 261.9(元)

（2）计算到期收益率。

$$\text{实际收益率} = \frac{1+10\%}{1+6\%} - 1 = 3.77\%$$

【例 12-5】 某公司在年通货膨胀率为 8%、公司要求到期收益率为 5% 的条件下，准备投资购买一批票面价值为 1 000 元/张，票面利息率为 12%，每年付息一次，到期还本的 5 年期债券。试问公司购买该批债券的最高买入价应定为多少？

解：

根据公式，可得：

$$PV = \sum_{t=1}^{5} \frac{1000 \times 12\%}{(1+5\%)^t (1+8\%)^t} + \frac{1000}{(1+5\%)^5 (1+8\%)^5}$$
$$= 120 \times 3.48316 + 1 000 \times 0.53325 = 951.23(\text{元}/\text{张})$$

计算结果表明，公司购买该批债券的最高买入价为 951.23 元/张。如果买入价高于 951.23 元/张，公司将不可能获得 5% 的到期收益率。

（四）变现能力风险

变现能力风险是指无法在短期内以合理价格卖掉资产的风险。如果投资者购买了一种交易不活跃的冷门债券，那么，当他遇到另一个更好的投资机会需要出售手中的债券以便再投资时，或因为需要现金以应付其他需要时，由于找不到愿意出合理价格的买主，只能把价格降得很低才能将债券出手，或需要花很长的时间才能找到买主，这样就必然会给他带来经济损失。

（五）再投资风险

再投资风险是指债券到期时，由于利率的变化使得用收回的本息进行再投资时的收益率变化的风险。虽然短期债券的风险没有长期债券大,但是短期债券面对的再投资风险比长期债券大。例如,在长期债券的利息率为10%,短期债券的利息率为8%时,公司为了减少利率风险购买了短期债券。在短期债券到期收回现金时,如果再投资,利率降到了6%,那么,公司就只能找到收益率为6%左右的投资机会。在这种情况下,购买短期债券就不如购买长期债券优。

五、债券投资策略

根据债券的收益和风险的特征,债券投资应该采取的策略主要如下。

（一）安排投资资金的策略

根据债券投资收益率较低和收益率相对稳定的特征,企业可以选用那些有专门用途的闲置期较长的资金进行债券投资。安排的投资资金数应低于未来有专门用途的资金需要量,这样,企业不仅可以将富余出来的闲置资金用于收益率更高的投资项目,而且可以控制企业风险。

【例12-6】 某企业现有一笔金额为500万元的闲置资金。该企业在第3年末将发生一笔金额为300万元的现金支出。现有一可供投资的债券,其期限为3年,年利率为10%,一次还本付息。问该企业投资多少购买该债券为优?

解:

根据题意,投资该债券的最佳金额应是在第3年末等于300万元的金额。故有:

$$最佳投资金额 = \frac{300}{(1+10\%)^3} = 225.39(万元)$$

这样,企业就可以将其余的274.61万元用于投资收益率更大的投资项目,而不产生到期的支付风险。

（二）预测利率变化趋势

市场利率是影响债券内在投资价值的主要因素,因此,从事债券投资必须对市场利率的未来变化趋势进行预测。市场利率预测属于宏观经济预测,从宏观上看,影响市场利率的因素主要有国民经济状况、货币政策和财政政策等。

国民经济状况是引起币值变化和决定实际利率的决定性因素。就我国经济运行的现实状况来看,我国国民经济在过去也经历过"冷"、"热"交替的现象。当经济开始"热"时,固定资产投资增加,社会对资金的需求旺盛;特别当经济"过热"时,通货膨胀上升速度加快,由于预计通货膨胀率上涨,必然使得利率加速上涨。在治理整顿或经济调整时期,过热的经济开始降温,即经济开始"冷"却,资金需要量减少和通货膨胀率降低,导致利率下降,如我国1985—2008年就经历了这样一个过程。1985年,我国经济开始加速变"热",到1988年达到了顶峰,经济"过热"使通货膨胀率超过了两位数,利率也相应猛增。从1989年开始,我国通过治理整顿给"过热"的经济降温,治理的结果是通货膨胀率降低,利率也随之降低。1991年治理整顿结束,经济又开始重新向"热"转变,1992年经济"热"开始加速。1993—1995年的年通货膨胀率都超过了两位数,利率直线上升。但进入1996年之后,随着我国国民经济的软着陆成功,通货膨胀率迅速下降,并逐渐由通货膨胀转变为通货紧缩,相应地利率也一降再降。到2002年初,居民定期银行存款利息率竟然不到1995年的1/10(考虑银行存款的保值贴补率)。可是,从2004年开始,我国物价水平又开始上涨,特别是进入2006年之后,我国经济过热的趋势越来越明显,为了遏制经济过热的现象,中央银行在 1 年内 6 次提高银行存款利息率,到 2007 年底 1 年期定期存款利息率又上升为 4.14%。但是进入 2008 年下半年之后,经济明显衰退,中国又进入了降息周期,到 2008 年年底,1 年期定期存款利息率重新下降为 2.25%。

货币政策是影响市场利率变化的最直接的因素。它通过调控货币供应量直接引起币值变动,通过调控利率直接刺激投资和消费,进而影响到宏观国民经济状况。

财政政策是通过调控政府收入和支出的方法来引导社会投资和消费,达到调控国民经济活动的目的。比如,国家实施减税政策,可以刺激投资和消费;增大财政性投资等积极性的财政政策,则可以带动投资和消费。相反,如国家实施增税政策和紧缩的财政政策,则可以起到抑制投资和减少消费的作用。

虽然预测市场利率变化十分困难,但企业还是应尽可能对之进行预测,只有这样,才能使企业的财务决策建立在科学的基础之上。正如《孙子兵法》所曰:"夫未战而庙算胜者,得算多也,未战而庙算不胜者,得算少也。多算胜,少算不胜,而况于无算乎!"

（三）根据利率的预测结果选择债券品种

1. 预期市场利率上升时的债券品种选择策略

当预期利率上升时,企业投资长期债券必然会蒙受债券市场价格下跌和到期收益率下降的损失,这时企业投资债券的基本策略便是回避购买长期债券,而是购买短期债券。虽然在债券投资初期,长期债券的票面利息率要高于短期债券的票面利息率,但是由于长期债券的票面利息率是固定不变的,即它不随市场利率的上升而上升,而投资新的短期债券的利息率会随市场利率的提高而提高,这样,投资短期债券的到期收益率最终会高于投资长期债券的到期收益率。除此之外,投资短期债券还可以获得投资风险降低的好处。

【例 12-7】 某企业现有投资购买年利息率为 10% 的 5 年期长期债券和购买年利息率为 7% 的 1 年期短期债券两种方案可供选择。假定企业预期市场利率将以 4% 的幅度上涨,问该企业购买何种债券为优?

解:

根据题意,可得:

$$购买 5 年期长期债券的实际收益率 = \frac{1+10\%}{1+4\%} - 1 = 5.77\%$$

$$购买 1 年期短期债券的实际收益率 = \frac{(1+7\%) \times (1+4\%)}{1+4\%} - 1 = 7\%$$

因为,购买短期债券的到期收益率比购买长期债券的到期收益率高出了 1.23 个百分点,故购买短期债券为优。

2. 预期市场利率下降时的债券品种选择策略

当预期市场利率下降时,企业应该选择长期债券投资为优。因为,在这种情况下,企业不但可以获得债券市场价格上升和到期收益率上升的好处,而且可以规避购买短期债券带来的再投资风险。

3. 利用债券久期工具选择债券品种

在市场利率发生变化时的债券品种选择,还可以参考债券的久期指标。久期可以用来衡量债券或者债券组合的利率风险,久期与债券的到期收益率成反比,与债券的剩余年限成正比,与票面利率成反比。

债券的久期越大,利率变化对该债券价格的影响就越大,风险也越大。在降息时,久期大的债券上升幅度较大;在升息时,久期大的债券下跌的幅度也较大。因此,预期未来升息时,可选择久期小的债券。

债券对利率变动的反应特征如下:债券价格与利率变化反向变动;在给定利率变化水平下,长期债券价格变动较大。债券价格与期限密切相关,随着到期时间的增加,债券对于利率变化的敏感度是以一个递减的速度增长;由相同幅度的到期收益率的绝对变化带来的价格变化是非对称的,具体来说,在期限给定条件下,到期收益率降低引起的价格上升,大于到期收益率上升引相同幅度起的价格下降;票面利率高的债券比那些票面利率低的债券对利率的敏感性要低。

(四)注意信用风险与收益能力的平衡

控制由债券发行人违约所产生的信用风险的最好办法,就是购买无风险或高信用级别的债券。但高信用级别债券的收益率低于低信用级别债券的收益率,因此,两者之间存在着一个平衡问题。

企业究竟应该采用高风险高收益的债券投资策略,还是采用低风险低收益的债券投资策略,主要应该取决于企业财务的机动性。如果企业财务弹性大,应付风险的能力强,那么就可以购买信用级别低的高收益债券;反之,则只能购买信用级别高的低收益债券。一般而言,如果企业投资债券的资金是为了应付未来对资金的需要而积累的资金,如为了偿还借款而积累的偿债基金,为了固定资产更新改造而积累的更新改造基金,那么,企业就不应该将这些资金投资信用级别低的债券。如果企业投资债券的资金是与生产经营无关的资金,那么企业可以将这些资金投资于信用级别低的高收益债券,以追逐高收益。

(五)重视变现能力与收益能力的平衡

债券的变现能力也是制订债券投资策略应该考虑的一个重要因素,因为,债券价格具有边际性,当债券变形能力很弱时,其市场价格并不能反映其真实的价格。因此,企业购买债券时,应该根据闲置资金的长短和金额,安排购买不同到期日的债券,使企业能在追求高收益的情况下尽可能地避免中途变现给企业带来的变现损失。

(六)关注债券的投资组合

现代债券投资组合经常运用久期和凸性的指标,久期可以用来衡量债券或者债券组合的利率风险,它对投资者有效把握投资节奏有很大的帮助。公司对债券进行投资,也可以根据公司对未来市场收益率趋势的判断,确定债券投资组合的久期,然后选择久期各不相同的债券进行组合,使之符合公司的计划久期。为了提高久期预测的精确性,还可以引入凸性的分析方法,将公司债券投资的凸性控制在可以接受的范围之内。

例如表12-1中的全部六只债券的麦氏久期最大值为5.14,最小值为1.47,算数平均久期为2.96,修正久期最大值为4.88,最小值为1.39,算数平均久期为2.78,如果公司计划久期为3,那么,公司可以通过对这些债券的组合,寻找到久期为3到期收益率最高的投资组合。

第二节　普通股票投资

股票分为优先股票和普通股票,由于优先股票可以视为永久性债券,其投资方式与债相似,且在现实中交易量较少,故此处只讨论普通股票的投资问题。有关普通股票的相关概念,在资本金筹资时已进行了详细的讨论,在本节,只讨论与普通股票投资相关的问题。

一、普通股票估价

普通股票估价就是确定普通股票的内在价值,以便投资者通过内在价值与市场价格的比较来决定普通股票的投资行为,即决定是买入,或是卖出,还是继续持有的行为。普通股票估价的模型除了传统的有股利估价模型和非股利估价模型之外,还有近期发展起来的若干新模型。下面分别讨论这三类模型。

（一）普通股票股利估价模型

按最传统有价证券的估价模型,普通股票的内在价值应该等于未来股利的折现值。但是,普通股票与债券不一样,它并无规定的股利,这样,要准确计算其内在价值就非常困难。为了解决普通股票内在价值的估计问题,传统的普通股票估价模型对以普通股票股利形式的现金流入量作了若干假定,并在此基础上对普通股票的内在价值进行估计。普通股票内在价值的股利估价模型主要有如下几种。

1. 普通股票股利估价的基本模型

对于永久持有普通股票的股东来说,他获得的现金流入量是永无休止的股利,因此普通股票的内在价值就是这一系列股利的折现值,即:

$$PV = \frac{D_1}{1+i} + \frac{D_2}{(1+i)^2} + \cdots + \frac{D_n}{(1+i)^n}$$

式中:PV——普通股票的内在价值;D_t——t 年的股利;i ——折现率（必要收益率）;t——普通股票股利支付期（一般用年表示）。

对于不准备永久持有普通股票,而是持有一段时间后将其出售的投资者来说,未来现金流入量等于持有期间所获股利和转让普通股票所获得的收入。如果不考虑转让的成本,那么,转让普通股票所获得的收入就等于转让普通股票时的普通股票市场价格。其估价模型为:

$$PV = \sum_{t=1}^{n} \frac{D_t}{(1+i)^t} + \frac{PV_n}{(1+i)^n}$$

式中:PV_n——普通股票在 n 期的市场价格。

应用普通股票估价基本模型的难点在于如何估计未来的股利收入和如何确定折现率。股利的多少取决于每股股利和股利支付率两个因素,具体估计可以采用对历史资料的时间序列分析、回归分析等分析方法进行分析估计。折现率是投资者所要求的最低报酬率,可以参照债券收益率加上风险报酬率来确定。通常是直接使用市场利率,因为市场利率是投资于普通股票的机会成本,即用于其他投资可获得的报酬率。

【例 12-8】　某公司拟购买 H 公司发行的普通股票,预计每年能获股利 2 元/股,5 年以后该普通股票的市场价格为 60 元/股。公司要求的最低收益率为 12%。试问该普通股票的内在价值为多少?

解:

根据公式有:

$$PV = \sum_{t=1}^{5} \frac{2}{(1+12\%)^t} + \frac{60}{(1+12\%)^5}$$
$$= 2 \times 3.60478 + 60 \times 0.56743 = 41.26（元/股）$$

2. 零成长普通股票股利估价模型

在上述基本模型中,要预测普通股票的内在价值,必须先预测未来各期普通股票的股利,而各期的普通股票股利又是离散变量,再加上普通股票是一种永续性的证券,要预测无限长时期的普通股票股利难度极大,且可靠性差。因此,在实际中大量运用近似计算法来确定普通股票的内在价值。零成长普通股票估价模型便是近似计算法中的一种。

零成长普通股票股利估价模型假定预期普通股票股利的增长率为零,这样便有:

$$D_0 = D_1 = D_2 = D_3 = \cdots = D_n$$

故有:

$$PV = \frac{D_1}{1+i} + \frac{D_2}{(1+i)^2} + \cdots + \frac{D_n}{(1+i)^n} = \sum_{t=1}^{n} \frac{D_0}{(1+i)^t}$$

当 $n \to \infty$ 时,运用数学归纳法可得:

$$PV = \sum_{t=1}^{n} \frac{D_0}{(1+i)^t} = \frac{D_0}{i}（n \to \infty）$$

运用零成长普通股票股利估价模型估计普通股票的内在价值,可以使估价过程大大简化。它被普遍运用于资料不足情况下的普通股票内在价值估计。

【例 12 - 9】　某公司购入了一种零成长型普通股票,现在每年股利为 2 元/股,适用折现率为 10%,试确定该零成长型普通股票的内在价值。

解:

$$PV = \frac{2}{10\%} = 20（元/股）$$

3. 固定成长普通股票股利估价模型

当公司普通股票的股利保持某一固定比例(g)增长时,那么,就可以将原来离散的股利变量转化为一个连续函数,即:

$$D_t = D_0(1+g)^t$$

这时便有:

$$PV = \frac{D_1}{1+i} + \frac{D_2}{(1+i)^2} + \cdots + \frac{D_n}{(1+i)^n} = \sum_{t=1}^{n} \frac{D_0(1+g)^t}{(1+i)^t}$$

当 $n \to \infty$ 时,运用数学归纳法可得:

$$PV = \sum_{t=1}^{n} \frac{D_0(1+g)^t}{(1+i)^t} = \frac{D_0(1+g)}{i-g} = \frac{D_1}{i-g}$$

按上式也可以方便地求出普通股票的预期收益率,即:

$$i = \frac{D_1}{PV} + g$$

【例 12 - 10】　某公司拟购买 F 公司发行的普通股票,该普通股票上年支付股利为 2 元/

股,估计以后每年股利增长率为 5%。公司要求的投资报酬率为 10%。问 F 公司普通股票的内在价值为多少?

解:

按公式有:

$$PV = \frac{2 \times (1+5\%)}{10\% - 5\%} = 42(\text{元/股})$$

若公司按 50 元/股购买 F 公司普通股票,那么到期收益率则只为:

$$i = \frac{2 \times (1+5\%)}{50} + 5\% = 9.2\%$$

不能获得 10%的投资报酬率。公司购买 F 公司普通股票的最高价格是 42 元/股。

4. 分段成长普通股票股利估价模型

前述的零成长和固定成长的普通股票估价模型均是建立在若干假定基础之上的,与现实差异过大。为了克服其缺点,可以按分段成长的普通股票股利估价模型来估计普通股票的内在价值。分段成长普通股票股利估价模型可以比较准确地反映普通股票成长的现实状况,从而较准确地估计出普通股票的内在价值。比如,一个处于成长初期的公司,其增长速度较快,而后增长速度渐渐减慢,到了成熟期则停滞不前。分段成长普通股票股利估价模型可以较好地模拟这种状况,使估计出的普通股票内在价值更能反映公司的实际情况。

分段成长普通股票股利估价模型的基本表达式如下:

$$PV = \sum_{t=1}^{m} \frac{D_0(1+g_1)^t}{(1+i)^t} + \sum_{t=m+1}^{n} \frac{D_0(1+g_2)^{t-m}}{(1+i)^t} + \cdots$$

【例 12-11】 设 B 普通股票上年的股利为 2 元/股,预计第 1~5 年的股利年增长率为 10%,第 6~10 年的股利年增长率为 5%,第 10 年以后的股利年增长率为 0。该普通股票的适用折现率为 10%。问 B 普通股票的内在价值为多少?

解:

根据公式有:

$$
\begin{aligned}
PV &= \sum_{t=1}^{5} \frac{2(1+10\%)^t}{(1+10\%)^t} + \sum_{t=6}^{10} \frac{2(1+10\%)^5(1+5\%)^{t-5}}{(1+10\%)^t} + \sum_{t=11}^{\infty} \frac{2(1+10\%)^5(1+5\%)^5}{(1+10\%)^t} \\
&= \sum_{t=1}^{5} \frac{2}{1} + \frac{2(1+10\%)^5}{(1+10\%)^5} \sum_{t=1}^{5} \frac{(1+5\%)^t}{(1+10\%)^t} + \frac{1}{(1+10\%)^{10}} \sum_{t=1}^{\infty} \frac{4.111}{(1+10\%)^t} \\
&= 2 \times 5 + 2 \times 4.358 + \frac{1}{(1+10\%)^{10}} \times \frac{4.111}{10\%} \\
&= 10 + 8.716 + 15.85 = 34.57(\text{元/股})
\end{aligned}
$$

(二)普通股票非股利估价模型

普通股票的非股利估价模型,是指在估计普通股票内在价值时所用的现金流入量不是普通股票的股利,而是诸如会计收益、每股收益等指标。在现实中,公司盈利与支付的股利不可能相等,一般,公司只将盈利的一部分用来支付普通股票的股利,而将另一部分盈利以留存收益的形式留存于企业,用于满足企业生产经营对资金的需要。但是,留存于企业的盈利仍归股东所有,留存收益一方面可以增加普通股票的账面价值,另一方面可以促使企业未来盈利加速增长,因而留存收益也会使普通股票的内在价值增加。正是基于这种思路,才发展出用会计收益来替代股利估计企业内在价值的模型。普通股票的非股利估价模型主要有用会计收益估计企业价值的模型，以及用市盈率和市净率估计企业价值的模型等类型。

1. 会计收益估价模型

会计收益估价模型与股利估价模型基本相同，唯一的差别是用会计收益来取代了股利。其基本计算公式：

$$PV = \sum_{t=1}^{n} \frac{R_t}{(1+i)^t}$$

式中：R——会计收益。

该公式可以根据会计收益的增长性，进一步分为会计收益的零增长估价模型和会计收益的固定增长模型等形式。

会计收益的零增长估价模型：

$$PV = \sum_{t=1}^{n} \frac{R_t}{(1+i)^t} = \frac{R_0}{i} \ (n \to \infty)$$

式中：$R_0 = R_1 = R_2 = R_3 = \cdots = R_n$。

会计收益的固定增长模型：

$$PV = \sum_{t=1}^{n} \frac{R_0(1+g)^t}{(1+i)^t} = \frac{R_1}{i-g} \ (n \to \infty)$$

【例 12－12】　设 K 普通股票上年每股收益为 3 元/股，估计以后每年每股收益的增长率分别为 0 和 5％，适用折现率为 10％，问两种情况下 K 普通股票的内在价值各为多少？

解：

根据公式有：

当每股收益年增长率为 0 时，K 股票的内在价值：

$$PV = \frac{R_0}{i} = \frac{3}{10\%} = 30(元 / 股)$$

当每股收益年增长率为 5％时，K 股票的内在价值：

$$PV = \frac{R_0(1+g)}{i-g} = \frac{3 \times (1+5\%)}{10\% - 5\%} = 63(元/股)$$

2. 市盈率估价模型

市盈率是每股市价与每股收益之比。它是从普通股票收益与市价之间的关系来衡量普通股票价值的一种指标，在资本市场上得到了广泛运用。

$$市盈率 = \frac{股票市价}{每股收益}$$

用同行业普通股票过去若干时期的平均市盈率乘以目前某个别普通股票的每股收益，可以计算出该种普通股票的公允价值。即：

$$股票价值(公允价值) = 行业平均市盈率 \times 每股收益$$
$$个别股票市场价格 = 个别股票市盈率 \times 每股收益$$

从上式可以看出，市盈率估价模型其实是以行业股票的平均市盈率来确定个别股票的价值。把个别股票价格与按市盈率计算出来的公允价值相比较,可以了解目前个别股票的市场价格是否合理。

【例 12-13】 设 G 普通股票上年每股收益为 3 元/股,目前的市盈率为 20 倍,所在行业的平均市盈率为 15 倍,问 G 普通股票的公允价值为多少? G 普通股票的市场价格是否合理?

解:

$$G 普通股票公允价值＝3×15＝45(元/股)$$
$$G 普通股票市场价格＝3×20＝60(元/股)$$

比较 G 普通股票的公允价值和市场价格,可以发现该股票的市场价格高于其公允价值。这种情况一方面说明 G 普通股票的市场评价较高,另一方面说明购买 G 普通股票的风险较大。

3. 市净率估价模型

市净率是指每股市价与每股净资产之比。它是从普通股票净资产与市价之间的关系来衡量普通股票价值的一种指标,在资本市场上也得到了广泛运用。

$$市净率＝\frac{股票市价}{每股净资产}$$

用同行业普通股票过去若干时期的平均市净率乘以目前某个别普通股票的每股净资产,可以计算出该种普通股票的公允价值。即:

$$股票价值(公允价值)＝行业平均市净率×每股净资产$$
$$个别股票市场价格＝个别股票市净率×每股净资产$$

从上式可以看出,市盈率估价模型其实是以行业股票的平均市净率来确定个别股票的价值。把个别股票价格与按市净率计算出来的公允价值相比较,可以了解目前个别股票的市场价格是否合理。

【例 12-14】 设 G 普通股票上年每股净资产为 8 元/股,目前的市净率为 3 倍,所在行业的平均市盈率为 4 倍,问 G 普通股票的公允价值为多少? G 普通股票的市场价格是否合理?

解:

$$G 普通股票公允价格＝4×8＝32(元/股)$$
$$G 普通股票市场价值＝3×8＝24(元/股)$$

比较 G 普通股票的公允价值和市场价格,可以发现该股票的市场价格低于其公允价值。这种情况一方面说明 G 普通股票的市场评价不高,另一方面说明购买 G 普通股票的风险较小。

(三) 普通股票估价的其他模型

普通股票估价除了上述传统的模型之外,近几十年来还发展出若干新模型。这些模型主要有资本资产定价模型(CAPM)、经济附加值定价模型(EVA)、套利定价理论(APT)模型、期权定价模型等。这些新模型的基本特征,是在估计企业价值时,充分考虑了收益与风险的关系。在这里只介绍资本资产定价模型(CAPM)和经济附加值定价模型(EVA)。

1. 资本资产定价模型

资本资产定价模型(The Capital Assets Pricing Model，CAPM)是一种纯粹的经济交易中的均衡定价模型。其先驱者为美国威廉·F·夏普(William.F.Sharp)。他在 1964 年发表的《资本资产定价：一个风险条件下的市场均衡理论》一文被公认为是资本资产定价模型(CAPM)的奠基性成果。在随后的几十年中，若干学者不断对资本资产定价模型(CAPM)进行研究，将最初建立在若干假定基础之上的资本资产定价模型进行扩展和调整，以使模型更符合经济现实。这些模型包括：市场 β(Beta)系数的资本资产定价模型，消费 β(Beta)系数的资本资产定价模型，有效资产组合的资本资产定价模型，均值－方差有效性，阿尔法方法的资本资产定价模型，无风险资产的资本资产定价模型，无联合正态分布报酬的资本资产定价模型，非齐次预期和税金因素的资本资产定价模型，存在非上市资产的资本资产定价模型，多期间资本资产定价模型，等等。

资本资产定价模型的核心思想是在竞争均衡条件下对有价证券定价。所谓资本市场中的均衡，就是资本的总供给等于总需求。资本资产定价模型认为，有价证券的价格，是由所有投资者都处于最优消费和最优资产组合这样一种状况下确定的。因此，要理解资本资产定价模型，必须要了解资产组合理论。关于有价证券的资产组合理论，将在下一章讨论。在这里，仅简单介绍资本资产定价模型的运用。

资本资产定价模型是一种表示预期收益率与预期风险水平线性关系的模型，其基本表达式：

$$E(R_j) = R_f + \beta_i [E(R_m) - \beta_i]$$

式中：$E(R_j)$——第 i 种股票的预期收益率；R_f——无风险收益率；$E(R_m)$——资本市场全部股票的平均收益率；β_i——第 i 种股票的 β(Beta)系数，表示该种股票的市场风险。

当某种普通股票的预期收益率确定之后，就可以较简单地根据传统的普通股票估价模型来估计普通股票的内在价值。

【例 12-15】 设 A 普通股票预计第 1 年的股利为 2.8 元/股，该股票的 β 系数为 1.5，资本市场全部股票的平均收益率为 12%，无风险收益率为 8%。试估计 A 普通股票的内在价值。

解：

该题的求解过程如下：

(1) 根据资本资产定价模型公式求 A 普通股票的预期收益率。

$$E(R_j) = R_f + \beta_i [E(R_m) - \beta_i] = 8\% + 1.5 \times (12\% - 8\%) = 14\%$$

(2) 根据普通股票定价的传统模型求 A 普通股票的内在价值。

$$PV = \frac{2.8}{14\%} = 20(元/股)$$

如果 A 普通股票的年股利增长率为 4%，那么，该股票的内在价值则为：

$$PV = \frac{2.8}{14\% - 4\%} = 28(元/股)$$

从上述资本资产定价模型的简单运用中可以看出，资本资产定价模型所解决的问题是如何根据股票的风险程度确定普通股票的预期收益率，而确定普通股票的内在价值还必须运用其他方法。

在资本资产定价模型中，β 系数的确定至关重要。β 系数是反映个别股票相对于市场全部股票变动的指标，用它可以衡量出个别股票的市场风险，而不是公司的特有风险。关于 β 系数的计算，在第十三章中讨论。β 系数的含义如下：

β 系数＝1，说明个别股票的风险水平与市场上全部股票的风险水平相等，即个别股票的收益水平完全与市场收益水平相等；

β 系数＞1，说明个别股票的风险水平大于市场上全部股票的风险水平，即个别股票的收益水平将以大于市场收益水平的速度变化；

β 系数＜1，说明个别股票的风险水平小于市场上全部股票的风险水平，即个别股票的收益水平将以小于市场收益水平的速度变化。

2. 经济附加值定价模型

经济附加值定价模型（Economic Value - Added，EVA）认为公司所创造的利润只有在补偿了投资者（包括债权人和股东）的资金成本之后才能为股东带来价值增值，即只有会计学上所说的经济利润才能为股东带来价值增值。该模型是在 20 世纪 80 年代后逐渐发展起来的一种企业价值估价模型。其基本估价公式如下：

$$\frac{企业}{价值} = \frac{企业未来创造的}{税后收益的折现值} + \frac{税后利息支}{出的折现值} - \frac{企业资金成本}{的折现值} + \frac{企业目前的}{净资产}$$

上式可以进一步转化为下式：

$$PV = \sum_{t=1}^{n} \frac{ER_t}{(1+i)^t} + NA_0$$

式中：ER——企业的经济利润；NA——企业的净资产。

经济利润（ER）＝税后收益＋税后利息支出－资金成本

　　　　　　＝税后收益＋税后利息支出－总资产×加权平均资金成本

从上式可以看出，计算经济利润的关键是确定企业的加权平均资金成本。企业加权平均资金成本是负债资金成本与股东权益资金成本的加权平均数。其中，负债资金成本是实际发生数，容易取得；而股东权益资金成本是预测数，难以确定。在实际工作中，股东权益资金成本可用资本资产定价模型计算确定，如果用资本资产定价模型有困难，也可以用股东权益资金的要求收益率来替代。

【例 12 - 16】　设 A 公司上年全年息税前收益合计为 10 000 万元，利息支出合计为 2 000 万元，所得税率为 30%，负债平均余额为 40 000 万元，净资产平均余额为 40 000 万元，发行在外的普通股票股数为 10 000 股。且预计公司的各种基本情况在未来保持不变。又知该公司普通股票的 β 系数为 1.2，资本市场全部股票的平均收益率为 8%，无风险收益率为 4%。试根据上述资料，用经济附加值定价模型估计 A 公司普通股票的内在价值。

解：

根据题意，首先应该计算 A 公司的加权平均资金成本，再计算经济利润，最后再运用经济附加值定价模型计算公司普通股票的内在价值。

（1）计算负债和普通股票的资金成本。

$$负债资金成本 = \frac{2000 \times (1-30\%)}{40000} = 3.5\%$$

$$普通股票的资金成本 = 4\% + 1.2 \times (8\%-4\%) = 8.8\%$$

（2）计算公司加权平均资金成本。

$$加权平均资金成本 = \frac{40000}{40000+40000} \times 3.5\% + \frac{40000}{40000+40000} \times 8.8\%$$

$$= 50\% \times 3.5\% + 50\% \times 8.8\% = 6.15\%$$

（3）计算经济利润。

$$经济利润 = (10\,000-2\,000) \times (1-30\%) + 2\,000 \times (1-30\%) - 80\,000 \times 6.15\% = 2\,080(万元)$$

（4）计算公司价值（$n \to \infty$）。

$$PV = \sum_{t=1}^{n} \frac{ER_t}{(1+i)^t} + NA_0 = \sum_{t=1}^{n} \frac{2\,080}{(1+6.15\%)^t} + 40\,000 = \frac{2\,080}{6.15\%} + 40\,000 = 73\,821(万元)$$

（5）计算 A 公司普通股票每股价值。

$$A公司普通股票每股价值 = 73\,821/10\,000 = 7.382\,1(元/股)$$

三、普通股票投资的风险分析

在前面讨论资本资产定价模型时，已经涉及普通股票投资的风险问题，现在将进一步对该问题进行讨论。按普通股票投资风险产生的原因看，主要可以分为如下几类。

（一）系统风险

系统风险是证券市场上供求关系不平衡而引起的价格波动，是有价证券投资中最常见的风险，投资于普通股票必须特别注意这类风险。这种价格波动可能使投资者在投资期间得不到投资决策时所预期的收益。

（二）偶然事件风险

偶然事件风险既包括诸如自然灾害、政治危机、战争危险等企业的外部事件所引起的风险，又包括诸如法律诉讼、专利申请、高级管理层变动、收购和兼并等企业内部事件所引起的风险。这些风险绝大多数是投资者在决策时难以准确预料的。偶然事件所产生的风险，是投资者必须承担的，它剧烈的程度和时效性因具体的事件而异。

（三）流通风险

流通风险是有价证券缺乏良好变现能力而产生的风险。有价证券的变现能力是指有价证券在不作较大幅度的价格让步能在短期内变现的能力。变现能力除有价证券本身所规定的变现能力制约之外，还受若干偶然因素影响。比如，当公司的不利消息传入市场时，就可能会使投资者对该公司的前景缺乏信心，导致投资者大量抛售该公司的股票，而承接者又少之又少，使公司股票的变现能力削弱。又如，当一国政治局势忽然发生剧烈变动时，会立刻在市场上引起轩然大波，使公司股票的变现能力大大降低。

（四）政治风险

任何一国的金融市场都不可避免地与国家的政治局面、经济运行环境、财政状况、投资气候息息相关，在受政治干扰大的金融市场中投资的政治风险，大于在受政治干扰小的金融市场中投资的政治风险。公司在进行有价证券投资时必须充分考虑到这一因素，尽可能避免在政治风险大的国家或地区的金融市场上投资。

此外,通过市盈率也可以对普通股票的风险进行简单的分析。一般而言,市盈率的高低与普通股票风险的大小成正比,市盈率高,风险大;市盈率低,风险小。但是,也应该注意到相反的情况,因为某种普通股票的市盈率高低可能与该普通股票的成长潜力相联系。当某种普通股票的市盈率高是由该普通股票成长潜力大的原因所引起,那么,随着时间的推移,该股票的每股收益将逐渐增加,而市盈率则将逐渐降低,投资该普通股票的风险亦随之降低;相反,如果某种普通股票的市盈率低是由该普通股票缺乏成长潜力的原因所致,那么,随着时间的推移,该普通股票的每股收益增加速度会相对减慢,甚至下降,从而导致该普通股票的市盈率相对提高,风险则相对上升。所以,用市盈率进行风险分析,必须与股票的成长性联系在一起来进行分析。

四、普通股票投资策略

根据普通股票收益和风险的特征,普通股票投资应该采取的策略主要如下。

(一) 安排投资资金的策略

由于股票市场风险巨大,因此,一个以生产产品或提供服务为主营业务的企业一般都不应该将维持正常生产经营所需的资金用于普通股票投资。只有的确存在长期富余资金和无专门用途资金的情况下,才能考虑对普通股票的投资。普通股票投资的资金规模应该控制在不影响企业正常生产经营活动的资金需要范围之内。普通股票的投资规模应在详细计算的基础上确定。

(二) 币值变化时的投资策略

与债券投资相比较,币值变化对普通股票的影响显得更为复杂。这是因为普通股票既是一种有价证券,又代表一定的实物资产。

作为一种有价证券,普通股票未来的市场价格与市场利率成反比。在通货膨胀时,市场利率会随之上升,普通股票的市场价格则会相应下降;在通货紧缩时,市场利率会随之下降,普通股票的市场价格则会相应上升。

作为一种实物资产,普通股票未来的市场价格与通货膨胀率成正比。因为,一般生产经营性公司,总是用发行普通股票筹集的资金去从事生产经营性投资,购置各种实物性资产。而实物资产的价格与通货膨胀率成正比,与通货紧缩率成反比。

普通股票未来的市场价格正是由上述两种运动共同作用的结果。不过,经验统计数据表明,在通货膨胀时,实物性资产占总资产比重大的公司,其普通股票的抗跌性和升值潜力均较大;而货币性资产占总资产比重小的公司,其普通股票的抗跌性和保值性就较差。比如,金融类企业的普通股票市场价格就会在通货膨胀时加速下跌。这也说明了为什么普通股票的市场价格从长远来看是不断上升的这一现象。因为从现实来看,各国的货币都是在不断贬值的,不断贬值的货币推动了普通股票市场价格的持续上升。

根据前述道理,企业在币值变化条件下进行普通股票投资时,首先要确定普通股票投资期限的长短,如是短期投资,那么由于通货膨胀在短期内会使普通股票的市场价格下降,通货紧缩在短期内会使普通股票的市场价格上升。因此,企业不应该在预计通货膨胀即将加速的情况下对普通股票进行投资,而应在预计通货紧缩即将出现时对普通股票进行投资。相反,如是长期投资,那么由于通货膨胀在长期内会使普通股票的市场价格上升,通货紧缩在长期内会使普通股票的市场价格下降;因此,企业应该在预计通货膨胀即将加速的情况下对普通股票进行投资,而不应在预计通货紧缩即将出现时对普通股票进行投资。

除此之外,企业在通货膨胀时,应投资于实物资产升值潜力大的公司的普通股票;而在通货紧缩时,应投资于货币性资产比重较大的公司的普通股票。

（三）选择优质公司的普通股票进行投资

公司的经营状况、盈利水平和发展前景,决定了股票的股利水平和市场价格。选择一种优质股票,才能为企业带来利益。一种优质的普通股票,应该具备以下条件:

（1）普通股票发行公司的经营状况良好,发展潜力大,盈利能力强。

（2）股东的投资收益率高于市场平均收益率,而且预计今后的盈利能力仍然保持在一个较高的水平之上。

（3）普通股票的市场交易活跃,市场价格波动不大,且呈逐渐上升趋势。

第三节　具有选择权性质的证券投资

有关选择权性质证券的若干基本理论问题,在前面的筹资中已经作了详细的讨论。在这里,仅从公司投资的角度对选择权性质证券的投资理论和投资策略加以讨论。

一、可转换债券投资策略

（一）可转换债券估价和收益率计算

公司对可转换债券投资,首先也得认识其价值和风险,本节将以市场上的实际数据为依据,对可转换债券的价值和风险进行讨论。可转换债券行情如表 12-8 所示。

表 12-8

可转换债券行情(资料)表(取自 2013 年 9 月 18 日)

名称	发行日	到期日	面值（元）	发行量（亿元）	票面利率（%）					
					1 年	2 年	3 年	4 年	5 年	6 年
博汇转债	2009.9.23	2014.9.23	100	9.75	1	1.2	1.4	1.7	2	
川投转债	2011.3.21	2017.3.21	100	21	0.5	0.7	0.9	1.2	1.5	1.8
歌华转债	2010.11.25	2016.11.25	100	16	0.6	0.8	1	1.3	1.6	1.9
工行转债	2010.8.31	2016.8.31	100	250	0.5	0.7	0.9	1.1	1.4	1.8
国电转债	2011.8.19	2017.8.19	100	55	0.5	0.5	1	2	2	2
海运转债	2011.1.7	2016.1.7	100	7.2	0.7	0.9	1.1	1.3	1.6	
海直转债	2012.12.19	2018.12.19	100	6.5	0.5	1	1.5	2	2	2
恒丰转债	2012.3.23	2017.3.23	100	4.5	0.7	0.9	1.1	1.3	1.5	
华天转债	2013.8.12	2019.8.12	100	4.61	0.5	0.7	0.9	1.1	1.3	1.5
民生转债	2013.3.15	2019.3.15	100	200	0.6	0.6	0.6	1.5	1.5	1.5

（续表）

名称	发行日	到期日	面值（元）	发行量（亿元）	票面利率（%）					
					1年	2年	3年	4年	5年	6年
南山转债	2012.10.16	2018.10.16	100	60	3.5	3.5	4	4	4	4
石化转债	2011.2.23	2017.2.23	100	230	0.5	0.7	1	1.3	1.8	2
泰尔转债	2013.1.9	2018.1.9	100	3.2	0.6	0.9	1.2	1.6	2	
同仁转债	2012.12.4	2017.12.4	100	12.5	0.5	0.7	1.3	1.7	2	
燕京转债	2010.10.15	2015.10.15	100	11.3	0.5	0.7	0.9	1.1	1.4	
中鼎转债	2011.2.11	2016.2.11	100	3	0.8	1.1	1.4	1.7	2	
中海转债	2011.8.1	2017.8.1	100	39.5	0.5	0.7	0.9	1.3	1.6	2
中行转债	2010.6.2	2016.6.2	100	400	0.5	0.8	1.1	1.4	1.7	2
重工转债	2012.6.4	2018.6.4	100	100	0.5	0.5	1	1	2	2

表 12 - 8

可转换债券行情（资料）表（取自 2013 年 9 月 18 日）

名称	现价	正股价格	转股价格	转股比例	纯债价格	纯债溢价率（%）	转换价值	转股溢价率（%）	到期收益率	剩余期限
博汇转债	105.50	4.77	6.16	16.23	103.45	1.99	77.44	36.24	3.04	1.01
川投转债	129.49	11.46	9.09	11.00	95.18	36.05	126.07	2.71		3.51
歌华转债	99.98	7.95	14.79	6.76	92.95	7.56	53.82	85.77	2.78	3.19
工行转债	112.43	3.91	3.53	28.33	92.71	21.27	110.76	1.50		2.95
国电转债	111.53	2.39	2.40	41.67	94.60	17.89	99.58	12.00	0.80	3.92
海运转债	106.12	3.57	4.51	22.17	94.01	12.88	79.16	34.06		2.30
海直转债	115.00	7.26	7.05	14.18	86.68	32.67	102.98	11.67		5.25
恒丰转债	105.76	5.70	6.76	14.79	90.87	16.39	84.32	25.43	0.69	3.51
华天转债	110.11	9.32	9.79	10.21	82.87	32.88	95.20	15.66	0.37	5.90
民生转债	109.10	10.05	9.92	10.08	83.61	30.49	101.31	7.69	0.29	5.49
南山转债	102.84	5.30	6.80	14.71	100.00	2.84	77.94	31.95	4.69	5.08
石化转债	98.80	4.46	5.13	19.49	93.63	5.52	86.94	13.64	3.55	3.44
泰尔转债	105.47	7.15	8.49	11.78	85.66	23.12	84.22	25.24	0.19	4.31
同仁转债	132.89	21.58	17.47	5.72	89.25	48.90	123.53	7.58		4.21
燕京转债	104.75	6.28	7.30	13.70	93.30	12.28	86.03	21.76		2.07
中鼎转债	117.22	7.44	6.94	14.41	96.87	21.01	107.20	9.35		2.40
中海转债	93.03	4.84	8.60	11.63	89.66	3.76	56.28	65.30	4.20	3.87
中行转债	100.60	2.78	2.82	35.46	95.35	5.50	98.94	1.68	3.09	2.71
重工转债	133.50	6.48	4.87	20.53	87.02	53.41	133.06	0.33		4.71

资料来源：同花顺金融数据库 2013 年 9 月 18 日可转换债券的市场行情。

1. 可转换债券估价

可转换债券的内在价值是可转换债券未来现金流入量的折现值。其基本公式为：

$$PV = \sum_{t=1}^{n} \frac{I}{(1+i)^t} + \frac{V}{(1+i)^n}$$

式中：I——可转换债券的利息；i——可转换债券的适用折现率；V——可转换债券的面值或转换价值；n——可转换债券存续至到期日或转换日的期数。

从上式可以看出，作为可转换债券价值的 V 和作为可转换债券的存续期 n 具有不确定性，因此要估计可转换债券的内在价值首先必须预测 V 和 n。

对 V 的预测，其实就是对普通股票市场价格的预测。预测结果不外乎分为两类：一是普通股票的市场价格低于可转换债券规定的转换价格，这时 V 就等于可转换债券的面值；二是普通股票的市场价格高于可转换债券规定的转换价格，这时 V 就等于普通股票市场价格乘以可转换债券可以转换为的普通股票数量之积。

对 n 的预测结果也分为两种情况：一是在普通股票的市场价格高于可转换债券规定的转换价格时，可转换债券可能随时转换为普通股票，但由于套利活动的存在，可转换债券的市场价格往往会存在溢价，在现实中，投资人将可转换债券转换为普通股票的收益没有直接将可转换债券按市场价格出售的收益高，因此，n 可以按可转换债券转换为普通股票时的存续期数计算。二是在普通股票的市场价格低于可转换债券规定的转换价格时，可转换债券已经丧失了转换价值，只能以低息债券的形式存在，因此，n 就必然等于可转换债券票面上所规定的存续期。

【例 12-17】 假定公司设定收益率为 6%，试根据表 12-8 的资料分别求南山转债和民生转债的纯债券价值、纯债券的到期收益率和转换价值，并分析两只可转换债券的风险。

解：

（1）计算。

计算纯债券的价值（运用 EXCEL 的财务函数 XNPV 计算）（见表 12-9）。

表 12-9

纯债券价值 EXCEL 计算表

序号	A	B	C	D
1		南山转债		民生转债
2	年限	现金流	年限	现金流
3	2013. 9. 18	0	2013. 9. 18	0
4	2013. 10. 16	3. 5	2014. 10. 15	0. 6
5	2014. 10. 16	3. 5	2015. 10. 15	0. 6
6	2015. 10. 16	4	2016. 10. 15	0. 6
7	2016. 10. 16	4	2017. 10. 15	1. 5
8	2017. 10. 16	4	2018. 10. 15	1. 5
9	2018. 10. 16	104	2019. 10. 15	101. 5
10	现值	94. 17 [=XNPV(0. 06,B3：B9,A3：A9)]	现值	75. 13 [=XNPV(0. 06,D3：D9,C3：C9)]

计算纯债券的到期收益率(运用 EXCEL 的财务函数 XIRR 计算)(见表 12－10)。

表 12－10

到期收益率 EXCEL 计算表

序号	A	B	C	D
1		南山转债		民生转债
2	年限	现金流	年限	现金流
3	2013.9.18	－103.37	2013.9.18	－108.46
4	2013.10.16	3.5	2014.10.15	0.6
5	2014.10.16	3.5	2015.10.15	0.6
6	2015.10.16	4	2016.10.15	0.6
7	2016.10.16	4	2017.10.15	1.5
8	2017.10.16	4	2018.10.15	1.5
9	2018.10.16	104	2019.10.15	101.5
10	到期收益率	3.85% [＝XIRR(B3：B9，A3：A9)]	到期收益率	－0.34% [＝XIRR(D3：D9，C3：C9)]

计算转债的转换价值(见表 12－11)。

表 12－11

转换价值表

名称	现价	正股价格	转股价格	转股比例	纯债价值	纯债溢价率	转换价值	转股溢价率%	到期收益率%
南山转债	102.84	5.30	6.80	14.71	100.00	2.84	77.94	31.95	4.69
民生转债	109.10	10.05	9.92	10.08	83.61	30.49	101.31	7.69	0.29

(2)分析。

从上述的计算表可以看出,作为纯债券,南山转债的价值和到期收益率均大于民生转债,而从转换价值的角度看,民生转债的转换价值则大于南山转债,这说明,民生转债的风险大于南山转债。

从上面的计算方法和结果可以看出,可转换债券在内在价值和收益率方面有如下特征:

第一,可转换债券存在着最低的内在价值,该价值就是纯粹的低息债券的价值。由于可转换债券受最低极限价值的保护,因此,无论普通股票的市场价格低于转换价格多少,可转换债券的市场价格最多跌至纯粹低息债券的市场价格,相应地投资收益率也最多跌至低息债券的票面收益率。第二,可转换债券的内在价值,随着普通股票市场价格的上涨,可以无限增大,相应地投资收益率也会无限上涨。这两个特征结合在一起,可以充分反映出可转换债券内在价值及其收益率所具有的下降有限性和增长无限性的特征。

(二)可转换债券的风险特征

1. 可转换债券的投资风险高于纯债券

由于可转换债券的票面利率低于纯债券的票面利率,它的实际收益一部分来自不确定的普通股票市场价格高于转换价格之差,当普通股票市场价格等于或低于转换价格时,投资可转换债券只能获得极低的票面利息收益。因此,可转换债券的投资风险要高于纯债券的投资风险。

2. 可转换债券的投资风险低于普通股票

由于可转换债券本身是带息的还本证券,受到最低极限价值的保护,当普通股票的市场价格低于规定的转换价格时,可转换债券的持有人有权要求可转换债券的发行人到期还本,这样,可转换债券持有人就只蒙受利息损失,而不蒙受资本损失。因此,可转换债券的投资风险要低于普通股票的投资风险。

（三）可转换债券的投资策略

根据可转换债券风险有限性和收益无限性的特征,投资可转换债券应注意如下投资策略:

1. 安排投资资金的策略

投资可转换债券可选择较长期闲置的有专门用途的资金。其投资额度可以根据未来资金需要量的现值确定。这样安排投资资金来源和投资额度,既可以保证未来资金的需要量,规避了未来的支付风险,又可以追求投资普通股票的风险收益。

【例 12-18】 甲公司目前(2013 年 9 月 16 日)有一笔 400 万元的准备用于 2016 年年末偿债的专用基金。公司既想确保未来偿债基金的支付,又想在股票市场上获取收益,因此打算用这笔资金购买可转换债券,其投资额为 400 万元的现值。试根据表 12-8 的资料,帮助公司选出合适的可转换债券。

解:根据表 12-8,可知,符合在 2016 年年末之前到期的可转换债券为歌华转债,其相关信息如表 12-12 所示:

表 12-12

歌华转债基本情况表

名称	到期日	现价	面值(元)	正股价格	转股价格	转股比例	票面利率(%)			
							2013	2014	2015	2016
歌华转债	2016.11.25	99.98	100	7.65	14.79	6.76	1.00	1.30	1.60	1.90

根据题意有:

$$4\ 000\ 000 = PV \times (1 + 1.3 + 1.6 + 101.9)$$
$$PV = 37\ 807(张)$$
$$PV = 37\ 807 \times 100 = 3\ 780\ 700(元)$$
$$实际投资金额 = 3\ 780\ 700 \times 0.999\ 8 = 3\ 776\ 300(元)$$

计算结果表明,甲公司只要动用 377.63 万元购买面值为 378.07 万元的这种可转换债券,就可以满足在 2016 年年末偿债的资金需要。而余下的 22.37 万元(400-377.63)资金,则可用于收益率更高的风险投资。

如果在 2016 年年末,该可转换债券所对应的普通股票市场价格上涨到 14.79 元/股,那么,甲公司除了可以顺利偿债之外,还可以获得超额投资收益。

2. 预测收益率

由于可转换债券投资收益率是随其购买价格和普通股票市场价格波动而变化的,因此,为了作出正确的投资决策,必须在预测普通股票市场价格的基础上测算可转换债券的收益率。可转换债券的到期收益率有最低收益率和可能收益率之分,现分别讨论其计算方法。

【例 12 - 19】　根据〖例 12 - 18〗资料计算歌华转债最低的和可能的投资收益率(股票价格为 20 元/股)。

解:

(1) 计算最低投资收益率。

最低收益率就是纯债券的到期收益率。根据表 12 - 13,运用 EXCEL 表财务函数 XIRR 计算得知歌华转债纯债券的到期收益率为 1.83%。

(2) 计算可能投资收益率。

可能投资收益率就是可转换债券的购买价与收取利息和转换为普通股票后市场价格之和相等时的折现率。由于普通股票市场价格波动无常,因此,每预测一次普通股票市场价格(只要该市场价格高于转换价格)就会产生一个收益率。根据[例 12 - 18]普通股票市场价格为 20 元/股的假定,其可能的投资收益率应按以下方法计算:

表 12 - 13

投资收益率 EXCEL 计算表

	A	B	C
1	歌华转债	现金流(可能流量)	现金流(最低流量)
2	2013.9.16	−99.98	−99.98
3	2013.11.25	1	1
4	2014.11.25	1.3	1.3
5	2015.11.25	1.6	1.6
6	2016.11.25	137.1	101.9
7	收益率	11.58%[=XIRR(C2:C6,A2:A6)]	1.83%[=XIRR(C2:,C6,A2:A6)]

运用 EXCEL 表财务函数 XIRR 计算得知歌华转债可能的投资收益率为 11.58%。

将上述计算出的可转换债券投资收益率分别与纯债券的投资收益率和普通股票的预期投资收益率相比较,有利于作出是否应该投资于可转换债券的决策。

3. 根据可转换债券收益率的构成选择可转换债券的投资策略

可转换债券收益率是由固定的债券利息收益率和具有风险性的普通股票市场价格上涨所带来的资本收益率两部分构成。可转换债券收益率的构成状况决定了可转换债券的风险特征。固定利息收益率越高,风险越低;反之,固定利息收益率越低,风险越高。

企业在决定对可转换债券进行投资后,应根据自己现有闲置资金的量和未来资金需要量的差异对收益率构成不同的可转换债券进行选择。一般而言,如果现有资金量不足以满足未来资金的需要量,需要通过利息来积累资金的情况下,应该选择高息可转换债券;反之,如果现有资金可以或基本可以满足未来资金需要量时,则可选择低息甚至无息的可转换债券。现举例说明。

【例 12 - 20】 有 A、B 两家公司,A 公司现有闲置的更新改造资金 420 万元,2017 年年末需要更新改造资金 500 万元;B 公司现有闲置的更新改造资金 480 万元,2017 年年末也需要更新改造资金 500 万元。两家公司均既希望通过现有更新改造资金的积累来满足 2017 年年末的资金需要,又希望能获得普通股票市场价格上升的风险投资利益。因此,两公司均决定将闲置的更新改造资金用于购买可转换债券。现问两家公司各自应如何从表 12 - 8 中的选择适合其投资的可转换债券?

解:

根据题意,各公司最优投资方案应该是本金加上固定利息之和正好等于未来资金需要量的投资方案。因为这种投资方案既可以规避未来的现金支付风险,又可能为公司带来最大的投资收益。所以有:

$$A\ 公司要求的最低固定利息率 = \sqrt[4.3]{\frac{500}{420}} - 1 = 4.14\%$$

$$B\ 公司要求的最低固定利息率 = \sqrt[4.3]{\frac{500}{480}} - 1 = 0.95\%$$

计算结果表明,A 公司应该寻找固定票面利息率为 4.14% 左右的可转换债券。因此,A 公司投资中海转债(到期收益率 4.2%)比较合适。而 B 公司则应该寻找固定票面利息率为 1.96% 左右的可转换债券,因此,B 公司投资国电转债(到期收益率 0.8%)比较合适。

4. 根据可转换债券条款制订投资策略

投资可转换债券除了应重视上述问题之外,还应充分考虑到其发行时规定的其他各项条款,包括转换价格调整的条款、收回权利条款等。这些条款将直接影响到可转换债券的收益率。一般而言,在其他条件不变的情况下,宽松的条款对投资者有利。故公司在对可转换债券进行投资之前,应该详细阅读各种有关可转换债券的材料,尽可能选择条款宽松的可转换债券进行投资。

二、认股权证投资策略

(一)认股权证估价

认股权证的理论价值在第七章已经进行了讨论,在这里,只对在资本市场上的运用较普遍的布莱克-斯科尔斯(Black-Scholes)期权定价模型的相关理论和方法进行简单介绍。读者若想获得更多相关知识,可阅读金融工程类书籍。

1. 布莱克-斯科尔斯模型的基本概念

经济学家布莱克和斯科尔斯于 1973 年发表的《期权定价和公司债务》一文中创立了一种期权定价模型,该模型后以两人的名字命名,称为布莱克-斯科尔斯期权定价模型。该研究成果在 1997 年获得了诺贝尔经济学奖。简单地说,布莱克-斯科尔斯期权定价模型是利用可观察到的或可估计出的变量,用标的股票和无风险资产构造的投资组合收益来复制期权收益。该模型认为,在无套利情况下,复制的期权价格应等于购买投资组合的成本。因此,期权价格仅依赖于股票价格的波动量、无风险利率、期权到期时间、执行价格、股票价格。在该模型中,除股票价格的估计之外,其余几个变量的估计相对简单。市场许多大投资机构在股票市场和期权市场中连续交易进行套利,他们的行为类似于期权的复制者,使得期权价格越来越接近于布莱克-斯科尔斯的复制成本,即布莱克-斯科尔斯公式所确定的价格。目前布莱克-斯科尔斯期权定价模型在欧式看涨期权定价模型之外,还发展出看跌期权定价模型、派发股利的期权定价模型、美式期权定价模式等。

2. 布莱克-斯科尔斯模型的假设

(1) 金融资产在期权有效期内无红利及其它所得(该假设后被放弃)。

(2) 市场无摩擦,即不存在税收和交易成本,所有证券完全可分割。

(3) 短期的无风险利率是已知的,并且在期权寿命期内保持不变。

(4) 任何证券购买者能以短期的无风险利率借得任何数量的资金。

(5) 允许卖空,卖空者将立即得到所卖空股票当天价格的资金。

(6) 看涨期权只能在到期日执行(欧式期权)。

(7) 所有证券交易都是连续发生的,股票价格随机游走。

3. 布莱克-斯科尔斯模型

布莱克-斯科尔斯模型包括三个公式:

$$C_0 = S_0[N(d_1)] - Xe^{-rt}[N(d_2)]$$

$$d_1 = \frac{\ln(S_0/X) + [r + \sigma^2/2]t}{\sigma\sqrt{t}}$$

$$d_2 = d_1 - \sigma\sqrt{t}$$

式中:C_0——认股权证的估计价格;S_0——标的股票的当前价格;$N(d)$——标准正态分布累计概率分布函数;X——期权的执行价格;$e \approx 2.7183$;r——无风险利率;t——期权到期日前的时间(年);$\ln(S_0/X)$——S_0/X 的自然对数;σ^2——股票回报率的方差。

该模型虽然显得比较复杂,但运用 EXCEL 表也可以比较方便地得到其计算结果。下面以实例加以说明:

【例 12 - 21】　新钢钒公司总股本为 25.553 亿股,发行认股权证 8 亿份,每份认股权证可以认购一股新钢钒股票;认股权证于 2006 年 12 月 12 日上市,其相关数据如下[①]:

(1) 新钢钒收盘价 $S_0 = 4.05$(元);

(2) 新钢钒认股权证的行权价 $X = 3.95$(元);

(3) 认股权证的存续期为 24 个月,$t = 2$;

(4) 无风险收益率取一年期银行存款利率,$r = 2.016\%$;

(5) 新钢钒股票过去 240 个交易日股价的年化历史波动率 $\sigma = 41.07\%$。

试按照 B-S 模型对新钢钒认股权证进行估价。

解:

具体如表 12 - 14 所示。

---

① 数据资料摘自 2006 年 12 月 8 日《攀枝花新钢钒股份有限公司认股权证上市公告书》。严格地说,传统的布莱克-斯科尔斯模型未考虑权证行权对股本的摊薄效应,不能直接用于新钢钒认股权证的定价。但是为了简化起见,本例仍按照传统的布莱克-斯科尔斯模型计算对新钢钒认股权证进行估价。公司公告书采用摊薄效应的 B—S 模型对股本认购权证进行估价,得到每份认股权证的价格为 0.934 元。

表 12 - 14

认股权证估价 EXCEL 计算表

	A	B
1	S_0	4.05
2	X	3.95
3	e	2.7183
4	r	0.02016
5	t	2
6	σ	0.4107
7	σ^2	0.16867449(=B6^2)
8	$\ln(S_0/X)$	0.025001302[=LN(B1/B2)]
9	$(r+\sigma2/2)2$	0.20899449[=(B4+B7/2)*2]
10	$\sigma \times 2^{1/2}$	0.58081751(=B6*B5^0.5)
11	d_1	0.40287317[=(B8+B9)/B10]
12	d_2	-0.1779443(=B11-B10)
13	N(d1)	0.65647924[=NORMSDIST(B11)]
14	N(d2)	0.42938334[=NORMSDIST(B12)]
15	$S \times N(d1)$	2.6587409(=B1*B13)
16	$X \times [e^{(-rt)}] \times N(d2)$	1.62903877{=B2*[B3^(-B4*2)]*B14}
17	C_0	1.02970214(=B15-B16)

根据计算结果,新钢钒认股权证的预期价格为 1.029 7 元/份。

(二) 认股权证收益率计算

认股权证收益率的计算与企业取得认股权证的方式有关。企业取得认股权证的方式主要有两种:一是购买低息证券由发行低息证券公司附送的;二是从证券市场上按市场价格购入的。这两种不同取得方式的收益率计算方法有所不同,现分别加以讨论。

(1) 购买低息有价证券而获得的认股权证收益率的计算。

通过这种方式获得的认股权证,从本质上看,其实就是投资者以放弃高息收入为代价换取可能产生的普通股票市场价格高于认购价格利益的一种投资行为。在这种方式下,计算投资收益率,应该将购买低息有价证券的收益率与认股权证可能带来的收益率合并计算。以下用实例加以说明。

【例 12 - 22】 甲公司在市场利率为 10% 的条件下,按面值购买了附送认股权证的低息债券,该债券为 1 000 元/张,票面利息率为 5%,每年付息,5 年到期后一次还本;附送认股权证 30 股,认购价格 10 元/股。假设在第 2 年年末,该普通股票市场价格上涨到 20 元/股,且甲公司及时行使了全部认股权。问甲公司这种投资方式的投资收益率为多少?

解:

根据题意,可建立如下方程式:

$$1000 = \sum_{i=1}^{5} \frac{1000 \times 5\%}{(1+i)^t} + \frac{1000}{(1+i)^5} + \frac{(20-10) \times 30}{(1+i)^2}$$

当 $i=12\%$ 时,有:

右式$=50 \times 3.60478 + 1000 \times 0.56743 + 300 \times 0.79719 = 986.83 < 1000 =$左式

当 $i=11\%$ 时,有:

右式$=50 \times 3.6959 + 1000 \times 0.59345 + 300 \times 0.81162 = 1021.73 > 1000 =$左式

$$i = 11\% + \frac{1021.73 - 1000}{1021.73 - 986.83} \times (12\% - 11\%) = 11.62\%$$

计算结果表明,该投资方式的到期收益率为 11.62%。

(2) 从市场上按市场价格购入的认股权证收益率的计算。

在这种情况下,可以单独计算认股权证的投资收益率,现举例说明。

【例 12－23】 甲公司从证券市场上以 5 元/股的价格购入认购价格为 15 元/股的认股权证若干,在第 3 年年末,当普通股票市场价格涨至 25 元/股时,公司行使了全部认股权。问甲公司投资于该认股权证的收益率为多少?

解:

根据题意,可建立方程式:

$$5 = \frac{25 - 15}{(1+i)^3}$$

$$i = \sqrt[3]{\frac{25 - 15}{5}} - 1 = 25.99\%$$

计算结果表明,该投资的收益率为 25.99%。

从上述例子可以看出,认股权证投资收益率的大小受认股权证行使时间和普通股票市场价格两个因素的影响,即与行使时间成反比,与普通股票市场价格成正比。

(三) 认股权证的风险特征

1. 认购价格高于或等于普通股票市场价格的风险

认股权证本身无任何价值保证,其价值完全依赖于认购价格低于普通股票市场价格的差价,一旦认购价格高于或等于普通股票市场价格,认股权证的价值就等于零。这表明,投资于认股权证上的投资有全部损失的可能性,风险极大。

2. 到期风险

认股权证通常规定了到期日,如果到期不行使其权利,则过期作废。如果在认股权证认股期内,普通股票市场价格一直低于认购价格,认股权证持有者将无机会行使认股权,并最终放弃该权利,使其投资于认股权证上的投资全数损失。

3. 认购价格不断上升的风险

认股权证发行者在发行认股权证时,为了使资金无序流入变为有序流入,刺激投资者行使认股权,往往会在认股权证条款中规定认购价格随时间推移而上调的款项。这类条款增加了认股权证持有者选择认购期的风险。

(四) 认股权证的投资策略

根据认股权证风险无限性和收益具有的以小博大的特征,投资认股权证应注意如下投资策略。

1. 安排投资资金的策略

根据投资于认股权证上的资金有可能全部亏损的风险特征,企业在选用投资资金时,只能动用完全闲置的无特定用途的资金,以规避投资全部损失之后带来的风险放大损失。

2. 根据认股权证的杠杆力度决定是否投资的策略

投资认股权证的一个基本原因,就是希望通过其杠杆力获取以小博大的利益,因此,在决定是否投资认股权证时,一定要认真计算其杠杆力的大小,并在此基础上结合对普通股票未来市场价格的预测来决定。杠杆力越大,以小博大的潜力也就越大。

【例 12 - 24】 某公司决定投资认股权证,现有 A、B 两种认股权证可供选择。A 认股权证的认购价格为 10 元/股,目前市场价格 3 元/股,与它相对应的 A 普通股票的市场价格为 9 元/股;B 认股权证的认购价格为 15 元/股,目前市场价格 5 元/股,与它相对应的 A 普通股票的市场价格为 18 元/股。公司预计,A 普通股票市场价格可以达到 20 元/股,B 普通股票市场价格可以达到 30 元/股。问公司投资何种认股权证为优?

解:

该决策可按如下步骤求解:

(1) 求不同认股权证的杠杆力度。

$$A 认股权证的杠杆力度 = 9 \div 3 = 3 (倍)$$
$$B 认股权证的杠杆力度 = 18 \div 5 = 3.6 (倍)$$

(2) 求投资于认股权证和投资于普通股票收益率相等时的普通股票市场价格。

投资于 A 认股权证和投资于 A 普通股票收益率相等时的 A 普通股票市场价格:

$$X - 9 = 3[X - (10 + 3)]$$

解之得:
$$X = 15 (元/股)$$

投资于 B 认股权证和投资于 B 普通股票收益率相等时的 B 普通股票市场价格:

$$X - 18 = 3.6[X - (15 + 5)]$$

解之得:
$$X = 20.77 (元/股)$$

(3) 求投资于不同认股权证和普通股票的投资最高收益率

$$\frac{投资于 A 认股权证}{的投资最高收益率} = \frac{20 - 15}{3} \times 100\% = 167\%$$

$$\frac{投资于 A 普通股票}{的投资最高收益率} = \frac{20 - 9}{9} \times 100\% = 122\%$$

$$\frac{投资于 B 认股权证}{的投资最高收益率} = \frac{30 - 20.77}{5} \times 100\% = 185\%$$

$$\frac{投资于 B 普通股票}{的投资最高收益率} = \frac{30 - 18}{18} \times 100\% = 67\%$$

根据计算结果可以看出,虽然公司投资于 A 普通股票的投资收益率高于投资于 B 普通股票的投资收益率,但由于 B 认股权证的杠杆力度大于 A 认股权证的杠杆力度,投资于 B 认股权证的投资收益率最高,故公司投资 B 认股权证为优。

3. 避免投资认股期限短的认股权证

认股权证投资全部亏损的主要原因,是认股权证到期时普通股票的市场价格仍然低于认购价格,为了规避这一风险,最好的方法就是尽量避免投资认购期限短的认股权证。在实际中要做到这一点并不难,只要在投资前详细了解认股权证有关条款的内容,就可以规避这类风险。

4. 选择最佳的认股权行使时期

对认购价格随时间推移而提高的认股权证投资,存在一个最佳的认股权行使时间问题。一般而言,普通股票市场价格高于认购价格的差价最大时期就是认股权行使的最佳时期。这就需要预测在认股权证行使期中普通股票的市场价格。除此之外,还要注意货币时间价值和普通股票股利对收益的影响。在进行决策时,需要用推迟行使认股权而损失的股利去抵减普通股票市场价格高于认购价格的差价,并将抵减后的净差价按一定的收益率折现,计算推迟行使认股权所获得的利益现值。

习　题

一、复习思考题

1. 债券有什么基本特征? 债券估价和收益率计算的主要方法是什么?

2. 如何对债券投资的信用风险、利率风险、币值变动风险、变现能力风险和再投资风险进行分析?

3. 制订债券投资策略应该考虑哪些基本因素?

4. 与普通股票投资相关的基本概念有哪些?

5. 普通股票的传统估价模型可以分为哪几类? 其基本特征是什么?

6. 普通股票估价的资本资产定价模型与经济附加值模型有什么主要的区别?

7. 如何对普通股票投资的风险进行分析?

8. 公司制订普通股票投资策略应该考虑哪些基本因素?

9. 可转换债券投资估价和收益率计算的基本理论与方法是什么?

10. 可转换债券风险的基本特征是什么? 如何为可转换债券制订投资策略?

11. 认股权证估价和收益率计算的基本理论和方法是什么?

12. 如何根据认股权证收益和风险特征制订其投资策略?

二、计算题

1. 东风公司打算投资购买 A 公司的债券。已知 A 公司债券的市场价格为 1 100 元/张,债券的面值为 1 000 元/张,票面利息率为 10%,每年付息一次,到期一次还本。A 公司债券现刚刚支付过利息,现距债券到期日尚有 5 年。如果甲公司投资债券所要求的最低收益率为 8%,问甲公司是否应该购买 A 公司债券?

2. 设 B 债券的面值为 1 000 元/张,票面利息率 6%,每半年付息一次,到期一次还本。现刚刚付过息,距到期日还有 6 年。已知市场同风险收益率为 8%,试求 B 债券的内在价值。

3. 设 C 债券的面值为 1 000 元/张,期限为 10 年,票面利息率为 10%,每年付息一次,分两次还本,还本期分别为第 5 年末和第 10 年末。已知市场同风险利率为 6%,求 C 债券的内在价值。

4. 设公司持有 10 年期的国库券面值为 10 000 元,该国库券一次还本付息,票面利率为 8%,单利计息,现距到期日尚有 4 年。已知现市场无风险收益率为 6%,试问该国库券的内在价值应为多少?

5. 乙公司准备于 2012 年 5 月 1 日花 115 000 元购入面值为 100 000 元,票面利息率为 9%,每年 4 月 30 日付息的 2017 年 4 月 30 日到期的公司债券。公司的期望收益率为 6%。试问乙公司是否应该向该债券投资?

6. 某公司在 3 年前按面值购入了票面价值为 1 000 元/张,票面利率为 6%,每年付息一次,到期还本的 5 年期债券若干张。现发生通货膨胀,通货膨胀率为 4%,试问该公司购买该债券所蒙受的降价损失和到期收益率为多少?

7. 某公司在年通货膨胀率为 6%、公司要求到期收益率为 4% 的条件下,准备投资购买票面价值为 1 000 元/张,票面利息率为 8%,每年付息一次,到期还本的 5 年期债券。试问公司购买该债券的最高买入价应定为多少?

8. 某企业现有一笔金额为 600 万元的闲置资金。该企业在第 2 年末将发生一笔金额为 200 万元的现金支出。公司决定投资购买某尚有 2 年到期的一次还本付息债券,票面年利率为 10%,市场同风险收益率为 8%。问该企业投资多少购买该债券为优?

9. 某企业现有投资购买年利息率为 8% 的 5 年期长期债券和购买年利息率为 5% 的 1 年期短期债券两种方案可供选择。假定企业预期市场利率将以 4% 的幅度上涨,问该企业购买何种债券为优?

10. 某公司拟购买 H 公司发行的普通股票,预计每股每年能获股利 1 元,5 年以后该普通股票的市场价格为 40 元/股。公司要求的最低收益率为 12%,试问该普通股票对该公司而言的内在价值为多少?

11. 某公司购入了一种零成长型普通股票,现在每年股利为 0.8 元/股,适用折现率为 8%,试问该零成长型普通股票的内在价值为多少?

12. 某公司拟购买 F 公司发行的普通股票,该普通股票上年支付股利为 1 元/股,估计以后每年股利增长率为 4%。公司要求的投资报酬率为 8%,问 F 公司普通股票对该公司而言的内在价值为多少?

13. 设 B 普通股票上年的股利为 1 元/股,预计第 1~5 年的股利年增长率为 8%,第 6~10 年的股利年增长率为 4%,第 10 年以后股利年增长率为 0。该普通股票的适用折现率为 8%。问 B 普通股票的内在价值为多少?

14. 设 K 普通股票上年每股收益为 2 元/股,估计以后每年每股收益的增长率分别为 0 和 5%,适用折现率为 10%,问两种情况下 K 普通股票的内在价值各为多少?

15. 设 G 普通股票上年每股收益为 1 元/股,G 普通股票目前的市盈率为 18 倍,所在行业的平均市盈率为 13 倍,问 G 普通股票的公允价值为多少?G 普通股票的市场价格是否合理?

16. 设 H 普通股票上年每股账面价值为 8 元/股,H 普通股票目前的市净率为 3 倍,所在行业的平均市盈率为 5 倍,问 H 普通股票的公允价值为多少?H 普通股票的市场价格是否合理?

17. 设 A 普通股票预计第一年的股利为 2.3 元/股,该股票的 β 系数为 1.3,资本市场全部股票的平均收益率为 12%,无风险收益率为 8%。试根据资料估计 A 普通股票的内在价值。

18. 设 A 公司上年全年息税前收益合计为 8 000 万元,利息支出合计为 2 000 万元,所得税率为 30%,负债平均余额为 40 000 万元,净资产平均余额为 50 000 万元,发行在外的普通股票股数为 10 000 万股。且预计公司的各种基本情况在未来保持不变。又知该公司普通股票的 β 系数为 1.4,资本市场全部股票的平均收益率为 8%,无风险收益率为 4%。试根据上述资料,用经济附加值定价模型估计 A 普通股票的内在价值。

19. B 公司发行的 5 年期可转换债券规定,面值为 1 000 元/张,年利息率为 1%,每年付息,每张可转换债券可转换为普通股票 100 股;若不转换为普通股票,则在可转换债券到期时按面值收回。现假定存在两种情况:第一,普通股票的市场价格在 5 年以内均没有超过规定的 10 元/股的转换价格;第二,普通股票的市场价格在第 3 年年末为 15 元/股,且可转换债券在第 3 年末转换为普通股票。再假定与该可转换债券同风险的市场收益率为 8%。试求两种情况下 B 公司发行的可转换债券的内在价值。

20. 如公司在计算题 19 可转换债券发行时以 1 000 元/张的面值购入可转换债券。试求普通股票市场价格低于 10 元/股时投资可转换债券的收益率;以及普通股票市场价格为 15 元/股,且在第 3 年末转换为普通股票时投资可转换债券的收益率。

21. 甲公司有一笔 400 万元的用于第 2 年年末偿债的专用基金,现打算用这笔资金购买票面利息率为 2%,尚有 2 年到期每年付息的可转换债券。该可转换债券的转换价格为 5 元/股,但由于现在该普通股票的市场价格低于 5 元/股,因此,可转换债券的市场价格仅为其面值的 80%。试问甲公司应如何安排资金?

22. 根据计算题 21 的资料计算其最低的和可能的投资收益率。

23. 有 A、B 两家公司,A 公司现有闲置的更新改造资金 400 万元,5 年后需要更新改造资金 500 万元;B 公司现有闲置的更新改造资金 450 万元,5 年后也需要更新改造资金 500 万元。两家公司均既希望通过现有更新改造资金的积累来满足 5 年后的资金需要量,又希望能获得普通股票市场价格上升的风险投资利益;因此,两公司均决定将闲置的更新改造资金用于购买可转换债券。现问两家公司各应选择固定票面利息率为多少的可转换债券投资?

24. 甲公司在市场利率为 8% 的条件下,按面值购买了附送认股权证的低息债券,该债券为 1 000 元/张,票面利息率为 3%,每年付息,5 年到期后一次还本。附送认股权证 30 股,认购价格 10 元/股。假设,在第 2 年年末,该普通股票市场价格上涨到 20 元/股,且甲公司及时行使了全部认股权。问甲公司这种投资方式的投资收益率为多少?

25. 甲公司从证券市场上以 5 元/股的价格购入认购价格为 15 元/股的认股权证若干,在第 3 年末,当该普通股票市场价格涨至 25 元/股时,公司行使了全部认股权。问甲公司投资于该认股权证的收益率为多少?

26. 某公司决定投资认股权证,现有 A、B 两种认股权证可供选择。A 认股权证的认购价格为 10 元/股,目前市场价格 3 元/股,与它相对应的 A 普通股票的市场价格为 9 元/股;B 认股权证的认购价格为 15 元/股,目前市场价格为 5 元/股,与它相对应的 A 普通股票的市场价格为 18 元/股。公司预计,A 普通股票市场价格可以达到 20 元/股,B 普通股票市场价格可以达到 30 元/股。问公司投资何种认股权证为优?

27. 设表习题 12-1 债券交易时间为 2013 年 10 月 16 日,请运用 EXCEL 表计算各债券的剩余期限、应计利息、到期收益率、麦氏久期、修正久期和凸性。

表习题 12-1

债务相关信息

名　称	上　市　日	发行期限	现　价	票面利率
12 大秦债	2012.12.27	3	98.85	4.88
12 中山 01	2012.12.11	7	100.8	5.5

28. 已知甲公司总股本为 10 亿股,发行认股权证 3 亿份,每份认股权证可以认购一股甲公司股票;其相关数据如下:

(1) 甲公司股票收盘价为 $S_0 = 14.25$ 元;

(2) 甲公司认股权证的行权价 $X = 10.05$ 元;

(3) 认股权证的存续期为 24 个月,$t = 2$;

(4) 无风险收益率取一年期国库券利率,$r = 3.5\%$;

(5) 甲公司股票过去 240 个交易日股价的年化历史波动率 $\sigma = 62.26\%$。

试按照 B-S 模型对甲公司认股权证进行估价。

第十三章 证券投资组合

【本章提要】 证券投资组合是证券投资中的一个复杂问题,本章将先分析证券投资组合的必要性和可能性,然后讨论证券组合对投资收益和风险的影响,介绍现代证券投资组合模型,最后探讨证券投资组合的基本策略。

【学习目标】 通过本章学习,要求掌握和了解如下内容:(1)掌握证券投资组合的必要性和可能性。(2)掌握不同有价证券收益和风险的特征。(3)了解证券投资组合对证券投资收益和风险的影响。(4)了解马可维茨投资组合模型的基本原理。(5)掌握 β 系数的确定方法。(6)掌握资本资产定价模型在证券组合中的运用。(7)了解证券投资组合的分类及其控制方法。

第一节 证券投资组合的必要性和可能性

一、证券投资组合的必要性

证券投资组合的必要性可以简单地概括为降低风险和增加收益,下面分别对这两个方面的问题进行讨论。

(一)降低风险

证券市场上存在着系统风险和非系统风险两类风险。系统风险是指因整个国民经济的变化而造成的市场全面风险,这种风险因其影响的全面性,任何公司都不可能避免,投资者也无法通过多元化投资来分散这种风险。非系统风险是由公司特有的因素造成的,只对个别公司产生影响,投资者可以通过多元化投资来分散这种风险。证券投资风险是上述两类风险之和,投资者可以通过增加持有证券的种类来降低证券投资风险。证券投资风险与证券投资组合之间的关系如图13-1所示。

从图13-1可以看出,随着证券持有种类的增加,证券投资总风险呈下降趋势。当持有证券的种类和结构完全与证券市场一致时,证券投资风险就等于市场风险。

(二)获取理想收益

理性投资者的基本行为特征是厌恶风险和追求收益最大化。但在现实中,投资的收益和风险成正比,两者是相互矛盾的。投资者必须在这一对矛盾中寻求最佳的平衡,才可以在不影响预期收益的情况下降低投资风险,或在不增大风险的情况下增加投资收益。而对金

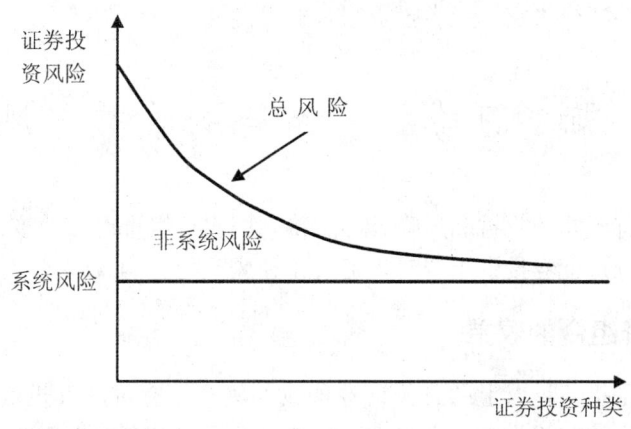

图 13 - 1　证券组合风险

融资产的有效组合是必要的手段。

二、证券投资组合的可能性

企业无论是投资实物性资产还是投资金融性资产,都是为了追逐盈利,企业在追逐盈利的过程中必须权衡投资的收益和风险,但这两类投资具有完全不同的特点。金融性资产与实物性资产相比,具有以下突出的特征。

(一)资产的可分割性

金融资产的可分割性是指投资者可以根据自己的意愿购买某种有价证券的任何一个百分比,而不必要持有全部该种有价证券。比如,进行普通股票投资,投资者可以任意购买某公司发行普通股票的任何一个百分比,而不一定非要持有百分之百或规定百分比的股份。这一特征表明,投资者在进行金融资产投资时,不必考虑投资的规模经济问题。相反,在进行实物性资产投资时,投资者必须考虑投资的规模经济问题。

(二)资产的充分流动性

在金融市场高度发达的现代市场经济条件下,金融资产交易极为活跃。一方面,对金融资产的投资限制条件少,可以不受或少受时间和空间的约束;另一方面,金融资产具有高度的变现能力,无论金融资产是否到期,均可以通过市场将其变现。这一特征说明,投资者在进行金融资产投资时,可以少考虑,甚至不需要考虑金融资产投资的流动性因素。而投资者在对实物性资产进行投资时,资产的流动性是投资者必须关注的一个重要因素。

(三)资产的相容性

金融资产的无限可分割性决定了它具有极强的相容性。这表明,投资者在进行金融资产投资时,可以同时购买多种金融资产,而不需要考虑个别金融资产之间的互相排斥性问题,也不需要根据个别金融资产的净现值和内部收益率进行最优决策。而投资实物性资产则必须考虑各个投资项目是否为互不相容的项目,以及必须根据各个投资项目的净现值和内部收益率进行最优决策。

由此可见,金融资产投资中现金流量的时间因素和数量因素并不重要,重要的是各种金融资产之间的相关性、风险和报酬特征,以及它们之间的相互关系。投资者主要应该依据金融资产风险与收益的特征,进行金融资产的投资决策。

金融资产的上述特征决定了证券投资组合的可能性。

第二节 证券投资组合的收益与风险

由于不同证券有不同的收益和风险,因此,将它们进行组合可以改变证券投资的收益和风险状况。本节将分析证券投资组合对投资收益和风险的影响。

一、证券投资组合的收益

证券投资组合是指一种以上的有价证券构成的集合。有价证券投资组合的收益,一般用有价证券投资组合的期望收益率来表示。有价证券投资组合的期望收益率是指有价证券投资组合中个别有价证券收益率的加权平均数。其基本计算公式为:

$$E(R_P) = W_1 E(R_1) + W_2 E(R_2) + \cdots + W_n E(R_n) = \sum_{i=1}^{n} W_i E(R_i)$$

式中:$E(R_P)$——证券投资组合的期望收益率;$E(R_i)$——第 i 种证券的期望收益率;W_i——第 i 种证券的权重;n——证券投资组合中的证券数目。

现以实例说明该公式的实际运用。

【例 13 - 1】 设某公司投资于 A、B 两种证券的资金比例分别为 50%,其他有关资料如表 13 - 1 所示。

表 13 - 1

A、B 两种证券的相关资料

经济状况	概率	证券	
		A	B
坏	0.2	14%	15%
中	0.5	20%	13%
好	0.3	25%	26%

试根据表 13 - 1,计算投资组合的期望收益率。

解:

$$E(R_A) = 0.2 \times 14\% + 0.5 \times 20\% + 0.3 \times 25\% = 20.3\%$$
$$E(R_B) = 0.2 \times 15\% + 0.5 \times 13\% + 0.3 \times 26\% = 17.3\%$$

故有:

$$E(R_P) = WAE(RA) + WBE(RB) = 50\% \times 20.3\% + 50\% \times 17.3\% = 18.8\%$$

二、证券投资组合的风险

证券投资组合的风险可用证券投资组合期望收益率的方差、标准差、协方差和相关系数来表示。其基本公式分别为:

$$\sigma_p^2 = W_A^2\sigma_A^2 + W_B^2\sigma_B^2 + 2W_AW_B\sigma_{AB}$$

$$\sigma_P = \sqrt{\sigma^2(R_P)}$$

$$\sigma_{AB} = Cov(R_A,R_B) = \sum_{i=1}^{n} P_i[R_A - E(R_A)][R_B - E(R_B)]$$

$$\rho_{AB} = \frac{\sigma_{AB}}{\sigma_A\sigma_B}$$

式中：σ_p^2——投资组合的方差；σ_p——投资组合的标准差；σ_{AB}——投资组合的协方差；ρ_{AB}——投资组合的相关系数；p_i——两个离差同时发生的概率。

协方差是衡量一种有价证券的收益与另一种有价证券的收益之间相互关系的指标。

在进行有价证券投资时，除了要了解投资组合的风险程度之外，还必须了解构成投资组合的个别证券之间的相关程度，即相关性。相关系数（ρ）是衡量各种有价证券相关程度的指标，它与协方差的关系：如果两个有价证券的收益正相关，那么协方差为正值；如果两个有价证券的收益负相关，那么协方差为负值；如果两个有价证券的收益不相关，那么协方差为零。相关系数（ρ_{AB}）是有价证券投资组合的方差（σ_p^2）的函数，这表明证券投资组合的风险取决于投资组合中各种证券之间的相关程度。

现以实例说明各种风险计量公式的实际运用。

【例 13 - 2】　根据〖例 13 - 1〗中的有关数据，计算各个证券的风险和组合风险。

解：

按上述公式计算出的结果如下：

证券投资组合标准差如表 13 - 2 所示。

表 13 - 2

证券投资组合标准差计算表

单位:元

概率	$R-E(R_A)$	$R_B-E(R_B)$	$P_i[R_A-E(R_A)]^2$	$P_i[R_B-E(R_B)]^2$	$P_i[R_A-E(R_A)][R_B-E(R_B)]$
0.2	(0.063)	(0.023)	0.0007938	0.0001058	0.0002898
0.5	(0.003)	(0.043)	0.0000045	0.0009245	0.0000645
0.3	0.047	0.087	0.0006627	0.0022707	0.0012267
1.0	—	—	0.001461	0.003301	0.001581

$\sigma_{AB} = 0.001581$

$\sigma_A = \sqrt{0.001461} = 3.8223\%$

$\sigma_B = \sqrt{0.003301} = 5.7454\%$

$\sigma_p^2 = 0.5^2 \times 0.038223^2 + 0.5^2 \times 0.057454^2 + 2 \times 0.5 \times 0.5 \times 0.001581 = 0.0007905$

$\sigma_P = \sqrt{\sigma^2(R_P)} = \sqrt{0.0007905} = 0.028116 = 2.8116\%$

$\rho_{AB} = \dfrac{0.001581}{0.038223 \times 0.057454} = 0.71992$

计算结果表明，虽然证券 A 与证券 B 之间存在着正相关关系，但证券投资组合的标准差 2.8116% 小于个别证券标准差的加权平均数 4.784%（3.8223%×50%＋5.7454%×50%），这说明通过投资组合，投资者证券投资的风险有所降低，实现了证券投资组合的目的。

在现实经济生活中,各种有价证券之间相关性的三种极端形式:完全正相关,$\rho=1$;完全负相关,$\rho=-1$;不相关,$\rho=0$。现结合实例加以说明。

【**例 13-3**】 假定某公司将资金分别投资于证券 X 和证券 Y,证券 X 和证券 Y 的有关资料如表 13-3 所示。

表 13-3

证券 X 和证券 Y 的有关资料

项目	有价证券	
	X	Y
$E(R)$	5%	8%
σ	4%	10%

根据表 13-3 的资料,证券 X 和证券 Y 以各种不同投资比例为依据,计算确定的三种不同相关系数下的期望收益率和标准差,计算结果如表 13-4 所示。

表 13-4

三种不同相关系数下的期望收益率和标准差

权重		相关系数					
证券 X	证券 Y	$\rho_{XY}=+1$		$\rho_{XY}=0$		$\rho_{XY}=-1$	
		$E(R_P)$	σ_P	$E(R_P)$	σ_P	$E(R_P)$	σ_P
100	0	5%	4%	5%	4%	5%	4%
75	25	5.75%	5.5%	5.75%	3.91%	5.75%	0.5%
50	50	6.5%	7%	6.5%	5.39%	6.5%	3%
25	75	7.25%	8.5%	7.25%	7.57%	7.25%	6.5%
0	100	8%	10%	8%	10%	8%	10%

表 13-4 中数据计算过程如下:

当完全正相关,即 $\rho_{XY}=1$ 时,有:

$$\rho_{xy} = \frac{\sigma_{xy}}{\sigma_x \sigma_y} = 1$$

$$\sigma_{xy} = \sigma_x \sigma_y$$

$$\sigma_P^2 = w_1^2 \sigma_x^2 + w_2^2 \sigma_y^2 + 2w_1 w_2 \sigma_{xy}$$

$$\sigma_P^2 = w_1^2 \sigma_x^2 + w_2^2 \sigma_y^2 + 2w_1 w_2 \sigma_x \sigma_y = (w_1 \sigma_x + w_2 \sigma_y)^2$$

$$\sigma_P = w_1 \sigma_1 + w_2 \sigma_2$$

$$\sigma_P = w_1 \sigma_1 + (1-w_1)\sigma_2$$

故有:

$$\sigma_P = 1 \times 0.04 + 0 \times 0.1 = 0.04$$

$$\sigma_P = 0.75 \times 0.04 + 0.25 \times 0.1 = 0.055$$

$$\sigma_P = 0.5 \times 0.04 + 0.5 \times 0.1 = 0.07$$

$$\sigma_P = 0.25 \times 0.04 + 0.75 \times 0.1 = 0.085$$

当 $\rho_{XY} = 0$ 时,有:

$$\rho_{xy} = \frac{\sigma_{xy}}{\sigma_x \sigma_y} = 0$$

$$\sigma_{xy} = 0$$

$$\sigma_p^2 = w_1^2 \sigma_x^2 + w_2^2 \sigma_y^2 + 2w_1 w_2 \sigma_{xv} = w_1^2 \sigma_x^2 + w_2^2 \sigma_y^2$$

$$\sigma_P = \sqrt{w_1^2 \sigma_x^2 + w_2^2 \sigma_y^2} = \sqrt{w_1^2 \sigma_x^2 + (1 - w_1^2) \sigma_y^2}$$

故有:

$$\sigma_P = \sqrt{1^2 \times 0.04^2 + 0^2 \times 0.01^2} = 0.04$$

$$\sigma_P = \sqrt{0.75^2 \times 0.04^2 + 0.25^2 \times 0.01^2} = 0.0391$$

$$\sigma_P = \sqrt{0.5^2 \times 0.04^2 + 0.5^2 \times 0.01^2} = 0.0539$$

$$\sigma_P = \sqrt{0.25^2 \times 0.04^2 + 0.75^2 \times 0.01^2} = 0.0757$$

当 $\rho_{XY} = -1$ 时,有:

$$\rho_{xy} = \frac{\sigma_{xy}}{\sigma_x \sigma_y} = -1$$

$$\sigma_p^2 = w_1^2 \sigma_x^2 + w_2^2 \sigma_y^2 - 2w_1 w_2 \sigma_{xv}$$

$$\sigma_p^2 = w_1^2 \sigma_x^2 + w_2^2 \sigma_y^2 - 2w_1 w_2 \sigma_x \sigma_y = (w_1 \sigma_x - w_2 \sigma_y)^2$$

$$\sigma_P = w_1 \sigma_1 - w_2 \sigma_2$$

$$\sigma_P = w_1 \sigma_1 - (1 - w_1) \sigma_2 = w_1 \sigma_x - \sigma_y + w_1 \sigma_y = w_1 (\sigma_x + \sigma_y) - \sigma_y$$

故有:

$$\sigma_P = 1 \times (0.04 + 0.1) - 0.1 = 0.04$$

$$\sigma_P = 0.75 \times (0.04 + 0.1) - 0.1 = 0.005$$

$$\sigma_P = 0.5 \times (0.04 + 0.1) - 0.1 = 0.03$$

$$\sigma_P = 0.25 \times (0.04 + 0.1) - 0.1 = 0.065$$

根据表 13-4 的有关数据,可作图 13-2。

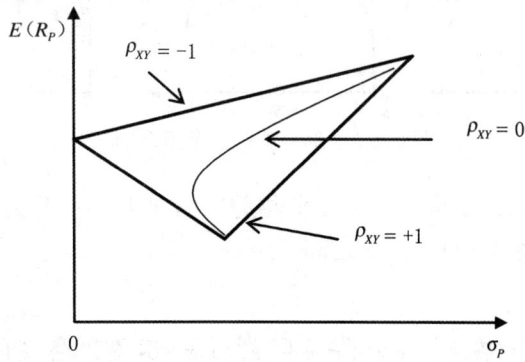

图 13-2　不同相关系数的期望值收益率和标准差

由图 13-2 和表 13-4 可以看出,证券投资组合的期望收益率是权重的一个线性函数,不受各种证券的相关程度影响。但是,证券投资组合的风险则为相关系数的函数,它随各种证券之间相关程度的变动而变动。各种证券收益率相关性与投资组合风险特征的关系可以解释如下：

（1）当两种具有风险的证券收益率之间存在完全负相关关系（$\rho_{XY}=-1$）时，投资者借助于证券投资组合，可以将风险完全消除。这种关系如图 13－3 所示。

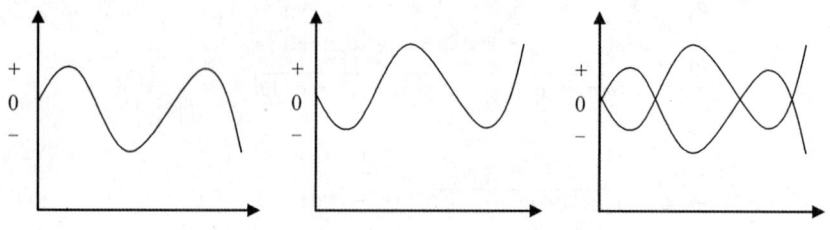

图 13－3　完全负相证券组合图

（2）当两种具有风险的证券收益率之间存在完全正相关关系（$\rho_{XY}=+1$）时，投资者无法运用证券投资组合来降低投资风险。这种关系如图 13－4 所示。

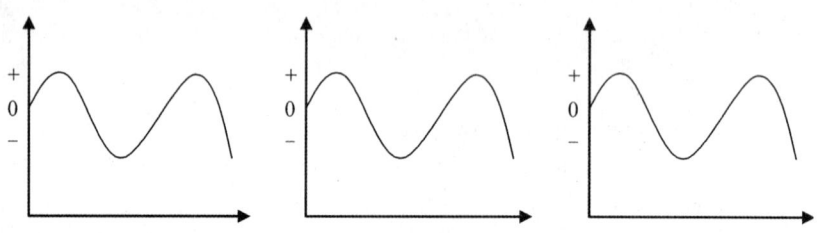

图 13－4　完全正相证券组合图

（3）当两种具有风险的证券收益率之间的相关程度介于－1 与＋1 之间时，虽然通过证券投资组合可以降低部分投资风险，但是无法完全消除投资风险。这种关系如图 13－5 所示。

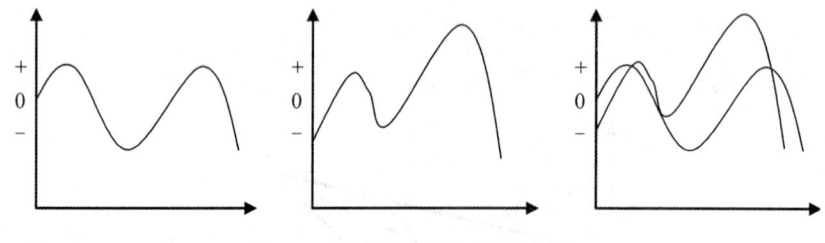

图 13－5　部分相关证券组合图

在现实生活中，不相关、完全正相关或负相关的情况下并不常见，较为普遍的情况是各种证券之间的相关程度介于－1 与＋1 之间。

第三节　现代证券投资组合理论

本节讨论的现代证券投资组合模型是马可维茨投资组合模型和资本资产定价模型，由于该类模型均涉及大量的数学问题，因此，在讨论的时候重点放在对其基本理论的介绍上，有兴趣的读者，可以参阅专门介绍现代证券投资组合模型的书籍。

一、马可维茨投资组合模型

（一）马可维茨投资组合模型的基本表达式

上面所讨论的证券投资组合的风险计量，其实就是马可维茨投资组合理论的简化形式。马可维茨被公认为是现代证券投资组合理论的鼻祖。马可维茨于 1952 年发表题为《证券组合选择》一文。该研究成果于 1990 年获得诺贝尔经济学奖。马可维茨投资组合理论的基本思路是投资者不仅应该追求高收益，而且还应尽可能地追求确定性的收益。投资者在投资决策之前，就应该在预期收益最大化与风险最小化这两个相互制约的目标之间取得平衡。为了计量这种平衡，马可维茨设计出了均值方差的最佳投资组合模型。该模型的基本表达式为：

$$\min\left(\sum_{i=1}^{n}W_i^2\sigma_i^2 + 2\sum_{1\leqslant i\leqslant j\leqslant n}^{n}W_iW_j\rho_{ij}\sigma_i\sigma_j\right)$$

$$E(R_P) = \sum_{i=1}^{n}W_iE(R_i)$$

$$\sum_{i=1}^{n}W_i = 1$$

式中：W_i——i 种证券的投资比例；σ_i——i 种证券的标准差；$E(R_P)$——证券组合的期望收益率；R_i——i 种证券的收益率；$E(R_i)$——i 种证券的期望收益率；ρ_{ij}——第 i 种证券和第 j 种证券的相关系数。

（二）证券投资组合的协方差矩阵

在马可维茨最佳投资组合模型的实际运用中，最重要的一步是建立协方差矩阵。下面讨论建立协方差矩阵的问题。

1. 两种证券投资组合的协方差矩阵

根据 A 和 B 两种证券的投资组合的方差计算公式：

$$\sigma_p^2 = W_A^2\sigma_A^2 + W_B^2\sigma_B^2 + 2W_AW_B\sigma_{AB}$$

可知，投资组合方差由三个因素构成：第一，证券 A 的方差；第二，证券 B 的方差；第三，证券 A 和证券 B 的协方差。单个证券的方差度量单个证券收益的变动程度，两种证券的协方差度量两种证券收益之间的相互关系。在单个证券方差给定的情况下，如果两种证券收益之间的相互关系或协方差为负，两种证券的组合方差将有所下降；如果两种证券收益之间的相互关系或协方差为正，两种证券的组合方差将有所上升。因为，当两种证券收益之间的相互关系为负时，一种证券的收益上升，另一种证券的收益会下降。因此，两种证券的收益会在一定程度上相互抵消，从而导致投资组合的整体风险下降。理财学中的对冲交易或套头交易，就是利用这种原理来降低风险。相反，当两种证券收益之间的相互关系为正时，一种证券的收益上升，另一种证券的收益也会上升；一种证券的收益下降，另一种证券的收益也会下降。因此，两种证券的收益不可能相互抵消，从而导致投资组合的整体风险上升。在这种情况下，就无法运用这种原理通过对冲交易或套头交易来降低证券投资风险。

A 和 B 两种证券的投资组合的方差计算公式还可以用矩阵加以表示。为了便于理解，先列表反映该矩阵，如表 13-5 所示。

表 13-5

协方差的矩阵表

	证券 A($W_A\sigma_A$)	证券 B($W_B\sigma_B$)
证券 A($W_A\sigma_A$)	$W_A^2\sigma_A^2$	$W_AW_B\sigma_{AB}$
证券 B($W_B\sigma_B$)	$W_AW_B\sigma_{AB}$	$W_B^2\sigma_B^2$

　　该矩阵的编制方法是先将各种证券按行和列排列;然后,再用行排列中的各种证券的标准差分别乘以列排列中的各种证券的标准差,就可以得到该矩阵中的四个元素:证券 A 标准差与证券 A 标准差之积也就是证券 A 的方差,证券 B 标准差与证券 B 标准差之积也就是证券 B 的方差,证券 A 标准差与证券 B 标准差之积也就是证券 A 与证券 B 的协方差。矩阵中四个元素之和就是投资组合的协方差。该矩阵的数学表达式为:

$$\begin{pmatrix} W_A^2\sigma_A^2 & W_AW_B\sigma_{AB} \\ W_AW_B\sigma_{AB} & W_B^2\sigma_B^2 \end{pmatrix}$$

　　下面以实例说明该矩阵的运用。

　　【例 13-4】　试用〖例 13-2〗的数据编制协方差矩阵。

　　解:

　　先编制矩阵表,如表 13-6 所示。

表 13-6

协方差矩阵表

	证券 A($W_A\sigma_A$)0.5×0.038	证券 B($W_B\sigma_B$)0.5×0.058
证券 A($W_A\sigma_A$) 0.5×0.038223	$W_A^2\sigma_A^2$ $0.5^2 \times 0.038223^2 = 0.00036525$	$W_AW_B\sigma_{AB}$ 0.5×0.5×0.001581=0.000395
证券 B($W_B\sigma_B$) 0.5×0.057454	$W_AW_B\sigma_{AB}$ 0.5×0.5×0.001581=0.000395	$W_B^2\sigma_B^2$ $0.5^2 \times 0.057454^2 = 0.0008252$

　　再根据表 13-6 的结果编制协方差矩阵:

$$\begin{pmatrix} 0.00036525 & 0.000395 \\ 0.000395 & 0.0008252 \end{pmatrix}$$

　　2. 多种证券投资组合的协方差矩阵

　　多种证券投资组合的协方差矩阵是两种证券投资组合协方差矩阵的扩展。多种证券投资组合的协方差矩阵是一个 $n \times n$ 阶的矩阵。其矩阵的编制方法与两种证券投资组合协方差矩阵的编制方法基本相同。先将 n 个有价证券既按行排列成 n 行,又按列排列成 n 列;然后用行的每一个元素与列的每一个元素相乘,并将其结果放入相应的位置,就可以得到一个 $n \times n$ 阶的矩阵。下面简述多种证券投资组合协方差矩阵的编制方法。

　　第一,编制矩阵计算表,如表 13-7 所示。

表 13 - 7

多种证券投资组合的协方差矩阵计算表

有价证券	1	2	3	……	n
1	$W_1^2\sigma_1^2$	$W_1W_2\sigma_{12}$	$W_1W_3\sigma_{13}$	……	$W_1W_n\sigma_{1n}$
2	$W_2W_1\sigma_{21}$	$W_2^2\sigma_2^2$	$W_2W_3\sigma_{23}$	……	$W_2W_n\sigma_{2n}$
3	$W_3W_1\sigma_{31}$	$W_3W_2\sigma_{32}$	$W_3^2\sigma_3^2$	……	$W_3W_n\sigma_{3n}$
……	……	……	……	……	……
n	$W_nW_1\sigma_{n1}$	$W_nW_2\sigma_{n2}$	$W_nW_3\sigma_{n3}$	……	$W_n^2\sigma_n^2$

第二,根据矩阵计算表的计算结果编制多种证券投资组合的协方差矩阵。

$$\begin{bmatrix} W_1^2\sigma_1^2 & W_1W_2\sigma_{12} & W_1W_3\sigma_{13} & \cdots & W_1W_n\sigma_{1n} \\ W_2W_1\sigma_{21} & W_2^2\sigma_2^2 & W_2W_3\sigma_{23} & \cdots & W_2W_n\sigma_{2n} \\ W_3W_1\sigma_{31} & W_3W_2\sigma_{32} & W_3^2\sigma_3^2 & \cdots & W_3W_n\sigma_{3n} \\ \cdots & \cdots & \cdots & \cdots \\ W_nW_1\sigma_{n1} & W_nW_2\sigma_{n2} & W_nW_3\sigma_{n3} & \cdots & W_n^2\sigma_n^2 \end{bmatrix}$$

需要指出的是,协方差满足乘法交换律,即证券 A 和证券 B 的协方差等于证券 B 和证券 A 的协方差。故有:

$$W_2W_1\sigma_{21} = W_1W_2\sigma_{12}, W_3W_1\sigma_{31} = W_1W_3\sigma_{13}, W_nW_1\sigma_{n1} = W_1W_n\sigma_{1n}, \cdots 等。$$

3. 马可维茨最佳投资组合模型求解

对每一个给定的证券组合的期望收益率 $E(R_p)$,求解上述问题的一组解 $W = (W_1, W_2, \cdots, W_n)$,该解就等于在给定 $E(R_p)$ 下的最小方差组合。如果能计算完全部 $E(R_p)$ 值下的最小方差组合,那么,就可以得到最小方差的集合。

由于对给定的 σ_p^2,获得方差 σ_p^2 的所有证券组合权数将满足:

$$\begin{aligned} \sigma_p^2 &= W_A^2\sigma_A^2 + W_B^2\sigma_B^2 + W_C^2\sigma_C^2 + 2W_AW_BCov(R_A,R_B) \\ &\quad + 2W_A(1-W_A-W_B)Cov(R_A,R_C) + 2W_B(1-W_A-W_B)Cov(R_B,R_C) \end{aligned}$$

在允许卖空的条件下,就可以通过拉格朗日乘法公式,求出在期望收益率为 $E(R_p)$ 的情况下,证券组合的最小方差 σ_p^2。

马可维茨投资组合模型根据有价证券收益最大化和风险最小化假设得出的结论证明,分散投资对投资者更为有利。

二、资本资产定价模型

(一)资本资产定价模型的基本原理

从上面对马可维茨投资组合模型的简单描述,不难看出该模型的运用极为复杂。矩阵对角线上的项数等于各种证券收益方差的个数,即等于投资组合中的有价证券种数。非对角线上的元素为每对证券收益的协方差,它的数量等于有价证券种数乘以有价证券种数再减去有价证券的种数,即:

协方差个数＝有价证券种数×有价证券种数 － 有价证券种数

　　按上述公式可以算出,当有价证券种数为 2 时,投资组合中有 2 个协方差;当有价证券种数为 3 时,就有 6 个协方差;当有价证券种数为 10 时,协方差数目就高达 90 个;而有价证券种数为 100 时,协方差的数目则达到了 9 900 个。其计算工作量之大,是不言而喻的。在现实的证券市场中,有价证券的品种成千上万,要按马可维茨投资组合模型来解决有价证券的最优组合问题,可以说是几乎无法办到。因此人们想到了如何简化马可维茨投资组合模型的问题。资本资产定价模型就是在这一基础上由马可维茨的学生威廉·F·夏普提出来的一种简化计算方法。威廉·F·夏普也因此获得了 1990 年的诺贝尔经济学奖①。最先提出"有效市场假说",专长于现代投资组合理论与资产定价理论的经济学家尤金·法玛(Eugene Fama),也于 2013 年获得了诺贝尔经济学奖。

　　资本资产定价模型是用单因素来解决有价证券投资组合问题的模型。其基本原理是通过计量个别证券收益率与市场证券投资组合收益率之间关系来解决投资组合问题。其基本公式为:

$$E(R_i) = R_f + \beta_i [E(R_m) - R_f]$$

　　式中:$E(R_i)$——第 i 种证券的预期收益率;R_f——无风险收益率;$E(R_m)$——资本市场全部证券的平均收益率;β_i——第 i 种证券的 β(Beta)系数,表示该种证券的市场风险。

　　对于证券组合而言,β 系数是证券组合的 β 系数——β_p,相应的收益率则是证券组合的预期收益率——$E(R_p)$。即:

$$E(R_p) = R_f + \beta_p [E(R_m) - R_f]$$

（二）β 系数的计算原理

　　资本资产定价模型运用的关键问题是要确定 β 系数。单个证券的 β 系数的计算公式为:

$$\beta_i = \frac{Cov(R_i, R_M)}{\sigma^2(R_M)}$$

　　式中:$Cov(R_i, R_M)$——第 i 种证券收益率与整个证券市场组合收益率之间的协方差;$\sigma^2(R_M)$——整个证券市场组合收益率的方差。

　　证券组合的 β 系数的计算公式为:

$$\beta_p = \frac{\sum_{i=1}^{n} W_i Cov(R_i, R_M)}{\sigma^2(R_M)}$$

　　β 系数的一个最重要的特征:当以各种有价证券的市场价值占市场组合总市场价值的比重为权数进行证券投资组合时,那么,所有 β 系数的平均值就等于 1,即:

$$\sum_{i=1}^{n} W_i \beta_i = 1$$

　　在实务中,可以运用诸如同花顺、万得等金融数据库提供的工具计算出各种股票和板块

---

　　① 1990 年诺贝尔经济学奖由默顿·米勒(Merton H. Miller)、哈里·马科维茨(Harry M. Markowitz)、威廉·夏普(William F. Sharpe)三人获得,以表彰他们在金融经济学方面所做的开创性工作。

的 β 系数,表 13-8 是运用同花顺金融数据库,按照普通收益率计算方式,以周为计算周期,以上证指数为标的计算出的 16 家上市银行 2012 年 1 月 1 日至 2013 年 6 月 30 日的 β 系数。

表 13-8

我国上市银行 2012 年 1 月 1 日至 2013 年 6 月 30 日的 β 系数表

简称	原始 Beta	调整 Beta	Alpha	R 平方	误差值标准偏差	Beta 标准偏差	观察值点数
浦发银行	1.2553	1.1710	0.3024	0.6143	2.4669	0.1164	75
华夏银行	1.1634	1.1095	−0.0630	0.5933	2.3891	0.1127	75
民生银行	1.3105	1.2080	0.8681	0.5033	3.2292	0.1524	75
中信证券	1.9582	1.6420	0.4714	0.7482	2.8177	0.1330	75
招商银行	1.0420	1.0281	0.2546	0.5730	2.2306	0.1053	75
南京银行	1.0350	1.0235	0.0924	0.5225	2.4541	0.1158	75
兴业银行	1.3944	1.2642	0.5126	0.5590	3.0720	0.1450	75
北京银行	0.9730	0.9819	0.2359	0.4732	2.5462	0.1202	75
交通银行	0.8348	0.8893	0.0286	0.5762	1.7755	0.0838	75
工商银行	0.4022	0.5995	0.1400	0.2758	1.6164	0.0763	75
光大银行	0.8503	0.8997	0.2262	0.5036	2.0937	0.0988	75
建设银行	0.5462	0.6960	0.1219	0.3339	1.9134	0.0903	75
中国银行	0.4302	0.6183	0.1163	0.3605	1.4213	0.0671	75
中信银行	1.2145	1.1437	0.1594	0.4882	3.0841	0.1455	75
平安银行	1.7140	1.4784	0.3925	0.5649	3.7305	0.1760	75
宁波银行	1.2847	1.1907	0.1548	0.5517	2.8724	0.1356	75

注:调整 Beta＝原始 Beta×0.67＋0.33。

【例 13-5】 以浦发银行为例,说明 β 系数具体计算过程如下:

(1)获取每个区间最末一个交易日所选择个股的收盘价 EPi 和最初一个交易日的前收盘价 BPi。

(2)获取每个区间最末一个交易日的所选标的指数的收盘价 EXi 和最初一个交易日的前收盘价 BXi。

(3)计算证券收益率和指数收益率。其中:

Yi(区间内证券的普通收益率)＝$(EPi / BPi)-1$;

Xi(区间内的指数收益率)＝$(EXi / BXi)-1$。

通过计算得到如表 13-9 所示的 2012 年 1 月 1 日至 2013 年 6 月 30 日浦发银行收益率和上证指数收益率。

表 13 - 9

不同日期浦发银行收益率与上证指数收益率对照表

日期	浦发银行收益率	上证指数收益率	日期	浦发银行收益率	上证指数收益率	日期	浦发银行收益率	上证指数收益率
2012.1.6	2.59	−1.64	2012.7.6	−1.97	−0.08	2013.1.4	4.48	1.96
2012.1.13	3.79	3.75	2012.7.13	−3.01	−1.69	2013.1.11	−2.00	−1.49
2012.1.20	4.20	3.32	2012.7.20	−1.55	−0.79	2013.1.18	3.46	3.30
2012.2.3	0.21	0.49	2012.7.27	−1.58	−1.84	2013.1.25	4.92	−1.11
2012.2.10	−0.74	0.93	2012.8.3	3.34	0.19	2013.2.1	12.10	5.57
2012.2.17	−1.17	0.22	2012.8.10	0.78	1.69	2013.2.8	−5.10	0.55
2012.2.24	2.70	3.50	2012.8.17	−3.21	−2.49	2013.2.22	−10.58	−4.86
2012.3.2	1.89	0.86	2012.8.24	−0.79	−1.08	2013.3.1	10.16	1.96
2012.3.9	−2.27	−0.86	2012.8.31	1.60	−2.13	2013.3.8	−4.12	−1.73
2012.3.16	−2.32	−1.42	2012.9.7	−0.13	3.92	2013.3.15	−1.87	−1.73
2012.3.23	−2.05	−2.30	2012.9.14	−1.05	−0.18	2013.3.22	5.23	2.19
2012.3.30	−1.43	−3.69	2012.9.21	−4.12	−4.57	2013.3.29	−8.41	−3.94
2012.4.6	0.11	1.93	2012.9.28	2.36	2.93	2013.4.3	−0.69	−0.51
2012.4.13	2.24	2.28	2012.10.12	0.95	0.90	2013.4.12	−1.19	−0.83
2012.4.20	1.86	2.02	2012.10.19	1.75	1.11	2013.4.19	2.01	1.72
2012.4.27	1.07	−0.44	2012.10.26	−1.58	−2.92	2013.4.26	−2.56	−2.97
2012.5.4	0.85	2.32	2012.11.2	2.95	2.46	2013.5.3	1.32	1.27
2012.5.11	−3.48	−2.33	2012.11.9	−1.95	−2.27	2013.5.10	0.20	1.87
2012.5.18	−3.28	−2.11	2012.11.16	−2.26	−2.63	2013.5.17	2.09	1.60
2012.5.25	−0.79	−0.47	2012.11.23	2.04	0.63	2013.5.24	−0.39	0.25
2012.6.1	−0.11	1.71	2012.11.30	−0.67	−2.33	2013.5.31	2.65	0.53
2012.6.8	−5.01	−3.88	2012.12.7	10.72	4.12	2013.6.7	−5.75	−3.90
2012.6.15	1.56	1.11	2012.12.14	7.75	4.31	2013.6.14	−3.53	−2.21
2012.6.21	−0.35	−1.99	2012.12.21	0.79	0.12	2013.6.21	−8.20	−4.11
2012.6.29	−0.08	−1.57	2012.12.28	6.91	3.71	2013.6.28	0.00	−4.53

（4）根据表 13 - 9 资料，按以下公式计算原始 β 系数。

回归方程为：

$$Y_i = \alpha + \beta X_i$$

其中：斜率为 β(Beta)，截距为 α(Alpha)。

$$\beta = \frac{n\sum_{i=1}^{n} X_i Y_i - (\sum_{i=1}^{n} X_i)(\sum_{i=1}^{n} Y_i)}{n\sum_{i=1}^{n} X_i^2 - (\sum_{i=1}^{n} X_i)^2}$$

$$\alpha(Alpha) = \mu_y - 原始\ \beta(Beta) \times \mu_x$$

其中：

$$\mu_x = \frac{\sum X_i}{n} \; ; \; \mu_y = \frac{\sum Y_i}{n}$$

回归过程示意图如图 13-6 所示。

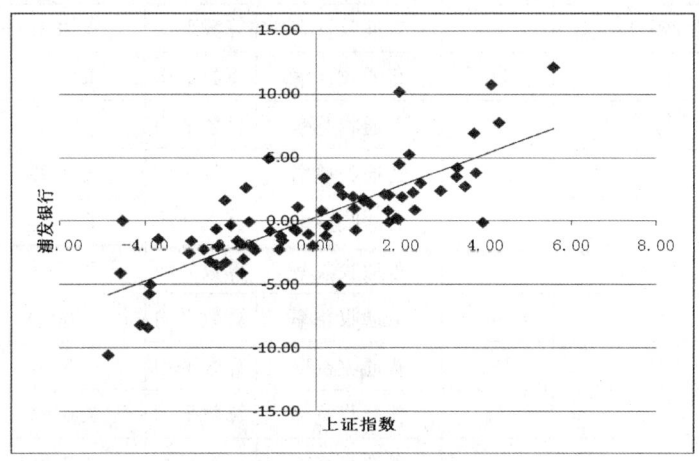

图 13-6　浦发银行与上证指数收益率散布点图

利用 EXCEL 表统计 LINEST 函数计算得到原始 β 系数为 1.2553，α 为 0.3024，R^2 为 0.6143（R 为 0.78377）。

当然，上述的 β 系数也可以根据公式 $\beta_i = \dfrac{Cov(R_i, R_M)}{\sigma^2(R_M)}$ 计算。

运用 EXCEL 表求得原始 β 系数。具体操作如表 13-10 所示。

表 13-10

浦发银行 β 系数 EXCEL 计算表

	A	B	C
1	日期	浦发银行收益率	上证指数收益率
2	2012.1.6	2.59	-1.64
……	……	……	……
76	2013.6.28	0.00	-4.53
77	$Cov(Y_i, X_i)$	7.516[=COVAR(B2:B76,C2:C76)]	
78	$\sigma^2(X_i)$	5.987[=VARP(C2:C76)]	
79	β 系数	1.2553(=7.516/5.987)	
80	相关系数 R	0.78377[=CORREL(B2:B76,C2:C76)]	
81	截距 α	0.3024[=INTERCEPT(B2:B76,C2:C76)]	

表 13 - 11 是运用同花顺金融数据库,按照普通收益率计算方式,以周为计算周期,以上证指数为标的计算出的各行业 2012 年 1 月 1 日至 2013 年 6 月 30 日的 β 系数。

表 13 - 11

我国不同行业 2012 年 1 月 1 日至 2013 年 6 月 30 日的 β 系数表

板块名称	证券数量	收益率计算方法	加权方式	加权原始 Beta	加权调整 Beta
农、林、牧、渔业	49	普通收益率	算数平均	1.1922	1.1288
采掘业	68	普通收益率	算数平均	1.3207	1.2149
制造业	1545	普通收益率	算数平均	1.1693	1.1134
电力、煤气及水的生产和供应业	77	普通收益率	算数平均	0.9801	0.9867
建筑业	56	普通收益率	算数平均	1.2880	1.1929
交通运输、仓储业	86	普通收益率	算数平均	0.9372	0.9579
信息技术业	202	普通收益率	算数平均	1.0693	1.0464
批发和零售贸易	141	普通收益率	算数平均	1.0630	1.0422
金融、保险业	42	普通收益率	算数平均	1.5378	1.3603
其中:银行业	16	普通收益率	算数平均	1.0030	1.0020
房地产业	136	普通收益率	算数平均	1.3281	1.2199
社会服务业	83	普通收益率	算数平均	1.0794	1.0532
传播与文化产业	35	普通收益率	算数平均	0.9654	0.9768
综合类	54	普通收益率	算数平均	1.1749	1.1172

表 13 - 12 是运用同花顺金融数据库,按照普通收益率计算方式,以周为计算周期,以上证指数为标的计算出的各板块 2012 年 1 月 1 日至 2013 年 6 月 30 日的 β 系数。

表 13 - 12

我国不同板块 2012 年 1 月 1 日至 2013 年 6 月 30 日的 β 系数表

板块名称	证券数量	标的指数	收益率计算方法	加权方式	加权原始 Beta	加权调整 Beta
上证成分指数	635	上证指数	普通收益率	算数平均	1.2080	1.1394
深证成分指数	40	上证指数	普通收益率	算数平均	1.2973	1.1992
中小板综合指数	701	上证指数	普通收益率	算数平均	1.1849	1.1239
创业板综合指数	308	上证指数	普通收益率	算数平均	1.1382	1.0926
深证 A 股指数	1510	上证指数	普通收益率	算数平均	1.1753	1.1174
深证 B 股指数	52	上证指数	普通收益率	算数平均	0.9542	0.9693
上海 A 股指数	924	上证指数	普通收益率	算数平均	1.1725	1.1155
上海 B 股指数	53	上证指数	普通收益率	算数平均	0.9879	0.9919

(三)资本资产定价模型的运用例解

下面以实例说明资本资产定价模型在实际中的运用。

【例 13 - 6】　假定中华投资公司持有浦发银行、华夏银行、民生银行、中信证券、兴业银行五家银行的股票，每种股票占投资总额的百分比均为 20%；而华夏投资公司则持有交通银行、工商银行、光大银行、建设银行、中国银行五家银行的股票，每种股票占投资总额的百分比每种股票占投资总额的百分比也均为 20%。已知社会无风险收益率为 4%，普通股票市场平均收益率为 6%。试求不同公司证券组合的期望收益率。

解：

(1)计算加权平均 β 系数。根据表 13 - 13 可以查到不同银行股票的 β 系数，其加权平均 β 系数计算结果如表 13 - 13、表 13 - 14 所示。

表 13 - 13

中华投资公司投资的加权平均 β 系数

普通股票	β 系数	占投资的百分比	加权平均 β 系数(β_p)
浦发银行	1.2553	20%	0.25106
华夏银行	1.1634	20%	0.23268
民生银行	1.3105	20%	0.2621
中信证券	1.9582	20%	0.39164
兴业银行	1.3944	20%	0.27888
合计	—	100%	1.41636

表 13 - 14

华夏投资公司投资的加权平均 β 系数

普通股票	β 系数	占投资的百分比	加权平均 β 系数(β_p)
交通银行	0.8348	20%	0.16696
工商银行	0.4022	20%	0.08044
光大银行	0.8503	20%	0.17006
建设银行	0.5462	20%	0.10924
中国银行	0.4302	20%	0.08604
合计	—	100%	0.61274

(2) 按公式 $E(R_p)=R_f+\beta_p[E(R_m)-R_f]$ 求不同公司证券组合的期望收益率。

中华投资公司：$E(R_p)=4\%+1.41636(6\%-4\%)=6.833\%$

华夏投资公司：$E(R_p)=4\%+0.61274(6\%-4\%)=5.226\%$

第四节　证券投资组合策略

证券投资既要考虑到不同证券投资组合的收益和风险，又要考虑到公司投资证券的目的，这样就涉及证券投资组合的策略问题，本节将对不同证券投资组合策略进行探讨。

一、选择证券投资组合类型的策略

(一) 证券组合的分类

证券组合的分类通常以投资组合的目标为标准。按投资组合目标分类,证券组合可以分为避税型组合、固定收益型组合、资本收益型组合、固定收益和资本收益混合型组合、货币型组合、国际型组合,以及指数型组合等。

1. 避税型证券组合

投资者为了达到规避企业所得税的目的,就必须将资金投放于低税或无税证券,而在现实中,政府发行的债券往往就属于这种证券。因此,在这种证券投资组合中,持有的政府债券占有很大的比重。

2. 固定收益型证券组合

固定收益型证券组合的基本目的是为了追求定期的股利或利息收益最大化。投资者为了达到这一目的,必须将资金投向股利或利息收益高的收益型证券。股利或利息收益高的收益型证券主要是按期支付利息的债券和优先股票等。因此,在这种证券投资组合中,持有的债券和优先股票所占的比重较大,风险较低。

3. 资本收益型证券组合

资本收益型证券组合的基本目的是追求最大的资本收益。投资者为了达到这一目的,必须选择市场价格增长潜力大的证券进行投资。需要注意的是,市场价格增长潜力大的证券除了优秀的股票之外,还包括杠杆力度大的证券,如认股权证、可转换债券等类证券。因此,该类证券组合的风险较大。

4. 固定收益和资本收益混合型证券组合

固定收益和资本收益混合型证券组合是介于固定收益型证券组合与资本收益型组合之间的一种组合,它试图在两种收益之间达到均衡,因此,又称均衡型组合。这种均衡可以通过两种方式获得。一是通过组合,使投资者手中持有的固定收益型证券与资本收益型证券达到均衡。具体地看,就是既持有债券和优先股票等风险较低的证券,又持有诸如普通股票和认股权证等风险较高的证券。二是选择既能带来固定利息收益,又能带来资本收益的证券,如可转换债券、附送认股权证的债券等类型的证券。该种证券组合的风险水平也介于固定收益型证券组合与资本收益型证券组合之间。

5. 货币型证券组合

货币型证券是指在货币市场上流通的各种证券,如短期国库券、可转让银行存单、高信用级别的商业票据等。这类证券的基本特征是变现能力强、风险小。货币型证券组合的基本目的是保证证券的变现能力,以应付公司随时对货币资金的需要。一般而言,如果一家公司对自己未来现金需要量难以准确预测,但又持有大量货币资金时,就可以采用该类证券组合,一方面,可以降低公司不能满足现金需要的风险;另一方面,又能适度增加收益。比如,保险公司就需要将一部分投资进行该种组合。

6. 国际型证券组合

国际型证券组合是指不仅购买本国的有价证券,而且还投资购买其他国家的有价证券而形成的一种跨国的证券投资组合。因为不同国家或地区证券市场的收益和风险存在差异,因此,在更加广泛的区域进行证券投资组合,可以最大限度地分散投资风险,获取更大利益。

7. 指数型证券组合

指数型证券组合包括两层含义：一是其投资组合中的各种证券均是进入成分股的证券；二是各种证券组合的百分比也尽可能与市场百分比相同。该种证券投资组合的基本目的是希望获取与市场平均收益水平相同的投资收益率，以及只承担与市场平均风险相同的风险程度。根据模拟指数的不同，指数化有价证券组合分为两类：一类是模拟内涵广大的市场指数，比如证券市场上的综合指数；另一类是模拟某种专业化的证券指数，比如道·琼斯公共事业指数、中国上海股票市场的 180 成分股指数等。一般认为，按前一种方式进行模拟的投资是被动投资，而按后一种方式进行的投资组合则不属于被动投资组合。

（二）选择证券投资组合类型的策略

以下只重点讨论固定收益型组合、资本收益型组合、固定收益和资本收益混合型组合三种证券投资组合的投资策略。

1. 固定收益型证券投资组合的策略

固定收益型证券组合的收益几乎都来自持有有价证券所获得的利息或股利收入，这种证券组合在各类证券组合中的风险最小、收益最稳定。高利息率的债券、优先股票、高派息和低风险的普通股票等均可入选这类证券组合。从投资者的角度考察，这类证券组合主要适合于需要获取固定收入的投资者。如果这类证券组合所产生的固定收益能满足投资者大部分，甚至全部的日常固定开支的需要，那么，投资者就很容易在避免支付风险的前提下实现最佳收益。

固定收益型证券投资组合的策略存在如下两种极端情况：一是投资总额较少，投资者即使购买了投资性很强的债券、优先股票或普通股票，也不能满足对收入的需求，公司必须依靠日常生产经营的收入来源来满足固定支出的需要。二是公司存在大量闲置资金，将它们投资于有价证券，并进行固定收益型证券的投资组合，投资组合所产生的固定收益可以在相当大的程度上满足公司日常固定支出的需要。这时，组合的任务除了追求固定收益最大化之外，还要考虑降低税赋的问题，以使投资净收益最大化。

2. 资本收益型证券投资组合的策略

资本收益型证券投资组合获得成功的前提条件，是要严格遵守投资组合的基本步骤和基本原则。投资者追求资本收益型证券组合的基本目的是希望获取高于市场平均收益率的资本收益，因此，在选择证券种类时，应该注重证券未来的升值潜力，而不是计较短期的股利收益。一般而言，该类证券组合主要适用于闲置资金多的企业。

符合资本收益型证券组合的证券一般具有如下特征：

（1）每股收益和每股股利稳定增长。

（2）主营业务收入增长率稳定。

（3）股利支付率低。

（4）风险低于市场和行业平均风险水平。

除此之外，还应该注意到发行股票公司产品的市场趋势、竞争能力、经营特点、公司管理能力等方面的因素。

3. 固定收益和资本收益混合型证券组合的策略

构建固定收益和资本收益混合型证券组合，固定收益证券和组合收益证券所占的比例，主要取决于企业对风险的承受能力和收益预期。企业对风险的承受能力，受企业资金的来源状况、资金的需要状况等因素的影响。企业对收益的预期则应是在既定风险条件下的收益预期。为了使企业的收益和风险达到均衡,企业必须注意固定收益证券与可变(资本)收益证券之间的比例问题,使两者之间的比例最适合公司风险承受能力的现状。在进行这种组合时,诸如债券、优先股票、普通股票、认股权证等各种具体有价证券应占投资组合中的比例,还取决于各种证券市场的前景、社会政治经济等诸多因素。

二、证券投资组合控制策略

证券投资组合的目标就是实现投资者在一定收益水平条件下将风险降至最低,或者在风险水平一定的条件下将收益水平提至最高。这种目标的实现有赖于证券投资组合控制策略的有效配合。证券投资组合控制策略的具体内容包括证券组合计划、选择投资时机、选择有价证券,以及监督目标实施状况等。

(一)证券组合计划

证券组合计划就是考虑和准备一组能满足证券投资组合目标的证券种类和证券目录。需要注意的是,任何一个企业的证券投资组合目标都是随时间而变化的。因此,证券组合的种类和目录也是变化的。这样,便有了长期证券组合计划、中期证券组合计划和短期证券组合计划之分。如公司长期证券组合的目标是资本收益最大化,而短期证券组合的目标是保证取得固定收益,那么,在证券组合计划中,近期证券组合目录中的债券和高股利股票的比重就应该大一点;而后期的证券组合目录中的债券、高股利股票的比重则应该小一点,低股利股票、认股权证等证券的比重则应该大一点。

总之,公司在进行有价证券投资时,一定要有具体的证券组合目标和详细的投资组合计划,绝不能随意投资。

(二)选择投资时机

虽然整个证券市场在随着社会政治、经济形势的变化而变化,个别证券的价格也随着发行公司的经营状况和市场投资者对发行公司经营状况预期的变化而变化,但无论如何,每一证券总会形成一个价格波动区间。这就给公司选择投资时机提供了空间。选择投资时机,就是确定有价证券买入和卖出的时间,以确保公司能在低价买入有价证券,并在高价卖出有价证券。

当然,要做到这一点,离不开投资分析。投资分析的任务就是确定有价证券的理论价值,并在此基础上将计算出的理论价值与不同时期的市场价格相比较,以确定哪些证券在什么时间的价值被高估,哪些证券在什么时间的价值被低估,当前市场价格是否与理论价值相背离等。只有这样,才能做到低价买入、高价卖出。虽然进行投资分析不能保证公司总在证券价格最低点买入和在最高点卖出有价证券,但是,有了一个明确的买入和卖出价格波动区间,公司就可以尽可能地赚取最大的价差,获得最大的资本收益。

(三)选择有价证券

在选择有价证券以及实际买卖时,公司一定要极为谨慎,保持理性。决定选择对某种证券投资的前提条件,一定要以有价证券的投资组合计划和对不同有价证券投资价值分析的结果为依据,要避免受证券市场上投机气氛的影响。只有这样,公司才能将风险控制在自己可以承受的范围之内,获得预期的收益。

(四)监督目标实施状况

公司对有价证券投资组合实行全面监督,是有价证券投资组合管理中一个十分重要的课题。这种监督的依据就是证券投资组合计划。通过这种监督,一方面,可以发现实际投资组合中存在的问题,促使公司按计划调整投资组合,以有效地控制投资风险;另一方面,可以检查投资组合计划的合理性,以及时调整不合理的投资组合计划,促使投资组合计划目标的实现。

习 题

复习思考题

1. 怎样认识证券投资组合的必要性和可能性?
2. 怎样认识不同有价证券的收益和风险?
3. 证券投资组合对证券投资收益会产生什么影响?
4. 证券投资组合对证券投资风险会产生什么影响?
5. 马可维茨投资组合模型的基本原理是什么?
6. 什么是 β 系数? 它是如何确定的?
7. 资本资产定价模型如何运用证券组合?
8. 证券投资组合可以分为哪些基本类型?
9. 怎样对证券投资组合进行有效控制?

计算题

1. 设 A 公司投资于 A、B 两种证券的资金比例分别为 50%,其他有关资料如表习题 13-1 所示。

表习题 13-1   **概率分布表**

经济状况	概率	收益率	
		证券 A	证券 B
坏	0.2	5%	10%
中	0.5	15%	15%
好	0.3	25%	20%

试计算该证券投资组合的风险。

2. 已知投资股票 X 与 Y 的情况如表习题 13-2、表习题 13-3 所示。

表习题 13-2   **概率分布表**

概率	收益率	
	股票 X	股票 Y
0.1	-8%	4%
0.2	0	8%
0.3	10%	12%
0.4	20%	15%

表习题 13－3

权重分布表

权	重
股票 X	股票 Y
100	0
80	20
60	40
50	50
40	60
20	80
0	100

根据表中资料计算：每种股票期望收益率；每种股票的方差；X 与 Y 的协方差；X 与 Y 在不同组合权重下，完全正相关、完全负相关和不相关的组合收益和相应的组合标准差。

3. 假定中华投资公司持有 A、B、C、D、E 五种普通股票。已知社会无风险收益率为 6%，普通股票市场平均收益率为 8%。五种普通股票的 β 系数和占投资的百分比见表习题 13－4 所示。

表习题 13－4

不同股票的 β 系数和占投资百分比表

普通股票	β 系数	占投资的百分比	加权平均 β 系数（β_p）
A	1.1	20%	
B	1.2	30%	
C	0.9	20%	
D	0.8	15%	
E	1.4	15%	
合计	—	100%	

试求该投资组合的 β 系数。

4. 已知飞达公司估计其在不同情况下的可能收益率如表习题 13－5 所示。

表习题 13－5

概率分布表

市场状况	概率	收益率	
		股票市场	飞达公司
停滞状态	0.1	－5%	－10%
缓慢增长	0.4	10%	10%
平均增长	0.3	15%	12%
快速增长	0.2	20%	30%

无风险收益率为 6%。试根据上述资料计算：整个股票市场和飞达公司的期望收益率；飞达公司的 β 系数；按照资本资产定价模型求飞达公司的必要收益率。

5. 已知 2012 年每周万科 A 股和沪深 300 指数收益率的情况如表习题 13-6 所示。

表习题 13-6

万科 A 股收益率与沪深 300 指数收益率对照表

日期	万科A	沪深300	日期	万科A	沪深300	日期	万科A	沪深300	日期	万科A	沪深300
12/1/8	−4.15	−2.35	12/4/15	2.39	2.41	12/7/15	2.18	−0.89	12/10/21	2.18	1.21
12/1/15	4.19	4.53	12/4/22	0.7	1.8	12/7/22	−5.68	−2.13	12/10/28	−2.61	−3.63
12/1/22	5.9	4.58	12/4/29	3.94	−0.03	12/7/29	−3.44	−2.06	12/11/4	5.49	2.62
12/2/5	−1.39	0.08	12/5/6	2.67	3.42	12/8/5	−3.12	0.2	12/11/11	−3.12	−2.85
12/2/12	0.77	1.1	12/5/13	−3.15	−2.91	12/8/12	1.03	1.95	12/11/18	−1.91	−2.84
12/2/19	−0.76	0.14	12/5/20	−3.92	−2.39	12/8/19	−2.05	−3.6	12/11/25	2.8	0.71
12/2/26	9.24	4.37	12/5/27	3.15	−0.03	12/8/26	−5.69	−1.63	12/12/2	3.55	−2.42
12/3/4	1.41	1.21	12/6/3	3.39	2.33	12/9/2	−1.23	−3.11	12/12/9	5.14	5.01
12/3/11	−0.35	−0.58	12/6/10	−2.51	−4.13	12/9/9	7.23	5.09	12/12/16	5.43	4.86
12/3/18	−3.84	−1.53	12/6/17	2.13	1.73	12/9/16	−3.02	−0.07	12/12/23	−2.78	0.68
12/3/25	−1.81	−2.69	12/6/24	−0.88	−2.18	12/9/23	−6.35	−5.03	12/12/30	7.32	4.56
12/4/1	1.97	−3.84	12/7/1	−1.33	−2.01	12/9/30	7.94	4.28			
12/4/8	1.21	2.64	12/7/8	9.87	0.45	12/10/14	−2.25	0.5			

试以周为计算周期，计算万科公司相对于沪深 300 指数在 2012 年 1 月 1 日至 2012 年 12 月 31 日期间的 β 系数。

第十四章 企业投资与筹资有机配合的策略

【本章提要】 在实际中,公司筹资和投资是紧密联系在一起的,在制订筹资方案和投资方案时必须考虑到两者相互制约和影响的关系,使两者有机配合起来,才能达到预期的投资和筹资效果。本章在探讨最佳投资规模和实际可行投资规模的基础上,进一步分析了投资结构的收益和风险,筹资结构的成本和风险,以及企业在投资和筹资中所采取的稳健型策略和激进型策略,然后进一步分析不同投资策略和不同筹资策略相结合的问题。在投资与筹资的综合决策中,流动资金管理占有极为重要的地位。因此,本章用较大篇幅对该问题进行了较全面的分析。本章的重点是讨论企业如何通过收益与风险的权衡来解决投资与筹资总额的综合决策以及流动资产与流动负债的综合决策问题。

【学习目标】 通过本章学习,要求掌握和了解如下内容:(1)掌握投资和筹资总量的综合决策理论。(2)掌握投资结构与筹资结构对公司收益和风险的影响。(3)了解公司投资结构与筹资结构综合决策的理论和方法。(4)掌握流动资产结构和流动负债结构对公司收益和风险的影响。(5)掌握流动资金管理策略的基本分类。(6)了解流动资产与流动负债综合决策的理论和方法。(7)了解利用和控制财务风险策略的基本理论和方法。(8)了解财务风险与经营风险的具体匹配应该关注的问题。

第一节 投资和筹资总量的综合决策

本书前面已对企业投资规模的问题进行了简略的讨论,但当时的讨论仅是单纯从投资的角度考虑问题,而没有将它与筹资联系起来考虑,现在则要将投资与筹资联系起来考虑企业投资规模的决策问题。

一、投资规模决策

企业投资规模是指在一定时期内企业的投资总额,该投资总额以企业总资产来表示。而企业一定时期的投资规模是由企业的内部条件和外部环境决定的。由于企业的内部条件和外部环境是随时间而变化的,因此,其投资规模也应随时间而变化。

投资规模有理论规模、实际规模和增量规模之分,三者的关系是理论上的最大规模与实际上的现行资产存量规模之差等于最大理论增量规模。下面,我们将从企业的内部条件和外部环境因素出发来讨论企业最大投资规模的确定问题。

(一)理论最佳投资规模的确定

从理论上讲,根据企业具有的追求利润最大化的动机,只要投资收益为正,投资规模就可以无限膨胀,只有在投资收益等于零时,投资才会停止。

确定企业理论上的最大投资规模,首先,应明确这样两个基本概念:

第一,投资收益率递减,即随着投资额的增大,单位投资额的边际收益率呈递减趋势,这一点可以从按投资项目的内部收益率大小顺序的排队中看出。第二,筹资成本率递增,即随着筹资量的增大,单位筹资额的边际资金成本率呈递增趋势,这是由于,当企业靠负债筹资时,负债增大,风险升高,故负债的边际成本率提高;当企业靠发行股票筹资时,股票增多,供求关系发生变化,股票价格下跌,故其边际成本率上升。

其次,应根据投资项目的边际收益率与筹资的边际成本率的关系来确定最佳投资规模。这两者之间的关系如图 14-1 所示。

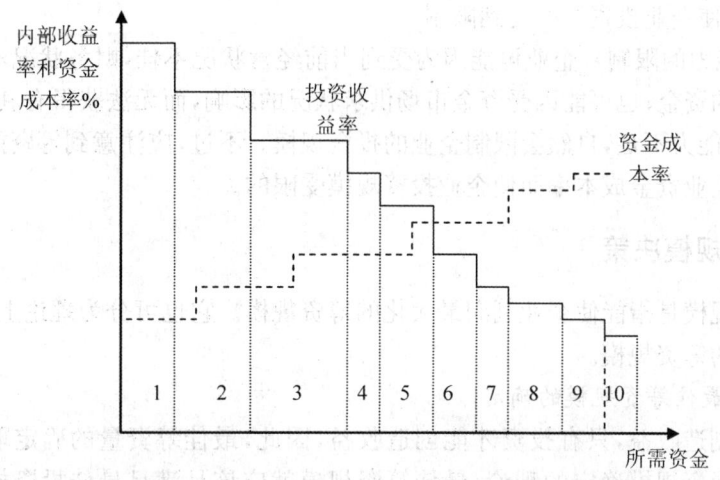

图 14-1 投资边际收益率与筹资边际成本率关系示意图

从理论上讲,投资项目的边际收益率等于其边际资金成本率时的投资规模,可以使企业获得最大收益,使股东财富最大化,这时的投资规模即为最佳的投资规模。从实际上看,由于投资项目往往是不可分割的,因此,只能选择到内部收益率从上方趋近于资金成本率的那一个项目为止,以图 14-1 为例,即为项目 5。如企业的投资额能满足项目 1～5 的资金需要量,那么该投资规模即为最佳规模。

(二)实际可行投资规模的确定

实际可行投资规模的确定,可从企业内部条件和外部环境两个因素来考察,具体分析如下。

1. 企业内部条件

从企业内部看,设置最高投资规模限制的主要原因:

(1)企业可能基于自身安全和现有股东利益的考虑,而不愿意大举从外部筹集资金,甚至不愿完全动用以前的留存收益。

（2）企业认为大量举债可能使企业债台高筑，并进一步造成负债成本上升和股票价格下降时，企业也会拒绝大规模地举债来满足所有有利可图投资项目的资金需要，即会确定投资限额。

（3）企业也可能从现有股东的控制权出发，反对发行新的股票。

（4）企业也可能因管理能力的限制而有意识地控制企业的发展速度，在这种情况下，企业所制订的投资限额甚至低于其所拥有的留存收益。因为，在企业管理能力受限时，过高的发展速度意味着企业走上了一条危险之路。

2. 企业外部环境

影响企业不能按最佳投资规模投资的外部环境主要包括：

（1）市场规模的限制，市场规模的大小直接制约着企业的投资规模。某类商品的最大市场容量，就是生产该类商品的行业最大投资规模，由于任何一个企业都不能独占市场，因此，其投资规模必然会小于行业最大投资规模，且竞争越强，投资规模也就越小。当然，市场规模对投资的限制，最终是通过投资收益率递减来实现的。虽然一个企业可以通过转变经营方向，从事多元化经营来扩大投资规模；但由于转向成本的存在，最终可能导致企业投资收益率递减，迫使企业投资规模受到限制。

（2）筹资能力的限制。企业可能因为受到当前经营状况不佳，财务状况不良的限制，而无法筹足所需的资金；也可能因受资金市场供求状况的影响，而无法获得有利可图的资金来源，等等。筹资能力不足，自然会限制企业的投资规模。不过，应注意到筹资能力的限制，最终是通过影响企业资金成本率而使企业投资规模受限的。

二、筹资规模决策

最佳筹资规模是指能使企业利润最大化的筹资规模。它也可分为理论上的最佳筹资规模和实际可行的筹资规模。

（一）理论最佳筹资规模的确定

筹资不能创造收益，只有投资才能创造收益，因此，最佳筹资量的确定取决于投资量。根据上述最佳投资规模确定的理论，最佳筹资规模就应该是满足最佳投资规模的筹资量。在这个投资规模和筹资规模的条件下，企业可以获得最大的利润。

（二）实际可行筹资规模的确定

最佳筹资规模仅是一种理论上的表述，在实际中，筹资规模则可能与理论筹资规模存在差异，产生这种差异的原因除前述的企业内部条件和外部环境之外，主要还由于从决策程序上看，是投资规模决定筹资规模；但从实际操作程序上看，是先筹资后投资。在投资项目出现效益（更不用说尚未投资）之前，企业在资金市场上筹资的能力，就受企业当前的盈利能力和风险水平的影响，如果企业现有投资（筹资）能力与最佳投资规模差距很大，那么，企业实际筹资量就很难达到最佳筹资规模。因为，现行的投资（筹资）规模在一定程度上反映了企业的筹资能力，所以，企业增量筹资规模与其现行的投资（筹资）规模有密切的关系，即企业现行的投资（筹资）规模也是制约企业筹资规模的一个重要因素。

当然，也可能出现企业现行投资（筹资）规模大于最佳规模的情况，在这种情况下，实际投资和筹资规模均容易达到最优。

总之，实际筹资规模要尽可能地满足最佳投资规模的需要，要在不断的筹资和投资活动中逐渐逼近最优。

第二节　投资结构与筹资结构的综合决策

投资和筹资除了总量的问题之外,还存在结构的问题,投资结构和筹资结构会对企业的盈利能力产生重要的影响,所以,在探讨投资总量与筹资总量综合决策之外,还应该进一步探讨投资结构与筹资结构综合决策的问题。

一、投资结构与盈利能力和风险水平的关系

这里所说的投资结构,是指企业的资产结构。企业将资金投放于不同资产会产生不同的盈利能力和风险水平。一般而言,在长期资产均能得到充分运用的基础之上,资产的流动性与风险成反比,与收益成正比。即资产的流动性越大,风险水平越低,相应地盈利能力也越低;资产的流动性越小,风险水平越高,相应地盈利能力也越高。

企业对待投资结构的态度有稳健和激进之分,稳健的态度,要求企业资产保持足够的流动性,不惜牺牲收益来避免任何可能出现的投资风险;激进的态度,则要求企业减少资产的流动性,将资产投放于可能产生最大收益的领域,不惜承受风险来取得最大收益。在极端的两种态度之间存在着众多形式的风险与收益的组合,这些组合的目的在于既能控制风险又能获得满意的收益。

二、筹资结构与筹资成本和风险水平的关系

企业从不同来源筹集资金,会产生不同的资金成本和承受不同的风险压力。资金成本与风险水平存在着反比关系,一般而言,资金成本越高,风险水平越低。就具体的筹资来源来看,所有者权益的资金成本最高,但风险最低,或者说没有财务风险;短期负债的资金成本最低,但相应地还款压力最大,风险最高;而长期负债的资金成本和风险则居中。

企业对待筹资结构的态度也有稳健和激进之分,稳健者希望权益资金占资金来源的比重足够大,更有甚者希望负债为零,以最大限度地规避财务风险;激进者正好相反,他们希望负债资金,甚至短期负债资金占资金来源的比重尽可能地大,以获取低资金成本的利益。介于两种态度之间,存在着多种筹资结构的组合,这些组合的目的均在于能使资金成本和风险控制在一个满意的范围之内。

三、投资结构与筹资结构的综合决策

投资结构具有的盈利能力和风险水平与筹资结构具有的成本水平和风险水平相配合,构成了企业的综合盈利能力和风险水平。由于资产结构和筹资结构均有稳健和激进之分,因此,两两组合可以得到如下四种策略。

(一)稳健的投资结构与稳健的筹资结构相结合的管理策略

该策略,在投资结构上要求充分保持资产的流动性,尽可能减少长期资产的投入,特别稳健者,甚至经营所需的固定资产都采用租赁的方式取得。在流动资产中,则尽可能压缩存货等变现能力差的资产,增加现金或接近于现金类的资产。结果使得资产的盈利能力相应

降低。在筹资结构上,首先,要求权益资本占资金来源的比重足够大;其次,在负债中,则要求长期负债占总负债的比重足够大。这样,不仅权益和长期负债可以满足长期资产的需要,而且还可以满足部分流动资产的需要。特别稳健者,甚至全部资产的资金来源都由权益资本提供,且全部资产的流动性极强。这就使得筹资成本上升,盈利能力下降。这种策略的风险虽然低,但相应地盈利能力也极低。

(二)激进的投资结构与稳健的筹资结构相结合的管理策略

该策略,在投资结构上要求最大限度地增加资产的盈利能力,不惧风险,其风险主要依靠削减负债,特别是流动负债占总资金来源的比例来控制。在这种策略中,即使投资出现失误,其风险也能受到有效的遏制,因为权益资本可以防止风险的扩大。因此,该种策略是盈利能力和风险均居中的管理策略。

(三)稳健的投资结构与激进的筹资结构相结合的管理策略

该策略,是希望通过稳健的投资结构来控制投资风险,并通过降低资金来源的成本减少财务成本,增加盈利。保持资产的足够流动性除了可以在一定程度上控制投资风险之外,资产的流动性还可以在很大程度上防止筹资风险的扩大,这就为企业运用一些低资金成本的资金来源提供了保障。但是,筹资成本的节约是有限的,对盈利的贡献一般不如投资盈利能力大,因此,该种策略的盈利能力要比第二种管理策略低。它一般只适用于投资风险极大,筹资风险极小的情况。

(四)激进的投资结构与激进的筹资结构相结合的管理策略

该策略,不但要求投资结构有最大的盈利能力,而且还要求筹资的资金成本最低,更为激进的,甚至相当大部分长期资产的资金来源都靠流动负债来解决。这样,该种策略承受的风险就极大,一旦环境有变,激进的投资结构不能为企业带来相应的收益,风险就会迅速放大,从而导致企业失败或破产。因此,这种收益高成本低的策略,盈利能力最高,但风险也最大。

第三节 流动资产结构和流动负债结构的收益与风险

上节讨论的投资结构与筹资结构问题,是从企业总资产和全部资金来源角度考虑的。对投资结构中的流动资产和资金来源中的流动负债的配比问题,还可进行更深入的讨论。本节将集中讨论流动资产与流动负债结构的综合决策问题。

一、流动资产结构决策

(一)流动资产结构的收益和风险

无论从理论上还是从现实上来看,流动资产各项目变现能力的大小都是不一样的,且存在如下顺序:现金,变现力为百分之百;然后是有价证券,在高效率的资金市场条件下,其变现能力接近现金;再次是应收账款,在企业外部法制环境健全的条件下,其变现能力也是很高的;最后是存货,其变现能力受市场不确定性因素的影响,故最差。一般而言,资产的变现能力越弱,风险就越大。

与变现能力或风险相反,流动资产各项目可能带来收益率的大小,一般存在如下顺序:收益率极低的是现金,因为将现金存入银行只能获得利率极低的活期存款利息,如保存库存现金,则根本不能获取生息收益。其次是有价证券,其收益率高于现金,因为有价证券投资的风险大于库存现金和银行存款。再次是应收账款,其收益率高于前两者,因为应收账款中包含待实现的利润,利用应收账款还可以促销,以使企业从增加销售中获取更多利润。收益率最大的是存货,充足的原材料和在制品存货,有利于企业减少停工待料的损失和有利于按最佳投产批量安排生产;产成品存货可以保证销售的需要,减少舍弃销售所造成的损失,因此,存货有利于企业利润的形成和实现。而企业的收益主要来源于销售利润,故存货的收益率最大。

企业为了能在追求利润的同时,尽可能规避风险,就应该根据企业自身的特点和外部环境,充分权衡各项目的收益和风险,制订最佳流动资产结构。最佳流动资产结构的确定是一个复杂的问题,在实际中多用经验决策法,即:管理者根据以往的不同流动资产结构对企业收益和风险的影响状况,凭借主观经验来确定最佳流动资产结构的方法。经验决策的具体方法,这里不加以讨论,此处重点讨论流动资产管理中稳健和激进两种策略。

(二) 流动资产管理的两种策略

流动资产管理策略就是确定企业流动资产总量和流动资产内部各项目结构的策略。其主要可以分为稳健型管理策略和激进型管理策略两类。

1. 流动资产管理的稳健型策略

这种策略不但要求企业流动资产总量要足够充裕,占总资产的比重大;而且还要求流动资产中的现金和有价证券也要保持足够的数量,占流动资产总额的比重大。这种策略的基本目的是使企业的流动能力保持在一个较高的水平,使之能足以应付可能出现的各种意外情况。企业采用稳健型的流动资产管理策略,由于保持有较高的剩余流动能力,可为意料之外的销售增长提供存货和应收账款的资金保证,因此可以减少舍弃这部分销售的风险;再由于剩余的流动能力还可及时提供偿还到期债务的资金,因此可以避免或降低无力偿付到期债务的风险。

稳健型流动资产管理策略虽然具有降低企业风险的优点,但也有获取收益率低的缺点。这不但因为现金和有价证券收益率低,也因为在预期销售水平上超储存货会使企业资金积压,不能高效地发挥作用而影响企业的盈利水平。故稳健型流动资产管理策略是一种低风险、低报酬的管理策略,一般而言,它只适应企业外部环境极不确定的情况。

2. 流动资产管理的激进型策略

这种策略不但寻求最大限度削减流动资产,使其占总资产的比例尽可能地低;而且还力图尽量缩减流动资产中的现金和有价证券,使其占流动资产的比重尽可能地小,特别激进者甚至还要求尽可能地缩减存货。这种策略的基本目的是试图通过削减流动资产占用量来提高企业的盈利能力。企业采用激进型的流动资产管理策略,虽然可以增加企业的收益,但也相应地提高了企业的风险。因为,现金和有价证券大幅度缩减,企业的机动性必然会大大降低,这就势必增加应付意外情况能力减弱所带来的风险,如会失去意外的销售和使企业不能如期偿还债务等。另外,应收账款的减少会影响到企业促销,企业的存货减少则会增加企业停工待料或生产中断的风险,以及减少销售收入的风险,等等。所以,激进型流动资产管理策略是一种高风险、高收益的策略。一般来说,它只适应企业外部环境相当确定的场合。

显然,风险与收益是可以相互转换的。高风险诚然带来高收益,但这有一个度,一旦超过了这个度,高风险带来的就不是高收益,而是高损失,甚至导致企业破产。因此,采用过于偏激的流动资产管理策略一般并不可取。在企业外部环境不太明朗的情况下,采用介于稳健与激进之间的折中策略也许是明智之举。当然,选择流动资产策略离不开企业流动资金的来源状况,特别是流动负债的状况。

二、流动负债总额的确定

企业在确定流动负债时,首先就是要权衡不同流动负债水平的收益与风险。我们已经讨论过流动负债筹资的收益与风险问题,在这里通过简例来进一步说明该问题。

流动负债的多少,一般可用流动负债总额与企业总资产的比率来表示。如该比率大,表明企业总资产中依赖流动负债筹资解决其资金来源的比重大;反之则小。当企业资产总额不变和权益资金不变时,流动负债增多,长期负债就减少。由于流动负债的资金成本低于长期负债的资金成本,因此,该比率提高时,企业的收益率会提高。但同时,企业偿还到期债务的压力就会越大,不确定性相应增加,即财务风险增大。

【例 14-1】　假定某企业的流动资产总额为 80 万元,流动负债与长期负债合计为 100 万元,流动负债的资金成本为 2%,长期负债的资金成本 10%,那么,当流动负债总额分别为 20 万元、50 万元、80 万元时,试计算三种方案的利息费用总额、全部负债的资金成本、流动资金(营运资金)和流动比率。

解:

计算结果如表 14-1 和表 14-2 所示。

表 14-1

三种方案的利息计算

金额单位:元

项目	A 方案			B 方案			C 方案		
	金额	利率	利息	金额	利率	利息	金额	利率	利息
流动负债	200 000	2%	4 000	500 000	2%	10 000	800 000	2%	16 000
长期负债	800 000	10%	80 000	500 000	10%	50 000	200 000	10%	20 000
负债合计	1 000 000	8.4%	84 000	1 000 000	6%	60 000	1 000 000	3.6%	36 000

表 14-2

三种方案的流动比率计算

单位:元

项目	流动资产	流动负债	流动资金	流动比率
A 方案	800 000	200 000	600 000	4
B 方案	800 000	500 000	300 000	1.6
C 方案	800 000	800 000	0	1

对比以上两表,可以得出如下结论,A 方案收益率最低,但风险也最低,其流动比率高达 4 倍,远远超出了一般公认的 2 倍标准。B 方案收益率适中,风险也属中等,其流动比率为 1.6 倍,较接近 2 倍的标准。C 方案收益率最高,但风险也最大,其流动比率为 1 倍,即全部流动资产的资金来源均依靠流动负债。显然,在一般情况下,企业应避免过于保守而过多丢掉利

润的 A 方案和过于冒险而过多地增大企业风险的 C 方案，而取其收益和风险均较适中的 B 方案。无论如何，以公认的流动比率标准作为流动负债总额确定的参考标准，应该是可取的。

三、流动负债结构的决策

（一）流动负债结构的成本和风险

以上讨论流动负债总额的决策时，是将流动负债视为一个整体来讨论，在实际中，流动负债本身是由各种不同项目组成的。如短期银行借款，结算原因所引起的应付账款、应付票据，以及形成与解缴和支用时间不一致而引起的各种应付款项等。因此，企业在确定流动负债总额时，必须考虑流动负债的结构问题。

对流动负债，可分为自然负债和非自然负债。自然负债是指那些随企业生产经营过程而自然产生的负债，它们是由于法定结算程序的原因而导致的形成与解缴和支用时间不一致所引起的诸如应付税金、应付费用等应付款项。对这种负债，企业一般不能或不应作主观安排，而只能加以利用。非自然流动负债是企业流动负债的大头，企业的短期银行借款、应付票据、应付账款，以及计算出来的应缴未缴、应付未付的各种应付款项均属于非自然流动负债。对这类负债，企业可以根据其内部条件和外部环境，主观安排其借款期限、还款期限和支用期限等。对流动负债结构的决策，主要是指对这类可由企业安排的流动负债的决策。

所谓流动负债结构的决策，主要是研究如何安排偿债期限的问题。企业应根据自身生产经营的规律性，按不同的偿还期限来组织筹措各种短期资金来源，以保证能及时清偿各种到期债务。

由于不同流动负债项目的资金成本和偿还期限不一样，因此，它们对收益和风险的影响也各有差异。比如，用短期银行借款筹资，当企业因某些原因暂时不能如期偿还借款时，银行一般不会立即诉诸法律，而多采用提高利息率的办法来制约企业，即当不能如期还款时，产生的结果一般是低风险、高成本。而用应付款项筹资时，当企业延期偿还时，遇到的危险一般不是支付高利息，而是债权人诉诸法律，即用应付款项筹资，可能产生的结果是高风险。但若事情能顺利解决，则是低成本的。可见，用流动负债筹资时，还应权衡不同项目的收益和风险，使其结构最佳。但由于这种权衡需考虑的因素众多，因此，用数学模型来寻求最优解的难度很大，故多采用经验决策方法来寻求可行的较优结构。

（二）流动负债管理的两种策略

流动负债管理策略就是关于用何种筹资方法来为所需流动资产筹集资金的策略。它与流动资产管理策略一样，可分为稳健型管理和激进型管理两类策略。

1. 流动负债管理的稳健型策略

这种策略不但主张最大限度地缩小企业资金来源中短期负债的数额，用发行公司长期债券或从银行获取长期借款的方法来筹集所需要的资金，而且更稳健者还试图以权益资金代替长期负债，即流动资产需要的资金除少数自然负债外均由权益资金来提供。

这种稳健型策略的主要目的是为了规避风险。当然，如用权益资金替代流动负债，可以使企业流动比率趋于无穷大，即财务风险趋近于零；如用长期负债替代流动负债，在长期负债未到期前，也可使流动比率增大，减少了不能偿还到期债务的风险。

但是，这种稳健型策略会使企业的资金成本增大，利润减少；如企业用权益资金替代负债，还会使企业丧失财务杠杆利益，使权益资金收益率降低。在权益资金既定的情况下，减少负债就会减慢企业的发展速度;而增加权益资金来追求企业发展,又会稀释现有股东权益。因此,一般而言,稳健型流动负债管理策略并不是一种理想的策略,它只适用于权益资金有多余,且找不到更佳投资机会的企业。

2. 流动负债管理的激进型策略

这种策略主张尽力扩大利用流动负债为流动资产筹集所需资金,并尽可能寻求资金成本最低的资金来源,试图将流动负债作为流动资产的唯一资金来源。

很明显,这种激进型策略的目的是追求最大利润。在满足企业各种假定的条件下,这种筹资策略的确能为企业获取最大利润。

但是,利用该种策略即使能让企业获取最大利润,也不一定能使股东财富最大化。因为,当流动比率过低时,企业风险就很大,而企业风险过大,就势必对股票市场投资者的投资积极性产生不利影响,一方面更多的现有股东出售股票,另一方面购买该股票的人又减少,出现供大于求的情况,从而造成股票市场价格下跌,影响到股东权益。反过来,股票价格的下跌,又造成权益资金成本上升,这又抵消了部分甚至全部靠增大流动负债而获得的低资金成本的利益。

以上是就企业没有因增长流动负债而产生不能偿还到期债务的风险而言,即很成功的情况下而言的,就是在这种成功的情况下,该种策略对股东财富最大化也是不利的。一旦外部环境发生变化,如银根紧缩的情况,企业将陷于十分被动的境地,不但股东财富最大化的目标不能保证,甚至企业自身的生存也将成问题。因此,激进(特别是过于激进)型的流动负债管理策略不是一种理想的策略,至少对上市股份公司来说是如此。

一个企业的流动负债管理策略既不能过于保守,也不应过于激进,而应在两者之间寻找一种适合于本企业的折中方案。上市股份公司还应特别注意方案选择对股票市场的影响,以促成股东财富最大化目标的实现。

四、流动负债管理策略图解

以上简述了流动负债管理的不同策略,为了更清晰地反映不同策略的特征,可用图来加以简示。

(1) 稳健型流动负债管理策略,如图 14-2 所示。

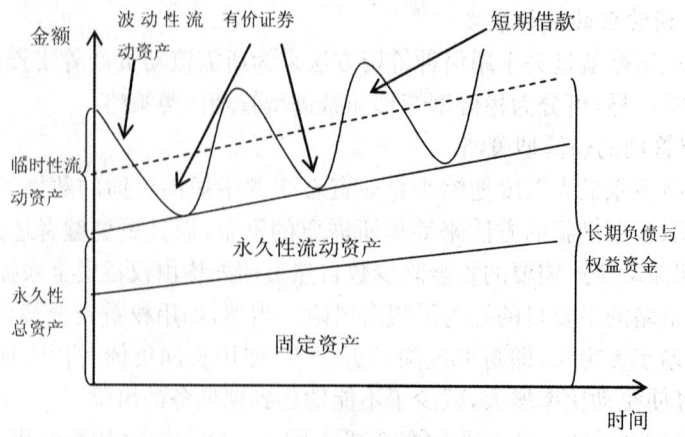

图 14-2　稳健型流动负债管理策略

图 14 - 2 中虚线在永久性流动资产线以上，其长期资金来源不但能满足永久性总资产的资金需要量，而且还能满足部分或全部波动性流动资产的资金需要量。在这种情况下，当波动性流动资产出现高峰时，企业只需要借入少量短期借款就可满足需要；而在低谷时，则以有价证券形式储存流动资金以应付高峰时的需要。显然，该种策略是一种十分稳健的流动负债管理策略。

（2）激进型流动负债管理策略，如图 14 - 3 所示。

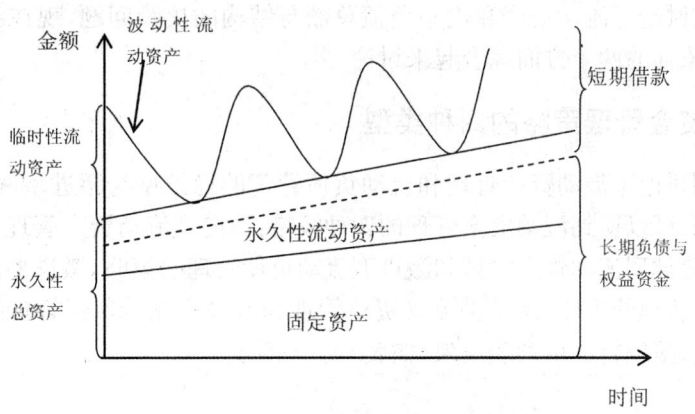

图 14 - 3　激进型流动负债管理策略

图 14 - 3 中虚线在永久性流动资产以内，表明企业部分永久性流动资产的资金需要量依赖于借款，企业所承担的风险必然会大增。如果虚线还在固定资产线以下的话，那就表明企业不但全部流动资产而且还包括部分固定资产的资金需要量都来源于短期借款，这种策略就更为激进了。

（3）折中型流动负债管理策略，如图 14 - 4 所示。

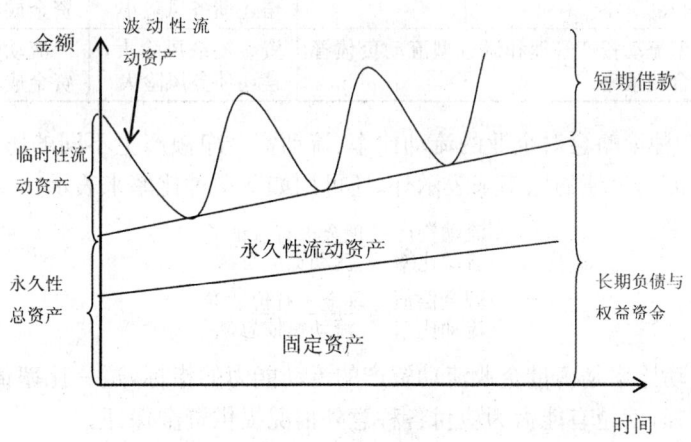

图 14 - 4　折中型流动负债管理策略

图 14 - 4 中，虚线刚好与永久性流动资产线重合，长期负债和权益资金正好满足永久性总资产的资金需要量，而波动性流动资产的资金需要量则全部依靠短期借款来解决。这种折中型策略的风险小于激进型策略，但大于稳健型策略。在这种情况下，企业若要尽可能避免风险，就应尽可能准确地计算其各种资产的变现性和负债的到期结构，使两者有机衔接起

来,这样就可以减少企业不能偿还到期债务的风险。由于折中法对资产变现和债务到期结构的衔接要求高,故又被称之为期限衔接法。

第四节　流动资产与流动负债的综合决策

前两节分别讨论了流动资产和流动负债总额与结构的决策问题,现在我们将把这两个相互联系、相互依存的两个方面综合起来讨论。

一、流动资金管理策略的四种类型

前两节分别讨论了流动资产管理和流动负债管理的稳健型与激进型两种策略,如果将其两两组合起来,可以得到流动资金管理的四种策略:稳健型流动资产管理和稳健型流动负债管理的策略,稳健型流动资产管理和激进型流动负债管理的策略,激进型流动资产管理和稳健型流动负债管理的策略,激进型流动资产管理和激进型流动负债管理的策略。这四种策略的风险特征、报酬特征可列表反映,如表 14 - 3 所示。

表 14 - 3

不同流动资金管理策略的风险和报酬特征

序号	流动资金管理策略类型	风险特征	报酬特征
1	稳健型流动资产管理和稳健型流动负债管理相结合的策略	资金短缺风险小,偿还债务风险小	流动资产获利能力低,资金成本高
2	稳健型流动资产管理和激进型流动负债管理相结合的策略	资金短缺风险小,偿还债务风险大	流动资产获利能力低,资金成本低
3	激进型流动资产管理和稳健型流动负债管理相结合的策略	资金短缺风险大,偿还债务风险小	流动资产获利能力高,资金成本高
4	激进型流动资产管理和激进型流动负债管理相结合的策略	资金短缺风险大,偿还债务风险大	流动资产获利能力高,资金成本低

显然,上述四种策略会对企业的流动比率、流动资金净额产生不同的影响。流动比率除了用流动资产与流动负债的比率来表示外,还可用如下两种比率来表示:

$$\frac{流动资产}{流动比率} = \frac{现金 + 有价证券}{流动资产总额}$$

$$\frac{现金偿债}{流动比率} = \frac{现金 + 有价证券}{流动负债总额}$$

流动资产流动比率是衡量企业流动资产的流动能力的指标,这一比率值越大,流动资产的流动能力就越强,就越有能力为应付各种意外情况提供资金保证。

现金偿债流动比率是衡量企业在不将其他资产变现或从外部取得借款的情况下,偿付流动负债的能力的指标,这一比率值越大,企业自身偿债能力就越强,不能偿还到期债务的风险就越小。

显然,在上述四类流动资金管理策略中,第 1 类由于主张尽力增加现金和有价证券在流动资产中的比重,故会有较大的流动资产流动比率;另外,再由于强调最大限度地缩小流动负债在资金来源中的比重,故会有较大的现金偿债流动比率。且由于现金和有价证券的增长与流动负债的减少同步发生,故会使得现金偿债流动比率大于流动资产流动比率。在这种流动资产大幅度高于流动负债的情况下,企业流动资金净额也将会产生较高的正值。相反,第4类由于主张最大限度地缩小现金和有价证券在流动资产中所占比重,故流动资产流动比率较低;以及由于尽力利用短期借款为流动资产筹集资金的方法,故其现金偿债流动比率也较低,甚至会低于流动资产流动比率。在一方面削减流动资产和另一方面增加流动负债的情况下,企业流动资金净额必会加速减少,甚至会出现负值。第2类、第3类流动资金管理策略则介于最稳健与最激进之间。总的来说,第2类策略的流动资产流动比率大,但现金偿债流动比率相对较小;第3类策略的流动资产流动比率小,但现金偿债流动比率相对较大。这两类折中策略的流动资金净额情况如何,要视具体情况而定。

二、流动资金管理策略风险程度的确定

以上分别探讨了不同流动资金管理策略所具有的风险问题,但这种探讨偏重于定性方面,为了清晰地反映出企业采用不同流动资金管理策略的总体风险程度,还需要进行定量分析。下面将以实例说明流动资金管理策略总风险程度的定量分析方法。

【例14-2】 设某公司固定资产总额为100万元,有A、B、C、D四个流动资金管理方案,四个流动资金管理方案对公司的生产经营能力完全一样,四个方案的有关数据如表14-4所示。

表14-4

流动资金管理方案

单位:万元

方案	现金与有价证券	其他流动资产	流动资产总额	流动负债
A	20	80	100	50
B	20	80	100	80
C	5	65	70	50
D	5	65	70	80

试根据上述资料计算不同流动资金管理方案的风险程度。

解:

不同方案的风险程度评价如表14-5所示。

表14-5

风险程度评价表

方案	现金与有价证券(万元)	流动资产(万元)	资产总额(万元)	流动资产与资产总额之比	流动资产流动比率	1-流动资产流动比率	流动负债(万元)	流动负债与资产总额之比	流动资金管理策略的风险程度
	①	②	③	④=②÷③	⑤=①÷②	⑥=1-⑤	⑦	⑧=⑦÷③	⑨=(⑥+⑧)÷2
A	20	100	200	0.5	0.2	0.8	50	0.25	0.525
B	20	100	200	0.5	0.2	0.8	80	0.4	0.6
C	5	70	170	0.412	0.07	0.93	50	0.294	0.612
D	5	70	170	0.412	0.07	0.93	80	0.47	0.7

表 14-5 中第 5 栏,即流动资产流动比率,反映流动资产管理策略风险程度,其值越小,表明风险程度越高。表中第 6 栏是第 5 栏的转化形式,其目的是为了便于评价流动资金管理策略的总风险程度。用"1－流动资产流动比率"来替代"流动资产流动比率"评价风险程度时,其值越大,表明流动资产管理策略所具有的风险越高。表中第 8 栏为流动负债与资产总额之比,所反映的是流动负债管理策略的风险程度,其值越大,表明企业偿还到期债务的风险就越大。表中第 9 栏,即第 6 栏与第 8 栏的平均数,反映的是流动资金管理策略的总风险程度,其值越大,表明流动资金管理策略的风险程度越高;反之,则表明其风险程度越低。

利用这种方法,既可对企业各种流动资产管理策略和流动负债管理策略所具有的风险分别进行比较,又可对由它们组合而成的流动资金管理策略的风险程度进行比较,且十分直观和方便。从[例 14-2]来看,A 方案风险最小,其次是 B 方案、C 方案,D 方案风险最大。就 D 方案来看,D 方案的流动负债数大于其流动资产数,流动资金净额已为负数,企业在这种情况下必然承受着极大的风险,因此,一般而言,D 方案并不可取。至于 A、B、C 三方案,哪一个更可取,取决于企业管理者对待风险和收益的态度,喜爱高风险和高收益的财务管理者可能会寻求 B、C 方案,甚至采纳 D 方案,而过于稳健型的财务管理者可能会采纳 A 方案。

另外,如果在表中加入收益总额和投资收益率两栏,还可对流动资金管理策略所引起的风险程度与投资收益率进行综合比较,更好地确定方案的取舍。当然,还可加入其对股票市价的影响栏等进行更深入的系列分析,以股东财富最大化作为目标来选择流动资金管理策略。

【例 14-3】 假定[例 14-2]中公司的股东权益总额为 80 万元,息税前收益为 30 万元,长期负债利息率为 12%,流动负债的利息率为 6%,公司所得税率为 30%。排除流动资金管理模式风险的其他风险确定的折现率为 8%,采用最保守的流动资金管理模式会使公司折现率上升 2%;采用其他流动资金管理模式,其风险折现率将以不同流动资金管理策略的风险程度之比的 3 次方速度上升。试根据股东权益价值选择最佳的流动资金管理方案。

解:

(1) 计算不同流动资金管理方案的税后利润。

$$方案 A=(30-70\times12\%-50\times6\%)\times(1-30\%)=13.02(万元)$$
$$方案 B=(30-40\times12\%-80\times6\%)\times(1-30\%)=14.28(万元)$$
$$方案 C=(30-40\times12\%-50\times6\%)\times(1-30\%)=15.54(万元)$$
$$方案 D=(30-10\times12\%-80\times6\%)\times(1-30\%)=16.8(万元)$$

(2) 计算不同流动资金管理方案公司适用的风险折现率。

$$方案 A=8\%+2\%=10\%$$
$$方案 B=8\%+(0.6/0.525)^3\times2\%=10.99\%$$
$$方案 C=8\%+(0.612/0.525)^3\times2\%=11.17\%$$
$$方案 D=8\%+(0.7/0.525)^3\times2\%=12.74\%$$

(3) 计算不同流动资金管理方案股权资金的股权价值。

$$方案 A=13.02/10\%=130.2(万元)$$

方案 B＝14.28/10.99％＝129.94(万元)

方案 C＝15.54/11.17％＝139.12(万元)

方案 D＝16.8/12.74％＝131.87(万元)

根据以上结果,以股权资金价值为标准,方案 C 最优,方案 D 第二,方案 A 第三,方案 B 最差。故应该选择方案 C。

不过需要注意的是,一方面,随着资金市场的日趋完善,商业信用广泛使用,为企业提供了更多的短期资金来源渠道,使企业有可能尽量减少现金和有价证券的保有量,又可以应付意外情况;另一方面,随着计算机的普及和多种预测模型的建立,企业财务人员能够更加准确地预测和把握外部环境变化对企业经营的影响,作出的计划更符合实际,借款与还款能很好地衔接,从而增加了企业既可用流动负债筹集大量资金又不致于承担过大还款风险的可能性。这两方面的结果使企业流动资金管理策略出现日益激进的趋势。

第五节　利用财务风险策略综述

财务风险是一柄"双刃剑",运用得当,可以为企业带来利益;运用不当,则会给企业造成损失。因此,财务风险的利用具有技巧性。运用财务风险就是要确定资金来源的结构,简称资金结构或财务结构。本书前面已对资金结构与资金成本的关系进行了讨论,这里将通过对运用财务风险应考虑的主要因素,以及财务风险与股权资金收益率和企业价值关系的讨论,进一步对运用财务风险的有关基本理论与方法进行探讨。

一、运用财务风险应该考虑的基本因素

运用财务风险应考虑的主要因素包括未来销售稳定性和增长率、行业特征、企业资产结构、管理者和债权人对待风险的态度等。现分别讨论如下。

(一)销售稳定性和增长率

从前述的财务杠杆原理中可以看出,在利息费用一定时,财务杠杆随销售量的增加而下降。如果一个企业未来销售稳定性强,那么,该企业抵御财务风险带来的不确定性的能力就相应地强;反之则弱。因此,一个企业未来销售稳定状况如何,是企业决定是否放大财务风险必须首先考虑的因素。当一个企业预测其未来的销售量会稳定增加时,适度扩大财务风险,多用负债筹资是可取的。因为负债筹资可以在不削弱原股东控制权的前提下,迅速扩大生产规模,提高股权资金收益率,增加股东财富。相反,如果一个企业的未来销售状况不明时,则应注意控制财务风险,把财务风险降低到企业可控的范围之内。

(二)行业特征

不同行业具有不同的经营风险水平,该经营风险不仅会影响到企业的销售状况,而且还会影响到企业的盈利状况。在竞争激烈的行业,销售收入利润率就比相对垄断的行业低。例如,我国家用电器行业就因为生产过剩,市场竞争激烈,价格一降再降,销售量虽然有所增长,但销售收入利润率却大大低于诸如供电、供油等垄断行业的销售收入利润率。而新兴的快速发展的行业,其销售收入利润率则会高于传统的发展停滞的行业。例如,当代新兴的信息产业,由于市场容量巨大,发展迅速,其销售收入利润率远远高于诸如机械、冶金等传统产

业的销售收入利润率。一般而言,经营风险大的企业,应以较低的财务风险与之匹配;只有经营风险较小的企业,才可以考虑扩大财务风险,追求财务杠杆带来的股权资金收益率的加速增长。

（三）企业资产结构

企业资产结构对运用财务风险的影响可从两个方面来看:一是企业资产结构客观上制约了企业负债筹资的能力和种类。比如,一个固定资产比重大的企业,就有可能通过发行长期抵押债券筹资;而一个以存货等资产为主的商业公司,则只能通过短期银行借款的方式筹集负债资金。二是企业资产结构在一定程度上体现了企业的经营风险。资产流动性越大,经营风险越低;资产流动性越小,经营风险越高。这就要求企业在安排资金来源结构时,主观上必须考虑到风险匹配的问题,即用较小的财务风险与较大的经营风险相匹配,以降低风险;或者用较大的财务风险与较小的经营风险相匹配,以获取财务杠杆利益。对流动性大的资产结构,可以扩大风险,多用负债甚至流动负债筹资;而对流动性小的资产结构,则应避免用流动负债甚至长期负债筹资。

（四）管理者的态度

管理者对待风险的态度是最直接影响企业利用财务风险的因素。喜好风险的会积极地运用财务杠杆,提高股权资金收益率;厌恶风险的则会加强对财务风险的控制,防止风险扩大化。

管理者对待财务风险的态度会受公司性质的影响。一般而言,管理者选择筹资方式时比较重视公司控制权的问题。股权分散的大公司,由于用普通股票等股权资金方式筹资对其控制权的影响不大,因此,管理者乐于用发行普通股票的方式筹资。而对股权集中的小公司而言,为了保证公司的控制权牢牢地掌握在管理者手中,公司现有股东和管理者往往愿意承受较大的财务风险,回避用股权方式筹资。特别在他们对公司前途充满信心时更是如此。因为在这种情况下,可以从放大财务风险获得更大的利益。

（五）债权人的态度

债权人对待风险的态度,也会直接影响到企业的借债能力。比如,债权人可能要求企业必须达到某个信用级别,才能向它发放贷款。而信用级别则直接与企业资产负债率相关,当一个企业负债与资产之比过大时,其信用级别必然降低,这就自然地制约了企业提高财务杠杆的能力。

二、利用财务风险的基本原则

一个企业利用财务风险最基本的目的是通过提高股权资金收益率来增加股权价值。股权价值是股权资金收益率和风险水平的函数。放大财务风险虽然在一定程度上可提高股权资金收益率,但却不一定能增加股权价值。为了增加股权价值,就必须权衡收益和风险,使两者得到最佳匹配。只有这样,才可能使股权价值达到最大化。

在现实中,财务风险对股权资金收益率的影响往往通过负债资金成本表现出来。在资产收益率不变的条件下,负债资金成本的上升将抵减负债比重增大的利益。如果负债资金成本的变化能较准确地反映财务风险的变化,那么,股权资金收益率就可以较准确地表现股权价值。下面,以实例来讨论最优财务风险水平确定的原理。

【例14-4】 已知某公司总资产和总资产收益率保持不变,其总资产收益率为10%,负债与股权资金之比和负债资金成本存在着如表 14 - 6 的关系。

表 14 - 6

负债/股权资金与负债资金成本的对照关系表

负债/股权资金	40%	80%	100%	150%	200%	250%
负债资金成本	4%	5%	6%	8%	11%	15%

问如何确定该公司的最优资金结构?

解:

根据公司最优资金结构就是股权资金收益率最大的资金结构,我们可以计算在不同资金结构条件下的股权资金收益率,如表 14 - 7 所示。

表 14 - 7

股权资金收益率计算表

序号	总资产收益率 ①	负债/股权资金 ②	负债成本 ③	股权资金收益率 ④＝①＋②×(①－③)
1	10%	40%	4%	12.4%
2	10%	80%	5%	14%
3	10%	100%	6%	14%
4	10%	150%	8%	13%
5	10%	200%	11%	8%
6	10%	250%	15%	－2.5%

为了能更直接地反映不同资金结构与股权资金收益率的关系,可将表 14 - 7 的计算结果制成图 14 - 5。

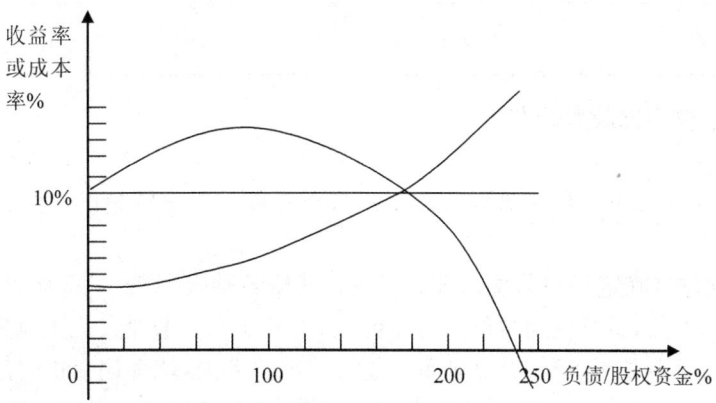

图 14 - 5 不同资金结构与股权资金收益率的关系图

从上述计算结果不难看出,当负债与股权资金之比为 80% 和 100% 时,股权资金收益率达到最大,为 14%;而低于该比例或高于该比例时,股权资金收益率均低于 14%。这说明,该公司的最优资金结构应在负债与股权资金之比为 80% 和 100% 之间进行选择。再根据收益率相等时,风险小的价值大的原理,该公司的最优资金结构应是负债与股权资金之比为 80%。

三、财务风险与股权价值的关系

上一问题在假定企业负债资金成本已较准确反映企业财务风险的前提之下,得出了不同财务风险具有不同的股权资金收益率的结论。在这里,我们将进一步讨论不同财务风险与股权价值的关系。企业税后利润的大小,在企业总资产不变的条件下,明显地受财务风险的影响。因为:

$$企业税后利润=股权资金额×股权资金收益率$$

显然,股权资金收益率越高,每一元股权资金的税后利润就越大,而企业财务风险直接影响到股权资金收益率,因此,也就影响到每一元股权资金的税后利润。税后利润与股权价值成正比,税后利润越高,股权价值越大。

折现率是决定股权价值的另一个重要因素,在一般情况下,用市场同风险收益率作为折现率。企业财务风险的变化,自然会影响到适用折现率的高低。财务风险越大,所用的折现率就越高;反之,则越低。

财务风险是由负债筹资的原因引起的,资金结构的不同直接影响到企业股权资金收益率的高低和适用折现率的高低,进而影响到股权价值的大小。因此,用股权价值作为判别企业最优资金结构的标准,比直接用股权资金收益率标准更加具有综合性。

【例 14 - 5】 假定〖例 14 - 4〗中各种资料不变,又知市场同风险收益率同负债与股权资金的比率如表 14 - 8 所示。

表 14 - 8

负债/股权资金与市场同风险收益率的对照关系表

负债/股权资金	40%	80%	100%	150%	200%	250%
市场同风险收益率	6%	6.5%	7%	9%	12%	15%

试选择出股权价值最大的方案。

解:

根据题意,该公司不同财务风险条件下的每百元账面股权资金的实际价值可按以下思路确定。

(1)分情况选择确定股权价值的方法。在无其他各种限制条件下,如果企业有盈利,企业可以持续经营下去,其折现期可设定为无穷大,故可以用未来现金流入量折现的方法来确定股权价值。如果企业无盈利,企业则不可能持续经营下去,从理论上讲,经营时间越长,亏损越大,因此应该立即停止经营,故其股权价值不能用未来现金流入量的折现方法来确定,而只能以清算价值确定。

(2)用市场同风险收益率作为折现率,将相同财务风险条件下的百元股权资金收益额折现,计算出每百元股权资金的实际价值。其计算结果如表 14 - 9 所示。

表 14 - 9

股权资金收益率计算表

序号	负债/股权资金 ①	股权资金收益率 ②	百元股权资金收益额 ③	适用折现率 ④	每百元账面股权资金价值 ⑤＝③/④
1	40％	12.4％	12.4	6％	207
2	80％	14％	14	6.5％	215
3	100％	14％	14	7％	200
4	150％	13％	13	9％	144
5	200％	8％	8	12％	67

从表 14 - 9 的计算结果不难看出,当公司资金结构为负债与股权资金之比为 80％时,股权价值最大,所以,负债与股权资金之比为 80％的资金结构是公司的最优资金结构。

第六节　财务风险与经营风险的具体匹配策略

企业在追求股东财富最大化的过程中离不开运用财务风险。要有效地运用财务风险就离不开将财务风险与经营风险相匹配。如何将财务风险同经营风险进行匹配,是公司理财中需要研究的问题。本节将对财务风险与经营风险的匹配理论和方法进行研究。

一、财务风险和经营风险在资产负债表上的反映

会计上的资产负债表,其资产方是按资产的流动性排列,流动性大的排在前,流动性小的排在后;其资金来源方是按资金来源的稳定性排列,稳定性差的排在前,稳定性强的排在后。

资产的流动性在很大程度上反映了企业的经营风险和资产盈利能力,因为,资产的结构在很大程度上反映了企业的经营风险和资产盈利能力。而这又是因为,资产结构在很大程度上决定了一个企业的经营性固定成本,如固定资产折旧、无形资产摊销等。

资金来源的稳定性在很大程度上反映了企业的财务风险和普通股本的盈利能力。这是因为,资金来源的构成在很大程度上决定了一个企业固定的财务支出,如负债利息、优先股股利等。

因此,资产负债表可以在很大程度上综合反映企业的总风险水平。资产负债表所反映出的风险水平和潜在盈利能力如表 14 - 10 所示。

表 14 - 10

资产负债表——风险和收益的关系

资产	经营风险	收益	负债和股东权益	财务风险	收益
货币资金	小	小	流动负债	大	大
应收账款					
存货			长期负债		
长期投资					
固定资产	↓	↓	优先股本	↓	↓
无形资产	大	大	普通股本	小	小

从表 14 - 10 可以看出，一个企业可以通过调整资产结构和资金来源构成来控制企业的总风险和追求收益。

二、财务风险与经营风险的匹配

虽然调节两种风险可以达到调控企业总风险的目的，但在实践中，一个企业的资产结构是一个企业技术水平和经营性质的反映，它与企业所处的行业密切相关，一般而言，如果企业不根本地转变其经营性质，资产结构是很难有根本性改变的。比如，一个机械加工企业的固定资产比重会大于一个商业贸易企业的固定资产比重；一个高科技企业的无形资产比重会大于一个传统企业的无形资产比重。这说明，一个企业的资产结构具有相对的稳定性，不是财务人员风险控制的重点。对财务人员而言，风险控制的重点是财务风险。财务人员应该根据企业经营风险的现实状况，确定合理的资金来源结构，通过调控财务风险来控制企业的总风险水平。

财务风险的大小与各种具体资金来源的比重密切相关，调控财务风险就是要调节各种具体资金来源的比重。确定各种具体资金来源的比重，要充分考虑到不同资金来源所提供的财务杠杆效应和对外筹资的基础。财务杠杆效应具有层次性和传递性。层次性是指资产负债表上方的资金来源可以向下方的资金来源提供财务杠杆；传递性是指财务杠杆的作用是通过不同层次的资金来源从上层往下层传递的。比如，负债可以向股本提供财务杠杆利益，优先股本又可以向普通股本提供财务杠杆利益，就是普通股本中的优先级别股本（A 级普通股票）也可以向普通股本的一般级别股本（B 级普通股票）提供财务杠杆利益。与财务杠杆效应相反，享受财务杠杆效应的资金来源是对外扩大筹资的基础。比如，普通股本是优先股本筹资的基础，普通股本与优先股本之和是对外借债的基础，而股本与次等负债之和是优先负债的基础，等等。

所谓对财务风险的调控就是根据财务风险层次性和传递性的特征，合理地安排资金来源结构，使企业总风险能得到有效控制的前提之下，尽可能提高股权资金收益率，特别是普通股权资金的收益率。下面以实例说明财务风险与经营风险相匹配的策略。

【例 14-6】 假定某公司的普通股权益为 4 000 万元,资金成本为 14%。优先求偿资金来源与非优先求偿资金来源之比的公认社会标准为 1:1。现公司有一很好的投资项目,投资的资产收益率可以达到 14%。投资该项目后,公司的资产总额将达到 20 000 万元。公司预计不同资金来源的资金成本为普通股票 14%,优先股票 10%,非优先债务 8%,优先债务 6%。

现公司有三种方案可供选择:方案 1,全部用普通股票筹资;方案 2,分普通股票和优先债务两级筹资;方案 3,分普通股票、优先股票、非优先债务和优先债务四级筹资。

试确定最佳的筹资方案。

解:

确定最佳筹资方案的决策分析过程如下:

方案 1,因为全部资金来源均为普通股票,因此综合资金成本就是普通股票的资金成本,即资金成本为 14%。普通股权益收益率等于公司总资产收益率 14%。

方案 2,将全部资金来源分为普通股票和优先债务两级,按公认社会标准筹资,企业的普通股票筹资额为 10 000 万元,优先债务筹资额也为 10 000 万元。那么,公司的综合资金成本和普通股权益收益率则分别为:

$$\text{综合资金成本} = \frac{10\ 000}{20\ 000} \times 14\% + \frac{10\ 000}{20\ 000} \times 6\% = 10\%$$

$$\text{普通股权} \atop \text{益收益率} = 14\% + \frac{10\ 000}{10\ 000}(14\% - 6\%) = 22\%$$

方案 3,将全部资金来源分为普通股票、优先股票、非优先债务和优先债务四级筹资,按公认社会标准,由于公司已经存在 4 000 万元的普通股本,因此公司只要发行 1 000 万元的优先股票,就可以筹集 5 000 万元的非优先债务和 10 000 万元的优先债务,满足 20 000 万元投资的需要。按这种结构,公司的综合资金成本和普通股权益收益率则分别为:

$$\text{综合资} \atop \text{金成本} = \frac{4\ 000}{20\ 000} \times 14\% + \frac{1\ 000}{20\ 000} \times 10\% + \frac{5\ 000}{20\ 000} \times 8\% + \frac{10\ 000}{20\ 000} \times 6\% = 8.3\%$$

$$\text{普通股权} \atop \text{益收益率} = 14\% + \frac{16\ 000}{4\ 000}(14\% - 6.875\%) = 42.5\%$$

$$6.875\% = \frac{1\ 000}{16\ 000} \times 10\% + \frac{5\ 000}{16\ 000} \times 8\% + \frac{10\ 000}{16\ 000} \times 6\%$$

虽然以上举例选择了三个极端的情况,但是揭示了企业分多级筹资的基本目的——降低综合资金成本和提高普通股权益收益率。

企业资金来源构成除了按上述的优先资金来源与非优先资金来源进行分类之外,还应与资产结构相匹配,按短期资金来源与长期资金来源进行分类。这种分类的目的仍然是为了控制财务风险。一般来讲,企业的长期资产所需的资金应用长期资金来源解决,企业的短期资产所需的资金则可用长期资金来源和短期资金来源共同解决。这样,不仅可以使企业总风险得到有效的控制,而且还可以使企业维持较高的股权资金收益率,有利于股东财富最大化目标的实现。

习　题

一、复习思考题

1. 公司最佳投资额和实际投资额分别应该如何确定？
2. 公司筹资应该如何配合公司的投资？如何理解总量综合决策理论？
3. 投资结构与筹资结构对公司收益和风险的影响有哪些？
4. 公司投资结构与筹资结构综合决策的理论和方法有哪些？
5. 流动资产结构和流动负债结构对公司收益和风险的影响是什么？
6. 流动资金管理策略的基本分类有哪些？
7. 流动资产与流动负债综合决策的理论和方法有哪些？
8. 利用和控制财务风险策略的基本理论和方法有哪些？
9. 财务风险与经营风险的具体匹配应该关注哪些问题？

二、计算题

1. 假定 S 公司流动负债与长期负债合计为 500 万元，流动负债的资金成本为 2%，长期负债的资金成本 10%。请计算：当流动负债总额分别为 100 万元、200 万元、400 万元时，企业三种方案全部负债的资金成本，以及各方案的流动资金量和流动比率；分析三种方案的风险和收益。

2. 设长风公司股权资金为 2 000 万元，固定资产净值为 1 000 万元，预计该公司在计划年度内能销售产品 100 万件，销售单价为 40 元/件，总资产息税前收益率为 15%。现公司有稳健与激进的流动资产和流动负债所组成的四个流动资金管理方案，见表习题 14-1。

表习题 14-1

流动资金管理方案

金额单位：万元

方案	流动资产		负债			
	现金和有价证券	其他流动资产	流动负债		长期负债	
			金额	成本率	金额	成本率
A	400	600	200	2%	800	12%
B	400	600	800	2%	200	12%
C	100	600	200	2%	500	12%
D	100	600	500	2%	200	12%

又知，公司不考虑流动资金管理模式的适用折现率为 6%，采用最保守的流动资金管理模式会使公司折现率上升 4%；采用其他流动资金管理模式，其风险折现率为流动资金管理策略的风险程度之比。

要求根据以上资料，选出你认为最优的流动资金管理方案，并分析说明。

3. 已知南华股份有限公司总资产和总资产收益率保持不变,其总资产收益率为10%,负债与股权资金之比和负债资金成本存在着如表习题14-2所示的关系。

表习题14-2

负债与股权资金之比和负债资金成本关系表

负债/股权资金	30%	50%	80%	100%	150%	200%
负债资金成本	3%	4%	5%	6%	8%	12%

试根据以上资料确定南华公司的最优资金结构。

4. 假定计算题3中的南华股份有限公司市场同风险收益率与负债与股权资金的比率存在着如表习题14-3所示的关系。

表习题14-3

负债与股权资金之比和市场同风险收益率关系表

负债/股权资金	30%	50%	80%	100%	150%	200%
市场同风险收益率	6%	6.2%	6.5%	7%	8%	10%

试根据以上资料确定南华公司的最优资金结构。

5. 已知先锋股份有限公司现有普通股权益为3 000万元。现公司有一很好的投资项目,投资的资产收益率可以达到14%。投资该项目后,公司的资产总额将达到20 000万元。公司预计,当优先求偿资金来源与非优先求偿资金来源之比的公认社会标准为1:1时,不同资金来源的资金成本分别为普通股票13%,优先股票10%,非优先债务8%,优先债务5%。试求股东权益收益率最大的资金结构。

第十五章　盈利分配与股利分配

【本章提要】　盈利分配在公司理财体系中占有重要位置。盈利分配有刚性分配和弹性分配之分,刚性分配是公司无权自由做主,必须按照有关法规进行的盈利分配;弹性分配是公司可以自由做主,按照股东会的决定进行的盈利分配。弹性盈利分配的主要研究对象是制订股利分配政策。本章将重点讨论盈利分配的有关规定、程序,以及股利分配的一些基本概念。

【学习目标】　通过本章学习要求掌握和了解如下内容:(1)掌握盈利分配的内容与我国公司盈利分配的相关法律规定。(2)了解盈利分配与股利分配的关系。(3)掌握可供股东分配利润的概念,以及分配后的结果。(4)掌握股利支付率的不同计算方法。(5)了解股利分配的基本动因。

第一节　公司盈利分配的内容

盈利分配是公司理财中的三大问题之一,公司产生盈利之后,必须向公司相关的利益主体进行分配。盈利分配关系到各个利益集团的切身经济利益,因此,其分配倍受有关利益集团的关注。在本节将重点讨论公司盈利分配的内容。

一、公司盈利分配程序

公司盈利的表现形式有税前利润(利润总额)和税后利润(净利润)两类指标。税前利润减去所得税之后的余额就是税后利润。所得税是国家参与企业分配的结果,从理论上讲,也属于企业盈利分配的范畴。只不过所得税分配的多少,企业没有决定权,它是按照企业利润总额和国家税法规定的所得税率由国家税务部门强制征收的。因此,在实际中,多将所得税从公司盈利分配中排除,以公司缴纳所得税之后的净利润作为公司盈利的指标。这样,公司盈利分配就变成了对公司净利润的分配。

公司的盈利分配程序受到国家法律上的制约,法律规定盈利分配程序的主要目的是为了制约公司分配的随意性,保证企业资本的充实,保护优先股股东的权益。在整个公司盈利分配链条中,普通股股东的利益是放在最后考虑的。

按我国股份公司的财务制度规定,公司的盈余应按下列顺序分配:第一,弥补亏损;第二,法定公积金;第三,优先股股利;第四,任意公积金;第五,普通股股利。

二、盈利分配的主要内容

下面简单讨论盈利分配各个程序的内容和基本目的。

（一）弥补亏损

弥补亏损是放在公司盈利分配第一个环节的,其目的是为了保证资本的充实性。在公司以前年度发生亏损时,公司的资本必然受到侵蚀,影响到公司的经营能力,为了保证资本的充实完整,在以后年度出现盈利的时候,要优先补足在以前受到侵蚀的资本。在亏损未弥补之前,公司盈利不得用于其他任何用途的分配。按照我国税法规定,以前年度的亏损可以在以后的 5 个年度内用税前利润来弥补。这说明,弥补亏损在一定的条件下,甚至放在缴纳所得税之前,可见盈利分配在保证资本充实方面的重要性。

（二）提取法定公积金

公积金按照来源为标准,可以分为资本公积金和盈余公积金。资本公积金是指超过股票面额发行所得的溢价额、产权变动时的资产估价增值额(扣除减值额)、接受赠与的所得,等等。盈余公积金则是从税后利润中提取。盈余公积金又可以进一步分为法定公积金和任意公积金。在这里所指的法定公积金,就是法定盈余公积金。按照我国的现行规定,法定盈余公积金按公司税后利润的 10% 提取,公司没有权力确定法定盈余公积金的比例。但是,当公司提取的法定盈余公积金已经达到注册资本 50% 以后,可以不再提取法定盈余公积金。法律强制性地要求公司提取公积金,其基本目的是为了保证公司资本的增值,为公司未来的正常发展提供资本方面的保障。

我国还对弥补亏损的资金来源作了明文规定,即:公司应先使用其盈余公积金弥补亏损,不足时,才可以用其资本公积金补充。这就制约了公司盈余公积金有亏损时不减少的可能性,使公司自由提取法定公积金的可能性减少。

（三）支付优先股股利

优先股股利的支付先于普通股股利,这也是盈利分配法规所确定。有关优先股股利先于普通股股利的问题,在讨论优先股票时已提及,故不再叙述。但是,需要注意,公司在弥补亏损和提取法定公积金前,不得分配优先股股息和普通股红利。

（四）提取任意公积金

任意公积金是公司按章程规定或股东大会决议从税后利润中另外提取的,它从性质上看与法定盈余公积金是一样的,所不同的是任意公积金受制于公司股利支付策略,属于股利分配的范畴。我国公司法规定:公司在从税后利润中提取法定公积金后,经股东会决议,可以提取任意公积金。

（五）支付普通股股利

普通股股利是盈利分配程序中的最后一个环节,其支付金额的多少完全由公司的股利政策所决定。按照盈利分配程序,如果公司出现亏损,就不可能支付普通股股利,但是,在盈余公积金已超过注册资本总额 50% 的条件下,如果公司出现亏损或可供分配利润低于股票面值的 6%,那么允许公司为了维持本公司的股票信誉,可以用盈余公积金,以不超过股票面值 6% 的比率派发股息和红利,但分配股利后的法定公积金不得低于注册资本的 25%。

以上法律规定是任何公司都必须遵守的,它制约了公司盈利分配政策的任意性。

三、盈利分配与股利分配之间的关系

从上述有关盈利分配的内容和程序的讨论中,可以看出,盈利分配与股利分配是存在着差异的,两者的关系是股利分配隶属于盈利分配,是盈利分配中的核心内容。这是因为,第一,盈利分配的其他环节都属于法定的刚性分配,只有股利分配环节公司才有自主权,才有权研究其分配的方案;第二,归股利分配的盈利比例占公司盈利的百分比最大。盈利分配与股利分配两者之间的关系可以用利润分配表来说明,如表 15 - 1 所示。

表 15 - 1

利润分配

项　　目	分配规则和内容
利润总额	
减:所得税	国家强制征收
净利润	
加:年初未分配利润	
可供企业分配利润	盈利分配
减:提取法定盈余公积金	按税后利润的 10% 刚性分配;当盈余公积金已超过注册资本总额 50% 以后,可以不再提取。
可供股东分配利润	
减:优先股股利	按优先股发行合同规定的股利率刚性分配
可供普通股股东分配利润	股利分配政策
减:提取任意盈余公积金	根据股东会议的决定自主弹性分配
普通股股利	根据股东会议的决定自主弹性分配
年末未分配利润	根据股东会议的决定自主留存

从表 15 - 1 可以看出,公司盈利分配是由刚性的法定分配和合同分配与弹性的股利分配两部分内容所构成,其中股利分配的内容就是将可供普通股股东分配利润分解为任意盈余公积金、普通股股利和未分配利润三个部分。这三个部分在一般的公司盈利分配中的比例都高达 80%,是盈利分配的核心。正因为如此,在很多人的观念里,包括许多教科书中都将股利分配等同于盈利分配。

公司的利润分配方案和弥补亏损方案由公司董事会制订,经股东会审议批准后执行。

【例 15 - 1】　已知某公司本年度的净利润为 3 000 万元,上年末未分配利润为 1 000 万元,法定盈余公积金的提取比例均为 10%,应支付的优先股股利为 500 万元。公司的股利分配政策:按可供普通股股东分配利润的 20% 提取任意盈余公积金,25% 支付现金股利,35% 支付股票股利。试根据上述资料编制利润分配表。

解:

根据上述资料编制的利润分配表,如表 15 - 2 所示。

表 15 - 2

利润分配表

单位:万元

项　目	计算过程	金额
净利润		3 000
加:年初未分配利润		1 000
可供企业分配利润		4 000
减:提取法定盈余公积金	3 000×10%	300
可供股东分配利润		3 700
减:优先股股利		500
可供普通股股东分配利润		3 200
减:提取任意盈余公积金	3 200×20%	640
支付普通股现金股利	3 200×25%	800
支付普通股股票股利	3 200×35%	1 120
年末未分配利润		640

第二节　股利分配政策

公司股利分配政策是指当期可供普通股东分配利润的分配政策。具体地看,它包括股利支付的形式、股利支付率、股利支付增长率、股利发放策略、股利发放程序等。本节将对这些问题逐一讨论。

一、股利支付形式

公司股利的支付形式可以多种多样,从理论上讲主要有实际收益式股利、股权式股利和负债式股利三种。

(一)实际收益式股利

实际收益式股利是指企业将其所拥有的资产作为股利分配给股东的事件。股利分配的结果是公司的资产减少,股东拥有的资产增多,获得了实际收益。它主要有现金股利和非现金形式的资产股利两种形式。

1. 现金股利

现金股利是指公司以现金的形式向股东支付股利。现金一方面可以无限分割,便于公司向股东支付股利;另一方面,可以转换为任何资产,满足股东的各种需要,广泛受到股东的欢迎。因此,现金股利是公司股利分配中最常见的形式。现金股利又称为"红利",公司发放现金股利经常被简称为分红或派现。

2. 非现金形式的资产股利

非现金形式的资产股利,简称财产股利,是指公司用现金以外的资产来支付的股利。由于股利支付具有零星性,因此,不是每项资产都适合于支付股利,能够用于支付股利的资产主要是那些可以进行分割的资产,如企业的产品、公司持有的有价证券等。比如我国的南方黑芝麻集团股份有限公司就曾于 2013 年 3 月 31 日发布了《关于向公司股东征集新产品品尝意见的议案》:每持有公司 1000 股的股份赠发一礼盒装(12 罐装)黑芝麻乳品尝产品。但该免费品尝产生的约 500 万元的费用,没有作为股利分配,而是列入公司本年度的销售费用。从实际上看,用非现金财产支付股利的情况很少发生,特别对上市公司而言,向股东分发非现金资产的股利,根本就是行不通的。

（二）股权式股利

股权式股利,即股票股利,是指企业以增发股份的形式作为股东股利的事件。该种股利的基本形式是股票股利。股票股利本质上是收益资本化。股票股利不直接增加股东的财富,不导致公司财产的流出或负债的增加,但会影响所有者权益各项目的结构发生变化。具体地说,是将公司的盈余公积金转为注册资本,即借:应付利润、盈余公积、未分配利润等科目;贷:普通股票。

公司支付股票股利后,从公司的角度看,公司的资产总额不变、股份总额增加、每股的账面价值下降、每股的市场价格下降;从股东的角度看,股东持有的股份数量也增加、每股股份的价值下降、股份的总价值不变、占公司股份的比例不变。因此,公司没有为股权式的股利支付付出任何有价值的资产,股东也没有因为多获得股票而增加了财富。总的来说,股票股利不是一种实际收益式的股利。

（三）负债式股利

负债式股利是指公司以负债的形式向股东支付股利。如以公司的应付票据作为股利支付给股东,也可以专门为支付股利而向股东定向发行公司债券。负债形式的股利支付,本质上是一种股利的延期支付行为。在这种股利支付方式下,公司的股东又成为了公司的债权人,从会计处理上来看,是将公司的应付股利转变成为其他形式的负债,即借:"应付股利",贷"应付债券"科目等。在实际中,这种股利支付形式很少发生。公司只可能在股东对股利要求极高,但公司现金又极度短缺的情况下,才可能出现以负债的形式向股东延期支付股利的现象。

二、与股利支付形式有关的股权增减变动形式

在股利支付实践中,一家公司股权的增减变动除了发行股票股利之外,还有许多形式都可以使公司的股权数量发生增减变化。其中包括:资本公积金转增股本、股票回购、增资配股、股票分割、股票合并等。市场上的不少投资者,都在某种程度上将引起股权增减变化的这些行为视为类股利分配方式。

（一）资本公积金转增股本

资本公积金转增股本与股票股利十分相似,它们都是在不改变公司股东权益的基础上增加公司发行在外的股票数量,随着公司股本的增加,公司的注册资本也会相应地增加,并需要进行增资登记。另外,由于资本公积金转增股本和股票股利都不会使公司的股东权益发生增减变化,这样,随着公司发行在外股票数量的增加,股票的每股账面价值和市场价值均会相应降低。

资本公积金转增股本与股票股利的不同之处,在于资金来源不一样,股票股利的资金来

源是利润,而资本公积金转增股本的资金来源是资本公积金,其会计处理方式为借:资本公积金;贷:普通股票。由于资本公积金本来就属于股东投入企业的资本,将资本公积金转变为股本,本质上只是公司对股东实际投入公司资本采取了不同的账务处理方法而已,因此,资本公积金转增股本不会涉及税收方面的问题。而公司发放股票股利,对股东而言,则存在所得税的问题。

(二)股票回购

股票回购是指公司将发行在外流通的股票通过现金方式购回,并将它们作为库藏股的行为。公司在回购股票的过程中,必然将公司所持有的现金分发给股东,使股东获得实际的利益。股票回购的股利分配形式,主要适用于采用授权资本法律制度的国家或地区。在实收资本制的法律制度下,以购回股票的形式分配公司股利的做法是受到禁止的。

公司回购股票对公司而言的直接后果,是现金保有量减少,股权资金来源和股票数量减少,资产结构和财务结构都趋于激进,股权资金的盈利能力增强。对股东而言的直接后果,是每股收益增加,股票的市场价格上升,给股东带来了实际的经济利益。

一般来讲,公司只能在现有资本结构过于稳健,杠杆效率低下,资金成本过高,并且现金又较为充裕的情况下,才有必要通过股票回购,来调整资本结构状况,降低综合资金成本。当然,公司在现金持有量不足的时候,也可以采用负债的方式筹集资金进行股票回购。往往在这种情况下,公司的财务结构会迅速地转趋激进,获得更大的财务杠杆效应。

(三)增资配股

增资配股,也叫发行股权,是指公司向现有股东配售新股的行为。增资配股所发行的新股通常要求首先向现有股东配售,即现有股东拥有新股的优先认股权。从性质上讲,增资配股不属于股利分配范畴,而是公司筹集资本金的行为。但是,由于公司的配股价格往往会低于股票的市场价格,这样,现有股东获得的优先认股权就有了价值,从而起到了类似股利分配的作用,以至于市场上不少投资者都将公司的低价增资配股的筹资行为视为股利分配行为。

(四)股票分割

股票分割,也称股份拆细或拆股,是指企业将原来面额较大的一股股票分割成若干股面额较小的新股票的行为。股票分割后,发行在外的股数增加,每股面额降低,每股盈余下降;公司价值、股东权益总额、股东权益各项目的金额及其相互间的比例保持不变。从本质上来讲,股票分割仅仅指将一股面额较高的股票交换成数股面额较低的股票的行为,不属于股利分配行为。对于公司来讲,实行股票分割的主要目的在于通过增加股票股数来降低每股市价,从而吸引更多的投资者。但是,从股东的角度看,股票分割增加了他们持有股票的数量,起到了与股票股利同等的作用或效果。因此,在市场上,不少股东都将股票分割作为股票股利来看待。

(五)股票合并

股票合并,与股票分割相反,是指公司将原来面额较小的若干股股票合并成为一股面额较大的新股票的行为。股票合并与股票回购相同之处是两者都会减少公司流通在外的股票数量,不同之处是股票回购会导致公司现金流出,给股东带来实际利益;而股票合并则不会导致公司现金流向股东,仅仅是一种数字把戏,不会给股东带来任何利益。在现实中,股票合并往往是公司处于财务困境时不得已而采取的行动。比如,公司的股票账面价值由于长年亏损,已经大大低于了证券交易所股票上市交易的最低规定,这时公司就可能对股票进行合并,以满足交易的条件;又如,公司认为公司股票的市场价格过低,以至影响到公司的形象时,公司也可能采取股票合并的行为。正因为如此,在现实中,除了因公司合并时可能发生股票合并的现象之外,在其他情况下,很少有股票合并的事件发生。

三、股利政策的关键内容

公司可供普通股东分配的利润不外有两个用途:一是作为股利分配给股东,另一是留存在公司用于再投资。决定如何将可供普通股东分配的利润用于这两个用途的政策称为股利分配政策。从理论上讲,股利政策最为核心的内容就是在遵循股东财富或企业价值最大化目标的基础上,正确处理好可供普通股东分配的利润在股利派发与企业留存彼此间的分割关系问题。股利政策要达成股东财富最大化的目标,公司就必须平衡与公司有关的经济利益主体之间的经济利益,以及平衡股东的眼前利益与长远利益,从而制订出有利于公司长远发展的股利政策,促使股东财富最大化目标的实现。公司的股利政策由如下几个方面的内容所组成。

(一)选择股利支付率

股利支付率是指确定每股实际分配股利与可供分配利润之比,它是股利政策中最核心的问题。股利支付率的计算公式按照所用的分母不同可以有多种形式,常用的指标如下。

1. 股利与税后利润之比

股利与税后利润之比是使用得最为普遍的反映股利支付率的指标,因此,在许多情况下,所说的股利支付率就是该比率。它是当年股利与当年税后利润之比。其计算公式为:

$$股利支付率 = \frac{当年发放的股利}{当年税后利润} = \frac{每股股利}{每股收益}$$

该股利支付率反映了公司现金股利占公司净利润的百分比,即公司将净利润中的多少用于支付普通股票的股利,将多少留存在公司进行再投资。

2. 股利与可供普通股东分配利润之比

该股利支付率反映了公司现金股利占公司净利润的百分比,但是,由于公司的盈利分配是受到法规制约的,因此,在公司可以自主决定分配股利之前的盈利分配不隶属于公司的股利分配政策。为了更准确地反映公司股利政策,应该将公司支付的普通股票股利与可供普通股股东分配利润进行比较。该比率的计算公式为:

$$股利支付率 = \frac{当年发放的股利}{当年可供普通股股东分配利润}$$

【例 15-2】　根据〖例 15-1〗的资料计算公司的股利与税后利润之比和与可供普通股东分配利润之比两种股利支付率。

解:

由于股利支付只包含现金股利而不包含非现金股利,因此,计算结果分别为:

(1)股利与税后利润之比。

$$股利支付率 = \frac{800}{3000} = 26.67\%$$

（2）股利与可供普通股股东分配利润之比。

$$股利支付率=\frac{800}{3200}=25\%$$

3. 股利收益率

股利收益率是每股股利与每股市价之比。其计算公式为：

$$股利收益率=\frac{每股股利}{每股市价}$$

4. 市利率

市利率是股票市场价格与每股股利之比，是股利收益率的倒数。其计算公式为：

$$市利率=\frac{每股市价}{每股股利}$$

【例 15-3】 假定〖例 15-1〗中公司流通在外的普通股票总数为 10 000 万股，每股的市场价格为 5 元/股。试求该公司股票的股利收益率和市利率。

解：

$$股利收益率=\frac{\frac{800}{10\,000}}{5}=\frac{0.08}{5}=1.6\%$$

$$市利率=\frac{5}{0.08}=62.5（倍）$$

虽然该指标不是反映公司股利政策的指标，但是，由于该指标反映了股东以现金形式所得到的投资回报率的高低，对于指导股票投资有着重要意义，因此，在成熟的资本市场中比较重视该类指标。

公司股利分配政策，按照股利占税后利润或可供普通股股东分配利润的比率大小进行分类，分为全额发放股利政策、高股利分配政策、低股利分配政策和不支付股利政策等类型。

（二）选择股利支付形式

公司可以选择的股利支付形式有现金股利、股票股利、股票回购等，有关这些股利的具体支付形式，在前面已经进行了介绍，故不再进行讨论。

（三）确定股利支付增长率

股利支付率的增长速度除了受公司盈利水平的影响之外，还受到公司股利分配政策的影响，它直接决定着公司未来股利支付率的高低。公司可以采用的股利支付率增长策略有固定股利增长率、不固定股利增长率和零增长率等等。公司有了明确的股利增长率政策，就可以以时间为自变量、股利为因变量建立股利的预测函数，从而使预测未来股利的问题简单化。

固定股利增长率的股利预测模型为：

$$未来第\ t\ 年的股利=当前股利\times(1+股利年增长率)^t$$

零增长率的股利预测模型为：

$$未来第\ t\ 年的股利=当前股利\times(1+0\%)^t=当前股利$$

显然，如果公司有确定的股利增长率政策，那么就有利于投资者预测股利收益和普通股票的价值,从而确定股票投资的预期收益率。相反,如果公司没有明确的股利增长率政策,如采用不固定股利增长率的政策,那么,投资者将无法预测未来的股利收益,相应地,也难以确定未来普通股票的价值。

从投资者的角度考察,他们会更喜欢有明确股利支付增长率的股票。而从公司的角度看,股利支付增长率越是确定,公司在未来股利分配的自由空间就越小,财务负担就越大,这可能会影响到公司经营的灵活性。因此,如何确定股利支付增长率也是制订公司股利政策应该考虑的一个重要因素。

（四）确定股利发放策略

股利的发放策略是指公司如何将股利发放给股东的策略。公司股利发放的策略主要有固定股利策略、稳定增长的股利策略、固定股利支付率策略、剩余股利策略和固定股利加额外股利策略。具体地看,固定股利策略就是股利支付率零增长的策略,稳定增长的股利策略就是固定股利增长率的策略,它们都属于稳定性强的股利支付策略。固定股利支付率策略、剩余股利策略就是不固定股利增长率的策略,它们都属于稳定性弱的股利支付策略。固定股利加额外股利策略,则是介于固定股利策略与固定股利支付率策略之间的策略,属于稳定性弱于固定股利策略但强于固定股利支付率策略。

除了上述讨论的股利发放策略之外,公司还应该进一步考虑股利发放的频率问题,即股利支付的间隔期问题。公司可以采用的股利支付频率有多年支付一次、每年支付一次、每半年支付一次和每季支付一次等多种。不同的支付间隔期,对股东和公司的利益有着不同的影响,也是在确定股利发放策略是应该考虑的问题。

虽然公司在若干多年的时间内支付给股东的股利总额可能是一样多的,但如果发放的方法不一样,那么,股东每年所获得的股利额就不一样,即股利的稳定性就不一样。股利的稳定性既涉及股东的利益,又涉及公司财务安排的自主性,是公司在选择股利政策时需要认真考虑的因素之一。

（五）确定股利发放程序

股利发放程序是指从股利宣告开始一直到股利支付到股东手中为止这一段时间中的程序安排。股利发放的主要程序包括:股利宣告日、登记日、除息日和发放日。股利宣告日是公司董事会将股利支付情况予以公告的日期;股权登记日是有权领取股利的股东资格登记截止的日期;除息日是指股利权与股票分离日;股利支付日是公司向股东发放股利的日期。对上市公司而言,股利发放程序中除了股利宣告日由公司决定之外,其他程序都由专门的证券登记公司负责。上市公司的主要责任是将现金按时和足额地缴存证券登记公司的指定账户中。

第三节　股利分配的动因探讨

前两节分别讨论了盈利分配和股利分配的问题,本节将对股利分配的动因进行探讨,以说明公司分配股利的必要性。

一、从股票的本质认识股利支付的必要性

虽然,在理论上,对公司股利政策是否与股东财富或公司价值最大化相关存在着两种截

然不同的理论——股利相关论和股利无相关论；但是，从现实来看，公司支付股利是必要的。这可以用股票的本质来证明。

　　股票作为一种有价证券，在不考虑控制公司利益和公司解散时取得的剩余财产分配权利益的前提之下，投资者购买它的目的不外是想通过它获取经济利益。该经济利益由股利收益和资本增值收益组成，股利收益是股东从公司分得的利润；资本增值收益是指投资者卖出股票与购入股票之间价格的差异。

　　股票的市场价格受公司盈利能力和风险水平的影响，而这两者又受公司财务状况的影响，公司净资产或股东权益是影响公司盈利能力、风险水平的重要因素，它直接或间接地决定着公司股票的市场价格。在公司不新发行股票的前提之下，公司净资产的增减变化与公司的盈利能力和股利政策有关，公司盈利能力高、股利分配政策保守，公司净资产的增长速度就快；反之，则慢。由于任何公司的利润都是有限的，因此，公司留存收益与股利支付额之间存在着此增彼减的关系，股利支付额越多，公司留存的收益就越少；反之，股利支付额越少，公司留存的收益就越多。

　　虽然投资者所获得的股利收益和资本增值收益在一定程度上是可以相互转换的。但是，这决不意味着公司可以永远不支付股利。如果公司在发行股票的合同中有诸如"本公司的股票永远不发放任何股利"的条文，我们可以相信，绝不会有任何投资者购买该公司的股票。事实上，如何支付股利，只是一个股东眼前利益与长远利益的平衡问题，而绝不是可以不支付股利的问题。这充分说明了股利支付的必要性。

　　在现实中，投资者之所以愿意放弃当前的股利，是因为他们认为放弃当前的股利，用股利进行再投资，可以使公司的利润上升，从而使未来的股利得以增加，并且，将未来的股利折算为现值后，其价值仍然要大于目前的股利。如果股东预期将当前的股利进行再投资后的未来股利不会增长时，股东都一定会从自身的利益出发，投票反对公司用股利进行再投资，强烈要求公司立即将利润以股利的形式分给股东。

二、从股利政策演变史认识股利支付的必要性

　　从公司股利政策的演变史也可以证明股利支付的重要性。在股份有限公司成为企业组织形式主流的初期，社会生产能力相对低下，市场竞争还不十分激烈，公司的主要任务就是筹集资金，组织生产，满足市场需要。在这时，公司通常都是将公司当年获得的利润以股利的形式分配给股东，以刺激股东的投资热情。利润多就多分，利润少就少分，无利润就不分。

　　后来，随着社会生产能力的提高，生产能力逐渐过剩，市场竞争日趋激烈，公司各年的利润开始出现较大的波动，稳定性减弱。公司为了平衡各年度的股利，开始改变公司的股利分配政策，将利润的一部分留存下来用于以丰补歉。

　　随后，公司开始又将留存下来的利润用于再投资，以满足公司未来股利能够持续增长的需要。通过实施这种股利分配政策，使公司股利支付的连续性和股利支付率持续增长都得到了更大的保障。故股利分配政策中才出现了越来越重视留存利润的现象。

　　公司采用留存利润的股利分配政策，虽然可以解决公司各年度股利均衡的问题，以及满足股东对股利持续上升的要求；但是，过高的留存利润也会给股东利益造成损失，其原因如下：

　　（1）股东当期获得的现金收益太低，股利对股东失去了应有的意义，结果是股东普遍轻

视股利,转而追求证券投机产生的资本收益,导致股票市场过度投机化,使股东投资的风险增加和公司的理财环境变差。

(2) 公司用留存利润进行再投资存在着风险。虽然公司期望通过股利的再投资为股东带来更高的股利收益,但是,往往事与愿违,非但不能使公司盈利能力与累计的留存收益同步增长,反而有可能将多年留存下来的利润毁于一旦。

(3) 公司留存收益的增长会增加公司的自由现金流量,使公司经营者有可能不以股东利益最大化为目标,而以企业规模——自己利益最大化为目标,使股东的利益遭受侵害。

目前,各个国家的证券监管机构都开始认识到公司支付股利的重要性,并制定了强制公司发放一定股利的规定。我国证监会从 2001 年开始将公司的现金股利支付与公司发行新股联系在一起,其用意是强制性地要求公司支付现金股利。中国证监会又于 2008 年发布了《关于修改上市公司现金分红若干规定的决定》,其内容主要包括在年度报告中详细披露公司的现金分红政策,使投资者对公司未来发展具有明确预期,在公司章程中列明进行现金分红的长期制度安排、条件、比例、种类等内容,并强调严格执行,上市公司中期进行现金分红,财务会计报告可以不经会计师事务所审计,申请再融资时上市公司现金分红的标准提高至不少于最近 3 年实现的年均可分配利润的 30%。这些带有强制性的法规措施,既保护了外部股东的利益,同时也规定了上市公司申请再融资时的最低股利支付水平。在 2011 年 [2011]41 号关于做好年报编制、审计和披露工作的公告中,专门强调公司应完善利润分配政策,积极回报股东,增强利润分配的透明度。上市公司应在年报"董事会报告"部分以列表方式明确披露公司前三年股利分配情况或资本公积转增股本情况,以及前三年现金分红的数额、与净利润的比率。同时应披露本次股利分配预案或资本公积转增股本预案。上市公司应当披露现金分红政策的制定及执行情况,说明是否符合公司章程的规定或者股东大会决议的要求,分红标准和比例是否明确和清晰,相关的决策程序和机制是否完备,独立董事是否尽职履责并发挥了应有的作用,中小股东是否有充分表达意见和诉求的机会,中小股东的合法权益是否得到充分维护等。对现金分红政策进行调整或变更的,应当详细说明调整或变更的条件和程序是否合规和透明。对于本报告期内盈利但未提出现金利润分配预案的公司,应详细说明未分红的原因、未用于分红的资金留存公司的用途。从这些政策可以看出公司支付现金股利的必要性。

习　题

一、复习思考题

1. 公司的盈利分配涉及哪些利益主体?
2. 我国公司盈利分配法定程序是什么? 每一程序的内容有哪些?
3. 怎样认识盈利分配与股利分配的关系?
4. 股利政策包含哪些基本内容?
5. 为什么说盈利分配的核心是股利分配?
6. 现金股利与股票股利有什么区别?
7. 怎样认识股利分配的基本动因?

二、计算题

1. 已知某公司本年度的净利润为 5 000 万元,上年末未分配利润为 1 000 万元,法定盈余公积金提取比例为 10%,任意盈余公积金的提取比例为 5%,应支付的优先股股利为 800 万元。公司决定提取任意盈余公积金 1 000 万元,用现金支付普通股股利 1 000 万元、支付股票股利 1 000 万元。试根据上述资料编制利润分配表。

2. 根据计算题 1 计算公司的股利支付率。

3. 设计算题 1 公司发行在外的普通股票总数为 12 000 万股,目前普通股票的市场价格为 10 元/股,试计算投资该股票以市场价格为基础的股利收益率。

第十六章 现金股利

【本章提要】 股利分配在股份公司理财体系中占有重要位置,而现金股利又是公司股利分配的最基本的形式。在资金市场体系健全的情况下,现金股利支付不仅直接影响到股东的股利收益,而且也影响到股票市场价格,即影响股东的资本收益。现金股利政策所产生的影响是复杂的,对这些影响也存在着不同的评价。本章将重点讨论股利支付率理论,最佳现金股利支付率确定的理论与方法、股利发放程序、股利支付策略、股利对不同股东利益的影响,以及影响股利支付的各种制约因素等方面的问题。

【学习目标】 通过本章学习要求掌握和了解如下内容:(1)了解不同股利支付率理论的基本内容。(2)了解最优股利支付率确定的基本理论和方法。(3)掌握股利支付程序。(4)掌握股利支付策略及其对股东利益的影响。(5)掌握影响股利支付的各种制约因素。(6)了解股利支付策略是如何影响到公司股东类型和公司发展方向的基本理论。

第一节 股利支付率理论

股利政策是决定如何将公司税后利润,严格地说,是可供普通股股东分配的利润合理地分配给现有股东和增加公司留存收益的分配政策。表面上它关系到股东的现金收入和公司的日后发展,实际上它影响着股东财富。对于现金股利是否会对股东财富产生影响的问题,在理论界存在着股利无关论和股利相关论两种不同的观点,本节将对这两种观点的基本理论进行讨论。

一、股利无关论

(一)股利无关论的基本内容

股利无关论是由米勒(Miller)和莫迪格莱尼(Modigliani)两位经济学家于1961年提出的。由于这两人名字的第一个字母均为M,因此,该理论又称为MM股利理论。

MM股利无关论的结论有二:

(1)企业股票价格与企业股利政策无关。"在完全资本市场中,理性投资者的股利收入与资本增值两者之间不存在区别,以及投资政策已定的条件下,公司的股利政策对其股票市价不会产生任何影响。"即公司的盈利和价值完全取决于公司的投资效益,在公司投资决策既定的条件下,股利政策不会对企业价值产生任何影响;因此,不存在最佳股利政策的问题。

（2）企业的股权资金成本与企业的股利政策无关。

总之,MM 股利理论认为,在满足严格假定的条件下,公司股利政策对公司价值和股票价格不会产生任何影响,因此,股利政策无所谓最佳、最次等方面的问题,即股利政策与企业价值不相关。

（二）股利无关论成立的前提

股利无关理论是建立在完全资本市场、投资者的理性行为和充分假定三个基本假定基础之上的,具体地看,有如下一些重要假定。

1. 完全资本市场假设

完全资本市场是指在这个资本市场中,任何投资者都无法拥有通过自身交易行为而影响或操纵市场上证券价格的力量;投资者可以平等地免费获得影响股票价格的全部信息;证券发行不存在发行成本、交易费用等。

2. 投资者的理性行为假设

所有投资者都是追求自身利益最大化的理性投资者,他们对财富取得的形式,即股利收益或资本收益不关心,关心的只是财富量的大小。

3. 信息充分确定的假设

每一位投资者都能对未来投资机会和企业利润进行正确的预测,即各投资者都能准确地预计未来的股票价格和股利。

4. 公司投资政策保持不变的假设

公司有一既定的不会变化的投资政策,该投资政策不会因为股利政策而变化。如果因公司支付股利导致自有资金不能满足投资需要时,公司则通过外部股权筹资来满足投资对资金的需要。并且假定公司为新投资项目进行的外部股权筹资不会改变公司的经营风险,因而,也不会改变普通股权益收益率。

5. 公司可以自由在资本市场上筹资的假设

公司在资本市场上筹集资金不存在任何障碍,公司可以根据需要随时从资本市场中筹集到投资所需要的资金,这样,公司从资本市场上筹集到的现金流入量等于公司因股利支付而流出的现金量。

在上述假设条件下,股利无关论认为,由于套利机制存在,会使支付股利与外部筹资所产生的效益与成本正好相互抵消。其套利过程:当公司将盈利以股利形式发放给股东,自有资金就不能满足投资的需要,这时公司就必须发行新的股票筹措同等金额的资金,以满足投资项目的资金需要。由于股利支付会使股票市价上升,发行新股票会使股票市价下降,故最终结果是股利支付后的每股市价等于股利支付前的每股市价。再由于股东对资本收益和股利收益具有无偏好性,所以,股东财富也就不受企业现在与将来的股利政策所影响。企业的价值完全取决于企业未来的盈利能力,而非股利分配方式。

（三）MM 股利无关论推论

MM 股利无关论可以按照下列方法进行推论:

$$\rho(t) = \frac{d(t) + p(t+1) - p(t)}{p(t)} \qquad (16-1)$$

式中:$\rho(t)$——风险折现率（投资收益率）;$d(t)$——公司在 t 期支付的每股股利;

$p(t)$——公司在 t 期的每股股价。

对上式变形之后有：

$$p(t) = \frac{d(t) + p(t+1)}{1 + \rho(t)} \tag{16-2}$$

上式说明，公司的股票价格等于 1 加投资收益率 $\rho(t)$ 对当期股利支付额 $d(t)$ 与期末股票价格 $p(t+1)$ 之和的折现价值。该式说明公司无论是否支付股利，公司股票价格都相等。

如果假定：

$V(t)$＝第 t 期期初公司的总价值；$n(t)$＝期初发行在外的股票数量；$p(t)$＝期初公司每股股票价格；$D(t)$＝第 t 期支付的股利总额＝$n(t) \times d(t)$；$P(t+1)$＝期末公司每股股票价格。

那么有：

$$V(t) = \frac{D(t) + n(t)p(t+1)}{1 + \rho(t)} \tag{16-3}$$

用这个公式，可以推算出一家公司在投资政策保持不变的情况下，公司股利支付水平不会对公司价值产生任何影响。关于该式的推论见以下例解。

（四）股利无关论例解

【例 16-1】　假定 A 公司目前的普通股票市场价值为 10 元/股，发行在外共 1 000 万股，公司每期净收益为 1 000 万元，假设收益率为 10%，并且保持不变。现公司有一个净现值为 1 000 万元的投资机会，期望投资收益率仍为 10%。该公司有如下两种股利分配和为投资筹集资金的方案：方案 1，将净收益 1 000 万元全部作为股利发放，然后再通过发行股票筹资 1 000 万元；方案 2，不发放股利，利用净收益 1 000 万元来满足投资需要。试求两种方案对公司股票价值的影响。

解：

方案 1，将净收益 1 000 万元全部作为股利发放，每股可以获得股利 1 元，其收益率为：

$$\rho(t) = \frac{d(t) + p(t+1) - p(t)}{p(t)} = \frac{1 + 10 - 10}{10} = 10\%$$

为了满足投资项目对资金的需要，公司通过发行股票筹资 1 000 万元，然后再对其价值折现，可得：

$$V(t) = \frac{D(t) + n(t)p(t+1)}{1 + \rho(t)} = \frac{1\,000 + 1\,000 \times 10}{1 + 10\%} = 10\,000（万元）$$

方案 2，公司将净收益 1 000 万元全部留存下来，公司的价值总额上升为 11 000 万元，每股价值变为 11 元，其收益率为：

$$\rho(t) = \frac{d(t) + p(t+1) - p(t)}{p(t)} = \frac{0 + 11 - 10}{10} = 10\%$$

利用留存收益进行再投资的价值进行折现，可得：

$$V(t) = \frac{D(t) + n(t)p(t+1)}{1 + \rho(t)} = \frac{0 + 1\,000 \times 11}{1 + 10\%} = 10\,000（万元）$$

以上讨论的是净收益与投资项目的资金需要量完全相等的情况。为了使讨论的问题更具备普遍性，下面讨论在净收益与投资项目资金需要量不相等情况下，不同股利分配方案对企业价值的影响问题。

为了方便推论,设:税后利润总额＝E;投资项目需要资金＝I;股利支付额＝D;新筹资额＝F;股票回购金额＝RT。按照股利无关论的套利规则有:

当$E＝D＋I$时,股东所获得的利益量就等于公司的股利支付额。

当$E＞D＋I$时,$RT＝E-(D＋I)$,即公司留存利润大于投资项目和发放股利所需资金的部分,将用于从股票市场上回购本公司的股票,股票回购金额为RT。这样,股东所获得的利益量就等于公司的股利支付额加上股东向公司出售股票所获得的收入。

当$E＜D＋I$时,$F＝(D＋I)-E$,即公司留存利润小于投资项目和发放股利所需资金的部分,公司就必须从资本市场上发行新的股份,筹集相当于发放股利部分的资金。而股东为了保证自己在公司的利益,则必须购买公司新发行的股份,即增加投资量。这样,股东所获得的利益量就等于公司的股利支付额减新增投资之差。

下面以实例来说明股利无关论的含义。

【例 16 - 2】　假定甲公司本年税后利润总额为 5 000 万元,有利可图的投资项目需要资金为 3 000 万元。乙投资者现在持有 1% 的公司股份,并计划不改变在公司中的股份比例。甲公司现有四种股利支付额方案:方案 1,4 000 万元;方案 2,3 000 万元;方案 3,2 000 万元;方案 4,1 000 万元。试问这四种股利支付额方案对该投资者财富(以股东获得的现金收入为标准)的影响。

解:

按照股利无关论的假设,可以对不同方案的股东财富量计算如下:

(1) 方案 1 公司的对外筹资量＝4 000＋3 000-5 000＝2 000(万元)

乙投资者分得股利＝4 000×1%＝40(万元)

乙投资者追加投资额＝2 000×1%＝20(万元)

乙投资者实际财富增加＝40-20＝20(万元)

(2) 方案 2 公司的对外筹资量＝3 000＋3 000-5 000＝1 000(万元)

乙投资者分得股利＝3 000×1%＝30(万元)

乙投资者追加投资额＝1 000×1%＝10(万元)

乙投资者实际财富增加＝30-10＝20(万元)

(3) 方案 3 公司的对外筹资量＝2 000＋3 000-5 000＝0(万元)

乙投资者分得股利＝2 000×1%＝20(万元)

乙投资者追加投资额＝0×1%＝0(万元)

乙投资者实际财富增加＝20-0＝20(万元)

(4) 方案 4 公司的对外筹资量＝1 000＋3 000-5 000＝-1 000(万元)

乙投资者分得股利＝1 000×1%＝10(万元)

乙投资者从股票回购中获得利益＝1 000×1%＝10(万元)

乙投资者实际财富增加＝10 ＋10＝20(万元)

从上述计算结果可以看出,公司无论采用哪种股利分配方案,投资者获得的利益量都为 20 万元,完全相等,只是利益的来源或组合有所不同而已。

(五) 对股利无关论的争论

显然,根据各种假设条件得出的企业股利政策与企业价值无关这一论断,与现实情况不相符。因此,学术界对此提出质疑。反对股利无关论的人认为,股利无关论关于完全资本市场和不确定性的假设根本不合理。但股利无关论却认为,所有的经济理论都是根据一些十分简化的假设推演出来的,因此,不应以理论的假设是否合理,而应以理论所具备的预测未来行为能力的高低来判断理论的有效性。

股利无关论也认识到公司股票价格会随股利的增减而变动这一重要的实证结果。但它认为,股利增减所引起的股票价格的变化,并不能归因于股利增减本身,而应归因于股利所包含的有关企业未来盈利的信息内容。股利增加传递给股东的信息是公司的未来盈利将会增加;而股利减少传递给股东的信息是公司未来的盈利将会减少。总之,是股利所传递的有关企业未来盈利增减的信息内容,影响了股票价格,而不是股利支付方式本身。

此外,股利无关论还注意到,有些股东追求资本收益,因而喜欢股利支付率低的股票;而另一些股东则倾向于较多当期收入,因而喜欢股利支付率高的股票,即所谓的"股利顾客效果"。公司的任何股利政策都不可能满足所有股东的股利要求。因此,公司不必考虑股东对股利的具体意愿,而应根据自身的特点制订出一套适应企业生产经营需要的独特的股利政策,然后再去吸引那些喜欢这一政策的投资者前来购买其股票。其结果是每位投资者都可以购买到适应其股利意愿的股票,因此,公司股票的价值不受股利政策变化的影响。

二、股利相关论

股利相关论的主要代表人物有戈登(M. Gordon)、华特(J. Walter)、杜莱德(D. Durand)和林特纳(J. Lintner)等人。他们认为,在不确定的条件下,企业盈利在留存和股利之间的分配确实会影响到股票价值。虽然股利无关论在其严格的假说条件下有其合理性,但这些假说一旦发生变化,股利政策就变得十分重要。

(一)股票市场价格存在不确定性

股利相关论认为,在完全资本市场中,投资者为满足其消费愿望,可以出售其所持有的部分股份或将股利进行再投资,从长期看,投资者也可以得到与正常股利相同的收入。投资者不会计较收入来源的性质。

但是,在不确定条件下,股价不断波动,股票市场价格存在不确定性,未来的资本收益也就缺乏确定性,投资者不愿为了收入而按波动不定的价格出售其所持有的部分股票。而股利支付则可以获得肯定的、定期的和确定的报酬。股东或多或少都厌恶风险,当期股利的支付可以解除投资者心中的不确定性,这决定了投资者对股利收益和资本收益有不同的偏好,股东们更喜欢股利,认为未来资本收益的价值低于股利收益。

除股价不确定以外,为获得收入而定期地出售一小部分股票可能并不现实也是一个因素。仅仅这一原因,就会使一些股东更喜欢现行股利,而不喜欢资本收益。

股利的支付可以使企业股东按较低的普通股权益必要收益率对企业的未来盈利进行折现,从而使企业的价值得到提高。相反,不发放股利或降低股利支付率,用增加留存收益的方法进行再投资,以获得更多未来的资本收益,却会增大投资者的不确定性,使普通股票的折现率上升,企业价值下降。所以,为了使资金成本能降到最低,企业价值升至最大,公司应维持高股利支付率的股利政策。

(二)存在发行和交易成本

在股利无关论中,假定新增投资所需要的资金,公司可以在不花费发行费用的条件下取得,资本收益可以转化为等额的现金股利收益。投资者既可以定期地、不花交易成本地出售其所持有的不发放或少发放股利的股票,以获得当期的必要收入;又可以不花交易成本地用股利收入购买那些自己认为股利收入高的股票。但是,在现实社会中,股票的发行成本和交易成本不仅是存在的,而且还很高。

当公司的投资政策已定,股利的支付必然会使公司从外部筹集股东权益资金。由于股票发行费用的存在,必然使对外筹集的股东权益资金的成本高于留存收益的成本。因为发放股利会提高公司的资本成本,导致公司价值下降,所以,在股票发行费用存在的情况下,会促使公司倾向于采用留存盈利的内部筹资政策。

（三）存在税收差异

股利收益所得税与资本收益所得税在现实中的差异是存在的,当不存在所得税这一假说发生变化后,不同股利分配方案对股东利益就会产生不同的影响。由于股利收益的所得税率比资本收益的所得税率高,而且资本收益税可以递延到股东实际出售股票为止;因此,投资者可能喜欢公司少支付股利,而把盈利留存下来用于再投资,以获取较高的预期资本收益。这样,投资者愿意以较低的普通股权益收益率作为折现率。在股利收益所得税率比资本利得所得税率高的情况下,只有采取低股利支付率政策,公司才有可能使其价值达到最大化。

（四）投资决策与股利政策存在着相关性

股利无关论认为,公司的投资决策与筹资决策是相互独立的,只要投资的收益率大于筹资的资金成本,公司就应该进行投资。但实际上,公司的投资决策往往受到许多制约,从而使投资决策与股利政策产生相关性。比如,公司对外筹资渠道受到限制的时候,内部筹资就成为投资主要的资金来源。这时,投资决策就必然与股利政策发生相关关系。

（五）存在着信息不对称

股利无关论认为公司管理层与投资者均可以获取相同的投资信息,并能用这些信息作出相同的判断和决策,但实际上两者之间不可避免地存在信息不对称现象,也不可能作出完全相同的投资决策。

三、投资者和市场对股票股利的认识

无论关于股利的理论如何,在现实中,投资者和市场都是极为关注公司股利支付政策的。若干研究表明,无论是美国这样的成熟资本市场,还是中国的 A 股市场,现金红利都是投资收益的重要源泉,而且随着投资期限的延长,现金红利对投资收益的贡献会越来越大。特别是经历了 21 世纪初的网络经济泡沫破裂,以及诸如美国的安然公司、世界通讯公司,意大利的帕马拉特公司等一系列大公司财务丑闻后,投资者纷纷把目光重新投向财务稳健并具有稳定分红记录的公司股票上来,促使上市公司的现金分红数量和分红频率显著增加。在这样的市场氛围中,一些著名的指数公司开始编制并发布上市公司红利指数,其中推出时间较早并获得较高市场认同度的指数有两个,分别是道琼斯精选红利指数和标准普尔 500 红利经典指数。

2003 年 11 月,美国道琼斯公司发布道琼斯精选红利指数,其由股息率最高的 100 家美国上市公司的股票组成。在该指数于 2003 年公开发布的同时,巴克莱全球投资公司立即以该指数为投资标的开发了 ETF 产品,并在美国股票交易所上市交易。该产品近年来规模增长很快,其基金资产于 2006 年 6 月底达到 60.81 亿美元。2005 年年底,一家专注于指数化投资的德国公司 In-dexchange 也以道琼斯精选红利指数为投资标的推出了 ETF 产品,并在法兰克福股票交易所上市交易。除了基于美国上市公司推出红利指数外,道琼斯公司还先后针对多个国家和地区的上市公司发布了相应的精选红利指数,由此形成了一个以国家或地区为划分特征的精选红利指数家族。其中,道琼斯加拿大精选红利指数和道琼斯亚太精选红利指数已经被用作 ETF 产品的投资标的。

2005 年 5 月,标准普尔公司发布标准普尔 500 红利经典指数,由标准普尔 500 指数成分股中在过去 25 年间现金分红持续增长的大盘蓝筹股(large cap, blue chip companies)构成。除了基于美国上市公司推出红利指数外,标准普尔公司还针对欧洲市场发布了标准普尔欧洲 350 红利经典指数,由标准普尔欧洲 350 指数成分股中在过去 10 年间每年持续保持现金分红增长的大盘蓝筹股构成。

我国上海证券交易所也于 2005 年 1 月开始编制和发布上证红利指数,以顺应上述"基本面"指数化投资的潮流。上证红利指数的出现,不仅为中国 A 股市场中重视长期稳定回报的投资群体提供了一个科学的基准指数,也为投资者进行多类别资产配置提供了一个反映具有优质基本面股票的基准指数。该指数也为金融工具创新创造了条件,为国内"基本面"指数化产品的诞生提供了一个理想的标的。有人将上证红利指数与上证 50 指数、上证 180 指数和深证 100 指数等沪深主要成分股指数对比分析之后得出结论,认为无论是在基本面,还是市场表现和未来的成长性方面,上证红利指数都存在较大的优势①。

中国证监会 2008 年 8 月 22 日颁布了《关于修改上市公司现金分红若干规定的决定》(征求意见稿),将 2006 年颁布的《上市公司证券发行管理办法》中确定的再筹资公司最近三年以现金或股票方式累计分配的利润由原来的"不少于最近三年实现的年均可分配利润的20％"提高到 30％,并规定允许上市公司实施半年度现金分红。为了降低分红成本,上市公司中期进行现金分红的,其财务会计报告可以不经会计师事务所审计。为了提高公司现金分红政策的透明度,促使投资者充分了解公司相关信息,该规定还要求上市公司在年度报告中详细披露公司的现金分红政策。比如,对上市公司能够进行现金分红而未进行分红的,要求公司披露未分红的具体原因,并说明未用于分红的资金留存公司的使用用途,使投资者对公司未来发展具有明确预期。在披露的具体内容上,要求上市公司提供历史现金分红数据对比,使投资者能够充分了解公司过往的股利分配情况和数据。

该规定还要求上市公司在公司章程中规定公司现金分红政策,列明公司进行现金分红的长期制度安排、条件、比例、种类等内容,以促使公司分红行为规范化,引导公司建立持续、稳定的现金分红政策,建立符合中国国情的上市公司分红机制。

总之,无论是国际市场近年越来越重视红利指数的编制和发布、以红利指数为投资标的的产品设计,还是各国政府对上市公司现金分红的制度规定,均充分说明现金股利对投资者而言并非不重要,而是极为重要。

第二节　最佳股利支付率决策

本节以股利相关论的代表人物华特的股利支付率决策模型为基础来讨论最佳股利支付

---

① 见申银万国证券研究所王海涛:《上证红利指数及其产品的综合性研究》。

率的决策问题。

一、不考虑相关风险和差异的最佳股利支付率决策

（一）华特股利支付率决策模型

华特(J. Walter)股利支付率决策模型,简称华特公式,是研究股利、每股收益、投资收益率、基准折现率与股票价格之间关系的模型。该模型建立在以下假定基础之上:

(1) 留存收益是公司补充股东权益资金的唯一来源。

(2) 留存收益再投资收益率和资本市场的基准折现率稳定不变。

(3) 留存收益的增值额作为股利立即全部分给股东。

(4) 收益流的期限趋于无限。

按照上述假定条件,股票的价值为:

$$P = \frac{D + \frac{\alpha}{\beta}(R - D)}{\beta} \qquad (16-4)$$

式中: P——普通股票每股市价; D——每股股利; R——每股收益; α——投资收益率; β——折现率。

从上述公式可以看出:

(1) 当 $\alpha = \beta$ 时,该公式可以简化为:

$$P = \frac{R}{\beta}$$

这说明,当再投资收益率与折现率相等的时候,股票价值与股利政策无关。

(2) 当 $\alpha > \beta$ 时,降低股利支付率,会使公式中分子的值增大,而分母的值保持不变,因此,整个分式的值增大,即股票价值增加。在这种情况下,公司应该尽可能地降低股利支付率,将利润留存下来进行再投资。

(3) 当 $\alpha < \beta$ 时,提高股利支付率,会使公式中分子的值减小,而分母的值保持不变,因此,整个分式的值减小,即股票价值下降。在这种情况下,公司应该尽可能地提高股利支付率,将利润以股利的形式分给股东。

从以上的分析中可以看出,该公式认为股票价值不仅与股利有关,而且还与留存收益有关。按这一理论,最佳股利支付率应该完全由投资收益率和适用折现率来确定,只要公司有了投资收益率超过适用折现率的投资方案,它就应该优先运用留存收益去满足这些投资方案,只有当满足投资方案资金需要量后的余额,才应该作为现金股利支付给股东。如果各投资方案所需资金之和,超过了留存收益总额,那么,股东将得不到股利。相反,公司在找不到有利可图的投资机会时,公司也就不需要筹资了,因此应将全部收益以股利的形式付给股东。

因此,该理论是把企业股利政策作为一个涉及企业以留存收益筹资决策方案的部分来加以考查。即,它认为企业留存收益的利用,以及由此产生的股利政策,属于企业的筹资决策。并且,它把股利政策完全视为由投资方案决定的一个被动性剩余额。这意味着股利支付与否并不重要,投资者不会计较股利收益与资本收益的差别,只要能使其财富极大化就行了。

（二）华特股利支付率决策模型的运用

【例 16-3】 某公司预测 $\alpha=14\%$，$\beta=10\%$，$R=3$ 元。试问当 $D=3$、$D=2$、$D=1$、$D=0$ 时，该公司的股票价值各为多少？

解：

根据公式可得：

当 $D=3$ 时，

$$P=\frac{3+\dfrac{0.14}{0.1}\times(3-3)}{0.1}=30（元／股）$$

当 $D=2$ 时，

$$P=\frac{2+\dfrac{0.14}{0.1}\times(3-2)}{0.1}=34（元／股）$$

当 $D=1$ 时，

$$P=\frac{1+\dfrac{0.14}{0.1}\times(3-1)}{0.1}=38（元／股）$$

当 $D=0$ 时，

$$P=\frac{0+\dfrac{0.14}{0.1}\times(3-0)}{0.1}=42（元／股）$$

P 值越大，说明现金股利支付方法越优，反之则越劣。该例最佳的现金股利分配额为 0。

显然，当股利支付额为零，即不支付现金股利时，普通股票的市场价格（P）达到最高。我们也可以从股票价值公式推得，当 $\alpha<\beta$ 时，最佳股利支付率为 100%。

【例 16-4】 假定〖例 16-3〗中的 $\alpha=8\%$，其余不变。那么，又何种股利分配方式最优？

解：

根据公式得：

当 $D=3$ 时，

$$P=\frac{3+\dfrac{0.08}{0.1}\times(3-3)}{0.1}=30（元／股）$$

当 $D=2$ 时，

$$P=\frac{2+\dfrac{0.08}{0.1}\times(3-2)}{0.1}=28（元／股）$$

当 $D=1$ 时，

$$P=\frac{1+\dfrac{0.08}{0.1}\times(3-1)}{0.1}=26（元／股）$$

当 $D=0$ 时，

$$P = \frac{0 + \frac{0.08}{0.1}(3-0)}{0.1} = 24(元 / 股)$$

上面推算说明,当收益全部作为股利支付时,普通股票的市场价格(P)达到最高。

二、考虑相关风险和差异的最佳股利支付率决策

显然,上述最佳股利支付率决策中"投资者不会计较股利收益与资本收益的差别,只要能使其财富极大化就行了"的假定与现实情况有很大差异,需要进行一定的修正。修正可按如下方法进行。

（一）确定股利收益与资本收益的价值差异

在不确定条件下,从投资者的角度看,股利收益要比由留存收益带来的资本收益更为可靠,即现在股利收益的价值要大于未来资本收益的价值,或者说现在的股利收益每减少一个数,就需要由大于这个数的资本收益来弥补。这样,前述的最佳股利支付率就会因两种收益的价值差异而发生变化。

每1元未来的资本收益相当于多少元现在的股利收益,涉及风险概率和折现系数的问题。风险概率与不同投资者对待风险的态度有关,喜爱风险的概率值大,厌恶风险的概率值小。折现系数受资本收益的实现期和市场期望收益率的影响,实现期越短,市场期望收益率越低,折现系数就越小;反之则越大。但在实际中,风险概率与折现系数是同时发生作用的,一般而言存在如下的关系:先是资本收益实现期影响到风险概率,再是风险概率影响到市场期望收益率,最后是三者共同决定的资本收益与股利收益的换算系数。

【例 16－5】 假定〖例 16－3〗中,资本收益的实现期为 3 年,市场平均无风险收益率为 8%,某投资者对该资本收益实现认同的主观概率为 80%。试问资本收益与股利收益的换算系数为多少?

解:

$$\text{资本收益与股利} \atop \text{收益的换算系数} = \frac{1}{\left(1+\frac{8\%}{80\%}\right)^3} = \frac{1}{(1+10\%)^3} = 75.13\%$$

按该系数将有风险的资本收益换算为无风险的资本收益之后,就可直接与股利收益相比较,从而确定考虑股利收益与资本收益价值差异之后的最佳股利支付率。按[例 16－3]资料,每减少 1 元的股利支付额,资本收益将增加 4 元,那么换算为无风险的资本收益为 3 元（4×75.13%）,高于股利收益 2 元（3－1）。故该例的最佳股利支付率仍为零。

（二）确定税收和交易成本的影响

在现实中,股利收入和资本收益的税率是不同的。在我国,对投资者个人股利收入征收 20% 的个人所得税,而对资本收益并不征税,股票交易只按交易额的 3.5‰ 支付手续费和 4‰ 支付印花税。即使在对资本收益征税时,股票持有者也可以继续持有股票来延缓资本收益的实现,从而递延税收。另外,股票发行成本和交易成本也是在股利支付决策中应考虑的因素。如综合考虑这众多的因素,资本收益与股利收益的净收益量必定会发生相应的变化,从而影响到最佳股利支付率。

【例 16－6】 已知我国的个人所得税税率为 20%,证券交易税费为 7.5‰。试根据〖例 16－3〗的资料和我国税制和证券交易规则计算其资本净收益和股利净收益。

解：

$$股利净收益＝1×(1-20\%)＝0.8(元)$$

$$资本净收益＝4×(1-7.5‰)＝3.97(元)$$

比较计算结果,资本净收益仍大于股利净收益,故最佳股利支付率仍为零。需要指出,如果投资者不急于将持有资本收益兑现,那么,印花税和交易费用均不会立即发生,这样资本净收益将会更大于股利净收益。

（三）综合决策

根据以上分析,可以对〖例16-3〗的最佳股利支付率进行综合决策。决策分析过程如下：

$$股利净收益＝1×(1-20\%)＝0.8(元)$$

$$资本净收益＝\frac{1}{\left(1+\dfrac{8\%}{80\%}\right)^3}×4×(1-0.75\%)＝3×99.25\%＝2.9775(元)$$

$$资本净收益与股利净收益之差＝2.9775-0.8＝2.1775(元)$$

以上结果计算表明,该公司每支付1元钱的股利会使股东利益净减少2.1775元,故该公司的最佳股利支付率应为零。

第三节　股利支付程序

在公司股票交易频繁、股东经常变动的条件下,哪些股东可以享有股利的权利,就成为一个需要明确的问题。因此,在制订股利政策时,需要有一个支付程序。股利支付程序是指从公司宣告股利分配日起到股东领到股利为止的这样一个时间阶段。

一、宣告分红日期

宣告分红日期是公司董事会在有关报刊上公告股利分配事件的日期。公司可以根据自己的实际情况确定股利发放的频率,一般而言,股利可以按季、半年、年发放。公司是否分发股利和何时分发股利首先由董事会提出方案,然后交股东大会审议,审议通过后,股东大会将授权董事会处理发放股利的有关事项。一旦董事会决定何时分发股利之后,公司就发出通告,公告每股股利额、分红日期、实际支付额以及股东分红的资格,等等。例如,公司在有关报纸上公布："经公司董事会2005年3月1日会议决定,将按年每股0.5元的固定股利分红,有权参加分配的人为2005年3月10日完成登记手续的股票持有者,支付日期为2005年3月12日。"

二、股票持有者登记日

股票持有者登记日,又称股权登记日,该日在册的股东均可以获得分配的股利。按上例,公司将在3月10日这一天停止营业后,编制出当天公司所有在册的股东名单。如股票持有者在3月10日在册,将参加股利分配;如果是在3月10日或以后才完成登记手续,则股利仍为原有股东获得。

三、股利分配权转移日

股利分配权转移日，又称除息日，一般是股权登记日的下一个交易日。在该日。股利权与股票分离。按上例，除息日为 3 月 11 日。股利分配权转移日是一个不可忽视的因素。一般来说，在转移日，股票价格将会下跌，下跌幅度与股利额相当。其除息后的指导价格为：

除息指导价格＝股权登记日收盘价－每股现金股利

如上例公司的股票价格在除息日前一日的收盘价原为 20 元/股，那么，在除息日的开盘指导价就将跌至 19.50 元/股。

四、股利支付日

按上例，公司将在 3 月 12 日将股利寄给股票登记日持有人。对上市公司而言，由于股东人数众多，因此股利多是委托券商代支。公司只对股票经纪人，而不直接对股东。

根据《中国证券登记结算有限责任公司深圳分公司上市公司权益分派及配股登记业务运作指引》的规定，上市公司办理权益分派，股权登记日（简称"R"日）由中国证券登记结算公司安排。上市公司办理权益分派，应当在刊登权益分派公告前的两个工作日向证券登记结算公司提交以下材料：股东大会决议；股本结构表；董事、监事、高级管理人员持股明细表；实施权益分派公告。公众股的现金股利由证券登记结算公司派发，证券登记结算公司按照征收个人所得税后的不同派息比例，分别向机构投资者和个人投资者派发现金股利；职工股的现金股利通过本公司或由上市公司直接派发；国有股、法人股、高级管理人员持股的现金股利通过上市公司直接派发。通过证券登记结算公司派发的现金股利，R－1 日由上市公司划至本公司指定账户，R＋1 日由本公司划至证券公司清算头寸，再由证券公司划入股东资金账户。

第四节　股利支付策略

无论不同的股利支付率理论如何认识股利的作用，在现实中，公司的经营者和股东都十分关心公司股利政策。这是因为公司股利支付策略的确会对股东，至少是不同股东财富最大化产生重大影响。有关这方面的问题，本章将在第五节加以讨论，本节只对股利支付的各种策略进行讨论。在现实中，虽然各企业的股利支付策略千差万别，但归纳起来主要有四种：固定股利或稳定增长股利、固定股利支付率、正常股利加额外股利、投资剩余额股利等支付策略。

一、固定股利或稳定增长股利支付策略

（一）固定股利或稳定增长股利支付策略的特点

固定股利或稳定增长股利，是指公司首先规定了每股的年股利额，并在相当长的时期内保持不变；其次，在确信未来公司收益可以维持新的更高股利时，才增加每股固定的年股利额，该年股利额一旦确定，又在相当长的时期内保持不变。

该种股利支付策略如图 16-1 所示。

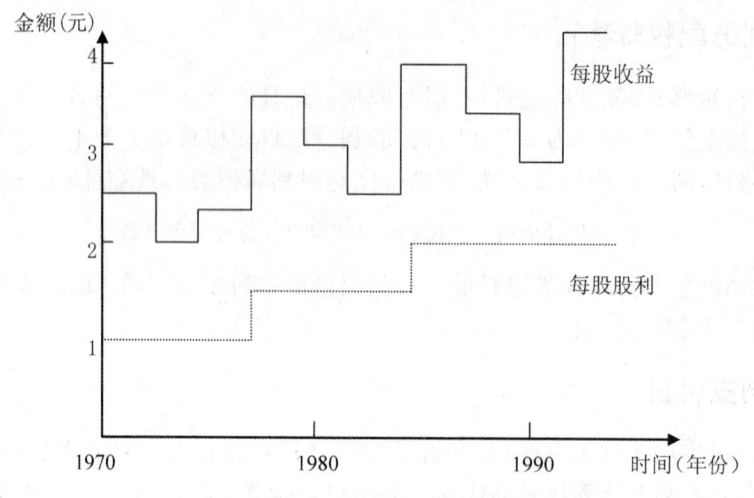

图 16-1　固定股利或稳定增长股利支付图

图 16-1 反映了公司各年支付股利的实际情况，是在相当长一个时期内，无论每股收益如何变化，它都按一个固定的数额支付股利。只有当确信每股收益会长期增长时，才提高每股股利，但该新的每股股利一旦确定下来，又需保持一个相当长的时间不变。总的来说，该种股利支付策略是呈稳定增长趋势的。

（二）固定股利或稳定增长股利支付策略的利弊

固定股利或稳定增长股利支付策略的利弊可以归纳如下。

1. 优点

（1）表明企业经营状况的稳定性。在公司利润减少甚至亏损时，公司都不削减每股股利情况下，会使更多投资者相信公司经营状况稳定，有能力克服各种暂时性的困难。因为当公司经营状况长期不佳时，它将无法支付固定股利。这就有利于增加投资者购买公司股票的信心。

（2）满足希望获得固定收入的投资者的要求。许多投资者以股利为生，这类投资者除个人之外，还包括退休基金组织、保险公司等单位。当公司能支付固定股利时，就减少了这类投资者的风险，从而有效地刺激了他们的投资热情。

（3）由于以上两点的作用，当公司支付固定股利时，就有更多的投资者愿意购买该类公司的股票，从而使股票价格上升，普通股股本成本降低，并最终促使股东财富最大化目标的实现。

2. 缺点

（1）固定股利会成为公司的一项财务负担，当公司经营处于不利状态时，这项负担可能极为沉重，从而会影响到公司的发展。

（2）公司为了回避过重的财务负担，往往会尽量减少每股年股利，使股利支付额显得过于保守。

二、固定股利支付率策略

（一）固定股利支付率策略的特点

这一股利支付方法不同于前者，它固定的是股利占收益的比重，而每股股利完全随公司当年每股收益的多少而定。如某公司确定其固定股利支付率为收益的50％,那么,其每股收益与每股股利的关系如图16-2所示。

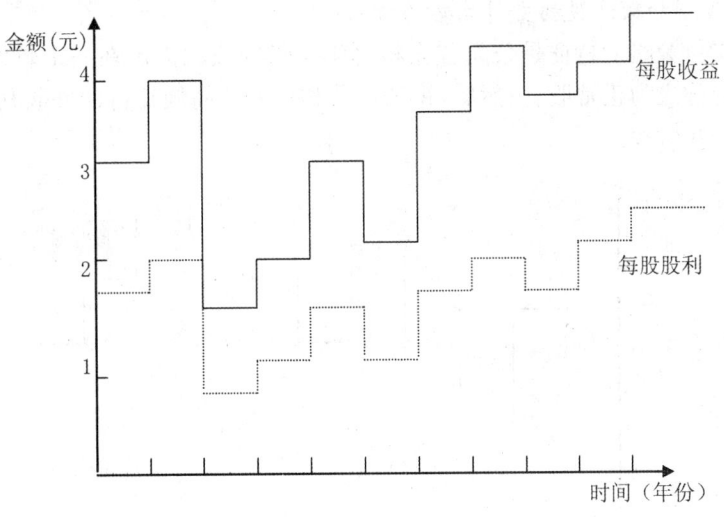

图16-2　固定股利支付率图

(二)固定股利支付率策略的利弊

虽然,在西方,甚至有人称这种股利支付策略是令公司倒闭的策略;但是,固定股利支付率策略的利弊不能简单而论,应按股份公司的类型来加以讨论。

1. 优点

该种股利支付策略的主要优点就是对股东的激励力量大。它特别适用于员工持股比例大的公司。因为,在内部员工股比例较大的股份公司中采用这种股利支付策略,可以将职工的个人利益与公司利益紧密地捆在一起,使职工真正感到他们是公司的所有者,感到公司的兴旺发展与他们的切身经济利益息息相关,从而充分调动广大职工的积极性和创造性,增强企业活力。这样,就有利于企业提高经济效益,为企业盈利逐年增长创造了良好条件。随着企业经济效益连续稳定的提高,每股股利亦随之增加,这就不但保证了职工股东财富的增加,而且也相应地使企业外部股东获取的股利增加,减少了投资风险,进而使更多的投资者乐于购买这类公司的股票,使股票的市场价格上涨,保证了股东财富最大化目标的实现。

2. 缺点

该股利支付策略的主要缺点是股东获取股利的风险大。由于这种股利支付策略的股利支付额完全随公司的年收益而变化,虽然从长期来看,每股股利之和并不低于固定股利支付策略所得的股利之和,但它每年波动太大。因此,普通股股东获取股利的风险也就很大。对普通股票的短期持有者来说,他们不可能或难以得知在其股票持有的这段时间中能获得多少股利,甚至能否获得股利;对希望获取固定股利以利于支付其固定开支的普通股票的长期持有者(如退休基金组织和保险公司等单位)而言,这种股利支付策略则不便于他们的财务收支安排。所以,投资者一般不愿对奉行该类股利支付策略的公司的股票进行投资,这样,就势必影响到股票的市场价格,不利于股东财富最大化目标的实现。故在现实中,上市公司很少采用固定股利支付率的股利策略。

三、正常股利加额外股利支付策略

（一）正常股利加额外股利支付策略的特点

这种股利支付策略的特征是公司首先将每年支付的股利固定在一个较低的水平,这个较低水平的股利称之为正常股利;然后,视公司盈利水平的高低支付额外股利。这种股利支付策略如图16-3所示。

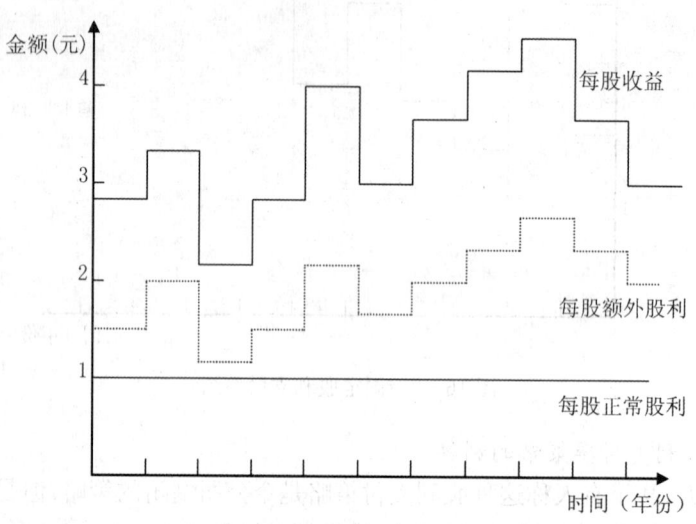

图16-3　正常股利加额外股利支付图

这种股利支付策略介于前述两种股利支付策略之间,它既为公司的股利支付提供了灵活性,又可以使投资者得到获取最低股利的保证。

（二）正常股利加额外股利支付策略的利弊

这种股利支付策略的优缺点是相对于固定股利支付策略和固定股利支付率策略来看的,可以简单地归纳如下。

1. 优点

（1）对公司而言,这种股利支付策略的优点是给予了公司较大的灵活性。当公司盈利状况不佳时,可以不必支付额外股利,减轻了公司负担。另外,正常股利通常低于固定股利支付政策的每股股利,这就使公司在盈利状况不佳时也能够负担;而在盈利状况佳和资金充实的情况下,才多支付股利,享有较大的灵活性。

（2）对投资者而言,这种股利支付策略的优点是保证了投资者获取股利的最低数量。因为投资者获得了正常的股利之后,可以使获取股利的风险低于固定股利支付率的风险。这将有利于刺激投资者购买采用这种股利支付策略的股票,从而使公司股票保持在一个较好价格水平之上,最终有助于股东财富最大化目标的实现。

2. 缺点

（1）该种股利支付策略的灵活性不如固定股利支付率策略大,公司在盈利状况不佳时,仍要承担支付正常股利的负担,不利于公司渡过难关,这最终势必影响到股东财富最大化目标的实现。

（2）该种股利支付策略每股正常股利没有固定股利支付策略多,因此,对期望获得较高稳定股利收入的投资者的吸引力也就没有后者大,这就使得股票价格可能低于采用后者的价格。另外,当公司持续地支付额外股利时,必然容易给市场上的投资者留下额外股利是正常股利的印象,从而希望公司永保某一额外股利的水平。如果公司因盈利下降,减少额外股利时,会引起股东的不满。以上各因素均可使股东财富最大化的目标难以实现。

在西方,一般认为,这种正常股利加额外股利支付策略是各年收益变化较大的公司股利支付的最佳策略。

四、投资剩余额股利支付策略

(一)投资剩余额股利支付策略的特点

该股利支付策略完全不同于上述三种股利支付策略,它是将股利政策建立在为投资筹集资金基础之上的。其基本特点,是只要投资收益率大于资金成本率,公司就应尽可能地用留存收益去满足投资需要,只有满足投资需要之后的剩余才向股东支付股利。该股利支付策略的重点是确定满足投资需要后的盈利剩余额。

由于留存收益是股东权益,而投资所需资金除了股东权益资金之外,还包括负债资金,即投资资金由股权资金和负债资金所构成。因此,需要在确定投资资金需要量的基础上,确定股东权益资金的需要量。用企业本年盈利额减去股东权益资金需要量之后的余额,就是可以用于股利支付的盈利剩余额。其具体确定步骤如下:

(1)将所有投资项目按内部收益率高低排队,并计算满足所有投资项目需要的加权平均资金成本,然后再根据边际收益等于边际成本时收益额最大的原理,确定企业的最佳投资规模。

(2)根据最优资金结构原理,确定股东权益资金占投资总额的比重,计算出投资所需要的权益资金数额。

(3)根据留存收益资金成本低于普通股票资金成本的原理,尽可能用本年盈利来满足股权资金的需要量。当本年盈利不能满足股权资金需要量时,就应增发普通股票;当本年盈利满足股权资金需要量后尚有剩余时,则应将该剩余额用于支付股利。

现举例说明投资剩余盈利额的确定方法。

【例16-7】 假定某公司本年盈利5 000万元,采用投资剩余额股利支付策略分配盈利。根据预算,本年最佳投资规模为7 000万元,最优资金结构为负债资金40%、股权资金60%。问该公司本年股利支付额和支付率各为多少?

解:

根据题意,可以分别求得公司的股利支付额和支付率如下:

$$股利支付额=5\ 000-7\ 000\times60\%=800(万元)$$
$$股利支付率=800\div5\ 000=16\%$$

(二)投资剩余额股利支付策略的利弊

该股利支付策略的主要优缺点可以归纳如下。

1. 优点

该股利支付策略将投资所需资金放在首位,有利于投资计划的正常进行,为企业未来盈利的稳定增长奠定了良好的基础,可以促使企业股票价值上升。

2. 缺点

该股利支付策略的确定是投资者难以预测公司股利的支付额。因为在该股利支付策略下,股利支付额除受盈利水平的制约之外,还直接受投资机会的制约。这样,即使一个企业的盈利水平不变,甚至增加,也不能保证股利的不变,从而造成股利的多少与盈利水平的高低脱节,这将影响到股利收益的稳定性,难受追求稳定股利收益的股东欢迎。

当然,公司也可以通过诸如利用留存收益以丰补歉和提高资产负债率的方法,在不影响投资资金需要的前提下来相对稳定股利支付率,但是,这已不是典型的投资剩余额股利支付策略了。

第五节　影响股利支付的各种制约因素

在前面,我们讨论了有关股利支付的不同理论和股利支付策略,这些讨论主要是围绕股利支付与股东财富最大化的关系展开的。在实际中,决定采用某种股利支付策略时充分注意到股利支付与股东财富最大化的关系固然重要,但还必须充分考虑到制约股利支付的各种因素,只有这样,才能使公司制订的股利支付策略切实可行。在本节中,我们将主要讨论这些制约因素。

一、法律上的制约

任何股份公司都是在一定的法律环境条件下从事经营活动,因此,法律直接制约着公司的股利支付政策,公司的最优股利支付策略只能是在某种法律环境条件下的最优。法律上的制约因素主要包括:法定分配顺序和资本保护等。法律规定是任何股份公司都必须遵守的,它制约了公司股利支付策略的任意性。

二、负债契约的制约

公司发行债券或从银行获取贷款时,都要与债权人签订借债合同,在这些合同中规定了企业对债权人的保持条款,如强调企业应保持某个水平的流动比率、利息倍数比率以及其他各种安全比率,只有当企业达到或超过这些比率之后,才能支付股利。

这种对公司的盈利必须达到某一水平,否则公司不得发放现金股利的要求;或将股利发放额限制在某一盈利额或盈利百分比上的要求,目的在于促使企业把利润的一部分按有关条款要求的某种形式(如偿债基金准备等)进行再投资,以扩大企业的经济实力,从而保障债款的如期偿还,维护债权人的利益。总之,公司对外借债时与债权人签订的各种负债契约也限制了公司股利支付策略的随意性。

三、公司生产经营特征的制约

公司生产经营的特征直接影响着公司的现金流量,而现金流量的特征直接决定了公司现金股利的支付能力,下面对这一制约因素分别加以讨论。

（一）公司寿命周期的制约因素

现金股利只能用现金来支付,这样,公司现金支付能力就必然制约着公司股利策略。公司现金越多,流动性越大,它支付股利的能力就越强。发展中的公司,由于投资机会多,筹资需要量大,但对外筹资的能力较弱,内部留存收益筹资成为一种重要的筹资手段,再由于将绝大多数资金用于购置固定资产和充当长期流动资金,公司的流动性较低;因此,这类公司为了保持公司应付各种意外情况的机动性,一般倾向于低现金股利支付的策略。相反,比较成熟的公司,由于投资机会减少,现金溢余量增多,因此较倾向于多付现金股利的策略。当然,这不是绝对的,它还受其他因素的影响。

(二)筹资能力的制约因素

企业股利政策也受其筹资能力的限制。筹资能力包括筹资量、筹资成本和筹资所需时间三个方面的因素。一般而言,规模大、成熟型企业比一些正处于发展期的小企业有更多的外部筹资渠道,因此,它们多倾向于多支付现金股利;而正处发展期的小企业,由于经营和财务风险较高,对外筹资困难,因此,这些企业多倾向于限制现金股利支付,而热衷于企业内部筹资。

但是,股利支付与企业未来筹资能力之间存在着密切关系。具体表现为:多支付现金股利,有利于企业未来以较有利的条件发行新股票筹集资金,但这类筹资方法的筹资成本高于留存收益这种内部筹资的成本。反之,现金股利支付率低,尽管可以暂时降低筹资成本,但必然会对未来的筹资环境造成不良影响。这就要求企业在股利支付与筹资要求之间的利害、得失进行权衡,以制订出适合企业实际需要的股利政策。

(三)盈利稳定性的制约因素

企业股利政策在很大程度上受其盈利稳定性的制约。一般而言,一个公司的盈利越稳定,其股利支付率就越高。这是因为,盈利稳定的企业对保持较高的股利支付率更具信心。比如公用事业公司就是盈利相对稳定和股利支付率较高的典型例子。收益稳定的公司由于其经营和财务风险较小,因而比其他收益不稳定的公司,更能以较低的代价筹集负债资金。

股利具有传递信息的作用。限制股利的支付会使市场认为公司的盈利不稳定,投资风险较大,因而会要求更高的收益率作为补偿。这样,就会使股票市价降低。

(四)股权控制要求的制约因素

股利政策也会受现有股东对股权控制要求的制约。以现有股东为基础组成的董事会,在长期的经营中可能形成了一定的有效控制格局,他们就会将股利政策作为维持其控制权的工具。特别当公司存在极为有利可图的投资机会,但又无法用负债筹资时,公司为避免增发新股票,控制新股东加盟本企业以保护现有股东的控制权和防止别人参与分享高额利润,他们就会倾向于降低的股利支付率,以便从内部筹集投资所需资金。

四、股东股利要求的制约

(一)股东分类与不同股东的利益来源

在上市公司中,存在着大量的普通股股东,这些股东购买普通股票的具体目的不同,利益来源也存在着差异。归纳起来主要有如下几类。

1. 以获取稳定股利收入为目的的股东

这类股东除了诸如退休基金组织、保险公司等必须获取固定收入来满足其固定支出的投资单位外,还包括依靠股利谋生或补贴生活费支出的大量小股东。如不能获得稳定的股利收入,这类股东自身的财务状况必然趋于恶化。

2. 以获取最大资本收益为目的的股东

这类股东主要是一些大股东。首先，由于他们拥有的股票数量很多，因此，只要有较低的股利支付率就可以满足其日常开支，多余股利的出路只有再投资。其次，由于股利收入的所得税率比资本收益所得税率（我国是印花税）高，以及将获得的股利再投资会发生交易成本，这样，将企业收益转变为股利，然后再进行投资就极不合算。最后，由于股利的支付，公司留存收益减少，这一方面使股票的内含价值下降，会引起股票的市场价格上升减缓，影响到股东的资本收益；另一方面使公司增加发行普通股票来筹集企业发展基金的可能性增大，而发行新普通股票意味着原有股东对企业控制权的丧失或所有权稀释。正是以上原因，使以获取最大资本收益为目的的大股东倾向于少支付股利。

3. 以获取适当股利收入和资本收益为目的的股东

这类股东介于前述两类股东之间，他们多属于普通股票持有量中等的股东。他们既比大股东更需要股利收入来满足其需要，又比小股东对股利收入的依赖小，他们期望在满足本期需要的前提下追求资本收益。

（二）股东要求对公司股利政策的制约

尽管股利无关论在其假设条件下讲得头头是道，但股利支付率会影响到不同股东切身利益却是不争的事实。这是因为，公司存在着不同的投资者，这些投资者购买股票的目的存在着差异。具体地说，不同股东会从自身的经济利益出发，对获取股利收益和资本收益这两方面的利益有不同的要求，而股东这两个方面的利益来源又与公司股利支付策略有关，因此，股东对这两方面利益要求的差异，势必影响到公司股利支付策略。

显然，股东的投资目的不同、经济利益的来源不同、对风险和收益的认识不同、不同收入来源的税率不同等，必然会对公司的股利支付策略产生重大影响。其结果是以追求稳定股利收入为目的的股东将投资于股利支付率较高和较稳定的公司；以追求最大资本收益为目的的股东将投资于股利支付率较低的公司；而以获取适当股利收入和资本收益为目的的股东则将投资于股利支付率中等的公司。

因此，公司在制订股利政策时，要针对股东对股利收入和资本收益的偏好，以及公司的发展战略来加以考虑。可以这样说，一个公司的股利支付策略可决定公司股东的类型，影响到公司的发展方向。

案例与资料

资料（见表 16-1、表 16-2 和表 16-3）

表 16-1

2012 年不同行业上市公司现金分红与盈利比较一览表

行业名称	行业内公司家数				分红公司百分比（%）		
	合计	盈利	亏损	分红	盈利/全部家数	分红/盈利家数	分红/全部家数
农、林、牧、渔业	41	33	8	20	80.49	60.61	48.78
采矿业	68	66	2	47	97.06	71.21	69.12

（续表）

行业名称	行业内公司家数				分红公司百分比(%)		
	合计	盈利	亏损	分红	盈利/全部家数	分红/盈利家数	分红/全部家数
制造业	1 616	1 448	168	1 135	89.60	78.38	70.24
电力、热力、燃气及水生产和供应业	83	79	4	60	95.18	75.95	72.29
建筑业	64	59	5	49	92.19	83.05	76.56
批发和零售业	156	143	13	104	91.67	72.73	66.67
交通运输、仓储和邮政业	84	78	6	69	92.86	88.46	82.14
住宿和餐饮业	12	11	1	7	91.67	63.64	58.33
信息传输、软件和信息技术服务业	162	156	6	108	96.30	69.23	66.67
金融业	43	43	0	42	100.00	97.67	97.67
房地产业	141	134	7	94	95.04	70.15	66.67
租赁和商务服务业	24	23	1	16	95.83	69.57	66.67
科学研究和技术服务业	18	18	0	11	100.00	61.11	61.11
水利、环境和公共设施管理业	24	24	0	20	100.00	83.33	83.33
教育	1	0	1	0	0	0	0
卫生和社会工作	3	3	0	2	100.00	66.67	66.67
文化、体育和娱乐业	29	29	0	18	100.00	62.07	62.07
综合	22	19	3	11	86.36	57.89	50.00

表 16-2

2012 年不同行业上市公司现金分红与盈利比较一览表（续）

单位:元

行业名称	净利润合计(亿元)		分红总额(亿元)	股利支付率(%)	
	全行业	盈利公司		全行业	盈利公司
农、林、牧、渔业	22.18	29.78	9.47	42.70	31.83
采矿业	2 848.32	2 849.79	978.42	34.35	34.34
制造业	2 872.73	3 614.00	1 189.83	41.42	32.95
电力、热力、燃气及水生产和供应业	554.89	566.69	206.98	37.30	36.55
建筑业	588.99	662.43	122.17	20.74	18.45
批发和零售业	288.20	315.89	80.82	28.04	25.77
交通运输、仓储和邮政业	463.95	599.11	203.82	43.93	34.02
住宿和餐饮业	9.24	9.50	3.94	42.67	41.53

（续表）

行业名称	净利润合计(亿元)		分红总额(亿元)	股利支付率(%)	
	全行业	盈利公司		全行业	盈利公司
信息传输、软件和信息技术服务业	158.03	162.19	50.85	32.18	31.36
金融业	10 856.83	10 856.83	2 264.85	20.86	20.86
房地产业	735.65	741.37	143.22	19.47	19.32
租赁和商务服务业	51.53	52.09	14.46	28.06	27.76
科学研究和技术服务业	10.52	10.52	3.30	31.36	31.36
水利、环境和公共设施管理业	72.31	72.31	16.07	22.22	22.22
教育	—0.50	0.00	0	0	0
卫生和社会工作	3.34	3.34	0.52	15.54	15.54
文化、体育和娱乐业	61.49	61.49	19.44	31.61	31.61
综合	49.46	50.85	6.26	12.66	12.31

资料来源：同花顺金融数据库。

表 16-3

截至 2013 年派现/募资比排名前 20 位的中国上市公司一览表

名称	派现/募资比	募资金额(亿元)				派现金额(亿元)	现金分红(亿元)	募资次数	派现次数
		合计	首发	增发	配股				
宁沪高速	16.470 3	6.30	6.30	—	—	103.76	103.76	1	12
万华化学	10.082 0	4.51	4.51	—	—	45.49	45.49	1	12
深赤湾 A	9.268 9	3.72	2.56	1.16	—	34.46	34.46	3	19
上海石化	9.066 7	7.50	7.50	—	—	68.00	68.00	1	20
三精制药	7.356 4	1.17	1.17	—	—	8.61	8.61	1	13
兖州煤业	7.003 0	12.70	2.70	10.00	—	88.91	88.91	2	15
江铃汽车	6.688 1	5.25	5.25	—	—	35.11	35.11	2	13
山西汾酒	6.507 2	2.26	1.58	—	0.69	14.74	14.74	2	15
泸州老窖	6.162 5	11.45	1.28	3.67	6.51	70.59	70.59	4	19
盐湖股份	5.641 3	7.90	2.17	4.27	1.46	44.59	44.59	4	16
耀皮玻璃	5.134 7	2.25	2.25	—	—	11.53	11.53	2	17
贵州茅台	4.977 4	22.44	22.44	—	—	111.71	111.71	1	13
福耀玻璃	4.907 2	7.13	0.17	5.80	1.15	34.99	34.99	4	15
皖通高速	3.751 1	5.50	5.50	—	—	20.63	20.63	1	10
中国石油	3.665 7	668.00	668.00	—	—	2 448.69	2 448.69	1	10

（续表）

名称	派现/募资比	募资金额（亿元）				派现金额（亿元）	现金分红（亿元）	募资次数	派现次数
		合计	首发	增发	配股				
中集集团	3.619 9	20.00	2.00	18.00	—	72.40	72.40	3	17
广州友谊	3.553 4	2.45	2.45	—	—	8.70	8.70	1	12
深南电A	3.523 9	3.85	2.06	—	1.79	13.58	13.58	3	13
盐田港	3.411 2	13.99	6.64	—	7.36	47.74	47.74	2	15
江钻股份	3.349 1	2.38	2.38	—	—	7.95	7.95	1	14

资料来源：同花顺金融数据库。

习　题

复习思考题

1. 股利无关论的基本假设有哪些？你认为其推论可靠吗？
2. 股利相关论的理论依据是什么？
3. 如何认识最佳股利支付率的理论和方法？
4. 为什么要制订股利发放程序？
5. 具体的股利支付策略有哪些？各自的优缺点是什么？
6. 影响股利支付的主要制约因素有哪些？
7. 股利支付策略如何影响到股东利益？
8. 为什么说"一个公司的股利支付策略可以决定公司股东类型和公司发展方向"？

计算题

1. 试证明 MM 股利无关论。

2. 假定甲公司目前的普通股票市场价值为 5 元/股，发行在外共 3 000 万股，公司每期净收益为 1 200 万元，假设收益率为 8%，并且保持不变。现公司有一个净现值为 1 000 万元的投资机会，期望投资收益率仍为 8%。该公司有如下两种股利分配和为投资筹集资金的方案：方案 1，将净收益 1 200 万元全部作为股利发放，然后再通过发行股票筹资 1 200 万元；方案 2，不发放股利，利用净收益 1 200 万元来满足投资需要。试求两种方案对公司股票价值的影响。

3. 假定某公司本年税后利润总额为 4 000 万元，有利可图的投资项目需要资金为 3 000 万元。甲投资者现在持有 1% 的公司股份，并计划不改变在公司中的股份比例。该公司现有四种股利支付额方案：方案 1，4 000 万元；方案 2，3 000 万元；方案 3，2 000 万元；方案 4，1 000万元。试问这四种股利支付额方案对该投资者财富（以股东获得的现金收入为标准）的影响。（用股利无关论的理论加以说明。）

4. 某公司的投资收益率为 15%，股本成本率为 10%，每股收益为 4 元，试问当每股股利分别为 4 元、3 元、2 元、1 元和 0 时的股票市场价值各为多少？

5. 某公司的投资收益率为 8%，股本成本率为 10%，每股收益为 4 元，试问当每股股利分别为 4 元、3 元、2 元、1 元和 0 时的股票市场价值各为多少？

6. 假定计算题 3 中，资本收益的实现期为 3 年，市场平均无风险收益率为 7%，某投资者对该资本收益实现认同的主观概率为 60%，个人所得税为 20%，再投资交易税费为 1%。问公司的最佳股利支付率应该为多少？

7. 假定 B 公司本年盈利 3 000 万元，采用投资剩余额股利支付策略分配盈利。根据预算，本年最佳投资规模为 5 000 万元，最优资金结构为负债资金 40%、权益资金 60%。按投资剩余盈利额的股利分配办法，B 公司本年股利支付额和支付率各为多少？

第十七章　非现金股利

【本章提要】　非现金股利有股票股利和股票回购这样两种主要形式，股票分割和股票合并本来不属于股利分配，但由于它们会同股票股利和股票回购产生某些相同的效果，因此，也将它们放在本章中讨论。本章重点讨论股票股利、股票回购、股票分割和股票合并的理论与方法。

【学习目标】　通过本章学习要求掌握和了解如下内容：(1)掌握股票股利的实质及其对股东的影响。(2)了解我国股票股利的实际支付方式及其与国际通行做法的差异。(3)掌握股票回购的实质及其对股东的影响。(4)掌握股票分割的目的及其对股东的影响。(5)了解我国股票分割的实际形式及其与国际通行做法的差异。(6)掌握股票合并的目的及其对股东的影响。

第一节　股　票　股　利

股票股利是股利分配的一种重要形式，本节将重点讨论股利分配的问题。

一、股票股利的本质及其会计处理方法

(一)股票股利的本质

股票股利，又称为分红股或送股，是指公司不以现金的形式支付股利，而是以增发股票的形式付给股东的股利。从本质上看，股票股利并不属于公司将利润分配给股东的事件，而仅是公司收益的资本化。它既不会直接增加股东的财富，也不会导致公司财产的流出或负债的增加，受股票股利影响的仅仅是所有者权益各项目结构的变化。如不考虑税费因素，仅从账面上看，股票股利对公司和股东都没有任何实际的影响。这是因为：

(1)股票股利是按原股份的比例发给股东的新股，因此，股票股利不会使股东所有权比例发生变化。

(2)股票股利不会增加企业价值，引起的直接结果是股东手中的股票数量增加和每股价值下降同时发生，因此，股票股利没有分给股东任何有价值的东西，对股东财富没有影响。

(3)股票股利的直接结果仅是公司账面股东权益中的股本增加和留存收益的金额相应减少，因此，股票股利不会使股东权益的总数发生任何变化。

(二)股票股利的不同会计处理方法

1. 美国会计程序委员会和纽约证券交易所的规定

按照美国会计程序委员会和纽约证券交易所的规定,股票股利的会计账务处理一般有以下几种处理方式:

(1)按股票市价入账的会计处理。当送股比例低于25%时,称之为小额送股,必须按增发股份的市价结转。他们对此所作的解释是,在发放小额股票股利时,投资者会将其视为公司收益的分配,其数额相当于收取额外股份的公允价值。基于这种认识,市场一般不会对小额送股作出明显反应。因此,公司在发放小额股票股利时应按市价结转。

但在控股公司中,由于股东对公司事务十分了解,不会把股票股利看成是公司收益的分配,因此,应当按照法定要求的面值或设定价值予以资本化。

(2)按股票账面价值入账的会计处理。当送股比例大于25%时,称之为大额送股,美国会计程序委员会和纽约证券交易所提供了两种备选处理方法,一是将它视为股票股利,但是按面值或设定价值结转,并将送股描述为"以股利形式实施的分割(split up effected in the form of a dividend)";二是完全将它视为股票分割,在会计上对股票分割是不需要进行任何账务处理的,即不需要对留存收益进行资本化。

2. 我国会计法规的规定

我国目前并未对股票股利的资本化金额作出正式规定。公司如果支付股票股利,应该根据公司连续盈利情况和财产增值情况确定股票股利的价值,按确定的股票股利的价值减少留存收益。其结转分录的规定是,公司按股东大会批准的应分配股票股利的金额,办理增资手续后,借记"利润分配——转作股本的普通股股利",贷记"股本"。如实际发放的股票股利金额与票面金额不一致,应当按其差额,贷记"资本公积——股本溢价"科目。从上述规定中可以看出,虽然我国现在并未对股票股利的资本化金额作出明确规定,但从其账户处理所涉及的科目看,是允许公司按股票市场价格和按股票账面价值进行会计处理的。

二、股票股利对资本结构、每股账面价值和每股收益的影响

下面我们通过实例来说明股票股利的不同会计处理方法对资本结构、每股账面价值和每股收益的影响。

(一)按市场价格支付股票股利

【例 17 - 1】　某公司分配股票股利之前的资本结构如表 17 - 1 所示。

表 17 - 1

资本结构表

单位:元

普通股票(10 000 000 股,每股面值 5 元)	50 000 000
资本公积金	20 000 000
留存收益	50 000 000
普通股权益合计	120 000 000

假设该公司拟用 20 000 000 元的留存收益,按股票市场价格以 10 股送 1 股的比例向股东支付股票股利 1 000 000 股,现该种普通股票的市价为每股 20 元。试分析在按市价分配股票股利后公司的资本结构。

解:

第一步,计算出从留存收益中转入普通股账户的资本公积金账户的金额。

留存收益账户减少额＝20×1 000 000＝20 000 000(元)

第二步,计算出普通股账户中应增加的金额。

普通股账户增加额＝5 元×1 000 000＝5 000 000(元)

第三步,计算出资本公积金账户应增加的金额。

资本公积金账户增加额＝20 000 000－5 000 000＝15 000 000(元)

第四步,编制会计分录。

借:留存收益   20 000 000
  贷:普通股   5 000 000
    资本公积   15 000 000

第五步,将各账户的增减额分别加减各账户的原有余额,即得到表 17－2。

表 17－2

资本结构表

单位:元

普通股票(11 000 000 股,每股面值 5 元)	55 000 000
资本公积金	35 000 000
留存收益	30 000 000
普通股权益合计	120 000 000

从表 17－2 可以看出,10％的股票股利支付之后,普通股总权益并没有发生任何变化,仍为 120 000 000 元。所不同的只是三种普通股权益资金的量发生了变化。

由于公司的普通股票数量增加了 10％,公司普通股票的账面价值和每股市价会相应降低,其具体计算方法如下:

除权后每股账面价值＝12/(1＋0.1)＝10.91(元)
除权后每股市价＝20/(1＋0.1)＝18.18(元)

除权后每股账面价值和每股市价均下降了 9.1％,相应地每股收益也会下降 9.1％。但是,原普通股票持有者各自占普通股总权益中的比重,以及各自在所得总收益中所占的比重均没有发生变化。

(二)按股票面值支付股票股利

【例 17－2】 假定〖例 17－1〗中的资料不变,试分析公司将 20 000 000 元留存收益按股票面值支付股票股利后的资本结构。

解:

其会计分录为:

借:留存收益   20 000 000
  贷:普通股   20 000 000

将各账户的增减额分别加减各账户的原有余额,即得到表 17－3。

表 17 - 3

资本结构表

单位:元

普通股票(14 000 000 股,每股面值 5 元)	70 000 000
资本公积金	20 000 000
留存收益	30 000 000
普通股权益合计	120 000 000

这时,普通股票的每股账面价值降为 8.57 元(120 000 000÷14 000 000),下降了 28.57%[(8.57-12)÷12];相应地除权后的每股市价则将降为 14.29[20÷(1+0.4)]元,下降了 28.57%[(14.29-20)÷20];同理,每股收益也会下降 28.57%。

（三）两种股票股利支付方式的合理性分析

将按市场价格支付股票股利与按股票面值支付股票股利的结果相比较,可以发现,虽然两者都是用同样数量的留存收益支付股票股利,但结果大不一样。两种方法哪一种更合理,可分析如下:

从理论上讲,无论用现金形式支付股利还是用股票形式支付股利,在股利支付后,两种支付方式对股票账面价值和市场价格的影响应基本一致,即它们在支付股利之后的股票账面价值和市场价格应该基本相等。其依据是分配同样的盈利,应该有相同的结果。按该理论,我们可将两种股票股利支付形式的结果与现金股利支付形式的结果相比较,以验证其合理性。

因为,在现金股利支付形式下每股将支付现金 2 元(20 000 000÷10 000 000),因此股利支付后的每股账面价值为 10 元(12-2),每股市场价格为 18 元(20-2)。这样,可将三种方法对每股账面价值和市价的影响列表比较,如表 17 - 4 所示。

表 17 - 4

不同支付形式对每股账面价值和市价的影响情况表

单位:元

项目	支付现金股利后	支付股票股利后	
		按股票市价	按股票面值
每股账面价值	10	10.91	8.57
每股市价	18	18.18	14.29

从表 17 - 4 可以看出,按股票市价支付股票股利后的结果与支付现金股利后的结果相差不大,而按股票面值支付股票股利后的结果却与支付现金股利后的结果相差极大,这说明,按股票市价支付股票股利比按股票面值支付股票股利更为合理。正因为如此,国际才通用按股票市价支付股票股利的方式,只有在股票股利起到分割作用的时候,才采用股票面值支付股票股利。

三、我国公司股票股利的支付形式

尽管我国会计制度允许企业采用多种股票股利的计价方式,但是,在我国股票股利分配的实务中均不采用按股票市价支付股票股利的方式,而采用按股票面值支付股票股利的方式。造成这一现象的主要原因如下:

(1)股票市价波动性太大,不易确定。且在我国,股票股利涉及增加注册股本,审批手续复杂,所花时间长。公司在确定股票股利分配方案时,必须一次确定支付股票股利的量和分配的金额,这样,就难以按股票市价来支付股票股利。在这种情况下,即使按预测市价来支付,实际上也只能算是设定价,而不是现实的市价。

(2)我国股票市场尚不成熟,股份种类繁多,流通市场不统一,价格差异大,许多股份还不能上市流通,因此,也难以为全部股份设定一个统一的市价,这决定了在我国现阶段还很难按股票市价来支付股票股利。

(3)公司股票的面值与市价差异极大,市场平均市盈率极高,若按股票市价支付股票股利,支付量可能对股东而言显得微不足道。比如,在我国 A 股市场的平均市盈率为 50 倍的条件下,就是公司的全部收益都按股票市价的方式来支付股票股利,平均也就只能是 50 股送 1 股的比例分配。这种低比例分配股票股利的方式,定难以迎合我国股票投资者的心理需要,不受股票投资者的欢迎。

(4)按股票面值支付股票股利,不但操作简单,而且股票股利支付量可以大增,从而比较容易满足股票投资者的心理需要,受投资者的欢迎。

我国实际采用的按股票面值支付股票股利的方式,虽然操作简单和迎合了投资者的需要,但它却扭曲了股票股利分配,使股票股利分配产生了股票分割的作用。对盈利能力较低的公司而言,采用这种股票股利分配方式,可能对公司的股价上扬带来极为不利的影响,最终影响到股东的利益。

四、股票股利的利弊

股票股利的优缺点可以从公司和股东两个方面来考察。

(一)股票股利对公司而言的优缺点

1. 股票股利对公司而言的优点

股票股利能给公司带来的好处是不言自明的,因为公司根本没有支付任何现金或其他有价值的东西,公司的经营资金毫无减少。这比公司为了留存利润而不分配股利的方法要高明一些。具体地看,其优点主要有:

(1)既可以使公司保留大量的现金,便于进行再投资,有利于公司的长期发展;又可以迎合投资者的心理,使他们不感到失望,而感到他们是在进行再投资。

(2)支付股票股利,可以使股票价格维持在一个自己认为合乎需要的范围。特别是当股票价格过高,失去对小额投资者的吸引力时,通过股票股利分配的方法,可以使股票价格调整到公司感到满意的范围之内,从而吸引更多的投资者。

(3)发放股票股利往往向社会传递公司继续发展的信息,从而提高投资者对公司的信心,在一定程度上能稳定股票价格。

2. 股票股利对公司而言的缺点

股票股利对公司而言的主要缺点,是它的管理费用比现金股利高得多。这些费用包括增加注册资本的验资费用、注册登记费用、证券登记费用等,从纯理论的角度看,这笔管理费用是股东的损失,因为公司不发放股票股利,节约的管理费用就会使公司的利润有所增加。

(二)股票股利对股东而言的优缺点

1. 股票股利对股东而言的优点

虽然,从理论上看,股票股利不会给股东们带来任何益处或价值,甚至还在某种程度上损失了权益资金。但事实上,股票股利能给股东们带来某些利益或价值。这些价值主要来自于股东们的心理感受和期望。具体地看,主要有:

(1)将股票股利视为一种意外之财。如果股东想出售若干股票以换取现金,那么在这种情况下,他们可能不会把股利股票的销售看成是原有股本的减少,而当作是意外之财,从而感觉到股票股利具有价值。

(2)如果公司在分配股票股利之后,仍然按以前一样的股利支付额支付股利,那么,股东就更容易感觉到股票股利的价值。例如,公司原每股支付股利1元,某投资者原持有100股可分得100元的股利,如公司分配10%的股票股利,他就持有了110股。这以后,公司若继续按每股支付1元股利的话,他就可以获得110元的股利,多获得了10元的利益。

(3)公司分配股利股票,可能给股东造成公司有有利可图的投资机会,这样在未来将会给股东带来丰厚收益的印象,从而感到了股票股利的价值。这种心理会在一定程度上起到稳定股价甚至抬高股价的作用。

(4)如果公司发放股票股利后,股价并不成比例下降;那么,这将使股东得到股票价值相对上升的好处。事实上,当股票股利少量增加时,如在2%～3%,并不一定就会立即影响到股票的市场价格,这样就使股东得到了股票市场总价格上升的好处。当然,这种好处会随着市场反应过来而消逝。

2. 股票股利对股东而言的缺点

股票股利对股东而言的最大缺点,是分配股票股利与支付现金股利一样必须支付所得税。按我国税法规定,股票股利的所得税与现金股利所得税一样,均为20%。对股票股利征收所得税的基本依据是,在公司清算时,公司支付各种债务后的归普通股东所拥有的净资产如大于股东原始投入,即资本出现增值,那么就应对资本增值部分征收20%的所得税。而资本原始投入包括股本和资本公积。股票股利本质就是将公司盈余转为资本的原始投入,即股东原始投入增加,这样在清算时净资产不变的情况下,资本增值部分就会相应减少,国家征收的所得税也就同比例减少。因此,国家要求公司支付股票股利时,必须缴纳所得税。

显然,因公司支付股票股利引起的将本来可以一直递延到公司清算时才缴纳的所得税,前置在支付股票股利当时缴纳,对股东而言是一种损失。如公司不支付股票股利,而将它作为留存收益的形式保留在公司中,则可获得将该资本增值所得税递延下去的好处。在〖例17-1〗中,如公司不支付股票股利而是将留存收益保持不动,那么将少支付4 000 000元(20 000 000×20%)的所得税。支付股票股利,仅是公司资本结构发生了变化,没有给股东带来任何实质性的好处;但却引起了税收形式的现金流出,无论该股票股利所得税是由公司支付,还是由股东支付,最终都会给股东造成实质性的损失,这就是股票股利对股东而言的最大缺点。

第二节　股票回购

一、作为股利支付策略的股票回购的实质

（一）我国对股票回购的法律规定

我国《公司法》第一百四十三条规定：公司不得收购本公司股份。但是，有下列情形之一的除外：

（1）减少公司注册资本。

（2）与持有本公司股份的其他公司合并。

（3）将股份奖励给本公司职工。

（4）股东因对股东大会作出的公司合并、分立决议持异议，要求公司收购其股份的。

属于第（1）项情形的，应当自收购之日起 10 日内注销。属于第（2）项、第（4）项情形的，应当在 6 个月内转让或者注销。属于第（3）项规定收购的本公司股份，不得超过本公司已发行股份总额的 5％；用于收购的资金应当从公司的税后利润中支出；所收购的股份应当在一年内转让给职工。公司不得接受本公司的股票作为质押权的标的。

为适应资本市场发展实践的需要，中国证监会于 2008 年 9 月 21 日颁布了《关于上市公司以集中竞价交易方式回购股份的补充规定（征求意见稿）》，对《上市公司回购社会公众股份管理办法（试行）》（证监发［2005］51 号）中有关上市公司以集中竞价交易方式回购股份行为补充规定的主要内容如下：

上市公司以集中竞价交易方式回购股份（以下简称上市公司回购股份），应当由董事会依法作出决议，并提交股东大会批准。股东大会就回购股份作出的决议，应当包括下列事项：回购股份的价格区间，拟回购股份的种类、数量和比例，拟用于回购的资金总额以及资金来源，回购股份的期限等。上市公司股东大会对回购股份作出决议，必须经出席会议的股东所持表决权的 2/3 以上通过，依法通知债权人。上市公司回购股份占上市公司总股本的比例每增加 1％的，应当自该事实发生之日起 3 日内予以公告，包括已回购股份的数量和比例、购买的最高价和最低价、支付的总金额。公司在公布回购股份方案之日起至回购股份完成之日后的 30 日内不得公布或者实施现金分红方案。上市公司回购股份期间不得发行股份募集资金。我国部分公司股份回购情况如表 17 - 5 所示。

表 17 - 5

我国部分公司股份回购情况表*

名称	回购截止日	累计回购		回购每股价格（元）		支付金额（万元）
		数量（万股）	占公司股本比例（％）	最低	最高	
华海药业	2006.10.24	382.59	1.6400	10.2500	11.1500	4 038.94
九芝堂	2007.07.27	1 384.55	5.2876	4.6700	5.2900	6 969.95
天音控股	2009.05.17	358.89	0.3780	3.3600	3.4900	1 241.63
健康元	2011.11.28	2 925.22	2.2200	7.0700	11.3300	29 999.97

（续表）

名称	回购截止日	累计回购		回购每股价格（元）		支付金额（万元）
		数量（万股）	占公司股本比例（%）	最低	最高	
宁波华翔	2011.11.30	1 394.00	2.4600	9.7200	12.3900	14 420.85
德美化工	2011.12.31	548.48	1.7300	8.9600	11.7300	5 473.75
宁波华翔	2012.08.14	2 315.28	4.1900	6.7200	6.9200	15 982.45
用友软件	2013.01.08	1 983.78	2.0300	9.7300	10.4600	20 000.00
大东南	2013.05.13	2 129.97	3.5300	5.1000	6.0300	12 000.00
申能股份	2013.05.19	17 673.57	3.7400	4.1000	4.5000	76 300.00
宝钢股份	2013.05.21	104 032.32	6.0759	4.5100	5.0000	500 000.00
精达股份	2013.07.06	1 156.82	1.6040	4.5300	5.0900	5 799.63
宗申动力	2013.09.03	4 146.89	3.5000	4.4000	5.2800	19 999.98

* 资料来源：同花顺金融数据库。

虽然我国法律禁止将股票回购作为股利支付的一种替代方法，但是为了完善股利分配方法的论述，下面仍然对作为现金股利替代方法的股票回购进行介绍。

（二）作为股利支付策略的股票回购的实质

股票回购作为一种支付现金股利的替代方法，是将公司缺乏有利可图投资机会的多余现金通过收购本公司流通在外股票的方式分给股东。公司购回本身发行的部分股票后，流通在外的股票就相应减少；再由于收购股票的资金是企业闲置的资金，因此，也不会对公司收益产生不利影响，这样，流通在外股票的每股收益就会有所增加，从而导致股票价格上涨。在国际上，不乏股票回购的实例。

由于股利收入与资本收益在纳税方面存在着差异，前者的税率高于后者，因此，从理论上来说，用股票回购来替代股利支付对股东更为有利。下面将举例说明该问题。

【例 17-3】 甲公司普通股票的每股收益和每股市价的资料如表 17-6 所示。

表 17-6

公司普通股票资料表

单位：元

税后净利润	4 000 000 元
流通在外股数	1 000 000 股
每股收益	4 元
每股市价	40 元
市盈率	10

假设甲公司计划从利润中拿出 50%，即 2 000 000 元分给股东，现正在考虑用支付现金

股利的方式还是用股票回购的方式分给股东。假定现金股利所得税率为 20%，资本收益免征所得税，股票交易印花税率为 2‰，股票交易费用率为 2‰，分配股利之后公司股票的市盈率保持不变。试分析不同股利支付方式的优劣。

解：

（1）计算每股可以获得的现金股利。

$$每股可得现金股利 = 2\,000\,000 \div 1\,000\,000 = 2（元）$$

（2）计算采用回购方式，每股可以获得的资本收益。

分析：由于股票含有未支付的现金股利，因此在现金股利支付前的普通股票市价将为 42 元。如果公司按每股 42 元的市价购回股票，那么每股将获得以下利益：

$$公司购回股票数量 = 2\,000\,000 \div 42 = 47619（股）$$
$$购回后每股收益 = 4\,000\,000 \div (1\,000\,000 - 47\,619) = 4.2（元）$$
$$购回后股票市价 = 4.2 \times 10 = 42（元）$$
$$每股所获得的资本收益 = 42 - 40 = 2（元）$$

（3）比较两种股利支付方式股东所获得的净收益。

$$现金股利的净收益 = 2 \times (1 - 20\%) = 1.60（元）$$
$$资本收益的净收益 = 2 \times (1 - 4‰) = 1.992（元）$$
$$两种股利支付方式利益差异 = 1.992 - 1.60 = 0.392（元）$$

通过上述分析可以得知，股东获得的利益均为 2 元，可以是 2 元的现金股利，也可以是 2 元的资本收益。表面上看，无论采用哪种方法对股东利益的影响都是一样的，但实际上如将两者的不同税率和交易成本考虑进来，股东获得的最终利益——扣除税后的收益将是有区别的。根据《中华人民共和国个人所得税法》规定，对个人的利息、股息、红利所得按 20% 的比例税率征收个人所得税，股票印花税和交易费用率之和一般要大大低于所得税率。而目前对股票交易增值部分免交所得税，即使国家开征股票交易所得税，投资者也可采用推迟交易的方法来递延该种税金。当然，在现实中，实际执行的股利所得税率和交易印花税率都是在不断变动的。

可见，用股票回购代替现金股利的实质，是使股东的股利收入转变为资本收益。这样做可以使股东回避较高的税率，获得少纳税的好处。当然，这种股利策略由于减少了国家税收，因此会受到国家税务机关的制约。不但我国明文规定不准企业以该种目的回购本公司的股票，就是西方国家，税务部门也十分警惕企业采用股票回购的方式来替代支付现金股利的方式，企业若有不慎，将会受到罚款处分。

2008 年 9 月，美国微软公司和惠普公司，就利用金融市场的动荡，分别宣布回购自己公司的股票，其中微软计划回购 400 亿美元股票，而惠普则计划回购 80 亿美元股票。受这一利好消息影响，微软股价在 9 月 22 日的早盘交易中大涨 4%。

据标准普尔公司的统计，近年美国企业股票回购呈现以下特点：一是股票回购规模超过分红。2005 年美国公司的股票回购增长了 77%，而分红仅增加了 11.5%。美国上市公司的股票回购资金比分红要多 73% 以上。二是大幅减少了流通股规模。标准普尔 500 指数成分股中，有 226 家企业通过回购方式减少了流通股，其中 80 家公司的股票总额下降幅度甚至超过了 4% 以上。三是回购规模几乎与企业利润相当。标准普尔公司称，标普 500 指数成分股公司 2005 年第四季度的回购规模相当于当季利润额的 93％左右①。

二、股票回购方式

股票回购的常用方法包括公开市场回购、要约回购、协议回购和可转让出售权四种方式。

（一）公开市场回购

公开市场回购是指公司在市场上同其他任何投资者一样，都必须按照公司股票的当前市场价格从其他投资者手中购买股票。这种回购方式很容易改变市场上的供求关系，将股票价格推高，增加回购成本。一般而言，在股票市场表现欠佳、公司股票市场价格低迷时，公司可以用此种股票回购方式来维持股票市场价格的稳定；公司还可能因为对股票有特殊用途的需要，如公司为了实施股票期权计划、员工持股计划等，而采取这种方式进行小规模的回购。

据统计资料显示，在美国有 90％以上的股票回购是采用公开市场回购的方式进行。由于公司回购自身的股票可能会涉及股票价格操纵和内幕交易的问题，因此，各国的证券监管部门对公司在公开市场回购的行为都实施了包括回购时间、交易价格、交易数量等方面的严格监管。在美国，公开市场方式回购股票对股票价格的平均影响仅为 2％～3％。

（二）要约回购

要约回购可以分为固定价格要约回购和荷兰式拍卖回购，在这里只讨论固定价格要约回购。

所谓固定价格要约回购，是指公司通过发布固定价格要约的回购，在要约书中必须包含回购的时间、回购的价格、回购的数量等方面的内容。其中，固定价格是回购要约中最关键的内容。该回购价格一定是高出股票当前市场价格水平的价格。在要约回购中，对公司而言，关键的是要确定回购溢价水平和溢价范围，使公司既能按照计划回购到既定数量股票，又可以避免为此付出过高的代价。溢价的高低与公司股票的集中程度有关，一般而言，两者之间成反比。即公司股权越集中，溢价就可以越小；相反，股权越分散，溢价就必须制订得越高。根据统计资料显示，回购溢价大约在 10％～25％之间，平均为 20％。

固定价格要约回购的优点：第一，赋予了所有股东平等的机会，股东既可按此价出售股票，也可依旧持有股票；第二，公司可以在较短的时间内完成回购股票的任务；第三，向市场发出了有关公司经营稳定、现金富余的积极信号。固定价格要约回购的缺点是回购的成本较高。

（三）协议回购

协议回购，又称定向回购，是指公司以协议价格的方式直接向一个或几个主要股东回购股票的事件。协议由于参与者相对较少，价格制定一般有利于收购方，其协议价格在多数情况下都要低于市场价格。特别在卖方首先提出希望公司回购其股票的情况下更是如此。由于协议回购只涉及一部分股东，协议回购价格的高低会直接影响到不同股东之间的利益关系，因此，协议回购的关键是确定回购价格。协议价格过高将不利于剩余的股东，公司如果处理不当，除了会遭受到剩余股东的反对之外，还有可能会因为"公司向出售方输送利益"，

---

① 为股票期权激励政策作铺垫，美公司回购股票升温[N]. 中国证券报，2006-3-27。

而遭受到股东的起诉。

协议回购在我国也时有发生,并且发生较多的是国有股的回购。在我国,当上市公司控股股东侵占上市公司资金而无法偿还所欠上市公司的债务,便希望能将其持有的一部分股份卖给上市公司以抵偿所欠债务,即"以股抵债"。这种"以股抵债",其实就是股票的协议回购。我国部分上市公司"以股抵债"回购的情况如表 17-7 所示。

表 17-7

部分公司"以股抵债"回购股份的情况*

代码	名称	变动日期	变动原因	总股本变动(万股)
600812.SH	华北制药	2004.12.30	以股抵债(定向回购)	−40 748.488 7
600839.SH	四川长虹	2006.4.11	以股抵债(定向回购)	−26 600
600637.SH	广电信息	2006.4.13	以股抵债(定向回购)	−25 737.141 2
600679.SH	金山开发	2006.1.4	以股抵债(定向回购)	−25 000
600876.SH	*ST 洛玻	2006.12.6	以股抵债(定向回购)	−19 998.175 8

＊ 资料来源:WIND 数据库。

我国首家实施"以股抵债"的电广传媒公司,其控股股东公司控股股东——湖南广播电视产业中心与电广传媒公司达成的协议回购价格为 7.15 元/股,在 2004 年 9 月 22 日,将其所持有电广传媒 7542.1 万股,抵偿其所欠电广传媒的债务及利息合计 53926 万元。协议回购之后,控股股东所持股份的数量由 16900 万股减少为 9357.9 万股,持股比例由 50.31% 下降为 35.92%。协议转让价格比每股净资产 7.12 元/股高出 0.03 元/股,但低于最低的市场价格 7.40 元/股。电广传媒公司的这一旨在解决控股股东欠债的协议回购,在中国股票市场上引起了轩然大波,有的批评这是大股东侵占小股东的权益,有的则认为这对小股东是件好事。就其争论的根源来看,还是在于对协议回购价格的不同认识之上。因为,在当时,法人股和国有股是不能流通的,其价格远远低于流通股的市场价格,因此,按照此种观点,有人认为该协议价格被定高了,小股东的利益受到了侵害。但是,从国家规定的国有资产的转让价格必须高于其每股净资产的规定出发,该协议价格的溢价很低,因此,有人认为是合理的,没有侵害小股东的利益。当然,也有人深入分析电广传媒公司控股股东公司控股股东——湖南广播电视产业中心每一股的实际成本,得出其折算为 6 年前的历史成本仅为 0.39 元/股①,净资产 7.12 元/股中的绝大部分都是流通股东的贡献,而卖 7.15 元/股,增长了 17.38 倍。因此,认为协议回购价格定得过高,损害了流通股股东的利益。

（四）可转让出售权

可转让出售权是指公司赋予股票持有人以某种价格将股票卖给公司的权利。这种权利一般以认沽权证的形式出现。认沽权证与认购(股)权证相反,是指权证持有人有权利(而非义务)在某段期间内以预先约定的价格向发行人出售特定数量标的的证券。

---

① 广电传媒发行上市时,最初发起人以每股 1.37 元的净资产折合 10 800 万股,公司上市至 2004 年 9 月共有 4 次分红、3 次扩股,其中流通股股东分得扣税红利 5 336 万元,国家股股东分得 7 682 万元。根据上述数据,依公司 2004 年 9 月股本计算,国有股股东的历史成本是每股 0.39 元[(10 800 万股×1.37 元−7 682 万元)／18 252 万股]。

在股票回购中,公司不能强迫股东将手中的股票卖给公司,公司只能设定股票的回购数量和回购价格,每位股东均可以按照自己的意愿选择接受或拒绝接受回购要约。

在固定价格回购要约中,公司可以按照股东持股的比例分派认沽权证,认沽权证其实就是赋予股东一项卖出期权,固定回购价格就是该期权的执行价格。当回购价格高于市场价格时,该期权就有了价值。由于可转让出售权与股票是分离的,因此,如果股票持有人不愿意将股票卖给公司,他就可以将该可转让出售权在市场上卖出,获取利益。在不考虑行权有关费用的情况下:

$$认沽权证到期可得的回报＝(行权价－权证结算价格)×行权比例$$

比如,某公司发行在外的普通股票总股数为 10 000 万股,现决定以 8 元/股的价格回购 1 000 万股,每 10 股送 1 股可转让出售权,出售权的有效时间为 30 日。如果该公司的市场价格为 6 元/股,那么,可转让出售权就有 2 元/股的价值。

公司发行可转让出售权,既可以满足不同股票投资人的需要,又可以限制股东向公司出售股票的数量,避免股东过度接受回购要约的情况发生。

无论采用哪种回购方式,公司在收购股票之前,都必须将自己回购股票的真实意图告诉全体股东,使股东了解公司收购股票的意图,并在此基础上作出正确的决策。

三、股票回购的利弊

(一)股票回购对公司而言的优缺点

1. 股票回购对公司而言的优点

股票回购对公司而言的优点可简单归纳如下:

(1)从公司的角度看,有了多余资金才会考虑是否回购股票。股票回购给予股东的利益,一般会使股东认为是一种暂时现象,这就回避了以现金股利形式支付可能造成的新增股利渴望长期维持的期望,当公司以后无多余资金时,就不必去勉强维持新的股利水平。

(2)股票回购作为一种筹资决策,可大规模地改变资本结构,提高财务杠杆,使资本结构最优化。如公司资金来源中权益资金比重过大时,可采用发行长期债券并用发行长期债券所得的资金回购股票,这样,就可迅速改变公司资本结构,获得财务杠杆利益。

(3)公司藏有库存股票,给公司筹资带来了灵活性,当其需要资金时,可随时将库存股票投放市场。

(4)股票回购还可用于阻止公司被兼并,掌握公司的控制权等。例如公司通过股票回购,减少市场上的股票数量,将所有权内部化,就可有效地阻止公司被敌意收购或兼并。

2. 股票回购对公司而言的缺点

(1)从公司的角度看,股票回购可能会给投资者造成一种公司投资机会少、增长率低的印象,进而影响企业声誉和股票市价。虽然这种情况并不会发生。

(2)从法律上考虑,股票回购往往行不通。公司在股票回购时,操作稍有不当,可能会违反有关法律的规定,承担由此而来的风险责任。

(二)股票回购对股东而言的优缺点

1. 股票回购对股东而言的优点

(1)股东可从股票回购中获得少纳税或推迟纳税的好处。

(2)股票回购可以减少市场上股票流通的数量,使股票的供求关系发生有利于供方的变化,从而股票市价更有可能保持持续上涨的势头,为股东带来丰厚的资本收益。从现实来看,该利益要远远大于前述少纳税或推迟纳税给股东带来的利益。

2. 股票回购对股东而言的缺点

(1) 股东们可能认为现金股利与资本收益更为可靠,放弃现金股利追求资本收益会使风险上升。

(2) 股东与公司所掌握的信息不对称,公司掌握的信息量要远远多于股东,因此,股东会担心被公司欺骗,即担心公司没有向他们提供股票回购的真实原因,使他们难以作出正确的决策。

(3) 对一些市场交易不活跃的公司股票而言,公司回购股票的价格订得过高,将不利于余下的股东,因为这将使股票交易更不活跃,使资本收益难以实现。

总之,虽然从各种法规上看,股票回购不一定可行,但是从理论上讲,它确实是股份公司可以采用的一种股利支付、调整资本结构、筹集资金、阻止公司被兼并和掌握控制权的有效方法,因此,仍需研究它。

第三节　股票分割

股票分割本来是与公司股利支付策略无关的问题,但它同股票股利产生某些相同的效果,因此,将它放在非现金股利一章中进行讨论。

一、股票分割的特征

(一) 股票分割的含义

股票分割,又称为拆股,是指公司用一定数额的面值较低的新股按比例交换一定数额的面值较大的老股的事件。股票分割的本质是通过降低公司股票的面值来增加公司股票的股数。

【例 17-4】 假定某公司股票分割前的资本结构如表 17-8 所示。

表 17-8

资本结构表

单位:元

普通股票(10 000 000 股,每股面值 5 元)	50 000 000
资本公积金	20 000 000
留存收益	50 000 000
普通股权益合计	120 000 000

已知该公司股票的市场价格为 10 元/股,试编制按 1:2 的比例减少股票面值和增加股数后的资本结构表,以及确定该股票的除权价格。

解:

(1) 编制股票分割后的资本结构表,如表 17-9 所示。

表 17 - 9

资本结构表

单位:元

普通股票(20 000 000 股,每股面值 2.50 元)	50 000 000
资本公积金	20 000 000
留存收益	50 000 000
普通股权益合计	120 000 000

从表 17 - 9 可以看出,股票分割之后,公司股权资金各个账户的余额均没有发生任何变化,变化的只有普通股票的面值。

(2) 计算股票除权后的市场价格。

除权后的市场价格＝10/2＝5(元/股)

（二）股票分割与股票股利的异同

与股票股利相比,股票分割的特征是股数增多、每股面值减少,但是权益资金各账户的余额不发生变化。两者的异同可归纳如下。

1. 股票分割与股票股利的共同之处

股票分割与股票股利的共同之处是两者均不增加公司的股东权益总额,只增加流通在外的股票数量,从而引起每股账面价值和内含价值的降低,并最终导致股票的市场价格下跌。

2. 股票分割与股票股利的不同之处

股票分割与股票股利的不同之处是股票股利不减少股票面值,但要调整权益资金各账户的余额;股票分割则是减少股票的面值和不调整权益资金各账户的余额。

（三）股票分割在会计处理上的特征

从会计角度看,股票分割不会对公司的资本结构产生任何影响,因此,不需要对股票分割进行会计上的账务处理,会计上要做的是一方面在资本账上将股票的面值调低;另一方面,按照一定的比例将股份数量调增。

二、我国股票分割的特殊情况

目前,在我国大多数股份公司的股票面值均为每股 1 元。在新股发行时,发行价均大大高于股票面值,使得资本公积金数倍于股本。比如,公司按 15 元/股的价格发行股票,其面值只有 1 元/股,但资本公积金却高达 14 元/股。在这种情况下,再对 1 元/股的面值进行分割就显得不太方便。另外,公司又存在大量的资本公积金,对 1 元/股的面值进行分割也显得意义不大。因此,我国股份公司对股票分割实际上多是采用资本公积金转增股本的形式来进行。虽然,严格地说,资本公积金转增股本并不属于股票分割,但它的确起到与股票分割同样的作用,即股票数量增加的作用。所不同的是,不是分割股票面值,而是摊薄每股资本公积。

在我国实务中,公司往往把它与股利分配混在一起,所谓盈利分配公告中的 10 送 2 转增 3 就是如此,它表明,公司盈利分配政策为 10 股送 2 股股票股利,另外再用资本公积金转增 3 股股票。由于我国公司发行股票时,存在大量的资本公积金,因此,在公司上市初期,不少公司均有能力大比例转增股票，以致让不少股票持有者将它视为了一种盈利分配。正如在本章股票股利一节所指出的一样，按股票面值支付股票股利也具有股票分割的性质。这说明，我国股票分割的情况普遍存在，但其表现形式特殊而已。

三、股票分割的利弊及其策略

（一）股票分割的优点

1. 可以使股票价格保持在最优价格区间

从理论上分析，股票最优价格范围是存在的。所谓最优，就是指如果股票价格在这一范围内，那么其价格-收益比率以及公司价值就能达到最大化。当某股票价格过高时，许多中小投资者买不起该股票，这样使得股票购买者减少，抑制了股票价格的上涨。这时若通过股票分割，使每股市价随股数的增加而下降，这样股票的总价值并没发生增减变化，但由于每股的市场价格较分割前有所降低，使更多的中小投资者能买得起，根据供求规律，这将导致该种股票价格重新上涨，使该种股票的价格-收益比率增大，从而使公司总价值增大。

我们以深圳股票交易为例来进一步讨论股票最优价格的问题。按深圳股票交易所的规定，每手交易量为 100 股，每股面值为 1 元，即每手交易量的面值为 100 元。但随着股票价格的上涨，价高的股票，市场价格达到 20 元/股。以 20 元/股来说，每手交易的金额高达 2 000 元，这不能不使小额投资者望而止步，从而影响了交易量。如能将这种价格过高的股票进行分割，比如说按 1∶2 的比率分割，那么每股市价降为 10 元/股，但因为价格降低，使许多投资者买得起该种股票，这又使供求关系发生了有利于供的变化，而导致每股市价高于 10 元/股。其结果就是以前 100 股价值 2 000 元的股票，现在分割为 200 股后，价值已超过了 2 000 元。当然，如不分割股票，采用降低每手交易量也能达到吸引投资者的目的，但降低每手交易量不是企业所能办到的了。

2. 可以用于增加发行量，扩大股东数

因为，现有股东手中持有的股数增多，他出售股票的可能性就会增大，从而引起股东数增多。股票数和股东数的增加会扩大公司股票的交易规模，在企业发行新股票时，股票价格过高不利于新股票的发行，通过股票分割可以有效地提高股票的市场性，刺激交易，满足筹资的要求。

（二）股票分割的缺点

股票分割的主要缺点是随着股票的分割，股票的流通数量将增加，股票市价将会下跌，特别是连续进行股票分割的公司，股票市价更将持续下跌。虽然，因分割下跌后的股价乘上其股数的总市价不一定就比分割前低，但如果公司股价太低将影响到公司股票的形象，为公司带来不利影响。比如，我国就有若干上市公司在经济效益不理想的情况下，为了取悦股东，连续多年向股东转增股票，最后导致公司股价一降再降，这不仅影响了公司的形象，还影响到公司股东的切身经济利益，因为股票转增后的市价之和已低于了股票转增前的市价之和。

（三）股票分割的策略

根据前述股票分割的优缺点，公司采取股票分割策略的前提条件是公司的盈利能不断增加，只有在公司盈利不断增加和股价高企的前提下，才可能通过股票分割增加公司的市场价值。反之，如在公司盈利下降和股价本身较低的情况下，对公司股票进行分割，那么，则只可能给公司和股东的利益带来不利影响。因此,公司在决定是否对公司股票进行分割之前,一定要详细预测公司盈利能力的趋势,评判公司现行股价的高低和分割后公司股价可能的走势等等;并在这些预测和评判的基础上,认真研究股票分割的比例和方式等细节问题。只有这样,才能使股票分割达到预期的增加公司市场价值的目的。

第四节　股票合并

股票合并也不是股利分配,只是由于它在某些方面与股票回购有相似之处,所以也把它放在非现金股利一章中进行讨论。

一、股票合并的特征

股票合并,又称为反分割(reverse split),是指通过将数股旧股合并为一股新股,并相应增加新股票每股面值的事件。股票合并的本质是通过提高公司股票的面值来减少公司股票的股数。通过股票合并可以大大减少流通在外的股票数量,以及提高新股的票面价值和内含价值,从而使股票的市场价格上涨。

【例 17 - 5】　假定〖例 17 - 4〗公司目前的股票市场价格仅为 3 元/股,公司感觉股票的市场价格过低,因此决定按 2∶1 的比例对股票进行合并,试编制股票合并之后的资本结构表,并确定股票合并后的市场价格。

解:

(1)编制合并后的资本结构,如表 17 - 10 所示。

表 17 - 10

资本结构表

单位:元

普通股票(5 000 000 股,每股面值 10 元)	50 000 000
资本公积金	20 000 000
留存收益	50 000 000
普通股权益合计	120 000 000

从表 17 - 10 可以看出,股票合并对权益资金构成并没有影响,而只是使普通股股数减少和每股面值增加而已。

(2)计算合并后股票的市场价格。

$$合并后股票的市场价格 = 3 \times 2 = 6(元/股)$$

二、股票合并与股票回购的异同

(一)股票合并与股票回购的相同之处

股票合并与股票回购有相似之处,两者都是通过减少流通在外的股份数,使股票账面价值上升,每股收益增加,市场价格上涨。

（二）股票合并与股票回购的不同之处

股票合并与股票回购的区别：股票回购是通过购买方式减少流通在外的股票；而股票合并则仅仅是股数的以多合少，股票面值的由小变大而已。从公司来看，股票回购，发生了实际的现金流出；而股票合并，公司没有发生任何现金流出。从股东来看，股票回购，股东不但获得了实际的现金利益，并且通过将原来的股利收益转变为资本收益，还获得了减少税负的好处；而股票合并，股东没有获得任何实际的现金利益。

从会计处理来看，股票回购必须进行账务处理，即借：普通股票；贷：现金。而股票合并则不需要进行账务处理，只是在股东权益账户的备注栏中，按照一定的比例增加普通股票的面值和减少股份数量而已。

三、股票合并的意义

股票合并的意义主要有如下三个方面。

（一）改变公司的市场形象

在市场上，当投资者对某公司的盈利能力、现金净流入量、风险水平、成长性和稳定性都不看好时，就会导致该股票的出售者多，而购买者少，从而引起该公司的股票下跌。当公司股票的市场价格太低，以至影响到自己声誉的时候，公司可以通过股票合并，使公司股票的市场价格得到提高，从而在一定程度上起到维护自己声誉的作用。

（二）将股票价格维持在最优价格区间

从纯理论上讲，股票合并与股票分割一样，也可以将股票价格维持在一个最优的价格区间，从而有利于股东财富的最大化。这是因为，当某公司的股票价格过低，影响到该股票的流通性和市场性时，通过股票合并可以增加每股收益，提高股票的市场价格，这样就有利于改善股票的流通性和市场性，从而有利于股东财富的最大化。

（三）降低交易成本

当公司股票市场价格过低时，股票的交易成本会上升。比如，我国证券登记公司向上市公司收取的证券登记费用就是按照公司发行在外的股票数量来收取的，当公司将数股合为一股之后，股票的流通数量就自然减少，与股票数量相关的费用就会相应地降低。

但是，各种研究都表明，股票合并会向市场传输不利的信号，即股票发行公司承认自己处于财务困境的信息，这样，股票合并就会导致股票的市场价格下降，不利于股东财富最大化。因此，在实际中，除公司合并之外，很少有股票合并的现象。

案例与资料

表 17 - 11

2012 年度部分存在现金股利、股票股利和资本金转增股本的公司情况表

名称	每股现金股利（税前）	每股股票股利（股）	每股公积金转增（股）
阳光城	0.150	0.600	0.300
中科三环	0.200	0.500	0.500
同洲电子	0.100	0.500	0.500

（续表）

名称	每股现金股利（税前）	每股股票股利（股）	每股公积金转增（股）
海康威视	0.300	0.500	0.500
华星化工	0.120	0.450	0.150
步森股份	0.100	0.300	0.200
太空板业	0.080	0.300	0.300
广汇能源	0.050	0.300	0.200
恩华药业	0.080	0.250	0.150
神剑股份	0.200	0.200	0.800
凯撒股份	0.060	0.200	0.100
太安堂	0.065	0.200	0.800
宝莫股份	0.050	0.200	0.500
光正集团	0.025	0.200	0.700
上海钢联	0.050	0.200	0.300
东宝生物	0.100	0.200	0.100
和佳股份	0.300	0.200	1.000
中国石化	0.200	0.200	0.100
安徽水利	0.080	0.200	0.300
芜湖港	0.050	0.200	0.800
国投新集	0.100	0.200	0.200
中国宝安	0.030	0.100	0.050
陕国投 A	0.035	0.100	1.000
恒大高新	0.030	0.100	0.200
东诚生化	0.250	0.100	0.500

习　　题

一、复习思考题

1. 股票股利的实质是什么？

2. 股票股利如何对股东利益产生影响？

3. 股票股利的会计处理方式有哪些？

4. 股票股利的支付方式有哪些？我国实务中多采用哪一种？为什么？

5. 怎么认识股票股利的优缺点？

6. 为什么股票回购可以作为现金股利支付方式的替换形式？

7. 股票回购有哪些常用的方式？这些回购方式各有什么特点？

8. 怎样看待股票回购的优缺点？

9. 股票分割的基本目的是什么？

10. 我国股票分割有什么特殊性？

11. 怎样认识股票分割的利弊？针对其利弊应采用什么策略？

12. 股票合并会给股东带来好处吗？

二、计算题

1. 某公司分配股票股利之前的资本结构如表习题 17-1 所示。

表习题 17-1

资本结构表

普通股票(10 000 000 股,每股面值 2 元)	20 000 000 元
资本公积金	30 000 000 元
留存收益	50 000 000 元
普通股权益合计	100 000 000 元

现普通股票的市价为每股 20 元。公司拟用留存收益,支付股票股利。现有三种股票股利支付方式:第一,按股票市场价格以 10 股送 1 股的比例向股东支付股票股利 1 000 000 股;第二,按股票面值 10 股送 1 股的比例支付股票股利;第三,按股票面值和 2 000 万元的既定股利支付金额支付股票股利。试分别计算分配股票股利后的结果,并编制资产负债表;分析三种股票股利支付方式的合理性。

2. 假定甲公司普通股票的每股收益和每股市价的资料如表习题 17-2 所示。

表习题 17-2

每股收益和每股市价的资料

税后净利润	4 000 000 元
流通在外股数	1 000 000 股
每股收益	4 元
每股市价	40 元
价格——收益比率	10

假设甲公司计划股利支付率为 50%,试分析比较现金股利与股票回购对股东的影响。

3. 某公司分配股票股利之前的资本结构如表习题 17-3 所示。

表习题 17-3

资本结构表

普通股票(10 000 000 股,每股面值 4 元)	20 000 000 元
资本公积金	40 000 000 元
留存收益	40 000 000 元
普通股权益合计	100 000 000 元

试按 1:2 的比例进行股票分割,并编制新的减少股票面值和增加股数后的资本结构表。

4. 某公司分配股票股利之前的资本结构如表习题17—4所示。

表习题 17 - 4

资本结构表

普通股票(10 000 000 股,每股面值 4 元)	20 000 000 元
资本公积金	40 000 000 元
留存收益	40 000 000 元
普通股权益合计	100 000 000 元

试按 2∶1 的比例进行股票合并,并编制新的增加股票面值和减少股数后的资本结构表。

第十八章　集团公司内部财务管理

【本章提要】　集团公司内部财务管理,从基本理论和方法上,与单体公司相似,但是也存在着许多特殊性的问题。在本章,重点讨论集团公司所特有的内部财务管理理论和方法。具体地看,主要包括集团公司集中筹集资金、集中使用资金、调节现金流量、内部考核等方面的理论和方法。

【学习目标】　通过本章学习,要求掌握和了解如下内容:(1)了解企业集团与集团公司的异同。(2)掌握集团公司财务管理的主要内容。(3)掌握集团公司集中筹集资金的基本理论与方法。(4)了解集团公司投资的集权与分权制度设计。(5)掌握集团公司集中管理流动资产的基本理论与方法。(6)了解集团公司集中管理固定资产的基本理论与方法。(7)了解集团公司无形资产集中管理的基本理论与方法。(8)掌握集团公司转移价格制定的基本理论与方法。(9)掌握集团公司内部财务业绩还原评价的基本理论与方法。

第一节　集团公司财务管理的特征

集团公司与单体公司在其经营业务和财务活动方面均有显著的差异,集团公司的经营形式必然深刻地影响到集团的财务管理,使财务管理更加复杂化。

一、企业集团与集团公司

企业集团是指以资本为主要联结纽带的母子公司为主体,以集团章程为共同行为规范的母公司、子公司、参股公司及其他成员企业或机构共同组成的具有一定规模的企业法人联合体。企业集团不具备企业法人资格。集团公司是企业集团的母公司,是企业集团的管理者,企业集团是其管理的对象。研究企业集团财务管理,其实就是研究集团公司对企业集团财务的管理。

不同企业之所以组成企业集团,其目的不过是希望通过企业之间的资源整合,获得1+1＞2的效果。集团公司的主要业务不是从事具体的经营活动,而是管理企业集团的业务。这些业务主要包括管理企业集团内部各子公司的生产经营活动和资本经营两大方面。与此相适应,集团公司的财务管理也就主要由集团内部财务管理和资本经营所组成。

二、集团公司财务管理概述

(一)集团公司内部财务管理

集团公司为了有效地整合集团内部的各种资源,形成了一套行之有效的集团公司内部财务管理独特的方法体系。该方法体系如图 18 - 1 所示。

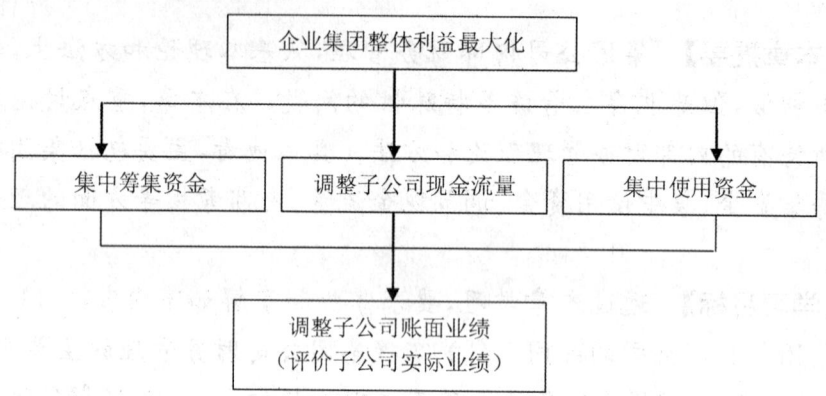

图 18 - 1　集团公司内部财务管理的独特方法体系图

从图 18 - 1 中可以看出,企业集团整体利益最大化是财务管理的根本目的。为保证该目的得以实现的财务管理方法体系,由集中筹集资金、集中使用资金、调整子公司现金流量、调整子公司账面业绩或评价子公司实际业绩等四大分支组成。

(二)资本经营

1. 资本经营的主要内容

集团公司由于内部子公司或业务众多,在经营过程中必然会出现子公司或业务的发展不平衡,当一些子公司或业务正处于上升阶段,需要大力扶持时,而另一些子公司或业务则处于衰退阶段,需要退出。这样,就势必引起频繁的企业新设、企业收购、企业合并、企业控制、企业分立、企业出售、企业重组、企业清算等活动。企业新设、企业收购、企业合并、企业控制、企业分立、企业出售、企业重组、企业清算等活动所引起的财务问题统称为资本经营。

集团公司可以将集团公司内部处于衰退阶段的子公司或业务出售、重组、分立,甚至清算,并通过企业的新设、收购、合并、控制等方式将从处于衰退阶段的子公司或业务中收回的资源投放于处于上升阶段的子公司或业务,使集团公司保持"青春的活力"。集团公司可以通过这样一系列的资本经营来达到企业价值最大化的基本目的。

2. 资本经营的核心问题

公司的新设、收购、合并、控股等问题相当于选择投资项目或购买资产的问题,公司的分立、出售、重组、清算等问题相当于出售公司资产的问题。资产买卖的关键问题是确定资产的价值问题,企业买卖的关键问题是确定企业价值的问题。因此,资本经营的核心问题是确定企业价值问题。

第二节　集团公司筹资

集团公司与单体公司在筹资方面的区别是，集团公司内部是由若干家单体公司所组成的一个公司群体，理论上讲，集团内的每一个公司都有权直接对外筹资。如果集团内每一家公司都从本公司的立场上考虑本公司的最优资金结构，那么，就有可能使集团公司的资金结构达不到最优。为了使集团公司整体资金结构达到最优，集团公司必须从集团公司的立场上来考虑筹资成本和筹资风险。本节重点考察集团公司筹资的特殊问题与管理。

一、集团公司筹资的特殊问题

单一实体的公司之所以会组成企业集团，其中最重要的原因是集团公司通过对各成员公司资源的整合，可以形成比各成员公司资源简单相加更大的聚合效应。筹资是集团公司整合各成员公司资源的有效方法之一。通过筹资对各成员公司的资源进行整合，是集团公司所特有的筹资问题。

（一）集中筹集资金的目的

集中筹集资金是集团公司筹资的一个显著特点。集中筹集资金的基本目的是将集团公司整体风险控制在一个适当的范围，使集团公司的整体资金结构达到最优和整体资金成本达到最低。集团公司用集中筹资的方式取代各个子公司分散筹资的方式，是最有效的降低集团整体资金成本和获取最优资金来源结构的方法。

集团公司集中筹集资金的目的，就是希望从集团公司整体利益最大化的立场出发，权衡集团公司的整体风险水平和整体收益水平，将集团公司整体风险控制在一个适当的范围，使集团公司整体资金来源结构最优和加权平均资金成本达到最低。

（二）集中筹集资金的形式

集中筹集资金根据集团公司的财务组织形式不同，可以分为完全集中筹资和集中决策、分散筹资两种形式。

完全集中筹资是指子公司没有直接对外筹资的权利，只有集团公司才拥有对外筹资的权利的筹资形式。采用这种对外筹资方式的优点是更容易获取低资金成本的利益；缺点是筹资所产生的一切风险均由集团公司承担。

集中决策、分散筹资是指对外筹资的决策权掌握在集团公司手中，实际筹资仍然以子公司的名义进行。在这种筹资方式下，集团公司根据集团公司整体资金结构最优的原则，确定各子公司应该采用的筹资方法。这种集中决策、分散筹资的筹资方式的优点是筹资风险由子公司承担，避免将集团公司整体曝露在对外筹资的风险之下，有利于在高风险的情况下保护集团公司；缺点是由于集团公司不能以综合各子公司风险水平之后的集团公司的整体风险水平为基础进行对外筹资，因此筹资成本会高于完全集中筹资形式的筹资成本。

（三）资金筹集主体与资金需要主体分立

资金筹集主体是指实施筹资行为的公司，资金需要主体是指将资金做有效投资的公司。在单体公司中，资金筹集主体与资金需要主体是合二为一的。但是在集团公司中，这两者则可能相互分立。即筹集资金的公司并不需要资金,而是将筹集来的资金通过内部转移的方式,交给不筹集资金的公司使用。集团公司将资金筹集主体与资金需要主体分立的基本目的是提高集团公司整体的筹资能力,降低资金成本。

二、集团公司外部筹资

由于集团公司存在投资控股产生的杠杆效应,因此,其合并的资金结构要比单体公司激进得多。在这种情况下,集团公司更应该重视筹资的方式。一般来讲,集团公司可以从集中对外部筹资中得到一定的好处。

（一）集中对外筹集资金的优点

集中对外筹资的主要优点,就是可以通过调整各个子公司的资金来源结构,将集团公司整体风险水平控制在一个适当的范围之内,使企业整体加权平均资金成本达到最低。

【例18-1】 西部集团公司的组织结构如图18-2所示,各公司的相关资料如表18-1、表18-2所示。

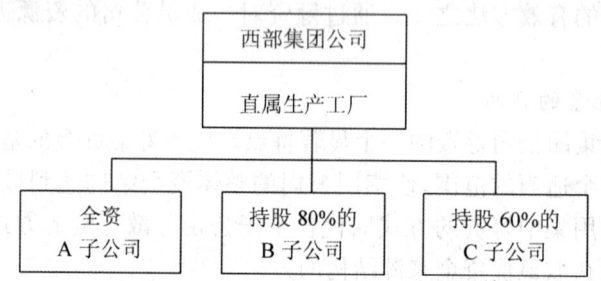

图18-2　西部集团公司组织结构图

表18-1

西部集团公司损益表

单位:万元

项　　目	合　并	母公司	A子公司	B子公司	C子公司
销售收入①	110 000	50 000	20 000	10 000	30 000
减:变动成本	65 000	33 000	10 000	4 000	18 000
贡献毛益	45 000	17000	10 000	6 000	12 000
减:经营固定成本	22 000	8 000	6 000	3 000	5 000
利息	5 600	2 000	1 500	800	1 300
税前收益	17 400	7 000	2 500	2 200	5 700
减:所得税(30%)	5 220	2 100	750	660	1 710
税后收益	12 180	4 900	1 750	1 540	3 990
合并后税后收益	10 276	4 900	1 750	1 232	2 394

表 18 - 2

西部集团公司资产负债表②

单位:万元

项　目	合　并	母公司	A 子公司	B 子公司	C 子公司
资　产					
流动资产	55 000	10 000	10 000	15 000	20 000
长期投资	—	30 000			
固定资产	90 000	30 000	25 000	15 000	20 000
资产合计	145 000	70 000	35 000	30 000	40 000
负债及所有者权益					
流动负债(无息)	31 000	6 000	8 000	12 000	5 000
6%利率的公司债	20 000	10 000	5 000	0	5 000
10%利率的公司债	44 000	14 000	12 000	8 000	10 000
少数股东权益③	10 000				
普通股票	40 000	40 000	10 000	10 000	20 000
合　计	145 000	70 000	35 000	30 000	40 000

注：① 假定没有内部销售。

② 假定没有内部的债权与债务。

③ 少数股东权益＝10 000×20％＋20 000×40％＝10 000。

假定西部集团公司整体的最优资金结构为:流动负债(1)/长期负债(4)/净资产(2)。试问在 A 子公司有一个投资金额为 20 000 万元项目时,公司应该如何选择 A 子公司的筹资方式?

解:

(1) 计算满足最优资金结构的各种资金来源的金额:

$$满足最优资金结构的流动负债金额＝(145\,000＋20\,000)×\left(\frac{1}{7}\right)＝23\,600(万元)$$

$$满足最优资金结构的长期负债金额＝(145\,000＋20\,000)×\left(\frac{4}{7}\right)＝94\,300(万元)$$

$$满足最优资金结构的净资产金额＝(145\,000＋20\,000)×\left(\frac{2}{7}\right)＝47\,100(万元)$$

(2) 比较最优资金结构与现有资金结构的差异:

$$流动负债差异＝23\,600－31\,000＝－7\,400(万元)$$
$$长期负债差异＝94\,300－64\,000＝30\,300(万元)$$
$$净资产差异＝47\,100－40\,000＝7\,100(万元)$$

(3) A 子公司应该选择的筹资方式分析:

根据上述计算结果,从集团公司的立场出发,A 子公司应该选择长期负债方式筹资。但是,如果集团公司不采用集中方式对外筹资,A 子公司就很可能不会从集团公司最优的资金结构去考虑,用长期负债筹资。因为,从 A 子公司的立场看,它的负债与净资产之比已经高达 2.5:1。如果 A 公司还继续采用负债筹资,在筹资完成之后,其负债与净资产之比将高达 4.5:1。在这种情况下,A 公司当然应该从自身的安全角度去考虑,采用股权资金筹资,降低自身的财务风险。

（二）集中对外筹集资金的利益计算

1. 集中对外筹资利益的确定原理

公司理财的最基本的目的是股东财富最大化,在股东构成不发生变化的条件下,当企业价值达到最大化时,股东财富也就达到最大化。当股东构成发生变化时,股东财富最大化,可以用原股东所享有的那部分企业价值来表示。因此,集中对外筹资的利益应该以企业价值为标准。企业价值是企业盈利能力和风险水平的函数,因此,又可以将这一基本目标分解为盈利指标和风险指标。

2. 集中对外筹资的利益计算实例

【例 18－2】 假定〖例 18－1〗中的西部集团公司中的 A 子公司有一个投资金额为 20 000 万元,投资的息税前收益率为 20% 的投资项目。公司相应地需要筹资 20 000 万元。假定 A 公司按照不同的方式筹资,将对 A 公司和集团公司产生如下的后果:第一,对 A 公司的影响:如果 A 公司采用发行长期债券筹资,按照 A 公司的风险水平,其利息率必须达到 14%。在发行长期债券筹资之后,由于 A 子公司的财务风险增大,社会对 A 子公司价值的折现率将从现在的 12% 提高到 18%;如果采用发行股权方式筹资(假定股权按照现有股权的账面价值发行),其折现率会因财务风险降低下降为 10%。第二,对集团公司的影响:从集团公司的角度出发,无论 A 子公司采用发行长期债券还是发行股权筹资,在筹资之后,集团公司的财务风险仍在可控范围之内,确定公司价值的现有折现率仍然维持在 10% 不变。试根据上述资料确定 A 子公司分别采用股权筹资和负债筹资对 A 子公司企业价值和集团公司整体企业价值的影响。

解:

1. 筹资前 A 子公司和集团公司的股权资金收益率和企业价值

（1）筹资前 A 子公司的情况:

$$A 子公司现有股权资金收益率 = 1\ 750/10\ 000 = 17.5\%$$
$$A 子公司现有企业价值 = 1\ 750/12\% = 14\ 583(万元)$$

（2）筹资前集团公司的情况:

$$集团公司现有股权资金收益率 = 10\ 276/40\ 000 = 25.69\%$$
$$集团公司现有企业价值 = 10\ 276/10\% = 102\ 760(万元)$$

2. A 子公司采用股权筹资(假定股权按照现有 A 公司股权的账面价值发行)对 A 子公司和集团公司的股权资金收益率和企业价值的影响

（1）筹资后 A 子公司的情况:

$$A 子公司的税后利润 = 1\ 750 + 20\ 000 \times 20\% \times (1-30\%) = 4\ 550(万元)$$
$$A 子公司的股权资金收益率 = 4\ 550/30\ 000 = 15.17\%$$
$$A 子公司的企业总价值 = 4\ 550/10\% = 45\ 500(万元)$$
$$A 子公司企业总价值中归原股东所有的那部分价值 = 45\ 500/3 = 15\ 167(万元)$$

(2) 筹资后集团公司的情况：

集团公司的税后利润＝4 900＋4 550/3＋1 232＋2 394＝10 043(万元)

集团公司的股权资金收益率＝10 043/40 000＝25.1％

集团公司的企业总价值＝10 043/10％＝100 430(万元)

(3) 比较筹资前后的情况：

①A 子公司筹资前后情况比较：

A 子公司股权资金收益率增减变化＝15.17％－17.5％＝－2.33％

A 子公司原股东所拥有的企业价值增减额＝15 167－14 583＝584(万元)

②集团公司筹资前后情况比较：

集团公司股权资金收益率增减变化＝25.1％－25.69％＝－0.59％

集团公司原股东所拥有的企业价值增减额＝100 430－102 760＝－2 330(万元)

从上述计算结果可以看出：A 子公司采用股权筹资使 A 子公司原股东所拥有的企业价值增加了 584 万元，对 A 子公司而言是可取的，但是，从集团公司的角度看，这种筹资方式使集团公司原股东所拥有的企业价值下降了 2 330 万元，是不可取的。

3. A 子公司采用负债筹资对 A 子公司和集团公司的股权资金收益率和价值的影响

(1) 筹资后 A 子公司的情况：

A 子公司的税后利润＝1 750＋[20 000×20％－20 000×14％](1－30％)＝2 590(万元)

A 子公司的股权资金收益率＝2 590/10 000＝25.9％

A 子公司的企业总价值＝2 590/18％＝14 389(万元)

(2) 筹资后集团公司的情况：

集团公司的税后利润＝10 276＋[20 000×20％－20 000×14％](1－30％)＝11 116(万元)

集团公司的股权资金收益率＝11 116/40 000＝27.79％

集团公司的企业总价值＝11 116/10％＝111 160(万元)

(3) 比较筹资前后的情况：

①A 子公司筹资前后情况比较：

A 子公司股权资金收益率增减变化＝25.9％－17.5％＝8.4％

A 子公司原股东所拥有的企业价值增减额＝14 389－14 583＝－194(万元)

②集团公司筹资前后情况比较：

集团公司股权资金收益率增减变化＝27.79％－25.69％＝2.1％

集团公司原股东所拥有的企业价值增减额＝111 160－102 760＝8 400(万元)

从上述计算结果可以看出：A 子公司采用负债筹资使 A 子公司原股东所拥有的企业价值下降了 194 万元，对 A 子公司而言是不可取的；但是，从集团公司的角度看，负债筹资也使集团公司原股东所拥有的企业价值增加了 8 400 万元，是可取的。

通过以上分析可以看出，股权筹资对 A 子公司有利，对集团公司不利；负债筹资对 A 子公司不利，对集团公司有利。从集团公司的整体利益出发，西部集团公司最佳的筹资方式应该是负债筹资。A子公司选择负债筹资,可以使集团公司获取财务杠杆带来的利益,增加企业价值。

三、集团公司的内部筹资

（一）集团公司内部筹资的基本概念

集团公司内部筹资是指集团公司用某种方法将各子公司暂时闲置的资金集中起来,统一加以运用的筹资。集团公司内部各子公司由于生产经营周期不一致、盈利能力不一致、资本性支出的安排不一致、资金来源结构不一致等方面的差异,在生产经营过程中不可避免地会存在一些子公司现金有多余,一些子公司现金不足的现象,这就为集团公司内部融通资金提供了可能。集团公司通过设立结算中心或财务公司,令集团内各成员公司都在结算中心或财务公司开设账户,将资金统一存入结算中心或财务公司,这样,集团公司就能将成员公司暂时闲置的资金集中起来,充分发挥资金的使用效益,减少对外筹资的需要。

（二）集团公司内部筹资效果分析

集团公司采用内部筹资的方式,获得的效果如何,可以按下述方法进行分析。

1. 内部筹资节约的利息支出额计算

负责集团公司资金管理的财务公司或计算中心,既对内吸收存款和发放贷款,又对外借款,并将借入的款项与吸收存款中可用于发放贷款的款项合并在一起,向各成员公司提供贷款。如果,集团公司对内提供贷款的金额大于集团公司对外借款的金额,那么,就表明在集团公司中存在内部筹资现象,其内部筹资额等于对内提供贷款金额大于集团公司对外借款金额的差额。

【例18-3】　东部集团公司设立有财务公司专门负责集团公司的对外存借款业务、内部各成员公司的存款业务和贷款业务。假定财务公司对外借款的年平均金额为5亿元人民币,向各成员公司发放贷款的年平均余额为11亿元人民币。又知存贷款的平均利息率差异为5%。问东部集团公司的内部筹资额和节约的利息费用各为多少?

解:

(1) 内部筹资额=11-5=6(亿元)

(2) 节约的利息费用=6×5%=0.3(亿元)

从上例可以看出,内部筹资可以减少集团公司的对外筹资量,减少利息支出,使集团公司整体盈利能力水平提高。

2. 内部筹资对集团公司风险控制的利益分析

内部筹资除可以给集团公司带来利息支出减少、盈利能力提高的好处之外,还可以给集团公司带来整体负债减少、风险水平降低、加权平均资金成本降低、企业价值增加的好处。下面仍以实例说明。

【例18-4】　假定〖例18-3〗的东部集团公司,采用和不采用集中管理集团公司的存贷款业务的损益情况(见表18-3)和资产负债情况(见表18-4)。再假定随着资产负债率的上升,计算企业价值的适用折现率将以120%于资产负债率的速度上升,已知资产负债率为50%时的适用折现率为10%。试分析内部筹资给集团公司带来的企业价值增加的好处。

表 18-3

损益表

单位:亿元

项　　目	集中管理	不集中管理
息税前收益	10	10
利息支出	4	4.3
税前收益	6	5.7
税后收益(所得税税率为30%)	4.2	3.99

表 18-4

资产负债表

单位:亿元

项　　目	集中管理	不集中管理
总资产	80	86
总负债	40	46
净资产	40	40

解:

(1) 计算不同管理模式的净资产收益率:

集中管理的净资产收益率=4.2÷40=10.5%

不集中管理的净资产收益率=3.99÷40=9.98%

(2) 计算不同管理模式的折现率:

集中管理的资产负债率=40÷80=50%

不集中管理的资产负债率=46÷86=53.49%

集中管理的适用折现率 $=\left(1+\frac{50\%-50\%}{50\%}\times120\%\right)\times10\%=10\%$

不集中管理的适用折现率 $=\left(1+\frac{53.49\%-50\%}{50\%}\times120\%\right)\times10\%=10.84\%$

(3) 计算不同管理模式的企业价值:

集中管理的企业价值=4.2÷10%=42(亿元)

不集中管理的企业价值=3.99÷10.84%=36.81(亿元)

分析结果表明,采用集中管理模式不仅使东部集团公司的净资产收益率增加了 0.52 个百分点,而且还使企业价值增加 5.19 亿元(42-36.81),为股东带来了实际利益。

四、集团公司整合内部资源的对外筹资

在实际中,集团公司的对外筹资往往与整合内部资源是分不开,资源的内部整合会影响到公司对外的筹资能力,筹资成本等。所谓整合内部资源的对外筹资,就是集团公司将不符合对外筹资条件或处于劣势的对外筹资资源,通过内部整合,使它变为优势或相对优势的资

源,然后再用这些资源作为对外筹资的基础。在实际中,集团公司整合内部资源的方式方法是多种多样的,集团公司可以根据需要,结合集团公司的外部环境和内部条件对内部资源进行有效的整合。集团公司以整合后的资源对外筹资,往往会收到奇特的筹资效果。集团公司整合内部资源对外筹资的主要方式有:公司分立上市,集团内各公司的相互抵押或担保对外筹资,债务在集团内部各成员公司之间的转移等。

第三节　集团公司投资

集团公司投资与单体公司投资相比,最为显著的特征是,必须大量从事股权方面的投资,以及必须根据集团公司整体利益最大化的原则,控制成员公司的投资行为。

一、集团公司投资应该考虑的主要因素

集团公司与单体公司在投资方面的区别是,单体公司所考虑的投资结构,更多的是考虑具体资产的分布和构成,集团公司考虑的投资结构更多的是子公司的行业或经营分布。另外,单体公司对投资的管理,其重心在本公司资产的运用,而集团公司的投资管理重心,则在于如何综合各成员公司的资产优势,使之产生最大的收益。这里重点考察集团公司投资应考虑的主要因素。

(一)投资的集权和分权

投资的集权和分权是集团公司中最重要的投资政策。集团公司中的成员公司都是独立的企业法人,从法律的角度看,它们都有独立的投资权力。但是,独立的公司之所以组成企业集团,就是因为集团公司能将这些独立公司的资源优势进行整合,形成优势互补,劣势互克,产生所谓"1+1>2"的效果。集团公司这一基本特征,决定了集团公司的投资不可能无限分权。因为,无限分权,就意味着各个成员公司完全按照自身的最优进行投资决策,而不考虑这些投资决策对集团公司整体的影响。集团公司投资的分权与集权究竟应该到什么程度达到最优,这是制定投资政策所必须认真考虑的问题。

集团公司投资最基本的目标就是谋求集团公司企业价值最大化。该目标可以细分为追逐盈利型和分散风险型这样两类投资目标。追逐盈利,走专业发展道路,为了有效整合各个成员公司的资源优势,集团公司的投资会更多地采用集权形式。降低风险水平,走多元化经营的道路,对成员公司投资整合的要求较低,其投资会较多地采用分权形式。

(二)集中管理和使用资金

集团公司在资产管理方面的重要特征是集中管理和使用资金。所谓集中管理和使用资金,主要是指集团公司设立诸如结算中心、内部物流配送中心等服务性的机构,将某些资产集中起来,统一加以调配的管理活动。集中管理和使用资金,可以使集团公司较容易地对各成员公司的资产进行整合,起到筹集资金和加速资金周转两方面的作用。

集中管理和使用资金在资产管理方面的基本目的有三:一是加速资金周转,提高资金的使用效率,降低成本,增加收益;二是确保集团战略目标的实施;三是有利于集团公司按照整体利益最大化的原则调节各成员公司的现金流量,使集团公司整体现金净流入量最大化。

二、流动资产投资管理

流动资产的流动性强,可整合的空间大,带来的利益容易计算,是集团公司集中管理和使用的重要资产类别,集团公司应该在流动资产的集中管理方面有所作为。集团公司可以设立若干服务性机构,通过向成员公司提供服务,在不损害各成员公司利益的前提之下,将各成员公司的某些流动资产集中起来加以整合,使它们产生出比由各成员公司单独管理更大的经济效益。下面主要对现金、应收应付款项、存货等流动资产的集中管理问题进行讨论。

（一）集中管理现金

任何公司的现金余额都存这样的特征:第一,存在着收入与支出的时间差,在发生实际现金支出之前,现金均存在着一个积累的过程,正处于积累过程的现金就是公司暂时闲置的现金。第二,公司保存现金余额的多少一般由满足最低经营需要的余额和保险性余额所构成,保险性余额在一般情况下是不动用的,如有专门用途的偿债基金,为了应付突发事件而储存起来的现金等。如果,集团公司设立内部结算中心,就可以将集团内部各成员公司的闲置现金集中起来,用于更有利可图的投资项目,使集团的资金发挥更大的效益。

【例 18-5】 假定珠江集团公司有 A、B、C 三家子公司,各成员公司的年平均现金余额如表 18-5 所示。

表 18-5

珠江集团公司各成员公司年平均现金余额表

单位:万元

成员公司	年平均现金余额	满足最低经营需要的余额	可用于集团公司周转的现金余额
母 公 司	4 000	500	3 500
A 子公司	2 000	300	1 700
B 子公司	3 000	200	2 800
C 子公司	1 000	200	800
合 计	10 000	1 200	8 800

假定闲置现金的银行存款利息率为 5%,集团公司将闲置现金集中起来做有效投资的投资收益率为 10%。问如果集团公司对成员公司现金进行集中管理可以获得的利益为多少?

解:集中管理可以获得的利益量应该用两种投资收益之差来表示。

$$集中管理获得的利益 = 8\ 800 \times (10\% - 5\%) = 440(万元)$$

上例说明,通过设立结算中心,对现金进行集中管理并没有影响各成员公司的利益,集中管理所产生的利益,只是现金资产得到充分运用的结果。

需要注意的问题是对现金的集中管理所引起的集团公司整体的风险变化,一般来讲,集中管理现金会使集团公司的总体风险增大。因为对现金管理的直接会计后果是集团公司的实际现金余额少于账面现金余额。比如上述珠江集团公司各成员公司会计期末的现金余额(假定表 18-5 的数为会计期末数)合计为 10 000 万元,但是,真正的集团公司可以动用的现金余额则只有 1 200 万元,其余的现金,已经被集团公司投资于能产生更大效益的项目之中。

(二)综合清算内部应收应付款项

当一家集团公司内各子公司之间,以及母公司与子公司之间存在着频繁的收付款往来时,资金必然存在着大量的相向流动。在这种情况下,集团公司可通过内部结算中心对这些收付款项进行综合结算,把相向流动的那部分资金予以抵消,只按净流动的资金额进行结算,就不仅可以加速资金周转,提高资金的使用效率,而且还可以降低资金转移成本,增加收益。资金转移成本既包括诸如汇款费用、银行手续费等方面的直接转移费用,又包括在途资金款项的利息损失等方面的机会成本。对跨国经营的公司而言,还可以大大降低外汇曝露风险,有利于资金的保值。

(三)集中管理存货

在一般生产经营性公司中,存货所占资产的比例极大,如果集团公司能对存货进行集中管理,除了可以充分发挥存货的相互调剂功能,减少集团公司的存货占用量,降低资金的占用费用之外,还可以形成采购优势,降低购买价格和采购费用,为集团公司带来直接的经济效益。

为了对集团公司的存货进行集中管理,集团公司可以设立诸如物流仓储公司等类型的子公司,专门为集团内部的各个子公司服务,并赋予其整合公司存货资源的权力,为集团公司带来直接的经济效益。

三、长期股权投资管理

在集团公司中,长期投资,特别是长期股权投资在资产中占有重要的位置,特别是纯粹控股型的集团公司中,长期股权投资占母公司总资产的比重几乎接近百分之百。集团公司对长期股权投资的管理问题,就是公司资本经营方面的问题。

集团公司必须高度重视对长期股权投资的控制和管理。长期股权投资分为集团公司对下属子公司的投资和子公司或孙公司对更下一层公司的股权投资两大类。但无论对上述哪一类长期股权投资,集团公司都必须采用集权管理的方式。只有这样,集团公司才可能在控制风险的条件下,取得高效的股权投资回报。

对集团公司层面的长期股权投资管理而言,首要问题是必须与集团公司的战略目标相关联,战略目标决定了集团公司的投资方向和投资规模。对外长期投资,应编制详细的可行性研究报告。签订长期股权投资项目合作协议书(合同),建立长期股权投资的内控制度和监督体系。

对被投资公司长期股权投资的管理而言,集团公司应该根据其拥有的被投资公司股权的多少,对被投资公司控制力的大小,设计管理方式。具体包括对子公司长期股权投资的管理,对合营公司长期股权投资的管理,对联营公司长期股权投资的管理,对参股公司长期股权投资的管理等等。

四、固定资产投资管理

(一)集团公司管理固定资产的特殊问题

与单体公司管理固定资产相比,集团公司管理固定资产的特殊性主要在于集中管理固定资产。固定资产管理方面的集中包括：投资决策的集中、建设的集中、资金调用的集中、生产能力调配的集中、折旧基金使用集中，等等。集团公司通过对固定资产的集中管理，可以获得分散管理所不能获得的若干利益。

1. 集中投资决策权的利益

集团公司掌握固定资产投资决策权的主要好处可归纳如下：有利于集团公司发展战略的顺利实施，有利于集团公司整体利益的最大化，有利于集团公司控制各个子公司存量资产的调整方向。

2. 集中使用资金的利益

集团公司对固定资产投资项目无论是采用集中决策，还是分散决策，都需要集中管理资金。集团公司通过集中使用资金，可以获得如下方面的利益：可以有效地控制各子公司对集团整体不利的投资项目；可以保证有利投资项目的顺利实施；可以有效地利用资金，减少资金的闲置。

（二）折旧基金的集中使用问题

1. 折旧基金的性质

从理论上讲，折旧基金不仅具有补偿基金性质，而且还具有积累基金性质。折旧基金积累基金性质主要由如下两个原因所造成：一是具有补偿性质的折旧基金在未使用或闲置时而产生的积累功能。固定资产存在价值收回的分次性和物质更新的一次性的特征，这就不可避免会使各个公司存在闲置的折旧基金，这时折旧基金可以当做积累使用，用于扩大固定资产投资规模。二是折旧基金提取额超过补偿实际需要量而形成的积累基金，这部分折旧基金仅是名义上的折旧基金，其实这部分折旧基金是由利润转化而成的。

2. 折旧基金在集团公司层面的集中使用

在集团公司中，各个子公司固定资产的更新改造周期各不相同，对折旧基金的需要量存在着差异，集团公司可以积累的折旧基金总额要远远大于单一企业，这就决定了集团公司可以在一定程度上将各个子公司尚未使用的折旧基金集中起来，进行固定资产投资，充分发挥折旧基金的积累作用。集团公司将分散在各个企业的折旧基金统一加以管理和利用，会产生出更大的效益。当然由于我国会计制度中已经取消了折旧基金的会计科目，因此，集团公司要了解整个集团公司折旧基金提取和使用情况，必须另外开设辅助账簿进行登记。

五、无形资产投资

若干单一实体的公司之所以组成集团公司，其中最重要的原因之一就是可以获得"1+1>2"的效果。"1+1"之所以大于2，究其原因来看，主要是单一实体公司组成集团公司之后，产生了新的无形资产或原有无形资产得到了充分运用。无形资产的投资在集团公司投资体系中占有重要位置。

（一）集团公司无形资产投资的特殊性

对无形资产进行投资，必须对无形资产的特殊性有充分的认识，这些特殊性主要包括无形资产的整体性、潜在性和风险性。

1. 无形资产的整体性

无形资产对企业的影响具有综合性，这是无形资产的一个显著特征。有形资产相同的企业之间的效益差异就来自于无形资产。在一个单一实体的公司中，无形资产影响的范围只局限于单体公司,而在集团公司中,无形资产会对集团公司内部各个成员公司的经济效益都会产生影响,这种影响就是无形资产的整体性影响。

2. 无形资产的潜在性

在会计学中,一般从稳健性原则出发将应该确认为无形资产的许多费用记入当期损益,而没有将它们资本化。比如,对研究与开发费用、广告费用、非专利技术等的处理,多从稳健性原则出发将它们记入当期损益,而不把它们资本化。但是,从它们所具有的财务影响来看,研究与开发费用、广告费用、非专利技术等对企业效益的影响具有长期性,它会潜在地影响到企业未来的发展。在财务上对无形资产投资考虑的范围要大于会计账面上的范围。

3. 无形资产的风险性

无形资产投资的风险性可以从无形资产投资与其可能产生的收益关系和无形资产的转让能力两个方面来考察。从无形资产投资与其可能产生的收益关系来看,两者之间的线形关系较弱。一项投资较小的无形资产产生出的收益完全可能大大高于投资较大的无形资产。从无形资产的转让能力来看,由于无形资产对其他资产的依附性极强,因此,很难单独转让。无形资产的这些特征说明,无形资产具有较大的风险性。因此,企业在进行无形资产投资时应该充分认识到无形资产投资可能产生的各种后果,才能将投资风险控制在一个可控的范围之内。

(二)集团公司无形资产投资策略

根据上述的无形资产的特征,集团公司在无形资产投资方面,应该注意如下一些投资策略。

1. 关注无形资产投资所形成的经济价值

集团公司无形资产投资应该关注的主要问题是投资所形成的经济价值,而不应该是投资所形成的会计账面价值。对其经济价值在投资前要认真分析,在日常管理中要认真评估。

2. 关注和控制无形资产的投资风险

无形资产投资由于其收益的不确定性更大,无形资产的转让能力更差,所以,在进行无形资产投资时更应该关注其投资风险。从无形资产投资与其可能产生的收益两者之间的线性关系较弱这一点看,无形资产投资承担较大风险是不可避免的。为了避免无形资产投资风险的放大,在无形资产投资时,企业一定要充分考虑各个投资期对投资费用的当期消化能力。

由于在会计上,多数无形资产投资都不作资本化处理,而是当作期间费用,直接进入当期损益,因此,在一般情况下,为了将无形资产投资所带来的风险损失控制在一个可接受的范围,企业的无形资产投资限额应该以投资期企业不出现亏损时所能支付的最大金额为限。

3. 无形资产投资项目的选择和组合

由于无形资产投资对企业的影响具有综合性,因此,集团公司在对无形资产进行投资时,要关注不同无形资产投资所产生的整体效果,运用投资效益分析法,寻找能产生最大效益的无形资产项目进行投资。

第四节　集团公司内部转移价格

集团公司内部转移价格的制定既涉及集团公司整体利益最大化的问题,又涉及集团公司内部各个成员公司的业绩评价，还涉及内部各个成员公司之间的利益分配问题，是集团公司理财需要认真对待的一个问题。

一、企业集团转移价格制定的特殊性

（一）单体公司内部转移价格的特征

在单体公司之中，也存在着内部转移价格。单体公司之所以制定转移价格，是运用经济激励方法来控制下属单位（成员）对企业的不利行为，促使企业利润最大化目标实现的产物。该激励理论是基于人是经济人的假设。古典管理理论认为：人是经济人，其本性是追逐经济利益，且好逸恶劳。企业作为一个经济人，目标是追求最大利润，企业要达到最大利润的目标，必须控制其成员好逸恶劳的行为，而最有效的控制是使用经济力（经济奖励和惩罚）从外部对成员追求经济利益的动机施加影响，迫使成员行为同企业目标保持一致的控制。为了便于区分、计量企业内部不同单位，甚至个人的责任，赋予相应的权力，按照责任完成情况给予经济利益，在单体公司之中建立责任中心，把总目标层层分解，落实到责任单位，甚至个人身上，形成责任中心的责任目标；并相应授予责任中心一定的权力和规定与责任相一致的利益，尽可能使责任中心的责权利相统一。而内部转移价格则是这种管理体系中的重要一环。

简单地说，单体公司内部转移价格的特征是，在不存在真正市场的企业内部，建立一个模拟的市场，将企业内部各单位变为不同的责任中心，将原来企业内部的生产组织关系转变为一种准市场的交易关系，并以转移价格为基础计算出各个责任中心的盈亏，最后按照责任中心的盈亏实施经济激励。

（二）集团公司内部转移价格的特征

与单体公司内部单位不同，企业集团中的各个成员公司，本身是独立的经济实体。如不组建为企业集团，公司与公司之间存在着外部市场，相互之间的交易价格也存在市场价格。但是，不同企业组建成企业集团之后，为了获得资源整合的利益，人为地将原来的市场交换关系转变为生产组织关系，转移价格便是集团公司进行生产组织的一种手段。

二、转移价格制定的基本目的

内部转移价格的制定具有多重目的，这些作用包括：明确经济责任，建立有效的激励机制；集中分配集团资金，确保重点业务或成员公司发展对资金的需要；回避外汇管制；取得避税效应，等等。

（一）明确经济责任，建立有效的激励体系

集团公司的整体经济目标，经过在内部的层层分解，最终落实到各个经营实体中。一个实施一体化经营的集团公司，各个内部成员公司之间相互提供的某些产品、劳务和技术服务，往往具有一定程度的垄断性，缺乏完全的外部市场，在这种情况下，由于不存在相应的市场价格，内部供需双方的交易，只能建立在内部转移价格的基础之上。

（二）集中分配集团资金，确保重点业务或成员公司发展对资金的需要

集团公司内部各个成员公司的发展不可避免地存在发展上的不平衡，与集团公司的整体发展战略存在差异，集团公司为了保证整体战略的实施，必须要集中集团公司的有限资源，而合理制定转移价格是集中集团公司资源的一种有效方法。集团公司通过制定不同的转移价格，可以将资金配置到对集团战略发展有关键影响性的项目上，实现整体的战略目标。

（三）回避资金管制

从事跨国经营的集团公司，由于在不同的国家或地区从事经营活动，不同国家或地区对外汇的管制宽严标准不一致，跨国公司从自身的利益出发，必然希望其外汇资金不受控制或少受控制，这时，跨国公司通过制定转移价格可以将资金从外汇管制严的国家或地区转移到外汇管制松的国家或地区，达到回避外汇资金管制的目的。

（四）取得避税效应

集团公司中各个内部成员公司所承担的税率可能存在差异，如果，某些内部成员公司享有某些纳税优惠，而另一些内部成员公司则没有纳税优惠，这时通过制定相应的转移价格，可以将利润集中到享有纳税优惠的成员公司中，降低集团整体的税收负担，取得避税效应。具体地说，就是在高税成员公司向低税成员公司转移产品和劳务时，采用低转移价格，将利润转入低税成员公司；相反，在低税成员公司向高税成员公司转移产品和劳务时，则采用高转移价格，将利润留存在低税成员公司之中。

三、转移价格制定应考虑的基本因素和原则

集团公司应该根据自身的经营特点和外部环境，在充分考虑前述各种因素的影响基础上，确定本集团公司转移价格制定的基本原则。

（一）制定转移价格应考虑的基本因素

集团公司制定转移价格时应该充分考虑到内部条件和外部环境的客观许可，只有在既满足内部条件，又满足外部环境客观许可下制定出来的转移价格才是可行的。

1. 制定转移价格应该考虑的内部条件

影响制定转移价格的内部条件主要包括集团公司集权和分权的状况、集团公司持有成员公司股份的多少、集团公司的管理能力和权威、内部交易客体的性质和数量等。

2. 制定转移价格应该考虑的外部环境

制定转移价格应该考虑的外部环境主要是指外部各种利益集团对转移价格的反映。转移价格影响的外部利益集团越多、利益量越大，集团公司在制定转移价格时受的制约就越多，应该考虑的因素也就相应越多；反之，则越少。

3. 制定转移价格的技术因素

集团公司制定转移价格，除了考虑各种利益关系之外，还要充分考虑转移价格制定的技术性问题，技术问题是最终决定集团公司采用转移价格是否可行的关键因素。制定转移价格的技术问题包括解决转移价格引起的冲突、转移价格的变化、转移价格制定和实施的成本等方面的问题。集团公司应该有一套核算转移价格引起的机会成本和机会收益的技术方法。

（二）转移价格的管理权限

在集团公司中，各个成员公司都是法人企业，有相对独立的经济利益，相应地，必然要求有相对独立的经营权限。在这种分权化组织中，如何恰当地确定转移价格的管理权限，并不存在一种适应于各种情况的最佳方案。在实务中，根据母公司与子公司参与制定转移价格程度的差别，转移价格的管理权限可以分为直接干预型和协商制定型两种模式。

1. 直接干预型

直接干预型是指集团公司根据其战略的需要，从集团公司整体最优出发，确定各个成员

公司的产品生产(采购)和提供(接受)劳务的计划,并按集团公司规定的转移价格将产品和劳务销售给另外的成员公司。这种转移价格管理模式的利弊主要如下:

直接干预型模式的优点是:第一,可以把集团企业中不经济的行为减至最低,从而促使集团公司整体的利益最大化。第二,当内部交易数量特别巨大,且发生次数频率较低时,由于集团公司对各个成员公司的干预次数较少,因此,直接干预型模式既可以在相当大的程度上保持成员公司的经营自主权,又可以促使成员公司作出有利于集团利益最大化的决策。

直接干预型模式的缺点是:第一,决策链条增长,各个成员公司的经营灵活性降低,积极性会受到一定程度的影响。第二,集团公司的最高管理当局必须花费大量的精力去解决各个成员公司对转移价格的争执,使集团公司的最高管理当局不能专注于对集团公司整体有重大影响的战略性问题。第三,管理成本高,在集团公司的内部转移业务数量多、频率高的情况下,集团公司会在转移价格制定和执行的过程中花费很高的代价,甚至其成本可能超过收益。

2. 协商制定型

协商制定型是指集团公司不直接干预各个成员公司之间产品和劳务的转移价格,而允许各个成员公司之间采用共同协商的方法来确定相互转让产品和劳务的价格。在各个成员公司协商过程中,集团公司主要作用是协调与信息沟通,而不是采取直接命令的方式。这种转移价格制定模式的利弊主要如下:

协商制定型模式的优点是:第一,有助于调动各个成员公司参与管理的积极性,使得集团公司的转移价格政策得到真正的实施与贯彻。第二,集团公司的最高管理当局可以从烦琐的行政事务中解脱出来,专注于对集团公司整体有重大影响的战略性问题。

协商制定型模式的缺点是:第一,由于转移价格的高低直接关系到各个成员公司的切身利益,因此,在协商过程中会耗费各个成员公司的大量精力,而且对转移价格制定的基础、相关费用的确定等问题,也很难形成一致意见,使各个成员公司难以专心于公司经营事务。第二,转移价格的最终确定过多地依赖于经理的协商能力,而不能全面地考虑制定转移价格的其他各种因素,转移价格又是影响各个成员公司经营业绩的主要因素,从而使集团公司对成员公司的业绩评价出现失误。第三,各个成员公司协商出来的转移价格可能偏离集团公司战略目标,难以把集团企业中不经济的行为减到最小限度,促使集团公司整体利益最大化。

四、转移价格的设计

集团公司内部转移价格政策会因集团公司内部中间产品和劳务的多样性而多样化,不存在一种适合于各种情况下使用的最佳转移价格,这充分表现出转移价格制定的灵活性。下文将重点对不同转移价格的适用范围和条件,以及这些转移价格所可能引起的不同行为反应进行讨论。

(一)以市场价格为基础的转移价格

以市场价格为基础的转移价格,按照转移价格与市场价格差异,可以分为完全以市场价格作为内部转移价格和以市场价格作为参考基础的转移价格两类。前者,是建立在集团公司内部各个成员公司完全独立自主经营基础之上的,各个成员公司拥有是从集团公司外部还是从集团公司内部进行采购,以及是向集团公司外部还是向集团公司内部销售的最终决策权;而后者,则是建立在内部各个成员公司自主经营受到一定程度上的限制、不能完全拥有购销的最终决策权基础之上的。

完全以市场价格作为内部转移价格的优点是,用市场价格计算出来的盈利能力,可以更准确地评价各个成员公司的业绩,避免了用其他方法造成的各个成员公司业绩衡量标准不一致的弊端。其缺点是,不利于集团公司整合内部资源。集团公司采用完全市场价格作为内部转移价格,为了集团公司的整体利益,应该坚持如下的一些基本原则:鼓励内部转让;给予内部各个成员公司充分的选择权利。

以市场价格作为参考基础的转移价格的优点是,容易使集团公司母公司与各个成员公司之间的目标达成一致,有利于集团公司整合内部资源。其缺点是,组织成本高。采用以市场价格作为参考基础的内部转移价格应该坚持的一般原则:坚持互利原则;适当控制内部各个成员公司的选择权利;建立有效的仲裁机制。

（二）以成本为基础的转移价格

以成本为基础的转移价格,就是按照提供中间产品或劳务所耗费的成本为基础制定出的转移价格。这类转移价格,因采用的成本标准不同,可以分为以完全成本、变动成本等类成本为基础的转移价格。

以完全成本法为基础的转移价格,是指集团公司内部转移价格完全按照提供产品和劳务子公司的全部成本确定的一种定价方法。该种定价方法按照是否采用实际成本为标准,又分为以实际成本和标准(预算)成本基础的转移价格。

以变动成本为基础的转移价格,除了在转移价格中不包括固定成本之外,在其余方面都与完全成本基本一样。集团公司之所以采用该种转移价格,其基本原因是有利于解决集团公司与成员公司在决策方面的目标冲突。

上述以不同成本为基础的转移价格,有一个共同的特征,上游成员公司无法从对内销售中获得利润。为了适应考核利润中心和投资中心的需要,可以采用成本加成法制定转移价格,该成本基础既可以是完全实际成本,也可以是标准(预算)成本,还可以是变动成本。使用成本加成法,最主要的问题是如何确定加成率。加成率的大小直接影响到不同成员公司的经济利益。

（三）双重转移价格

为了克服前述按市场价格和成本基础制定转移价格的缺点,集团公司可以根据需要对中间产品的供需双方分别采用不同基础制定的转移价格。比如,对上游成员公司提供的产品按照市场价格计价,对下游成员公司购入的上游成员公司的产品则按照产品的变动成本计价。

采用双重转移价格的优点原因是,避免了上游成员公司的固定成本和利润转移到下游成员公司,有利于中间产品的接受下游成员公司正确地进行经营决策,使下游成员公司与集团公司的目标保持一致。

第五节　集团公司内部业绩评价

集团公司内部业绩评价是集团公司理财中的一个重要问题。在本节,重点对集团公司内部业绩评价的基本理论、业绩评价的还原方法、非财务业绩的评价方法等问题进行探讨。

一、集团公司内部业绩评价的基本理论

集团公司由于对内部各个成员公司的正常经营活动进行了调节,使财务报告表示的经营成果在一定程度上脱离了实际经营成果,因此,对集团公司各个成员公司的评价不能采用一般单体公司的、以财务报告为基础的评价方法,而必须重新建立一套行之有效的集团公司内部业绩评价的理论与方法体系。

（一）财务业绩还原评价理论

1. 财务业绩评价的计价基础

企业财务业绩是通过企业财务报表反映出来的。企业财务业绩评价,就是通过对企业财务报表所反映出的各项指标进行分析,揭示企业的盈利能力和风险水平,并且根据盈利能力和风险水平揭示企业价值,最终按照企业价值的大小来评价企业经营业绩。

正确进行企业财务业绩评价的基础是按照市场基础编制的财务报表。因为,只有以市场基础编制的财务报表,才能真正反映企业经营业绩与其真实的盈利能力和风险水平,以及由此而推论出来的企业价值。

2. 成员公司财务业绩还原的必要性

对集团公司内部的各个成员公司而言,由于集团公司为了使集团整体利益的最大化,不可避免地会对各个成员公司的资产、负债、收入、成本(费用)等要素的市场计价基础进行调节,使这些会计要素的最终计量结果或多或少脱离了市场基础,造成各个成员公司的财务报表不能准确地反映其经营业绩。如果,集团公司仍按照各个成员公司提供的财务报表为基础来评价各个成员公司的经营业绩,就会得出错误的结论,并影响到各个成员公司的经营积极性。正是如此,为了使各个成员公司的财务报表能按市场基础准确地反映各个成员公司的经营业绩,在集团公司内部业绩评价的时候,有必要对非市场基础的财务报告进行适当的调整,尽可能还原为市场基础的财务报表,以便能够按照财务报表直接对各个成员公司的经营业绩进行评价和考核。

3. 成员公司财务业绩还原的范围

集团公司对成员公司财务报表调整范围的大小,与成员公司的股本结构有着密切的关系。如果成员公司是集团公司的全资子公司,那么,与成员公司相关的外部利益集团较少,不存在股东利益矛盾,集团公司可以根据需要,对财务报表中有关业绩评价的部分进行调整,而不必全面按照市场基础对财务报表进行调整;如果成员公司是集团公司的绝对控股公司,那么,集团公司中就存在着不同的股东群体,集团公司应该从维护全部股东利益的立场上出发,对非市场基础编制的财务报表进行全面的调整;如果成员公司是非绝对控股公司,那么,由于与成员公司相关的利益主体十分多元化,因此,在成员公司财务报表编制时就应该按照市场基础编制。

（二）预算任务完成情况评价理论

1. 预算任务完成情况评价的计价基础

在预算健全的条件下,集团公司对各个成员公司经营业绩的考评,就转变为了对预算任务完成情况的考评。预算任务完成情况是集团公司评价内部各个成员公司经营业绩好坏的最重要的指标。

在按照预算指标对各个成员公司进行考核时,应该注意到预算计价基础与预算执行结

果计价基础的一致性问题。只要预算的计价基础与预算结果的计价基础完全一致,那么,在评价预算任务执行情况时,就可以直接根据预算与其执行结果的比较分析来评价各个成员公司的经营业绩,而不需要先对预算执行结果进行调整后,再进行分析。只有预算的计价基础与预算执行结果的计价基础不一致时,才需要对预算或预算执行结果进行调整。

2. 预算评价的适用范围

预算任务完成业绩评价,与全面的财务业绩评价不一样,它注重的是各个成员公司预算的完成情况,而不是成员公司整体的财务业绩。根据预算对象的不同,预算大致可以分为销售收入、成本费用、利润、投资收益率、剩余收益预算等。

(三)非财务业绩评价理论

1. 非财务业绩评价指标的内容

建立在财务业绩评价基础之上的各种指标,在新经济环境下的弱点已经逐渐显现出来。单纯的财务业绩评价的弱点主要是不适应顾客、竞争和变化的需要,为了弥补单纯财务指标评价成员公司业绩的弊端,目前,出现了用非财务业绩评价指标弥补单纯财务评价指标不足之处的理论和方法。非财务业绩评价是希望在现行财务业绩评价的基础上,结合对企业未来发展产生重大影响的一些非财务指标,来揭示评价企业工作的得失。目前,用得较为普遍的非财务业绩评价指标主要有:顾客满意度、服务质量、业务流程、产品质量、市场战略、人力资源等。

2. 非财务业绩评价指标的意义

重视非财务业绩评价指标有如下意义:第一,可以充分考虑影响企业未来盈利能力和风险水平的各种因素,如顾客、服务、业务流程、产品质量、市场战略、人力资源等,而这些因素最终会影响到企业价值。第二,在考虑企业在顾客、服务、业务流程、产品质量、市场战略、人力资源等方面的业绩之后,可以更全面地揭示企业在各个方面的工作得失,从而有利于引导企业改进管理工作。第三,有助于企业重视无形资产的管理。第四,有利于克服财务业绩评价指标的短期行为,从而有利于企业更多地考虑企业长期稳健的发展。

二、财务业绩还原评价方法

财务业绩还原评价方法的主要特征是,将各个成员公司受集团公司追求整体利益最大化而歪曲的各项资产、债务、收入、成本等要素,调整为以市场价格为基础的要素。

(一)收入、成本还原调整方法

1. 收入、成本还原的基本方法

集团公司在追求整体经济效益的过程中,最常见的是通过制定转移价格来调整各个成员公司的现金流量,使集团公司整体的现金净流入量最大化。具体地说,当转移价格高于市场价格时,上游成员公司的收入增大,利润增加;下游成员公司的成本增大,利润减少。即下游成员公司的一部分利润被转移到上游成员公司。相反,当转移价格低于市场价格时,上游成员公司的收入减少,利润下降;下游成员公司的成本减少,利润增加。即上游成员公司的一部分利润被转移到下游成员公司。按照转移价格与市场价格高低的不同影响,集团公司在对收入、成本进行还原时,应该分别调减和调增不同成员公司的利润额,使各个成员公司的利润能较好地反映以市场价格为基础的利润。以市场价格为基础的利润才是各个成员公司真正的财务业绩。

【例18-6】 假定长江集团公司拥有甲、乙两个子公司,甲公司生产的产品是乙公司的半成品,转移给乙子公司,通过乙公司加工之后,再作为乙公司的产成品对外销售。其相关资料如表18-6所示。

表18-6

各个子公司的相关明细资料

项 目	甲子公司	乙子公司
市场价格(元)	30	60
内部转移价格(元)	25	——
单位变动(生产)成本(元)	15	10
固定成本总额(元)	100 000	120 000
生产和销售量(件)	10 000	10 000
所得税税率	33%	15%

要求:
(1) 根据上述资料编制以内部转移价格为基础的甲、乙两公司和集团公司的损益表;
(2) 按照市场价格调整甲、乙两公司的利润。

解:
(1) 按内部转移价格编制甲、乙两公司和集团公司的损益表,如表18-7所示。

表18-7

按照转移价格编制的损益表

单位:元

项 目	甲子公司	乙子公司	集团公司
销售收入	—	600 000	600 000
内部销售	250 000	—	—
转移成本	—	250 000	—
变动成本	150 000	100 000	250 000
贡献毛益	100 000	250 000	350 000
固定成本总额	100 000	120 000	220 000
税前利润	0	130 000	130 000
所得税	0	19 500	19 500
税后利润	0	110 500	110 500

(2) 按市场价格编制甲、乙两公司和集团公司的损益表,如表18-8所示。

表 18 - 8

按照市场价格编制的损益表

单位:元

项　　目	甲子公司	乙子公司	集团公司
销售收入	—	600 000	600 000
内部销售	300 000	—	—
转移成本	—	300 000	—
变动成本	150 000	100 000	250 000
贡献毛益	150 000	200 000	350 000
固定成本总额	100 000	120 000	220 000
税前利润	50 000	80 000	130 000
所得税	16 500	12 000	28 500
税后利润	33 500	68 000	101 500

(3)财务业绩还原结果分析。

比较表 18 - 7 和表 18 - 8,可知,采用转移价格比采用市场价格可以使集团公司税后利润合计增加了 9 000 元(110 500－101 500)。但是,这样也会使甲子公司的税后利润减少 33 500 元,乙子公司增加 42 500 元(110 500－68 000)。因此,为了公正地评价各个子公司的财务业绩,应该将按照转移价格计算的各个子公司的损益还原为按照市场价格计算的各个子公司的损益。还原之后,甲子公司的税后利润增加了 33 500 元,乙子公司减少了 42 500 元(110 500－68 000),集团公司整体的税后利润仍然维持在原有的 110 500 元不变。可见,采用转移价格和财务业绩还原的方法,既可以正确评价各个子公司的财务业绩,又可以使集团公司获得转移价格带来的好处。

2. 共同费用还原的基本方法

共同费用,又称共同成本、服务成本等,是指集团公司服务部门发生的费用或成本,如动力部门、维修部门、技术研发部门等服务部门为生产部门提供服务所发生的费用或成本。

集团公司在实际进行共同费用分配时,更多的是从集团公司整体利益出发,考虑不同分配基础对集团公司整体现金净流入量、资金调度、风险控制等方面的影响,而不仅是考虑共同费用分配的公平性。但是脱离公平性的共同费用分配,会歪曲各个成员公司的财务业绩。如果按照失真的数据对各个成员公司进行财务业绩评价,那么,就会误导各个成员公司的行为,使集团公司通过业绩评价来激发各个成员公司积极性的想法不能实现。因此,在对各个成员公司的财务业绩进行评价之前,还必须对各个成员公司所承担的共同费用进行还原。

【例 18 - 7】 假定长江集团公司拥有甲、乙、丙三家子公司,其中:丙子公司是集团公司新建的和准备加大投入的高技术公司,丙公司正处于免交所得税阶段;甲子公司是成熟公司,集团公司不打算再对它追加投入,仅希望它能以自己的收入抵偿自己的费用,正常经营下去;乙子公司是处于衰退阶段的公司,集团公司准备从该公司退出。甲、乙两家子公司的所得税率均为 30%。集团公司希望通过共同费用的分配,获得减轻税负和为丙子公司筹集发展资金的双重利益。集团公司共同费用总额为 700 000 元,公平的分配标准是销售收入的 20%。其他相关资料如表 18-9 所示。

表 18-9

相关明细资料

项　　目	甲子公司	乙子公司	丙子公司
市场价格(元)	30	60	50
单位变动成本(元)	15	30	20
固定成本总额(元)	300 000	120 000	400 000
其中:固定资产折旧(元)	100 000	70 000	100 000
生产和销售量(件)	50 000	10 000	28 000
所得税税率	30%	30%	0%

要求:

(1) 根据上述资料按最有利于集团公司整体利益最大化的角度分配共同费用。

(2) 在考核时,按照公平的分配基础调整共同费用和利润。

解:

(1) 分析:根据题意,从最有利于集团公司整体利益最大化的角度,分配共同费用标准应该是:第一,丙子公司不承担共同费用,令其利润最大化;第二,甲子公司的利润为零,但能维持简单再生产;第三,乙子公司的现金净流入量为零,即亏损金额等于折旧额,使集团公司能最大限度地收回投资在乙子公司之上的资金。按照上述标准编制的损益表如表 18-10 所示。

表 18-10

按照集团公司利益最大化标准的损益表

单位:万元

项　　目	甲子公司	乙子公司	丙子公司	集团公司
销售收入	150	60	140	350
变动成本	75	30	56	161
贡献毛益	75	30	84	189
固定成本总额	30	12	40	82
分摊的共同费用	45	25	0	70
税前利润	0	-7	44	37
所得税	0	0	0	0
税后利润	0	-7	44	37

(2) 编制按照公平分配基础分配共同费用的损益表如表 18-11 所示。

表 18-11

按照公平基础分配共同费用的损益表

单位:万元

项 目	甲子公司	乙子公司	丙子公司	集团公司
销售收入	150	60	140	350
变动成本	75	30	56	161
贡献毛益	75	30	84	189
固定成本总额	30	12	40	82
分摊的共同费用	30	12	28	70
税前利润	15	6	16	37
所得税	4.5	1.8	0	6.3
税后利润	10.5	4.2	16	30.7

(3) 财务业绩还原结果分析

比较表 18-10 和表 18-11,可知,采用非公平的共同费用分配方法比采用公平的共同费用分配方法,可以使集团公司税后利润合计增加了 6.3 万元(37-30.7),同时,也使丙子公司的现金净流入量增加 28 万元(44-16),满足了集团公司减轻税负和为丙子公司筹集发展资金的需要。但是,这样也会使甲子公司的税后利润减少 10.5 万元,乙子公司税后利润减少 11.2 万元[4.2-(-7)],丙子公司的税后利润增加 28 万元(44-28)。因此,为了公正地评价各个子公司的财务业绩,应该将按照非公平的共同费用分配方法计算的各个子公司的损益还原为按照公平的共同费用分配方法计算的各个子公司的损益。还原之后,甲子公司的税后利润增加了 10.5 万元,乙子公司增加了 11.2 万元,丙子公司的税后利润减少了 28 万元(44-16)。集团公司整体的税后利润仍然维持在原有的 37 万元不变。可见,根据需要选用共同费用的分配方法,并按照公平的共同费用分配标准对受影响的财务业绩进行还原,既可以正确评价各个子公司的财务业绩,又可以保证集团公司整体利益最大化目标的实现。

集团公司在对各个成员公司财务业绩进行评价时,需要考虑的问题是多种多样的,需要具体问题具体研究,但基本原理是,将以前不公平基础价格调整为公平基础的价格,以得到能正确反映各个成员公司实际财务业绩的收入和成本信息。

(二) 资产、负债还原调整方法

1. 转移借款还原的基本方法

集团公司为了使企业价值最大化,除了可以通过制定转移价格和分配共同费用来增加集团公司整体现金净流入量之外,还可以通过对集中筹集和使用资金来控制集团公司的整体风险水平,降低筹资成本,提高资金的使用效益。集团公司在集中筹集和使用资金的过程中,不可避免地会调整各个成员公司的资产负债结构,如果直接按照该资产负债结构去评价各个成员公司的财务业绩,就可能出现偏差。因此,有必要对受集团公司集中筹集和使用资金影响的资产负债结构进行调整还原,用还原后的资产负债结构去评价各个成员公司的业绩。

【例 18-8】 假定〖例 18-7〗中长江集团公司采用集中筹集和使用资金的资金管理方法,由于甲、乙、丙三家子公司中甲、乙两家子公司均是老公司,资产负债率较低,有良好的筹资渠道,筹资成本较低,但是不需要对外筹集资金;而丙子公司是新公司,资产负债率高,筹资困难,筹资成本较高,对资金的需求量大,集团公司为了保证丙子公司的发展,决定由甲、乙两家子公司向银行取得借款,然后再将借款转移给丙子公司。调整还原前各个子公司的资产负债表如表 18-12 所示。

表 18-12

调整还原前各个子公司的资产负债表

单位:万元

项　　目	甲子公司	乙子公司	丙子公司
现金	10	5	10
应收款项	10	5	20
内部应收款项(应收利息率8%)	40	25	—
存货	30	10	40
固定资产净值	50	35	80
资产合计	140	70	150
短期银行借款(利息率8%)	40	25	30
应付款项	20	5	5
内部应付款项(应付利息率8%)	—	—	65
股东权益	80	40	50
负债及股东权益合计	140	70	150

要求:根据各个子公司还原前和还原后的资产负债表结合[例 18-7]的调整还原后计算的损益结果,分别计算还原前和还原后的总资产收益率和净资产收益率(假定资产负债表中的数据均为平均余额)。

解:

(1) 根据还原前资产负债表计算各个子公司的总资产收益率和净资产收益率:

还原前的总资产收益率:

$$甲子公司总资产收益率=[10.5+(40×8\%-40×8\%)]÷140=7.5\%$$
$$乙子公司总资产收益率=[4.2+(25×8\%-25×8\%)]÷70=6\%$$
$$丙子公司总资产收益率=[16+(30×8\%+65×8\%)]÷150=15.73\%$$

还原前的净资产收益率:

$$甲子公司净资产收益率=10.5÷80=13.125\%$$
$$乙子公司净资产收益率=4.2÷40=10.5\%$$
$$丙子公司净资产收益率=16÷50=32\%$$

(2) 根据还原后资产负债表计算各个子公司的总资产收益率和净资产收益率:

由于甲、乙两家子公司从银行取得的借款已经转移给丙子公司,由丙子公司使用,因此,不应该将内部转贷的资金纳入甲、乙两家子公司的考核范围,即应该将内部转贷金额从总资产中扣除,用扣除转贷金额的总资产作为计算总资产收益率的基础。

还原后的总资产收益率：

　　甲子公司总资产收益率＝10.5÷(140－40)＝10.5%

　　乙子公司总资产收益率＝4.2÷(70－25)＝9.33%

　　丙子公司总资产收益率＝[16+(30×8%+65×8%)]÷150＝15.73%

还原后的净资产收益率：

　　甲子公司净资产收益率＝10.5÷80＝13.125%

　　乙子公司净资产收益率＝4.2÷40＝10.5%

　　丙子公司净资产收益率＝16÷50＝32%

　　(3) 分析说明：比较上述计算结果，可以看出，还原之后，甲、乙两家子公司的总资产收益率分别从7.5%和6%上升为10.5%和9.33%，财务业绩得到显著的提高。但是，丙子公司和各个子公司净资产收益率都没有发生变化。这是因为，本例假定甲、乙两家子公司为丙子公司从银行取得的贷款利息率与转贷给丙子公司应收的利息率完全一致，如果两者之间的利息率存在差异，那么，各个子公司还原前后的各种收益率均会发生变化。

　　2. 相互使用资产还原的基本方法

　　在集团公司中，各个成员公司往往会相互无偿地使用资产。产生各个成员公司相互无偿地使用资产这种现象的原因是多种多样的，除了某些成员公司的资产利用不充分，而另一些成员公司的资产又不足的原因之外，还包括资产在成员公司之间的转让受到障碍的原因。比如，资产所有权从一家成员公司转移到另一家成员公司，可能会存在较高的转移税费，引起集团公司的现金流出；也可能存在制度上障碍，使资产无法转移，等等。在集团公司内部资产富裕的成员公司无法向资产不足的成员公司转让资产或资产转让不合算时，集团公司就会利用行政手段，通过对资产使用权调度，来解决资产的利用问题。这时就会发生拥有资产的成员公司所有权不使用资产，而没有拥有资产所有权的成员公司却使用资产的现象。为了正确考核各个成员公司的财务业绩，集团公司必须按照资产实际的使用情况对各个成员公司的账面财务业绩进行调整。

　　(三) 财务业绩调整应该关注的主要问题

　　1. 关注账面调整的综合影响

　　集团公司出于整体利益最大化的需要，会根据实际情况，对各个成员公司收入、成本、资产、负债要素进行调整，调整的方法是多种多样的，除了上述的一些调整项目之外，还存在很多调整形式。集团公司对某一项目的调整，往往会同时对收入、成本、资产、负债等要素产生综合影响，这时在进行还原调整时需要充分注意的。比如，转移价格除了会影响到各个成员公司的收入、成本之外，还会影响到存货等资产的价值，以及负债和所有者权益等要素的价值。

　　2. 完善调整信息的搜集体系

　　集团公司对各个成员公司账面收入、成本、资产、负债要素进行调整，必须要掌握大量的信息，这些信息包括市场价格的信息，各个成员公司真实收入和成本的信息、真实占用资产和承担负债的信息。由于调整现行账面财务业绩的信息不能从会计账簿中直接获得，因此，集团公司应该为搜集这些信息设置专门的备查账簿，记录各种要素的市场价格信息，反映各个成员公司真实占用资产和负债的信息。有了健全的调整信息，集团公司就可以容易地对各个成员公司会计账面资料按照评价的需要进行调整，并在调整的基础上计算分析其财务业绩指标,正确地反映各个成员公司的财务业绩。

三、预算任务完成情况评价方法

在有健全预算的集团公司中,各个成员公司的业绩可以通过预算任务完成情况的好坏来评价。正确评价各个成员公司预算任务完成情况的关键问题有三,第一,要注意预算执行结果与预算指标的可比性;第二,要建立一套有关预算执行结果核算的责任会计体系;第三,要建立一套科学的责任分析方法。

习　题

一、复习思考题

1. 集团公司筹资应该考虑的主要因素有哪些?

2. 集团公司集中筹集资金应该考虑哪些主要因素?

3. 集团公司集中外部筹资可以产生什么效益? 这些效益又如何计算?

4. 集团公司为什么可以从内部筹集资金? 筹资量和效益计算的基本方法是什么?

5. 集团公司通过整合内部资源对外筹资可以获得什么好处? 这些好处又应该如何计算?

6. 集团公司投资集权与分权各有什么好处?

7. 集团公司集中管理和使用资金会给集团公司带来什么好处?

8. 应收应付款项的集中管理会给集团公司带来什么经济利益?

9. 集团公司集中管理固定资产会给集团公司带来什么经济利益?

10. 为什么集团公司应该特别重视无形资产的集中管理?

11. 为什么集团公司要制定转移价格?

12. 集团公司制定转移价格应该考虑的基本因素有哪些?

13. 集团公司制定转移价格的基本目标是什么?

14. 集团公司转移价格可以分为哪三大类? 各类的基本内容是什么?

15. 集团公司内部财务业绩还原评价的基本理论和主要方法是什么?

16. 集团公司内部预算任务完成情况评价的理论和主要方法是什么?

17. 集团公司内部非财务业绩评价评价的理论和主要方法是什么?

二、计算题

1. 假定东部集团公司的组织结构如"习题图 18 - 1",各公司的相关资料见表习题 18 - 1、表习题 18 - 2。

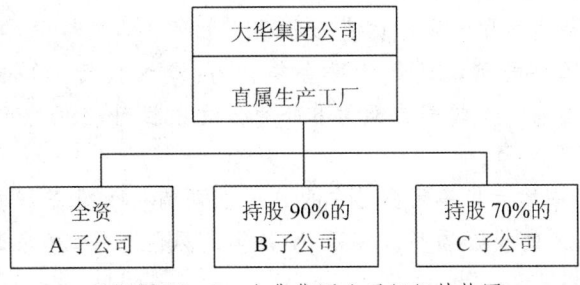

习题图 18 - 1　大华集团公司组织结构图

表习题 18-1

大华集团公司损益表习题

单位:百万元

项　　目	合　并	母公司	A子公司	B子公司	C子公司
销售收入①		500	1 200	1 000	1 800
减:变动成本		300	700	500	1 000
贡献毛益		200	500	500	800
减:经营固定成本		100	200	300	500
利息					
税前收益					
减:所得税(30%)					
税后收益					

表习题 18-2

大华集团公司资产负债表习题②

单位:百万元

项　　目	合　并	母公司	A子公司	B子公司	C子公司
资　　产					
流动资产		100	500	300	600
长期投资		1330			
固定资产		300	600	500	400
资产合计		1 730	1100	800	1 000
负债及所有者权益					
流动负债(无息)		230	100	50	100
6%利率的公司债		300	200	150	200
10%利率的公司债		400	300	200	300
普通股票		800	500	400	400
合　　计		1 730	1100	800	1 000

注:① 假定没有内部销售。

② 假定没有内部的债权与债务。

要求:

(1) 完成各个子公司的损益表习题的编制。

(2) 编制合并损益表习题和资产负债表习题。

(3) 假定大华集团公司整体的最优资金结构为:流动负债(2)/长期负债(4)/净资产(2)。试问在 A 子公司有一个投资金额为 800 百万元项目时,公司应该如何选择 A 子公司的筹资方式?

2. 假定计算题 1 中的大华集团公司中的 A 子公司有一个投资金额为 800 百万元,投资的息税前收益率为 20%的投资项目。按照 A 公司的风险水平,如果采用发行长期债券筹资,其利息率必须达到14%。在发行长期债券筹资之后,由于A子公司的财务风险增大,社会对A子公司价值的折现率将从现在的12%提高到18%。如果采用发行股票方式筹资(假定按照股票账面价值发行),其折现率会因财务风险降低下降为10%。但是,从集团公司的角度出发,无论A子公司采用发行长期债券还是发行股票筹资,在筹资之后,集团公司的财务风险仍在可控范围之内,确定公司价值的现有折现率仍然维持在10%不变。试确定A子公司分别采用股权筹资和负债筹资对A子公司和集团公司整体价值的影响。

3. 假定计算题2中的各种情况不变,集团公司采用完全集中方式筹资,根据集团公司整体的风险水平,集团公司可以12%利息率顺利按面值发行长期债券。集团公司将筹集到的资金交给A子公司使用。试计算采用完全集中筹资与集中决策、分散筹资两种不同负债筹资方法对集团公司整体而言的利益差异。

4. 假定计算题2中的各种情况不变,集团公司采用完全集中方式发行股票筹资,随着股票的发行,集团公司的整体风险水平将有所降低,确定集团公司企业价值的折现率将下降为9%。试计算采用完全集中筹资与集中决策、分散筹资两种不同股权筹资方法对集团公司整体而言的利益差异。

5. 高科集团公司设立有财务公司专门负责集团公司的对外存借款业务、内部各成员公司的存款业务和贷款业务。假定财务公司对外借款的年平均金额为6亿元人民币,向各成员公司发放贷款的年平均余额为12亿元人民币。又知存贷款的平均利息率差异为5%。问高科集团公司的内部筹资额和节约的利息费用各为多少?

6. 假定计算题5的高科集团公司,采用和不采用集中管理集团公司的存贷款业务的损益情况(见表习题18-3)和资产负债情况(见表习题18-4)。再假定随着资产负债率的上升,计算企业价值的适用折现率将以120%于资产负债率的速度上升,已知资产负债率为50%时的适用折现率为8%。试分析内部筹资给集团公司带来的企业价值增加的好处。

表习题18-3

损益情况表

单位:亿元

项　　目	集中管理	不集中管理
息税前收益	8	8
利息支出	5	5.3
税前收益		
税后收益(所得税率为30%)		

表习题18-4

资产负债情况表

单位:亿元

项　　目	集中管理	不集中管理
总资产	60	66
总负债	30	36
净资产	30	30

7. 甲、乙两公司是天地集团公司拥有的全资子公司,甲、乙两公司的财务状况如表习题18-5所示。

表习题18-5

甲、乙两公司的财务状况表

单位:万元

项　　目	甲子公司			乙子公司		
	A业务	B业务	合计	C业务	D业务	合计
息税前收益	1 000	1 200	2 200	1 000	600	1 600
利息支出	—	—	1 200	—	—	600
税前收益	—	—	1 000	—	—	1 000
税后收益	—	—	700	—	—	700
总资产	20 000	10 000	30 000	10 000	10 000	20 000
总负债(6%)	—	—	20 000	—	—	10 000
净资产①	—	—	10000	—	—	10 000

注①:各公司发行在外的普通股票股数均为1000万股。

现天地集团公司有一个有利可图的投资项目,需要筹资股权资金8 000万元。假定公司上市发行股票的前提条件是:第一,净资产收益率必须大于或等于10%;第二,总资产不得低于20 000万元,资产负债率不得大于60%。新公司股票筹资最大金额不得高于公司的净资产。问如何对甲、乙两公司的业务进行分立和组建新公司,才能满足集团公司筹资的需要。(提示:组合结果并非唯一,读者可以根据自己的判断进行组合)

8. 假定将计算题7中公司上市发行股票的净资产收益率条件改为:净资产收益率必须大于或等于7%;其余不变。那么,甲、乙两子公司都满足上市筹资的条件。又假定股票发行价格按市盈率20倍定价。试分析公司分立上市与不分立上市的利益差异。

9. 假定计算题7中的甲公司需要向银行申请4 000万元的长期借款,但是,由于它的资产负债率高达66.67%(20 000÷30 000),财务状况极为不佳,根据与银行的谈判结果,甲公司除了用自己的资产,按1:0.8资产与借款的比率进行抵押之外,还必须有其他公司对这笔贷款担保,才能取得这笔银行借款。已知社会上专门为其他公司借款提供担保的担保公司的担保费用率为借款金额的3%,问集团公司安排内部的成员公司为这笔贷款提供担保可以获得的利益为多少?

10. 假定计算题7中的A公司需要对外筹集负债资金4 000万元,但是,由于它的资产负债率高达66.67%(20 000÷30 000),财务状况极为不佳,即使利息率提高到10%,银行也不愿意向A公司提供贷款。而银行对一般公司的贷款利息率仅为6%。试分析债务转移方式筹资的好处。

11. 假定丰华集团公司有A、B、C三家子公司,各成员公司的年平均现金余额如表习题18-6所示。

表习题 18-6

丰华集团公司各成员公司年平均现金余额表

单位：万元

成员公司	年平均现金余额	满足最低经营需要的余额	可用于集团公司周转的现金余额
母公司	1 000	500	
A 子公司	2 000	500	
B 子公司	3 000	200	
C 子公司	4 000	1 000	
合　计	10 000	2 200	

假定闲置现金的银行存款利息率为 5%，集团公司将闲置现金集中起来做有效投资的投资收益率为 10%。问如果集团公司对成员公司现金进行集中管理可以获得的利益为多少？

12. 大通集团公司有 A、B、C 三个子公司，1 年之内的内部应收应付款项如表习题 18-7 所示，资金的外部转移成本为 0.5%，试计算采用内部抵扎可获得的效益。

表习题 18-7

大通集团公司内部应收应付款项矩阵式泰汇总表

单位：万元

项　目		付 款 公 司				应收款合　计
		母公司	A 子公司	B 子公司	C 子公司	
收款公司	母公司	—		10 000	8 000	2 000
	A 子公司	7 000	—		3 000	4 000
	B 子公司	3 000		6 000	—	5 000
	C 子公司	6 000		2 000	4 000	—
应付款合计						

13. 假定蓝天集团公司拥有甲、乙两个子公司，甲公司生产的产品是乙公司的半成品，转移给乙子公司，通过乙公司加工之后，再作为乙公司的产成品对外销售。其相关资料如下表习题所示。

表习题 18-8

蓝天集团公司各个子公司的相关明细资料

项　目	甲子公司	乙子公司
市场价格（元）	20	40
内部转移价格（元）	22	—
单位变动（生产）成本（元）	18	10

（续表）

项　目	甲子公司	乙子公司
固定成本总额（元）	200 000	250 000
生产和销售量（件）	50 000	50 000
所得税率	33%	18%

要求：

（1）根据上述资料编制内部转移价格甲、乙两公司和集团公司的损益表习题。

（2）编制按照市场价格调整后甲、乙两公司和集团公司的损益表习题。

（3）计算按照市场价格基础与内部转移价格基础的税后利润差异。

14. 假定北山集团公司拥有A、B、C三家子公司，其中：C子公司是集团公司新建的和准备加大投入的高技术公司，C公司正处于免交所得税阶段；A子公司是成熟公司，集团公司不打算再对它追加投入，仅希望它能以自己的收入抵偿自己的费用，正常经营下去；B子公司是处于衰退阶段的公司，集团公司准备从该公司退出。A、B两家子公司的所得税率均为30%。集团公司希望通过共同费用的分配，获得减轻税负和为C子公司筹集发展资金的双重利益。集团公司共同费用总额为1 800 000元，公平的分配标准是销售收入。其他相关资料如下表习题18－9所示。

表习题18－9

相关明细资料表

项　目	A子公司	B子公司	C子公司
市场价格（元）	60	80	100
单位变动成本（元）	45	50	60
固定成本总额（元）	1 000 000	1 800 000	800 000
其中：固定资产折旧（元）	800 000	700 000	500 000
生产和销售量（件）	100 000	80 000	80 000
所得税率	33%	30%	0

要求：

（1）根据上述资料按最有利于集团公司整体利益最大化的角度分配共同费用。

（2）在考核时，按照公平的分配基础调整共同费用和利润。

15. 假定计算题14中北山集团公司采用集中筹集和使用资金的资金管理方法，由于A、B、C三家子公司中A、B两家子公司均是老公司，资产负债率较低，有良好的筹资渠道，筹资成本较低，但是不需要对外筹集资金；而C子公司是新公司，资产负债率高，筹资困难，筹资成本较高，对资金的需求量大，集团公司为了保证C子公司的发展，决定由A、B两家子公司向银行取得借款，然后再将借款转移给C子公司，调整还原前各个子公司的资产负债习题表如表习题18－10所示。

表习题 18-10

调整还原前各个子公司的资产负债表

单位:万元

项　目	A子公司	B子公司	C子公司
现金	50	15	40
应收款项	30	15	30
内部应收款项(应收利息率8%)	60	60	——
存货	60	30	50
固定资产净值	100	80	80
资产合计	300	200	200
短期银行借款(利息率8%)	60	60	30
应付款项	40	20	10
内部应付款项(应付利息率8%)	——	——	120
股东权益	200	120	40
负债及股东权益合计	300	200	200

　　要求:根据各个子公司还原前和还原后的资产负债表结合计算题 14 的调整还原后计算的损益结果,分别计算还原前和还原后的总资产收益率和净资产收益率(假定资产负债表中的数据均为平均余额)。

第十九章 跨国公司理财的特殊问题

【本章提要】 随着公司跨出国境,参与国际竞争,公司理财的时空也从一国范围扩张到国际范围。公司理财环境的变化,必然带来公司理财内容方面的变化,使公司理财更加复杂化。公司国际化经营,必须同时面对两种市场,承担着两种风险。这两种市场,一是传统的商品营销市场,另一是外汇市场。传统商品营销市场的风险是所有企业所固有的,而外汇市场上外汇汇率变动风险则是从事国际经营的企业所特有的。汇率变化对国际企业的财务活动将产生重大影响,是国际理财学需要研究的重要课题之一。本章将从企业的角度来探讨外汇风险及其分类,外汇风险测定和外汇风险管理,在国际经营中如何抓住机遇、回避风险等方面的问题。

【学习目标】 通过本章学习,要求掌握和了解如下内容:(1)了解跨国公司理财的基本特征。(2)掌握外汇受险额测定的理论与方法。(3)掌握外汇风险的分类及其不同风险的特征。(4)掌握外汇风险管理的基本理论与方法。(5)掌握会计风险识别与管理的基本理论和方法。(6)掌握交易风险识别与管理的基本理论和方法。(7)掌握经济风险识别与管理的基本理论和方法。(8)了解资金跨国流动的特征。(9)了解资金跨国流动管理的基本思路。(10)掌握转移价格与资金跨国流动之间的关系。

第一节 国际理财的基本特征

国际理财是指国际企业的理财问题。国际企业是指具有国际经营业务的企业,包括国际贸易企业和跨国公司两大类。其中,跨国公司是国际企业最典型的代表。跨国公司就是在多个国家从事生产经营活动的集团公司。在本节,以跨国公司为对象,来探讨其理财的特殊问题。

一、国际经营所特有的理财问题

公司理财学的基本内容是研究与公司资金的筹集、投放及分配有关的理论和方法。这些理论和方法受公司理财所处环境的影响,随着企业跨国界经营,这些理财理论和方法必须加以发展才能满足国际经营的需要。

（一）汇率变动所带来的理财问题

在国际经营的条件下，不同国家和地区存在着不同的货币，公司筹资、投资和盈利分配等都必须使用多种货币，由于不同货币的价值在不断的变化，这就不可避免地会使各种货币的汇率不断发生变化，汇率变化会直接影响到公司的盈利能力和风险水平，进而影响到企业价值以及对企业价值的评判，因此，汇率成为公司理财所必须考虑的一个重要因素。在现实中，汇率变化极其复杂，这就必然使得公司理财更加复杂化。

（二）不同国家和地区税法差异所带来的理财问题

税收政策对公司的现金流入量和现金流出量的影响是全面的，不同的税目都会从不同方面直接或间接地影响到公司的现金流入量和现金流出量。税收政策对现金流量的影响会最终影响到企业价值。在一个国家之内，虽然不同地区的税收政策也可能存在差异，但是这种差异远不如不同国家和地区税法之间的差异大。税收政策差异，既是对国际经营的挑战，也为国际经营提供了更多的可供选择的机会，如何利用各国之间税法差异获取收益，是从事国际经营公司理财中应该考虑的又一个重要因素。

（三）国际市场与国内市场差异所带来的理财问题

虽然，在国际经济一体化的今天，国际上有一个被广泛认可的市场规则。但是，由于不同国家和地区的政治经济制度不通不同、文化传统不一样，这些规则在不同的国家和地区的运用仍会有不少的差异。生产要素市场和产品市场机制的差异，使得公司必须依照不同的市场机制去处理财务问题，建立不同的理财模式，从而使公司理财更加复杂化。

（四）政治和社会文化因素对理财的约束问题

在国际经营中，不同国家和地区政治经济制度和社会文化之间的差异会对公司理财产生多重约束。这些约束简单而论，就是公司理财不能简单地从经济因素出发，而必须要充分考虑政治风险和文化风险，特别在那些政治制度和文化传统因素影响大于经济因素影响的国家和地区，在公司理财中考虑政治和文化风险甚至要比财务风险更重要。

二、国际理财学的特征

为了满足处理以上特殊理财问题的需要，与单纯的国内理财学相比，国际理财学应重点突出如下一些新特点。

（一）强调资金的时空价值

资金除了具有时间价值之外，还存在空间价值。空间价值是指在不同国家和地区筹集和使用资金会产生不同的投入和产出效果，获得不同的经济效益，具体地说，空间价值就是指同一资金量在不同的空间范围之内具有不同的收益率。在一国范围之内，不同地区的资金固然存在着不同的空间价值，但是这种空间价值差异远不如不同国家之间的差异大。在广泛的国际空间理财，不同国家和地区的资金收益率存在着极大的差异，因此，必须要充分强调资金的空间价值。在现实中，时间与空间又是统一的，即在不同的空间中，资金具有不同的时间价值，比如，在 A 国的年利息率为 5%，在 B 国的年利息率为 8%，就反映了这一情况。关注资金的时空价值，是国际理财区别于国内理财的基本特点之一。

（二）更加注重资金筹集和使用的风险性与盈利性的统一

在国际经营中，不但企业所面临的商品销售市场、各种生产要素市场变幻莫测，而且货币市场、资本市场、外汇市场也都动荡不安,更兼各国的政治经济制度和文化背景不一样,对企业风险水平和盈利能力的评价标准又存在差异,使得国际经营的风险大大高于国内经营。这决定了国际理财必须更加重视企业风险性与盈利性的统一,通过加强风险管理促进企业增加盈利,进而增大企业价值。这是国际理财的又一个新特点。

（三）盯住国际金融市场

从事国际经营,离不开与国际金融市场打交道。企业要能在国际经营中回避风险、追求盈利,就必须要善于利用国际金融市场中的各种工具,盯住国际金融市场的变化,特别是汇率的变化。这构成国际理财的一个显著特点。

（四）考虑国际税收的影响

跨国公司在众多的不同国家和地区从事经营活动,不同国家和地区的税收制度差异极大,因此跨国公司理财必然受到各国税收制度的极大影响。公司理财必须要考虑各子公司所在国和地区的基本税收法规,在跨国筹资和投资决策、外汇风险管理、公司内资金流转管理等方面,充分利用各国和地区的税收差异,合理地进行税收筹划,减轻公司的整体税负,为公司创造尽可能高的现金净流入量。这也是国际理财的一个重要特点。

（五）熟悉各国制度和法规,积极缓解政治风险

不同国家和地区的政治经济制度,以及各项法规不可能完全一致,有的甚至存在着极大的差异,而且各自的制度和法规变更频繁、方向也不一致,不可避免地存在着政治风险。这就要求在国际理财中要衡量政治风险,并根据预测的政治风险的大小,选用合适的缓解政治风险的措施,将政治风险降至最低程度。缓解政治风险的主要财务措施有,诸如向保险公司投保有关险种,调整资本结构、保持财务机动性等。这是国际理财中需要倍加重视的特点。

（六）建立灵活的财务评价指标体系

在跨国公司中,由于公司理财的基本目的是使公司整体价值最大化,为了达到这一目的,公司必须善于利用不同国家和地区之间的各种差异,按照公司现金净流入量最大的目标来调整各子公司的现金流量,这样就人为地改变了各子公司的经营业绩,给子公司的业绩评价带来了困难。在这种情况下,不能简单地用子公司账面财务指标来评价子公司业绩,而必须建立一套灵活的财务评价指标体系来进行综合评价。虽然,在单纯的国内经营中,也会碰到有关的财务评价标准问题,但是,该类问题在国际经营中会更加复杂化。因此,建立灵活的财务评价指标体系也是国际理财中应该研究的重要内容之一。

第二节　外汇风险与分类

从事国际经营,就必须面对传统的商品营销市场和外汇市场,在外汇汇率急剧波动的今天,汇率变化往往超过了商品营销市场的影响,对国际企业的财务活动将产生重大影响;因此,国际经营企业必须加强外汇风险管理。

一、外汇风险及其度量

公司持有的外汇资产和负债,都会承受汇率变化带来的风险,根据外汇风险产生的原因,又可以将它们分为会计风险、交易风险和经济风险。

（一）外汇风险

1. 外汇风险的基本概念

企业外汇风险是指因外汇汇率变化，给企业以外币计价的现实资产和潜在资产折算为本币的价值所带来的不确定性。

2. 外汇风险度量

外汇风险一般用外汇受险(foreign exposure)进行度量，其意指由于企业所拥有的外币计量的货币性资产与货币性负债不平衡而承受的外汇风险。外汇受险是在汇率变动条件下对企业外汇风险的具体量度，是外汇风险管理中的一个重要概念。主动掌握企业外汇受险程度，并在此基础上采取相应的避险措施，是国际理财中的一项重要内容。

外汇风险是由本币、外币和时间三个基本因素所构成的。当一个企业在某项经济业务中用本币而不用外币作为计价的功能货币时，它就不会涉及外币与本币折算的问题，该项经济业务也就不会存在外汇风险。当一个企业在相同的时间内，流入和流出的外币币种相同且金额相等时，外币折算为本币所产生的收益与损失就会相互抵消，因此，也不会存在外汇风险。汇率的波动一般是与时间成正比的，时间越长，汇率波动的可能性和幅度就会越大；反之，则越小。

（二）影响外汇受险的因素分析

影响外汇受险的因素包括以外币计量的货币性资产和货币性负债，以及计量它们所使用的不同外币的均衡性和它们产生的时间等。

一个企业总是既存在货币性资产，又存在货币性负债。在币值变化的条件下，一个企业究竟是获得额外的利益还是发生额外的损失，完全取决于企业货币性资产与货币性负债之差的方向。一个跨国公司既可能存在以外币计量的货币性资产大于货币性负债的情况，又可能存在以外币计量的货币性资产小于货币性负债的情况。前者，企业为货币性债权人，处于外汇多头地位；后者，企业为货币性债务人，处于空头地位。无论企业是处于多头地位还是空头地位，都预示着企业外汇承受着风险，即在汇率发生变化时，企业存在着遭受损失或获得利益的可能性。

企业处于多头地位时，外汇升值会为它带来收益，而外汇贬值则会产生损失；反之，企业处于空头地位时，外汇升值将造成损失，而外汇贬值则将产生收益。

【例 19-1】 假定国商集团公司的本位币是人民币，但是拥有若干以美元表示的货币性资产和货币性负债，其中：资产为 300 万美元，负债为 500 万美元。问该公司的外汇受险额为多少？该公司是处于多头地位还空头地位？如果美元与人民币的比率现在为：1:8.00，预计未来为 1:7.5，问将给该公司带来什么样的影响？

解：

（1）外汇受险额＝美元资产 300－美元负债 500＝－200（万美元）（空头）

（2）公司将会因外汇贬值增加支出的金额＝(7.50－8.00)×200＝－100（万元人民币）

准确计算外汇受险额是一件复杂的事。一般来税，首先，应该计算受险额；其次，应分币种计算不同外汇的受险额；再次，应将同一外币计量的发生时间有先后的货币性资产和货币性负债按某一日期的汇率进行调整，计算出考虑时间因素后的各种外汇的受险额；最后，汇总求出整个企业的外汇受险实际总额。

二、外汇风险分类

在明确外汇风险产生的根本原因——汇率变化和外汇头寸不平衡之后,为了测定汇率变化对企业的具体影响,还需要进一步对外汇风险进行分类。按外汇风险产生的时间来分,外汇风险可以分为如下三类。

(一)会计风险

会计风险(accounting translation exposure),全称会计折算风险,是指会计上将外币计量的资产、负债、收入、费用转换为本币计量时,企业所承受的风险。根据会计规定,在编制财务报表时,企业必须将最初以外币计量的资产、负债、收入、费用等的价值按照一定的汇率折算为本币价值。由于汇率变动,会造成最初入账时的汇率与编制财务报表时的汇率不一致,因此,必然会使折算后企业的资产、负债、收入、费用发生增减变化,形成会计账面上的利得或损失,即汇兑损益。

(二)交易风险

交易风险(transaction exposure)是指企业用某种外币结算的交易,从成交至实际收到款项的过程中,由于汇率的变化,而导致的企业用本币或另一种外币计算时所承受的收入或支出发生增减变化的风险。交易风险主要体现在如下业务之中。

(1)以外币计量的商业信用采购或出售商品(劳务),在提供或接受商业信用到实际收支这段时期中,如果汇率发生变化,则必然会产生交易风险。

(2)以外币计量的借款或贷款,在债权债务最终清算完毕之前,企业必然承受着交易风险。

(3)外汇期汇交易中,由于合同期汇率与合同到期日的即期汇率可能不一致,而使企业承受着交易风险。

虽然风险不一定是损失,也可能是收益,但是结果不确定。

(三)经济风险

经济风险(economic exposure)是指由于实际汇率脱离预期汇率而导致的企业所承受的期望现金流量的净现值增减变化的风险。由于比较汇率变化的基础是预测汇率,因此,经济风险带有主观性。虽然,经济风险测定带有主观性,并不是产生于实际核算过程,而是由经济分析得出的;但是,由于它除了包含理财内容之外,还涉及市场营销、资源利用、生产方向等经营战略,因此,它在评价一个企业的长期经营能否健康发展方面,比会计风险和交易风险更为重要。总之,经济风险是一种机会风险,一个企业承受经济风险的大小,在很大程度上取决于企业对汇率变化的预测能力,预测越准确,企业承担的风险就越小;反之,则越大。

外汇风险类型与汇率变化时间的关系如图 19-1 所示。

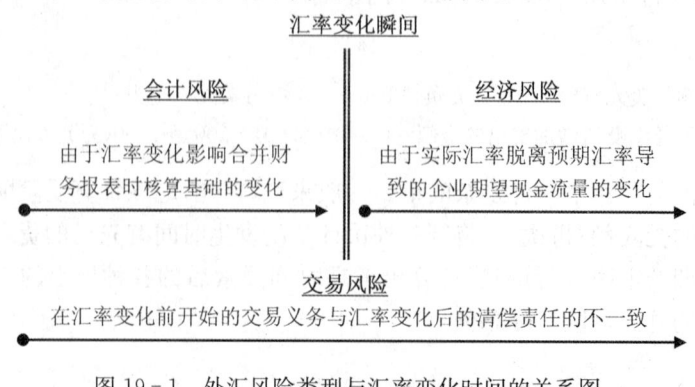

图 19-1　外汇风险类型与汇率变化时间的关系图

第三节　会计风险管理

会计风险是由于会计将外币(功能货币)表现的会计报表折算为本位币(报告货币)表示的会计报表所引起的,在会计实务中,会计折算方法多种多样,不同的折算方法所表现出来的折算损益存在着一定差异。在本节将对会计折算风险管理的问题进行探讨。

一、外汇折算方法

了解外汇折算方法,对进行会计折算风险管理有着重要的意义。所谓外汇折算,就是将原以外币计量的资产、负债、收益、支出等以报告货币表示出来。外汇折算的基本方法有现行汇率法、货币与非货币法、流动与非流动法等三种。三种会计方法的主要特征如表19-1所示。

表19-1

三种会计折算方法

项　　目	现行汇率法	货币与非货币法	流动与非流动法
资产负债表项目			
流动资产			
货币性流动资产	现行汇率	现行汇率	现行汇率
非货币性流动资产	现行汇率	历史汇率	现行汇率
非流动资产			
货币性非流动资产	现行汇率	现行汇率	历史汇率
非货币性非流动资产	现行汇率	历史汇率	历史汇率
流动负债			
货币性流动负债	现行汇率	现行汇率	现行汇率
非货币性流动负债	现行汇率	历史汇率	现行汇率
非流动负债			
货币性非流动负债	现行汇率	现行汇率	历史汇率
非货币性非流动负债	现行汇率	历史汇率	历史汇率
损益表项目			
与长期资产摊销无关的收入、成本、费用	加权平均汇率 发生时的实际汇率	加权平均汇率	加权平均汇率
与长期资产摊销相关的收入、成本、费用	加权平均汇率 发生时的实际汇率	对应的历史汇率	对应的历史汇率

二、外汇折算方法例解

下面仅以资产负债表为例,说明以上各种外汇折算方法的实际运用。

【例 19-1】 设美国 BB 公司在中国设有 A 子公司,美元与人民币的原汇率为:USD1=RMB9.00,现行汇率为:USD1=RMB8.00。折算前 A 子公司的人民币资料和按历史汇率折算为美元的资料见表 19-2②和③列,试根据这些资料按三种折算方法编制折算后的资产负债表。

解:

按三种折算方法编制的折算后的资产负债表如表 19-2④、⑤、⑥列所示。

表 19-2

三种外汇折算方法折算利得和损失的比较表

A 子公司 资产负债表	人民币 （万元）	按历史汇率 （USD1= RMB9.00） 折算为美元	按不同方法折算为美元 （现行汇率 USD1=RMB8.00）		
			现行汇率法	货币与非货币法	流动与非流动法
①	②	③	④	⑤	⑥
资产					
现金	900.0	100.0	112.5	112.5	112.5
应收账款	900.0	100.0	112.5	112.5	112.5
存货	1 800.0	200.0	225.0	200.0	225.0
固定资产	3 600.0	400.0	450.0	400.0	400.0
资产总计	7 200.0	800.0	900.0	825.0	850.0
负债与所有者权益					
流动负债	1 800.0	200.0	225.0	225.0	225.0
长期负债	1 800.0	200.0	225.0	225.0	200.0
所有者权益	3 600.0	400.0	400.0	400.0	400.0
折算利得或损失	—	—	50.0	(25.0)	25.0
负债与所有者权益总计	7 200.0	800.0	900.0	825.0	850.0

虽然,会计折算方法不同所引起的折算利得或损失,并不代表公司实物资产的利得或损失,但是,它对公司的价值仍会有影响。这是因为,不同的折算结果,会直接影响到公司负债与权益的比率,从而导致公司风险水平发生变化,进而对公司价值产生影响。这说明,公司必须重视折算风险对公司的影响。

三、会计折算风险管理

（一）资产负债表保值法

根据会计折算风险产生是由于公司存在外汇净风险资产（外汇风险资产－外汇风险负债）的头寸的原因,因此,防范会计折算风险的最基本方法应该尽量减少外汇资产或负债风险头寸。当公司资产负债表中的外汇风险资产与外汇风险负债完全相等时,即净风险资产等于零时,汇率变化所引起的风险资产的价值变化就正好被风险负债的价值变化所抵消,从而使会计折算风险等于零。通过调整资产负债表中的外汇资产和负债,来回避会计折算风险的保值方法,称为资产负债表保值法。资产负债表保值法是会计折算风险管理中运用得最普遍的方法。

为了进一步理解资产负债表保值方法,有必要掌握在存在外汇净风险资产时,折算利得或损失与功能货币升值和贬值之间的关系。折算利得或损失与功能货币升值和贬值之间的关系如表 19 - 3 所示。

表 19 - 3

折算利得或损失与功能货币升值和贬值之间的关系表

		功能货币与报告货币相比	
		升值	贬值
净风险资产(头寸)	正(多头)	折算利得	折算损失
	负(空头)	折算损失	折算利得

（二）会计折算方法选择

净风险资产是随公司采用的会计折算方法而变化的,比如在现行汇率法下,所有的资产和负债都是风险性的资产和负债,在货币与非货币法下,只有货币性资产和货币性负债是风险性资产和负债,而在流动法与非流动法下,则是流动资产和流动负债是风险性资产和负债。因此,在实际中,公司应该根据自己采用的会计折算方法来确定如何控制净风险资产的具体措施,或根据净风险资产的实际情况来选择会计折算方法。

【例 19 - 3】 利用〖例 19 - 2〗的资料,计算出不同会计折算方法下的头寸,以及功能货币与报告货币相比升值和贬值的折算利得和损失。

解:

（1）计算不同折算方法下的头寸:

现行汇率法下的头寸＝全部资产 7 200－全部负债 3 600＝3 600(万人民币元)

货币与非货币法的头寸＝货币性资产 1 800－货币性负债 3 600＝－1 800(万人民币元)

流动与非流动法的头寸＝流动性资产 3 600－流动性负债 1 800＝1 800(万人民币元)

（2）计算美元与人民币的汇率从 USD1＝RMB9. 00 变为 USD1＝RMB8. 00 时不同头寸的盈亏

现行汇率法＝3 600÷8－3600÷9＝50(万美元)

货币与非货币法＝－1 800÷8－(－1 800÷9)＝－25(万美元)

流动与非流动法＝1 800÷8－1 800÷9＝25(万美元)

从上例中可以看出,采用不同的会计折算方法,同一企业的会计报表在折算的时候会出现不同的头寸,从而产生不同的折算利得或亏损。因此,公司可以根据自己的实际情况选用不同的会计折算方法来控制会计折算风险。当然一家公司的会计折算方法一旦确定,就不能随便更改,故在公司选择会计折算方法之前,应该详细测算不同会计折算方法对公司头寸的影响状况。一般而言,在现行汇率法下头寸暴露最多,采用该法的风险最大;而对于货币与非货币法和流动与非流动法这样两种方法,究竟那种方法的头寸暴露最多,这与公司货币性资产和货币性负债、流动资产和流动负债的实际状况有关,公司在选择这两种方法之前应该结合公司的实际情况,通过预测选择出头寸暴露最小的会计折算方法。

第四节　交易风险管理

交易风险与会计风险不一样,它会直接引起企业实际收入和支出的增减变化,因此,企业应该特别关注这类风险。交易风险是指企业用外币进行结算的交易,在成交到实际收付款过程中,由于汇率变化,用本国货币或另一种外币计算时,可能导致的收入、支出发生增加或减少的风险。根据交易风险产生的基本原因,回避或减少交易风险的基本原理就应该是消灭头寸或固定汇率。具体方法可以分为合约保值法和经营策略保值法两大类。

一、合约保值法

合约保值法的基本原理,就是通过合约的对冲功能,消灭或减少交易中所生产的外汇头寸,使汇率变化的不同影响相互抵消,从而达到回避汇率变化所引起的交易风险。具体地看,合约保值法包括远期外汇市场套期保值、外汇期权交易保值、货币市场平衡交易保值、期货市场交易保值等等具体的保值方法。这些具体保值方法的基本内容如下。

（一）远期外汇市场套期保值

所谓远期外汇市场套期保值,就是指公司在远期外汇市场上按照已经确定的期汇汇率,买入或卖出在将来约定的日子交出或收入确定数量的一种货币,以换取确定数量的另一种货币,将外汇交易风险固定在一定范围的保值。下面用实例加以说明。

【例 19 - 4】　中国天利公司在 3 月 1 日以信用方式向美国购买原材料 USD500 万元,6 个月后,即 9 月 1 日付款。3 月 1 日的外汇报价为:即期汇率 USD1＝RMB9.00,9 月 1 日的远期汇率 USD1＝RMB9.50。如果 9 月 1 日的即期汇率将分别为 USD1＝RMB10.00 和 USD1＝RMB9.20,问中国天利公司采用远期外汇市场套期保值方法的最终结果是什么?

解:

分析:这笔交易使中国天利公司暴露出外汇空头 USD500 万元,要规避该外汇风险,最佳方法应该是创造出 USD500 万元的外汇资产,使该笔交易的头寸为零。采用远期外汇合约的方式,可以按照固定的汇率取得潜在的外汇资产,因此,可以在一定程度上回避该笔交易所生产的头寸暴露风险和汇率不确定的风险。

（1）计算远期合约到期时人民币实际支付额:

中国天利公司采用远期外汇市场套期保值方法,应该于 3 月 1 日在远期外汇市场上签订远期外汇买卖合约,并定于 9 月 1 日按合约支付人民币换取美元 500 万元。

实际支付的人民币＝(RMB9.50÷USD1)×USD500＝RMB4 750(万元)

（2）计算 9 月 1 日即期汇率为 USD1＝RMB10.00 时的人民币实际支付额:

实际支付的人民币＝(RMB10.00÷USD1)×USD500＝RMB5 000(万元)

套期保值获利＝RMB5 000 万元－RMB4 750 万元＝RMB250(万元)

即通过远期外汇市场买卖合约套期保值,可以使公司获得少支付 RMB250 万元的利益。

（3）计算 9 月 1 日即期汇率为 USD1＝RMB 9.20 时的人民币实际支付额:

实际支付的人民币＝(RMB9.20÷USD1)×USD500＝RMB4 600(万元)

套期保值获利＝RMB4 600万元－RMB4 750万元＝－RMB150(万元)

上述计算结果表明，通过远期外汇市场买卖合约套期保值，使公司损失了少支付RMB150万元的机会，即失去了获取外汇汇率变化所带来利益的机会。

从上例可见，采用远期外汇市场套期保值方法，也不可能全部回避交易风险，而只是回避了一部分交易风险。具体地说，只回避了远期汇率与到期时的即期汇率之差带来的风险。将3月1日的即期汇率与9月1日的远期汇率相比较，不难确定，该笔交易的实际交易风险为RMB250万元［(RMB9.50÷USD1－RMB9.00÷USD1)×USD500］。

汇率预测的准确性如何，直接影响到企业在变化不定的市场中避免损失和获取利益的能力。但是，由于影响外汇汇率变化的因素众多，正确预测外汇汇率变动并非易事，因此，一般生产性企业不应该将外汇管理的重心放在追求外汇汇率变化所带来的利益之上，而应该将重点放在如何回避交易风险之上。采用远期外汇市场套期保值方法，虽然不能完全回避交易风险，但是该方法可以将交易风险确定在一个固定的范围之内，通过远期外汇市场买卖合约，使企业能够及时地确定交易的收入和成本，不论以后外汇汇率如何变化都不会影响到企业的收支，从而有助于企业经营的稳定性。

（二）外汇期权交易保值

外汇期权交易比外汇期汇交易具有更多的选择性和灵活性。这主要表现在，第一，外汇期权合约"固定"了汇率，限制了汇率发生不利变动的风险，将风险损失限定在风险保障费用之内；第二，期权持有者能够充分利用汇率的有利变化行使权力，使期权持有者有可能获取汇率有利变化所带来的利益。即外汇期权交易既具有风险有限性的特征，又具有追求收益的特征，比外汇期汇交易具有更多的优点。因为外汇期汇交易只具有限制风险的特征，而无追求收益的特征。

【例19‐5】　中国天利公司在3月1日以信用方式向美国购买原材料USD500万元，9个月后，即12月1日付款。3月1日的外汇报价为：即期汇率USD1＝RMB9.20，12月1日的远期汇率USD1＝RMB9.50。中国天利公司准备采用外汇期权交易的方式来回避汇率变化风险，购买期权的费用为交易金额的2％。假定在12月1日的即期汇率分别为USD1＝RMB10.00和USD1＝RMB9.00，试问中国天利公司在这两种情况下采取外汇期权交易保值方法的收益状况如何？

解：

分析：这笔交易使中国天利公司暴露出外汇空头USD500万元，采用外汇期权交易方式，公司在付出一定的风险保障费用之后，就可以按照固定的汇率取得潜在的外汇资产，因此，可以在一定程度上回避该笔交易所生产的头寸暴露风险和汇率不确定的风险。

（1）计算购买期权的费用：

购买期权的费用＝USD500万元×2％×(RMB9.20/USD1)＝RMB92(万元)

（2）计算当12月1日的即期汇率为USD1＝RMB10.00时的利益：

公司少支付费用＝(RMB10.00/USD1)×USD500万元－RMB4 750万元＝RMB250(万元)
扣除购买期权费用之后的实际节约额＝RMB250万元－RMB92万元＝RMB158(万元)

（3）计算当12月1日的即期汇率为USD1＝RMB9.00时的利益：

由于即期汇率"RMB9.00÷USD1"＜合约汇率"RMB9.50÷USD1"，执行该期权汇率无

利可图,因此,公司应该放弃期权,按 12 月 1 日的即期汇率 USD1＝RMB9.00 购入美元,这样的结果如下:

公司少支付费用＝RMB4 750 万元－(RMB9.00/USD1)×USD500 万元＝RMB250(万元)

扣除购买期权费用之后的实际节约额＝RMB250 万元－RMB92 万元＝RMB158(万元)

可见中国天利公司采取外汇期权交易保值方法在这两种情况下的收益均为 RMB 158 万元。从上例也可以看出,期权交易比远期外汇交易更灵活,期权的买方不承担必须履行合约规定的义务,只享有合约中所规定的权力。当然,这种权力是要花费代价的,具体说,就是购买期权的支出。以中国天利公司而言,其代价为 RMB92 万元。这 RMB92 万元就是中国天利公司最大交易风险。

（三）货币市场平衡交易保值

货币市场平衡交易保值,是指企业通过货币市场,利用借贷(或贴现)和短期投资平衡交易等办法来消除外汇风险的保值方法。这里有两个基本要点:一是,必须先借入一种货币,然后再将该种货币兑换成为另一种货币;二是,借款所产生的本金和利息的合计金额应该与未来实际的收入金额相一致,即所谓的平衡交易。在计算平衡交易时,除了需要考虑借款的本金和利息之外,还要考虑借入款项所产生的收益和税金等多种因素。

【例 19－6】 中国人和公司在 6 月 1 日以延期 6 个月收款的信用方式向美国 F 公司销售产品 USD100 万元,即 12 月 1 日收款。6 月 1 日的外汇报价为:即期汇率 USD1＝RMB 9.20,12 月 1 日的远期汇率 USD1＝RMB9.50。中国人和公司准备采用货币市场平衡交易保值的方式来回避汇率变化风险。假定在 12 月 1 日的即期汇率分别为 USD1＝RMB9.00 和 USD1＝RMB10.00,试问中国人和公司在这两种情况下采取货币市场平衡交易保值方法的收益状况如何?

解:

分析:该笔交易使中国人和公司暴露出外汇多头 USD100 万元,消灭该多头所产生风险的基本方法应该是创造一个相应的外汇空头交易,使公司的外汇交易头寸为零。为了达到该目的,中国人和公司在 6 月 1 日向美国银行借入半年期的、在 12 月 1 日到期的本息之和为 100 万美元的借款若干,借款利息率为 10％,并于当天汇入中国人和公司,中国人和公司的投资收益率为 8％,所得税税率为 30％。中国人和公司将于 12 月 1 日,用从美国 F 公司收到的应收账款来偿还向美国银行的借款。

6 月 1 日应借美元金额

＝USD100/(1＋10％/2)万元＝USD95.238(万元)

按 6 月 1 日的即期汇率将实际收到的美元借款换为人民币的金额

＝(RMB9.20/USD1)×USD95.238 万元＝RMB876.19(万元)

中国人和公司投资获利

＝RMB876.19 万元×8％×(1－30％)×$\left(\dfrac{1}{2}\right)$＝RMB24.53(万元)

中国人和公司实际净收入

＝RMB876.19 万元＋RMB24.53 万元＝RMB900.72(万元)

中国人和公司实际净收入与不保值交易之差

当 12 月 1 日即期汇率为 USD1＝RMB9.00 时,有:

　　　　　　＝RMB900.72万元－（RMB9.00÷USD1）×USD100万元
　　　　　　＝RMB0.72（万元）

　　可见，在12月1日的即期汇率为USD1＝RMB9.00时，中国人和公司运用货币市场平衡交易的方法，不但取得了保值的效果，而且，还获得了RMB0.72万元的外汇风险收益。但是，如果在12月1日的即期汇率不是USD1＝RMB9.00，而是USD1＝RMB10.00时，这种保值方法，则会给中国人和公司带来一定的外汇风险损失。

　　在12月1日的即期汇率分别为USD1＝RMB10.00时有：

　　　　　　＝RMB900.72万元－（RMB10.00÷USD1）×USD100万元
　　　　　　＝－RMB99.82（万元）

　　从〔例19－6〕可以看出，采用货币市场平衡交易方法，可以创造外汇头寸平衡，回避外汇的现实风险，但是它并不能回避汇率变动的机会性损益。

　　4.外汇期货市场交易保值

　　外汇期货合同类似于其他商品期货交易合同，合同中规定了在特定时间、特定地点和特定价格条件下按标准金额数量的外汇成交量。外汇期货合同虽然与远期外汇交易一样，是一种在未来时期的交易，但是，它们也有着明显的不同。这种不同主要表现为：第一，外汇期货合同必须是在固定交易所中买卖，合同的金额数量和期限事先已经标准化；而远期外汇合同一般是在银行之间进行，无固定的场所，合同数量金额和期限也不如期货那样标准化。第二，外汇期货合同是代表双方对外汇汇率变动方向的预计，在订立合同时只需要支付手续费，而不需要实际付出或收入合同面值所标明的外汇，买卖双方可以随时买入或卖出手中的外汇期货，并不需要等到期货到期时才结算。远期外汇合同则必须在合同终了时，双方才能按原来商定的远期外汇汇率进行交割。第三，外汇期货合同是通过交易所经纪人进行买卖，交易双方不需要直接见面，只需支付一定数量的保证金即可。远期外汇合同是在银行内进行交易，必须明确交易的双方，也不存在规定的保证金。

二、经营策略保值法

　　经营策略保值法，就是通过资金调度平衡外汇头寸来回避外汇风险的方法。具体地看，包括互换交易、灵活调度资金、建立开票中心减少外汇暴露等方法。

　　1.互换交易

　　互换交易，是指同一种类和同一数额的外汇在不同交割日之间进行的调换交易，或在不同利率之间进行调换的一种交易。互换交易的种类繁多，能够用来规避外汇交易风险的互换交易主要有：背靠背贷款、货币互换和信用互换等。

　　2.灵活调度资金

　　公司通过灵活的资金调度，也可以有效地减少外汇交易风险。这里所指的灵活调度资金主要是指公司根据对汇率变化的趋势预测，或提前或推后支付款项。在跨国公司内部不可避免地存在着大量的资金往来，比如相互之间购买原材料、产品、支付劳务费用、内部借贷款项等等。公司通过提前或推后各种款项的支付，可以使公司的整体利益达到最大化。一般而言，加快软货币国家到硬货币国家的支付速度，可以缩减软货币持有的时间，从而减少软货币贬值而带来的外汇交易风险；相反，推迟硬货币国家到软货币国家的支付速度，可以增加硬货币持有的时间,从而减少软货币贬值而带来的外汇交易风险。

3. 建立开票中心减少外汇暴露

在国际经营过程之中,如果能减少外汇的持有量和流通量,那么,不言而喻,就可以减少外汇交易风险。减少外汇持有量和流通量的基本方法,是根据在跨国公司内部,存在着大量的外汇资金往来的实际情况,在公司内部设立所谓开票中心,把母公司与子公司之间,以及各个子公司之间的外汇资金往来集中结算,其中对各个子公司有进有出的外汇资金在账面上进行抵消,只对其差额进行实际结算,这样可以有效地减少资金的实际结算量,使外汇交易风险降低。另外,将所有外汇资金集中管理,可以使跨国公司更好地安排外汇资金的支付时间,灵活地调度资金,使公司整体的外汇交易风险最小化。

第五节　经济风险管理

经济风险是由于预测外汇汇率脱离实际外汇汇率而带来的实际现金净流入量与预期现金净流入量不一致的风险。经济风险涉及跨国公司经营的各个方面,对公司的生存和发展有着重大的影响,公司必须高度关注经济风险的各种影响,制定出控制经济风险的具体措施,将经济风险控制在公司能承受的范围之内。具体地看,控制经济风险的主要有经营多元化和财务多元化两大类方法。

一、经营多元化

在跨国公司中,经营多元化包括投资国家或地区的多元化和经营业务的多元化两个方面的内容。投资国家或地区的多元化,是指公司同时在多个国家或地区投资,而不是将全部或大部分资金投入某一个国家或地区。跨国公司通过在不同国家或地区分散投资,可以使不同国家或地区货币的汇率变化在一定程度上相互抵消,减少汇率变化对销售单价、销售量、生产成本等要素的影响,进而减少对公司净现金流入量的影响,是回避经济风险的一种有效途径。但是实施这种分散投资战略,对公司本身的经营规模和管理水平都有极高的要求,一般只有资金实力雄厚、管理经验丰富的大公司才可能采用这种战略。

经营业务多元化主要是指公司实行跨行业经营。跨行业经营既可以分散企业的产品销售市场,又可以整合企业不同的生产要素,有效地综合不同行业所具有的经营风险,使公司的整体经营风险水平降低。公司的经营风险降低,也就自然地降低了因汇率变化而引起的经济风险。但是,实行多元化经营对公司的管理水平要求较高,一般来讲,多元化经营也只适用于资金实力比较雄厚和管理经验丰富的大公司。

二、财务多元化

财务多元化是指公司投资和筹资的币种多元化。财务多元化的基本目的是通过不同货币形态的资产和负债的平衡,减少公司资产和负债受险额度,这样就自然减少了汇率变化对公司的不利影响。根据前面所述,不同货币形态下的资产与负债如果能够得到平衡,那么,就可以在很大程度上减少汇率变化所引起的经济风险。

保持资产结构和资本结构在币种方面的稳健性,减少受险资产或负债的额度,除了涉及公司投资和筹资的币种多元化之外,还涉及应收账款、应付账款等资产和负债安排的技术性问题。比如,企业将外币应收账款和应付账款配合,使之数量上基本相等,那么也可以降低经济风险。公司经营业务多元化的最终结果表现在公司资产和资本结构的变化之上,只有公司资产结构和资本结构在币种上保持足够的稳健性,才可能减少公司净现金流入量因汇率变化所引起的不确定性,降低经济风险。

第六节　资金跨国流动的管理

资金跨国流动的管理水平和效果如何,直接关系到跨国公司经营的成败,为了在国际经营中抓住机遇、回避风险,跨国公司必须高度重视资金跨国流动的管理问题。

一、跨国公司资金流动的特征和管理思路

跨国公司资金管理可分为对资金流动的管理和对资金储存的管理这样两大部分内容。从流动的角度考察,资金管理的中心任务是对资金流动的方向和地区进行合理布局;从储存的角度考察,资金管理的中心任务是处理好各种资产的组合关系。无论是短期的还是长期的资金流动与储存,都与跨国公司内部资金转移的方式有密切关系。下面先对跨国公司资金流动的特殊性加以讨论,然后再对资金跨国转移的基本思路进行探讨。

（一）跨国公司资金流动的特殊性

1. 跨国公司资金流动类型

跨国公司既有国内的经营业务,又有跨国的经营业务,与此相适应,其资金流动也有国内的流动和国外的流动,具体其流动方向可以分为跨国公司内部的资金流动、跨国公司与国际(境外)金融市场之间的资金流动、跨国公司与国内资金市场之间的资金流动等三种类型。这三种资金流动如图 19 - 2 所示。

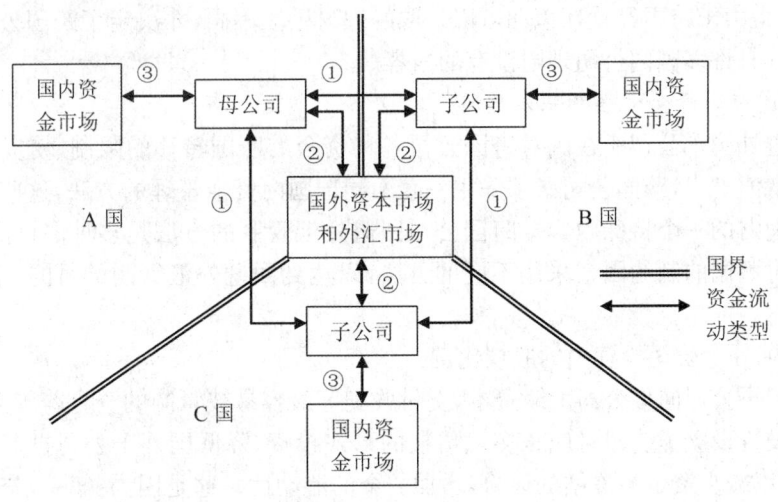

图 19-2　资金流动类型按国界划分

图 19-2 中:①为跨国公司内部的跨国资金流动;②为跨国公司与国际(境外)金融市场

之间的资金流动;③为跨国公司与国内金融市场之间的资金流动。

跨国集团公司的国内资金流动与一般国内集团公司的资金流动一样,在这里不再进行专门的介绍。而其余两类资金的跨国流动,都会存在外汇暴露的风险,因此,跨国公司需要对它们进行专门的管理。

2. 制约资金跨国流动的政策因素

跨国公司的资金要跨国界进行流动,在母公司与子公司之间和各个子公司之间进行转移,这种跨国界的资金流动会受到不同国家或地区不同法律制度的制约。资金转移的方式不同,对子公司和母公司所产生的经济效果可能会截然不同,这是跨国公司资金管理中必须加以重点关注的问题。多数国家或地区是通过日常的外汇管制和税收制度来限制资金的跨国流动。

3. 资金跨国流动给公司理财带来的新课题

在跨国经营中,由于资金的跨国流动,为如何实现公司理财基本目标的途径增加了如下的新内容:

第一,从事跨国经营,可以利用各国的税制差异,通过资金纯技术性流动为集团公司创造更大的现金净流入量。

第二,从事跨国经营,企业必然面对复杂多变的外汇环境。为了回避外汇风险,追求币值变化所带来的利益,企业必须巧妙地运用资金移动的技术手段,实现资金保值增值的目的。

第三,从事跨国经营,企业不可避免地会面临各国结算规则的不一样、资金管制的方式不一样、结算成本不一样、结算风险不一样等方面的差异,这就给企业带来了如何利用有利差异,回避不利差异的问题。企业如果能充分利用资金纯技术转移的技巧,那么,一方面,可以使企业最大限度地回避外汇管制,增加企业资金的灵活性和流动性;另一方面,可以最大限度地降低企业结算成本、增加企业盈利,减少外汇风险暴露,促使企业资金的保值增值。

总之,正是由于跨国经营环境和可以采取的理财手段不同,才决定了跨国公司在资金流动管理方面具有许多国内公司理财没有的内容。

(二)跨国公司资金管理的基本思路

为了回避外国子公司所在国对跨国公司各种资金的跨国转移的限制,使资金具有充分的流动性和增值潜力,跨国公司必须采用一套不同于国内资金管理的方法,这些方法就构成了跨国公司理财的一个特殊内容。跨国公司回避外汇管制的方法是多种多样的,其最基本的思路是针对不同的制约因素采用不同的方法,以达到回避外汇管制的目的。以下对这些问题进行探讨。

1. 降低国外子公司投资中的股权比例

针对外国子公司向母公司上缴资本、支付股利等最容易被管制的资金跨国流动项目,母公司在外国投资设立子公司时应该多以债权的形式投资,降低国外子公司投资中的股权比例。这样,可以减少资金被冻结的风险,增加资金的流动性。这是因为:第一,贷款有固定的利息率、支付期和偿还期,借债还钱,天经地义,子公司还本付息自然不受或少受外国子公司所在国的制约。第二,负债利息还可以抵税,从而增加母公司的现金净流入量。总之,用贷款投资,对跨国公司的母公司和子公司均有利。

2. 根据需要采用"统算"或"非统算"的费用支付方式

跨国公司的资金转移与资金转移的项目有关。外国子公司向母公司支付专业服务费、管理费，以及技术、专利、许可证使用费等费用项目，是容易被子公司所在国限制的项目。为了回避这些资金被管制，跨国公司可以根据需要采用"统算"或"非统算"的费用支付方式。所谓"统算"的费用支付方式，是指子公司只向母公司上缴利润或支付股利，除此之外，不再向母公司交纳其他费用。所谓"非统算"的费用支付方式，是指母公司按项目分别计算应该向子公司收取的费用。采用"非统算"的方式，子公司向母公司转移的资金中，除了有交纳母公司的股利之外，还包括向母公司支付的各种费用。为了"非统算"的费用支付方法得到子公司所在国政府部门的认可，母公司必须对各种费用收取的范围、依据、计算标准、使用货币、交费时间、纳税地点和责任等等事项都一一在事前详细说明，以便可以顺利地将资金从子公司所在国转移到母公司。

3. 利用转移价格将资金转移到最有利可图的地区

如果子公司所在国对跨国公司的资金转移采取了更为严厉措施，在采用"非统算"法也难达目的时，跨国公司就可利用转移价格这一工具，通过降低资金管制严国家子公司的出口价格和提高其从母公司或其他资金管制松国家子公司进口货物的价格，使资金以货物采购和销售的形式，而不是以利润的形式从资金管制严的国家或地区汇出，从而达到回避外汇管制的目的。利用转移价格还可以达到减轻税负、调节利润、回避风险等方面的目的。

4. 优化资金调度工作

针对子公司所在国对外汇资金采取的不同管制措施，跨国公司可以有针对性地设置不同的资金管理机构，采用不同的资金调度方法，根据各个子公司业务的性质，灵活地将外汇资金从各个子公司转移到母公司在特定地区设立的金融管理机构，以获得规避外汇管制、减少外汇风险暴露、降低资金转移成本、提高资金的使用效益等方面的好处。

二、跨国公司资金流动的调度方法

跨国资金流动管理的直接目的追求跨国公司的资金配置最优、资金转移成本最低、资金转移障碍最少、外汇暴露风险最小。要达到这些目的，跨国公司必须在全球范围内对流动资产和流动负债进行有效的组合。这种组合，是通过跨国资金流动调度实现的。

（一）设立资金库

设立资金库是跨国公司资金调度的最基本的方法，在这里对跨国公司设立专门的资金库账户的方法进行介绍。

1. 资金库

资金库账户是指跨国公司以某种形式开设的一个专门用于内部资金结算的资金账户。跨国公司内部各个成员公司的资金都通过这个账户进行结算，从而形成一个资金结算的账户系统。这样，跨国公司就可以将全部资金集中起来加以有效的利用。

2. 区域资金库

区域资金库是指跨国公司设置在某一区域的资金库，这种资金库实际上是总资金库的分库。区域性资金库一般是设在跨国公司成员公司较多的地区，目的是方便本地区成员公司之间的结算工作。在同一区域的所有成员公司都应该使用该资金库账户进行结算，最后，再由该资金库对跨国公司的总资金库。

（二）降低资金调拨成本和回避资金管制的方法

降低资金调拨成本和回避资金管制是跨国资金流动管理的重要内容之一。实现这两重目标的基本方法主要有如下几种。

1. 改善资金调拨方法

改善资金调拨方法可以从如下两方面入手：一是要选择合理的资金中转地。该中转地一般应该与资金库的设置地相一致，因为资金库都是设置在国际金融中心，对资金流转的限制较少、速度较快。二是要选择合理的资金调拨工具。

2. 减少跨国公司内部资金转移数量

减少跨国公司内部资金转移的数量，是降低资金转移成本、回避外汇管制和汇率风险的最重要途径之一。减少跨国公司内部资金转移的方法主要有两类：一类是准确了解不同成员公司的资金需要，减少资金的无效转移；另一类是在跨国公司内部运用收支净额结算方法，减少资金在各个成员公司之间的结算数量。正确运用收支净额结算方法，可以最有效地减少跨国公司内部资金的转移数量。

3. 减少最低现金余额

在跨国公司中，存在着众多的公司，通过将各个成员公司的现金集中起来进行统一调度，可以减少跨国公司总的现金余额。

（三）优化公司资金头寸调度方法

资金跨国流动所产生的风险都与外汇暴露有关，为了回避或减少外汇风险，跨国公司母公司必须要加强对各个子公司资金头寸的管理。

当母公司估计子公司所在国货币升值时，跨国公司的基本战略应该是增加该子公司的货币性资产，减少货币性负债，使外汇资金头寸处于多头的位置，从中获取风险收益。与上述子公司所在国货币升值相反，当母公司估计子公司所在国货币贬值时，跨国公司的基本战略应该是减少该子公司的货币性资产，增加货币性负债，使外汇资金头寸处于空头的位置，从中获取风险收益。

（四）外汇管制下的其他资金调度方法

跨国公司在经营中经常会遇到各个子公司所在国对公司跨国资金支付和汇出国境进行管制。为了回避这些管制，跨国公司就需要采取相应对策。这些对策除了前面所讨论的方法之外，常用的方法主要还有：选择资金流动渠道、金融中介贷款、提前或延期结付、利用转移价格、主动或被迫再投资等。

1. 选择资金流动渠道

子公司所在国对资金跨国流动的管理往往因项目而异，从而形成对一些项目管制较严，而对另一些项目管制较松的现象。这样，就为跨国公司选择有利的资金流动渠道、回避外汇管制提供了条件。如果子公司所在国政府只限制股利汇出国境，那么，跨国公司就可以利用特许权使用费、公共费用分摊等费用支付的形式进行资金的跨国转移，以及以借款偿还的形式转移资金。选择资金流动渠道要求跨国公司熟悉各个子公司所在国的各种外汇管制的法规，只有这样，才能达到回避外汇管制的目的。

2. 金融中介贷款

金融中介贷款是母公司与子公司之间的借款业务通过金融中介机构来完成的贷款。具体做法一般是，跨国公司的母公司先在本国把资金存入一家既在母公司所在国，又在子公司所在国都设有分支机构的实力雄厚的国际性商业银行,再由该银行在子公司所在国的分支机构将同一数额的资金贷给借款子公司。利用金融中介贷款对跨国公司的好处是,可以回避子公司所在国禁止子公司向母公司偿还贷款的法律障碍,增加跨国公司资金的流动性。这种贷款方式,特别适用于借款子公司所在国发生政治动荡的时期。因为,子公司所在国政府通常只会禁止借款子公司向母公司偿还借款,而不会损害国家的国际信用形象禁止借款子公司向国际性银行偿还借款。

3. 提前或延期结付

提前或延期结付,就是改变跨国公司各个成员公司之间的款项支付时间。跨国公司通过提前或延期结付的方法,可以将部分流动资金从外汇管制严的国家中转出。采用这种方法的主要优点是,它不要求付款方正式承认其对销售商负有债务,直接通过跨国公司的内部账户来进行;另外,提前或延期结付,从表面上看,资金流动量并没有发生变化,只是资金支付时间上存在差异,且这又属于跨国公司的内部资金往来问题,因此,政府的干预一般较少。

4. 利用转移价格

转移价格是跨国公司内部使用的结算价格。在跨国公司内部,由于生产经营的紧密联系,以及在跨国公司外部不存在中间产品的市场,许多中间产品不存在统一的市场价格,因此,跨国公司必须为各个成员公司之间的产品和劳务交易设定内部转移价格。这样,就为跨国公司利用转移价格转移资金提供了方便。跨国公司可以根据转移资金的需要,设计转移价格将资金从外汇管制严的国家转移到外汇管制松的国家。

5. 主动或被迫再投资

当跨国公司无法采用上述方法将资金从子公司所在国转移出来时,就只好研究如何将这些被冻结的资金在子公司所在国进行最有利投资的问题了。在研究这种投资之前,首先要明确这样两个问题:一是被冻结资金投资的主动性,即是主动再投资还是被动再投资;二是被冻结资金的时间长短。如果跨国公司可以对冻结资金进行主动投资,那么,跨国公司应该广泛寻找投资机会,选择最佳的投资项目;相反,如果跨国公司不能对冻结资金进行主动投资,那么,也就应该尽可能在受限的范围内寻找最佳的投资项目,减少投资风险和增加投资收益。另外,如果资金冻结是暂时的,那么,就应该选择短期的有效投资;相反,如果资金冻结是长期的,那么,就应该选择长期的有效投资。

三、转移价格与资金跨国流动管理

转移价格是跨国公司回避资金管制、减轻税负、调节利润、规避风险等的重要手段,是跨国公司对资金跨国流动管理的特殊方法。

(一)跨国公司转移价格的动机

跨国公司面临的税收环境、币值变化、外汇管制、政治经济环境都是复杂多变的,合理利用转移价格对资金跨国流动进行管理,在一定程度上,可以增加跨国公司应付环境不确定的能力,为跨国公司实现整体目标服务。跨国公司利用转移价格的动机可以归纳如下。

1. 回避资金管制

子公司所在国对外汇资金的各种管制措施,正好与跨国公司资金追求自由流动的目的存在冲突,为了回避各种外汇管制,跨国公司自然会考虑采用转移价格的方式,将本来应该以利润分配形式流出的资金,采用诸如增加采购成本和降低销售收入的形式流出。回避外汇管制,增加资金的流动性,是跨国公司利用转移价格的一个基本动机。

2. 减轻公司整体税负

世界上不同国家税制的差异,给跨国公司实现税负最小化和税后利益最大化提供了客观的外部条件。由于转移价格的高低直接决定了跨国公司内部各个成员公司生产成本的大小、销售收入的多少、利润的高低,这样,就对各个成员公司计算应缴税金的基础生产了全面的影响,从而影响到各个成员公司和跨国公司整体的税负水平。具体地说,转移价格会影响到企业的成本税金、销售税金、关税、所得税,以及与此相关的各种附加税费。如果转移价格手段使用得当,那么,就可以减轻跨国公司的整体税负水平。

3. 调节子公司利润

跨国公司调节不同国家或地区子公司的利润,需要考虑的问题较多,具体地看,除了减轻税负之外,主要目的是改变国外子公司的财务形象。跨国公司可以根据其需要,或通过转移价格增加某一国外子公司的利润,或通过转移价格减少某一国外子公司的利润。增加某子公司的利润,可以改善该子公司的财务现象,使它容易在当地金融市场上筹集资金,以及提高其竞争能力。减少国外子公司的利润,可以避免利润过高带来的某些麻烦。比如,一家国外子公司的盈利水平过高,有可能会引起当地政府的关注,要求重新谈判,修改一些对跨国公司有利的条款,使跨国公司的盈利水平下降。国外子公司的盈利水平过高,也可能导致当地工会组织提出增加工资的要求。

4. 回避各种风险

跨国公司在跨国经营过程中遇到的风险是多种多样的,除了前述的资金流动性风险之外,这些风险还包括币值变化风险、汇率变化风险、政治风险等。这些不同的风险,都可以在一定程度上利用转移价格来加以回避。比如,为了减少通货膨胀带来的损失,跨国公司可以通过提高向通货膨胀国家子公司出口的转移价格,同时降低向通货膨胀国家子公司进口的转移价格,使处于通货膨胀国家的子公司所持有的净货币性资产降低。又如,为了减少资金被冻结的政治风险,跨国公司也可以通过转移价格,将处在政治局势不稳定国家里的子公司的多余现金转移出来。

(二)转移价格定价手段与实现各种动机之间的关系

为了充分利用转移价格来实现跨国公司的各种动机,应该清楚转移价格的定价手段与实现各种动机之间的关系,两者之间的关系如表 19-4 所示。

表 19-4

跨国公司转移价格定价手段与实现转移价格动机之间的关系

利用转移价格的动机	定价手段
1. 降低关税、销售税等流转税	
(1)进口	低转移价格
(2)出口	低转移价格
2. 减轻集团的公司整体税负	高转移价格
3. 增加投入设备的价值	高转移价格
4. 进入市场和扩大市场占有额	低转移价格
5. 避免反垄断法的影响	低转移价格
6. 避免反倾销法的影响	低转移价格

（续表）

利用转移价格的动机	定价手段
7. 支持子公司涨价的要求	高转移价格
8. 缓和子公司工人涨工资的压力	高转移价格
9. 扶持子公司,增强竞争力	低转移价格
10. 加速收回投资成本和多分享利润	高转移价格
11. 回避外汇管制	高转移价格
12. 回避对汇出利润或回收资本的管制	高转移价格

　　表 19-4 反映了转移价格的定价手段与实现各种动机之间的关系,当然,对避税目的而言,只有在两个国家税率相差比较大的情况之下,才可以获得充分的避税优势。如果两国税率相近,跨国公司的避税动机就会减弱。

　　（三）跨国公司制定转移价格的制约因素

　　虽然,从理论上讲,跨国公司通过制定转移价格,可以获得若干的利益;但是,从实际上看,跨国公司制定转移价格的权利是受到一定制约的。这些制约因素可以从外部和内部两大方面来考察。

　　1. 外部制约因素

　　制约跨国公司制定转移价格随意性的外部制约因素主要有如下几个方面:

　　（1）不同国家的税收利益冲突的制约。跨国公司为满足自己利益最大化需要的转移价格,会使不同国家之间产生税收利益冲突。在这种情况下,征税权利受到侵害的国家就可能通过国家权力对跨国公司的转移价格进行强制性的调整,而获得征税利益国家的税收部门又往往不会放弃已经获得的利益,对他国的税收调整不予承认。从而使跨国公司面临国际双重征税的风险。为了回避这种情况的发生,跨国公司必须充分考虑到各个国家对待转移价格的态度,为转移价格的制定寻找充分、合理的依据。这就在一定程度上制约了跨国公司制定转移价格的随意性。

　　（2）市场因素的制约。跨国公司出于竞争的需要,以低于市场价格的转移价格向竞争力较弱的子公司提供产品和劳务,以增强其竞争能力,那么,就可能违反不同国家的反倾销等法规,引起子公司所在国政府采取诸如征收报复性关税等法律行动来回应其转移价格,使各个子公司陷于不利的经营环境之中。相反,如果跨国公司希望通过抬高转移价格,在国外获取高额利润,就不可避免地会影响到所在国消费者的利益,使他们的利益受到损失,这会使跨国公司在当地的信誉下降,给跨国公司在当地的销售造成不利影响。因此,跨国公司在制定转移价格时不能不考虑到不同转移价格对子公司所在国不同利益集团的影响,以及由此而带来的损失,即必须充分考虑到市场对跨国公司制定转移价格的制约因素。

　　（3）审计监督的制约。跨国公司的财务报表都必须经过国际性注册会计师机构的审计。注册会计师审计要对跨国公司资产、负债、所有者权益、收入、费用(成本)、损益等会计要素的公允性发表意见,而转移价格的高低会直接影响到不同公司的损益,成为注册会计师监督的重点。国际注册会计师事务所,拥有在全球范围内获取市场价格信息的手段,很容易对不同转移价格的合理性作出专业性的判断。如果，跨国公司制定的转移价格过多地偏离了市场价格，这些国际性注册会计师事务所，就很容易对这些转移价格发表保留意见，将跨国公司偏离市场价格的转移价格公之于众。注册会计师对跨国公司转移价格的审计监督，也是跨国公司制定转移价格所必须考虑的因素之一。

2. 内部制约因素

制约跨国公司转移价格随意性的内部因素，主要有如下几个方面：

(1) 跨国公司内部不同利益集团的利益冲突的制约。跨国公司内部的利益集团构成复杂，除了母公司与子公司、子公司与子公司之间存在着不同的经济利益之外，不同成员公司的股东、经营者也都存在着不同的经济利益。偏离市场价格的转移价格，虽然可以在某些方面有利于跨国公司整体利益的最大化，但是，不合理的转移价格也会扭曲各个成员公司的经营成果，导致其贡献与所获得的利益不平衡。利益分配的失衡，一方面会影响到子公司间的协调和引起子公司股东与股东之间的矛盾；另一方面，还会导致跨国公司对各个子公司的激励力下降。这些不利的因素均会使跨国公司的整体利益受到损害。跨国公司的转移价格如果制定得不好，所带来的损失完全有可能超过从转移价格之中获得的好处。因此，在制定转移价格中，平衡内部各个利益集团的利益的要求，是制约跨国公司制定转移价格随意性的内部因素。

(2) 转移价格制定所具有的成本和效益不确定性的制约。跨国公司的转移价格制定和执行与国内集团公司相比较，考虑的因素要多得多。这些因素除了激励因素之外，还有不同国家税收制度的制约因素、政治因素、市场因素等。要分析和预测这些因素，从中选择出最优的方案，以及执行和对执行结果进行考核，跨国公司必须花费大量的成本。但是，转移价格的效果究竟怎么样？又具有极大不确定性。这种不确定性也是制约转移价格制定的内部因素之一。

习　　题

一、复习思考题

1. 国际理财的特殊性有哪些？

2. 什么是外汇风险？受险金额应该如何确定？

3. 外汇风险应该如何分类？其不同风险的基本特征是什么？

4. 会计风险产生的原因是什么？对其管理的基本理论和方法有哪些？

5. 交易风险产生的原因是什么？对其管理的基本理论和方法有哪些？

6. 经济风险产生的原因是什么？对其管理的基本理论和方法有哪些？

7. 资金跨国流动有什么主要的特征？管理的基本思路是什么？

8. 跨国公司设立资金管理机构应该注意些什么问题？

9. 资金跨国流动的基本调度方法是什么？

10. 跨国转移价格与国内转移价格制定相比有哪些特殊性？

二、计算题

1. 假定某公司的本位币是人民币,但是拥有若干以美元表示的货币性资产和货币性负债,其中:资产为 200 万美元,负债为 400 万美元。问该公司的外汇受险额为多少? 该公司是处于多头地位还空头地位? 如果人民币与美元的比率现在为:1:8.25,预计未来美元将升值 10%,问这将给该公司带来什么样的影响?

2. 假定某跨国公司的本位币是欧元,但是拥有若干种外币的货币性资产和货币性负债,其中:日元资产为 30000 元,英镑资产 200 万元,美元资产为 400 万元;日元负债为 40000万美元,英镑负债 300 万元,美元负债为 250 万元。如果日元与欧元的比率为 100:0.7,英镑与欧元的比率为 1:1.3,美元与欧元的比率为 1.15:1。要求回答以下问题:

(1) 该公司的外汇受险额为多少?

(2) 如果欧元相对于日元升值 3%、相对于英镑升值 2%,相对于美元贬值 5%,问会给该公司带来什么样的影响?

3. 假定某跨国公司的本位币是美元,拥有的欧元货币性资产和货币性负债均为 2500万元。资产发生时的平均汇率为 1 欧元=1.22 美元,负债发生时的平均汇率为 1 欧元=1.15 美元。要求回答以下问题:

(1) 该公司是否存在外汇受险的情况?

(2) 如果存在,其受险额又应该为多少?

4. 一家在美国的中国子公司,在美国银行有 100 万美元的存款,年初的汇率为 USD1=RMB 8.30,年末的汇率变为 USD1=RMB 8.20。试计算该子公司向中国母公司报告时的损益。

5. 一家在美国的中国子公司,在美国银行有 500 万美元的存款,年初的汇率为 USD1=RMB 8.25,年末的汇率变为 USD1=RMB 8.40。试计算美国子公司向中国母公司报告时的汇兑损益。

6. 中国某公司从法国进口设备,价款 2000 万欧元,合同规定 120 天内以欧元付款。交易发生当时的汇率为:100 元人民币=9.25 欧元。假定第 120 天的汇率分别为:100 元人民币=9.60 欧元和 100 元人民币=9.00 欧元。试问公司这笔交易的盈亏。

7. 假定“计算题 6”中合同规定双方按美元结算,交易发生当时的汇率为:1 美元=0.92欧元 和 1 美元=8.28 人民币元。假定第 120 天的汇率分别为:1 美元=0.88 欧元 和 1 美元=8.20 人民币元;1 美元=0.95 欧元 和 1 美元=8.80 人民币元。试问公司笔交易的盈亏。

8. 假定中国机械工程公司 2001 年 6 月向中国银行借入 800 万美元的 3 年期长期外汇贷款,借款时的汇率为 1 美元=8.50 人民币元。假定 2004 年 3 月还款时的汇率分别为:1美元=8.20 人民币元和 1 美元=8.80 人民币元。试计算该公司在这两种情况的盈亏(只考虑本金,不考虑利息支出)。

9. 设美国 IBM 公司在中国设有 A 子公司,美元与人民币的原汇率为:USD1=RMB 8.50,现行汇率为:USD1=RMB 8.20。折算前 A 子公司按历史汇率法编制的资产负债表如表习题 19-1 所示。

表习题 19 - 1

三种外汇折算方法折算利得和损失的比较表

A 子公司 资产负债表	人民币 （万元）	按历史汇率 （USD1＝ RMB8.50） 折算为美元	折算不同方法为美元 （现行汇率 USD1＝RMB8.20）		
			现行汇率法	货币与非货 币法	流动与非流 动法
资产					
现金	1 700.0	200.0			
应收账款	850.0	100.0			
存货	2 550.0	300.0			
固定资产	4 250.0	500.0			
资产总计	9 350.0	1 100.0			
负债与所有者权益					
流动负债	2 550.0	300.0			
长期负债	2 550.0	300.0			
所有者权益	4 250.0	500.0			
折算利得或损失	—	—			
负债与所有者权益总计	9 350.0	1 100.0			

请用现行汇率法、货币与非货币法和流动与流动法三种折算方法对历史汇率的资产负债表进行折算（将折算结果直接填入表内）。

10. 再假定计算题 9 美元与人民币的现行汇率为：USD1＝RMB9.00，其余条件不变。请再将 A 子公司按历史汇率法编制的资产负债表用现行汇率法、货币与非货币法和流动与流动法三种折算方法对历史汇率的资产负债表进行折算。

11. 中国运通公司于 1997 年在欧洲债券市场上发行每年付息、到期还本的 5 年期长期债券 10 亿欧元，当时的汇率为：1 欧元＝RMB 6.50。在该债券 2002 年到期时，假定汇率有 1 欧元＝RMB 6.00 和 1 欧元＝RMB 8.00 两种情况。试计算中国运通公司发行该债券因汇率变动而产生的损益（不考虑利息）。

12. 美国 ATT 公司，在 2002 年用美元，以 10％的保证金购入了 20 亿日元的 6 个月期的外汇期货。购买当时的即期汇率为 USD1＝JAP90，合约规定的远期汇率为 USD1＝JAP95。但是如果合约到期时的即期汇率分别为 USD1＝JAP85 和 USD1＝JAP110。试计算美国 ATT 公司购买该笔外汇期货的盈亏。

13. 中国长江公司在 3 月 1 日以信用方式向美国购买原材料 USD300 万元，6 个月后，即 9 月 1 日付款。3 月 1 日的外汇报价为：即期汇率 USD1＝RMB8.50，9 月 1 日的远期汇率 USD1＝RMB9.00。中国长江公司预测，9 月 1 日的即期汇率将为 USD1＝RMB9.50，问中国长江公司采用远期外汇市场套期保值方法的交易风险为多少？

14. 中国黄河公司在 3 月 1 日以信用方式向美国购买原材料 USD500 万元，9 个月后，即 12 月 1 日付款。3 月 1 日的外汇报价为：即期汇率 USD1＝RMB9.20，12 月 1 日的远期汇率 USD1＝RMB9.50。中国黄河公司准备采用外汇期权交易的方式来回避汇率变化风险，购买期权的费用为交易金额的 3%。假定在 12 月 1 日的即期汇率分别为 USD1＝RMB10.00 和 USD1＝RMB9.00，试问中国黄河公司在这两种情况下采取外汇期权交易保值方法的收益状况如何？

15. 中国凤凰公司在 6 月 1 日以延期 6 个月收款的信用方式向美国 F 公司销售产品 USD150 万元，即 12 月 1 日收款。6 月 1 日的外汇报价为：即期汇率 USD1＝RMB8.20，12 月 1 日的远期汇率 USD1＝RMB8.50。中国凤凰公司准备采用货币市场平衡交易保值的方式来回避汇率变化风险。假定在 12 月 1 日的即期汇率分别为 USD1＝RMB8.00 和 USD1＝RMB9.00，试问中国凤凰公司在这两种情况下采取货币市场平衡交易保值方法的收益状况如何？

16. 已知一家跨国公司的日本子公司向法国子公司出口了 1 500 万美元的货物。两家子公司的流动资金都很短缺，必须依靠短期银行贷款解决，又知日本和法国的贷款利息率分别为 8% 和 6%。假定法规规定应付账款的最长期限为 6 个月，问该跨国公司应该如何安排应付账款和银行借款？

第二十章　企业收购与合并的财务问题

【本章提要】　公司在除了直接对实物资产和有价证券进行投资之外,还存在整体收购其他企业,或合并其他企业,或与其他企业合并,或通过股权方式控制其他企业等更为复杂的投资活动或资本活动。企业购并属于企业外延扩张,企业规模的急剧膨胀和股票价值的惊人上升,往往是企业购并的结果。在本章将在对企业收购、企业合并的理论探讨的基础上,对企业吸收合并和公司控制的财务问题进行深入的探讨。

【学习目标】　通过本章学习,要求掌握和了解如下内容:(1)掌握企业收购与合并的含义和分类。(2)了解企业购并动机的财务分析重点。(3)了解企业收购与合并的程序。(4)了解被购并企业价值的双重性特征。(5)掌握被合并企业价值分析的基本理论和方法。(6)掌握不同性质公司收购价格制定的特殊性。(7)掌握股票调换方式合并的财务分析理论和方法。(8)掌握合并选择不同会计处理方法的财务影响。(9)了解控股公司的优缺点。(10)了解选择合并或控股应考虑的基本因素。

第一节　企业收购与合并

企业购并包括企业收购和企业合并两个方面的内容。企业收购是指一家企业取得其他企业股权的事件;企业合并是指不同数家企业合为一家企业的事件。在现实中,企业收购往往是企业合并的前提条件,在本节先对讨论企业收购问题,然后再讨论企业合并的问题。

一、企业收购

(一)企业收购的含义

企业收购是收购企业以付出资产、承担债务或支付股票为代价取得被收购企业的部分或全部股权的一种投资行为,是收购企业与被收购企业股东之间的股权买卖关系。收购对收购企业的财务影响是长期股权投资增加,其他资产减少、负债或股东权益增加;对被收购企业而言则没有任何财务影响,只是被收购企业的股东发生了变化,一方面是被收购企业的原股东退出企业,另一方面是收购企业作为新股东进入了被收购企业。

(二)企业收购分类

企业收购可以按许多标准进行分类。按取得被收购企业股权的多少分类,企业收购可以分为全资收购和非全资收购;按收购是否具有筹资功能来分,可以分为具有筹资功能的收购和不具有筹资功能的收购;按收购方式来分,可以分为协议收购和要约收购。以下主要讨论按取得被收购企业股权的多少分类的财务问题。

1. 全资收购

全资收购是指购买其他企业全部股权的一种投资活动。全资收购可以按收购资产范围和承担债务责任的大小进行分类。按这两个标准进行分类,全资收购可分为如下两种具体形式:一是购买被收购企业的总资产和不承担被收购企业的债务的全资收购;二是购买被收购企业的净资产,但必须承担被收购企业的债务责任的全资收购。这两种具体的收购形式各有优缺点,主要优缺点可简约讨论如下:

购买被收购企业的总资产的主要优优点是可以回避被收购企业可能存在的各种现有的和或有的负债风险。缺点是购买被收购企业的总资产的代价大,成本高。这种收购方法,其实就是用高成本回避了收购引起的赔偿风险。

购买被收购企业的净资产的主要优点是收购成本低,甚至可能出现零成本收购,即收购价格为零的现象。其缺点是不能回避可能产生的赔偿风险,特别是或有负债引起的赔偿风险。这种收购其实是用未来承担的风险来换取目前的低收购成本。

2. 非全资收购

非全资收购与全资收购不一样之处,首先,是该种收购只能是对净资产的收购;其次,是这种收购只能是承担负债责任的收购;最后,是在于这种收购方式购买被收购企业的股权数小于100%,相应承担的责任也小于100%。非全资收购的优点是收购成本低。其缺点是财务风险大。

从被收购企业的资产负债表来看,收购前和收购后的资产负债表均不发生任何变化,不同之处只在于被收购企业的股东发生变化而已。从收购方来看,其账务处理与全资收购完全一样,即:"借:长期投资;贷:现金、负债、所有者权益等",只是所付出的代价较低而已。

二、企业合并

企业合并是数家企业合并为一家企业的事件。不同国家对企业合并有不同的认识,在这里先介绍我国公司法关于合并的定义,然后再介绍国外的不同合并定义。

(一)我国公司法的法律规定

按照我国公司法的规定,企业合并分为吸收合并和新设合并两种形式。

1. 吸收合并

吸收合并是指一个或数个企业加入另一个企业,加入方解散,吸收方存续的一种企业合并。在这种企业合并形式下,合并企业(吸收方)要承接被合并企业(加入方、被吸收方)的全部资产和负债,承担被合并企业的所有权益和义务。一般来说,在两个企业规模相差很大的情况下,在合并时,多会采取吸收合并的形式。

2. 新设合并

新设合并是指两个或两个以上的企业合并组成一家企业时,原有各企业均被解散的一种企业合并。在这种企业合并形式下,新企业要承担各加入企业的全部资产和负债。一般来讲,在当各企业规模相当的情况下,在合并时,多会采取新设合并的形式。比如,甲公司与乙公司采用新设合并的形式合并甲乙公司,那么,甲乙公司就必须承担已被解散的甲公司和乙公司的全部资产和负债。

3. 企业合并的法律特征

企业合并的基本法律特征如下：

第一，企业合并是公司之间的行为，合并的主体、当事人是公司。公司既是企业合并的决策者、实施者，又是企业合并效力的承担者。合并是公司间的行为，其主体是公司本身，而非股东个人。这一特征使得企业合并与股权收购区别开来。但是，企业合并与股东密切相关，股东在企业合并中具有重要的地位，合并必须要获得股东大会的通过，合并的最终利害关系要间接地落在股东的身上。

第二，企业合并，将使原各公司的法律地位、法律关系发生重大的变化，从而产生企业合并的效力。企业合并效力是指企业合并导致权利义务全部转移至新公司。需要注意的是，原公司在合并中的主体消灭不同于在公司解散中的主体消失。在公司解散中，公司主体消灭，其债权人得到清偿，剩余财产分配给股东。然而，它们作为存续公司的一部分，只取得其独立的身份，而不是生命。

（二）广义与狭义的企业合并

按照企业合并概念的大小，企业合并包括狭义、广义和最广义三种。狭义企业合并就是法人之间的吸收合并或者新设合并，也可以称为财产权合并。广义合并是指一切企业形式之间进行的财产权以及股权的合并（收购）。最广义的企业合并不仅包括一切企业形式之间进行的财产权和股权合并，而且包括由于合同等方式所形成的经营权合并（租赁、承包）。

本书以后所讲的企业合并，主要是指狭义的企业合并，即我国法律上规定的吸收合并和新设合并。

三、企业购并的动机

虽然企业合并的动机是多种多样和复杂的，但是从企业合并的财务分析角度来看，最值得关注的动机有：取得协同经济效应、多元化经营、个人动机等。为了便于进行企业合并的财务分析，有必要对这些主要动机进行详细介绍。

（一）取得协同经济效应

从理论上讲，合并能使合并后的企业价值超常增加，即获得了 $1+1>2$ 的效果，应该是大多数企业合并的基本动因。协同经济效应主要来自如下几个方面。

1. 获取规模经济效益

企业合并往往可以消除重复机构和设施，使资产得到更有效的利用。它一方面可以使企业的生产能力得到提高，产量增大；另一方面，可以使生产成本下降，经营费用节约。这两方面共同作用的结果必然是经济效益增加。由企业合并而导致的平均生产成本下降和经营费用的节约，就属于规模经济带来的结果。当然，这种规模经济的取得是在一定条件下形成的，如果企业合并导致的产量上升和费用节约不足以抵消企业合并所到来的不利方面时，就会产生负效应。

2. 加强管理力量

企业管理能力的强弱是决定企业经济效益好坏的最重要的因素之一，通过企业合并，可以改善原企业的管理能力，提高企业的经济效益。比如，当一家企业管理力量薄弱，经营效率低下，既不能从内部选拔出优秀人才，又不能从外部寻找到优秀管理者时，那么通过与一家管理经验丰富、人才济济的企业合并，就可以迅速改善其管理水平，提高经济效益。

3. 降低筹资成本

不同企业的筹资成本会因其风险水平不一样而存在差异,企业合并必然会使企业的风险水平发生变化,这样就为企业合并降低筹资成本提供了客观前提。一般而言,当迅速成长的企业遇到筹资困难时,如果能与一家资金充足的企业进行合并,那么,就可以迅速降低财务风险,保持较强的偿债能力,降低筹资成本。

4. 提高市场竞争力

企业合并如果发生在同类企业之间,即横向合并,那么,可以有效地减少竞争对手,提高竞争能力,甚至可以取得垄断地位,消除竞争。无论是减少竞争对手或是取得垄断地位,都可以使企业产品的价格提高,销售量上升,利润增加。如果是产业链上的上游企业和下游企业之间的合并,即纵向合并,那么,则可以使企业获得生产和销售资源的优势,有效地降低成本,增加利润。

(二) 多元化经营

企业多元化经营的基本目的是分散企业的经营风险,增加企业价值。对这一点,理论界和实务界均不存在不同意见。但是,对于多元化经营是否有利于股东财富最大化这一问题,则存在着不同的看法。

反对多元化经营有利于股东财富最大化的观点认为:完全从股票持有者的角度看,股东比企业更容易分散风险,股东只要购买不同风险程度公司的股票就可以更有效地和成本更低地分散其投资风险。而公司如果要通过多元化经营来分散风险,那么,一是风险分散的技术问题极为复杂;二是可能分散风险的代价极大。所以企业的多元化经营对股东财富最大化没有帮助。

赞成多元化经营有利于股东财富最大化的观点认为:在现实中,并非所有的股东都愿意或有能力购买多家公司的股票,比如持有公司控股权的股东,为了保持控股权而不愿意卖掉多数股票来分散投资风险和收益;又如,一些投资较少的小股东,则可能因其财力所限,无法购买多家公司的股票,即无法依靠自身的力量来分散投资风险。因此,多元化经营有利于股东财富最大化目标的实现,至少对部分股东实现其财富最大化是有帮助的。

对于对以多元化为目的的企业合并,其财务分析应重点关注企业多元化经营的能力和对企业风险的影响。

(三) 个人动机

企业合并除受客观条件的影响之外,还更多地受有权决定是否合并的个人的主观因素影响,即个人动机的影响。个人动机既有合并方的动机和被合并方的动机,又有所有者的动机和经营者的动机。个人动机复杂多变,而且真正的动机往往是不正式宣告的。因此在分析合并的个人动机时,需要由表及里,揭示出合并的真实个人动机,并站在股东的角度去分析由个人动机所推动的企业合并是否对股东财富最大化有利。下面从合并双方的所有者和经营者的角度对合并中的个人动机进行分析。

1. 合并双方股东动机的分析

分析合并双方股东动机,需要从分析合并双方的不同股东利益入手,考察合并对合并双方不同股东利益的影响。一般而言,从被合并企业的股东来看,合并对他们的有利之处在于,可以提高其股本的流通性和增加股本价值;不利之处是,被合并后他们将失去对企业的控制权。从合并企业的股东来看,企业合并对不同股东的利益影响也是不同的。具体来讲,一般股东重视的是经济利益,只要合并能使其经济利益有所增加他们就赞成合并,而控股股东则除了经济利益之外,还重视控股所到来的利益。控股股东需要在经济利益和控股利益之间进行平衡。只有这样全面分析,才能明确合并双方不同股东对待合并的态度,制定出保护全部股东利益的合并方案。

2. 合并双方管理者动机的分析

由于现代企业所有权与经营权广泛分离,所有者与经营者之间的关系是一种委托与代理的关系,在这种委托代理模式中,作为代理人的管理者往往会从自己的利益出发,而不是从作为委托人的股东角度出发去认识企业合并的利弊;另外,管理者在企业合并中又起着重要作用,因此,有必要对合并双方管理者的动机进行分析。一般而言,从被合并企业的管理者来看,企业被合并,对他们来讲,几乎无利益可言,因为他们所控制的企业被其他企业合并之后,他们可能失去其经理的职位以及原来享受的优厚待遇。从合并企业管理者来看,往往可以从企业规模的扩大中获得诸如更高的报酬、增加自己而不是股东对企业的控制力、展示自己的管理能力等方面的利益,因此,合并企业的管理者多数会成为企业合并的推动者。但是对由企业管理者所推动的企业合并必须站在股东的立场上进行分析,即以合并行动是否有利于股东财富最大化为评价标准来分析企业合并的利弊。

四、企业购并的一般程序

企业购并是企业重要和复杂的经济活动,它即会对购并双方的经济利益产生重要的影响,又涉及若干法律性问题,为了保证购并活动的成功,需要制定可行的程序。

企业购并可以分为准备、谈判、公告、交接、重组等五个阶段。但是在实际购并活动中,这些阶段的界限可能并不十分分明,在许多情况下都是交叉进行的。从财务的角度来考察,企业购并的一般程序如图 20-1 所示。

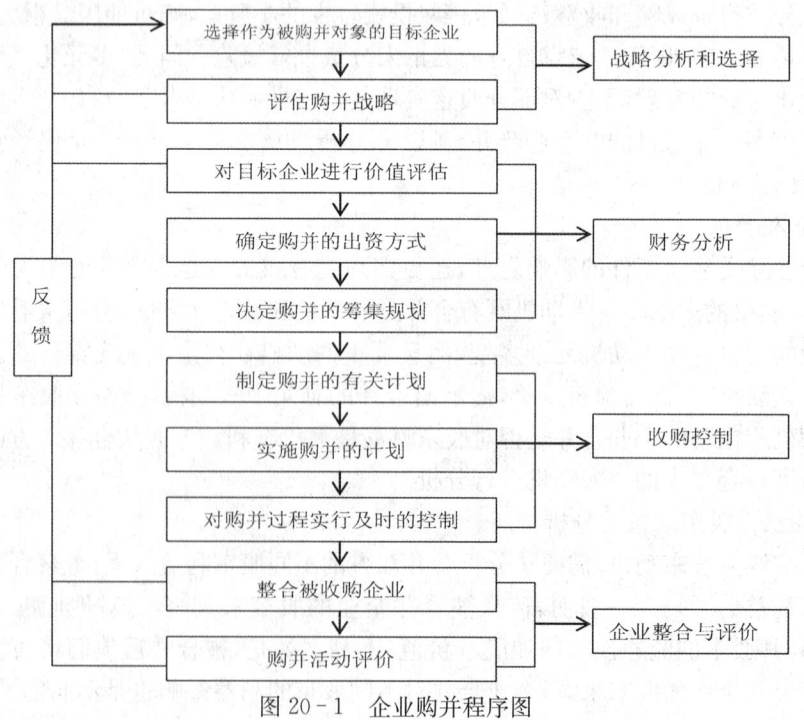

图 20-1　企业购并程序图

图 20-1 表示企业购并分为战略分析和选择、财务分析、收购控制、企业整合和购并活动评价等四大阶段,而每一大阶段中又包含若干具体的内容。

第二节　企业合并的财务问题

在吸收合并时,当吸收方确定了被吸收对象之后,就需要进行专门的财务分析,制定收购价格,确定收购方式、判明合并对公司价值的影响状况。本节重点对被吸收企业的价值分析、收购方式与收购价格制定的财务分析、吸收合并的会计处理方法选择等财务问题进行探讨。

一、被合并企业的价值特征及其意义

一家企业合并另一家企业,合并双方关心的主要问题是被合并企业的价值和相应的收购价格,而企业价值是制定企业价格的基础,因此,对被合并企业估价就成为合并财务分析中最核心的问题。

（一）被合并企业的价值特征

1. 被合并企业价值具有的双重性特征

被合并企业的价值可以从被合并方和合并方两个角度去考察。从被合并方的角度考察,就是被合并企业持续经营对其股东的价值;从合并方的角度考察,就是合并方将被合并企业与合并企业合二为一之后对合并方股东的价值。这说明被合并企业的价值存在着双重性,即对卖方而言的价值和对买方而言的价值。

2. 被合并企业价值具有双重性的原因

被合并企业的价值之所以具有双重性的基本原因,是被合并企业现在的经营效率与它被人合并之后的经营效率的差异所致。企业之间的效率差异是客观存在的,只要合并方经营被合并企业资产的效率高于被合并方经营被合并企业资产的效率,就会使被合并企业资产的经营效率得到提高,从而产生价值差异。不同企业之间经营效率存在差异的原因,如果是两家企业的管理水平的差异造成的,那么,哪怕不进行企业合并,只要改善企业的管理水平也都可以提高被合并企业的经营效率。如果将经营效率低的企业与经营效率高的企业合并,那么通常都可以产生协同经营效率、协同财务效应、提高管理水平,使被合并企业的资产经营效率得到大大的提高,企业价值增大。

（二）认识被合并企业双重价值的意义

认识被合并企业对被合并方股东而言的价值和对合并方股东而言的价值,就是为了准确地确定被合并企业的买卖价格。当被合并企业对合并双方存在着不同的价值时,合并双方就对被合并企业存在着不同的期望价格,如果被合并企业对被合并方股东而言的价值小于被合并方企业对合并方股东而言的价值,那么,合并双方就存在了讨价还价的空间,使被合并企业的实际购买价格既高于对被合并方股东而言的价值,又低于被合并方股东而言的价值成为可能,从而给合并双方都带来了利益,实现了所谓的双赢。这种情况如图 20-2 所示。

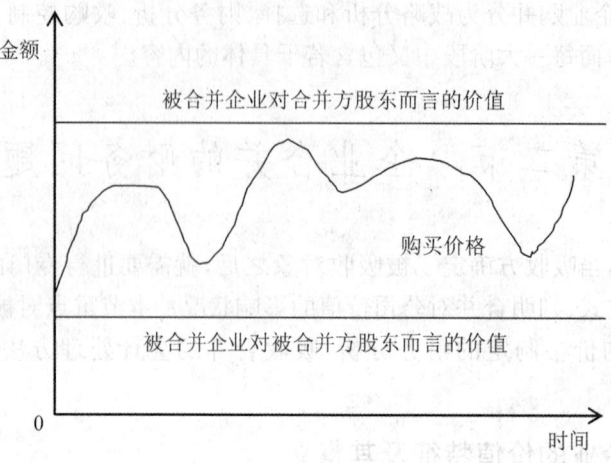

图 20 - 2　使合并双方均有利可图的被合并企业价格

从图 20 - 2 可以看出,当被合并企业的价格在合并双方价值之间时,合并双方均可以获得一定的利益。反之,当被合并企业的价格低于其对被合并方股东的价值时,被合并企业的股东会受到损失,合并方则会获得超额收益;当被合并企业的价格高于其对合并方股东的价值时,合并方会受到损失,被合并方的股东则会获得超额收益。

二、被合并企业的价值分析

对被合并企业的估价,应该分别从被合并方和合并方两个方面进行,把握被合并企业对双方的价值,然后在此基础上制定出合理的价格,为进行收购谈判制订出可行的方案。购买一个企业等同于投资一个项目,可以用投资项目评价的方法对拟收购企业进行估价。对被合并企业进行估价的关键问题有三:一是预测被合并企业未来现金净流入量;二是确定适用折现率或资金成本;三是判断被合并企业的存续期。

（一）预测被合并企业未来现金净流入量

在持续经营条件下,被合并企业的价值就是持续的现金净流入量的价值,正确预测拟收购企业未来现金净流入量是正确估计被合并企业价值的关键因素。

1. 被合并企业现金净流入量预测的基本原则

被合并企业现金净流入量除了需要按照合并双方进行分类之外,还可以按多种标准进行分类:按是否受企业财务结构影响划分,可以分为受财务结构状况影响的净现金流入量指标和不受财务结构状况影响的净现金流入量指标;按是否含税划分,可以分为税前现金净流入量和税后现金净流入量;按是否考虑边际效应划分,可以分为边际现金净流入量和非边际现金净流入量,等等。在对被合并企业进行价值评估时,究竟应该选择何种现金净流入量作为计算企业价值的依据,应该根据是估计企业总资产的价值还是估计企业净资产的价值的需要而确定。因此,在对被合并企业现金净流入量进行预测时,应多预测一些现金净流入量的指标。有关现金净流入量预测的基本原则主要有:

（1）注意估计被合并企业的不同价值与不同现金净流入量之间的关系。估计被合并企业总资产价值的现金净流入量应该是不受财务结构状况影响的净现金流入量,即:支付利息前的现金净流入量指标。估计被合并企业净资产价值的现金净流入量应该是受财务结构状况影响的净现金流入量,即:支付利息后的现金净流入量指标。在实际的企业收购中,往往既需要估计拟收购企业总资产的价值,又需要估计拟收购企业净资产的价值,之所以需要估计两种资产的价值,是因为掌握这两种价值之后便于合并方做出正确的收购决策。

需要指出的是,在制定收购方案时,公司必须高度重视不考虑财务结构影响的现金净流入量的指标,即总资产现金流入量指标。究其原因有三:一是,总资产现金净流入量的稳定性比净资产现金净流入量的稳定性强,用总资产现金净流入量的指标可以更真实地反映被合并企业的投资价值;二是,被收购企业被合并之后,其财务结构通常都会发生变化,在财务结构发生变化的情况下,再用原被收购企业的财务结构来计算被合并企业的投资价值,已经没有任何实际意义;三是,估计出总资产价值之后,可以容易地按"净资产价值＝总资产价值－负债价值"的公式确定净资产的价值。

(2) 注意税收对被合并企业现金净流入量的影响。预测被合并企业现金净流入量所用的现金净流入量指标应该是税后现金净流入量指标。扣除税收影响后的现金净流入量才是合并企业所追求的现金净流入量。税收因素是复杂的,应根据收购的实际情况逐项计算。一般而言,需要计算由税后收益和税后利息表示的总资产税后现金净流入量,以及由税后收益表示的净资产税后现金净流入量等指标。

(3) 注意被合并企业现金净流入量的边际影响。对合并方而言,预测被合并企业现金净流入量所用的现金净流入量指标应该是边际现金净流入量指标。就是要求在预测被合并企业的现金净流入量时,必须考虑到合并后所产生的协同经济效益因素。即按"被合并企业所带来的现金净流入量＝合并后企业的现金净流入量总额－合并前企业的现金净流入量总额"公式计算被合并企业所产生的现金净流入量。按该种方法预测的被合并企业的现金流量是计算被合并企业对合并方而言的价值的基础。

完全按照被合并企业现行财务资料和生产经营资料预测出来的现金流量,只能计算出被合并企业对被合并方股东而言的价值。

2. 被合并企业现金净流入量预测例解

下面以实例说明被合并企业现金净流入量的预测方法。

【例 20-1】　假定 A 公司准备收购 B 公司,B 公司的所得税率为 30%,被收购之前 B 公司的财务状况如表 20-1 所示,B 公司单个公司经营状况预测如表 20-2 所示,A 公司合并 B 公司前后的经营状况预测如表 20-3 所示。

表 20-1

B 公司资产负债表

单位:万元

资　　产	金　　额	负债及所有者权益	金　　额
流动资产	4 000	流动负债(利率 1%)	2 000
固定资产	5 800	长期债券(利率 5%)	4 000
无形资产	200	所有者权益	4 000
资产合计	10 000	负债及所有者权益合计	10 000

表 20 - 2

B公司单个公司年现金净流入量预测表

单位:万元

项　　　　目	金　　　额
销售额	8 000
经营成本(含财务费用)	6 000
其中:利息费用(2 000×1‰+4 000×5‰)	220
折旧费	500
税前利润	1 500
所得税(30%)	450
税后利润	1 050
加:折旧费	500
经营现金净流入量	1 550

表 20 - 3

A公司合并B公司前后的年现金净流入量预测表

单位:万元

项　　　目	合并B公司前	合并B公司后	差　　异
销售额	20 000	30 000	10 000
经营成本(含财务费用)	14 000	20 000	6 000
折旧费	2 000	2 500	500
税前利润	4 000	7 500	3 500
所得税(30%)	1 200	2 250	1 050
税后利润	2 800	5 250	2 450
加:折旧费	2 000	2 500	500
经营现金净流入量	4 800	7 750	2 950

试根据以上资料计算被合并企业对合并双方而言的现金净流入量。

解:

分析:根据"B公司单个公司年现金净流入量预测表"计算出来的现金净流入量是对被合并方而言的现金净流入量;根据"A公司合并B公司前后的年现金净流入量预测表"计算出来的边际现金净流入量则是对合并方而言的现金净流入量。

(1) B公司对被合并方而言的现金净流入量。

从表20 - 2可以看出,被合并企业——B公司的考虑财务结构影响后的现金净流入量为1 550万元。故:

B公司对被合并方股东而言的总资产现金净流入量

＝不考虑协同经济效益影响和财务结构影响的现金净流入量

＝1 550＋(2 000×1％＋4 000×5％)×(1－30％)

＝1 550＋154＝1 704(万元)

B公司对被合并方股东而言的净资产现金净流入量

＝不考虑协同经济效益影响和考虑财务结构影响的现金净流入量

＝1 550(万元)

(2) B公司对合并方而言的现金净流入量。

根据表20－3看出考虑协同经济效益和考虑财务结构影响的现金净流入量为2 950万元。而根据表20－1和表20－3可以算出：

B公司对合并方股东而言的总资产现金净流入量

＝考虑协同经济效益影响但不考虑财务结构影响的现金净流入量

＝2 950＋(2 000×1％＋4 000×5％)×(1－30％)

＝2 950＋154＝3 104(万元)

B公司对合并方股东而言的净资产现金净流入量

＝考虑协同经济效益影响和财务结构影响的现金净流入量＝2 950(万元)

按前述合并企业现金净流入量与被合并企业价值之间的关系，计算合并双方的不同资产的价值应该使用的现金净流入量可归纳如表20－4所示。

表20－4

不同资产的价值应该使用的现金净流入量

单位：万元

项　　目	总资产现金净流入量	净资产现金净流入量
被合并方	1 704	1 550
合并方	3 104	2 950

通过表20－4，可以看出被合并企业对合并方现金净流入量的贡献要大于对被合并方的贡献，合并起到了优化资源配置的作用。

(二) 确定适用折现率

1. 折现率确定的基本原则

折现率选择最基本目的是为正确反映被合并企业对合并双方价值的影响，以确保合并方能够制定出正确的价格决策。在这里重点讨论不同折现率的确定原则。

(1) 根据合并双方的风险程度选择不同的折现率。在现实中，合并双方本身的风险水平不同，合并双方在计算被企业合并价值所使用的折现率也必然存在着差异。具体地看，被合并方计算被合并企业价值时使用的折现率应该是被合并企业现有的全部加权资金成本率或股权资金成本率；合并方计算被合并企业价值时使用的折现率应该是合并企业现有的全部加权资金成本率或股权资金成本率。

(2) 折现率与被折现的现金净流入量相配比的原则。被合并企业的现金净流入量分为总资产现金净流入量和净资产现金净流入量两类，相应地，适用折现率也分为两种形式：一是使用合并方(被合并方)原有股本的资金成本作为折现率；二是使用合并方(被合并方)原有加权平均资金成本作为折现率。当对净资产现金净流入量折现时，所选择的折现率应该是合并方(被合并方)原有股本的资金成本；而当对总资产现金净流入量折现时，所选择的折现率就应该是合并方(被合并方)原有加权平均资金成本。

(3) 社会折现率与企业折现率的选择原则。除了上述使用合并双方企业的两种资金成本作为折现率之外,还存在以社会同风险收益率作为折现率。只是用合并方(被合并方)资金成本作为折现率计算出的被合并企业的价值是对合并方(被合并方)而言的价值,而以社会同风险收益率作为折现率计算出的被合并企业的价值是对社会平均水平而言的价值,该价值可以在很大程度上反映被合并企业的市场价格。当合并方(被合并方)的资金成本高于社会同风险收益率时,被合并企业对合并方(被合并方)而言的价值就小于对社会平均水平的价值;反之,当合并方(被合并方)的资金成本低于社会同风险收益率时,被合并企业对合并方(被合并方)而言的价值就大于对社会平均水平的价值。

(4) 使用折现率必须准确反映合并方实际的资金成本。企业价值是对未来现金净流入量的折现值,在被合并企业的未来现金净流入量既定的条件下,企业价值就直接受折现率的影响。因此,合并方使用的折现率必须正确地反映合并方实际的资金成本。

2. 合并方适用折现率选择例解

下面以实例说明合并方适用折现率的选择。

【例 20 - 2】 假定〔例 20 - 1〕中 A、B 两家公司的各种资金成本如下:A 公司正确的全部加权平均资金成本为 10%,净资产资金成本为 15%;B 公司目前的全部加权平均资金成本为 12%,净资产资金成本为 16%。其余情况不变。要求:①计算被合并企业对合并双方而言的价值(采用"现金净流入量 / 折现率"的简化公式计算其企业价值);②确定合并双方讨价还价的空间;③确定在不考虑其他因素只考虑价格的条件下,被合并 B 公司的负债为多少时选择总资产优,为多少时选择净资产收购为优。

解:

(1) B 公司对 B 公司股东而言的价值:

B 公司总资产的价值＝1 704 / 12%＝14 200(万元)

B 公司净资产的价值＝1 550 / 16%＝9 687.5(万元)

(2) B 公司对 A 公司股东而言的价值:

B 公司总资产的价值＝3 104 / 10%＝31 040(万元)

B 公司净资产的价值＝2 950 / 15%＝19 667(万元)

(3) 确定双方讨价还价的空间:

双方在总资产方面的讨价还价空间＝31 040－14 200＝16 840(万元)

双方在净资产方面的讨价还价空间＝19 667－9 867.5＝9 799.5(万元)

(4) 选择收购形式:

分析:选择收购形式受 B 公司负债的影响。B 公司的实际负债与 B 公司对 A 公司股东而言的价值计算出来的负债,在很多情况下是存在差异的,当"B 公司的实际负债＞B 公司对 A 公司股东而言的价值计算出来的负债"时,按总资产收购可以少承担被合并企业的负债,用总资产收购为优;当"B 公司的实际负债＜B 公司对 A 公司股东而言的价值计算出来的负债"时,按净资产收购可以获得更多的净资产,用净资产收购为优。即选择收购形式,首要问题是确定被合并企业的负债界限,然后,再是将该负债总额与被合并企业的实际负债总

额相比较,选择出最优的收购方式。所以有:

$$A公司不同收购形式形成的负债总额=31\ 040-19\ 667=11\ 373(万元)$$

当 B 公司的负债总额>11 373 万元时,采用总资产收购为优;

当 B 公司的负债总额<11 373 万元时,采用净资产收购为优。

显然,当不同折现率与不同现金净流入量不能正确配比时,就会得出错误的结果。

（三）确定折现期间

折现期间是影响被合并企业价值的重要因素。折现期间就是被合并企业的存续期间。存续期越长,折现期也就越长;反之,则越短。企业的存续期受企业外部环境和内部条件的制约,因此,分析被合并企业的存续期应该从企业外部环境和内部条件两个方面,以及被合并企业的资源与合并方资源的相融性去分析。预测折现期的基本因素如下。

1. 被合并企业内部条件与外部环境的适应状况

外部环境主要包括产品销售市场、生产技术、生产要素市场、政策环境等等因素;内部条件主要包括各种有形和无形的资产、技术条件、组织管理、人力资源等等因素。分析被合并企业内部条件与外部环境的适应状况就是要将内部条件与外部环境联系起来,考察在外部环境与内部条件不发生重大变化的前提下,被合并企业现有内部条件与现存外部环境适应的程度。

2. 外部环境变化的趋势

外部环境总是在不断变化的,分析和预测外部环境的变化趋势可以为预测被合并企业的存续期间提供有用的信息。

3. 未经改造的被合并企业内部资源的有效使用期限

不对各种内部资源进行追加投资改造的前提下的有效使用期限,反映的是被合并企业现有内部资源的实际使用时间。之所以需要考虑该因素,是因为只有不考虑进行改造的追加投入,而用内部资源产生的现金净流入量来维持内部资源的有效使用期,才可以准确计算出被合并企业对其股东而言的现有价值。

4. 被合并企业内部资源与合并方内部资源的相融性

通过分析被合并企业内部资源与合并方内部资源的相融性,可以揭示合并产生的协同经济效益的存续时间,使预测出的存续时间能正确反映被合并企业内部资源对合并方的有效期,计算出被合并企业对合并方而言的价值。

（四）对被合并企业估价例解

1. 估计被合并企业对合并方而言的持续经营价值

在完成对被合并企业现金净流入量和存续期间预测,以及确定折现率之后,就可以将被合并企业未来各期对合并方贡献的现金净流入量按照合并方的适用折现率折算为现值。该现值就是被合并企业对合并方而言的价值。当合并方能以低于该价值的价格收购被合并企业,那么,合并方股东财富就会有所增长;相反,当合并方的收购价格高于被合并企业的价值时,合并方股东财富就会发生减少;而当合并方的收购价格等于被合并企业的价值时,合并方股东财富则不会发生增减变化。

下面以实例说明对被合并企业的估价方法。

【例 20-3】　甲公司打算合并乙公司,甲公司现有的全部资金加权平均成本为 8%,股本成本为 12%,通过测算,乙公司未来各年对甲公司贡献的现金流量情况如表 20-5 所示。

表 20-5

乙公司对甲公司现金流量贡献的预测表

单位:万元

项目 ＼ 年份	2002	2003	2004	2005	2006	2007	2008	2009	2010	…	2030
税后收益和税后利息	1 000	800	600	800	900	1 100	1 100	1 200	1 300	1 300	1 300
税后利息	100	100	100	100	100	100	100	100	100	100	100
税后收益	900	700	500	700	800	1 000	1 000	1 100	1 200	1 200	1 200
固定资产	100	100	100		100	100	200	200	200	200	200
追加投资净额	—	—	—	300	200	100	—	—	—	—	—
总资产现金净流入量	1 100	900	700	600	800	1 100	1 300	1 400	1 500	1 500	1 500
净资产现金净流入量	1 000	800	600	500	700	1 000	1 200	1 300	1 400	1 400	1 400

试根据上述资料分别估计乙公司总资产的价值和净资产的价值。

解:

乙公司总资产与净资产对合并方而言的价值可列表(见表 20-6)计算如下。

表 20-6

乙公司总资产与净资产价值计算表

单位:万元

折现期	总资产现金净流入量	净资产现金净流入量	总资产折现率(8%)	净资产折现率(12%)	总资产现金净流入量现值	净资产现金净流入量现值
1	1 100	1 000	0.925 926	0.892 857	1 018.519	892.857 1
2	900	800	0.857 339	0.797 194	771.604 9	637.755 1
3	700	600	0.793 832	0.711 780	555.682 6	427.068 1
4	600	500	0.735 030	0.635 518	441.017 9	317.759 0
5	800	700	0.680 583	0.567 427	544.466 6	397.198 8
6	1 100	1 000	0.630 170	0.506 631	693.186 6	506.631 1
7	1 300	1 200	0.583 490	0.452 349	758.537 5	542.819 1
8	1 400	1 300	0.540 269	0.403 883	756.376 4	525.048 2
9	1 500	1 400	0.500 249	0.360 610	750.373 5	504.854 0
10	1 500	1 400	0.463 193	0.321 973	694.790 2	450.762 5
11	1 500	1 400	0.428 883	0.287 476	643.324 3	402.466 5
12	1 500	1 400	0.397 114	0.256 675	595.670 6	359.345 1
13	1 500	1 400	0.367 698	0.229 174	551.546 9	320.843 9
14	1 500	1 400	0.340 461	0.204 620	510.691 6	286.467 7
15	1 500	1 400	0.315 242	0.182 696	472.862 6	255.774 8

（续表）

折现期	总资产现金净流入量	净资产现金净流入量	总资产折现率（8%）	净资产折现率（12%）	总资产现金净流入量现值	净资产现金净流入量现值
16	1 500	1 400	0.291 890	0.163 122	437.835 7	228.370 3
17	1 500	1 400	0.270 269	0.145 644	405.403 4	203.902 1
18	1 500	1 400	0.250 249	0.130 040	375.373 5	182.055 4
19	1 500	1 400	0.231 712	0.116 107	347.568 1	162.549 5
20	1 500	1 400	0.214 548	0.103 667	321.822 3	145.133 5
21	1 500	1 400	0.198 656	0.092 560	297.983 6	129.583 5
22	1 500	1 400	0.183 941	0.082 643	275.910 8	115.699 5
23	1 500	1 400	0.170 315	0.073 788	255.472 9	103.303 1
24	1 500	1 400	0.157 699	0.065 882	236.549 0	92.234 94
25	1 500	1 400	0.146 018	0.058 823	219.026 9	82.352 63
26	1 500	1 400	0.135 202	0.052 521	202.802 6	73.529 13
27	1 500	1 400	0.125 187	0.046 894	187.780 2	65.651 01
28	1 500	1 400	0.115 914	0.041 869	173.870 6	58.616 97
29	1 500	1 400	0.107 328	0.037 383	160.991 3	52.336 58
合计					13 657.04	8 522.97

通过上述计算可知，B公司对于A公司而言的净资产价值等于8 522.97万元，如果A公司能以低于8 522.97万元的价格收购B公司的净资产，那么，A公司将从收购B公司的净资产中得到好处。

比较上述两种资产价值的计算结果，可以发现乙公司总资产的价值比其净资产的价值大5 134.07万元（13 657.04－8 522.97）。存在这种价值差异的主要原因是总资产的价值等于净资产价值与负债价值之和。

只要被合并企业存在负债，总资产的价值就必然会大于净资产的价值。根据前面关于被合并企业不同资产价值作用的讨论，合并方更应该重视总资产的价值。采用总资产的价值指标更有利于合并方做出正确的决策。

上述对被合并企业的估价既不是按总资产或净资产的账面价值估价，也不是按个别资产的重置价值估价，而是根据未来现金净流入量进行估价。这样估价是建立在被合并企业持续经营假定基础之上的。当合并方收购被合并企业的基本目的是为了获取长期收益，而不是为了炒卖时，被合并企业的账面价值对合并方就并不重要，合并方重视的是被合并企业的盈利能力和现金净流入量的能力。

2. 估计被合并企业对被合并方而言的持续经营价值

【例20-4】 假定〖例20-3〗中乙公司不被合并，其未来各年对甲公司贡献的现金流量情况如表20-7所示。

表 20-7

乙公司现金流量预测表

单位:万元

年份　　　　　　项目	2002	2003	2004	2005	2006	2007	2008	2009	2010
税后收益和税后利息	1 000	900	800	700	600	500	500	500	500
税后利息	100	100	100	100	100	100	100	100	100
税后收益	900	800	700	600	500	400	400	400	400
固定资产	100	100	100	100	100	100	100	100	100
追加投资净额	—	—	—	—	—	—	—	—	—
总资产现金净流入量	1 100	1 000	900	800	700	600	600	600	600
净资产现金净流入量	1 000	900	800	700	600	500	500	500	500
残值	—	—	—	—	—	—	—	—	2000

再假定:计算乙公司总资产价值的适用折现率为 10%,净资产价值的适用折现率为 12%。试计算乙公司持续经营对其股东而言的价值。

解:

乙公司总资产与净资产对被合并方而言的价值可列表(见表 20-8)计算如下。

表 20-8

乙公司总资产与净资产价值计算表

单位:万元

折现期	总资产现金净流入量	净资产现金净流入量	总资产折现率(10%)	净资产折现率(12%)	总资产现金净流入量现值	净资产现金净流入量现值
1	1 100	1 000	0.909 091	0.892 857	1 000	892.857 1
2	1 000	900	0.826 446	0.797 194	826.446 3	717.474 5
3	900	800	0.751 315	0.711 780	676.183 3	569.424 2
4	800	700	0.683 013	0.635 518	546.410 8	444.862 7
5	700	600	0.620 921	0.567 427	434.644 9	340.456 1
6	600	500	0.564 474	0.506 631	338.684 4	253.315 6
7	600	500	0.513 158	0.452 349	307.894 9	226.174 6
8	600	500	0.466 507	0.403 883	279.904 4	201.941 6
9	2 600	2 500	0.424 098	0.360 610	1 102.654	901.525 1
合计					5 512.823	4 548.031

上述对被合并企业的估价是被合并方出售企业的最低价格,因为,如果出售价格低于这个价格,那么,他就不如将企业继续经营下去合算。

(五)估计被合并企业的清算价值

虽然合并方在进行合并的财务分析时,十分重视被合并企业持续经营的价值,但是也必须关注被合并企业的清算价值,即各种资产的账面价值或重置价值。关注被合并企业的清算价值的基本原因有二:一是资产的重置价值是资产转让的最低价格。当合并方对被合并企业的出价低于其资产的重置价值时,被合并企业宁愿将企业各种资产分别出售也不会将企业整体卖给合并方。二是比较被合并企业持续经营是否有价值的一个标准。当被合并企业持续经营的价值小于其资产账面价值或重置价值时,被合并企业实际上就已经失去了存在的价值。

估计被合并企业清算价值的基本方法有公允市场价值法、重置价值法等。由于在非持续经营条件下被合并企业的资产往往需要分散之后才能出售变现,因此,在估计被合并企业的清算价值时,需要分别计算各个资产的价值,然后再在此基础上求出清算价值的合计数。

合并方通过对被合并企业各种资产账面价值或重置价值的分析,有利于制定合并方案和进行合并谈判。

三、收购方式与收购价格制定的财务分析

在对拟收购企业进行估价之后,就应该研究收购方式,并根据其估价结果来制定收购价格,明确收购价格的上限和下限,以供收购谈判的需要。收购的支付方式和收购价格的制定与被收购企业的组织形式相关,下面分别对非上市公司和上市公司的收购价格和支付方式确定的问题进行探讨。

（一）非上市公司收购及其收购价格的制定

非上市公司,特别是有限责任公司,其股东人数较少,在收购非上市公司时,涉及的利益主体较少,对资本市场的影响也不大,收购价格、收购的支付方式等均由被收购公司的股东与收购者之间协商确定,其收购程序相对简单。收购的主要问题是确定收购价格和支付方式。

1. 非上市公司收购价格制定的基本原则

非上市公司收购价格制定的基本原则就是要保证收购价格不得高于对被合并企业的估计价值,即收购价格的上限就是收购方对被合并企业的估价。当收购价格低于估计价值时,收购方就从收购中得到了利益;当收购价格高于估计价值时,收购方在收购当时就会发生损失。

2. 合并双方对收购价格的讨价还价空间

需要指出,在收购中,收购方股东获得的收购利益(或产生的收购损失)并不一定就等于被收购企业股东产生的出售损失(获得的出售利益)。这是由于收购方与被收购方对被收购企业的价值认同不一致而产生的。这种不一致,既来源于双方对现金净流入量的预期差异,又来源于双方所使用的折现率差异,还来源于对存续期间认同的不一致。双方对确定企业价值的三个因素认识的不一致,必然使双方得出不同的企业价值,从而产生不同的价格期望。双方对被合并企业价值的认识差异和对被合并企业的价格期望差异,使合并方在制定收购价格时有了更大的活动空间,以及定价技巧。

【例20-5】　根据〚例20-3〛和〚例20-4〛的资料计算甲公司收购乙公司的讨价还价空间。

解:

根据〚例20-3〛和〚例20-4〛的计算结果,可以算出:

　　总资产收购价格的讨价还价空间＝13 657.04－5 512.82＝8 144.22(万元)

净资产收购价格的讨价还价空间＝8 522.97－4 548.03＝3 974.94(万元)

根据上述计算结果,可以知道,甲公司收购乙公司的总资产讨价还价空间高达 8 144.22万元,是乙公司总资产对其股东而言的价值的 1.477 倍(8 144.22 /5 512.82);甲公司收购乙公司的净资产讨价还价空间也高达 3 974.94 万元,是乙公司净资产对其股东而言的价值的 0.874 倍(3 974.94 / 4 548.03)。这说明甲公司的讨价还价空间相当大,甲公司可以在给予乙公司股东足够高的溢价之后也有利可图。在这种情况下,合并双方就容易达成各自满意的价格,实现双赢。

另外,在现实中,总资产的讨价还价空间往往与净资产的讨价还价空间会存在差异,这时收购方就应该根据对被收购企业负债的估计金额来确定收购的方式。判别的基本方法是"总资产＝负债＋净资产"的会计平衡方程式。当"总资产收购价格＞被收购公司负债＋净资产收购价格"时,选择净资产收购较优;反之,当"总资产收购价格＜被收购公司负债＋净资产收购价格"时,选择总资产收购较优。

当然,如果被合并企业股东对被合并企业的估计价值高于了合并方的估计价值,那么,从理论上讲,收购就不可能实现。

3. 收购损益的时间性

在确定收购损益时,还要特别关注收购损益的时间性。收购损益的时间有可能是短暂的,也有可能是长期的。短暂的损失会随着合并与被合并企业协同经济效益的发挥,而逐渐消失,并转变为利益;短暂的利益则会随着未预期的合并与被合并企业联合后问题的出现,而逐渐丧失,并转变为损失。在这种情况下,为了比较收购的真实盈亏,应该将短暂的收购损益与长期的收购损益换算为同一时间的价值进行比较,只有这样,才能做出正确的决策。特别是在估计被合并企业价值没有充分考虑协同经济效益的情况下,更应该关注收购损益的时间性。

(二)上市公司收购及其收购价格的制定

上市公司股份的市场性强,股东人数多,收购时对资本市场的影响大,涉及的利益主体多,收购受到市场和政府监管部门的广泛关注,收购其程序烦琐和复杂。收购方在收购过程中不可能逐一地与股票持有人谈判,收购价格只能通过股票市场决定。而股票市场又是变化无常的,因此,上市公司收购价格的制定极为复杂。

1. 上市公司收购价格制定的难题

从理论上讲,上市公司每股的收购价格应该等于对被收购公司的估计价值除以其发行在外的股票股数之商。但是该每股收购价格在多数情况下不可能等于每股的市场价格,产生这种差异的原因是多种多样的,如股票市场的原因、社会折现率与合并方折现率差异的原因、社会对被合并企业未来现金净流入量与合并方估计的被合并企业未来现金净流入量差异的原因、社会对被合并企业存续期间与合并方认为的被合并企业存续期间差异的原因等等。每股市场价值与估计的每股收购价值的差异,使合并方直接用现金收购被合并企业股东手中持有的股票成为一件十分困难的事。

【例 20‐6】　假定甲公司和乙公司均为上市的股份有限公司,甲公司试图合并乙公司。在合并前甲、乙两家公司的有关财务资料如表 20‐9 所示。

表 20－9

主要财务资料表

项　　目	甲公司	乙公司
税后收益(元)	50 000 000	10 000 000
发行在外的股票数量(股)	20 000 000	8 000 000
净资产总额(元)	300 000 000	96 000 000
每股净资产(元)	15	12
每股收益(元)	2.5	1.25
每股市价(元)	40	16
市盈率(倍)	16	12.8

假定甲公司按照自己现有的净资产收益率作为折现率对乙公司的净资产价值进行估价,试分析合并是否能够成功。

解:

(1) 计算乙公司净资产对甲公司而言的价值:

$$甲公司净资产收益率＝50\,000\,000÷300\,000\,000＝16.67\%$$
$$乙公司净资产对甲公司而言的价值＝10\,000\,000(元)÷16.67\%$$
$$＝59\,988\,002(元)≈6\,000(万元)$$

(2) 计算乙公司的市场价值:

$$乙公司市场价值＝8\,000\,000(股)×16(元/股)$$
$$＝128\,000\,000(元)＝12\,800(万元)$$

计算结果表明:乙公司股票的市场价值 12 800 万元是甲公司对乙公司估计价值 6 000 万元的两倍多。在这种情况下,甲公司如用现金按市场价格收购乙公司股东手中的股票,势必会导致甲公司股东财富的减少,损害甲公司原有股东的利益;如不按市场价格收购,合并则难以实现。真可谓难以两全。

2. 合并双方的股票调换

(1) 股票调换的概念。股票调换,就是被合并企业的股东将自己拥有的被合并企业的股票换为合并企业的股票,使自己成为合并企业股东的事件。如果,合并方能制定一个与被合并企业股票的合理调换比率,那么,就可以较好地解决现金收购所遇到的难题。股票调换形式的合并,其收购价格以股票调换率表示。收购价格的制定就转换为了确定合并公司与被合并公司之间的股票调换率。

制定不同公司股票调换率的基本依据不是合并方估计出来的被合并企业的价值,而是合并双方不同股票的市场价格。股票市场价格是投资者判断公司"内在价值"的主要依据。因为股票的市场价格反映着社会对公司的盈利潜力、经营风险、财务风险、经营效率、管理水平、技术水平、社会宏观政治经济形式等与估计企业价值有关的各种因素的看法。

(2) 股票调换率的表达方式。股票调换率有两种表述方式,一是股票数量调换率;二是股票市场价格调换率。

股票数量调换率表示的是合并双方股票之间交换的数量比例,或每一股合并公司的股票交换多少股被合并公司的股票,或每一股被合并公司的股票交换多少股合并公司的股票。其计算公式为:

$$股票数量调换率=\frac{被合并公司每股市场价格×(1+调换时溢价率)}{合并公司每股市场价格}$$

股票市场价格调换率表示的是合并双方股票之间交换的市场价格比例,或每一元合并公司的股票交换多少元被合并公司的股票,或每一元被合并公司的股票交换多少元合并公司的股票。其计算公式为:

$$股票市场价格调换率=\frac{合并公司每股市场价格×合并公司提供的每股调换率}{被合并公司每股市场价格}$$

【例 20-7】 假定〖例 20-6〗中甲、乙两公司按各自股票市场价格的 1:1 调换,试确定两种股票的数量调换率。

解:

$$股票数量调换率=16/40=0.4:1$$

即:每 0.4 股甲公司股票交换 1 股乙公司股票。

【例 20-8】 假定〖例 20-6〗中甲公司以 0.4 股自己的股票交换乙公司的 1 股股票,问在该种情况下,股票市场价格调换率为多少?

解:

$$股票市场价格调换率=40×0.4/16=1:1$$

即:甲、乙两公司的股票按各自股票市场价格的 1:1 交换。

在公司合并中,合并双方按各自股票市场价格的 1:1 进行交换虽然有客观的市场价格作为依据,但是,这种调换在多数情况下对被合并公司的股东没有什么吸引力。因此,在合并时,合并公司支付的代价往往都要超过被合并公司股票当时的市场价格,以吸引被合并公司股东放弃所持有的被合并公司的股票。

【例 20-9】 假定〖例 20-6〗中甲、乙两公司按各自股票市场价格的 1:1.25 调换,问两种股票的数量调换率为多少?

解:

$$股票数量调换率=[16×(1+25\%)]÷40=0.5:1$$

即:每 0.5 股甲公司股票交换 1 股乙公司股票。

乙公司股票市场价格在溢价 25% 后与甲公司股票进行调换,使乙公司每 1 股股票多换了 0.1 股甲公司的股票,乙公司股东在这种交换中获得了实际利益。而甲公司的收购成本则相应增加。

3. 股票调换率的盈亏分析

(1) 股票调换的盈亏分析。当合并公司付出超过被合并公司股票市场价格的代价调换被合并公司的股票时,被合并公司的股东可以从中获得好处是不言自明的。但是,在这种情况下,合并公司的股东可以获得好处吗? 这是在确定股票调换率时应该明确的问题。下面我们将从每股收益、每股净资产和每股市价来讨论不同股票调换率对合并公司和被合并公司股东盈亏的影响。

【例 20-10】 假定〔例 20-6〕中甲、乙两公司有如下三种股票调换方案:①甲、乙两公司按各自股票市场价格的 1∶1 调换;②甲、乙两公司按各自股票市场价格的 1∶1.25 调换;③甲、乙两公司按各自股票市场价格的 1∶1.5 调换。试求三种股票调换方案在合并后公司总收益不变和公司股票市盈率维持在甲公司水平条件下对甲、乙两公司股东盈亏的影响。

解:

计算各种方案合并双方股东的盈亏应按如下程序进行:

①确定不同方案的股票数量调换率:

$$方案 1 股票调换率 = \frac{16 \times (1+0)}{40} = 0.4∶1$$

$$方案 2 股票调换率 = \frac{16 \times (1+25\%)}{40} = 0.5∶1$$

$$方案 3 股票调换率 = \frac{16 \times (1+50\%)}{40} = 0.6∶1$$

②确定不同方案甲公司合并乙公司需新发行的股份数量:

方案 1 需增加发行的股份数 = 800 × 0.4 = 320(万股)
方案 2 需增加发行的股份数 = 800 × 0.5 = 400(万股)
方案 3 需增加发行的股份数 = 800 × 0.6 = 480(万股)

③确定合并完成后甲公司实际发行的股份数量:

方案 1 股份发行数量 = 2 000 + 320 = 2 320(万股)
方案 2 股份发行数量 = 2 000 + 400 = 2 400(万股)
方案 3 股份发行数量 = 2 000 + 480 = 2 480(万股)

④编制合并后甲、乙两公司股东盈亏分析计算表(见表 20-10)。

表 20-10

合并后两公司股东盈亏分析计算表

项 目	合并前		合并后		
	甲公司	乙公司	方案 1 (0.4∶1)	方案 2 (0.5∶1)	方案 3 (0.6∶1)
税后收益(万元)	5 000	1 000	6 000	6 000	6 000
发行在外的股票数量(万股)	2000	800	2 320	2 400	2 480
净资产总额(万元)	30 000	9 600	39 600	39 600	39 600
每股净资产(元)	15	12	17.069	16.5	15.967 7
每股收益(元)	2.5	1.25	2.586 2	2.5	2.419 4
市盈率(倍)	16	12.8	16	16	16
每股市价(元)	40	16	41.38	40	38.71

（续表）

项　目		合并前		合并后		
		甲公司	乙公司	方案1 (0.4:1)	方案2 (0.5:1)	方案3 (0.6:1)
甲公司每股盈亏(元)		每股收益盈亏 (合并后－合并前)		+0.0862	0	−0.0806
		每股市价盈亏 (合并后－合并前)		+1.38	0	−1.29
		每股净资产盈亏 (合并后－合并前)		+2.069	+1.5	+0.9677
乙公司每股盈亏(元)		每股收益盈亏 (合并后－合并前)		−0.2155①	0②	+0.2016③
		每股市价盈亏 (合并后－合并前)		+0.552④	+4⑤	+7.226⑥
		每股净资产盈亏 (合并后－合并前)		−5.1724⑦	−3.75⑧	−2.418 4⑨

注：① $-0.2155 = 2.5862 \times 0.4 - 1.25$
　② $0 = 2.5 \times 0.5 - 1.25$
　③ $+0.2016 = 2.4194 \times 0.6 - 1.25$
　④ $+0.552 = 41.38 \times 0.4 - 16$
　⑤ $+4 = 40 \times 0.5 - 16$
　⑥ $+7.226 = 38.71 \times 0.6 - 16$
　⑦ $-5.1724 = 17.069 \times 0.4 - 12$
　⑧ $-3.75 = 16.5 \times 0.5 - 12$
　⑨ $-2.4184 = 15.9677 \times 0.6 - 12$

从表 20-10 可以看出，随着甲、乙两家公司股票调换率的变化，甲、乙两公司股东盈亏也相应发生变化。随着乙公司与甲公司股票调换比的提高，甲公司每股收益和每股市价逐渐由盈转亏，只有每股净资产仍然保持盈利，但是盈利额还是呈下降的趋势。乙公司每股收益逐渐由亏转盈，每股市价则逐渐由少赚转变为多赚，每股净资产虽仍然亏损，但是亏损额逐渐减少。

（2）股票的最高静态极限调换率。完全站在合并公司的立场上，合并公司在合并当时每股收益和每股市价不发生盈亏的最高静态极限调换率等于被合并公司每股收益与合并公司每股收益之比，即：

$$最高静态股票调换率 = \frac{被合并公司每股收益}{合并公司每股收益}$$

【例 20-11】　试求〖例 20-6〗中甲公司的最高静态股票调换率。

解：

根据公式，有：

$$最高静态股票调换率 = \frac{1.25}{2.5} = 0.5 : 1$$

将上述计算结果与表 20-10 中的方案 2 比较，可以发现两者的结果完全一致。

从表 20-10 还可以看出，在方案 1 到方案 2 之间，即股票调换率在 0.4∶1 至 0.5∶1 之间，甲、乙两公司的股票持有人的每股市价均有所增加，即在合并中获得好处，实现了双赢。

（三）合并双方在合并过程中产生盈亏的根本原因

从上述例子中可以发现，合并双方在合并完成后，双方在每股市场价格、每股收益和每股净资产三个方面出现了不同的盈亏变化，这种盈亏产生的根本原因是什么，特别是出现双赢局面的原因是什么，是需要讨论的问题。

1. 合并双方在市场价值方面双赢的根本原因

合并双方在市场价值方面产生双赢局面的根本原因是：在合并前，甲、乙两公司股票的市盈率不一样，在合并后，原乙公司股票市盈率上升，并与甲公司股票的市盈率相等，这样，合并后公司的市场价值就大于了原甲公司与乙公司市场价值之和。合并后公司市场价值增加额正好等于甲公司市盈率与乙公司市盈率之差同原乙公司总收益之积，即：

$$\begin{matrix}\text{合并后公司市}\\\text{场价值增加额}\end{matrix} = \begin{matrix}\text{被合并公}\\\text{司总收益}\end{matrix} \times \left(\begin{matrix}\text{合并后公}\\\text{司市盈率}\end{matrix} - \begin{matrix}\text{被合并公}\\\text{司市盈率}\end{matrix} \right)$$

不同股票调换率会直接导致合并公司与被合并公司与股东之间对合并后公司市场价值占有比例的变化，从而导致合并公司与被合并公司原有股东股票市场价值的盈亏。下面以实例加以说明。

【例 20-12】　试求〖例 20-10〗中甲、乙两公司股东对公司市场价值增加额的瓜分情况。解：

（1）计算甲公司合并乙公司后的公司市场价值的增加额：

合并后公司市场价值增加额 = 1 000×（16-12.8）= 3 200（万元）

（2）计算在不同方案下，甲、乙两公司股东对两公司市场价值增加额的占有份额：

方案 1：

甲公司原股东股票市场价值增加额 = 2 000×1.38 = 2 760（万元）
乙公司原股东股票市场价值增加额 = 800×0.552 = 440（万元）
合计　　　　　　　　　　　　　　　　　　　 3 200（万元）

方案 2：

甲公司原股东股票市场价值增加额 = 2 000×0 = 0
乙公司原股东股票市场价值增加额 = 800×4 = 3 200（万元）
合计　　　　　　　　　　　　　　　　　　　 3 200（万元）

方案 3：

甲公司原股东股票市场价值增加额 = 2 000×（-1.29）= -2 580（万元）
乙公司原股东股票市场价值增加额 = 800×7.226 = 5 780（万元）
合计　　　　　　　　　　　　　　　　　　　 3 200（万元）

从上述计算结果可看出：在方案 1 中，甲公司股东从股票市场价值上涨中获得了 2 760 万元的好处，乙公司原股东则获得了 440 万元的好处。在方案 2 中，股票市场价值上涨的 3 200 万元的好处全归乙公司原股东所有。在方案 3 中，甲公司原股东不仅没有从股票上涨中得到任何好处，反而使其市场价值损失了 2 580 万元；而乙公司原股东不仅全部占有了合并多带来的股票市场价值上升 3 200 万元的好处，而且还将原属于甲公司原有股东所有的 2 580 万元的股票市场价值据为己有，从合并中获得的股票市场价值增加的利益高达 5 780 万元。

2. 合并双方在每股收益方面盈亏的根本原因

在合并中，合并双方会对公司的收益进行瓜分。但这种瓜分，在收益总额不随合并而发生增减变化的条件下，合并一方占有收益的增加，必然会引起另一方占有收益以同等金额的减少。但是，在公司收益随合并而增长的条件下，则可能出现双赢的局面。现仍以实例加以说明。

【例 20 - 13】 试求〖例 20 - 10〗中甲、乙两公司股东对公司收益总额的瓜分情况。

解：

计算在不同方案下，甲、乙两公司股东对两公司收益总额增加额的占有份额

方案 1：

甲公司原股东股票收益总额增加额 $= 2\ 000 \times 0.086\ 2 = 17.24$（万元）

乙公司原股东股票收益总额增加额 $= 800 \times 0.552 = -17.24$（万元）

合计　　　　　　　　　　　　　　　　　　　　　0

方案 2：

甲公司原股东股票收益总额增加额 $= 2\ 000 \times 0 = 0$

乙公司原股东股票收益总额增加额 $= 800 \times 0 = 0$

合计　　　　　　　　　　　　　　　　　　　　　0

方案 3：

甲公司原股东股票收益总额增加额 $= 2\ 000 \times (-0.080\ 6) = -16.12$（万元）

乙公司原股东股票收益总额增加额 $= 800 \times 7.226 = 16.12$（万元）

合计　　　　　　　　　　　　　　　　　　　　　0

从上述结果可以看出：在方案 1 中，甲公司原股东占有了本属于乙公司原股东所有的收益 17.24 万元；在方案 3 中，则是乙公司原股东占有了本属于甲公司原股东所有的收益 16.12 万元；而在方案 2 中，各公司原有股东在合并前后的收益占有量均没有发生变化。

3. 合并双方在每股净资产方面盈亏的根本原因

在合并中，合并双方还会对公司净资产进行瓜分。由于公司净资产总额一般不随合并而发生增减变化，因此，这种瓜分，总是合并一方占有净资产的增加，而另一方占有净资产的减少，且增减变化相等。现仍以实例加以说明。

【例 20 - 14】 试求[例 20 - 10]中甲、乙两公原司股东对公司净资产总额的瓜分情况。

解：

（1）计算在不同方案下，甲、乙两公司原股东对两公司净资产总额增加额的占有份额

方案 1：

甲公司原股东股票净资产总额增加额 $= 2\ 000 \times 2.069 = 4\ 138$（万元）

乙公司原股东股票净资产总额增加额 $= 800 \times (-5.172\ 4) = -4\ 138$（万元）

合计　　　　　　　　　　　　　　　　　　　　　0

方案 2：

甲公司原股东股票净资产总额增加额＝2 000×1.5＝3 000(万元)

乙公司原股东股票净资产总额增加额＝800×(−3.75)＝−3 000(万元)

合计　　　　　　　　　　　　　　　　　　　　　0

方案 3：

甲公司原股东股票净资产总额增加额＝2 000×0.9677＝1 935(万元)

乙公司原股东股票净资产总额增加额＝800×(−2.4184)＝−1 935(万元)

合计　　　　　　　　　　　　　　　　　　　　　0

从上述结果可以看出：在方案 1 中，甲公司原股东占有了本属于乙公司原股东所有的净资产 4 138 万元；在方案 2 中，甲公司原有股东占有了本属于乙公司原股东所有的净资产 3 000 万元；而在方案 3 中，甲公司原有股东占有了本属于乙公司原股东所有的净资产 1 935 万元。甲公司股东始终在净资产方面终处于盈利状态，而乙公司股东在净资产方面则始终处于亏损状态。

以上分析说明，在合并时，合并公司每股收益、每股市价和每股净资产的增减变化都是可能的。其增减数额除受股票调换率影响之外，还受如下三个因素的影响：

(1) 合并双方股票市盈率的差异。当合并公司的市盈率越高于被合并公司的市盈率，合并完成之后，公司整体的市场价值增值率就越大，产生双赢的机会也越多。

(2) 被合并企业总收益的大小。被合并企业的总收益越大，对合并后公司的每股市价和每股收益的贡献就越大；反之，则越小。

(3) 被合并企业净资产的大小。被合并公司的净资产总额越大，对合并后公司的每股净资产的影响就越大；反之，则越小。

(四) 制定股票调换率的协同经济效益因素

应该指出，前述分析中没有把合并后收益增长的可能性考虑进去。如果合并可以产生协同经济效益，使合并后公司的预期收益加快增长，那么，即使合并公司每股收益在合并当时有所减少，但是随着时间推移，这种损失也会得到补偿。只要合并公司的股东在未来获得补偿足够多，在公司合并当时制定出高于最高静态调换率的调换率也是合理的。合并公司在合并后每股收益减少的时间越长，合并就越不利。为了回避这一问题，合并公司应该对每股收益减少的年限做出规定，并以这个年限作为制定股票调换率的依据。

【例 20 − 15】　假定前述甲、乙两公司合并为一个公司后，由于协同经济效益的作用，合并后公司的收益增长率会高于合并前公司的收益增长率。在合并条件下，第三年的预期总收益为 8 000 万元，在不合并的条件下，甲公司第三年的预期总收益为 5 500 万元。在合并时，甲公司股票按现行市场价格 40 元/股与溢价为 28 元/股的乙公司股票相交换。试分析甲公司按 28 元/股的价格收购乙公司股票是否可取？

解：

分析过程如下：

(1) 计算合并完成当时合并双方的盈亏情况：

合并完成当时合并双方的盈亏情况如表 20 − 11 所示。

表 20 - 11

合并完成当时合并双方的盈亏情况

项　目	合并前		合并后
	甲公司	乙公司	(28:40 或 0.7:1)
税后收益(万元)	5 000	1 000	6 000
发行在外的股票数量(万股)	2 000	800	2 560
净资产总额(万元)	30 000	9 600	39 600
每股净资产(元)	15	12	15.468 8
每股收益(元)	2.5	1.25	2.343 8
市盈率(倍)	16	12.8	16
每股市价(元)	40	16	37.5
甲公司每股盈亏(元)	每股收益盈亏 (合并后－合并前)		−0.156 2
	每股市价盈亏 (合并后－合并前)		−2.5
	每股净资产盈亏 (合并后－合并前)		+0.468 8
乙公司每股盈亏(元)	每股收益盈亏 (合并后－合并前)		+0.390 7
	每股市价盈亏 (合并后－合并前)		+10.25
	每股净资产盈亏 (合并后－合并前)		−1.171 8

(2) 预测 3 年后每股收益的情况:

预测结果如表 20 - 12 所示。

表 20 - 12

合并前后的收益预测

项　目	合并条件下	不合并条件下
预期总收益(万元)	8 000	5 500
股票发行总量(万股)	2 560	2 000
预期每股收益(元)	3.125	2.75

(3) 求合并和不合并两种情况下的预期每股收益增长率:

令: 增长率为 i ,那么,

在不合并条件下,有:

$$2.5(1+i)^3 = 2.75$$

$$i = \sqrt[3]{\frac{2.75}{2.5}} - 1 = 3.23\%$$

在合并条件下,有:

$$2.343\ 75(1+i)^3 = 3.125$$

$$i = \sqrt[3]{\frac{3.125}{2.343\ 75}} - 1 = 10.06\%$$

(4) 求合并和不合并两种情况下,预期每股收益相等时所需的时间:

令:所需时间为 t ,有:

$$2.5(1+3.23\%)^t = 2.343\ 75(1+10.06\%)^t$$

$$\left(\frac{1+3.23\%}{1+10.06\%}\right)^t = \frac{2.343\ 75}{2.5}$$

$$0.937\ 943^t = 0.937\ 5$$

$$t\ln 0.937\ 943 = \ln 0.937\ 5$$

$$t = \frac{\ln 0.937\ 5}{\ln 0.937\ 943} = \frac{-0.064\ 54}{-0.064\ 42} \approx 1(年)$$

计算结果表明,在合并后的 1 年之内,甲公司原股东会蒙受每股收益的损失,但在一年之后,将会获得每股收益快速增长的利益。

(5) 求合并和不合并两种情况下,预期股票价值相等时的折现率:

根据公式有:

$$\sum_{t=1}^{n} \frac{2.5(1+3.23\%)^t}{(1+i)^t} = \sum_{t=1}^{n} \frac{2.343\ 8(1+10.06\%)^t}{(1+i)^t}$$

假定这种趋势将无限延长下去,那么有:

$$\frac{2.5}{i-3.23\%} = \frac{2.343\ 8}{i-10.06\%}$$

解之有:

$$i = 112.54\%$$

计算结果表明,当折现率在 112.54% 以下时,甲公司以 28 元/股的价格收购乙公司股票合并乙公司都是可取的。只有折现率高于 112.54% 时,甲公司以 28 元/股的价格收购乙公司股票合并乙公司才会出现亏损。

各公司股票的市盈率存在差异的原因是多种多样的,但其中有一个原因特别值得注意,即股票或股本的变现能力。非上市公司股本的变现能力差,股本的市盈率往往会大大低于上市公司,在这种情况下,上市公司合并非上市公司,合并公司和被合并公司双方均可获得较大的利益。

如果股票的市盈率不变,合并公司能在一个相当长的时间内收购许多股本市盈率相对低的公司,那么,合并公司股票的每股收益就可以得到稳步增长。但是,必须指出:这种每股收益的增长,并不是来自于经营上的增产节约,而是通过合并从其他被合并公司中获得的。只要公司股票市场价值出现这种虚涨,那么,股票持有人就可以通过公司合并中获得财富增长的利益。当然,合并公司如要长期保持从合并中获得的好处,就必须管好所合并的公司,尽量发挥协同经济效益,使股东财富能稳步增长。

四、合并的会计处理及其影响

企业合并的账务处理主要有联营法和购置法两种不同的处理方法。这两种不同方法会对合并后公司的账面利润、普通股票的每股收益产生不同的影响,因此,企业合并的会计处理方法也是合并中应该考虑的一个问题。

(一)不同会计处理方法对资产负债表的影响

联营法处理的基本要点,是将合并双方公司的资产负债表简单相加,从而形成一个统一的资产负债表。这种方法,是建立在合并公司向被合并公司的股东支付股票而不是现金基础之上的,即通过股票调换的公司合并可以采用联营法进行会计处理。但是,在进行会计报表合并时,不考虑合并双方的股票调换率的影响。

购置法处理的基本要点,是以实际支付的价格作为被合并公司的账面价值,然后在这个基础上再将合并各方的资产负债表合并成为一张新的资产负债表。由于合并公司实际支付的收购价格既可能等于被合并公司的原账面价值,又可能低于或高于被合并公司的原账面价值,因此,采用这种会计处理方法,合并会计报表的结果有可能与联营法的合并会计报表存在差异。

【例 20 - 16】 设有 A、B 两家公司,A 公司合并 B 公司。两公司合并前的会计资料见表 20 - 13。假定 A 公司支付给 B 公司股东的收购价格有下列三种情况:① 按低于账面价值的价格收购;② 按等于账面价值的价格收购;③ 按高于账面价值的价格收购。试用联营法和购置法分别核算收购后的会计处理结果。

解:根据不同会计处理的基本要点,其不同的处理结果可用资产负债表表述如表 20 - 13 所示。

表 20 - 13

合并时不同会计处理方法结果表

单位:万元

项　　目	合并前		合并后			
	A 公司	B 公司	联营法	购置法		
				情况 1	情况 2	情况 3
流动资产	5 000	1 000	6 000	5 800	6 000	6 300
固定资产	20 000	6 000	26 000	24 200	26 000	27 200
商誉	0	0	0	0	0	500
资产总额	25 000	7 000	32 000	30 000	32 000	34 000
负债	10 000	3 000	13 000	13 000	13 000	13 000
股东权益	15 000	4 000	19 000	17 000	19 000	21 000
负债及股东权益合计	25 000	7 000	32 000	30 000	32 000	34 000

从表 20 - 13 可以看出,当 B 公司的收购价格等于其账面价值时,用联营法和购置法所得结果是相同的。当收购价格低于账面价值时,采用购置法的总资产和净资产均低于采用联营法的总资产和净资产;而当收购价格高于账面价值时,采用购置法的总资产和净资产均

高于采用联营法的总资产和净资产,高于部分除了有形资产外,还存在无形资产(商誉)。

(二)不同会计处理方法对会计利润的影响

由于会计处理所形成的资产账面价值不一样,以后每期资产的摊销额也必然存在差异,这种差异会影响到以后各期的会计利润,并进一步影响到普通股票的每股收益。实际上,采用购置法,初期合并后公司拥有的资产往往都会增加,这样,就会在以后各期产生较高的折旧费、商誉摊销费,甚至因存货账面价值提高,而产生较高的销货成本。成本和费用的增加会导致会计利润的减少。

下面仅以购置成本高于账面价值的情况为例,来讨论购置法和联营法两种会计处理方法对会计利润和普通股票每股收益的不同影响。

【例 20 - 17】 以〖例 20 - 16〗中 A、B 两公司合并资料为基础,再加入若干假定资料(见表 20 - 14 合并前栏),试分析联营法与购置法(见〖例 20 - 16〗情况 3)的会计利润差异。

解:分析结果如表 20 - 14 合并后栏所示:

表 20 - 14

联营法和购置法对合并后公司会计利润的影响

单位:万元

项　　　目	合并前		合并后	
	A 公司	B 公司	联营法	购置法
营业收入	40 000	10 000	50 000	50 000
减:营业税金(10%)	4 000	1 000	5 000	5 000
营业成本	25 000	7 000	32 000	32 300①
营业利润	11 000	2 000	13 000	12 700
减:销售费用	2 000	500	2 500	2 500
管理费用	5 000	1 000	6 000	6 170②
财务费用	1 300	300	1 600	1 600
税前利润	2 700	200	2 900	2 430
减:所得税	810	60	870	729
税后利润	1 890	140	2 030	1 701
每股收益③	1.89	0.35	1.69	1.42

注:① 按购置法的营业成本比联营法高 300 万元是由于流动资产账面价值升高 300 万元,而流动资产在一年内摊销完毕。

② 按购置法的管理费用升高 170 万元,是由于固定资产账面价值升高引起折旧费增加 120 万元(1 200 万元×10%)和商誉摊销费用增加 50 万元(50 万元×10%)所致。

③ 合并前,A 公司发行在外的普通股票为 1 000 万股,B 公司为 400 万股。A 公司与 B 公司股票调换率为 0.5:1,因此,合并完成后,A 公司发行在外的普通股票股数为 1 200 万股。

从表 20 - 14 中可以看出,用联营法比用购置法的税前利润多了 470 万元(2 900 - 2 430),税后利润多了 329 万元(2 030 - 1 701),每股收益多了 0.27 元(1.69 - 1.42)。这种税前利润、税后利润和每股收益的增加究竟对股东是否有利,是选择会计处理方法时需要考虑的一个问题。

因会计方法的选择而导致的税前利润、税后利润和每股收益的增加究竟对股东是否有利的判断,应该与公司理财的基本目的联系起来讨论。如果公司理财的目标是利润最大化,那么,这种税前利润、税后利润和每股收益的增加对完成公司目标是有利的。

如果公司理财的目标是股东财富最大化,那么,这种税前利润、税后利润和每股收益的增加对股东财富最大化是不利的。因为,利润的增加意味着所得税的增加,在本例中,采用购置法比联营法的税后现金净流出量多141万元(470万元×30%),而在公司并未真正多产生利润的情况下,只因会计方法的选择不同而导致公司现金净流出量增加,或公司现金净流入量减少,这对公司的股东是不利的。

虽然,在实际工作中,合并的会计方法选择,并不完全由合并公司决定,它在很大程度上取决于合并的方式和有关规定。如联营法只适用于股票调换这种合并方式,而购置法从理论上讲,则适用于一切合并的形式。但是,了解公司合并的不同会计处理方式对实现公司理财目标的影响,可以使公司在进行企业合并时考虑的问题更加全面,更有效地促使股东财富最大化目标的实现。

第三节 控股公司的财务问题

当一家公司收购另一家公司足够的股权,取得控制权之后,并不把被收购的公司合并,而是让它保持独立的法人地位,这样,就形成了控股公司体系,其中控制方称为母公司,被控制方称为子公司。本节主要对控股公司的经营特征和财务特征、控股公司的优缺点等财务问题进行探讨。

一、控股公司形成和在经营方面的特点

(一)控股公司形成的特点

控股公司体系可以通过新设公司的方式成立,也可以通过收购其他公司股权的方式成立。下面仅讨论以控股为目的的公司收购与以公司合并为目的的公司收购之间的差别。

1. 收购的目的不同

控股公司收购另一些公司股权的目的不是为了合并被收购的公司,而只是希望获得被收购公司实际控制权,并从控制中获取利益。

2. 取得控股权所需的股份不同

取得一家公司的控制权所需要的股份数量与企业合并所要求的股份数量上一般存在着较大的差别。相应地需要收购的股份数量也不同,取得控制权不需要收购被控制公司的全部股份,一个公司只要购进某公司一定数量并达到实际控制权比例的股份,就可以成为该公司控股公司。而一家公司合并另一家公司则必须收购拟合并公司的全部股份。

3. 收购采取的方式不同

形成控制权的股权收购不一定必须采用要约收购方式,只要获取实际控制权的股份比例没有达到国家政策规定的发布要约收购的条件,就可以不发出收购要约,即不需要让所有被收购公司的股东在收购股份之前都知道收购的事件,也不需要与被收购公司的全体股东

讨论各种收购条款,收购事项可以在暗中进行;而合并收购一定是要约收购,收购也一定是在公开场合下进行的。

（二）控股公司在经营方面的特点

专门的控股公司与一般公司在经营方面有着明显的区别,其特点主要有:

（1）控股公司不直接从事具体的生产经营活动,比如生产产品或提供劳务,它只是间接地通过所控制的子公司从事具体的生产经营活动。具体地说,是通过自己控股的地位向被控制的子公司推荐和选举董事,以及通过自己控制的董事会选择总经理和其他经营班子,来贯彻其经营意图,获取投资收益。

（2）控股公司从事的经营业务主要是与股权投资相关的各种活动,具体包括:母公司发展战略的制定、公司的资金筹集、子公司股权收购与出让、子公司资产和负债的重组、子公司管理体制的设计、子公司的董事与经营班子的选择、子公司重大经营活动的决策、对子公司经营活动的监控、子公司盈利分配方案的制定、对被控子公司业绩的考核等。

二、控股公司的优点

控股公司的主要优点可以归纳如下:

（一）用较少的资本控制巨大的资产

控股公司的最显著的优点是它仅需要拥有另一些公司的部分股权就可以控制这些公司。用控股形式对其他公司进行控制,所花的投资要比合并少得多,但却可以获得与合并相同的许多好处。

虽然,从理论上讲,一个公司要能够控制另一个公司,需要掌握50％以上的普通股票;但是,从实际上看,由于上市公司的股份极为分散,因此,并不需要掌握这么大的比例的股权就能够取得公司的控制权。该比例视股东的分散情况不同而有所差异,可以降至20％、10％,甚至10％以下。

控股公司的结构可以扩大到包含若干层的公司,形成一种所谓金字塔式的结构。在这种结构下,由于每一层次的公司都有相当部分来自无表决权的股权资金和负债资金,从而为控股公司提供了巨大的财务杠杆,使控股公司能用较小的股东权益资金控制了基层的巨大资产。图20-3就是控股公司结构体系的一个简例。

图20-3显示,控股公司只要掌握25％A公司的普通股权,20％的B公司普通股权就能控制A、B两家公司。结果控股公司只用400万元的股本就控制了一级子公司的5 000万元的资产。如果控股公司的某大股东只拥有30％的普通股权,即120万元就能取得母公司的控制权话,那么,他实际就用这120万元的资本控制了价值5 700万元(控股公司的其他资产400万元+A公司总资产3 000万元+B公司总资产2 300万元)的资产。当然,如果还存在二级、三级等更多层次的子公司,那么,这120万元股本将会控制价值更大的资产,产生更大的财务杠杆作用,获取更大的财务杠杆利益。

（二）风险具有独立性

在控股公司体系中,母公司及其所拥有的各个子公司均是独立的法人主体,其权利和义务是独立的。子公司以其总资产对外承担有限责任,子公司的股东则以其投资额为限承担有限责任。因此,当控股公司体系中的某一被控子公司发生灾难性损失时,该损失只会涉及子公司本身的生存,而不会扩大到其他子公司或母公司。母公司的最大损失额只以其投资

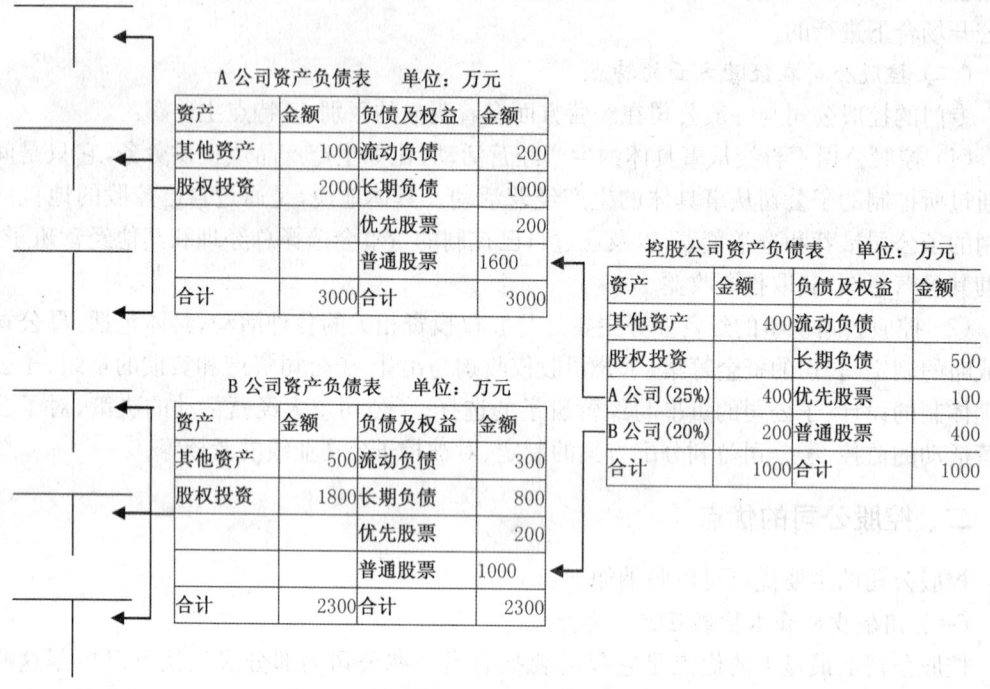

图 20-3　控股公司体系图

额为限,风险不会进一步放大。这也是控股公司与合并相比的一大优点。

　　比如,图 20-3 控股公司体系中的 B 子公司给其他公司进行债务担保,其担保金额高达 4 000 万元,当被担保公司不能按期偿还债务本息时,B 子公司就必须承担连带责任。但 B 子公司本身的总资产只有 2 300 万元,净资产只有 1 200 万元,有 2 800(对外担保的债务 4 000＋本公司的债务 1 100－本公司的总资产 2 300)万元债务没有相应的资产做担保,承担 债务担保责任的能力明显不足,在这时,B 子公司必然会面临破产的威胁。但对 B 子公司的 母公司而言,它承担的最大责任只有 200 万元,B 子公司不能偿还债务的金额不会转移到母 公司身上,母公司可以继续生存下去。

　　如果,控股公司不是持有 B 公司一定的股份,而是将 B 公司合并,取消了 B 公司的法人 资格,那么,B 公司的债务责任就会转移到控股公司,使控股公司破产。因为,控股公司的资 产只有 3 300 万元(B 公司总资产 2 300＋控股公司总资产 1 000),而各种债务则高达 5 600 万元(对外担保的债务 4 000＋ 公司的债务 1 100＋控股公司债务 500),总债务高出总资产 2 300 万元(5 600－3 300),资不抵债,控股公司破产属于必然。

　　(三) 以平静的状态和低成本实现控股

　　控股与合并相比,控股不是一种正式的安排,不需要取得被控公司全体股东的一致认 可,这就为控股公司在相对平静的状态下形成提供了条件。控股公司可以通过分期分批和 隐蔽地购入被控公司的股权,减少收购股权对资本市场的影响,使控股公司有可能用较低的 价格收购其他公司的股权,以低成本完成对其他公司控制。这是控股公司与合并相比的又 一个显著优点。

　　控股与合并不一样,控股关系的形成与解除均由控股公司自己做主,不存在法律上的限制,给予控股公司充分考核被控子公司的时间,在经营管理实验期中,如果发现控制某子公司无利可图,那么,则可以逐渐地将收购的股份出售,结束控股关系。这就给予了控股公司相当大的机动权,不至于像合并那样,一旦失误就抱憾终身。这也是控股与合并相比的又一个优点。

三、控股公司的缺点

控股公司的主要缺点也可以简单地归纳如下。

(一)多重课税

控股公司的一个最大缺点是可能产生多重课税。控制的子公司层次越多,应交纳的所得税就越多。多重课税正好在某种程度上抵消了控股公司以有限投资控制更多资产所获得的财务杠杆利益。对于纳税损失要在何种情况下才能全部抵消财务杠杆利益,需要具体问题具体分析。

【例 20 - 18】　假定图 20 - 3 控股公司体系中的控股公司、A 公司和 B 公司的资产息税前率均为 10%,优先股票股利率为 8%,长期负债税前成本率为 5%,流动负债税前成本率为 2%,所得税率为 30%。试分析在存在双重征税和不存在双重征税两种条件下,控股公司将其资产用于自己产生经营优还是举办控股公司优。

解:

(1) 存在双重征税条件下的分析过程如下:

① 计算控股公司将所有资产直接用于生产经营的税后利润:

$$税后利润＝(1\,000×10\%-500×5\%)×(1-30\%)＝52.5(万元)$$
$$归普通股所拥有的税后利润＝52.5-100×8\%＝44.5(万元)$$

② 计算举办控股公司的税后利润:

从 A 子公司分得的利润
$$＝\{[3\,000×10\%-(200×2\%+1\,000×5\%)]×(1-30\%)-200×8\%\}×25\%$$
$$＝39.05(万元)$$

从 B 子公司分得的利润
$$＝\{[2\,300×10\%-(300×2\%+800×5\%)×](1-30\%)-200×8\%\}×20\%$$
$$＝22.56(万元)$$

控股公司自己创造的利润
$$＝(400×10\%-500×5\%)(1-30\%)＝10.5(万元)$$
$$税后利润＝(39.05+22.56)×(1-30\%)+10.5＝53.627(万元)$$
$$归普通股所拥有的税后利润＝53.627-100×8\%＝45.627(万元)$$

由于 45.627(万元)＞44.5(万元);所以举办控股公司为优。

根据以上计算结果,可以看出,虽然举办控股公司的税后利润要大于不举办控股公司的税后利润,但是由于多重课税的原因,实际税后利润比不举办控股公司仅高出 1.127(45.627-44.5)万元。这 1.127 万元是扩大风险的结果。

(2) 不存在双重征税条件下的分析过程如下:

$$税后利润＝39.05+22.56+10.5＝72.11(万元)$$

归普通股所拥有的税后利润＝72.11−100×8％＝64.11(万元)

由于 64.11 万元＞44.5 万元；所以举办控股公司为优。

从上述分析,可以看出,如果从子公司分得的投资收益可以免税,那么,举办控股公司所获得的税后利润就要比不举办控股公司高得多。其差异如下:

两种条件下的归普通股所拥有的税后利润差异＝64.11−44.5＝19.61(万元)

对于控股公司从子公司税后利润分得的投资收益是否纳税,以及纳税的比例,在不同国家和地区的规定并不一样,因此,在做分析时应结合具体的税务政策进行具体分析。《中华人民共和国企业所得税暂行条例实施细则》第五章税额扣除第四十二条明文指出:"纳税人从其他企业分回的已经缴纳所得税的利润,其已缴纳的税额可以在计算本企业所得税时予以调整"。因此,就我国目前的税务政策来看,从子公司税后利润分得的投资收益是可以免税的。这说明,在我国举办控股公司可以避免多重课税,是有利可图的。

(二)财务风险大

控股公司的另一大缺点是财务风险过大。过高的财务杠杆会大大地扩大管理中的任何失误,使亏损扩大化。财务杠杆利益总是与财务风险损失并存的,这是公司理财中的一个基本概念。下面以简例说明该问题。

【例 20-19】 设有一家控股公司体系如图 20-4 所示。

A 公司资产负债表　　　　单位：万元

长期投资		负债（8%）	50
B 公司 50%的股权	100	优先股（12%）	20
		普通股	30
合计	100	合计	100

B 公司资产负债表　　　　单位：万元

长期投资		负债（7%）	300
C 公司 50%的股权	600	优先股（11%）	100
		普通股	200
合计	600	合计	600

C 公司资产负债表　　　　单位：万元

流动资产	2 000	负债（5%）	2 000
固定资产	2 000	优先股（10%）	800
		普通股	1 200
合计	4 000	合计	4 000

图 20-4　控股公司体系

假定 C 公司的所得税税率为 30％,A、B 两家公司则按分得利润抵减利息之后余额的 10％缴纳所得税。试分析在 C 公司总资产息税前收益率为 12％和 8％两种条件下的损益情况。

解:分别按 C 公司总资产息税前收益率为 12％和 8％的两种条件列表计算各公司的损益。

(1) C 公司总资产息税前收益率为 12％时各公司的损益(见表 20-15)。

表 20-15

各公司损益表

单位:万元

	C公司	B公司	A公司
息税前收益	480	93	26.9
减:负债利息	100	21	4
税前利润	380	72	22.9
减:所得税	114	7.2	2.29
税后利润	266	64.8	20.61
减:优先股股利	80	11	2.4
归普通股拥有的税后利润	186	53.8	18.21
控股公司分得的股利	93	26.9	—

(2) C公司总资产息税前收益率为 8% 时各公司的损益(见表 20-16)。

表 20-16

各公司损益表

单位:万元

	C公司	B公司	A公司
息税前收益	320	37	1.7
减:负债利息	100	21	4
税前利润	220	16	-2.3
减:所得税	66	1.6	—
税后利润	154	14.4	—
减:优先股股利	80	11	—
归普通股拥有的税后利润	74	3.4	—
控股公司分得的股利	37	1.7	—

从以上结果可以看出:当 C 公司总资产息税前收益率为 12% 时,控股公司 A 的普通股票权益收益率高达 60.7%(18.21÷30);但是当 C 公司总资产息税前收益率下降为 8% 时,控股公司 A 所获得的股利收入尚不能满足支付利息的需要,风险被显著放大。如果 A 公司的债权人强令 A 公司及时付清拖欠的利息,甚至要求偿还本金,那么,A 公司将面临破产的境地。从该例可见,金字塔式的控股公司提供的强大财务杠杆,虽然可能为控股公司的股东带来丰厚的收益,但是,也可能给股东造成巨额亏损,甚至导致这个金字塔式的大厦顷刻之间土崩瓦解。

四、公司购并策略

从前述有关公司购并的内容中可以看出,公司购并是一项极为复杂的活动,购并得当,企业将得到迅速的发展,使股东财富获得超常规的增加;反之,购并不当,则可能将企业推入困境之中,使股东蒙受极大的损失。从实际统计资料来看,购并成功者不到购并总数的50%。因此,对于企业购并,公司必须小心,应该采取一系列行之有效的策略,将可能发生的购并失误降至最低。本节将在前面各章讨论的基础上,重点探讨公司购并的财务策略。

（一）购并目标企业选择策略

购并目标企业是指公司计划收购的企业,选择目标企业是公司的一项重大战略。目标企业的选择,首先涉及公司是实施专业化经营战略还是多元化经营战略,在战略目标制定之后,就涉及目标企业的选择策略了。选择目标企业的基本策略如下。

1. 重视目标企业的潜在价值

目标企业潜在价值大小是购并是否能获得成功的关键性因素之一。目标企业潜在价值的大小主要受其竞争实力、管理水平、应变能力等因素所影响。竞争实力可以从目标企业在所处行业中的地位、行业竞争激烈程度以及企业竞争实力的变化趋势等指标中看出;管理水平可以从目标企业制定的战略思想、计划,以及其执行情况、公司业绩等方面来判断;应变能力则可以通过对行业未来技术发展和市场竞争状况变化趋势的预测结合目标企业的技术和管理实力来加以推断。除了定性了解目标企业的潜在价值之外,还要重视对目标企业潜在价值的定量估价。

2. 重视目标企业与收购企业之间的相容性

被收购企业如能在诸如技术力量、生产、供应、销售、管理资源、财务资源、投资环境等方面相容,那么就容易取得"1+1>2"的效果。目标企业与收购企业的相容与否,并不完全取决于两企业是否处于同一行业,而主要取决于各种资源的相容性。具有与收购企业相容性的企业可以作为目标企业。

3. 重视目标企业的规模

在选择目标企业时,要注意目标企业规模与收购企业的现有能力及其发展规模相适应的问题。一般来说,目标企业规模过大,一是购并成本高,二是购并后无法消化,购并成功的概率低;相反,目标企业规模过小,则无法满足收购企业发展的需要。因此,收购企业在选择目标企业时,应有明确的规模要求。

（二）收购时机和方式的选择策略

收购企业在确定目标企业之后,就需要寻找最有利的时机和方式实施收购。下面分别对这两个问题进行讨论。

1. 收购时机的选择

最佳收购时机的确定取决于收购成本和购并战略目的这样两个因素。在现实中,任何产品和企业都存在一定的生命周期,一般来说,在企业初创期和衰退期,企业风险水平高,盈利能力低,企业价值小;而在成长期和成熟期,企业风险水平低,盈利能力高,企业价值大。企业价值与收购成本成正比,企业价值高收购成本也高,企业价值小收购成本低。

2. 收购方式的选择

企业收购能否成功与收购方式密切相关。收购方式按收购双方的态度划分,可以分为善意收购和敌意收购。善意收购是指目标公司管理层同意或支持的收购,敌意收购则是受到目标公司管理层反对的收购。善意收购风险小,成本低。相反,敌意收购的成本高,风险大。如果有可能,收购公司应尽可能选择善意收购方式收购目标公司。

(三) 合并或控股选择的策略

在企业收购之前，收购方应该明确收购完成之后，是要将目标公司解散并入收购方，还是仅对目标公司进行控制。若收购的目的是要实施合并，那么，就必须购买目标公司大部分乃至全部股份；若收购的目的仅是为了控制目标公司，那么，则可以大大减少购买股份的数量，并根据计算的控制所需要的最低股份数购买目标公司的股份。选择合并还是控股除了要详细分析两者的优缺点之外，重要的是要定量反映出合并或控股特定目标公司的利益差异，并以此作为选择的主要依据。

(四) 选择支付方式的策略

企业收购可以采用现金支付、债券支付和股票支付等多种支付方式。究竟选择何种支付方式为优，需要结合合并双方的成本来考虑。不同支付方式造成的合并双方的成本差异主要是由税收负担原因引起的。不同支付方式存在着不同的税收负担，使收购方可以通过对支付方式的选择来降低收购成本。

(五) 选择承担债务或不承担债务的策略

如前关于合并分类中所述，承担债务责任合并，本质上收购的是被合并企业的净资产；而不承担债务责任的合并，本质上收购的是被合并企业的总资产。不言而喻，在收购当时，前一种收购方式的收购成本要大大低于后一种收购方式的收购成本；在收购完成之后，前一种收购方式的风险则要大大高于后一种收购方式的风险。可以说，后一种收购方式实质上是用高成本回避了高风险。对于用高成本回避高风险，是否有利可图，除了需要考虑被收购企业的风险之外，还需要进一步考虑合并公司本身固有的风险。

一般而言，在合并公司财务风险小、筹资容易、资金充裕的条件下，采用不承担债务责任的收购方式较优。但是，当合并公司筹资困难，资金又不充足时，通过承担债务责任式的购并，则可以迅速解决资金来源不足的问题，实现低成本扩张。企业在选用承担债务责任式合并时，一定要全面、认真估计被合并企业的净资产价值，确保收购风险最低。

习　题

一、复习思考题

1. 什么是企业收购？可以分为哪几类？

2. 什么是企业合并？从法律意义上看应该如何分类？

3. 企业合并与企业收购有什么区别和联系？

4. 为什么要重视对企业合并动机的分析？

5. 企业收购与合并的基本程序是什么？

6. 如何认识被合并企业对合并双方而言的价值特征？有何意义？

7. 分析被合并企业价值应该关注的主要因素是什么？

8. 合并方应该怎样制定讨价还价策略？

9. 非上市公司收购价格制定应该考虑的主要因素有哪些？

10. 上市公司收购价格制定有哪些特殊性？

11. 股票调换方式的企业合并，其合并双方的盈亏应该如何确定？

12. 在合并中合并双方是如何瓜分收益和净资产的?

13. 合并选择不同会计处理方法的财务影响有哪些。

14. 股权收购有哪些优缺点?

15. 控股公司的主要优点有哪些?

二、计算题

1. 假定 A 公司准备收购 B 公司,B 公司的所得税率为 30%,被收购之前 B 公司的财务状况如表习题 20-1 所示,B 公司单个公司经营状况预测如表习题 20-2 所示,A 公司合并B 公司前后的经营状况预测如表习题 20-3 所示。

表习题 20-1

B公司资产负债表

单位:万元

资　产	金　额	负债及所有者权益	金　额
流动资产	6 000	流动负债(利率3%)	4 000
固定资产	6 000	长期债券(利率8%)	4 000
无形资产	—	所有者权益	4 000
资产合计	12 000	负债及所有者权益合计	12 000

表习题 20-2

预计 B 公司未来年度损益

单位:万元

项　目	金　额
销售额	10 000
经营成本(含财务费用)	7 000
折旧费	1 000
税前利润	2 000
所得税(30%)	600
税后利润	1 400

表习题 20-3

预计 A 公司合并 B 公司前后的年度损益

单位:万元

项　目	合并B公司前	合并B公司后
销售额	25 000	40 000
经营成本(含财务费用)	15 000	25 000
折旧费	2 000	3 000

（续表）

项　　目	合并B公司前	合并B公司后
税前利润	8 000	12 000
所得税(30%)	2 400	3 600
税后利润	5 600	8 400

要求计算下列现金净流入量：

（1）不考虑协同经济效益影响和考虑财务结构影响的现金净流入量。

（2）不考虑协同经济效益影响和财务结构影响的现金净流入量。

（3）考虑协同经济效益影响和财务结构影响的现金净流入量。

（4）考虑协同经济效益影响但不考虑财务结构影响的现金净流入量。

2. 假定"习题1"中B公司各种现金净流入量在未来各年均保持不变。设A公司全部加权平均资金成本为8%，净资产资金成本为12%；B公司全部加权平均资金成本为11%，净资产资金成本为15%；社会与B公司总资产风险相同的收益率为10%，与B公司净资产风险相同的收益率13%。试根据"现金净流入量／折现率"的公式计算B公司如下的各种企业价值，并回答问题。

（1）站在A公司立场上，不考虑协同经济效应的B公司的价值：①B公司总资产的价值；②B公司净资产的价值。

（2）站在A公司立场上，考虑协同经济效应的B公司的价值：①B公司总资产的价值；②B公司净资产的价值。

（3）站在B公司股东立场上的B公司的价值：①B公司总资产的价值；②B公司净资产的价值。

（4）以社会标准看B公司的价值：①B公司总资产的价值；②B公司净资产的价值。

（5）试分析A公司收购B公司的行动是否容易成功？说明理由。

3. 甲公司打算合并乙公司，通过测算，乙公司未来各年的现金流量情况如表习题20－4所示。

表习题20－4

乙公司现金流量预测表

单位：万元

年份 项目	2002	2003	2004	2005	2006	2007	2008	2009	2010	···	2030
税后收益和税后利息	1 000	1 000	1 000	800	800	1 200	1 200	1 200	1 500	1 500	1 500
税后利息	100	100	100	150	200	200	150	100	100	100	100
税后收益											
固定资产折旧	100	100	100	150	150	150	150	150	200	200	200
追加投资净额	—	—	—	300	300	100	—	—	—	—	—
总资产现金净流入量											
净资产现金净流入量											

又知:甲公司现有的全部资金加权平均成本为7%,股本成本为10%;乙公司现有的全部资金加权平均成本为10%,股本成本为15%。要求根据上述资料回答下列问题:

(1) 站在甲公司立场上,分别估计乙公司总资产的价值和净资产的价值。

(2) 站在乙公司立场上,分别估计乙公司总资产的价值和净资产的价值。

(3) 分析甲、乙两家公司在制定买卖价格的讨价还价空间。

4. 假定甲公司和乙公司均为上市的股份有限公司,甲公司根据自己的股权成本估计的乙公司的净资产价值为8 000万元,收购之前,甲、乙两家公司的有关财务资料如表习题20-5所示。

表习题20-5

主要财务资料表

	甲公司	乙公司
税后收益(元)	60 000 000	15 000 000
发行在外的股票数量(股)	30 000 000	10 000 000
净资产总额	390 000 000	150 000 000
每股净资产	13	15
每股收益(元)	2.0	1.5
每股市价(元)	50	18
市盈率(倍)	25	12

要求回答下列问题:

(1) 计算甲公司不赢不亏的甲、乙两公司最高的股票调换率。

(2) 计算甲、乙两公司按各自股票市场价格的1:1、1:1.4、1:1.6、1:1.8、1:2;调换,甲、乙两公司在每股收益、每股市价、每股净资产等方面的盈亏状况。

5. 试通过分析计算说明,在计算题4中,甲、乙两公司股东不同股票调换方案条件下对公司市场价值增加额的瓜分情况。

6. 试通过分析计算说明,在计算题4中,甲、乙两公司股东不同股票调换方案条件下对公司收益、净资产的瓜分情况。

7. 假定计算题4甲、乙两公司合并为一个公司后,由于协同经济效益的作用,合并后公司的收益增长率会高于合并前公司的收益增长率。在合并条件下,第5年的预期总收益为10 000万元,在不合并的条件下,甲公司第5年的预期总收益为7 000万元。现在甲公司拟按照自己股票的现行市场价格50元/股与溢价为40元/股的乙公司股票相交换。试回答下列问题:

(1) 计算合并当时合并双方的盈亏状况。

(2) 计算合并与不合并公司每股收益的增长率。

(3) 计算在合并后甲公司原股东在每股收益方面的亏损时间有多长?

(4) 如果甲公司要求的最低折现率为目前的净资产收益率,问该溢价换股对甲公司股东是否可取?

8. 设有A、B两家公司,A公司合并B公司。两公司合并前后的会计资料见表习题20-

6和表习题20－7。

表习题20－6

合并前后的资产负债表

单位:万元

项 目	合并前		合并后		
	A公司	B公司	联营法	购置法	
				折价收购	溢价收购
流动资产	5 000	1 000	6 000	5 000	6 500
固定资产	20 000	6 000	26 000	25 000	27 000
商誉	0	0	0	0	1 500
资产总额	25 000	7 000	32 000	30 000	35 000
负债	10 000	3 000	13 000	13 000	13 000
股东权益(1000万股)	15 000	4 000	19 000	17 000	22 000
负债及股东权益合计	25 000	7 000	32 000	30 000	35 000

表习题20－7

合并前的损益表

单位:万元

项 目	A公司	B公司
营业收入	45 000	15 000
减:营业成本	30 000	10 000
营业利润	15 000	5 000
减:营业费用	3 000	1 000
销售费用	5 000	2 000
财务费用	1 000	500
税前利润	6 000	1 500
减:所得税(40%)	2 400	600
税后利润	3 600	900
每股收益	3.60	0.90

假定:①流动资产增值额在当年摊销;②固定资产增值额10年摊销;③无形资产按10年摊销。

要求:

(1)试用联营法和购置法分别编制收购后的合并损益习题表。

(2)分析不同会计处理方法的影响。

9.某控股公司体系如图习题20－1所示。

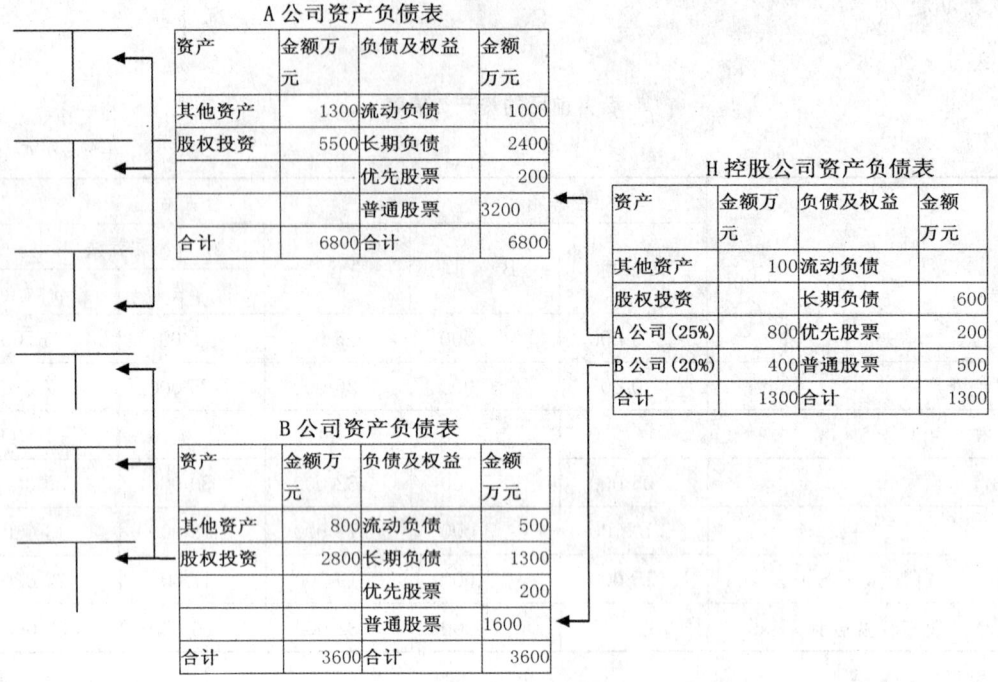

A公司资产负债表

资产	金额万元	负债及权益	金额万元
其他资产	1300	流动负债	1000
股权投资	5500	长期负债	2400
		优先股票	200
		普通股票	3200
合计	6800	合计	6800

H控股公司资产负债表

资产	金额万元	负债及权益	金额万元
其他资产	100	流动负债	
股权投资		长期负债	600
A公司(25%)	800	优先股票	200
B公司(20%)	400	普通股票	500
合计	1300	合计	1300

B公司资产负债表

资产	金额万元	负债及权益	金额万元
其他资产	800	流动负债	500
股权投资	2800	长期负债	1300
		优先股票	200
		普通股票	1600
合计	3600	合计	3600

图习题 20-1　某控股公司体系

假定 A、B 两家公司股权分散,均受 H 公司控制,请回答下列问题:

(1) H 控股公司实际控制的资产最少为多少?

(2) 如果甲股东持有 H 公司 40% 的股份,且完成控制了 H 公司,试问甲股东实际控制的资产最少放大了多少倍?

(3) 在 H 控股公司体系中的控股公司、A 公司和 B 公司的资产息税前收益率均为 12%,优先股票成本率为 8%,长期负债税前成本率为 6%。流动负债税前成本率为 2%,所得税率为 25%。试分析:存在双重征税和不存在双重征税两种条件下,控股公司将其资产用于自己产生经营优还是举办控股公司优。

10. 设有一家控股公司体系如图习题 20-2 所示。

假定 C 公司的所得税率为 30%,A、B 两家公司则按分得利润抵减利息之后余额的 15% 缴纳所得税。要求:

(1) 试计算在 C 公司总资产息税前收益率为 12% 和 8% 两种条件下的损益情况。

(2) 根据计算结果分析控股公司的利弊。

11. 设目标企业 B 公司资产市场价值为 6 000 万元,账面负债为 4 000 万元,账面净资产为 2 000 万元。现收购企业 A 公司拟全资收购 B 公司,经双方协商,产生的承担债务和不承担债务的两种收购方案如下:

方案 1:承担债务责任的收购,收购价格为 B 公司净资产账面价值的 70%。

方案 2:不承担债务责任的收购,收购价格为 B 公司在资产市场价格的基础上溢价 10%。

假定或有负债存在着两种情况:一是或有负债为 1 000 万元;二是或有负债为 2 000 万元。假定不考虑 A 公司的筹资能力,只以收购的实际成本为标准,问在不同情况下,哪一方

A公司资产负债表		单位：万元	
长期投资		负债（6%）	500
B公司50%的股权	1000	优先股（10%）	200
		普通股	300
合计	1000	合计	1000

B公司资产负债表		单位：万元	
长期投资		负债（7%）	3000
C公司50%的股权	6000	优先股（11%）	1000
		普通股	2000
合计	6000	合计	6000

C公司资产负债习题表		单位：万元	
流动资产	15 000	负债（5%）	20 000
固定资产	25 000	优先股（10%）	8 000
		普通股	12 000
合计	40 000	合计	40 000

图习题 20-2　某控股公司体系

案对 A 公司而言最优？

第二十一章 企业分立与出售的财务问题

【本章提要】 企业合并的对立面是企业分立,企业收购对立面是企业出售,企业分立和出售必然从外延上缩小公司的经营规模。企业分立和出售也是一项极为复杂的资本经营活动。在本章,将对企业分立和出售的含义、企业分立和出售的分类、持股分立与股权分立、企业分立的动机、企业分立和出售对公司价值的影响、企业分立与出售的财务策略等方面问题进行探讨。

【学习目标】 通过本章学习,要求掌握和了解如下内容:(1) 掌握企业分立的含义与分类。(2) 掌握持股分立与股权分立的区别。(3) 了解企业分立的动机。(4) 掌握企业分立对公司价值的影响。(5) 掌握企业出售的含义与分类。(6) 了解企业出售的基本动因。(7) 掌握企业出售对公司价值的影响。(8) 掌握企业出售的估价方法。(9) 了解企业分立与出售的基本策略。

第一节 企业分立的财务问题

企业分立往往是企业出售的前提条件,但是企业分立之后,也可以不将分立后的企业出售,而是作为一个子公司继续留在集团公司内部。公司若能灵活地运用企业分立与出售的方法,那么就可以给予公司高度的机动性,使公司充分适应外部环境的变化。

一、企业分立

(一) 企业分立的含义

企业分立是现代公司开展资产重组、调整公司组织结构、降低投资风险、提高公司盈利能力的重要经营战略之一。在这里只讨论企业分立的法律意义。

企业分立(corporate spin-off),是指一家公司不经过清算程序,分设为两家或者两家以上公司的法律行为。在我国规定,分立后各企业的注册资本额之和应等于分立前企业的注册资本额。

企业分立产生以下法律效果:①被分立公司的资产和负债,移转于新设公司,这种移转不仅在被分立公司与新设公司之间生效,而且对第三者也生效;②被分立公司的股东按照企业分立决议确定的内容变成一家或者多家存续公司或者新设公司的股东;③视企业分立的具体形式,原公司终止其存在或者存续;④分立后的新设公司之间、新设公司与存续公司之间互相独立,均为独立法人。

（二）企业分立与企业分家的联系和区别

在现实中,企业分立有时会采用企业分家的形式,下面简要地对企业分立与企业分家的联系和区别进行讨论。

1. 企业分立与企业分家的联系

无论是企业分立还是企业分家,都是将一家公司分解为两家或两家以上的公司,各个新成立的公司都要继承原公司资产、负债和所有者权益。新成立的公司均需要重新在公司登记机关进行登记。在企业分立或企业分家时,分立或分家各方均需要签订分立或分家合同,并在公司股东大会作出企业分立或分家决议后签订。合同内容都应当对原公司资产的分割、分立或分家后各个新公司对原公司债权债务的继承、公司营业范围的划分及其他相关问题作出明确约定。

2. 企业分立与企业分家的区别

企业分立与企业分家最大的区别是两种形式成立的新公司的股东基础不同。在企业分立条件下成立的新公司,其股东基础与未分立前公司的股东基础完全一致,所不同的是原公司的股东在分立之后,成为了多家公司的股东,但是,原股东在各个新公司中所占股权的比例则不发生任何变化。比如,原由 A、B 两个股东各占 50% 的甲公司,分立成为乙、丙两家新公司之后,甲公司原来的 A、B 两个股东变成了乙、丙两家新公司的股东,并各占乙、丙两家新公司股份比例的 50%。无论甲公司如何分,原甲公司的股东在权益方面均不存在损益的问题。

在企业分家条件下成立的新公司,其股东基础则发生了变化。一般来讲,企业分家后,原公司的某一些股东成为了某一家新公司的股东,而另外一些股东则成为了另一家新公司的股东。比如,上例中的甲公司采用分家形式成立了乙、丙两家新公司,其中乙公司为 A 股东的全资公司,丙公司为 B 股东的全资公司,这样乙、丙两家公司的股东就完全不一样了。公司分家由于会使公司的股东基础发生变化,因此,企业分家财产的处理会涉及原公司不同股东的切身经济利益。企业分家的财产处理比企业分立要复杂得多,往往会涉及原公司资产价值的重新评估。

二、企业分立的分类

企业分立可以按照多种标准进行分类,下面简介这些分类。

（一）按照与原公司的关系分类

按照分立出来的公司与原公司的关系分类,企业分立有派生分立和新设分立两种形式。

1. 派生分立

派生分立,又称存续分立,是指公司以其部分资产另外成立一家或数家新公司,但是原公司存续的分立。采取这种形式的分立,存续的企业需办理变更登记,因分立而新设的企业办理设立登记。

派生分立实质上是对吸收合并的逆向操作。在实践中,总公司为了实现资产扩张,降低投资风险,往往把其分公司改组成具有法人资格的全资子公司。此时总公司亦转化为母公司。母公司仅以其投资额为限对新设子公司债务负有限责任。公司也可以划出部分资产作为投资,与其他股东共同发起设立新公司。以其发生原因为准,企业分立可分为自愿分立与非自愿分立。自愿分立基于公司董事会与股东大会的主观意志而进行;而非自愿分立则基于国家公权力的干预而进行。

2. 新设分立

新设分立。又称解散分立,是指公司全部资产分别划归两家或两家以上新设立的公司,而原有公司解散的分立。采用这种分立形式的分立,原企业解散办理注销登记,新设立的两家或两家以上的企业办理设立登记。

新设分立实质上是对新设合并的逆向操作。当公司股东或者管理层围绕公司的投资和经营决策产生重大分歧、或者公司业务过于繁杂致使股东很难对公司各项业务的投资价值作出判断时,公司股东或者管理层往往倾向于公司分立。

（二）按照分立股份的多少分类

按照企业分立股份的多少,企业分立可以分为狭义的企业分立和广义的企业分立。

1. 狭义的企业分立

狭义的企业分立,即纯粹的企业分立(pure spin-offs),指母公司将其在子公司中持有的100%的股份全部作为股利分配给母公司的现有股东。拆分后,将会出现两个相互独立的公司。但这两家公司的股东基础完全相同。

2. 广义的企业分立

广义的企业分立,除了上述狭义分立的内容之外,还包括部分拆分(partial spin-offs, carve-outs),即母公司向社会公众出售其在子公司中持有的部分股份,同时母公司仍然保留对子公司的部分股份。

三、股权分立与持股分立的财务影响

企业分立无论是采取派生分立还是新设分立,均可以按分立出的新公司与原公司的关系划分为股权分立和持股分立两类。在这里,重点讨论股权分立与持股分立的财务影响。

（一）股权分立

1. 股权分立的含义

股权分立是指分立后新成立的公司完全脱离了原公司的分立。这种分立,既适应于派生分立,也适应于新设分立。如果是派生分立,那么其的结果是,原公司的股东除了拥有原公司的股票之外,还拥有新公司的股票。公司原股东往往将获得的新公司的股票视为一种股利。但是,公司原股东所获得的新公司股票是不需要上税的。如果是新设分立,那么,由于原公司不再存在,所以应将原公司的股票调换为几家新公司的股票。无论是派生分立还是新设分立,原公司的股东都将成为两家或两家以上公司的股东。所不同的只是,在派生分立条件下,原公司的股东还持有原公司的股票,而在新设分立的条件下,原公司的股东持有的原公司股票因原公司的消失而消失。前述的狭义分立就是股权分立。

2. 股权分立的财务影响

股权分立,是一种公司内部的股权处理,不存在对外的交易,资产也可以不重新估价。在资产不重新估价时,企业分立也不存在税收的问题。但是分立合同中对债务分割的协议应得到债权人的认可。股权分立后的各个公司之间的经营好坏完全不存在任何关系,不存在诸如合并会计报表之类的事情。新公司经营的好坏只对其股东负责,而不向原公司负责。下面以简例说明这种分立的财务影响。

【例 21-1】　假定甲公司采用新设分立的形式分立为 A、B 两家公司。分立合同中的债权债务处理已经得到债权和债务人的同意,公司分立完全按账面价值分立。分立合同规定,A 公司占有原甲公司各种资产、负债和所有者权益的 60%;B 公司占有原甲公司各种资产、负债和所有者权益的 40%。原甲公司的股东按所持有的甲公司股票一股交换 A 公司股票和 B 公司股票各一股的比例进行换股。甲公司分立前的资产负债表如表 21-1 所示。

表 21-1

甲公司资产负债表

单位:万元

资产	金额	负债及股东权益	金额
现金	800	流动负债	2 000
应收账款	2 000	长期负债	2 000
存货	3 000	优先股票(100 万股)	1 000
固定资产净值	4 000	普通股票(1 000 万股)	4 000
无形资产	200	留存收益	1 000
合　计	10 000	合　计	10 000

　　试编制分立后 A、B 两家公司的资产负债表。

　　解:

　　按照分立合同编制的 A、B 两家公司的资产负债表分别如表 21-2 和表 21-3 所示。

表 21-2

A 公司资产负债表

单位:万元

资产	金额	负债及股东权益	金额
现金	480	流动负债	1 200
应收账款	1 200	长期负债	1 200
存货	1 800	优先股票(100 万股)	600
固定资产净值	2 400	普通股票(1 000 万股)	2 400
无形资产	120	留存收益	600
合　计	6 000	合　计	6 000

表 21-3

B 公司资产负债表

单位:万元

资产	金额	负债及股东权益	金额
现金	320	流动负债	800
应收账款	800	长期负债	800
存货	1 200	优先股票(100 万股)	400

（续表）

资产	金额	负债及股东权益	金额
固定资产净值	1 600	普通股票（1 000 万股）	1 600
无形资产	80	留存收益	400
合　　计	4 000	合　　计	4 000

从上例中可以看出，A、B 两家公司各项资产、负债和股东权益的合计数完全等于甲公司各项资产、负债和股东权益的原有金额。如果上例的分立是派生分立，那么，所不同的是甲公司的名称不会改变，也就是说将表 21－2 中的 A 公司改变为甲公司即可。

3. 股权分立的财务利益

从上述例题可以看出，公司采用股权分立形式成立的各个新公司之间不存在任何财务关系，那么，这种分立会给公司带来什么好处吗？对该问题应该站在公司股东的立场上来回答。完全从股东的立场上看，公司多元化经营对其财富最大化的帮助并不大，因为股东不需要借助公司在不同行业进行经营这一手段来分散其投资风险。希望借助多元化经营来分散风险的是经营者而不是所有者。当一家公司经营业务过于分散、复杂，必然使股东难以对公司在不同行业中的各项业务的投资价值作出正确判断，这时，股东与管理层就容易发生矛盾冲突，进而使公司陷于经营困境。在这时，如果能将这家多元化经营的公司通过分立，变为数家专业化经营的公司，那么，就可以减少股东与管理层在公司投资和经营决策方面的分歧，提高决策效率，减少经营失误，从而给股东带来好处。

（二）持股分立

1. 持股分立的含义

持股分立，是指分立后新成立公司的股权由原公司持有的分立。这种形式的分立，新公司虽然取得了法人资格，但是，新分立出来的公司的股权不直接分配给原公司的股东，其股权仍由原公司持有，即原公司的股东除了拥有原公司的股票之外，不能拥有新公司的股票。这种分立只适用于派生形式的分立。持股分立的结果是一家独立生产经营的公司变成了具有母子公司关系的控股公司体系。

2. 持股分立的财务影响

持股分立也是一种公司内部的股权处理，不存在对外的交易，资产也可以不重新估价。在资产不重新估价时，公司分立也不存在税收的问题。分立合同中对债务分割的协议虽然也应得到债权人的认可，但是由于债务承担者并未发生根本变化，因此对债权人的影响不如股权分立的影响大。由于分立后形成的控股关系需要编制合并会计报表，因此，持股分立后的控股公司与各个被控股公司之间的经营好坏仍然存在着密切的关系。新公司经营的状况会直接对控股公司产生影响。

【例 21－2】 假定〖例 21－1〗中甲公司采用持股分立的形式分立出乙公司。分立合同中的债权债务处理已经得到债权和债务人的同意，公司分立完全按账面价值分立。分立合同规定，甲公司将用其各种资产的 40% 成立一家乙公司，负债全部由甲公司负责，乙公司注册资本为 1 000 万股，股票面值为 4 元/股，股权 100% 由甲公司拥有。甲公司分立前的资产负债表仍如表 21－1 所示。试编制分立后甲、乙两家公司的资产负债表和合并资产负债表。

解：

（1）按照分立合同编制的甲、乙两家公司的资产负债表分别如表21-4和表21-5所示。

表21-4

甲公司资产负债表

单位：万元

资产	金额	负债及股东权益	金额
现金	480	流动负债	2 000
应收账款	1 200	长期负债	2 000
存货	1 800	优先股票	1 000
长期投资（乙公司100%）	4 000	普通股票（1 000万股）	4 000
固定资产净值	2 400	留存收益	1 000
无形资产	120		
合　　计	10 000	合　　计	10 000

表21-5

乙公司资产负债表

单位：万元

资产	金额	负债及股东权益	金额
现金	320	流动负债	—
应收账款	800	长期负债	—
存货	1 200	优先股票	—
固定资产净值	1 600	普通股票（1 000万股）	4 000
无形资产	80	留存收益	—
合　　计	4 000	合　　计	4 000

（2）编制分立后甲、乙两家公司的合并资产负债表如表21-6所示。

表21-6

甲乙两公司的合并资产负债表

单位：万元

资产	金额	负债及股东权益	金额
现金	800	流动负债	2 000
应收账款	2 000	长期负债	2 000
存货	3 000	优先股票	1 000
长期投资	—	普通股票（1 000万股）	4 000
固定资产净值	4 000	留存收益	1 000
无形资产	200		
合　　计	10 000	合　　计	10 000

从〖例21-2〗可以看出,持股分立其实就是原公司用自己拥有的资产再组建的一家新公司,对公司的股东没有带来任何股权方面的影响。

3. 持股分立的财务利益

根据上述持股分立的例子,可以看出,持股分立至少在公司分立的当时,实质上并不会影响公司的经营规模和公司的盈利水平。但是持股分立却为公司获取财务方面的利益提供了方便。持股分立可以获得的财务方面的利益多种多样的,概括起来主要有:

第一,持股分立,既可以使原公司保持对子公司的控制权,享受原有的联合经济利益;又可以让新成立的公司独立地对外发行股份,筹集到产生经营所必须的资金。

第二,持股分立,除了有利于原公司以较高的价格转让其所持有的子公司的股份,收回一部分投资,减少投资风险之外,还可以通过引入新的战略投资者,从提升公司的竞争能力中获得经济利益。

第三,在公司整体效益低下,公司难以在资本市场上筹集到有利可图的资金时,公司可以先通过持股分立的方式,分立出一部分优质资产成立一家新公司,然后再以该新公司在资本市场上筹集资金,从而解决公司的筹集困难。

第四,持股分立,有利于将公司的资产变现。由于持股分立之后,原公司仍掌握着新公司的控制权,对新公司筹集的资金使用拥有决策权,因此,可以将新公司筹集来的资金收购母公司的资产,从而解决公司资产的变现问题。

第五,持股分立,还有可能存在某些不便于对外公布的利益,比如获取分立时的账面利润或资产增值、逃避债务、回避税负,等等。因为,在公司分立时,公司可以对其资产价值重新进行评估,如果公司资产的评估值大于其账面价值,那么,根据会计制度,公司就可以获得账面利润或账面资产价值增值的利益。在一家公司分立为数家公司之后,不可避免地会使承担债务的直接责任人分散,从而为公司运用债务转移方式逃避债务提供了方便。而当一家公司分立为由数家公司组成的集团性公司之后,公司就可以通过内部产品的转移定价、费用的摊销、资金的调拨等方式进行税收筹划,减轻税负。

从我国公司分立的现实来看,我国大多数公司分立的基本目的绝不是为了缩小经营规模,相反则是为了筹集更多资金来扩大经营规模。以获取财务利益为目的的持股分立是最为普遍的一种公司分立形式。其中又以筹集资金和资产变现为基本目的的持股分立在我国最为常见,特别对国有企业改制而言,更是如此。

比如,一家效益比较低下达不到上市要求的国有企业,可以先将一部分优质资产从原国有企业中分立出来,成立一家受原国有企业所控制的效益较高的新公司,然后再以新公司的名义对外发行股票筹资,从而使分立出来的新公司改制成为一家上市的股份有限公司。在新设立的股份有限公司中,原公司处于绝对控股的地位,它可以凭借所持股份的优势,操纵上市公司;或以借款的名义将上市公司筹集的资金转为己用,从而实现了所谓的上市筹资;或通过上市公司对母公司的债务进行担保从银行取得巨额贷款;或通过内部的关联交易,将本来难以变现的资产出售给所控制的上市公司,从而实现了资产的变现。

四、企业分立的财务分析

一家公司之所以进行分立,虽然其具体原因是多种多样的,但是最根本的原因是追求利益,在下面,重点对企业分立产生的利益进行分析。

（一）企业分立的直接动因

企业分立的原因多种多样,有自愿的,也有被迫的,在这里只讨论自愿分立的各种直接动因。

1. 适应市场变化的需要

在市场经济条件下,企业所面临的市场环境瞬息万变,作为一个有机体的企业也必须对自身的"机体"做适当的调整,才能适应市场的变化。比如,当一个企业面临激烈的市场竞争时,为了增强竞争力,需要通过企业合并来扩大企业规模;而当企业原有市场已经消失或正在萎缩时,企业为了生存,则必须相应地缩减企业规模。企业原有市场的变化包括:或因为市场原因引起的企业产品销路大减,或某些情况发生时,企业必须迅速作出反应,不然的话,企业就有可能被其庞大的规模拖垮。公司合并与公司分立给予企业极大的机动性,使企业能够根据市场的状况调整自身的规模,保证企业的规模最适应市场的需要,最有经营活力,最能使企业在瞬息万变的市场环境下能够继续生存下去。

2. 适应公司长期发展战略的需要

一家多元化生产经营公司,由于其长期发展战略发生了变化,希望转变为一家专业性的公司,但又不急于将一些与长期发展目标不相符的业务出售时,就可以通过公司分立来解决专业化经营的问题。公司分立之后,就可以减少非主营业务对公司主营业务的干扰,使公司能够集中精力进行专业化经营。

3. 降低亏损或增加利润

如果一家公司存在若干相对独立的企业或业务,其中一些企业或业务盈利,而另一些业务亏损,那么,公司的总收益会因为亏损企业或业务的存在而降低,甚至发生亏损。在这类公司中,降低亏损或增加利润的最快捷和有效的方法就是将亏损企业或业务从公司中分立出去,使剩下的企业和业务的盈利增加或扭亏为盈。因为,在亏损企业或业务从公司中分立出去之后,亏损企业或业务的亏损额不再计入公司的损益账,因此公司的利润总额必然会有所增加。除此之外,盈利能力(总资产收益率和净资产收益率)还会以更快的速度上升。因为,通过分立,一方面,公司的盈利额增加;另一方面,公司的总资产和净资产占有额减少,所以盈利率会以更快的速度上升。

4. 清偿到期债务

当一家公司债务过重,存在大量的到期债务、又无法从其他渠道筹集到有利可图的资金时,通过分立并出售一些企业或业务不失为一种清偿到期债务的可行方法。以这种目的分立并出售一些企业或业务,可视为是"丢车保帅"的行动。因为,当一家公司存在大量到期债务时,就随时有可能被债权人起诉的危险,各种形式的追债行动,则有可能将公司逼入困境,甚至破产。公司如果面临这种情况,那么,就不如自己积极行动起来,研究如何利用自身资源去清偿到期债务。虽然,公司在这时出售一些正在为公司效益作贡献的企业或业务会蒙受一定的损失,但是,用这些损失换取公司生存却是值得的。分立并出售有利可图的企业或业务,除了要求公司最高决策层有"丢车保帅"的勇气之外,还要求公司有"丢车"的技巧和策略。

5. 筹集资金和资产变现的需要

当一家公司或因为规模过大,或因为整体效益不好,无法在股票市场上筹集资金时,公司可以先将部分优质资产从公司分立出来成立一家新公司,使这家新公司符合上市筹资的条件,通过新公司对外发行股票筹集资金。然后,新公司再用上市筹集到的资金去收购控股公司的相关资产,使控股公司的资产得以变现。这种现象在我国极为常见。我国国有企业改制为股份有限公司,大多数均是采用了该种方法。公司在采用这种方法筹集资金,并将无法变现的资产变现出售的过程中,可以获得高额的创业利润。这可以用下例简要说明。

【例 21 - 3】　甲公司将部分业务分立出来成立一家新公司,新公司净资产的账面价值为10 000万元,普通股票股数为10 000万股。甲公司作为新分立出来公司的全资股东,持有普通股票10 000万股,持股比例100%,持股成本为1元/股。现新公司以10元/股的发行价格成功对外发行普通股票10 000万股,筹资100 000万元,并将筹集来的资金全部用于收购本公司的其他业务。问甲公司通过这种持股分立获得了什么好处?

解:

(1) 获取了创业利润的好处:

$$\text{甲公司获得的创业利润} = \frac{10\,000 + 100\,000}{10\,000 + 10\,000} \times 10\,000 - 10\,000 = 45\,000(\text{万元})$$

根据上述计算结果可以看出,甲公司通过分立新公司上市就获得了45 000万元的创业利润,获利额是其投资成本的450%。

(2) 获取了资产变现的好处:

获得了100 000万元资产变现的利益。

总之,为了筹集资金和资产变现是我国公司分立常见的原因之一。

6. 为与其他公司合资组建新公司的需要

当一家公司试图与另一家公司组建合资公司时,由于原公司的资产或业务并不能完全满足新组建合资公司经营方面的需要,因此,必须进行公司分立。公司再将分立出去的那一部分资产或业务与其他公司合资,这样,就可以较好地解决组建合资公司中存在的问题。在实际中,以组建合资公司为目的的公司分立十分常见,这是因为通过这种形式组建新公司,可以使新公司迅速形成生产能力,获得经济效益。

(二) 企业分立对企业价值的影响

虽然,企业分立的直接动因多种多样,但是最根本的动因应该是追求企业价值最大化和股东财富最大化。在一家拥有多个企业或业务的公司中,如存在一些企业或业务盈利,一些企业或业务亏损,那么,盈亏相抵之后,公司的总收益必然低于盈利企业或业务的盈利之和。亏损企业或业务的存在,不但降低了公司的总收益和每股收益,而且降低了企业价值,引起股东财富的减少。为了使企业价值和股东财富不受亏损企业或业务的影响,公司有必要将亏损企业或业务从公司中分立出去。当亏损企业或业务从公司中分立出去之后,可以使公司的价值和股东财富均得到提高。下面以实例来说明将亏损企业或业务从公司中分立出去是如何使公司企业价值和股东财富得到提高的。

【例 21 - 4】　假定甲公司有 A、B、C 三个独立的业务,其相关的基本资料如表 21 - 7所示。

表 21-7

甲公司各业务的基本资料

项 目	A 业务	B 业务	C 业务	合计
总资产(万元)	10 000	5 000	3 000	18 000
负债(5%)				7 000
净资产(万元)				11 000
普通股股数(万股)	—	—	—	2 000
每股账面价值(元)				9
年度息税前收益(万元)	1 000	800	—200	1 600
利息支出				350
利润总额				1 250
所得税(20%)				250
净利润				1 000
每股收益(元)	—	—	—	0.5
市盈率(倍)				20
每股市价(元)	—	—	—	10
企业市场价值(万元)	—	—	—	20 000

从表 21-7 中可以看出甲公司 A、B 两个业务共产生息税前收益 1 800 万元,而 C 业务息税前收益为负的 200 万元,使公司息税前收益降为 1600 万元。扣除利息和所得税之后,整个公司的净利润只有 1 000 万元。另外,由于 A、B、C 三个业务均在同一公司内,因此,各业务只有总资产的数据,公司才存在与负债、净资产、普通股有关的数据资料。

假定,甲公司通过周密预测,发现将 C 业务继续留在公司中对公司的发展不利,因此,决定用派生分立的形式将 C 业务分立出去,另外成立一家新公司。新公司的资产负债率设定为 50%。新公司成立之后,原公司的股东将同时持有甲公司和新公司的股份,而持有新公司的股份比例与原持有甲公司的股份比例相同。如果甲公司分立之后,原公司的市盈率保持不变;新公司的普通股票市价按每股账面净值计算,对原股东按所持有甲公司股份的 50% 发给新公司的股票。试计算分立后的公司价值。

解:

根据分立合同,分立后两家公司的有关情况分别如表 21-8 和表 21-9 所示:

表 21-8

分立后甲公司的有关情况

项 目	A 业务	B 业务	合计
总资产(万元)	10 000	5 000	15 000
负债(5%)	—	—	5 500
净资产(万元)	—	—	9 500

（续表）

项　　目	A业务	B业务	合　计
普通股股数（万股）	—	—	2 000
每股账面价值（元）	—	—	4.75
年度息税前收益（万元）	1 000	800	1 800
利息支出	—	—	275
利润总额	—	—	1 525
所得税（20%）	—	—	305
净利润	—	—	1 220
每股收益（元）	—	—	0.61
市盈率（倍）	—	—	20
每股市价（元）	—	—	12.2
企业市场价值（万元）	—	—	24 400

表 21 - 9

分立新成立 C 公司的有关情况

项　　目	金　　额
总资产（万元）	3 000
负债（5%）	1 500
净资产（万元）	1 500
普通股股数（万股）	1 000
每股账面价值（元）	1.5
年度息税前收益（万元）	−200
利息支出	75
利润总额	−275
所得税（20%）	0
净利润	−275
每股收益（元）	−0.275
市盈率（倍）	—
每股市价（元）	1.5
企业市场价值（万元）	1 500

　　通过表 21 - 8 和表 21 - 9 可以看出，原甲公司分立为两家公司之后，原甲公司的股东成为了分立后甲公司和新成立 C 公司两家公司的股东。其所持有的甲公司股票的市场价值每股上升了 2.2 元，而持有的 C 公司的股票市场价值为每股 1.5 元，按原股份计算，每股获得市场价值增加 0.75 元的利益。合计计算，甲公司通过将亏损业务分立出去之后，原股东持

有的每股股票市场价值上升了 2.95 元,增值率为 29.5%(=2.95 / 10)。相应地,企业市场价值也从原来的 20 000 万元上升为 25 900 万元(=24 400+1 500),增值率也为 29.5%〔(25 900-20 000)÷20 000〕。

该例说明,企业通过适当的分立,可以产生增加企业市场价值的效果,为股东带来更大的收益。企业通过适当的分立,除了可以增加企业市场价值之外,还可以增加企业的内含价值。因为,分立后的甲公司,其在现金净流入量增加的同时,风险也在降低,这样,投资者就会用更低的折现率对更高的现金净流入量进行折现,折现的结果必然是企业内含价值增大。

正是如此,在现实中,公司才不断分分合合,合合分分,以及连续不断的合并或分立。从统计资料来看,公司合并与公司分立的事件,在数量上是基本相当的。在当今世界,除了存在公司购并热潮之外,还盛行公司分立的热潮。

(三)企业分立的财务策略

虽然企业分立不存在与外部的交易问题和对分立业务的定价问题,但是,由于分立后组建的新公司的价值受新公司资产和资本结构的影响,而对公司全部资产和资本的分立方法又是多种多样的,按不同分立方法,分立出的各公司价值之和的大小是不同的。因此,企业分立的财务策略应主要集中于研究能使公司价值最大化的公司资产和资本的分配方法,即研究能使公司整体价值最大化的各新公司的资产和资本结构。下面仅就企业分立中财务策略问题进行探讨。

1. 确定重点,确保主要公司资产和资本结构的最优化

公司在分立之前应首先确定公司的重点发展方向,该重点发展方向不一定就是公司现有的主营业务,该业务现有的销售收入可能占公司总收入的比重并不大,但它一定应该是有广阔市场前景的业务。

在公司分立时应该对拥有重点业务的企业加以扶持。所谓对重点业务企业的扶持,就是要充分保证分立出的重点业务企业优先占有和使用公司有限的资源。这包括两个方面的含义:一是要使重点业务资产结构的最优化;二是要使重点业务资本结构的最优化。为了保证资产结构的优化,在公司分立时,除了应该向重点业务注入优质资产之外,还应该让企业资产保持足够的流动性,使其具有足够的扩张力。为了保证重点业务资本结构的优化,公司在分立时,应该对重点业务企业多安排股权资金,降低负债比率,使财务结构有足够的弹性,为企业未来扩大筹资打下良好的基础。通过对资产结构和资本结构的合理安排,可以使重点业务企业的盈利能力上升和风险水平下降,这一升一降的结果必然是企业价值增大,发展后劲增强,有利于股东财富的最大化。

而在将非重点或拟出售的业务分立设立新的企业时,可以让这些企业多承担一些负债和接受一些质量较差的资产,因为,在公司优质资源有限的条件下,只有这样,才能确保重点业务企业资产和资本的最优化。

2. 注意资金市场对公司分立的反映,选择企业价值最大化的方案为最优方案

公司分立必然会对资金市场产生影响。资金市场对公司分立的反映主要通过公司筹资成本和股票市价等的变化表现出来。一个公司成功的分立,可以使分立后各个新公司的平均筹资成本下降,股票市价上升;相反,一个不成功的公司分立,则会使各个新公司的平均筹资成本上升,股票市价下降。

当一家公司分立为数家公司时,由于原公司资源的有限性,原公司为了确保主要业务企业的发展,不可避免地会使分立出来的各个公司的资产质量优劣不一样,财务状况不一样,

发展潜力不一样等,从而造成一些新公司的资产质量佳,财务状况优;而另一些新公司的资产质量相对较低,财务状况较差。这样资金市场上就会对优质的新公司给予较好的评价,使其筹资成本下降,股票市价上升;相反,资金市场上则会对非优质的新公司给予较差的评价,使其筹资成本上升,股票市价下降。因此,评价公司分立对资金市场的影响时,应从股东的角度,综合判断公司分立的市场影响,具体地税,就是比较各分立后的新公司加权平均成本与原未分立公司加权平均成本的差异,以及各分立后成立的新公司价值之和与原未分立公司价值的差异,并在此基础上评价不同分立方案的得失,从中选出最佳的公司分立方案。下面以简例对公司分立方案的选择进行说明。

【例 21 - 5】 假定乙公司拟进行公司分立,现有资产负债表和相关资料、分立方案和相关预测资料如下。

1. 现有资料

(1)资产负债表(见表 21 - 10)。

表 21 - 10

乙公司资产负债表

单位:万元

资产	金额	负债及所有者权益	金额
流动资产	4 000	流动负债(5%)	2 000
固定资产净额	5 000	长期负债(9%)	3 000
无形资产	1 000	普通股票(1 000 万股)	5 000
合　计	10 000	合　计	10 000

(2)其他资料:

息税前收益 1 500 万元

普通股票市盈率为 15 倍;

公司所得税率为 30%。

2. 分立方案

方案 A:

在乙公司中派生分立出丙公司,分立后两家新公司的相关资料如下:

(1)分立后乙(A)公司的资料(见表 21 - 11)。

表 21 - 11

乙(A)公司资产负债表

单位:万元

资产	金额	负债及所有者权益	金额
流动资产	3 000	流动负债(5%)	1 500
固定资产净额	3 000	长期负债(9%)	2 000
无形资产	500	普通股票(1 000 万股)	3 000
合　计	6 500	合　计	6 500

分立后的有关预测结果：

息税前收益 1 000 万元

普通股票市盈率为 20 倍。

（2）分立后丙公司的资料（见表 21-12）。

表 21-12

丙公司资产负债表

单位：万元

资产	金额	负债及所有者权益	金额
流动资产	1 000	流动负债（5%）	500
固定资产净额	2 000	长期负债（9%）	1 000
无形资产	500	普通股票（1 000 万股）	2 000
合　计	3 500	合　计	3 500

分立后的有关预测结果：

息税前收益 500 万元

普通股票市盈率为 10 倍。

方案 B：

在乙公司中派生分立出丁公司，分立后两家新公司的相关资料如下：

（1）分立后乙（B）公司的资料（见表 21-13）。

表 21-13

乙(B)公司资产负债表

单位：万元

资产	金额	负债及所有者权益	金额
流动资产	3 000	流动负债（5%）	2 000
固定资产净额	4 000	长期负债（9%）	3 000
无形资产	1 000	普通股票（1 000 万股）	3 000
合　计	8 000	合　计	8 000

分立后的有关预测结果：

息税前收益 900 万元

普通股票市盈率为 12 倍。

（2）分立后丁公司的资料（见表 21-14）。

表 21-14

丁公司资产负债表

单位：万元

资产	金额	负债及所有者权益	金额
流动资产	1 000	流动负债（5%）	—
固定资产净额	1 000	长期负债（9%）	—
无形资产	—	普通股票（1 000 万股）	2 000
合　计	2 000	合　计	2 000

分立后的有关预测结果：

息税前收益 600 万元

普通股票市盈率为 30 倍。

3. 要求

(1) 试根据上述资料确定公司分立是否可取？

(2) 如果可取，应选择那一方案为优？

方案选择分析：

从上述资料可以看出，随着公司资产质量和财务结构的变化，公司的息税前收益、总资产收益率、税后收益、和普通股票的市盈率均会发生变化。在选择是否应该分立以及如何分立时，站在股东财富最大化的立场上，其标准应该是企业价值的大小，价值大者为优，小者为劣。下面根据例中给出的资料，先分别计算不分立和不同分立方案的企业市场价值总和，然后再比较不同方案企业市场价值的大小并得出结论。

1. 计算不分立条件下原乙公司的企业市场价值

$$净收益＝[1\,500－(2\,000×5\%＋3\,000×9\%)](1－30\%)＝791(万元)$$

$$每股收益＝791÷1\,000＝0.791(元/股)$$

$$每股市价＝0.791×15＝11.865(元/股)$$

$$原乙公司市场价值＝11.865(元/股)×1\,000(万股)＝11\,865(万元)$$

2. 计算各种不同分立方案条件下的企业价值

(1) 计算方案 A 的企业价值：

乙(A)公司的企业价值：

$$净收益＝[1\,000－(1\,500×5\%＋2\,000×9\%)](1－30\%)＝525.1(万元)$$

$$每股收益＝525.1÷1\,000＝0.5251(元/股)$$

$$每股市价＝0.5251×20＝10.43(元/股)$$

$$乙(A)公司市场价值＝10.43(元/股)×1\,000(万股)＝10\,430(万元)$$

丙公司的企业价值：

$$净收益＝[500－(500×5\%＋1\,000×9\%)](1－30\%)＝269.5(万元)$$

$$每股收益＝269.5÷1\,000＝0.2695(元/股)$$

$$每股市价＝0.2695×10＝2.695(元/股)$$

$$丙公司市场价值＝2.695(元/股)×1\,000(万股)＝2695(万元)$$

$$按方案 A 分立后的公司总价值＝乙(A)公司的企业价值 10\,430＋丙公司的企业价值 2695＝13\,125(万元)$$

(2) 计算方案 B 的企业价值：

乙(B)公司的企业价值：

$$净收益＝[900－(2\,000×5\%＋3\,000×9\%)](1－30\%)＝530(万元)$$

$$每股收益＝530÷1\,000＝0.53(元/股)$$

$$每股市价＝0.53×12＝6.36(元/股)$$

$$乙(B)公司市场价值＝6.36(元/股)×1\,000(万股)＝6\,360(万元)$$

丁公司的企业价值：

净收益＝[600−(0×5%＋0×9%)](1−30%)＝420(万元)

每股收益＝420÷1 000＝0.42(元/股)

每股市价＝0.42×30＝12.6(元/股)

丁公司市场价值＝12.6(元/股)×1 000(万股)＝12 600(万元)

按方案B分立后的公司总价值＝乙(B)公司的企业价值6 360＋丁公司的企业价值12 600＝18 960(万元)

3. 比较分立与不分立的企业价值

因为：根据上述计算结果有：

原乙公司市场价值 11 865(万元) ＜ 按方案A分立后的公司总价值 13 125(万元) ＜ 按方案B分立后的公司总价值 18 960(万元)

所以：有如下结论：

(1) 公司分立比不分立优。公司分立可以使公司的市场价值增加。

(2) 按方案B分立比按方案A分立优。按方案B分立可以使公司股东多获得比按方案A分立多5 835万元(18 960−13 125)的市场价值增加的利益。

第二节　企业出售的财务问题

企业收购对立面是企业出售，企业出售必然从外延上缩小公司的经营规模。企业出售也是一项极为复杂的资本经营活动。在本节，将对企业出售的含义、企业出售的分类、企业出售对企业价值的影响、企业分立与出售的财务策略等的问题进行探讨。

一、企业出售

企业分立往往是企业出售的前提条件，但是企业分立之后，也可以不将分立后的企业出售，而是作为一个子公司继续留在集团公司内部。公司若能灵活地运用企业分立与出售的方法，那么就可以给予公司高度的机动性，使公司充分适应外部环境的变化。

(一) 企业出售的含义

企业出售是指将公司下属的企业或经营业务对外出售的一种特殊事件。企业出售不同于出售企业的各种具体资产，如出售某些流动资产或是固定资产等，它出售的是整个企业或企业中的某些业务。虽然出售的企业或业务中也包含有各种的实物资产和无形资产，但是，在企业出售中一般不对它们进行单独的计价，而是将企业或业务作为一个有机的整体进行计价和出售。

企业出售与具体资产出售也有相同之处，该相同之处是，两种销售均可能因账面价值与销售价格不相等而影响到公司的损益，但是均不会引起企业股权的变化，其结果只是资产间的转化。如出售一项具体的固定资产取得现金的结果是现金增加和固定资产减少，而出售一个企业取得现金的结果则是现金增加和相关资产的减少，这些相关资产，可能既包括固定资产，又包括流动资产、无形资产等在内的各种资产。

(二) 企业出售的分类

企业出售可以按照多种标准进行分类，在这里只对按企业出售是否涉及公司的股权进行分类。企业出售受所出售的对象的影响,如果出售的是一个独立的企业,那么,就既可以出售资产,又可以出售股权;如果出售的只是一个非独立企业或业务,那么,就只可能按照资产出售。企业资产出售和股权出售又可以按出售的范围分为若干小类。

1. 不涉及公司股权的企业出售

不涉及公司股权的企业出售,又称为企业资产出售,是指只影响到公司资产类别变化或导致公司资产和负债同时减少的企业出售事件。比如,将某项业务以现金销售的形式出售,那么其结果就只引起公司非现金资产的减少和现金资产的增加;而将某项业务用于抵偿负债形式的出售,其结果则是引起非现金资产和相关负债的减少。这类企业出售无论资产形式和负债形式如何多种多样,但是都不会引起公司股权的变化。不涉及公司股权的企业出售,需要缴纳营业税。

不涉及公司股权的企业出售,按出售资产的范围划分,可以分为公司整体出售和部分业务出售两大类。公司整体出售是指公司将下属子公司所有的资产和经营业务全部出售给买方的事件;部分业务出售是指仅公司将自己的部分业务及其与该业务相关的资产整体出售给买方的事件。

资产出售对出售方的好处是,可以获得现金收入,这样,就有利于公司将资金投放在集团内其他更有效益的业务上,或用于缓解财务困境。出售还可以消除管理上的不协调性,将以前耗费在被出售业务上的管理资源释放出来,解决公司管理能力不足的问题。出售还可以使公司更加专注于剩余业务,加强公司的竞争实力。

【例 21 - 6】 假定甲公司有三个独立的业务,其中 A 业务所占用的资产如下:固定资产净值 200 万元,原材料、在制品、半成品和产成品等存货 100 万元、专有无形资产 50 万元。现甲公司将 A 业务及其所属的上述专有资产整体出售,出售价格为 500 万元。购买方以现金支付该笔款项。在 A 业务出售前的甲公司资产负债表如表 21 - 15 所示。试简单描述出售 A 业务之后的甲公司的资产负债表。

表 21 - 15

甲公司资产负债表

单位:万元

资产	金额	负债及股东权益	金额
现金	100	流动负债	800
应收账款	1 000	长期负债	500
存货	1 000	优先股票	500
固定资产净值	1 000	普通股票	1 000
无形资产	200	留存收益	500
合　　计	3 300	合　　计	3 300

解:

在不考虑税费的情况下,甲公司出售 A 业务使公司固定资产净值减少 200 万元,存货减少 100 万元、专有无形资产减少 50 万元,增加现金 500 万元,同时增加留存收益 150 万元。出售 A 业务之后的甲资产负债表如表 21 - 16 所示。

表 21 - 16

甲公司资产负债表

单位:万元

资产	金额	负债及股东权益	金额
现金	600	流动负债	800
应收账款	1 000	长期负债	500
存货	900	优先股票	500
固定资产净值	800	普通股票	1 000
无形资产	150	留存收益	650
合　　计	3 450	合　　计	3 450

2. 涉及公司股权的企业出售

涉及公司股权的企业出售是指会引起公司股权发生变化的企业出售。这种企业出售其实就是将一家具有控制权的独立企业的股权转让给其他人。因此,该种出售对象只能是一家独立的企业,而不可能是一项未独立为成为企业的业务。按照我国税法规定,公司股权转让只需缴纳印花税,而不需要缴纳营业税。

如果公司觉得将一项业务完全销售给其他企业对公司未来的长远发展不利,但又有诸如引入投资伙伴、筹集资金等方面的需要时;那么,它就可以采用先将拟出售的业务采用持股分立的方式成立一家企业,然后再将该企业的部分股权对外转让。这样,公司就可以既满足将该业务留存于企业的需要,又可以满足筹资或引入投资者的需要。但是这种涉及公司股权的企业出售不是典型的企业出售,因此,在这里不讨论该种企业出售。

公司股权出售只适用于独立企业。按出售股权的比例划分,可以分为全部股权转让和部分股权转让两大类。全部股权转让是公司将所持有其他公司的股权全部转让给他人的事件;部分股权转让是公司将所持有其他公司的股权部分转让给他人的事件。股权转让也可以按照是否承担债务为标准,分为承担债务的转让和不承担债务的转让。与公司收购相反,企业出售总资产,购买方的支付价格中已经包含了出让方的债务金额,因此,出让方应该将收到的这部分金额用于偿还所承担的债务。企业出售净资产,购买方是按照承担债务的方式取得出让方的股权,其支付的购买价格中没有包含出让方的债务金额,因此,出让方不承担已出售企业的原有债务。

采取股权方式出售对出售方的好处是,由于收购方在收购时享受了出售方原来的负债筹资利益,实际支付的现金量较少,这样,就有利于出售公司讨价还价,获得比总资产出售更高的溢价收入。除此之外,如果股权出售是采用部分股权出售的方式,那么,企业出售股权,不但可以获得现金收入,而且还可以获得持股所带来的利益。

（三）企业分立与企业出售的区别和联系

企业分立与企业出售之间既有区别,又有联系。下面简要地讨论企业分立与企业出售的区别和联系。

1. 企业分立与企业出售的区别

企业分立与企业出售的区别是明显的,其区别可以从如下几个方面来认识:

(1) 从交易方式来看。企业出售是出售方与收购方的一种交易行为,这种交易将引起公司资产形态和负债形态的变化。如果是出售非现金资产取得现金,那么对资产负债表的影响是非现金资产的减少和现金资产的增加。如果是用资产抵偿负债,那么对资产负债表的影响是资产同负债同时减少。但是,这种交易不涉及公司股权的变化。企业分立不是一种交易行为,它只是对公司资产、负债和所有者权益的一种分解行为。这种分解的结果是一家公司变为了数家公司,相应地,一家公司的股东也可能变成数家公司的股东。但是企业分立不会导致公司资产总额、负债总额和所有者权益总额的变化,涉及的只是属于同一股东的权益归属于不同公司而已。

(2) 从经营规模来看。企业出售一般会导致公司经营规模缩小,而企业分立虽然会使单个公司的生产经营规模缩小,但是它并不会使公司总的生产经营规模缩小。如果说企业合并是企业的"聚变"形式,那么企业分立就是企业的"裂变"形式,而企业出售则是企业的"衰变"形式。

(3) 从关系处理的复杂性来看。企业出售属于企业的生产经营行为,影响比较小,一般不受企业外部利益集团的干扰,关系处理相对简单。企业分立行为则不属于企业生产经营的行为,而属于股东投资行为。企业分立除会影响到股东的利益之外,还会影响到债权人、员工等多种利益集团的经济利益,因此,关系处理极为复杂。

(4) 从企业主体是否变化来看。企业出售不改变企业主体,无论企业出售何种业务,公司的法人主体及其所承担的义务均不会改变;而企业分立则会改变企业主体,使一家公司变为多家公司,相应地,原一家公司的各种权利和义务也分别由多家公司所享有和承担。

2. 企业分立与企业出售的联系

企业分立与企业出售的联系,主要表现在企业分立可以为企业出售提供方便。究其原因是:第一,当公司各种业务交织在一起时,其资产、负债和所有者权益也都混淆在一起,不便于对外出售。通过公司分立,可以将它们彻底分开,从而有利于交易。第二,当公司不愿意将业务全部转让时,通过公司分立,就可以很容易地只转让部分股权,从而继续保持对该业务的部分控制权。第三,通过将业务分立成为一家新公司,在许多情况下可以提高其价值,使公司能以高于不分立条件下的价格出售业务,从而获得更多的利益。

二、企业出售的直接动因

虽然企业出售与企业分立不一样,企业出售是收回投资,而企业分立是一家公司分立为数家新公司;但是企业出售与企业分立的主要动因基本上是一致的。一家公司之所以要收回投资,其直接动因可以归纳如下。

(一) 适应企业生命周期的变化

任何企业作为一个有机体,它都有其生命周期。该生命周期可以分为初创期、发展期、成熟期和衰退期等多个时期。企业在各个时期对投资的要求是不一致的。当企业步入衰退期时,企业对投资的要求剧减,当现存的投资不能充分发挥作用时,企业就会产生收回投资的需要。而整体出售企业或业务在多数情况下,可以获得比将经营该业务的资产分散出售更多的利益,因此,适应企业生命周期是企业出售的直接原因之一。

(二) 适应公司长期发展战略的需要

一家公司,由于其长期发展战略发生了变化,或希望由多元化生产经营转变为专业性,或希望进入另一种业务,在这时,为了配合公司战略性调整,可以将一些与长期发展目标不相符、难以与公司其他业务进行有机组合的业务出售,这样,可以有效地"扬长避短",使公司不但能够在一定程度上解决长期发展战略所需的资金,而且更重要的是能够集中财力、物力、人力等公司有限的资源进行公司的战略调整,从而有利于调整目标的实现。这些被出售的业务或下属公司既可能是亏损的也可能是盈利的,但是,它们与行业内的竞争者相比,缺乏长期的竞争优势,或者为了保持竞争能力需要进行大规模的投资,而公司资源不足,无法满足维持竞争能力的投资。总之,公司通过出售与其战略目标不相符的业务,可以迅速地将公司业务调整到最适应公司战略发展需要的状态。

(三)改变公司盈利状况

在一家存在多种业务的公司中,如果存在一些业务盈利而另一些业务亏损的现象,那么,公司的总收益会因为亏损企业或业务的存在而降低,甚至发生亏损。在这时,公司可以通过出售亏损业务的方法来降低亏损或增加利润。不过在选择出售亏损业务时应注意,以这种目的出售的亏损业务,应该是扭亏无望,或者扭亏代价太大的业务。因为,公司将亏损业务出售之后,除了公司的绝对盈利额会有所增加之外,公司的盈利能力(总资产收益率和净资产收益率)还会以更快的速度上升;所以,出售亏损业务是迅速扭转公司盈利状况差的最有效的方法之一。

(四)清偿到期债务

当一家公司债务过重,存在大量的到期债务、又无法从其他渠道筹集到有利可图的资金时,公司必然需要出售一些资产来满足偿还债务的需要。如果公司整体出售业务的价格高于分散出售资产的价格,那么,公司就应该整体出售业务,而不是分散出售资产。应该注意的是,这种以偿债为目的整体业务出售,除了应考虑整体出售业务与分散出售资产的价格差异的因素之外,还应该充分考虑各种业务对公司未来发展的影响,尽可能使清偿到期债务的业务出售与公司的发展方向有机结合起来。

三、企业出售的会计规则

企业出售会产生会计账面上的盈亏,而这种会计账面上的盈亏就可能成为企业出售的动因之一。为了制约利用关联方之间的资产出售交易来操纵利润,真实反映公司与关联方之间交易的经济实质,向有关各方提供有用的会计信息,我国在会计上专门对公司与关联方之间有关交易的会计处理作了规定。这些规则是上市公司与关联方之间的交易,对显失公允的交易价格部分,一律不得确认为当期利润,应当作为资本公积处理,在"资本公积"科目下单独设置"关联交易差价"明细科目进行核算,这部分差价不得用于转增资本或弥补亏损。具体内容如下:

(1)上市公司向关联方出售固定资产、无形资产和其他资产的,应将实际交易价格超过相关资产账面价值的部分,计入资本公积(关联交易差价)。上市公司同时出售资产、转移负债的,实际交易价格超过出售相关资产、负债账面价值的部分,计入资本公积(关联交易差价)。

(2)关联方之间承担债务的会计处理。关联方之间一方为另一方承担债务的(非债务重组),承担方应按所承担的债务,计入营业外支出(承担关联方债务);被承担方应按承担方实际为其承担的债务,计入资本公积(关联交易差价)。债权人对债务人豁免的债务,仍按相关企业会计制度和准则中有关债务重组的规定处理。

四、被出售企业估价应该考虑的基本因素

一般来讲,拟出售的企业或业务都有自己的特殊性,这种特殊性决定了整体出售企业或业务与出售一般资产不一样,它在市场上没有完全可比较的价格体系,对其定价,主要依赖于对它内含价值的评估。对整体出售企业或业务的价值评估方法与收购企业的价值评估方法基本一致,是按拟出售企业或业务未来现金净流入量的折现值来确定其价值。对于未来现金净流入量折现的具体方法,在这里不再讨论。这里只对拟出售企业或业务的未来现金净流入量的预测、适用折现率的选择、折现期的确定等方面的特殊问题加以探讨。

（一）拟出售企业或业务未来现金净流入量预测的特殊性

拟出售企业或业务未来现金净流入量预测的特殊性主要反映在如下几个方面。

1. 站在收购方的立场上来进行预测

公司拟出售企业或业务的类型多种多样,既有盈利的,也有亏损的;既有具有发展潜力的,又有不景气的。但从总的来说,拟出售的企业或业务在本公司手中多属于不景气,甚至亏损的企业或业务。这些企业或业务留在本公司内部将不具有持续经营能力,不具有持续经营能力是无法预测未来现金净流入量的。因此,预测拟出售企业或业务在多数情况下是不能站在出售方的立场上来预测的,而只能站在收购方的立场上来进行预测。

2. 按不同改造后的结果来预测现金净流入量

其他公司之所以要收购本公司认为没有发展潜力的企业或业务,不外乎是看中了这些企业或业务的潜在收益。但是要发挥出这些企业或业务的潜在收益能力,在一般情况下都需要投入资金进行业务改造,改造成功之后,通常会使业务的现金净流入量发生极大的变化。不同的改造方案,会有不同的现金净流入量,为了增加讨价还价的空间,出售方应按不同的改造方案,预测不同的改造结果的未来现金净流入量。

3. 预测的现金净流入量应该是不受财务结构状况影响的净现金流入量

不受财务结构状况影响的净现金流入量,就是拟出售企业或业务占用资产的现金净流入量,即支付利息前的现金净流入量。原因是拟出售的企业或业务是出售方的资产而不是净资产。

（二）选择适用折现率的特殊性

计算拟出售企业或业务价值的适用折现率的特殊性主要表现在如下几个方面。

1. 应选择社会同风险水平的平均折现率

由于出售企业或业务是面对整个市场的,因此,在出售对象不明确的情况之下,应选择社会同风险的平均折现率作为拟出售企业或业务的适用折现率,这样有利于出售方合理掌握拟出售企业或业务的市场价格。

2. 根据改造后的用途来选择不同折现率

如果拟出售企业或业务有不同的改造结果,那么,出售方还应该根据改造后不同的风险性来选择不同的适用折现率。这样做,可以使出售方能够了解不同收购方对待拟出售企业或业务的不同价值认识,从而有针对性地制定不同谈判方案。

（三）选择折现期的特殊性

为拟出售企业或业务选择折现期有如下一些特殊性。

1. 使用对业务进行改造后的经营期作为折现期

从理论上讲,折现期应该是拟出售企业或业务的存续期。但是,在拟出售企业或业务无法持续经营的条件下,折现期是无法确定的或没有意义的。因此,拟出售企业或业务的存续期应该按照各种可能的改造结果确定。

2. 折现期的多元化

由于按照不同改造方式改造后的拟出售企业或业务的有效使用期限不一样,折现期也必然不一样,因此,存在多个折现期可供选择。出售方在选择折现期时,应该按不同的改造方案选择不同的折现期。

五、分立与出售的策略

企业分立除了要考虑前面所述的影响确保主要公司资产和资本结构的最优化的各项因素之外,还要考虑若干分立与出售的策略。

(一)企业分立的策略

企业分立会使一家公司变为数家毫无关系的公司或是一个控股公司体系。将一家公司变为毫无关系的数家公司的分立是股权分立,将一家公司变为控股公司体系的分立是持股分立。公司究竟是否应该进行分立,分立的最终目的是什么,应该采取什么方式分立,等等,都是在企业分立之前需要专门研究的问题。公司是否需要分立,以及怎样分立,需要考虑公司本身的实际情况和经营目标这样两个基本因素。

1. 内部因素

从内部因素来看,应该考虑的主要因素是公司内部业务的相关性,具体地看,有业务整合性因素、财务整合性因素、管理整合性因素等。

(1)业务整合性因素。一家公司内部的业务相关性如何,直接影响到公司内部资源整合的难易程度,如果公司的业务具有前后工序关联性的特征,那么内部资源就容易整合,在这种情况下,将所有相关业务集中在一个企业之内,将更有利于资源的内部整合,提高各种资源的使用效率;反之,则应该将公司内各个不同的业务分立为不同公司为优。

(2)财务整合程度因素。一家公司内部的财务相关性是指资金的关联度,资金的关联度越强,可整合性就越高。比如,公司业务如果具有前后工序的特征,那么,将它们集中在一个企业之内,就可以将部分销售内部化,减少对外销售的金额,从而节约销售费用和税金,降低公司的生产成本和营销费用,增加公司利润。又如,公司内部不同业务占用的资金性质和数量也是不同的,如果一些业务占用的流动资金数量大而另一些业务占用的固定资产数量大,那么,这些业务占用资金的综合结果是使公司短期资金占用量与长期资金占用量取得平衡,使公司保持稳健的资金来源结构和资产结构,从而有利于控制企业的财务风险。反之,则不利于充分提高资金的使用效益和控制财务风险,应该将企业分立为优。

(3)管理整合程度因素。当一家公司的经营规模适当,采用集中管理,公司可以迅速地进行经营管理方面的决策,以及充分利用有限的管理资源,加强管理力量。但是,公司的经营规模过大,再采用集中管理的方式,会使内部管理变得错综复杂,公司对下属各个单位的考核变得复杂,不便于激励各个下属单位的工作积极性,容易造成机构臃肿、人浮于事、工作效率下降、管理成本上升、收益下降。因此,当分散管理的利益大于了集中管理的利益的时候,企业分立将更有利于激励下属各个单位的经营积极性,降低管理成本,增加效益。

2. 经营目标

公司战略是决定公司分与合的最直接和最关键的因素。公司战略从追求收益和控制风险的角度考察,有将追求收益放在第一位的战略和将控制风险放在第一位的战略。

如果公司实施将追求收益放在第一位的战略,那么公司应该进行专业化经营,将具有相关性的业务并入一个公司;同时将不相关的业务采用股权分立的方式分立出去。股权分立之后,虽然各个新公司盈利能力和风险水平完全独立化,但是这些新公司的股东基础与原公司完全一致,原股东财富的大小由原来一家公司综合价值所决定,变成了由若干家新公司价值之和所决定,这样就有利于股东财富最大化目标的实现。

如果公司将控制风险放在第一位,那么公司应该实施多元化经营,将不同业务采用持股分立的方式,形成一个控股公司体系。这样,就既可将各个公司的风险独立化,又可以享受到公司经营规模不会缩小,盈利水平不会降低,对外筹资更为灵活等等方面的好处。

(二)企业出售的策略

公司究竟是否应该出售企业或业务,以及应该采用什么方式出售企业或业务,也需要考虑公司本身的实际情况和经营目标这样两个基本因素。

1. 内部因素

企业出售应该考虑的内部因素与企业分立基本相同,但是,在企业出售时,公司除了要考虑业务整合、财务整合、管理整合等因素之外,还要考虑公司对现金的需求。如果公司现金富裕,那么公司可以不急于将公司业务出售,而只采用分立的方式将其分立出来,成为独立的公司;如果公司的现金不足或短缺,那么就只能考虑出售一些企业或业务,获取现金来满足投资或偿还债务的需要。

2. 经营目标

企业出售也要充分考虑公司战略目标,这些目标包括集中有限的资源发展有前途的业务、实施经营战略转移、引入战略伙合人等等。比如:如果公司的仅是需要集中有限的资源发展有前途的业务,那么,公司可以采用资产出售的方式,最大限度地筹集资金,以满足公司对资金的需要。如果公司是希望进行专业化经营,就可以将与专业化经营无关的业务出售,实现经营战略的转移。如果公司是希望引入战略伙合人,那么,就应该将非独立的业务先分立出来,成为一家独立的企业,然后将部分股权定向转让给希望引入的战略或和人,为企业未来的发展奠定基础。

(三)企业先分立后出售与直接出售的策略

企业分立与企业出售有着密切的关系,公司究竟应该先分立后出售,还是直接出售,也存在选择策略的问题。

对一个非独立的业务,公司究竟是应该将它直接出售还是先将它分立之后再出售,总的来说,主要应该关注的是出售的价格问题。一般来说,将非独立业务分立成为独立的企业,不但有利于业务在市场上挂牌交易,还有利于公司有更多的交易方式可选择,即:既可以按照总资产出售,又可以按净资产出售;既可以出售全部股权,又可以出售部分股权。从而有利于获得有利的价格。因此,在有可能的情况下,公司应该采取先分立后出售的策略。

但是,先分立再出售也有缺点。这些缺点主要包括分立程序复杂,分立要经过股东大会批准,征得债权人的同意,并重新进行公司登记。这些完全有可能使企业分立不能成为现实。而企业出售,程序要简单得多,它不需要得到债权人的同意,不需要重新进行公司登记,甚至还不需要经过股东大会批准,公司经营班子就有决策权。因此,当企业分立过分复杂,所花费的时间太长,代价太大,甚至行不通时,公司唯一的办法就只能是将需要出售的非独立业务直接出售。

习　题

一、复习思考题

1. 什么是企业分立?
2. 广义的企业分立与狭义的企业分立有何差异?
3. 持股分立与股权分立有什么不同? 其财务影响是什么?
4. 企业分立的根本动机是什么?
5. 企业分立为何会影响到公司价值?
6. 企业分立的基本财务策略是什么?
7. 什么是企业出售? 与企业分立有何区别?
8. 企业出售应该如何分类?
9. 企业出售的基本动因是什么?
10. 企业出售对公司价值有何影响?
11. 企业出售应该注意运用哪些财务策略?
12. 企业出售的估价方法有什么特点?
13. 企业分立与出售应该考虑哪些基本因素? 其基本策略有哪些?

二、计算题

1. A公司根据产生经营的需要,拟从原A公司中分立出一项独立业务成立一家新的B公司。分立前的A资产负债表如表习题21-1所示。

表习题 21-1

A公司资产负债表(分立前)

单位:万元

资产	金额	负债及股东权益	金额
现金	400	流动负债	2 800
应收账款	1 000	长期负债	2 000
存货	3 000	优先股票	1 000
固定资产净值	6 000	普通股票	4 000
无形资产	600	留存收益	1 200
合　计	11 000	合　计	11 000

根据分立合同规定,新成立的B公司接收的资产如下:现金200万元,应收账款400万元,存货1800万元,固定资产2 000万元,无形资产200万元。承担债务如下:流动负债

1 500万元,长期负债1 000万元。重新登记的注册资本为普通股票1 800万元。

要求:

(1) 按照派生分立编制分立后两家公司的资产负债表。

(2) 按照新设分立编制分立后两家公司的资产负债表,以及合并会计报表。

2. 东方公司为了上市筹资的需要,将净资产的账面价值为20 000万元的某一业务分立出来成立一家东方通讯股份公司。该公司注册资本20 000万元,股本总数10000万股,股票面值2元/股。然后东方公司再对外发行股份10 000万股,发行价格10元/股。发行筹集来的资金全部用于收购东方公司的资产。问东方公司从分立上市中获得些什么好处?

3. 假定甲公司采用新设分立的形式分立为A、B两家公司。分立合同中的债权债务处理已经得到债权和债务人的同意,公司分立完全按账面价值分立。分立合同规定,A公司占有原甲公司各种资产、负债和所有者权益的70%;B公司占有原甲公司各种资产、负债和所有者权益的30%。原甲公司的股东按所持有的甲公司股票一股交换A公司股票和B公司股票各一股的比例进行换股。甲公司分立前的资产负债表如表习题21-2所示。

表习题21-2

甲公司资产负债表

单位:万元

资产	金额	负债及股东权益	金额
现金	600	流动负债	3 000
应收账款	3 000	长期负债	2 000
存货	5 000	优先股票(100万股)	1 000
固定资产净值	4 000	普通股票(1 000万股)	5 000
无形资产	400	留存收益	2 000
合　计	13 000	合　计	13 000

试编制分立后A、B两家公司的资产负债表。

4. 假定"习题3"中甲公司采用持股分立的形式分立出乙公司。分立合同中的债权债务处理已经得到债权和债务人的同意,公司分立完全按账面价值分立。分立合同规定,甲公司将用其各种资产和负债的40%成立一家乙公司,并设定其注册资本为2 000万元,股权100%由甲公司拥有。要求:

(1) 编制分立后甲、乙两家公司的资产负债表。

(2) 编制甲、乙两家公司的合并资产负债表。

5. 假定港龙公司有A、B、C三个独立的业务,其相关的基本资料如表习题21-3所示。

表习题21-3

港龙公司各业务的基本资料

单位:万元

项　　目	A业务	B业务	C业务	合计
总资产(万元)	5 000	3 000	2 000	10 000

（续表）

项　目	A业务	B业务	C业务	合计
负债(5%)	—	—	—	4 000
净资产(万元)	—	—	—	16 000
普通股股数(万股)	—	—	—	2 000
每股账面价值(元)	—	—	—	8
年度息税前收益(万元)	1 000	900	−200	1 700
利息支出	—	—	—	200
利润总额	—	—	—	1 500
所得税(20%)	—	—	—	300
净利润	800	600	−200	1 200
每股收益(元)	—	—	—	0.6
市盈率(倍)	—	—	—	20
每股市价(元)	—	—	—	12
企业市场价值(万元)	—	—	—	24 000

港龙公司通过周密预测,发现将C业务继续留在公司中对公司的发展不利,因此,决定用派生分立的形式将C业务分立出去,另外成立一家新公司。新公司的资产负债率为50%。新公司成立之后,原公司的股东将同时持有港龙公司和新公司的股份,而持有新公司的股份比例与原持有港龙公司的股份比例相同。如果港龙公司分立之后,原公司的市盈率保持不变;新公司的普通股票市价按每股账面净值计算,对原股东按所持有港龙公司股份的100%发给新公司的股票。试分析分立后两家公司的价值状况。

6.假定乙公司拟进行公司分立,现有资产负债表和相关资料、分立方案和相关预测资料如下。

1) 现有资料

(1)资产负债表(见表习题21-4)。

表习题21-4

乙公司资产负债表

单位:万元

资产	金额	负债及股东权益	金额
流动资产	3 600	流动负债(6%)	3 000
固定资产净额	6 000	长期负债(10%)	4 000
无形资产	400	普通股票(1 000万股)	3 000
合　计	10 000	合　计	10 000

（2）其他资料：

息税前收益为 1 400 万元；

普通股票市盈率为 18 倍；

公司所得税率为 33%。

2）分立方案

方案 A：

在乙公司中派生分立出丙公司，分立后两家新公司的相关资料如下：

（1）分立后乙（A）公司的资料（见表习题 21-5）。

表习题 21-5

乙（A）公司资产负债表

单位：万元

资　产	金额	负债及股东权益	金额
流动资产	2 000	流动负债（6%）	1 000
固定资产净额	3 500	长期负债（10%）	3 000
无形资产	500	普通股票（1 000 万股）	2 000
合　　计	6 000	合　　计	6 000

分立后的有关预测结果：

息税前收益为 1 000 万元；

普通股票市盈率为 25 倍。

（2）分立后丙公司的资料（见表习题 21-6）。

表习题 21-6

丙公司资产负债表

单位：万元

资　产	金额	负债及股东权益	金额
流动资产	1 000	流动负债（6%）	2 000
固定资产净额	2 500	长期负债（10%）	1 000
无形资产	500	普通股票（1 000 万股）	1 000
合　　计	4 000	合　　计	4 000

分立后的有关预测结果：

息税前收益为 400 万元；

普通股票市盈率为 10 倍。

方案 B：

在乙公司中派生分立出丁公司，分立后两家新公司的相关资料如下：

（1）分立后乙（B）公司的资料（见表习题 21-7）。

表习题 21-7

乙(B)公司资产负债表

单位:万元

资产	金额	负债及股东权益	金额
流动资产	2 500	流动负债(6%)	2 500
固定资产净额	3 500	长期负债(10%)	2 500
无形资产	1 000	普通股票(1 000 万股)	2 000
合　　计	7 000	合　　计	7 000

分立后的有关预测结果:

息税前收益为 800 万元

普通股票市盈率为 15 倍。

(2) 分立后丁公司的资料(见表习题 21-8)。

表习题 21-8

丁公司资产负债表

单位:万元

资产	金额	负债及股东权益	金额
流动资产	500	流动负债(6%)	500
固定资产净额	2 500	长期负债(10%)	1 500
无形资产		普通股票(1 000 万股)	1 000
合　　计	2 000	合　　计	3 000

分立后的有关预测结果:

息税前收益为 600 万元

普通股票市盈率为 25 倍。

3) 要求

(1) 试根据上述资料确定企业分立是否可取?

(2) 如果可取,应选择哪一方案为优?

第二十二章 集团公司的其他财务问题

【本章提要】 集团公司理财的其他问题包括：股权结构的内部重组，公司的清算和重组等方面的财务问题。股权结构的内部重组，是指在公司内部的各利益集团之间通过出售和购买公司股权的方式，来改变公司现有的股权结构的股权重组。公司的清算和重组是集团公司经常面临的理财问题。公司股权结构的内部重组、公司的清算和重组都会遇到一些复杂的财务问题，需要加以专门的研究。本章重点对这些财务问题进行探讨。

【学习目标】 通过本章学习，要求掌握和了解如下内容：(1)了解公司由上市公司转变为非上市公司的基本原因。(2)掌握公司由上市公司转变为非上市公司的利益计算方法。(3)掌握定向增发对公司及不同股东利益影响的计算方法。(4)掌握公司解散与财务失败的基本概念。(5)掌握破产财产的确定和分配的法律规范。(6)掌握公司重整(财务重组、公司改组)的基本理论和方法。(7)掌握公司和解(债务重组)的基本理论和方法。

第一节 公司股权结构内部重组的财务问题

股权结构内部重组，是指在公司内部的各利益集团之间通过出售和购买公司股权的方式，来改变公司现有的股权结构的股权重组。股权结构内部重组与一般的收购和合并主要不同之处在于，股权结构内部重组是一种股权变化的内部安排，与一般的分立和出售主要不同之处在于，股权结构内部重组只是公司股权在其内部重新分配。股权结构内部重组的基本目的是实现公司内部控制权和利益的重新分配。在本节，重点讨论公司由上市公司转变为非上市公司、上市公司定向发行股份、管理层收购和员工持股等类型的股权结构内部重组形式。

一、上市公司转变为非上市公司的财务问题

非上市公司可以通过对外发行股票，由非上市公司转变为上市公司。上市公司也可以通过收回发行在外的股票，由上市公司转变为非上市公司。

(一)公司由上市公司转变为非上市公司的原因和方法

公司由上市公司转变为非上市公司的目的，可以通过控股股东收购其他股东的股票和公司回购自身股票两种方法达到，下面分别讨论公司由上市公司转变为非上市公司的原因

和公司由上市公司转变为非上市公司的方法。

1. 公司由上市公司转变为非上市公司的原因

上市公司之所以要将上市公司转变为非上市公司,其原因虽然是多种多样的,但是,最主要的原因是,公司的控股股东和其他股东均可以从公司退市中获得比公司上市更大的利益。具体原因有:降低公司管理成本;回避监管,增加经营的自主性;保护控股股东的经济利益。

2. 公司由上市公司转变为非上市公司的方法

上市公司转变为非上市公司的基本方法有控股股东收购中小股东手中的股份和公司大量回购本公司发行在外的股票两种。

(1) 控股股东收购中小股东手中的股份。在控股股东与中小股东发生矛盾时,控股股东可以通过收购中小股东手中的股份,来解决这些矛盾。比如,当控股股东与中小股东在对公司发展前景产生不同认识,且控股股东认为公司的发展前景好于中小股东的预期时,两类股东在对待公司发展前景以及相应的投资和筹资问题时就不可避免地存在着矛盾。这时如果控股股东能够收购中小股东手中的股份,将上市公司转变为非上市公司,就可以避免这种矛盾。如果控股股东预期的前景成为现实,那么,控股股东收购中小股东的手中的股份,不但可以解决两类股东之间的矛盾,而且可以独享公司发展所带来的利益。

(2) 公司大量回购本公司发行在外的股份。通过大量回购本公司的股票使公司由上市公司转变为非上市公司的情况,与控股股东收购其他股东持有的股票使公司由上市公司转变为非上市公司的情况不同,股票回购会导致公司资金流出,产生经营规模缩小。在我国,还必须减少注册资本。公司通过回购自身股票使公司由上市公司转变为非上市公司的事件,从本质上看,仍是控股股东操纵的结果。当控股股东与一般股东在对公司的经营前景发生认识差异,且控股股东的提议得不到通过时,作为一种折中方案,控股股东可以操纵公司,用较高的价格回购一般股东手中持有的股票,使公司由上市公司转变为非上市公司,从而摆脱上市公司所特有的困境。

(二) 上市公司转变为非上市公司对不同股东利益的影响

无论是控股股东收购其他股东手中持有的股票还是公司回购自身的股票将上市公司转变为非上市公司,都涉及双方股东的切身经济利益,需要计算出对不同股东经济利益的影响额。下面讨论不同情况的经济利益的确定方法。

1. 控股股东收购其他股东手中持有的股票对不同股东利益影响量的确定

控股股东收购其他股东手中持有股票的资金来源于控股股东自有的资金,其资金来源与上市公司无关,上市公司本身不存在计算盈亏等方面的问题,所谓对不同股东利益影响量的确定,只是站在不同股东的立场上考察的结果。

【例 22-1】　假定天源上市公司现有发行在外的股票总额为 10 000 万股,其中中小股东持有 3 000 万股,控股股东持有 7 000 万股。目前公司每股收益为 0.2 元/股,市盈率为 20 倍,市场价格为 4 元/股。该公司的控股股东预测公司如果对某一项目进行投资,在未来的 5 年建设期满之后将给公司带来丰厚的收益,使公司的每股收益从现在的 0.2 元/股上升到第 5 年后的 1 元/股(以 10 000 万股为基数)。但是,天源公司的中小股东认为这种投入是不可能为公司带来如此丰厚的收益,因此一致反对公司在这种产品上进行投资。控股股东通过与中小股东的协商,控股股东以 6 元/股的价格收购公司中小股东所持有的全部股份,将天源公司由上市公司转变为非上市公司。公司的总股本仍然维持为 10 000 万股不变。假定公司市盈率保持不变,公司的折现率为 10%。试问如果控股股东的预测完全准确,那么,控股股东将从这种收购行为中获得多少利益?

解:

根据题意,可以按照以下步骤分析计算:

(1) 计算收购 3 000 万股,控股股东需要付出的溢价成本:

$$收购\ 3\ 000\ 万股付出的溢价成本=(6-4)\times3\ 000=6\ 000(万元)$$

(2)计算投资成功之后公司价值的增加额

$$\begin{aligned}投资成功之后\\公司的市场价值\end{aligned}=\frac{1}{(1+10\%)^5}\times1\times20\times10\ 000$$

$$=0.620\ 92\times200\ 000=124\ 184(万元)$$

$$控股股东持有股票价值的增加额=124\ 184-(40\ 000+6\ 000)=78\ 184(万元)$$

(3) 计算控股股东每股的价值增加量:

$$控股股东每股的价值增加额(按照现持有股份计算)=78\ 184\div10\ 000=7.818\ 4(元/股)$$

根据计算结果可知,控股股东从这种收购活动中获得的利益总额为 78184 万元,折算为每股利益为 7.818 4 元,而中小股东也在出售股份时获得了 6 000 万元的利益总额,折算每股获利为 2 元/股。因此,控股股东这种将上市公司转变为非上市公司的收购行为对自己和中小股东双方都是有利的。

2. 公司回购中小股东手中持有的股票对不同股东利益影响量的确定

与控股股东收购其他股东手中持有股票不同,公司回购中小股东手中持有的股票的资金来源于公司本身,因此涉及上市公司资金来源的成本以及盈亏等方面的问题,其计算要复杂一些。

【例 22-2】 华丰化工是一家上市公司,目前公司发行在外的股票总额为 20 000 万股,其中中小股东持有 8 000 万股,控股股东持有 12 000 万股,年税后利润总额为 10 000 万元,股票的市场价格为 12 元/股。该公司预测:公司如果新建设一条化学合成生产线,在 3 年投资期满之后,可以极大地提高公司的竞争能力,使公司的年税后利润上升为 18 000 万元。控股股东认可这种投资,但是,该公司的中小股东认为这种投入风险太大,一致反对公司对该生产线投资。公司股东会最后决定,公司按照 15 元/股的价格回购公司中小股东所持有的全部股份的方案,将公司由上市公司转变为非上市公司。公司的总股本缩减为 12 000 万股。公司定向回购中小股东股份的资金来源的税后资金成本为 6%。假定公司市盈率保持不变,公司的折现率为 8%。试分析该股票回购行为对控股股东和中小股东利益的影响。

解:

分析:公司回购中小股东持有的全部股份之后,公司就成为控股股东的全资公司,公司回购中小股东手中股份的溢价支出,其实就是控股股东的成本,公司未来增加的利润也全部归控股股东做拥有,是控股股东的收益。因此,回购行为对双方利益的影响可以按照以下方式计算:

(1) 计算中小股东出售股份的获利金额:

$$中小股东出售股份的获利额=8\ 000\times(15-12)=24\ 000(万元)$$

(2) 计算回购中小股东股份之后的公司价值：

$$公司股票的现有市盈率＝12÷(10\ 000÷20\ 000)＝24(倍)$$
$$回购后公司的市场价值＝10\ 000×24－15×8\ 000＝12\ 0000(万元)$$

回购后公司的市场价值就是归控股股东所拥有的市场价值。

(3) 计算投资成功后和回购中小股东股份之后公司的税后利润总额：

$$考虑回购资金成本之后的税后利润＝18\ 000－8\ 000×15×6\%＝10\ 800(万元)$$

(4)投资成功之后控股股东获得利益的现值：

$$\frac{投资成功之后公司}{市场价值增加额}＝\frac{10\ 800×24}{(1＋8\%)^5}－120000$$
$$＝0.7938\ 3×259\ 200－120\ 000＝205\ 761－120000＝85\ 761(万元)$$
$$每股获得的利益＝85\ 761÷12\ 000＝7.145(元/股)$$

根据计算结果可知，中小股东获得每股 3 元的利益，获利总金额为 24 000 万元，控股股东从公司回购活动中获得的利益总额为 85 761 万元，折算为每股利益为 7.145 元，公司回购对控股股东和中小股东双方都是有利的。当然，控股股东承担了全部风险，获得的利益量高于中小股东也应该是正常的。

3. 考虑公司再上市对控股股东经济利益影响量的确定

控股股东收购中小股东的股份将上市公司转变为非上市公司，主要是为了回避公司股东之间的现有矛盾，当公司投资项目已经获得成功之后，控股股东往往会将上市公司再转变为上市公司，以获取创业利润。因为，当上市公司转变为非上市公司之后，公司股本的流动性降低，变现能力减弱，控股股东为了实现其所持有的股本增值，还必须再次将非上市公司转变为上市公司。在实际计算上市公司转变为非上市公司对控股股东带来的经济利益时，还应该注意到非上市公司再转变为上市公司时所必须花费的各种上市费用。

【例 22-3】 如果〖例 22-2〗中的华丰化工在投资项目成功之后，又准备将公司重新上市，新股发行金额为原回购中小股东而产生的负债额，即 120 000 万元，发行价格为现有每股收益的 20 倍，其重新上市费用为 3 000 万元，假定公司上市后市盈率仍然维持 24 倍不变，折现率仍为 8%。试问控股股东从华丰华工重新上市中可以获得什么好处？

解：

分析：公司增发股份之后，将减少公司现有的财务费用，增加公司的税后利润，但是新增的利润有一部分归新股东所拥有，因此，该增发行为对控股股东利益的影响可以按照以下方式计算：

(1)计算投资项目成功之后的每股收益：

$$投资项目成功之后的每股收益＝10\ 800÷12\ 000＝0.9(元/股)$$

(2)计算筹集 120000 万元资金和弥补筹资费用所需要发行的股数：

$$需要发行的股数＝(120\ 000＋3\ 000)÷(0.9×20)＝6\ 833(万股)$$

(3)计算发行新股后公司的税后利润总额：

$$发行新股后公司的税后利润总额＝10\ 800＋120\ 000×6\%＝18\ 000(万元)$$

（4）计算发行新股后公司控股股东持有公司股份的价值增加额：

发行新股后公司的每股收益＝18 000÷（12 000＋6 833）＝0.955 8（万元）

发行新股后公司的每股市价＝0.955 8×24＝22.939（元/股）

发行新股后公司控股股东持有公司股份的价值＝22.939×12 000＝275 268（万元）

发行新股后公司控股股东持有公司股份的价值增加额

＝275 268－205 761＝69 507（万元）

发行新股后公司控股股东持有公司股份的价值增加额折算为现值

＝0.793 83×69 507＝55 177（万元）

根据计算可以看出，如果公司将公司再上市，控股股东还可以多获得 55 177 万元的利益，将退市获得利益总额为 85 761 万元考虑进来，公司控股股东从先退市再上市这一理财行为中总共获得了 140 938 万元的利益。如果预测成为现实的话，对控股股东是极为有利的。

二、公司向控股股东定向增发股份的财务问题

公司除了可以对外发行股份之外，还可以定向发行股份。当然定向发行股份可以是公司外部特定的投资者，也可以是公司内部的特殊股东。在这里主要讨论是后者，即公司向其控股股东定向增发股份的事件。

（一）定向增加发行股份的基本目的

1. 定向增发股份与公开增发股份

定向增发股份，简称定向增发，是指上市公司采用非公开方式向特定的对象发行股票的行为。对外定向增发股份会使公司产生新的股东，而向公司内部的特定股东定向增发股份，会使公司内部某些股东的股份增加，无论公司向什么特定的对象增发股份，都会引起公司新股数量的增加和公司内部股权结构的变化，从而影响到其他股东的经济利益。

与公开增发股份相比，定向增发股份有如下一些基本特征：①定向增发的目的不是向社会公众投资者筹资，而是向特定的对外筹集资金；②定向增发的对象往往是与公司进行重组和购并活动相关的投资人；③公开增发股份必须以现金认购，定向增发的对价不限于现金，还包括非现金资产（包括权益）、债权等；④由于特定人不同于社会公众投资者，不需要监管部门予以特殊保护，定向增发的条件可不受《公司法》关于 3 年连续盈利及发行时间间隔的限制；⑤定向增发不需要承销，成本和费用相对较低；⑥市场对定向增发与公开增发的反应不同。如果定向增发股份所注入资产是盈利能力极佳的资产，那么可迅速改变上市公司的盈利能力，使上市公司实现良性扩张，这种增发行为就容易得到投资者认同；而在公开增发的情况下，投资者往往对上市公司"高价圈钱"不满。

2. 定向增发股份的基本目的

公司采用向特殊对象定向增发股份的筹资方式一般都有其深层次的原因，其基本目的包括：定向增发与资产重组相结合；定向增发与上市公司收购相结合；定向增发与吸收合并相结合；定向增发与股份回购相结合。

（二）上市公司定向增发股份对不同股东利益的影响

在我国定向增发一直是上市公司再融资的重要手段，不少上市公司的控股股东为了提高上市公司的业绩，把其优秀的资产通过定向增发的方式注入上市公司，使上市公司业绩在

一段时期内连续高速增长。实施定向增发,一方面可以使上市公司迅速筹集到发展所急需的资金,通过资金的推动作用,使得上市公司迅速形成新的利润增长点;另一方面,上市公司的利润增加,必然导致其股票市场价格的上涨,从而为上市公司的控股股东高价出售所持有的上市公司股份打下了良好的基础。除此之外,非上市公司的股东,即公司的外部投资人也希望通过参与上市公司的定向增发,分享上市公司业绩增长所带来的利益。

上市公司定向增发股份的价格,一方面均会低于股票的市场价格,另一方面又会高于股票的账面价格,定向增发股份对中小股东和控股股东利益的影响究竟如何,是在制订定向增发股份方案时必须明确的问题。下面以实例来加以说明。

【例 22 - 4】 杜鹃电子公司目前的财务资料如表 22 - 1 所示:

表 22 - 1

杜鹃电子公司财务资料表

项　　目	数　　据
总资产(万元)	100 000
总负债(万元)	60 000
净资产(万元)	40 000
普通股股数(万股)	20 000
其中:控股股东(万股)	10 000
中小股东(万股)	10 000
每股账面价值(元)	2
净利润(万元)	6 000
每股收益(元)	0.3
每股市场价值(元)	9
市盈率(倍)	30

现公司以每股 8 元的价格向控股股东定向增发 10 000 万股,而控股股东以 80 000 万元的一条生产流水线作为取得这 10 000 万股的对价。公司预测在增发取得该条生产流水线之后,公司的净利润将达到 15 000 万元。假定增发股份之后公司股票的市盈率保持不变,控股股东增发获得的股票要在第 3 年才能变现。试分析该定向增发股份对中小股东和控股股东利益的影响?

解:

(1) 计算增发股份之后的每股收益:

增发股份之后的每股收益＝15 000÷(20 000＋10 000)＝0.5(元/股)

(2) 计算增发股份之后的每股市场价格:

增发股份之后的每股市场价格＝0.5×30＝15(元/股)

(3) 计算增发股份之后每股市场价格的增加额:

增发股份之后每股市场价格的增加额＝15－9＝6(元/股)

（4）计算增发后控股股东取得的定向增发部分股份的利益：

$$增发部分股份取得的利益＝15－8＝7(元/股)$$

根据上述计算结果，可以看出，公司定向增发股份使公司股票的市场价格得到增长，为中小股东和控股股东原来拥有的那部分股份均带来了每股 6 元钱的利益，而对定向增发的那部分股份则带来了每股 7 元钱的利益，但是该部分股票的利益要在 3 年之后才能变现。就中小股东而言，其利益来源于控股股东注入资产带来的每股收益上升，而控股股东注入资产价值的增加，则源于注入资产的流动能力增强。可以这样说，控股股东是以放弃注入资产的部分盈利为代价，换取注入资产流动性的增强利益，在这一交换之中，各种不同的股东都获得了相应的经济利益。

第二节　公司失败与清算

公司作为一个有机体，它既存在"生"——公司设立，也存在"死"——公司解散。公司解散分为自动解散、自愿解散和非自愿(强制)解散。当公司面临非自愿解散的危机时，也可以通过公司重组的方式继续生存下去。公司的清算和重组都会遇到一些复杂的财务问题，需要加以专门的研究。本节将对公司的财务失败、公司清算、公司改组、债务重组等方面的财务问题进行探讨。

一、企业失败

公司解散在多数情况下是由企业失败所引起，企业失败可以分为经济性失败和财务性失败两类，不同失败有不同的后果。

（一）经济性失败和财务失败

1. 经济性失败

经济性失败是指企业经营产生的现金流入量长期不足以满足经营现金流出量的需要，即企业经营现金净流入量长期为负，而导致的企业生存困难。不言而喻，只要一个企业的经营现金净流入量长期为负，那么，该企业如果没有外来现金的支持，就迟早会将企业的资本消耗一空，使企业非正常解散。一般而言，企业的经济性失败，是导致企业失败的最主要的原因。但是经济失败对企业失败的影响是通过财务失败起作用的。财务失败是导致企业失败最直接的原因。

2. 财务失败

财务失败是指企业从技术上无力偿还到期债务起一直到破产为止这样一个范围的财务困难。技术上无力偿还到期债务是指虽然企业的总资产超过了企业的总负债，但是由于企业的资金安排不当，而引起的不能清偿到期债务。破产则是财务失败的极端形式，一般指企业重估后的净资产为负的情形。技术上无力偿还到期债务，虽然可能导致破产，但一般来说容易找到补救办法，不会立即走上破产之路。极端的财务失败对企业的影响则十分严重，在这种情况下，企业若无外来资金的支持，就不可能清偿所有债务，引发破产的危险就会更大。如果一旦出现财务失败，并且无法补救，那么企业就会宣告破产进入清算阶段。

（二）公司破产的直接原因

公司宣告破产的最直接原因是财务失败。根据世界各国的破产法规定，只要公司不能清偿到期债务，就应该依照破产法宣告破产。

我国 2006 年 8 月颁布的《破产法》规定："企业法人不能清偿到期债务，并且资产不足以清偿全部债务或者明显缺乏清偿能力的，依照本法规定清理债务"。从我国新破产法中可以看出，我国企业破产主要是由于企业财务失败原因引起的，但同时也考虑到经济性失败原因。"资产不足以清偿全部债务或者明显缺乏清偿能力的"就是指企业经济性失败，"不能清偿到期债务"是指财务失败。虽然，在我国的破产法中多了"资产不足以清偿全部债务或者明显缺乏清偿能力"的定语，但是，不能清偿到期债务，仍然是导致企业破产的最直接原因，即财务失败仍然是企业破产的直接原因。

企业破产有被动破产和主动破产两种形式。所谓被动破产，是指债权人为了收回自己的债权而向法院申请债务人破产的事件，通过强制企业破产、变卖企业资产可以在一定程度上保护债权人的利益。所谓主动破产，是指债务人主动向法院申请自己破产的事件，该种破产的基本目的是为了保护企业的产生经营能力和全部债权人的权益。

（三）财务失败的补救措施

如果财务失败的原因仅是理财技术上的原因，即公司在处于盈利状况下无力偿还到期债务的财务失败，那么公司尚有补救的余地。基本补救措施就是通过债务重组，改变企业的债务结构，使企业得以继续生存下去。然而，如果财务失败的原因是由于经济性失败原因引起的，即经营长期处于亏损状态，企业资不抵债等原因引起的，那么，挽救企业的难度就相对较大。当挽救困难企业的意义不大时，困难企业就很可能转入破产清算程序。一家企业除了需要对激烈竞争迅速作出反应，以适应市场变化的需要之外，还需要具备在企业陷入财务困境之时，补救财务失败，避免企业进入清算程序的能力。

企业财务失败时的有关补救措施及其影响如表 22 - 2 所示。

表 22 - 2

企业失败不同补救措施及其影响表

程序性质	程序内容	对企业的影响	标准
自愿和解	债务展期	企业继续存在	持续经营价值大于清算价值
	债务减免		
	自愿清算		
法定程序	法定破产清算	企业解散消失	持续经营价值小于清算价值
	公司财务改组		

公司财务人员，在理财的过程中，应充分认识财务失败的可能性及其不同后果，了解可以采取的各种补救财务困难的方法，只有这样，才能防患于未然，使财务工作做得更好。

二、公司的解散与清算

（一）公司解散

1. 公司解散的分类

按照公司解散的原因分类，公司解散可以非为自动解散、自愿解散和非自愿解散等三类。

(1) 自动解散。自动解散是在设立公司时就确定的,比如公司章程规定的公司营业期限届满、公司章程规定的解散事由已出现等,这属于公司的正常解散。

(2) 自愿解散。自愿解散是公司为了适应市场的变化,公司主动作出的公司解散决策。比如股东大会决定解散、因公司合并或者分立需要解散等,都属于公司的自愿解散。

(3) 非自愿解散。非自愿解散是除了上述正常原因之外的非正常解散,比如公司违反国家有关法规或危害社会公众利益被依法撤销、公司宣告破产等,这属于公司的非自愿(强制)解散。

2. 公司解散的方式

公司解散除了可以按照自动解散、自愿解散和非自愿解散进行分类之外,还可以按照公司在解散之后是否继续经营为标准分类,这种分类又称之为按公司解散的方式分类。按照这个标准分类,公司解散可以分为资本转让解散和完全解散两种形式。

公司解散的类型与解散方式的关系如表 22-3 所示。

表 22-3

公司解散的类型与解散方式的关系

公司解散类型	公司解散方式	公司财产作价方式
1. 自动解散(正常结局)	资本转让解散	估计企业价值
2. 自愿解散(正常或非正常结局)	资本转让解散 或完全解散	估计企业价值 清理和变卖企业各种具体资产
3. 强制解散(非正常结局)	完全解散	清理和变卖企业各种具体资产

(二) 公司清算的分类

所谓公司清算,就是确定公司的资产、负债、所有者权益等的过程。公司清算因清算的性质不同分为非破产清算和破产清算两类,这两类清算分别适用不同的法律。

我国《公司法》第一百八十四条规定:"公司因公司章程规定的营业期限届满或者公司章程规定的其他解散事由出现,股东会或者股东大会决议解散,依法被吊销营业执照、责令关闭或者被撤销,法院依照本法第一百八十三条的规定予以解散的,应当在解散事由出现之日起十五日内成立清算组,开始清算。"

有限责任公司的清算组由股东组成,股份有限公司的清算组由董事或者股东大会确定的人员组成。逾期不成立清算组进行清算的,债权人可以申请法院指定有关人员组成清算组进行清算。法院应当受理该申请,并及时组织清算组进行清算。

《公司法》第一百八十八条规定:"清算组在清理公司财产、编制资产负债表和财产清单后,发现公司财产不足清偿债务的,应当依法向法院申请宣告破产。公司经法院裁定宣告破产后,清算组应当将清算事务移交给法院,公司进入破产清算程序。"

三、破产清算

按照我国《破产法》,企业破产的内容和程序包括破产申请和受理、确定财产管理人、债务人财产确定、破产费用和共益债务的处理、债权申报、债权人会议、破产清算等等。下面主要对破产财产、破产费用等相关问题进行讨论。

（一）债务人财产

1. 债务人财产的定义

破产申请受理时属于债务人的全部财产，以及破产申请受理后至破产程序终结前债务人取得的财产，为债务人财产。

2. 撤销权

法院受理破产申请前一年内，涉及债务人财产的下列行为，管理人有权请求法院予以撤销：①无偿转让财产的；②以明显不合理的价格进行交易的；③对没有财产担保的债务提供财产担保的；④对未到期的债务提前清偿的；⑤放弃债权的。

法院受理破产申请前6个月内，债务人如果存在不能清偿到期债务，并且资产不足以清偿全部债务或者明显缺乏清偿能力的情形，仍对个别债权人进行清偿的，管理人有权请求法院予以撤销。但是，个别清偿使债务人财产受益的除外。

涉及债务人财产的下列行为无效：①为逃避债务而隐匿、转移财产的；②虚构债务或者承认不真实的债务的。

对存在上述规定的行为而取得的债务人的财产，管理人有权追回。

法院受理破产申请后，债务人的出资人尚未完全履行出资义务的，管理人应当要求该出资人缴纳所认缴的出资，而不受出资期限的限制。

债务人的董事、监事和高级管理人员利用职权从企业获取的非正常收入和侵占的企业财产，管理人应当追回。

3. 债务人财产的处理

法院受理破产申请后，管理人可以通过清偿债务或者提供为债权人接受的担保，取回质物、留置物。债务清偿或者替代担保，在质物或者留置物的价值低于被担保的债权额时，以该质物或者留置物当时的市场价值为限。

4. 债权与债务的抵消

债权人在破产申请受理前对债务人负有债务的，可以向管理人主张抵消。但是，有下列情形之一的，不得抵消：①债务人的债务人在破产申请受理后取得他人对债务人的债权的；②债权人已知债务人有不能清偿到期债务或者破产申请的事实，对债务人负担债务的；但是，债权人因为法律规定或者有破产申请一年前所发生的原因而负担债务的除外；③债务人的债务人已知债务人有不能清偿到期债务或者破产申请的事实，对债务人取得债权的；但是，债务人的债务人因为法律规定或者有破产申请一年前所发生的原因而取得债权的除外。

（二）破产费用和共益债务

1. 破产费用

法院受理破产申请后发生的下列费用，为破产费用：①破产案件的诉讼费用；②管理、变价和分配债务人财产的费用；③管理人执行职务的费用、报酬和聘用工作人员的费用。

2. 共益债务

法院受理破产申请后发生的下列债务，为共益债务：①因管理人或者债务人请求对方当事人履行双方均未履行完毕的合同所产生的债务；②债务人财产受无因管理所产生的债务；③因债务人不当得利所产生的债务；④为债务人继续营业而应支付的劳动报酬和社会保险费用以及由此产生的其他债务；⑤管理人或者相关人员执行职务致人损害所产生的债务；⑥债务人财产致人损害所产生的债务。

3. 破产费用和共益债务的处理

破产费用和共益债务由债务人财产随时清偿。债务人财产不足以清偿所有破产费用和共益债务的,先行清偿破产费用。债务人财产不足以清偿所有破产费用或者共益债务的,按照比例清偿。债务人财产不足以清偿破产费用的,管理人应当提请法院终结破产程序。法院应当自收到请求之日起 15 日内裁定终结破产程序,并予以公告。

（三）债权申报

1. 债权申报的时间规定

法院受理破产申请后,应当确定债权人申报债权的期限。债权申报期限自法院发布受理破产申请公告之日起计算,最短不得少于 30 日,最长不得超过 3 个月。

未到期的债权,在破产申请受理时视为到期。附利息的债权自破产申请受理时起停止计息。附条件、附期限的债权和诉讼、仲裁未决的债权,债权人可以申报。

2. 对职工债权的特别规定

债务人所欠职工的工资和医疗、伤残补助、抚恤费用,所欠的应当划入职工个人账户的基本养老保险、基本医疗保险费用,以及法律、行政法规规定应当支付给职工的补偿金,不必申报,由管理人调查后列出清单并予以公示。职工对清单记载有异议的,可以要求管理人更正;管理人不予更正的,职工可以向法院提起诉讼。

3. 债权申报内容

债权人申报债权时,应当书面说明债权的数额和有无财产担保,并提交有关证据。申报的债权是连带债权的,应当说明。连带债权人可以由其中一人代表全体连带债权人申报债权,也可以共同申报债权。债务人的保证人或者其他连带债务人已经代替债务人清偿债务的,以其对债务人的求偿权申报债权。

4. 债权表的编制和使用

管理人收到债权申报材料后,应当登记造册,对申报的债权进行审查,并编制债权表。债权表和债权申报材料由管理人保存,供利害关系人查阅。债权表,应当提交第一次债权人会议核查。债务人、债权人对债权表记载的债权无异议的,由法院裁定确认。债务人、债权人对债权表记载的债权有异议的,可以向受理破产申请的法院提起诉讼。

（四）债权人会议

1. 一般规定

一般规定包括债权人会议成员的组成、债权人会议的职权、债权人会议的决议等方面的内容。依法申报债权的债权人为债权人会议的成员,有权参加债权人会议,享有表决权。债权人会议行使下列职权:①核查债权;②申请法院更换管理人,审查管理人的费用和报酬;③监督管理人;④选任和更换债权人委员会成员;⑤决定继续或者停止债务人的营业;⑥通过重整计划;⑦通过和解协议;⑧通过债务人财产的管理方案;⑨通过破产财产的变价方案;⑩通过破产财产的分配方案;⑪法院认为应当由债权人会议行使的其他职权。债权人会议应当对所议事项的决议作成会议记录。债权人会议的决议,由出席会议的有表决权的债权人过半数通过,并且其所代表的债权额占无财产担保债权总额的 1/2 以上。

2. 债权人委员会

债权人会议可以决定设立债权人委员会。债权人委员会由债权人会议选任的债权人代表和一名债务人的职工代表或者工会代表组成。债权人委员会成员不得超过九人。债权人委员会行使下列职权：①监督债务人财产的管理和处分；②监督破产财产分配；③提议召开债权人会议；④债权人会议委托的其他职权。

（五）破产清算

1. 破产宣告

债务人被宣告破产后，债务人称为破产人，债务人财产称为破产财产，法院受理破产申请时对债务人享有的债权称为破产债权。破产宣告前，有下列情形之一的，法院应当裁定终结破产程序，并予以公告：

（1）第三人为债务人提供足额担保或者为债务人清偿全部到期债务的。

（2）债务人已清偿全部到期债务的。

对破产人的特定财产享有担保权的权利人，对该特定财产享有优先受偿的权利。享有有关规定权利的债权人行使优先受偿权利未能完全受偿的，其未受偿的债权作为普通债权；放弃优先受偿权利的，其债权作为普通债权。

2. 变价和分配

管理人应当及时拟订破产财产变价方案，提交债权人会议讨论。管理人应当按照债权人会议通过的或者法院裁定的破产财产变价方案，适时变价出售破产财产。

破产财产在优先清偿破产费用和共益债务后，依照下列顺序清偿：①破产人所欠职工的工资和医疗、伤残补助、抚恤费用，所欠的应当划入职工个人账户的基本养老保险、基本医疗保险费用，以及法律、行政法规规定应当支付给职工的补偿金；②破产人欠缴的除前项规定以外的社会保险费用和破产人所欠税款；③普通破产债权。破产财产不足以清偿同一顺序的清偿要求的，按照比例分配。

破产企业的董事、监事和高级管理人员的工资按照该企业职工的平均工资计算。

3. 破产程序的终结

破产人无财产可供分配的，管理人应当请求法院裁定终结破产程序。管理人在最后分配完结后，应当及时向法院提交破产财产分配报告，并提请法院裁定终结破产程序。法院应当自收到管理人终结破产程序的请求之日起十五日内作出是否终结破产程序的裁定。裁定终结的，应当予以公告。

（六）公司清算实例

下面以实例来说明公司清算后财产的处置。

【例 22 - 5】 甲公司破产时的相关资料如下。

甲公司宣告破产时的资产负债表如表 23 - 4 所示。

表 22 - 4

甲公司宣告破产时的资产负债表

单位：万元

资产	金额	负债及所有制权益	金额
流动资产		流动负债	
现金	20	短期银行借款	600
应收账款	200	应付账款	400
其他应收款	100	应付工资	100
短期投资	100	应交税金	100

（续表）

资产	金额	负债及所有制权益	金额
存货	500	预提费用	100
待摊费用	80	流动负债合计	1 300
流动资产合计	1 000	长期负债	
长期投资		抵押债券	500
长期股权投资	300	信用债券	300
长期债权投资	100	长期银行借款	200
长期投资合计	400	长期负债合计	1 000
固定资产		所有者权益	
固定资产原值	2 000	优先股	100
减:累计折旧	1 000	普通股	600
固定资产净值	1 000	留存收益	−400
无形资产	200	所有者权益合计	300
总　　　计	2 600	总　　　计	2 600

清算组各种资产变现和对债务的清查核实情况如表 23-5 所示。

表 22-5

各种资产变现和债务的清查核实情况表

单位:万元

资产	金额		负债及所有制权益	金额	
	账面金额	变现金额		账面金额	核实金额
流动资产			流动负债		
现金	20	20	短期银行借款	600	600
应收账款	200	120	应付账款	400	400
其他应收款	100	50	应付工资	100	100
短期投资	100	50	应交税金	100	120
存货	500	300	预提费用	100	—
待摊费用	80	—	流动负债合计	1 300	1 220
流动资产合计	1 000	540	长期负债		
长期投资			抵押债券	500	550
长期股权投资	300	200	信用债券	300	330
长期债权投资	100	100	长期银行借款	200	220
长期投资合计	400	300	长期负债合计	1 000	1 100
固定资产			所有者权益		

（续表）

资产	金额		负债及所有制权益	金额	
	账面金额	变现金额		账面金额	核实金额
固定资产原值	2 000	—	优先股	100	100
减：累计折旧	1 000		普通股	600	600
固定资产净值	1 000	500	留存收益	−400	−1 680
无形资产	200	—	所有者权益合计	300	−980
总　　计	2 600	1 340	总　　计	2 600	1 340

发生清算费用共 100 万元。抵押债券的抵押资产变卖所获金额为 300 万元。根据法定顺序，对清算变现资产的分配结果如表 23-6 所示。

表 22-6

变现资产分配表

单位：万元

项　　目	求偿权	分配率	实际偿付金额
资产变现收入	—	—	1 340
减：清理费用	—	—	100
抵押债券（抵押资产变卖所得）			300
可分配现金	—	—	940
减：优先偿付债务金额	220	100%	220
应付工资	100	100%	100
应交税金	120	100%	120
可用于偿付一般债务的金额	—	—	720
减：偿付一般债务的金额	1 800	40%	720
短期银行借款	600	40%	240
应付账款	400	40%	160
抵押债券	250	40%	100
信用债券	330	40%	132
长期银行借款	220	40%	88
可用于偿付优先股的金额	100	0	0
减：偿付优先股的金额	100	0	0
可用于普通股分配的剩余金额	600	0	0

显然，在本例中，由于一般债权人的求偿权都只满足了 40%，因此，优先股票持有人和普通股票持有人均不能参与公司资产的分配。如果公司资产的变现金额在满足一般债权人的全部债务之后还有剩余，在本例中为大于 2 420 万元，那么，优先股票持有人才有可能参与

变现资产的分配。而公司资产的变现金额要达到 2 520 万元以上，才能形成可用于普通股分配的剩余金额，普通股票持有人才有可能享受参与剩余资产分配的权利。从对公司变现资产所得的分配顺序中，可以十分明显地看出不同出资人所承受风险的大小，其中，普通股票持有人风险最大，然后是优先股票持有人，再次是一般债权持有人，而优先债权持有人的风险最小。

第三节　公司财务重组与和解

公司财务重组与和解是解决公司财务困难的重要手段，在本节分别对公司财务重组与公司财务和解进行讨论。

一、财务重组

公司财务重组是公司重整（公司改组）中最重要的内容，在下面，将对公司重整的相关法律规定和公司重整的财务问题进行讨论。

（一）公司重整的基本原因

如果公司继续生存下去，与企业相关的各利益集团可以从公司重整中获得比清算更多的利益时，公司重整就具有了意义。让公司继续持续经营下去，减少债权人和债务人损失是公司重整的最基本原因。这可以用〖例 22 - 5〗的资料加以说明。

在〖例 22 - 5〗中，公司由于清算价值小于负债价值，一般债权人只能获得 40％的补偿，损失为 60％，而优先股和普通股股东的投资则全部损失。如果公司不清算，让它继续经营，其价值大于清算价值的话，那么，让它继续存续下去，则对各方更为有利。比如，当持续经营的价值超过了 1 440 万元，那么一般债权人所获得的补偿比例就将超过 40％；当持续经营的价值超过 2 420 万元时，一般债权人就可以获得 100％的补偿，并且使优先股股东可以收回一部分投资；而当持续经营的价值超过 2 520 万元时，除优先股股东可以收回全部投资之外，普通股股东也可以收回部分投资。在上述各种情况下，公司存续就比公司清算有利。

（二）公司重整的法律规定

1. 重整申请和重整期间

债权人申请对债务人进行破产清算的，在法院受理破产申请后、宣告债务人破产前，债务人或者出资额占债务人注册资本 1/10 以上的出资人，可以向法院申请重整。法院经审查认为重整申请符合法律规定的，应当裁定债务人重整，并予以公告。

在重整期间，对债务人的特定财产享有的担保权暂停行使，债务人的出资人不得请求投资收益分配，债务人的董事、监事、高级管理人员不得向第三人转让其持有的债务人的股权。

在重整期间，有下列情形之一的，经管理人或者利害关系人请求，法院应当裁定终止重整程序，并宣告债务人破产：①债务人的经营状况和财产状况继续恶化，缺乏挽救的可能性；②债务人有欺诈、恶意减少债务人财产或者其他显著不利于债权人的行为；③由于债务人的行为致使管理人无法执行职务。

2. 重整计划的制定和批准

重整计划草案应当包括下列内容：①债务人的经营方案；②债权分类；③债权调整方案；

④债权受偿方案;⑤重整计划的执行期限;⑥重整计划执行的监督期限;⑦有利于债务人重整的其他方案。

重整计划实行分组表决。下列各类债权的债权人参加讨论重整计划草案的债权人会议,依照下列债权分类,分组对重整计划草案进行表决:①对债务人的特定财产享有担保权的债权;②债务人所欠职工的工资和医疗、伤残补助、抚恤费用,所欠的应当划入职工个人账户的基本养老保险、基本医疗保险费用,以及法律、行政法规规定应当支付给职工的补偿金;③债务人所欠税款;④普通债权。出席会议的同一表决组的债权人过半数同意重整计划草案,并且其所代表的债权额占该组债权总额的 2/3 以上的,即为该组通过重整计划草案。

3. 重整计划的执行

重整计划由债务人负责执行。在监督期内,债务人应当向管理人报告重整计划执行情况和债务人财务状况。经法院裁定批准的重整计划,对债务人和全体债权人均有约束力。债权人未依照本法规定申报债权的,在重整计划执行期间不得行使权利;在重整计划执行完毕后,可以按照重整计划规定的同类债权的清偿条件行使权利。债权人对债务人的保证人和其他连带债务人所享有的权利,不受重整计划的影响。

债务人不能执行或者不执行重整计划的,法院经管理人或者利害关系人请求,应当裁定终止重整计划的执行,并宣告债务人破产。

(三)公司财务重组

1. 公司财务重组的定义

公司财务重组是公司重整中最重要的内容,公司之所以面临破产的威胁,就是因为公司不能清偿到期债务,要让公司能够持续经营下去,最关键的问题就是要减少到期债务。而减少到期债务的一系列财务活动就是公司财务重组。所谓财务重组,就是通过改变公司的资金来源结构,来减少负债总额、到期负债和降低固定财务费用,使公司能够继续生存下去的一种财务行动。具体地说,就是通过增发普通股票、优先股票或低息债券等无固定财务费用或低财务费用的证券来替换原公司所承担的高息债券,从而达到减少公司负债和降低固定财务费用的目的,使公司能够继续生存下去。

公司是否值得进行财务重组,主要是从债权人的角度去考察公司持续经营的盈利能力。如果在可预见的将来,公司的经营盈利能力渺茫,那么,债权人就宁愿承担当前的损失也要求公司进行清算。因为,公司清算虽然会使债权人蒙受一些经济损失,但是总多少可以收回一些债权,减少一些损失。而在持续经营盈利能力不明确的情况之下,让公司持续经营下去,其损失则可能会更大。因此,只有在公司持续经营的现值超过其清算价值时,对债权人而言,才值得进行财务重组。

2. 公司财务重组的基本内容

公司财务重组的主要目的是通过改变公司的资金来源结构,来减少负债总额、到期负债和降低固定财务费用,使公司能够继续生存下去。为了完成这一任务,公司财务重组方案一般应该包括如下几方面的内容:①估计公司持续经营的价值;②拟定适应公司持续经营的新的资本结构;③确定各种老证券与新证券的调换比例。以下分别讨论这几方面的内容。

(1)估计公司持续经营的价值。公司财务重组必须首先确定公司价值,这是公司财务重组中最重要的一步,也是最困难的一步。在公司财务重组中,对公司价值估价的基本方法是未来现金净流入量折现法。运用该法时应该注意如下问题:

第一，所使用的未来现金净流入量应该是包含负债利息在内的现金净流入量，而不仅是对所有者而言的现金净流入量。这是因为决定公司是否持续经营的价值标准应该是公司的总价值，而不是公司股权的价值。

第二，所使用的折现率应该是从债权人的角度出发的负债资金成本率或收益率，之所以选择负债资金成本率作为折现率，主要是由于公司的债权人对公司是否持续经营具有最终决策权，而公司债权人对公司是否持续经营的决策标准是公司持续经营的价值是否大于其债权的价值，如果持续经营的价值大于其债权的价值，那么就应该进行财务重组，让公司持续经营下去，反之，则应该立即进行清算，收回部分债权。而决定债权价值所适用的折现率就是负债资金成本率或收益率。

【例 22 - 6】　假定〖例 22 - 5〗中的甲公司在进行财务重组后，预计未来每年的息税前收益平均为 300 万元，公司所得税税率为 26％，一般债权人的平均资金成本率为 8％，试求甲公司持续经营的价值。

解：按简化的收益资本化模型计算有：

$$甲公司持续经营的价值＝300(1-26\%)÷8\%＝2\,775(万元)$$

在决定公司财务重组后的企业价值时，还需要注意公司价值对公司不同财产要求权人的影响。对求偿权排在后面的各类财产要求权人，通常都希望高估公司价值，因为公司价值越高，他们在重组后公司中所占的权益份额就会越大。对普通股股东而言，如果公司的估计价值低了于公司的清算价值，那么，他们就宁可对公司进行清算，而不愿对公司进行改组，因为，在公司重估价值低于清算价值的情况下，他们通过清算还有可能收回部分投资，而公司改组之后，则可能使其全部投资化为乌有，或者是收回金额小于清算所获得的金额。

（2）拟定适应公司持续经营的新的资本结构。公司价值确定之后，就应该确定适应公司持续经营的新的资本结构。确定适应公司持续经营的资本结构需要考虑如下几方面的问题：

第一，要能减少公司目前的到期负债，使公司目前偿还债务的压力减轻，法律责任消失。公司通过减少流动负债、延长长期负债期限和增加股权资金均可以满足这一要求。

第二，要降低未来固定的财务费用支出，使公司保持足够的经营活力。公司可以通过降低负债利息，增加股权资金在总资金来源中的比重来满足这一要求。

第三，要使公司有一个稳健的资本结构，使资本结构保持足够的财务弹性，有利于公司扩大经营和减少风险。公司通过缩减负债和追加股本，可以使股权资金占总资金来源的比重增加，使公司资本结构保持足够的弹性。

虽然，公司资本结构的确定涉及各种债权人和股权所有者的切身经济利益，但是，公司在制定适应公司持续经营的新的资本结构时，不应该过多地考虑公司现行的资本结构，或不同资金供应者对公司不同权益的要求，而应该从有利于公司整体发展的角度来考虑问题。对于不同资金供应者的权益要求权问题，最好放在新老证券调换中去解决。

（3）确定各种老证券与新证券的调换比例。新老证券调换，就是根据确定的公司新的资本结构，按照各种证券的求偿权的先后顺序和一定比例将老证券调换为新证券。在新老证券调换中，最为关键的问题有二：一是，确定各种老证券的调换为新证券的金额比例；二是，确定各种老证券调换为新证券的种类和比例。

各种老证券的调换为新证券的金额比例与各种证券的求偿顺序密切相关，按照法定求偿顺序,在证券调换时,首先应满足拥有优先求偿权证券的全部求偿要求,然后再考虑次等优先求偿权证券的要求,最后才考虑非优先求偿权证券的要求。因此,拥有优先求偿权者的新老证券的调换比例可能为100%(在公司持续经营价值大于优先求偿权总额时),次等优先求偿权者的新老证券调换比例则可能小于100%(在公司持续经营价值减去优先求偿权证券账面价值之后的余额小于次等优先证券的账面价值时),而非优先求偿权者的新老证券调换比例则可能为零(在公司持续经营价值减去优先求偿权证券账面价值和次等优先证券的账面价值之后的余额小于或等于零时)。

各种老证券调换为新证券的种类和比例是老证券持有者之间协商的结果。从理论上讲,新老证券调换时,原拥有优先求偿权的证券也优先拥有选择优先求偿权证券的权利;但是,在实际中,原证券持有人在确定老证券调换为新证券的种类时,除了需要考虑各种证券的收益和风险之外,还需要考虑对新改组公司控制力的问题。这是因为,新改组后的公司能否摆脱经营上的困境,是新公司能否实现其评估价值的关键,如果改组后公司的预期价值不能成为现实,那么,债权人最终还是会蒙受损失。因此,为了确保自己的权益,优先求偿权人往往会比较看重自己在改组公司中的控制权问题。虽然从各种证券的收益和风险来看,负债的风险最小,收益也最低;但是对公司的控制也最弱。优先求偿权人往往会通过放弃一些拥有优先求偿权的新证券,而持有一部分非优先求偿权的新证券,来掌握改组后公司的部分控制权,以确保自己在新改组公司中的权益。总之,各种老证券调换为新证券的种类和比例是各类老证券持有者之间协商的结果,它因实际情况而变。

(四)财务重组的例解

【例22-7】 假定〖例22-5〗中甲公司的一般债权人和全部股权资金所有者之间达成了正式财务重组的协议,对甲公司持续经营的价值估价为〖例22-6〗计算结果,即2 775万元。甲公司持续经营价值分配情况如表23-7所示。

表22-7

持续经营价值分配表

单位:万元

项　　目	求偿权	分配率	实际偿付金额
资产变现收入	—	—	2 775
减:清理费用	—	—	100
抵押债券(抵押资产变卖所得)	—	—	300
可分配现金	—	—	2375
减:优先偿付债务金额	520	100%	220
其中:应付工资	100	100%	100
应交税金	120	100%	120
可用于偿付一般债务的金额	—	—	2155
减:偿付一般债务的金额	1800	100%	1 800
其中:短期银行借款	600	100%	600

（续表）

项　目	求偿权	分配率	实际偿付金额
应付账款	400	100%	400
抵押债券	250	100%	250
信用债券	330	100%	330
长期银行借款	220	100%	220
可用于偿付优先股的金额	100	—	355
减:偿付优先股的金额	100	100%	100
可用于普通股分配的剩余金额	600	42.5%	255

假定甲公司变卖一部分资产用于偿付优先债务,然后,公司的一般债权人与股权资金所有者达成了公司财务重组计划,按该财务重组计划改组后的公司资本结构和新老证券调换方式如表 22-8 所示。

表 22-8

改组后资本结构与不同证券的调换方式表

单位:万元

新资本结构项目	金　额	原证券与新证券的调换方式	金　额
信用债券	230	一般债务换信用债券	230
收益债券	600	一般债务换收益债券	600
优先股票	200	一般债务换优先股票	200
普通股票	1 125	一般债务换普通股票	770
		优先股票换普通股票	100
		普通股票换普通股票	255
合　计	2 155	合　计	2 155

将〚例 22-7〛的结果与〚例 22-5〛相比较,可以发现通过公司财务重组,不但一般债权人收回了全部债权,而且优先股股东也获得了百分之百的补偿,就是普通股股东也可以收回 42.5% 的投资,即该公司财务重组对公司全部资金供应者均带来了好处。但是应该注意,该好处只是一种潜在的好处,它能否成为现实,完全取决于公司未来的经营情况,如果公司经营状况不佳,未能达到预期的结果,那么,有关资金供应者的损失仍然是不可以避免的。在公司财务重组之后,原甲公司的一般债权人不但仍是公司全部债务的持有人,而且变成了新公司的最大股东,相反,原普通股东则只持有新公司 11.83% 的普通股权,成为了小股东。未来公司经营状况如何,对甲公司原一般债权人经济利益的影响最大。

二、公司和解

公司和解与公司重整不一样之处在于,公司重整需要改变公司的资本结构,而公司和解则一般只涉及债务展期、债务减免、债务偿还方式等方面的事项。

（一）公司和解的法律规定

债务人可以直接向法院申请和解；也可以在法院受理破产申请后、宣告债务人破产前，向法院申请和解。债务人申请和解，应当提出和解协议草案。债权人会议通过和解协议的决议，由出席会议的有表决权的债权人过半数同意，并且其所代表的债权额占无财产担保债权总额的2/3以上。

经法院裁定认可的和解协议，对债务人和全体和解债权人均有约束力。和解债权人是指法院受理破产申请时对债务人享有无财产担保债权的人。和解债权人未依照本法规定申报债权的，在和解协议执行期间不得行使权利；在和解协议执行完毕后，可以按照和解协议规定的清偿条件行使权利。

债务人不能执行或者不执行和解协议的，法院经和解债权人请求，应当裁定终止和解协议的执行，并宣告债务人破产。

（二）公司和解的财务问题

1. 公司和解的关键问题——债务重组

公司和解的关键问题，就是债权人与债务人达成某种清偿债务，或债务重组的协议。当一家公司处于财务失败的困境中，要完全按照债务产生时的协议来清偿到期债务已经不现实，因此，在这种情况下，债权人往往为了自身的利益，不得已对债务人作出某种程度的让步，与债务人进行债务重组，使自己蒙受的损失降至最低。

2. 债务重组分类

债务重组可以分为持续经营条件下的债务重组和非持续经营条件下的债务重组两类。

（1）持续经营条件下的债务重组。持续经营条件下的债务重组，是指债务重组双方在可预见的将来仍然会继续经营下去的情况下所进行的债务重组。持续经营条件下的债务重组还可以按债权人是否作出了让步，进一步分为债权人作出了让步的债务重组和债权人未作出让步的债务重组。债权人作出了让步的债务重组，是指债权人同意债务人现在或将来以低于债务账面价值的金额偿还债务的债务重组。债权人未作出让步的债务重组，是指债务人现在或将来偿还债务的金额不低于债务的账面价值的债务重组。但是我国"债务重组会计准则"，仅规范持续经营条件下债权人作出了让步的债务重组的确认、计量和披露。即只将债务重组的范围限制在债务人发生财务困难时，债权人按照其与债务人达成的协议或法院的裁定作出让步的事件。让步是指债权人同意发生财务困难的债务人现在或将来以低于债务账面价值的金额偿还债务。债务人发生财务困难，是债务重组的前提条件。让步是债务重组的重要特征。

（2）非持续经营条件下的债务重组。非持续经营条件下的债务重组，则指债务人处于破产清算或企业重整等状态时与债权人之间进行的债务重组。我国破产法所规定的公司和解，就属于非持续经营条件下的债务重组。当公司发生财务困难而不能按期偿还债务时，如果企业失败是属于技术性的无偿付能力，则企业所有者和债权人之间为了防止企业破产，可以通过达成某种债务重组的协议，帮助企业走出困境。对企业失败的处理方式，实质取决于财务危机的大小和债权人的态度。一般而言，由于破产程序复杂冗长，而且费用昂贵，所以，除非大部分债权人不同意私下协商解决，或因企业清算价值超过其持续经营价值而按法律规定必须清算之外，在更多的情况下，债权人往往不愿意向法院提出诉讼，而愿意主动让步，采取双方私下协商解决的办法，作出对债权人和企业双方都有利可图的债务重组，使企业能够继续生存下去。

3. 债务重组的内容

按我国"债务重组会计准则",债务重组有以资产清偿债务、债务转为资本、修改债务条件等三种方式,以及三种方式的组合。但是,以资产清偿债务,如果不存在债务的减免,那么它就只是还债方式的变化,比如本应该以现金来偿还债务改为以实物资产偿还等,并不能算严格意义上的债务重组。将债务转变为资本以消除债务的方式,是属于正式的公司重整,对这一问题,在前面已经作了详细讨论,故在这里不再重述。因此,在这里所研究的债务重组的内容,只包括修改债务条件的债务重组问题,即债务展期、减少债务本金和减少债务利息等三方面的内容。

1) 债务展期

债务展期是指债权人同意债务人延长到期债务的偿还期限的事件。陷入财务困境的企业,通过延期偿还到期债务,就有可能使企业能够继续生存下去,并最终偿还全部债务。在一个企业的财务危机是由暂时的无偿付能力造成的情况下,如果能在资金周转上给该企业一定的帮助,该企业就可以从困境中解脱出来,并偿还全部债务,那么,债权人为了回避高昂的法律费用和清算可能带来的损失,往往就会同意债务展期,以化解企业的财务危机。

为了争取债权人对债务展期的同意,失败企业的所有者通常会同意债权人在债务展期期间有权对企业的经营管理进行一定程度的干预,比如,限制产品赊销、限制股利支付、限制资本性支出等等,以使企业能按债权人的意愿发展。

2) 减少债务本金

减少债务本金是指债权人以放弃一定比例的债权本金为代价,换取及时收回部分本金,并与债务人解除负债契约的事件。即:债权人与债务人达成按未还债务的一定百分比偿还债务,并解除债约的事件。

债务减免的具体比例是债权人与债务人双方协商的结果,债权人在对债权减免进行决策的过程中,主要考虑的因素是不减免所能收回的债权比例。因为,通过法律行动收取债权除了会支付法律诉讼等费用之外,还会发生因债务人资不抵债而形成的损失。只要债务减免所收回的款项高于企业清算的所得,那么债权人同意债务减免就是有利可图的。但是,应该注意,减少债务本金必须得到至少大多数债权人的同意,否则,企业必须进行清算。

3) 减少债务利息

减少债务利息,包括减免部分应付未付的债务利息和降低尚未偿还债务的利息率两个方面的内容。

显然,上述各类债务重组协议都会使债权人蒙受一定程度的损失,但是债权人如果不让步,而请求法院执行破产清算,那么可能会造成更大的损失。因此,债权人只能两害相比取其轻,不得已而为之。

(三) 债务重组损益的会计处理

虽然,债权人作出让步原因主要在于:第一,最大限度地回收债权;第二,为缓解债务人暂时的财务困难,避免由于采取立即求偿的措施,致使债权上的损失更大。但是这种让步的最终会计结果是:债权人发生债务重组损失,债务人获得债务重组收益。由于债务重组会产生会计损益,因此,追求会计损益可能成为债务重组的一个动因。故有必要对它的会计处理问题进行简要的讨论。

债务重组损益应于债务重组日确认和计量。债务重组日即为债务重组完成日，即债务人履行协议或法院裁定，将相关资产转让给债权人、将债务转为资本或修改后的偿债条件开始执行的日期。债务重组可能发生在债务到期前、到期日或到期后。我国债务重组会计准则对于债务重组损益计量的基本规定如下。

1. 债务重组的特征

按照我国《企业会计准则第 12 号——债务重组》的规定，债务重组是指在债务人发生财务困难的情况下，债权人按照其与债务人达成的协议或者法院的裁定作出让步的事项。

债务人发生财务困难是指因债务人出现资金周转困难、经营陷入困境或者其他原因，导致其无法或者没有能力按原定条件偿还债务。

债权人作出让步是指债权人同意发生财务困难的债务人现在或者将来以低于重组债务账面价值的金额或者价值偿还债务。债权人作出让步的情形主要包括：债权人减免债务人部分债务本金或者利息，降低债务人应付债务的利率等。

债务重组的方式主要包括：①以资产清偿债务；②将债务转为资本；③修改其他债务条件，如减少债务本金、减少债务利息等，不包括上述①和②两种方式；④以上三种方式的组合等。

2. 债务人的会计处理

债务人的基本会计处理规则是：债务人的处理债务人应当将重组债务的账面价值超过清偿债务的现金、非现金资产的公允价值、所转股份的公允价值、或者重组后债务账面价值之间的差额，在满足《企业会计准则第 22 号——金融工具确认和计量》所规定的金融负债终止确认条件时，将其终止确认，计入营业外收入（债务重组利得）。具体地看：

以现金清偿债务的，债务人应当将重组债务的账面价值与实际支付现金之间的差额，计入当期损益。

以非现金资产清偿债务的，债务人应当将重组债务的账面价值与转让的非现金资产公允价值之间的差额，计入当期损益。转让的非现金资产公允价值与其账面价值之间的差额，计入当期损益。

将债务转为资本的，债务人应当将债权人放弃债权而享有股份的面值总额确认为股本（或者实收资本），股份的公允价值总额与股本（或者实收资本）之间的差额确认为资本公积。重组债务的账面价值与股份的公允价值总额之间的差额，计入当期损益。

修改其他债务条件的，债务人应当将修改其他债务条件后债务的公允价值作为重组后债务的入账价值。重组债务的账面价值与重组后债务的入账价值之间的差额，计入当期损益。

修改后的债务条款如涉及或有应付金额，且该或有应付金额符合《企业会计准则第 13 号——或有事项》中有关预计负债确认条件的，债务人应当将该或有应付金额确认为预计负债。重组债务的账面价值，与重组后债务的入账价值和预计负债金额之和的差额，计入当期损益。或有应付金额，是指需要根据未来某种事项出现而发生的应付金额，而且该未来事项的出现具有不确定性。

债务重组以现金清偿债务、非现金资产清偿债务、债务转为资本、修改其他债务条件等方式的组合进行的，债务人应当依次以支付的现金、转让的非现金资产公允价值、债权人享有股份的公允价值冲减重组债务的账面价值，再按照重组债务的账面价值与股份的公允价值总额之间的差额,计入当期损益。

　　3. 债权人的会计处理

　　债权人的基本会计处理规则是:债权人的处理债权人应当将重组债权的账面余额与受让资产的公允价值、所转股份的公允价值、或者重组后债权的账面价值之间的差额,在满足《企业会计准则第 22 号——金融工具确认和计量》所规定的金融资产终止确认条件时,将其终止确认,计入营业外支出(债务重组损失)等。具体地看:

　　以现金清偿债务的,债权人应当将重组债权的账面余额与收到的现金之间的差额,计入当期损益。债权人已对债权计提减值准备的,应当先将该差额冲减减值准备,减值准备不足以冲减的部分,计入当期损益。

　　以非现金资产清偿债务的,债权人应当对受让的非现金资产按其公允价值入账,重组债权的账面余额与受让的非现金资产的公允价值之间的差额,计入当期损益。

　　将债务转为资本的,债权人应当将享有股份的公允价值确认为对债务人的投资,重组债权的账面余额与股份的公允价值之间的差额,计入当期损益。

　　修改其他债务条件的,债权人应当将修改其他债务条件后的债权的公允价值作为重组后债权的账面价值,重组债权的账面余额与重组后债权的账面价值之间的差额,计入当期损益。

　　修改后的债务条款中涉及或有应收金额的,债权人不应当确认或有应收金额,不得将其计入重组后债权的账面价值。或有应收金额,是指需要根据未来某种事项出现而发生的应收金额,而且该未来事项的出现具有不确定性。

　　债务重组采用以现金清偿债务、非现金资产清偿债务、债务转为资本、修改其他债务条件等方式的组合进行的,债权人应当依次以收到的现金、接受的非现金资产公允价值、债权人享有股份的公允价值冲减重组债权的账面余额,再计入当期损益。

习　　题

一、复习思考题

1. 公司为什么要由上市公司转变为非上市公司?
2. 公司可以通过何种方法由上市公司转变为非上市公司?
3. 什么是定向增发股份? 定向增发股份有什么意义?
4. 定向增发股份会给各类股东都带来经济利益吗? 其利益的来源是什么?
5. 什么是经济性失败和财务性失败?
6. 公司解散如何分类?
7. 关注财务失败有何意义?
8. 公司清算有哪些重要的法律规定?
9. 破产财产的确定和分配的法律规范有哪些?
10. 公司重整(财务重组)的基本理论和方法是什么?

二、计算题

1. 神武科技是一家上市公司,已知该上市公司现有发行在外的股票总额为 15 000 万股,其中中小股东持有 5 000 万股,控股股东持有 10 000 万股。目前神武科技股票的每股收益为 0.5 元/股,市盈率为 20 倍,市场价格为 10 元/股。该公司的控股股东预测公司如果对某一项目进行投资,在未来的 3 年建设期满之后将给公司带来丰厚的收益,使公司的每股收益从现在的 0.5 元/股上升到第 5 年后的 1 元/股(以 15 000 万股为基数),但是,该公司的中小股东认为这种投入是不可能为公司带来如此丰厚的收益,因此一致反对公司在这种产品上进行投资。控股股东通过与中小股东的协商,控股股东以 15 元/股的价格收购公司中小股东所持有的全部股份,将该公司由上市公司转变为非上市公司。公司的总股本仍然维持为 15 000 万股不变。假定公司市盈率保持不变,公司的折现率为 8%。试问如果控股股东的预测完全准确,那么,控股股东将从这种收购行为中获得多少利益?

2. 精量电子是一家上市公司,目前公司发行在外的股票总额为 10 000 万股,其中中小股东持有 4 000 万股,控股股东持有 6 000 万股,年税后利润总额为 3 000 万元,股票的市场价格为 9 元/股。该公司的控股股东预测:公司如果对公司需要的专用芯片项目进行投资,在 5 年投资期之后,可以形成完整的生产链,使公司的年税后利润上升为 8 000 万元。但是,该公司的中小股东认为这种投入风险太大,一致反对公司对该芯片投资。在股东会上控股股东与中小股东的协商,达成了由公司按照 12 元/股的价格回购公司中小股东所持有的全部股份的方案。回购中小股东所持有的全部股份之后,公司将由上市公司转变为非上市公司。公司的总股本缩减为 6 000 万股。公司收购中小股东股份的资金是公司按照 8% 的税后贷款利息率从银行借来的。假定公司市盈率保持不变,公司的折现率为 10%。试分析该股票回购行为对控股股东和中小股东利益的影响。

3. 如果计算题 2 中的精量电子在投资项目成功之后,又准备将公司重新上市,新股发行金额为原回购中小股东而产生的负债额,发行价格为投资成功之后每股收益的 25 倍,其重新上市费用为实际筹资额的 3%,假定公司上市后市盈率仍然维持 30 倍不变,折现率特为 10%。试问控股股东从精量电子重新上市中可以获得什么好处?

4. 中通上市公司现在的企业市场价值为 8 亿元,其中控股股东拥有 5 亿元,一般股东拥有 3 亿元。公司的控股股东预测,如果公司不作大的投资战略变化,公司的市场价值将保持不变。如果实施一项重大的投资战略,公司的实际价值在第 3 年开始,将以年 20% 的速度递增。但是该投资战略在公司其他股东那里的不到支持,只要中通公司仍是上市公司,就不可能实施该投资项目。如果控股股东能按市场价格支付 20% 的溢价,即收购价为 3.6 亿元,收购一般股东手中的股票,一般股东将同意转让手中的股票。控股股东就可以将上市公司转变为非上市公司。另外,将上市公司转变为非上市公司还需支付各项费用 0.2 亿元。在 5 年后,控股股东为了将所持有的股票变现,需再次将非上市公司转变为上市公司,预计费用为 0.2 亿元。中通公司适用折现率为 8%。试分析中通公司控股股东是否应该将上市公司转变为非上市公司。

5. 大发机电公司目前的财务资料如表习题 22-1 所示。

表习题 22-1

大发机电公司财务资料表

项目	数据
总资产(万元)	150 000

（续表）

项目	数据
总负债（万元）	70 000
净资产（万元）	80 000
普通股股数（万股）	40 000
其中：控股股东（万股）	20 000
中小股东（万股）	20 000
每股账面价值（元）	2
净利润（万元）	10 000
每股收益（元）	0.25
每股市场价值（元）	6.25
市盈率（倍）	25

现公司以每股 5.5 元的价格向控股股东定向增发 10 000 万股，而控股股东以 55 000 万元的电机生产流水线作为取得这 10 000 万股的对价。公司预测在取得该条生产流水线之后，公司的年净利润将达到 18 000 万元。假定增发股份之后公司股票的市盈率保持不变，控股股东增发获得的股票要在第 3 年才能变现。试分析该定向增发股份对中小股东和控股股东利益的影响？

6. 甲公司破产时的相关资料如下。

甲公司宣告破产时的资产负债表如表习题 22 - 2"所示。

表习题 22 - 2

甲公司宣告破产时的资产负债表

单位：万元

资产	金额	负债及所有制权益	金额
流动资产		流动负债	
现金	20	短期银行借款（5%）	1 000
应收账款	580	应付账款	800
其他应收款	200	应付工资	200
短期投资	100	应交税金	300
存货	800	预提费用	100
待摊费用	100	流动负债合计	2 400
流动资产合计	1 800	长期负债	
长期投资		抵押债券（8%）	1 000
长期股权投资	500	信用债券（10%）	800
长期债权投资	300	长期银行借款（12%）	200
长期投资合计	800	长期负债合计	2 000

（续表）

资产	金额	负债及所有制权益	金额
固定资产		所有者权益	
固定资产原值	3 000	优先股(15%)	500
减:累计折旧	1 000	普通股	1 000
固定资产净值	2 000	留存收益	−900
无形资产	400	所有者权益合计	600
总　　计	5 000	总　　计	5 000

清算组各种资产变现和对债务的清查核实情况如表习题 22-3 所示。

表习题 22-3

各种资产变现和债务的清查核实情况表

单位:万元

资产	金额		负债及所有制权益	金额	
	账面金额	变现金额		账面金额	核实金额
流动资产			流动负债		
现金	20	20	短期银行借款	1 000	1 000
应收账款	580	300	应付账款	800	800
其他应收款	200	100	应付工资	200	200
短期投资	100	80	应交税金	300	300
存货	800	400	预提费用	100	—
待摊费用	100	—	流动负债合计	2 400	2 300
流动资产合计	1 800	900	长期负债		
长期投资			抵押债券	1 000	1 100
长期股权投资	500	300	信用债券	800	900
长期债权投资	300	300	长期银行借款	200	240
长期投资合计	800	600	长期负债合计	2 000	2 240
固定资产			所有者权益		
固定资产原值	3 000	—	优先股	500	100
减:累计折旧	1 000		普通股	1 000	1 000
固定资产净值	2 000	1 600	留存收益	−900	−2 540
无形资产	400	—	所有者权益合计	600	−1 440
总　　计	5 000	3 100	总　　计	5 000	3 100

发生清算费用共 200 万元。抵押债券的抵押资产变卖所获金额为 800 万元。试根据法定顺序对清算变现资产进行分配。

7. 假定计算题 6 中甲公司如果持续经营下去,预计未来每年的息税前收益平均为 800 万元,所得税税率为 30％,社会同风险折现率为 14％。要求:

(1) 进行甲公司应该清算还是应该持续经营的决策。

(2) 完成按"信用债券 1∶收益债券 1∶优先股票 1∶普通股票 2"的资本结构,对甲公司进行财务重组。

附　录　一

复利终值系数表$(1+i)^t$

T	1%	2%	3%	4%	5%	6%	7%	8%	9%	10%
1	1.0100	1.0200	1.0300	1.0400	1.0500	1.0600	1.0700	1.0800	1.0900	1.1000
2	1.0201	1.0404	1.0609	1.0816	1.1025	1.1236	1.1449	1.1664	1.1881	1.21
3	1.0303	1.0612	1.0927	1.1249	1.1576	1.1910	1.2250	1.2597	1.2950	1.3310
4	1.0406	1.0824	1.1255	1.1699	1.2155	1.2625	1.3108	1.3605	1.4116	1.4641
5	1.0510	1.1041	1.1593	1.2167	1.2763	1.3382	1.4026	1.4693	1.5386	1.6105
6	1.0615	1.1262	1.1941	1.2653	1.3401	1.4185	1.5007	1.5869	1.6771	1.7716
7	1.0721	1.1487	1.2299	1.3159	1.4071	1.5036	1.6058	1.7138	1.8280	1.9487
8	1.0829	1.1717	1.2668	1.3686	1.4775	1.5938	1.7182	1.8509	1.9926	2.1436
9	1.0937	1.1951	1.3048	1.4233	1.5513	1.6895	1.8385	1.9990	2.1719	2.3579
10	1.1046	1.2190	1.3439	1.4802	1.6289	1.7908	1.9672	2.1589	2.3674	2.5937
11	1.1157	1.2434	1.3842	1.5395	1.7103	1.8983	2.1049	2.3316	2.5804	2.8531
12	1.1268	1.2682	1.4258	1.6010	1.7959	2.0122	2.2522	2.5182	2.8127	3.1384
13	1.1381	1.2936	1.4685	1.6651	1.8856	2.1329	2.4098	2.7196	3.0658	3.4523
14	1.1495	1.3195	1.5126	1.7317	1.9799	2.2609	2.5785	2.9372	3.3417	3.7975
15	1.1610	1.3459	1.5580	1.8009	2.0789	2.3966	2.7590	3.1722	3.6425	4.1772
16	1.1726	1.3728	1.6047	1.8730	2.1829	2.5404	2.9522	3.4259	3.9703	4.5950
17	1.1843	1.4002	1.6528	1.9479	2.2920	2.6928	3.1588	3.7000	4.3276	5.0545
18	1.1961	1.4282	1.7024	2.0258	2.4066	2.8543	3.3799	3.9960	4.7171	5.5599
19	1.2081	1.4568	1.7535	2.1068	2.5270	3.0256	3.6165	4.3157	5.1417	6.1159
20	1.2202	1.4859	1.8061	2.1911	2.6533	3.2071	3.8697	4.6610	5.6044	6.7275
21	1.2324	1.5157	1.8603	2.2788	2.7860	3.3996	4.1406	5.0338	6.1088	7.4002
22	1.2447	1.5460	1.9161	2.3699	2.9253	3.6035	4.4304	5.4365	6.6586	8.1403
23	1.2572	1.5769	1.9736	2.4647	3.0715	3.8197	4.7405	5.8715	7.2579	8.9543
24	1.2697	1.6084	2.0328	2.5633	3.2251	4.0489	5.0724	6.3412	7.9111	9.8497
25	1.2824	1.6406	2.0938	2.6658	3.3864	4.2919	5.4274	6.8485	8.6231	10.8347
26	1.2953	1.6734	2.1566	2.7725	3.5557	4.5494	5.8074	7.3964	9.3992	11.9182
27	1.3082	1.7069	2.2213	2.8834	3.7335	4.8223	6.2139	7.9881	10.2451	13.1100
28	1.3213	1.7410	2.2879	2.9987	3.9201	5.1117	6.6488	8.6271	11.1671	14.4210
29	1.3345	1.7758	2.3566	3.1187	4.1161	5.4184	7.1143	9.3173	12.1722	15.8631
30	1.3478	1.8114	2.4273	3.2434	4.3219	5.7435	7.6123	10.0627	13.2677	17.4494
35	1.4166	1.9999	2.8139	3.9461	5.5160	7.6861	10.6766	14.7853	20.4140	28.1024
40	1.4889	2.2080	3.2620	4.8010	7.0400	10.2857	14.9745	21.7245	31.4094	45.2593
45	1.5648	2.4379	3.7816	5.8412	8.9850	13.7646	21.0025	31.9204	48.3273	72.8905
50	1.6446	2.6916	4.3839	7.1067	11.4674	18.4202	29.4570	46.9016	74.3575	117.3909

T	11%	12%	13%	14%	15%	16%	17%	18%	19%	20%
1	1.1100	1.1200	1.1300	1.1400	1.1500	1.1600	1.1700	1.1800	1.1900	1.2000
2	1.2321	1.2544	1.2769	1.2996	1.3225	1.3456	1.3689	1.3924	1.4161	1.44
3	1.3676	1.4049	1.4429	1.4815	1.5209	1.5609	1.6016	1.6430	1.6852	1.7280
4	1.5181	1.5735	1.6305	1.6890	1.7490	1.8106	1.8739	1.9388	2.0053	2.0736
5	1.6851	1.7623	1.8424	1.9254	2.0114	2.1003	2.1924	2.2878	2.3864	2.4883
6	1.8704	1.9738	2.0820	2.1950	2.3131	2.4364	2.5652	2.6996	2.8398	2.9860
7	2.0762	2.2107	2.3526	2.5023	2.6600	2.8262	3.0012	3.1855	3.3793	3.5832
8	2.3045	2.4760	2.6584	2.8526	3.0590	3.2784	3.5115	3.7589	4.0214	4.2998
9	2.5580	2.7731	3.0040	3.2519	3.5179	3.8030	4.1084	4.4355	4.7854	5.1598
10	2.8394	3.1058	3.3946	3.7072	4.0456	4.4114	4.8068	5.2338	5.6947	6.1917
11	3.1518	3.4785	3.8359	4.2262	4.6524	5.1173	5.6240	6.1759	6.7767	7.4301
12	3.4985	3.8960	4.3345	4.8179	5.3503	5.9360	6.5801	7.2876	8.0642	8.9161
13	3.8833	4.3635	4.8980	5.4924	6.1528	6.8858	7.6987	8.5994	9.5964	10.6993
14	4.3104	4.8871	5.5348	6.2613	7.0757	7.9875	9.0075	10.1472	11.4198	12.8392
15	4.7846	5.4736	6.2543	7.1379	8.1371	9.2655	10.5387	11.9737	13.5895	15.4070
16	5.3109	6.1304	7.0673	8.1372	9.3576	10.7480	12.3303	14.1290	16.1715	18.4884
17	5.8951	6.8660	7.9861	9.2765	10.7613	12.4677	14.4265	16.6722	19.2441	22.1861
18	6.5436	7.6900	9.0243	10.5752	12.3755	14.4625	16.8790	19.6733	22.9005	26.6233
19	7.2633	8.6128	10.1974	12.0557	14.2318	16.7765	19.7484	23.2144	27.2516	31.9480
20	8.0623	9.6463	11.5231	13.7435	16.3665	19.4608	23.1056	27.3930	32.4294	38.3376
21	8.9492	10.8038	13.0211	15.6676	18.8215	22.5745	27.0336	32.3238	38.5910	46.0051
22	9.9336	12.1003	14.7138	17.8610	21.6447	26.1864	31.6293	38.1421	45.9233	55.2061
23	11.0263	13.5523	16.6266	20.3616	24.8915	30.3762	37.0062	45.0076	54.6487	66.2474
24	12.2392	15.1786	18.7881	23.2122	28.6252	35.2364	43.2973	53.1090	65.0320	79.4968
25	13.5855	17.0001	21.2305	26.4619	32.9190	40.8742	50.6578	62.6686	77.3881	95.3962
26	15.0799	19.0401	23.9905	30.1666	37.8568	47.4141	59.2697	73.9490	92.0918	114.476
27	16.7386	21.3249	27.1093	34.3899	43.5353	55.0004	69.3455	87.2598	109.5893	137.371
28	18.5799	23.8839	30.6335	39.2045	50.0656	63.8004	81.1342	102.967	130.411	164.845
29	20.6237	26.7499	34.6158	44.6931	57.5755	74.0085	94.9271	121.501	155.189	197.814
30	22.8923	29.9599	39.1159	50.9502	66.2118	85.8499	111.065	143.371	184.675	237.376
35	38.5749	52.7996	72.0685	98.1002	133.176	180.314	243.504	327.997	440.701	590.668
40	65.0009	93.0510	132.782	188.884	267.864	378.721	533.869	750.378	1051.67	1469.77
45	109.530	163.988	244.641	363.679	538.769	795.444	1170.48	1716.7	2509.65	3657.26
50	184.565	289.002	450.736	700.233	1083.66	1670.70	2566.22	3927.4	5988.91	9100.44

T	22%	24%	26%	28%	30%	32%	34%	36%	38%	40%
1	1.2200	1.2400	1.2600	1.2800	1.3000	1.3200	1.3400	1.3600	1.3800	1.4000
2	1.4884	1.5376	1.5876	1.6384	1.69	1.7424	1.7956	1.8496	1.9044	1.9600
3	1.8158	1.9066	2.0004	2.0972	2.1970	2.3000	2.4061	2.5155	2.6281	2.7440
4	2.2153	2.3642	2.5205	2.6844	2.8561	3.0360	3.2242	3.4210	3.6267	3.8416
5	2.7027	2.9316	3.1758	3.4360	3.7129	4.0075	4.3204	4.6526	5.0049	5.3782
6	3.2973	3.6352	4.0015	4.3980	4.8268	5.2899	5.7893	6.3275	6.9068	7.5295
7	4.0227	4.5077	5.0419	5.6295	6.2749	6.9826	7.7577	8.6054	9.5313	10.5414
8	4.9077	5.5895	6.3528	7.2058	8.1573	9.2170	10.3953	11.7034	13.1532	14.7579
9	5.9874	6.9310	8.0045	9.2234	10.6045	12.1665	13.9297	15.9166	18.1515	20.6610
10	7.3046	8.5944	10.0857	11.8059	13.7858	16.0598	18.6659	21.6466	25.0490	28.9255
11	8.9117	10.6571	12.7080	15.1116	17.9216	21.1989	25.0123	29.4393	34.5677	40.4957
12	10.8722	13.2148	16.0120	19.3428	23.2981	27.9825	33.5164	40.0375	47.7034	56.6939
13	13.2641	16.3863	20.1752	24.7588	30.2875	36.9370	44.9120	54.4510	65.8306	79.3715
14	16.1822	20.3191	25.4207	31.6913	39.3738	48.7568	60.1821	74.0534	90.8463	111.120
15	19.7423	25.1956	32.0301	40.5648	51.1859	64.3590	80.6440	100.713	125.368	155.568
16	24.0856	31.2426	40.3579	51.9230	66.5417	84.9538	108.063	136.969	173.008	217.795
17	29.3844	38.7408	50.8510	66.4614	86.5042	112.139	144.804	186.278	238.751	304.914
18	35.8490	48.0386	64.0722	85.0706	112.455	148.024	194.038	253.338	329.476	426.880
19	43.7358	59.5679	80.7310	108.890	146.192	195.391	260.011	344.540	454.677	597.630
20	53.3576	73.8641	101.721	139.380	190.050	257.916	348.414	468.574	627.454	836.683
21	65.0963	91.5915	128.169	178.406	247.065	340.449	466.875	637.261	865.886	1171.36
22	79.4175	113.574	161.492	228.360	321.184	449.393	625.613	866.674	1194.92	1639.90
23	96.8894	140.831	203.480	292.300	417.539	593.199	838.321	1178.68	1648.99	2295.86
24	118.205	174.631	256.385	374.144	542.801	783.023	1123.35	1603.00	2275.61	3214.20
25	144.210	216.542	323.045	478.905	705.641	1033.59	1505.29	2180.08	3140.34	4499.88
26	175.936	268.512	407.037	612.998	917.333	1364.34	2017.09	2964.91	4333.67	6299.83
27	214.642	332.955	512.867	784.638	1192.53	1800.93	2702.90	4032.28	5980.47	8819.76
28	261.864	412.864	646.212	1004.34	1550.29	2377.22	3621.88	5483.90	8253.05	12347.7
29	319.474	511.952	814.228	1285.55	2015.38	3137.94	4853.32	7458.10	11389.2	17286.7
30	389.758	634.820	1025.93	1645.51	2620.00	4142.07	6503.45	10143.0	15717.1	24201.4
35	1053.40	1861.05	3258.14	5653.91	9727.86	16599.2	28097.5	47191.3	78662.6	130161
40	2847.04	5455.91	10347.2	19426.7	36118.9	66520.8	121392	219561	393698	700037
45	7694.71	15994.7	32860.5	66749.6	134106	266579	524464	1021529	1970420	3764970
50	20796.6	46890.4	104358	229349	497929	1068308	2265895	4752754	9861757	20248916

附 录 二

复利现值系数表 $1/(1+i)^t$

T	1%	2%	3%	4%	5%	6%	7%	8%	9%	10%
1	0.9901	0.9804	0.9709	0.9615	0.9524	0.9434	0.9346	0.9259	0.9174	0.9091
2	0.9803	0.9612	0.9426	0.9246	0.9070	0.8900	0.8734	0.8573	0.8417	0.8264
3	0.9706	0.9423	0.9151	0.8890	0.8638	0.8396	0.8163	0.7938	0.7722	0.7513
4	0.9610	0.9238	0.8885	0.8548	0.8227	0.7921	0.7629	0.7350	0.7084	0.6830
5	0.9515	0.9057	0.8626	0.8219	0.7835	0.7473	0.7130	0.6806	0.6499	0.6209
6	0.9420	0.8880	0.8375	0.7903	0.7462	0.7050	0.6663	0.6302	0.5963	0.5645
7	0.9327	0.8706	0.8131	0.7599	0.7107	0.6651	0.6227	0.5835	0.5470	0.5132
8	0.9235	0.8535	0.7894	0.7307	0.6768	0.6274	0.5820	0.5403	0.5019	0.4665
9	0.9143	0.8368	0.7664	0.7026	0.6446	0.5919	0.5439	0.5002	0.4604	0.4241
10	0.9053	0.8203	0.7441	0.6756	0.6139	0.5584	0.5083	0.4632	0.4224	0.3855
11	0.8963	0.8043	0.7224	0.6496	0.5847	0.5268	0.4751	0.4289	0.3875	0.3505
12	0.8874	0.7885	0.7014	0.6246	0.5568	0.4970	0.4440	0.3971	0.3555	0.3186
13	0.8787	0.7730	0.6810	0.6006	0.5303	0.4688	0.4150	0.3677	0.3262	0.2897
14	0.8700	0.7579	0.6611	0.5775	0.5051	0.4423	0.3878	0.3405	0.2992	0.2633
15	0.8613	0.7430	0.6419	0.5553	0.4810	0.4173	0.3624	0.3152	0.2745	0.2394
16	0.8528	0.7284	0.6232	0.5339	0.4581	0.3936	0.3387	0.2919	0.2519	0.2176
17	0.8444	0.7142	0.6050	0.5134	0.4363	0.3714	0.3166	0.2703	0.2311	0.1978
18	0.8360	0.7002	0.5874	0.4936	0.4155	0.3503	0.2959	0.2502	0.2120	0.1799
19	0.8277	0.6864	0.5703	0.4746	0.3957	0.3305	0.2765	0.2317	0.1945	0.1635
20	0.8195	0.6730	0.5537	0.4564	0.3769	0.3118	0.2584	0.2145	0.1784	0.1486
21	0.8114	0.6598	0.5375	0.4388	0.3589	0.2942	0.2415	0.1987	0.1637	0.1351
22	0.8034	0.6468	0.5219	0.4220	0.3418	0.2775	0.2257	0.1839	0.1502	0.1228
23	0.7954	0.6342	0.5067	0.4057	0.3256	0.2618	0.2109	0.1703	0.1378	0.1117
24	0.7876	0.6217	0.4919	0.3901	0.3101	0.2470	0.1971	0.1577	0.1264	0.1015
25	0.7798	0.6095	0.4776	0.3751	0.2953	0.2330	0.1842	0.1460	0.1160	0.0923
26	0.7720	0.5976	0.4637	0.3607	0.2812	0.2198	0.1722	0.1352	0.1064	0.0839
27	0.7644	0.5859	0.4502	0.3468	0.2678	0.2074	0.1609	0.1252	0.0976	0.0763
28	0.7568	0.5744	0.4371	0.3335	0.2551	0.1956	0.1504	0.1159	0.0895	0.0693
29	0.7493	0.5631	0.4243	0.3207	0.2429	0.1846	0.1406	0.1073	0.0822	0.0630
30	0.7419	0.5521	0.4120	0.3083	0.2314	0.1741	0.1314	0.0994	0.0754	0.0573
35	0.7059	0.5000	0.3554	0.2534	0.1813	0.1301	0.0937	0.0676	0.0490	0.0356
40	0.6717	0.4529	0.3066	0.2083	0.1420	0.0972	0.0668	0.0460	0.0318	0.0221
45	0.6391	0.4102	0.2644	0.1712	0.1113	0.0727	0.0476	0.0313	0.0207	0.0137
50	0.6080	0.3715	0.2281	0.1407	0.0872	0.0543	0.0339	0.0213	0.0134	0.0085

T	11%	12%	13%	14%	15%	16%	17%	18%	19%	20%
1	0.9009	0.8929	0.8850	0.8772	0.8696	0.8621	0.8547	0.8475	0.8403	0.8333
2	0.8116	0.7972	0.7831	0.7695	0.7561	0.7432	0.7305	0.7182	0.7062	0.6944
3	0.7312	0.7118	0.6931	0.6750	0.6575	0.6407	0.6244	0.6086	0.5934	0.5787
4	0.6587	0.6355	0.6133	0.5921	0.5718	0.5523	0.5337	0.5158	0.4987	0.4823
5	0.5935	0.5674	0.5428	0.5194	0.4972	0.4761	0.4561	0.4371	0.4190	0.4019
6	0.5346	0.5066	0.4803	0.4556	0.4323	0.4104	0.3898	0.3704	0.3521	0.3349
7	0.4817	0.4523	0.4251	0.3996	0.3759	0.3538	0.3332	0.3139	0.2959	0.2791
8	0.4339	0.4039	0.3762	0.3506	0.3269	0.3050	0.2848	0.2660	0.2487	0.2326
9	0.3909	0.3606	0.3329	0.3075	0.2843	0.2630	0.2434	0.2255	0.2090	0.1938
10	0.3522	0.3220	0.2946	0.2697	0.2472	0.2267	0.2080	0.1911	0.1756	0.1615
11	0.3173	0.2875	0.2607	0.2366	0.2149	0.1954	0.1778	0.1619	0.1476	0.1346
12	0.2858	0.2567	0.2307	0.2076	0.1869	0.1685	0.1520	0.1372	0.1240	0.1122
13	0.2575	0.2292	0.2042	0.1821	0.1625	0.1452	0.1299	0.1163	0.1042	0.0935
14	0.2320	0.2046	0.1807	0.1597	0.1413	0.1252	0.1110	0.0985	0.0876	0.0779
15	0.2090	0.1827	0.1599	0.1401	0.1229	0.1079	0.0949	0.0835	0.0736	0.0649
16	0.1883	0.1631	0.1415	0.1229	0.1069	0.0930	0.0811	0.0708	0.0618	0.0541
17	0.1696	0.1456	0.1252	0.1078	0.0929	0.0802	0.0693	0.0600	0.0520	0.0451
18	0.1528	0.1300	0.1108	0.0946	0.0808	0.0691	0.0592	0.0508	0.0437	0.0376
19	0.1377	0.1161	0.0981	0.0829	0.0703	0.0596	0.0506	0.0431	0.0367	0.0313
20	0.1240	0.1037	0.0868	0.0728	0.0611	0.0514	0.0433	0.0365	0.0308	0.0261
21	0.1117	0.0926	0.0768	0.0638	0.0531	0.0443	0.0370	0.0309	0.0259	0.0217
22	0.1007	0.0826	0.0680	0.0560	0.0462	0.0382	0.0316	0.0262	0.0218	0.0181
23	0.0907	0.0738	0.0601	0.0491	0.0402	0.0329	0.0270	0.0222	0.0183	0.0151
24	0.0817	0.0659	0.0532	0.0431	0.0349	0.0284	0.0231	0.0188	0.0154	0.0126
25	0.0736	0.0588	0.0471	0.0378	0.0304	0.0245	0.0197	0.0160	0.0129	0.0105
26	0.0663	0.0525	0.0417	0.0331	0.0264	0.0211	0.0169	0.0135	0.0109	0.0087
27	0.0597	0.0469	0.0369	0.0291	0.0230	0.0182	0.0144	0.0115	0.0091	0.0073
28	0.0538	0.0419	0.0326	0.0255	0.0200	0.0157	0.0123	0.0097	0.0077	0.0061
29	0.0485	0.0374	0.0289	0.0224	0.0174	0.0135	0.0105	0.0082	0.0064	0.0051
30	0.0437	0.0334	0.0256	0.0196	0.0151	0.0116	0.0090	0.0070	0.0054	0.0042
35	0.0259	0.0189	0.0139	0.0102	0.0075	0.0055	0.0041	0.0030	0.0023	0.0017
40	0.0154	0.0107	0.0075	0.0053	0.0037	0.0026	0.0019	0.0013	0.0010	0.0007
45	0.0091	0.0061	0.0041	0.0027	0.0019	0.0013	0.0009	0.0006	0.0004	0.0003
50	0.0054	0.0035	0.0022	0.0014	0.0009	0.0006	0.0004	0.0003	0.0002	0.0001

T	22%	24%	26%	28%	30%	32%	34%	36%	38%	40%
1	0.8197	0.8065	0.7937	0.7813	0.7692	0.7576	0.7463	0.7353	0.7246	0.714
2	0.6719	0.6504	0.6299	0.6104	0.5917	0.5739	0.5569	0.5407	0.5251	0.510
3	0.5507	0.5245	0.4999	0.4768	0.4552	0.4348	0.4156	0.3975	0.3805	0.364
4	0.4514	0.4230	0.3968	0.3725	0.3501	0.3294	0.3102	0.2923	0.2757	0.260
5	0.3700	0.3411	0.3149	0.2910	0.2693	0.2495	0.2315	0.2149	0.1998	0.186
6	0.3033	0.2751	0.2499	0.2274	0.2072	0.1890	0.1727	0.1580	0.1448	0.133
7	0.2486	0.2218	0.1983	0.1776	0.1594	0.1432	0.1289	0.1162	0.1049	0.095
8	0.2038	0.1789	0.1574	0.1388	0.1226	0.1085	0.0962	0.0854	0.0760	0.068
9	0.1670	0.1443	0.1249	0.1084	0.0943	0.0822	0.0718	0.0628	0.0551	0.048
10	0.1369	0.1164	0.0992	0.0847	0.0725	0.0623	0.0536	0.0462	0.0399	0.035
11	0.1122	0.0938	0.0787	0.0662	0.0558	0.0472	0.0400	0.0340	0.0289	0.025
12	0.0920	0.0757	0.0625	0.0517	0.0429	0.0357	0.0298	0.0250	0.0210	0.018
13	0.0754	0.0610	0.0496	0.0404	0.0330	0.0271	0.0223	0.0184	0.0152	0.013
14	0.0618	0.0492	0.0393	0.0316	0.0254	0.0205	0.0166	0.0135	0.0110	0.009
15	0.0507	0.0397	0.0312	0.0247	0.0195	0.0155	0.0124	0.0099	0.0080	0.006
16	0.0415	0.0320	0.0248	0.0193	0.0150	0.0118	0.0093	0.0073	0.0058	0.005
17	0.0340	0.0258	0.0197	0.0150	0.0116	0.0089	0.0069	0.0054	0.0042	0.003
18	0.0279	0.0208	0.0156	0.0118	0.0089	0.0068	0.0052	0.0039	0.0030	0.002
19	0.0229	0.0168	0.0124	0.0092	0.0068	0.0051	0.0038	0.0029	0.0022	0.002
20	0.0187	0.0135	0.0098	0.0072	0.0053	0.0039	0.0029	0.0021	0.0016	0.001
21	0.0154	0.0109	0.0078	0.0056	0.0040	0.0029	0.0021	0.0016	0.0012	0.001
22	0.0126	0.0088	0.0062	0.0044	0.0031	0.0022	0.0016	0.0012	0.0008	0.001
23	0.0103	0.0071	0.0049	0.0034	0.0024	0.0017	0.0012	0.0008	0.0006	0.000
24	0.0085	0.0057	0.0039	0.0027	0.0018	0.0013	0.0009	0.0006	0.0004	0.000
25	0.0069	0.0046	0.0031	0.0021	0.0014	0.0010	0.0007	0.0005	0.0003	0.000
26	0.0057	0.0037	0.0025	0.0016	0.0011	0.0007	0.0005	0.0003	0.0002	0.000
27	0.0047	0.0030	0.0019	0.0013	0.0008	0.0006	0.0004	0.0002	0.0002	0.000
28	0.0038	0.0024	0.0015	0.0010	0.0006	0.0004	0.0003	0.0002	0.0001	0.000
29	0.0031	0.0020	0.0012	0.0008	0.0005	0.0003	0.0002	0.0001	0.0001	0.000
30	0.0026	0.0016	0.0010	0.0006	0.0004	0.0002	0.0002	0.0001	0.0001	0.000
35	0.0009	0.0005	0.0003	0.0002	0.0001	0.0001	0.0000	0.0000	0.0000	0.000
40	0.0004	0.0002	0.0001	0.0001	0.0000	0.0000	0.0000	0.0000	0.0000	0.000
45	0.0001	0.0001	0.0000	0.0000	0.0000	0.0000	0.0000	0.0000	0.0000	0.000
50	0.0000	0.0000	0.0000	0.0000	0.0000	0.0000	0.0000	0.0000	0.0000	0.000

附 录 三

年金终值系数表 $[(1+i)^t-1]/i$

T	1%	2%	3%	4%	5%	6%	7%	8%	9%	10%
1	1.0000	1.0000	1.0000	1.0000	1.0000	1.0000	1.0000	1.0000	1.0000	1.0000
2	2.0100	2.0200	2.0300	2.0400	2.0500	2.0600	2.0700	2.0800	2.0900	2.1000
3	3.0301	3.0604	3.0909	3.1216	3.1525	3.1836	3.2149	3.2464	3.2781	3.3100
4	4.0604	4.1216	4.1836	4.2465	4.3101	4.3746	4.4399	4.5061	4.5731	4.6410
5	5.1010	5.2040	5.3091	5.4163	5.5256	5.6371	5.7507	5.8666	5.9847	6.1051
6	6.1520	6.3081	6.4684	6.6330	6.8019	6.9753	7.1533	7.3359	7.5233	7.7156
7	7.2135	7.4343	7.6625	7.8983	8.1420	8.3938	8.6540	8.9228	9.2004	9.4872
8	8.2857	8.5830	8.8923	9.2142	9.5491	9.8975	10.2598	10.6366	11.0285	11.4359
9	9.3685	9.7546	10.1591	10.5828	11.0266	11.4913	11.9780	12.4876	13.0210	13.5795
10	10.4622	10.9497	11.4639	12.0061	12.5779	13.1808	13.8164	14.4866	15.1929	15.9374
11	11.5668	12.1687	12.8078	13.4864	14.2068	14.9716	15.7836	16.6455	17.5603	18.5312
12	12.6825	13.4121	14.1920	15.0258	15.9171	16.8699	17.8885	18.9771	20.1407	21.3843
13	13.8093	14.6803	15.6178	16.6268	17.7130	18.8821	20.1406	21.4953	22.9534	24.5227
14	14.9474	15.9739	17.0863	18.2919	19.5986	21.0151	22.5505	24.2149	26.0192	27.9750
15	16.0969	17.2934	18.5989	20.0236	21.5786	23.2760	25.1290	27.1521	29.3609	31.7725
16	17.2579	18.6393	20.1569	21.8245	23.6575	25.6725	27.8881	30.3243	33.0034	35.9497
17	18.4304	20.0121	21.7616	23.6975	25.8404	28.2129	30.8402	33.7502	36.9737	40.5447
18	19.6147	21.4123	23.4144	25.6454	28.1324	30.9057	33.9990	37.4502	41.3013	45.5992
19	20.8109	22.8406	25.1169	27.6712	30.5390	33.7600	37.3790	41.4463	46.0185	51.1591
20	22.0190	24.2974	26.8704	29.7781	33.0660	36.7856	40.9955	45.7620	51.1601	57.2750
21	23.2392	25.7833	28.6765	31.9692	35.7193	39.9927	44.8652	50.4229	56.7645	64.0025
22	24.4716	27.2990	30.5368	34.2480	38.5052	43.3923	49.0057	55.4568	62.8733	71.4027
23	25.7163	28.8450	32.4529	36.6179	41.4305	46.9958	53.4361	60.8933	69.5319	79.5430
24	26.9735	30.4219	34.4265	39.0826	44.5020	50.8156	58.1767	66.7648	76.7898	88.4973
25	28.2432	32.0303	36.4593	41.6459	47.7271	54.8645	63.2490	73.1059	84.7009	98.3471
26	29.5256	33.6709	38.5530	44.3117	51.1135	59.1564	68.6765	79.9544	93.3240	109.182
27	30.8209	35.3443	40.7096	47.0842	54.6691	63.7058	74.4838	87.3508	102.723	121.100
28	32.1291	37.0512	42.9309	49.9676	58.4026	68.5281	80.6977	95.3388	112.968	134.210
29	33.4504	38.7922	45.2189	52.9663	62.3227	73.6398	87.3465	103.966	124.135	148.631
30	34.7849	40.5681	47.5754	56.0849	66.4388	79.0582	94.4608	113.283	136.308	164.494

T	11%	12%	13%	14%	15%	16%	17%	18%	19%	20%
1	1.0000	1.0000	1.0000	1.0000	1.0000	1.0000	1.0000	1.0000	1.0000	1.0000
2	2.1100	2.1200	2.1300	2.1400	2.1500	2.1600	2.1700	2.1800	2.1900	2.2000
3	3.3421	3.3744	3.4069	3.4396	3.4725	3.5056	3.5389	3.5724	3.6061	3.6400
4	4.7097	4.7793	4.8498	4.9211	4.9934	5.0665	5.1405	5.2154	5.2913	5.3680
5	6.2278	6.3528	6.4803	6.6101	6.7424	6.8771	7.0144	7.1542	7.2966	7.4416
6	7.9129	8.1152	8.3227	8.5355	8.7537	8.9775	9.2068	9.4420	9.6830	9.9299
7	9.7833	10.0890	10.4047	10.7305	11.0668	11.4139	11.7720	12.1415	12.5227	12.9159
8	11.8594	12.2997	12.7573	13.2328	13.7268	14.2401	14.7733	15.3270	15.9020	16.4991
9	14.1640	14.7757	15.4157	16.0853	16.7858	17.5185	18.2847	19.0859	19.9234	20.7989
10	16.7220	17.5487	18.4197	19.3373	20.3037	21.3215	22.3931	23.5213	24.7089	25.9587
11	19.5614	20.6546	21.8143	23.0445	24.3493	25.7329	27.1999	28.7551	30.4035	32.1504
12	22.7132	24.1331	25.6502	27.2707	29.0017	30.8502	32.8239	34.9311	37.1802	39.5805
13	26.2116	28.0291	29.9847	32.0887	34.3519	36.7862	39.4040	42.2187	45.2445	48.4966
14	30.0949	32.3926	34.8827	37.5811	40.5047	43.6720	47.1027	50.8180	54.8409	59.1959
15	34.4054	37.2797	40.4175	43.8424	47.5804	51.6595	56.1101	60.9653	66.2607	72.0351
16	39.1899	42.7533	46.6717	50.9804	55.7175	60.9250	66.6488	72.9390	79.8502	87.4421
17	44.5008	48.8837	53.7391	59.1176	65.0751	71.6730	78.9792	87.0680	96.0218	105.931
18	50.3959	55.7497	61.7251	68.3941	75.8364	84.1407	93.4056	103.740	115.266	128.117
19	56.9395	63.4397	70.7494	78.9692	88.2118	98.6032	110.285	123.414	138.166	154.740
20	64.2028	72.0524	80.9468	91.0249	102.444	115.380	130.033	146.628	165.418	186.688
21	72.2651	81.6987	92.4699	104.768	118.810	134.841	153.139	174.021	197.847	225.026
22	81.2143	92.5026	105.491	120.436	137.632	157.415	180.172	206.345	236.438	271.031
23	91.1479	104.603	120.205	138.297	159.276	183.601	211.801	244.487	282.362	326.237
24	102.174	118.155	136.831	158.659	184.168	213.978	248.808	289.494	337.010	392.484
25	114.413	133.334	155.620	181.871	212.793	249.214	292.105	342.603	402.042	471.981
26	127.999	150.334	176.850	208.333	245.712	290.088	342.763	405.272	479.431	567.377
27	143.079	169.374	200.841	238.499	283.569	337.502	402.032	479.221	571.522	681.853
28	159.817	190.699	227.950	272.889	327.104	392.503	471.378	566.481	681.112	819.223
29	178.397	214.583	258.583	312.094	377.170	456.303	552.512	669.447	811.523	984.068
30	199.021	241.333	293.199	356.787	434.745	530.312	647.439	790.948	966.712	1181.88

T	22%	24%	26%	28%	30%	32%	34%	36%	38%	40%
1	1. 0000	1. 0000	1. 0000	1. 0000	1. 0000	1. 0000	1. 0000	1. 0000	1. 0000	1. 0000
2	2. 2200	2. 2400	2. 2600	2. 2800	2. 3000	2. 3200	2. 3400	2. 3600	2. 3800	2. 4000
3	3. 7084	3. 7776	3. 8476	3. 9184	3. 9900	4. 0624	4. 1356	4. 2096	4. 2844	4. 3600
4	5. 5242	5. 6842	5. 8480	6. 0156	6. 1870	6. 3624	6. 5417	6. 7251	6. 9125	7. 1040
5	7. 7396	8. 0484	8. 3684	8. 6999	9. 0431	9. 3983	9. 7659	10. 1461	10. 5392	10. 9456
6	10. 4423	10. 9801	11. 5442	12. 1359	12. 7560	13. 4058	14. 0863	14. 7987	15. 5441	16. 3238
7	13. 7396	14. 6153	15. 5458	16. 5339	17. 5828	18. 6956	19. 8756	21. 1262	22. 4509	23. 8534
8	17. 7623	19. 1229	20. 5876	22. 1634	23. 8577	25. 6782	27. 6333	29. 7316	31. 9822	34. 3947
9	22. 6700	24. 7125	26. 9404	29. 3692	32. 0150	34. 8953	38. 0287	41. 4350	45. 1354	49. 1526
10	28. 6574	31. 6434	34. 9449	38. 5926	42. 6195	47. 0618	51. 9584	57. 3516	63. 2869	69. 8137
11	35. 9620	40. 2379	45. 0306	50. 3985	56. 4053	63. 1215	70. 6243	78. 9982	88. 3359	98. 7391
12	44. 8737	50. 8950	57. 7386	65. 5100	74. 3270	84. 3204	95. 6365	108. 437	122. 904	139. 235
13	55. 7459	64. 1097	73. 7506	84. 8529	97. 6250	112. 303	129. 153	148. 475	170. 607	195. 929
14	69. 0100	80. 4961	93. 9258	109. 612	127. 913	149. 240	174. 065	202. 926	236. 438	275. 300
15	85. 1922	100. 815	119. 347	141. 303	167. 286	197. 997	234. 247	276. 979	327. 284	386. 420
16	104. 935	126. 011	151. 377	181. 868	218. 472	262. 356	314. 891	377. 692	452. 652	541. 988
17	129. 020	157. 253	191. 735	233. 791	285. 014	347. 309	422. 954	514. 661	625. 659	759. 784
18	158. 405	195. 994	242. 585	300. 252	371. 518	459. 449	567. 758	700. 939	864. 410	1064. 70
19	194. 254	244. 033	306. 658	385. 323	483. 973	607. 472	761. 796	954. 277	1193. 89	1491. 58
20	237. 989	303. 601	387. 389	494. 213	630. 165	802. 863	1021. 81	1298. 82	1648. 56	2089. 21
21	291. 347	377. 465	489. 110	633. 593	820. 215	1060. 78	1370. 22	1767. 39	2276. 02	2925. 89
22	356. 443	469. 056	617. 278	811. 999	1067. 28	1401. 23	1837. 10	2404. 65	3141. 90	4097. 24
23	435. 861	582. 630	778. 771	1040. 36	1388. 46	1850. 62	2462. 71	3271. 33	4336. 83	5737. 14
24	532. 750	723. 461	982. 251	1332. 66	1806. 00	2443. 82	3301. 03	4450. 00	5985. 82	8033. 00
25	650. 955	898. 092	1238. 64	1706. 80	2348. 80	3226. 84	4424. 38	6053. 00	8261. 43	11247. 20
26	795. 165	1114. 63	1561. 68	2185. 71	3054. 44	4260. 43	5929. 67	8233. 09	11401. 77	15747. 08
27	971. 102	1383. 15	1968. 72	2798. 71	3971. 78	5624. 77	7946. 76	11198. 0	15735. 4	22046. 9
28	1185. 74	1716. 10	2481. 59	3583. 34	5164. 31	7425. 70	10649. 7	15230. 3	21715. 9	30866. 7
29	1447. 61	2128. 96	3127. 80	4587. 68	6714. 60	9802. 92	14271. 5	20714. 2	29969. 0	43214. 3
30	1767. 08	2640. 92	3942. 03	5873. 23	8729. 99	12940. 9	19124. 9	28172. 3	41358. 2	60501. 1

附 录 四

年金现值系数表[1—1/(1+i)ᵗ]/i

T	1%	2%	3%	4%	5%	6%	7%	8%	9%	10%
T	1%	2%	3%	4%	5%	6%	7%	8%	9%	10%
1	0.9901	0.9804	0.9709	0.9615	0.9524	0.9434	0.9346	0.9259	0.9174	0.9091
2	1.9704	1.9416	1.9135	1.8861	1.8594	1.8334	1.8080	1.7833	1.7591	1.7355
3	2.9410	2.8839	2.8286	2.7751	2.7232	2.6730	2.6243	2.5771	2.5313	2.4869
4	3.9020	3.8077	3.7171	3.6299	3.5460	3.4651	3.3872	3.3121	3.2397	3.1699
5	4.8534	4.7135	4.5797	4.4518	4.3295	4.2124	4.1002	3.9927	3.8897	3.7908
6	5.7955	5.6014	5.4172	5.2421	5.0757	4.9173	4.7665	4.6229	4.4859	4.3553
7	6.7282	6.4720	6.2303	6.0021	5.7864	5.5824	5.3893	5.2064	5.0330	4.8684
8	7.6517	7.3255	7.0197	6.7327	6.4632	6.2098	5.9713	5.7466	5.5348	5.3349
9	8.5660	8.1622	7.7861	7.4353	7.1078	6.8017	6.5152	6.2469	5.9952	5.7590
10	9.4713	8.9826	8.5302	8.1109	7.7217	7.3601	7.0236	6.7101	6.4177	6.1446
11	10.3676	9.7868	9.2526	8.7605	8.3064	7.8869	7.4987	7.1390	6.8052	6.4951
12	11.2551	10.5753	9.9540	9.3851	8.8633	8.3838	7.9427	7.5361	7.1607	6.8137
13	12.1337	11.3484	10.6350	9.9856	9.3936	8.8527	8.3577	7.9038	7.4869	7.1034
14	13.0037	12.1062	11.2961	10.5631	9.8986	9.2950	8.7455	8.2442	7.7862	7.3667
15	13.8651	12.8493	11.9379	11.1184	10.3797	9.7122	9.1079	8.5595	8.0607	7.6061
16	14.7179	13.5777	12.5611	11.6523	10.8378	10.1059	9.4466	8.8514	8.3126	7.8237
17	15.5623	14.2919	13.1661	12.1657	11.2741	10.4773	9.7632	9.1216	8.5436	8.0216
18	16.3983	14.9920	13.7535	12.6593	11.6896	10.8276	10.0591	9.3719	8.7556	8.2014
19	17.2260	15.6785	14.3238	13.1339	12.0853	11.1581	10.3356	9.6036	8.9501	8.3649
20	18.0456	16.3514	14.8775	13.5903	12.4622	11.4699	10.5940	9.8181	9.1285	8.5136
21	18.8570	17.0112	15.4150	14.0292	12.8212	11.7641	10.8355	10.0168	9.2922	8.6487
22	19.6604	17.6580	15.9369	14.4511	13.1630	12.0416	11.0612	10.2007	9.4424	8.7715
23	20.4558	18.2922	16.4436	14.8568	13.4886	12.3034	11.2722	10.3711	9.5802	8.8832
24	21.2434	18.9139	16.9355	15.2470	13.7986	12.5504	11.4693	10.5288	9.7066	8.9847
25	22.0232	19.5235	17.4131	15.6221	14.0939	12.7834	11.6536	10.6748	9.8226	9.0770
26	22.7952	20.1210	17.8768	15.9828	14.3752	13.0032	11.8258	10.8100	9.9290	9.1609
27	23.5596	20.7069	18.3270	16.3296	14.6430	13.2105	11.9867	10.9352	10.0266	9.2372
28	24.3164	21.2813	18.7641	16.6631	14.8981	13.4062	12.1371	11.0511	10.1161	9.3066
29	25.0658	21.8444	19.1885	16.9837	15.1411	13.5907	12.2777	11.1584	10.1983	9.3696
30	25.8077	22.3965	19.6004	17.2920	15.3725	13.7648	12.4090	11.2578	10.2737	9.4269

T	11%	12%	13%	14%	15%	16%	17%	18%	19%	20%
1	0.9009	0.8929	0.8850	0.8772	0.8696	0.8621	0.8547	0.8475	0.8403	0.8333
2	1.7125	1.6901	1.6681	1.6467	1.6257	1.6052	1.5852	1.5656	1.5465	1.5278
3	2.4437	2.4018	2.3612	2.3216	2.2832	2.2459	2.2096	2.1743	2.1399	2.1065
4	3.1024	3.0373	2.9745	2.9137	2.8550	2.7982	2.7432	2.6901	2.6386	2.5887
5	3.6959	3.6048	3.5172	3.4331	3.3522	3.2743	3.1993	3.1272	3.0576	2.9906
6	4.2305	4.1114	3.9975	3.8887	3.7845	3.6847	3.5892	3.4976	3.4098	3.3255
7	4.7122	4.5638	4.4226	4.2883	4.1604	4.0386	3.9224	3.8115	3.7057	3.6046
8	5.1461	4.9676	4.7988	4.6389	4.4873	4.3436	4.2072	4.0776	3.9544	3.8372
9	5.5370	5.3282	5.1317	4.9464	4.7716	4.6065	4.4506	4.3030	4.1633	4.0310
10	5.8892	5.6502	5.4262	5.2161	5.0188	4.8332	4.6586	4.4941	4.3389	4.1925
11	6.2065	5.9377	5.6869	5.4527	5.2337	5.0286	4.8364	4.6560	4.4865	4.3271
12	6.4924	6.1944	5.9176	5.6603	5.4206	5.1971	4.9884	4.7932	4.6105	4.4392
13	6.7499	6.4235	6.1218	5.8424	5.5831	5.3423	5.1183	4.9095	4.7147	4.5327
14	6.9819	6.6282	6.3025	6.0021	5.7245	5.4675	5.2293	5.0081	4.8023	4.6106
15	7.1909	6.8109	6.4624	6.1422	5.8474	5.5755	5.3242	5.0916	4.8759	4.6755
16	7.3792	6.9740	6.6039	6.2651	5.9542	5.6685	5.4053	5.1624	4.9377	4.7296
17	7.5488	7.1196	6.7291	6.3729	6.0472	5.7487	5.4746	5.2223	4.9897	4.7746
18	7.7016	7.2497	6.8399	6.4674	6.1280	5.8178	5.5339	5.2732	5.0333	4.8122
19	7.8393	7.3658	6.9380	6.5504	6.1982	5.8775	5.5845	5.3162	5.0700	4.8435
20	7.9633	7.4694	7.0248	6.6231	6.2593	5.9288	5.6278	5.3527	5.1009	4.8696
21	8.0751	7.5620	7.1016	6.6870	6.3125	5.9731	5.6648	5.3837	5.1268	4.8913
22	8.1757	7.6446	7.1695	6.7429	6.3587	6.0113	5.6964	5.4099	5.1486	4.9094
23	8.2664	7.7184	7.2297	6.7921	6.3988	6.0442	5.7234	5.4321	5.1668	4.9245
24	8.3481	7.7843	7.2829	6.8351	6.4338	6.0726	5.7465	5.4509	5.1822	4.9371
25	8.4217	7.8431	7.3300	6.8729	6.4641	6.0971	5.7662	5.4669	5.1951	4.9476
26	8.4881	7.8957	7.3717	6.9061	6.4906	6.1182	5.7831	5.4804	5.2060	4.9563
27	8.5478	7.9426	7.4086	6.9352	6.5135	6.1364	5.7975	5.4919	5.2151	4.9636
28	8.6016	7.9844	7.4412	6.9607	6.5335	6.1520	5.8099	5.5016	5.2228	4.9697
29	8.6501	8.0218	7.4701	6.9830	6.5509	6.1656	5.8204	5.5098	5.2292	4.9747
30	8.6938	8.0552	7.4957	7.0027	6.5660	6.1772	5.8294	5.5168	5.2347	4.9789

T	22%	24%	26%	28%	30%	32%	34%	36%	38%	40%
1	0.8197	0.8065	0.7937	0.7813	0.7692	0.7576	0.7463	0.7353	0.7246	0.714
2	1.4915	1.4568	1.4235	1.3916	1.3609	1.3315	1.3032	1.2760	1.2497	1.224
3	2.0422	1.9813	1.9234	1.8684	1.8161	1.7663	1.7188	1.6735	1.6302	1.589
4	2.4936	2.4043	2.3202	2.2410	2.1662	2.0957	2.0290	1.9658	1.9060	1.849
5	2.8636	2.7454	2.6351	2.5320	2.4356	2.3452	2.2604	2.1807	2.1058	2.035
6	3.1669	3.0205	2.8850	2.7594	2.6427	2.5342	2.4331	2.3388	2.2506	2.168
7	3.4155	3.2423	3.0833	2.9370	2.8021	2.6775	2.5620	2.4550	2.3555	2.263
8	3.6193	3.4212	3.2407	3.0758	2.9247	2.7860	2.6582	2.5404	2.4315	2.331
9	3.7863	3.5655	3.3657	3.1842	3.0190	2.8681	2.7300	2.6033	2.4866	2.379
10	3.9232	3.6819	3.4648	3.2689	3.0915	2.9304	2.7836	2.6495	2.5265	2.414
11	4.0354	3.7757	3.5435	3.3351	3.1473	2.9776	2.8236	2.6834	2.5555	2.438
12	4.1274	3.8514	3.6059	3.3868	3.1903	3.0133	2.8534	2.7084	2.5764	2.456
13	4.2028	3.9124	3.6555	3.4272	3.2233	3.0404	2.8757	2.7268	2.5916	2.469
14	4.2646	3.9616	3.6949	3.4587	3.2487	3.0609	2.8923	2.7403	2.6026	2.478
15	4.3152	4.0013	3.7261	3.4834	3.2682	3.0764	2.9047	2.7502	2.6106	2.484
16	4.3567	4.0333	3.7509	3.5026	3.2832	3.0882	2.9140	2.7575	2.6164	2.489
17	4.3908	4.0591	3.7705	3.5177	3.2948	3.0971	2.9209	2.7629	2.6206	2.492
18	4.4187	4.0799	3.7861	3.5294	3.3037	3.1039	2.9260	2.7668	2.6236	2.494
19	4.4415	4.0967	3.7985	3.5386	3.3105	3.1090	2.9299	2.7697	2.6258	2.496
20	4.4603	4.1103	3.8083	3.5458	3.3158	3.1129	2.9327	2.7718	2.6274	2.497
21	4.4756	4.1212	3.8161	3.5514	3.3198	3.1158	2.9349	2.7734	2.6285	2.498
22	4.4882	4.1300	3.8223	3.5558	3.3230	3.1180	2.9365	2.7746	2.6294	2.498
23	4.4985	4.1371	3.8273	3.5592	3.3254	3.1197	2.9377	2.7754	2.6300	2.499
24	4.5070	4.1428	3.8312	3.5619	3.3272	3.1210	2.9386	2.7760	2.6304	2.499
25	4.5139	4.1474	3.8342	3.5640	3.3286	3.1220	2.9392	2.7765	2.6307	2.499
26	4.5196	4.1511	3.8367	3.5656	3.3297	3.1227	2.9397	2.7768	2.6310	2.500
27	4.5243	4.1542	3.8387	3.5669	3.3305	3.1233	2.9401	2.7771	2.6311	2.500
28	4.5281	4.1566	3.8402	3.5679	3.3312	3.1237	2.9404	2.7773	2.6313	2.500
29	4.5312	4.1585	3.8414	3.5687	3.3317	3.1240	2.9406	2.7774	2.6313	2.500
30	4.5338	4.1601	3.8424	3.5693	3.3321	3.1242	2.9407	2.7775	2.6314	2.500

参 考 文 献

1. 熊楚熊,赵晋琳,刘昱熙. 公司理财学教程[M]. 北京:机械工业出版社,2009.
2. 熊楚熊,刘传兴. 公司中级理财学[M]. 上海:立信会计出版社,2010.
3. 熊楚熊. 公司高级理财学[M]. 北京:清华大学出版社,2005.
4. 熊楚熊. 集团公司理财学[M]. 上海:立信会计出版社,2008.
5. 斯蒂芬·A 罗斯,等. 公司理财[M]. 吴世农,等,译. 北京:机械工业出版社,2000.
6. 乔纳森·伯克,等. 公司理财[M]. 姜英兵,陈梅译. 北京:人民大学出版社,2009.
7. 理查德·A,等. 公司理财[M]. 耿建新,龚媛媛译. 北京:人民大学出版社,2008.
8. Joel M Stern, Donald H, Chew. The Revolution in Corporate Finance[M]. Basil Blackwell Ltd,2003.
9. Eugene F, Brigham, Michael C Ehrhardt. 财务管理:理论与实务[M]. 10 版. 北京:中国财政经济出版社,2003.
10. Willian L Megginson. Corporate Finance Therory[M]. Addison Wesley Inc,1997.